COLLECTION

DE

DOCUMENTS INÉDITS

SUR L'HISTOIRE DE FRANCE

PUBLIÉS PAR LES SOINS

DU MINISTRE DE L'INSTRUCTION PUBLIQUE.

LE COMITÉ

DES

TRAVAUX HISTORIQUES ET SCIENTIFIQUES

(HISTOIRE ET DOCUMENTS)

PAR

XAVIER CHARMES.

TOME DEUXIÈME.

PARIS.

IMPRIMERIE NATIONALE.

M DCCC LXXXVI.

SECONDE PÉRIODE.

ACTES OFFICIELS
RELATIFS AU COMITÉ DES TRAVAUX HISTORIQUES ET SCIENTIFIQUES.

1833-1885.

ACTES OFFICIELS
RELATIFS AU COMITÉ DES TRAVAUX HISTORIQUES
ET SCIENTIFIQUES.

1833-1885.

1

EXTRAIT DU RAPPORT AU ROI PROPOSANT LA CRÉATION
D'UN SERVICE DE RECHERCHES ET DE PUBLICATION DE DOCUMENTS INÉDITS.

31 décembre 1833.

Sire,

.....Depuis quinze ans environ, l'étude des sources historiques a repris une activité nouvelle. Des hommes d'un esprit clairvoyant, d'une science rare, d'une constance laborieuse, ont pénétré, les uns dans le vaste dépôt des Archives du royaume, les autres dans les collections de manuscrits de la Bibliothèque royale; quelques-uns ont poussé leurs recherches jusque dans les bibliothèques et archives des départements. Partout il a été prouvé, dès les premiers essais, en fouillant au hasard, que de grandes richesses étaient restées enfouies. Les efforts ont redoublé, et l'on n'a pas tardé à obtenir des découvertes aussi importantes qu'inattendues, de véritables révélations qui éclairent d'un jour nouveau tels ou tels événements, tels ou tels siècles de notre histoire; à ce point qu'il est peut-être permis d'avancer que les manuscrits et monuments originaux qui ont été jusqu'à présent mis au jour ne surpassent guère en nombre ni en importance ceux qui sont restés inédits.

Depuis que ce fait est constaté, il ne se passe pas un jour sans que les hommes jaloux des progrès de la science et de la gloire littéraire de la France n'expriment le regret de voir l'exploitation d'une mine si riche abandonnée à des individus isolés, dont les plus grands efforts ne peuvent produire que des résultats partiels et bornés. A la vérité, parmi ces explorateurs volontaires, il faut distinguer l'Académie des inscriptions, qui travaille à recueillir diverses séries de monuments relatifs à notre histoire nationale. Mais Votre Majesté a pu se convaincre, il y a quelques instants, de l'extrême exiguïté des ressources dont l'Académie dispose pour la publication de ces recueils, et de la lenteur qui en résulte inévitablement. Aussi, quelle que soit l'excellence de ses travaux, ils sont insuffisants pour calmer les regrets et satisfaire les désirs de ceux qui voudraient entrer en possession de tant de trésors, encore inutiles ou ignorés.

Le besoin de voir mettre un terme à ces efforts isolés commence à être si vivement senti, que quelques personnes se sont récemment formées en société pour tenter de concentrer et de coordonner les recherches de tous les hommes qui se vouent à ce genre de travaux[1]. J'espère que cette société n'aura pas fait un vain appel aux amis de la science; je m'associe à ses efforts; mais je ne puis me dissimuler que, lors même qu'elle parviendrait à disposer de ressources plus considérables qu'il n'est permis de le supposer, son action ne serait encore que partielle, et ses publications n'embrasseraient que quelques séries de monuments.

Au Gouvernement seul il appartient, selon moi, de pouvoir accomplir le grand travail d'une publication générale de tous les matériaux importants et encore inédits sur l'histoire de notre patrie. Le Gouvernement seul possède les ressources de tout genre qu'exige cette vaste entreprise. Je ne parle même pas des moyens de subvenir aux dépenses qu'elle doit entraîner; mais, comme gardien et dépositaire de ces legs précieux des siècles passés, le Gouvernement peut enrichir une telle publication d'une foule d'éclaircissements que de simples particuliers tenteraient en vain d'obtenir. C'est là une œuvre toute libérale, et digne de la bienveillance de Votre Majesté pour la propagation de l'instruction publique et la diffusion des lumières.

Mais chaque jour de retard rend la tâche plus difficile : non seulement les traditions s'effacent et nous enlèvent en s'effaçant bien des moyens de compléter et d'interpréter les témoignages écrits; mais les monuments eux-mêmes s'altèrent matériellement. Il est une foule de dépôts, surtout dans

---

[1] « La Société de l'histoire de France, fondée en juin 1833, compte déjà plus de deux cents membres et a déjà fait, indépendamment de son *Bulletin,* qui paraît tous les mois, plusieurs publications importantes. »

les départements, où les pièces les plus anciennes s'égarent ou deviennent indéchiffrables, faute des soins nécessaires à leur entretien. Je crois donc qu'il est urgent que l'entreprise soit mise à exécution et qu'elle reçoive immédiatement une assez grande extension.

Une des premières opérations serait de dresser un inventaire des richesses paléographiques de tous les départements. Les recherches seraient faites dans deux sortes d'établissements : d'abord dans les bibliothèques communales, en second lieu dans les dépôts d'archives, soit communales, soit départementales. Je sais déjà qu'il est plusieurs bibliothèques qui pourraient être exploitées avec grand profit, et presque toutes offriraient quelque chose à recueillir. Ce sont surtout des éclaircissements sur l'histoire des localités, des particularités toutes provinciales, que fourniraient ces bibliothèques. Mais, sous ce rapport, on trouverait plus de richesses encore dans les archives que dans les bibliothèques. Malgré les ravages qui, depuis quarante ans, ont produit dans la plupart de ces dépôts d'irréparables lacunes, on peut encore y faire une abondante moisson. Il en est même qui, par un heureux hasard, ont été préservés du pillage; et, quand le sort a voulu que ce fût dans une de ces villes, anciennes capitales d'importantes provinces, telles que Dijon ou Lille par exemple, on sent combien de faits précieux doivent y rester enfouis. Il est telle de ces villes qui peut nous offrir une correspondance non interrompue avec tous nos souverains pendant cinq ou six siècles, telle autre qui possède plus de deux ou trois mille chartes, plus de dix mille pièces de tout genre non seulement inédites, mais inconnues des paléographes, et dont aucune analyse, aucun catalogue n'a encore révélé l'importance. En un mot, les bibliothèques et les archives départementales deviendraient probablement une des sources où seraient puisés les plus nombreux matériaux de cette grande publication.

Le département des manuscrits de la Bibliothèque royale serait également fouillé et fournirait une masse de documents originaux, dont il serait difficile de calculer l'importance. Les collections dites *de Colbert, de Brienne, de Dupuy, de Gaignières*, et tant d'autres qu'il serait trop long d'énumérer, n'ont encore été, pour ainsi dire, qu'entr'ouvertes. Là sont ensevelis des correspondances, des mémoires, des écrits de toute espèce, reflets vivants de tous les siècles, répertoires des jugements que chaque époque a portés sur elle-même. Aucun autre dépôt n'est plus riche que la Bibliothèque royale en matériaux pour cette sorte d'histoire, qu'on peut appeler contemporaine, histoire qui ne consiste pas moins dans la révélation des idées que dans celle des faits.

Les Archives du royaume au contraire jetteraient de vives lumières sur telles ou telles circonstances d'événements défigurés par la tradition. On y puiserait des rectifications importantes, des renseignements curieux sur tous les faits sociaux qui laissent de leur passage une trace officielle et authentique. Il est aussi, dans le dépôt des Archives, des trésors qu'on ne serait pas tenté d'y chercher, tels que des correspondances diplomatiques, des traités de politique, des fragments d'histoire. Ainsi, en résumé, bibliothèques et archives des départements, Bibliothèque royale et bibliothèques secondaires de Paris, Archives du royaume, tels seraient les principaux établissements dont il s'agirait de produire les richesses au grand jour.

Mais il est une autre source historique plus abondante encore peut-être, et jusqu'ici plus inconnue.

Les dépôts dont je viens de parler sont publics; le Gouvernement ne ferait qu'en extraire et rendre plus abordable à tous les lecteurs ce qu'avec de grands efforts sans doute les particuliers peuvent accomplir par eux-mêmes. Le bienfait serait immense; mais le Gouvernement doit faire davantage. Il possède d'autres archives dont lui seul dispose et dont il peut, sans aucun inconvénient, communiquer, en partie du moins, les inappréciables trésors : je veux parler des archives des différents Ministères, et notamment du Ministère des affaires étrangères.

Jusqu'ici, tantôt la nature du gouvernement, tantôt de justes convenances ont rendu ces grands dépôts à peu près inaccessibles; mais la séparation est si profonde entre notre temps et les temps passés, la politique de notre époque est si peu solidaire de celle des siècles antérieurs, que le Gouvernement peut, sans crainte et sans scrupule, associer le public à une partie de ces richesses historiques.

En s'arrêtant vers le commencement du dernier siècle, non seulement l'intérêt de l'État, mais l'intérêt des familles ne pourra souffrir la moindre atteinte.

Évidemment les faits, les documents antérieurs au règne de Louis XV n'appartiennent plus à la politique, mais à l'histoire, et rien n'empêche plus de publier ceux qui méritent la publicité.

En exploitant ainsi avec sagesse les archives des divers Ministères, et surtout celles des Affaires étrangères, qui sont dans un ordre parfait, la publication que j'ai l'honneur de proposer à Votre Majesté sera un monument tout à fait digne d'elle et de la France.

L'histoire des villes, des provinces, des faits et des usages locaux, sera éclaircie par les bibliothèques et les archives départementales; l'histoire générale des idées, des usages, des mœurs et des rites, par les manuscrits des grandes bibliothèques de Paris, par les Archives du royaume; enfin l'histoire particulière des traités et des ambassades, par les archives des Affaires étrangères; celle de la législation et des grands procès, par les archives du Parlement; celle des sièges, des batailles, de la marine et des colonies, par les archives de la Guerre et de la Marine.

Je ne puis, dans cet exposé, offrir à Votre Majesté qu'un sommaire, une ébauche incomplète de l'entreprise que je soumets à son approbation. Je souhaite que les résultats, que je ne puis que faire entrevoir, mais qu'on serait assuré d'atteindre, justifient aux yeux de Votre Majesté et à ceux des Chambres ma demande d'une allocation extraordinaire. Si ce crédit est accordé, j'aurai l'honneur de présenter à Votre Majesté un plan plus détaillé de cette grande publication nationale, et de lui soumettre les moyens d'exécution les plus propres à en assurer le succès.....

Je suis avec le plus profond respect, Sire, de Votre Majesté, le très humble et très obéissant serviteur et fidèle sujet,

Guizot.

2

ARRÊTÉ INSTITUANT UN COMITÉ CHARGÉ DE DIRIGER LES RECHERCHES ET LA PUBLICATION DE DOCUMENTS INÉDITS.

18 juillet 1834.

Le Ministre Secrétaire d'État au département de l'instruction publique

Arrête ce qui suit :

Article premier. Il est formé, près le Ministère de l'instruction publique, un Comité chargé de concourir, sous la présidence du Ministre, à la direction et à la surveillance des recherches et publications qui doivent être faites, à l'aide des fonds votés au budget de l'exercice 1835, sur les documents inédits relatifs à l'histoire de France.

Art. 2. Sont nommés membres du Comité :

MM. Villemain, pair de France, vice-président du Comité en l'absence du Ministre;
Daunou, membre de l'Institut, garde général des Archives du royaume;
Naudet, membre de l'Institut;
Guérard, membre de l'Institut;
Mignet, membre de l'Institut;
Champollion-Figeac, conservateur au département des manuscrits de la Bibliothèque royale;
Fauriel, conservateur adjoint de la Bibliothèque royale, professeur à la Faculté des lettres;
Vitet, secrétaire général du Ministère du commerce;
Jules Desnoyers, secrétaire de la Société de l'histoire de France;
Granier de Cassagnac;
Fallot, élève de l'École des chartes, qui remplira les fonctions de secrétaire du Comité.

Art. 3. Pourront être adjointes au Comité et assister aux séances, d'une manière soit temporaire, soit permanente, les personnes chargées de travaux spéciaux relatifs à la recherche et à la publication des documents dont il s'agit.

Art. 4. Le Comité se réunira au moins une fois tous les quinze jours.

Guizot.

3

CIRCULAIRE RELATIVE AUX RAPPORTS
DES SOCIÉTÉS SAVANTES DES DÉPARTEMENTS AVEC LE MINISTÈRE.

23 juillet 1834.

Aux Membres des Sociétés savantes.

Messieurs, je vois, par les renseignements que j'ai recueillis sur les diverses sociétés savantes établies dans les départements, que leur situation ne répond pas toujours au but de leur institution, ni aux désirs de leurs honorables membres, et qu'elles ne possèdent pas tous les moyens d'action dont elles ont besoin, ni toute l'influence qu'elles pourraient exercer.

Deux conditions de succès me paraissent manquer surtout aux Sociétés savantes : l'encouragement et la publicité. De là, l'inertie des sociétés elles-mêmes, qui, se sentant, en quelque sorte, abandonnées, n'apportent pas toujours dans leurs travaux l'activité et l'esprit de suite sans lesquels on n'obtient que des résultats très bornés et fugitifs. De là, aussi, l'indifférence du public, qui, n'étant point tenu au courant des efforts des hommes éclairés dont se composent les Sociétés savantes, ne les seconde pas de son influence, et laisse périr trop souvent des germes heureux qui méritaient qu'on prît soin de leur développement. Combien de nobles espérances, combien d'utiles tentatives sont ainsi demeurées infructueuses! Les esprits les plus actifs se refroidissent, la tristesse et le découragement s'emparent des âmes, lorsque le zèle n'est pas soutenu, jusqu'à un certain point, par la sympathie et le succès.

Pour mettre un terme à ce fâcheux état de choses, il faut, d'une part, que les Sociétés savantes reçoivent du Gouvernement, protecteur naturel de l'activité intellectuelle aussi bien que de l'activité matérielle du pays, un encouragement soutenu ; de l'autre, que leurs travaux soient effectivement portés à la connaissance du public. Le plus sûr moyen, je pense, d'arriver à ce double résultat, c'est d'instituer, entre ces sociétés et le Ministère de l'instruction publique, des relations fréquentes et régulières.

Il ne s'agit ici, Messieurs, d'aucune centralisation d'affaires et de pouvoir. Je n'ai nul dessein de porter atteinte à la liberté, à l'individualité des Sociétés savantes, ni de leur imposer quelque organisation générale ou quelque idée dominante. Il s'agit uniquement de leur transmettre, d'un centre commun, les moyens de travail et de succès qui ne sauraient leur venir d'ailleurs, et de recueillir, à ce même centre, les fruits de leur activité, pour les répandre dans une sphère étendue. Loin qu'une telle mesure puisse rien faire perdre aux Sociétés savantes de leur indépendance ou de leur importance locale, elle doit, au contraire, l'assurer et l'accroître, en donnant plus d'efficacité et de portée à leurs efforts. A l'aide de ces communications habituelles et réciproques, les matériaux et les résultats des travaux intellectuels ne seront plus exclusivement accumulés dans un dépôt unique; ils pénétreront partout : les hommes instruits échapperont ainsi aux inconvénients de l'isolement, et pourront, sans se déplacer, se livrer avec confiance à des études devenues et plus faciles et plus profitables.

Enfin, il est un genre particulier de travaux exécutés à Paris, et pour lesquels une correspondance assidue entre le Gouvernement et les Sociétés savantes départementales serait de la plus haute importance : je veux parler des recherches qui seront incessamment entreprises sur tous les points du royaume, pour mettre en lumière les monuments inédits relatifs à l'histoire de France. Tant de richesses enfouies dans les départements ne peuvent être recueillies que sur les lieux et par les soins des hommes qui sont restés, en quelque façon, les seuls dépositaires des anciennes traditions locales. C'est principalement dans cette circonstance que la coopération active des Sociétés savantes et de leurs nombreux correspondants pourra fournir beaucoup de lumières, épargner beaucoup de missions spéciales, de temps, de dépenses, et concourir puissamment à l'illustration de notre histoire nationale.

Je me propose, Messieurs, afin de parvenir, s'il est possible, à ces résultats :

1° D'établir, entre le Ministère de l'instruction publique et les diverses sociétés savantes des départements, une correspondance régulière. Les sociétés me feront connaître les travaux dont elles s'occupent ou voudraient s'occuper, ce qui leur manque en ressources de tout genre, livres, instruments de travail, renseignements scientifiques, etc. Je m'appliquerai, de mon côté, à leur procurer ce qui pourrait leur être nécessaire et à les seconder autant qu'il sera en mon pouvoir;

2° De faire publier, chaque année, sous les auspices du Gouvernement, un recueil contenant quelques-uns des mémoires les plus importants présentés aux principales sociétés savantes du royaume, et, en outre, un compte rendu sommaire des travaux de toutes les sociétés, rédigé, soit d'après leurs propres comptes rendus, soit d'après les relations qu'elles m'auront adressées et les indications qu'elles m'auront fournies.

Ce recueil serait un véritable monument de l'activité intellectuelle du pays, en tant du moins qu'elle s'exerce et se manifeste par la voie des Sociétés savantes.

Un dernier motif, Messieurs, me porte encore à cette mesure, et je n'hésite point à vous l'indiquer. Au moment où l'instruction populaire se répand de toutes parts, et où les efforts dont elle est l'objet amènent, dans les classes nombreuses qui sont vouées au travail manuel, un mouvement d'esprit énergique, il importe beaucoup que les classes aisées, qui se livrent au travail intellectuel, ne se laissent point aller à l'indifférence et à l'apathie. Plus l'instruction élémentaire deviendra générale et active, plus il est nécessaire que les hautes études, les grands travaux scientifiques soient également en progrès. Si le mouvement intellectuel allait toujours croissant dans les masses pendant que l'inertie régnerait dans les régions élevées de la société, il en résulterait tôt ou tard une dangereuse perturbation. Je regarde donc comme un devoir imposé au Gouvernement, dans l'intérêt social, de prêter également son appui, et d'imprimer, autant qu'il est en lui, une impulsion harmonique à toutes les études, à la science haute et pure aussi bien qu'à l'instruction pratique et populaire.

Il appartient aux Sociétés savantes d'exercer à cet égard une salutaire influence, puisqu'elles renferment dans leur sein l'élite des hommes remarquables par leur instruction, leur position sociale, leur goût éclairé pour les sciences et les lettres.

Je ne doute pas, Messieurs, que vous ne vous empressiez de coopérer aux efforts que je me propose de faire dans ce dessein. J'ai donc l'honneur de vous inviter :

1° A me faire connaître, d'une manière précise et détaillée, l'objet habituel des travaux de votre société et les occupations spéciales auxquelles elle désirerait se livrer, soit qu'elle ait l'intention de s'y livrer tout entière, soit qu'elle veuille en charger quelques-uns de ses membres;

2° A m'indiquer ses besoins et, en général, tout ce qui lui manque pour atteindre plus sûrement le but qu'elle se propose;

3° A me communiquer la liste complète de ses membres et tous les règlements qui la régissent;

4° Enfin, à m'envoyer, chaque année, un compte rendu de ses travaux, et l'un au moins des principaux mémoires qui lui auront été présentés, afin que je puisse, de mon côté, prendre connaissance des ouvrages les plus importants des diverses sociétés, et recueillir ainsi les matériaux du compte rendu général.

Vous voudrez bien m'adresser votre correspondance par l'intermédiaire de M. le Préfet de votre département.

Agréez, etc.

GUIZOT.

4

RAPPORT AU ROI SUR LES MESURES PRESCRITES POUR LA PUBLICATION
DE DOCUMENTS INÉDITS.

27 novembre 1834.

Sire,

Votre Majesté a daigné accueillir les vues que j'ai eu l'honneur de lui soumettre relativement à la recherche et à la publication des monuments inédits de l'histoire de France. Les Chambres ont voté, dans le budget de 1835, un crédit de 120,000 francs consacré à ces travaux, et qui atteste hautement l'intérêt qu'inspire l'entreprise scientifique et nationale qu'a approuvée Votre Majesté.

Je me suis appliqué à en préparer le succès, et je demande à Votre Majesté la permission de mettre sous ses yeux le plan que je me propose de suivre et les dispositions que j'ai déjà prescrites.

Dès le 22 novembre 1833, je me suis adressé à MM. les Préfets pour leur demander des renseignements précis et détaillés sur la situation des bibliothèques et des archives des départements qu'ils administrent, ainsi que sur les divers ouvrages manuscrits qui peuvent être contenus dans ces dépôts[1]. Les réponses que j'ai reçues m'ont déjà fourni quelques documents

---

[1] Voici un extrait de cette circulaire, insérée dans les *Rapports au Roi et pièces*, p. 45, n° VI.

....

« Je passe maintenant au second objet des instructions que je vous adresse, c'est-à-dire à la recherche des richesses scientifiques ou littéraires qui demeurent ignorées dans les bibliothèques ou les dépôts des départements, et qu'il serait intéressant de mettre en lumière.

« A très peu d'exceptions près, ce ne sera pas dans les livres imprimés que pourront être faites des découvertes de ce genre : sauf quelques pamphlets, quelques histoires locales, quelques éditions de province, il est très peu de livres imprimés qui ne soient connus de nos savants bibliographes, et, sous ce rapport, il n'y a pas de résultats importants à espérer.

« Mais il n'en est pas de même des manuscrits : jusqu'à présent aucun travail général et complet n'a été entrepris sur les manuscrits des bibliothèques des départements. Il est urgent de s'y livrer.

« Les manuscrits des bibliothèques des départements sont de plusieurs natures : les uns purement ecclésiastiques; ce sont des bibles, des missels, des rituels, des psautiers, des évangiles, etc. Les manuscrits de cette sorte ne peuvent être précieux que par leur plus ou moins grande antiquité, par la beauté de l'écriture, la qualité du vélin, la richesse des enluminures; ils appartiennent à l'histoire de l'art, comme les sculptures de nos vieilles cathédrales. Il peut être du plus haut intérêt d'en publier des *fac-simile* qui confirmeraient des exemples déjà connus, ou révéleraient des faits entièrement nouveaux.

« Il est une seconde classe de manuscrits dont les bibliothèques des départements sont moins

curieux; elles m'ont surtout indiqué les voies qu'il convient de suivre pour arriver à des résultats importants.

Le 23 juillet dernier, je me suis mis en rapport avec les académies et so-

richement dotées, mais qu'il importe également d'étudier : ce sont les manuscrits d'ouvrages classiques grecs ou romains. On me signale des manuscrits de Térence, de Quintilien, de Suétone, de Tite Live, de Cicéron, des glossaires grecs, des manuscrits palimpsestes, etc. Ces manuscrits ont-ils été collationnés avec assez de soin et par des hommes assez habiles? Ont-ils même été jamais collationnés? Peut-on espérer d'y trouver quelques fragments inconnus des chefs-d'œuvre de l'antiquité? C'est ce dont il faudra s'assurer.

« Vient enfin une troisième classe de manuscrits, la plus importante sans doute : je veux parler des manuscrits qui ont rapport à notre histoire nationale. Il n'est point de bibliothèque de département qui ne possède sinon des volumes, au moins quelques pièces inédites, relatives soit à l'histoire de la province, soit à celle de telle ou telle ville, de telle ou telle famille, de tel ou tel individu. Quelquefois ces manuscrits ne sont pas anciens : ce sont des copies de chartes, des journaux, des recueils d'anecdotes écrits par quelque ecclésiastique, par quelque amateur patient et laborieux. Ces pièces, quelle que soit leur date, n'en ont pas moins leur prix. Tout est à consulter, tout est à recueillir en ce genre. Sans doute les bibliothèques de France ne nous fourniront pas toutes, comme celle de Besançon, l'immense et précieuse correspondance d'un cardinal Granvelle, ou, comme celle de Poitiers, les recherches et les compilations d'un dom Fonteneau; mais partout il se trouvera quelques matériaux plus ou moins incomplets, qu'il importera de réunir.

« Un tel travail serait imparfait si l'on se bornait à faire des recherches dans les bibliothèques publiques; il est d'autres dépôts, savoir : les archives départementales et communales, qui sont peut-être encore plus riches en documents de ce genre. Rien n'est plus désirable qu'un dépouillement exact de ces archives. Je sais qu'il n'est peut-être pas quinze villes en France où ce dépouillement soit seulement ébauché; je sais que pour mener à fin une telle entreprise il faudra, non seulement faire quelques dépenses, mais attendre plusieurs années. Quoi qu'il en soit, il faut commencer, et témoigner dès à présent le ferme dessein d'accomplir cette œuvre. Veuillez donc, Monsieur le Préfet, aviser aux mesures nécessaires pour faire déchiffrer et cataloguer les archives départementales et communales de votre département. Si vous n'avez pas sous la main des personnes capables, ou si tel autre obstacle vous arrête, vous voudrez bien m'en avertir; je m'appliquerai à vous transmettre promptement ou du moins à préparer les moyens de vous seconder. En attendant, je vous prie de prescrire à tous les bibliothécaires de votre département de m'adresser un catalogue des manuscrits de tout genre confiés à leur garde. Ce catalogue ne devra pas être un simple inventaire, mais une revue, une liste raisonnée, contenant des indications sommaires sur les matières traitées dans les manuscrits, sur le nombre des feuillets, sur la conservation et la beauté des caractères, vignettes, etc.

« Tels sont, Monsieur le Préfet, les renseignements dont j'ai besoin pour atteindre le but que je me propose, et qui doit avoir, pour les villes en particulier comme pour la science en général, de si précieux résultats. J'attache une grande importance à ce qu'ils me soient exactement et promptement adressés. Je ne doute pas que MM. les maires et les conseillers municipaux ne soient disposés à vous seconder; ne négligez rien pour leur faire apprécier tous les avantages que les localités retireront d'un semblable travail et pour vous assurer de leur concours. De mon côté, convaincu qu'il est de l'intérêt général du pays que le zèle local soit encouragé et soutenu dans toutes les entreprises de ce genre, j'examinerai si quelques mesures législatives ne seraient pas nécessaires à cet effet, et j'espère que le Roi m'autorisera, s'il y a lieu, à les provoquer. »

ciétés savantes établies dans les départements; j'ai sollicité leur concours; j'ai cherché à encourager leurs efforts, et tout me porte à croire qu'elles me seconderont avec zèle et efficacité.

Le 18 juillet dernier, j'ai formé, auprès du Ministère de l'instruction publique, un Comité où se réunissent quelques-uns des hommes les plus considérables par leur savoir et par le mérite de leurs travaux historiques. Ce Comité sera spécialement chargé de surveiller et de diriger, de concert avec moi, tous les détails de cette vaste entreprise. Il s'est assemblé plusieurs fois sous ma présidence, et, grâce à l'assistance éclairée que ses membres ont bien voulu me prêter, on entrevoit déjà les résultats qu'il sera possible d'obtenir.

Un premier soin a dû occuper le Comité, celui de déterminer nettement le but que doit se proposer l'Administration et les limites dans lesquelles il convient de se renfermer. Il suffit, à cet égard, de s'en tenir rigoureusement aux termes mêmes de la loi de finances de 1835. Ils contiennent et expliquent toute la pensée de l'entreprise.

Puiser à toutes les sources, dans les archives et les bibliothèques de Paris et des départements, dans les collections publiques et particulières; recueillir, examiner et publier, s'il y a lieu, tous les documents inédits importants et qui offrent un caractère historique, tels que manuscrits, chartes, diplômes, chroniques, mémoires, correspondances, œuvres mêmes de philosophie, de littérature ou d'art, pourvu qu'elles révèlent quelque face ignorée des mœurs et de l'état social d'une époque de notre histoire : tel sera le but de ces travaux.

J'ai examiné soigneusement, avec le Comité, quels seraient les plus sûrs moyens d'exécution.

La recherche des documents présente d'assez grandes difficultés. A Paris, et dans quelques villes en petit nombre, il existe des archives classées méthodiquement et dans lesquelles a été dressé avec exactitude l'inventaire des pièces qui s'y trouvent déposées; mais partout ailleurs règnent le désordre et la confusion.

A l'époque des troubles révolutionnaires, une foule de documents, jusque-là conservés dans les anciens monastères, dans les châteaux ou dans les archives des communes, ont été livrés tout à coup au pillage et à la dévastation. Des amas de papiers et de parchemins, transportés dans les municipalités voisines, ont été jetés pêle-mêle dans des greniers ou dans des salles abandonnées; le souvenir même s'est effacé, dans plusieurs endroits, de ces translations opérées négligemment et sans formalités. De là l'opinion généralement établie et devenue pour ainsi dire de tradition dans un grand nombre de départements, que tout a péri dans ces temps d'agitation. Il est certain néanmoins qu'on peut retrouver encore une partie considérable des anciennes archives, notamment dans les villes d'évêché et de parlement, et qu'une foule de pièces importantes ont été sauvées et rendues aux villes, lorsque, plus tard, une autorité conservatrice fit déposer dans les chefs-lieux des districts les débris des anciennes abbayes, confondus avec les chartes et autres monuments authentiques. Plusieurs pièces aussi furent gardées alors comme titres de propriété ou de droits utiles des biens qui avaient été vendus par l'autorité publique.

Je ne saurais former le dessein de procéder actuellement et directement à un classement général et méthodique de toutes les archives locales, soit des départements, soit des communes : le temps et les ressources manqueraient pour un si immense travail. La Bibliothèque du Roi possède d'ailleurs un inventaire général de toutes les archives qui existaient en France avant la Révolution, inventaire dressé, vers 1784, sous le ministère de M. Bertin, et auquel est joint un grand nombre de cartulaires ou répertoires des principales pièces que ces archives locales renfermaient[1]. Ces renseignements suffiront aux premières recherches; à mesure que l'on pénétrera dans les dépôts publics pour en explorer les richesses, on éprouvera le besoin de les mettre en ordre; de premières améliorations susciteront le zèle qui aspire à des améliorations nouvelles, et le zèle créera des ressources. Les autorités locales, les conseils généraux et municipaux seront naturellement provoqués et conduits, on peut l'espérer, à réintégrer leurs archives dans des lieux convenables et à faire dresser le catalogue des pièces qu'on y conserve. Il convient donc de se mettre dès à présent à l'œuvre, sans prétendre commencer méthodiquement par un travail de classement général, qui offrirait, dans l'état actuel des choses, plus d'embarras que d'avantages, et que nos recherches amèneront, d'ailleurs, presque nécessairement.

J'ai cherché, de concert avec MM. les membres du Comité, quels pouvaient être, dans chaque département, dans chaque ville, les hommes déjà connus par leurs travaux sur l'histoire nationale et capables de s'associer à

---

[1] Nos 365 et 366 de la Collection Moreau à la Bibliothèque nationale.

ceux que je dois faire entreprendre. Nous avons dressé une première liste de quatre-vingt-sept personnes avec lesquelles je me propose de me mettre en rapport, afin de les charger spécialement des recherches relatives aux lieux qu'elles habitent. Une correspondance régulière s'établira entre elles et mon département, par l'intermédiaire de MM. les Préfets; et, sans imposer partout un ordre toujours le même, une organisation systématique et uniforme, qui s'accorderaient mal avec les besoins et les ressources particulières de chaque localité, j'ai rédigé cependant des instructions générales qui peuvent s'appliquer également à toutes les recherches et à tous les pays, et qui seront adressées à tous les correspondants de mon Ministère.

Dans les lieux où je ne pourrai obtenir le concours de quelques correspondants propres à ce genre de travail, je tâcherai d'y suppléer en envoyant des commissaires spéciaux déjà exercés et dont le mérite me soit bien connu. Du reste, j'accueillerai avec empressement toutes les communications, toutes les propositions. Je sais que beaucoup d'hommes modestes et laborieux vivent dispersés et presque ignorés sur notre territoire, prêts à mettre leur savoir et leur zèle à la disposition d'une administration bienveillante. Je serai attentif à les rechercher, et heureux de les découvrir. Le Comité central se tiendra constamment au courant des diverses recherches qui seront entreprises à Paris et dans les départements. Il dirigera, par des instructions particulières, tous les travaux que j'aurai prescrits ou autorisés; il transmettra aux correspondants du Ministère les renseignements qui leur seront indispensables pour juger de la valeur de telles ou telles archives, de tels ou tels manuscrits.

Aussitôt qu'une découverte importante aura été signalée à mon attention, l'un des membres du Comité sera chargé spécialement de l'examiner, de s'entendre avec la personne qui m'aura adressé cette communication, de rechercher toutes les pièces relatives au même sujet qui pourraient exister dans d'autres collections; et toutes les fois qu'après cet examen la publication de tel ou tel manuscrit, de telle ou telle pièce, aura été jugée convenable, elle aura lieu sous la surveillance du Comité, soit par les soins directs de l'un de ses membres, soit par une revision attentive du travail de ses correspondants.

Tel est, Sire, dans ses traits essentiels, le plan que je crois devoir adopter. L'exécution en est déjà commencée, et je puis en indiquer à Votre Majesté les premiers et prochains résultats.

Les archives de plusieurs villes du royaume sont en assez bon ordre et assez bien connues pour qu'on ait pu s'y livrer immédiatement à d'utiles travaux. La bibliothèque publique de Besançon est depuis longtemps dépositaire des papiers du principal ministre de Charles-Quint et de Philippe II, d'un homme qui a été mêlé à toutes les grandes affaires du xvie siècle, du cardinal Perrenot de Granvelle. Ce vaste recueil se compose des correspondances de ce ministre, des notes de ses agents, et de toutes les pièces relatives à son administration dans les Pays-Bas et dans le royaume de Naples. Il n'a été connu des savants, jusqu'à ce jour, que par l'ébauche d'un catalogue imprimé et par la courte analyse de quelques pièces que l'on doit à un religieux bénédictin du xviiie siècle[1]. J'ai formé à Besançon, sous la présidence du savant bibliothécaire de cette ville, M. Weiss, une commission chargée de procéder à l'analyse complète de ces matériaux. Elle en fera le dépouillement et mettra à part ceux qui présenteront assez d'intérêt pour être livrés à la publicité. J'espère que bientôt une partie considérable de ces pièces historiques sera préparée pour l'impression.

Les riches et précieuses archives des anciens comtes de Flandre sont conservées à Lille : elles contiennent des documents qui remontent jusqu'au xie siècle. Je prends des mesures, de concert avec M. le Préfet du Nord, pour faire explorer ces archives et en tirer tous les documents qui paraîtraient dignes d'être mis en lumière.

Les restes des anciennes archives du Roussillon sont conservés à Perpignan : on y trouvera des renseignements intéressants pour l'histoire de cette province et pour celle des relations des rois de France avec les rois d'Aragon. Des spoliations nombreuses et une longue négligence, dont ces archives sont enfin préservées grâce au zèle du bibliothécaire de la ville de Perpignan, ne les ont pas tellement appauvries qu'elles ne puissent encore offrir des pièces importantes.

A Poitiers, où sont déposées les archives de l'ancienne province d'Aquitaine, j'ai envoyé, avec le titre d'archiviste de la ville, un des élèves les plus distingués de l'École des chartes, M. Redet. M. Chelles, élève de la même École, a été également envoyé à Lyon avec le même titre.

Dans les bibliothèques et les archives de Paris, les travaux sont déjà en pleine activité et promettent d'importants résultats.

---

[1] Dom Berthod. Les travaux de ce bénédictin sont fréquemment mentionnés dans le tome I.

Le département des manuscrits, à la Bibliothèque royale, dépôt immense de matériaux de toute espèce, est, pour la première fois, livré à une exploration générale et régulière. Il présente des corps d'ouvrages rédigés, tantôt par des hommes instruits sur des sujets divers de notre histoire, tantôt par des personnes qui ont voulu transmettre à la postérité le détail des affaires auxquelles elles ont pris part. On y trouve aussi des recueils de pièces détachées en nombre considérable, formant des sources de documents authentiques sur presque tous les sujets. Des collections rassemblées par des particuliers dont elles ont conservé les noms : celles *de Colbert, de Dupuy, de Brienne, de Gaignières, de Baluze, du président de Mesmes*, et plusieurs autres, y ont été déposées dans leur intégrité après la mort de leurs possesseurs. Des jeunes gens exercés à ce genre d'étude sont chargés, sous la surveillance et la direction des conservateurs, MM. Champollion-Figeac et Guérard, d'explorer ces mines fécondes, et de signaler les manuscrits divers, mémoires ou autres pièces, qui leur paraîtraient dignes de publication, pour que le Comité en fasse ensuite l'objet d'un examen spécial. Déjà plusieurs ouvrages ont été puisés à cette source et sont livrés aux personnes chargées d'en préparer la publication. Je citerai entre autres une réunion de notes curieuses, écrites de la main même du cardinal Mazarin, et relatives aux incidents journaliers de sa conduite pendant les guerres de la Fronde. Ces notes, écrites le plus souvent en italien et d'une façon fort abrégée, seront publiées avec une traduction française et les éclaircissements nécessaires.

Un journal des États généraux tenus à Tours en 1484, dont la Bibliothèque royale possède plusieurs copies, a été rédigé en latin par Jean Masselin, l'un des membres de ces États. Les nombreux détails qu'il fournit sur les discussions, les usages et les idées politiques de ce temps, ont été, en grande partie, ignorés de nos historiens. Quelques-uns se sont contentés de le faire connaître par des extraits que les autres ont copiés. Il sera publié, pour la première fois, dans son texte original, et accompagné d'une traduction.

Un monument important de la langue, de la poésie et de l'histoire d'un temps déjà reculé, est une vaste chronique en vers de la guerre des Albigeois, écrite dans le langage du pays, à une époque très voisine encore de cet événement, par un auteur qui avait été témoin des faits qu'il raconte. C'est une source de renseignements également intéressants pour les philologues et pour les historiens, et aussi l'un des plus curieux monuments littéraires du XIIIe siècle. Le soin de sa publication est confié à M. Fauriel.

Après la paix de 1763, M. de Bréquigny fut envoyé à Londres avec un bureau composé de sept personnes, pour y prendre copie de toutes les pièces déposées aux archives de la Tour de Londres qui pouvaient se rapporter à l'histoire de France. Ce travail dura plusieurs années; il a produit une collection d'environ cent cinquante volumes in-folio de copies de documents divers concernant celles de nos provinces qui avaient été rangées longtemps sous la domination anglaise. Les originaux de plusieurs de ces documents se sont perdus depuis à la Tour de Londres. La nature de ces recherches, leur étendue, et jusqu'aux événements qui ont eu lieu depuis qu'elles ont été accomplies, tout contribue à donner à cette immense collection un intérêt que le temps n'a fait qu'accroître. J'ai ordonné le dépouillement de ce recueil, déposé maintenant à la Bibliothèque du Roi; chacun des documents qu'il renferme sera successivement examiné; ceux qui n'ont point encore été publiés, et qui néanmoins mériteront de l'être, seront relevés, classés et mis au jour.

Une autre collection, que je crois propre à jeter des lumières nouvelles sur l'histoire politique de l'ancienne monarchie française, sera celle des chartes concédées aux villes et aux communes par les rois et les seigneurs, du XIe au XVe siècle. Ces chartes sont en grand nombre; elles embrassent presque toute l'étendue de la France, et la teneur en est fort variée. Plusieurs ont déjà été publiées, mais beaucoup d'autres n'ont point vu le jour; et peut-être ces dernières ne sont-elles pas les moins curieuses et les moins importantes. La Bibliothèque du Roi en possède une collection formée par les soins de Dupuy, et qui remplit quelques volumes in-folio. Elle sera soumise à une sévère analyse : on évitera de reproduire ce qui est déjà connu; on y ajoutera les pièces et les documents nécessaires pour la compléter. Enfin j'ai l'intention d'y faire joindre les chartes et constitutions primitives des différentes corporations, maîtrises et sociétés particulières établies en France, de telle sorte que cette collection rapproche et mette dans tout leur jour les nombreuses et diverses origines de la bourgeoisie française, c'est-à-dire les premières institutions qui ont servi à affranchir et à élever la nation. Ce travail s'exécutera sous la direction de M. Augustin Thierry.

Les Archives générales du royaume, compulsées en même temps et de la même manière que la Bibliothèque du Roi, fourniront un grand nombre de pièces détachées, actes de l'autorité publique, relations d'événements particuliers, diplômes, chartes et autres monuments authentiques propres à jeter de nouvelles lumières sur les points les plus obscurs de notre histoire, et à corriger souvent des versions fautives ou incomplètes.

Les archives spéciales des différents Ministères nous promettent encore de plus importantes richesses; ces matériaux doivent être exploités avec prudence et discernement : aussi nos recherches s'adresseront-elles exclusivement aux époques qui peuvent être considérées comme tombées dans le domaine de l'histoire. Mais nous trouverons dans ces limites de quoi exciter et satisfaire la plus avide curiosité des savants et du public. MM. les directeurs de ces précieux dépôts ont bien voulu me promettre leur concours le plus empressé.

Les archives du Ministère des affaires étrangères, classées avec un ordre parfait, forment le dépôt historique le plus considérable par l'abondance et la valeur de ses documents. Les publications que je me propose d'y puiser s'exécuteront par les soins du directeur, M. Mignet, qui a déjà préparé un recueil important et étendu destiné à en commencer la série. Les longues et curieuses négociations relatives à la succession d'Espagne, ouverte par la mort de Charles II, seront l'objet de ce recueil. Entamées immédiatement après le traité des Pyrénées en 1659, elles n'ont été terminées qu'en 1713, à l'époque où la paix d'Utrecht vint fixer enfin le droit public de l'Europe et sa distribution territoriale sur de nouvelles bases. Cette publication fera connaître la marche progressive des grands événements qui en sont l'objet, et mettra pour la première fois au jour, dans toute sa réalité et toute son étendue, la politique de Louis XIV.

Les archives du dépôt de la Guerre seront consultées en même temps que celles des Affaires étrangères, et les renseignements empruntés à ces deux sources différentes seront rapprochés entre eux et comparés les uns avec les autres. Ainsi, tandis que l'on recherchera, dans les archives de notre diplomatie, tout ce qui se rapporte aux négociations qu'entraîna l'affaire de la succession d'Espagne, le dépôt de la Guerre mettra à notre disposition l'histoire des campagnes qui suivirent et secondèrent ces négociations, accompagnée de la correspondance de Louis XIV, de Philippe V, du duc d'Orléans, du maréchal de Berwick et du duc de Vendôme.

A ces dernières publications seront joints les cartes et plans nécessaires pour l'intelligence des opérations militaires; M. le directeur du dépôt actuel de la Guerre a bien voulu m'offrir les riches matériaux de ce genre qu'il a recueillis lui-même. Ils seront mis au jour par ses soins personnels et sous sa surveillance.

Des travaux analogues seront exécutés aussi dans les archives du Ministère de la marine : l'état de notre marine, l'histoire de nos campagnes maritimes ou des grandes batailles navales, celle de nos colonies depuis plus de cent cinquante ans, y sont conservés dans des collections authentiques, dont le choix sera fait par des hommes versés dans cette étude toute spéciale.

Après l'histoire politique, l'histoire intellectuelle et morale du pays a droit également à notre attention; c'est aussi une grande et belle partie des destinées d'un peuple que la série de ses efforts et de ses progrès dans la philosophie, les sciences et les lettres. Sans doute l'abondance et le caractère spécial des monuments de ce genre doivent nous prescrire à cet égard quelque réserve; ils ne sauraient être accueillis facilement ni en très grand nombre dans une collection dont l'histoire proprement dite est l'objet dominant. Mais les ouvrages qui, à certaines époques, ont fortement agité les esprits et exercé une action puissante sur le développement intellectuel des générations contemporaines, ceux qui ont ouvert, dans le mouvement des idées, une ère nouvelle, ceux enfin qui, sous une forme purement littéraire, nous révèlent des mœurs oubliées, des usages ou des faits sociaux dont on avait perdu la trace, de tels ouvrages se rattachent de bien près à l'histoire; et si nous découvrions quelques monuments de ce genre, nous croirions devoir nous empresser de les publier, en en formant dans la collection générale une série particulière.

Je puis déjà, Sire, signaler en ce genre à Votre Majesté une découverte récente et d'un haut intérêt pour les personnes qui se vouent à l'étude de la philosophie et de son histoire parmi nous. Le manuscrit du fameux ouvrage d'Abailard, intitulé le *Oui et Non (Sic et Non)*, vient d'être retrouvé dans la bibliothèque d'Avranches. Ce livre, qu'on croyait irréparablement perdu, est celui qui donna lieu à la condamnation d'Abailard, au concile de Sens, en 1140. M. Cousin en surveillera la publication.

Enfin, Sire, l'histoire des arts doit occuper une place dans ce vaste ensemble de recherches, qui embrasse toutes les parties de l'existence et des destinées nationales. Aucune étude peut-être ne nous révèle plus vivement l'état social et le véritable esprit des générations passées que celle de leurs monuments religieux, civils, publics, domestiques, des idées et des règles diverses qui ont présidé à leur construction, l'étude, en un mot, de toutes les œuvres et de toutes les variations de l'architecture, qui est à la fois le commencement et le résumé de tous les arts.

Je me propose, Sire, de faire incessamment commencer un travail considérable sur cette matière : je m'appliquerai à faire dresser un inventaire complet, un catalogue descriptif et raisonné des monuments de tous les genres et de toutes les époques qui ont existé ou existent encore sur le sol de la France. Un tel travail, en raison de sa nature spéciale, de son importance et de sa nouveauté, doit demeurer distinct des autres travaux historiques dont je viens d'entretenir Votre Majesté; aussi mon intention est-elle d'en confier la direction à un comité spécial, et d'en faire l'objet de mesures particulières, que j'aurai l'honneur de proposer à Votre Majesté.

Telles sont, Sire, les mesures que j'ai prises, préparées ou projetées pour assurer l'accomplissement de la grande entreprise au sujet de laquelle le vote des Chambres a répondu aux vues de Votre Majesté. Cette entreprise ne doit pas être un effort accidentel et passager; ce sera un long hommage et, pour ainsi dire, une institution durable en l'honneur des origines, des souvenirs et de la gloire de la France. J'ose espérer que, grâce au savant et zélé concours des personnes qui veulent bien me seconder, les premiers résultats ne se feront pas longtemps attendre et ne seront pas indignes de la noble pensée dont Votre Majesté a daigné me confier l'exécution.

Je suis avec le plus profond respect, Sire, de Votre Majesté, le très humble et très obéissant serviteur et fidèle sujet,

Guizot.

5

CIRCULAIRE RELATIVE À LA RECHERCHE ET À LA PUBLICATION DES MONUMENTS INÉDITS RELATIFS À L'HISTOIRE DE FRANCE.

Décembre 1834.

Aux Correspondants du Ministère de l'instruction publique.

Monsieur, j'ai formé le projet de faire rechercher et publier tous les monuments inédits relatifs à l'histoire de France qui peuvent exister dans les bibliothèques et archives de Paris et des départements, dans les diverses collections publiques ou particulières. Vers la fin de l'année dernière, j'ai eu l'honneur de soumettre ce projet à l'approbation du Roi et des Chambres, et un crédit de 120,000 francs m'a été ouvert à cet effet dans le budget de 1835.

Je me propose de commencer dès à présent cet important travail, et, afin de n'éprouver aucun retard, j'ai cru devoir arrêter d'avance les dispositions qui m'ont paru les plus propres à assurer son accomplissement.

Un Comité central a été institué près le Ministère de l'instruction publique, et chargé spécialement de diriger et de surveiller, sous ma présidence, tous les détails d'une si vaste entreprise. J'ai adressé plusieurs circulaires à MM. les Préfets dans le but d'obtenir des renseignements positifs et circonstanciés sur la situation des dépôts de tout genre qui sont placés dans le ressort de leur administration ; j'ai sollicité la coopération de toutes les académies et sociétés savantes organisées dans les départements ; j'ai choisi enfin, parmi les personnes les plus capables de me seconder dans ces travaux, sur tous les points du royaume, un certain nombre de correspondants, avec lesquels je désire entretenir des relations fréquentes et régulières.

Je vous ai désigné, Monsieur, comme l'un de ces correspondants ; j'espère que vous ne vous refuserez pas à en accepter le titre et les devoirs ; j'ai compté sur votre zèle pour notre histoire nationale, et avant de vous transmettre des instructions particulières, relatives aux recherches spéciales qui devront être faites dans votre département, je m'empresse de vous faire passer d'abord un programme d'instructions générales qui peuvent s'appliquer à toutes les localités et servir de règle à toute espèce de recherches.

D'après mes ordres, les archives et dépôts publics vous seront ouverts, et vous trouverez, de la part des agents de l'autorité, toutes les facilités désirables pour vous livrer avec fruit au travail que je vous propose.

Une foule de documents précieux, de pièces authentiques, originales ou en copie, étaient déposées autrefois dans les diverses archives des villes, des évêchés, des parlements, des abbayes et congrégations religieuses. Dans la plupart de ces établissements, elles avaient été classées avec ordre, et un inventaire exact en avait été dressé par les soins de leurs anciens possesseurs. La Révolution détruisit les établissements eux-mêmes, bouleversa leurs archives, anéantit ou dispersa la plus grande partie des documents qu'elles contenaient : les uns furent transportés confusément dans les chefs-lieux de district; les autres passèrent de main en main, exposés à toutes les chances d'altération que leur faisaient subir l'ignorance ou l'esprit de spéculation.

Il s'agit aujourd'hui de rechercher et de réunir tous les manuscrits de ce genre qui auraient échappé à la destruction et qui seraient de nature à offrir quelque intérêt pour la science historique. Il en est qui présentent une certaine étendue, et qui peuvent fournir à eux seuls la matière d'un ou plusieurs volumes; quelques autres consistent simplement en pièces détachées, chartes, diplômes, ordonnances, lettres ou actes divers, et qui peuvent être rassemblés en corps d'ouvrage. Aucun de ces documents ne doit être négligé. Je n'ignore pas toutes les difficultés qui s'opposeront, dans beaucoup d'endroits, à l'exécution d'un tel travail; je sais qu'il est fort peu de villes dont les archives ne soient abandonnées au plus grand désordre; il est certain néanmoins qu'une partie considérable des anciennes archives a été sauvée, et qu'à l'aide d'une investigation patiente et laborieuse il sera possible encore d'en retrouver les restes. Afin de vous guider, Monsieur, dans ces perquisitions, et de donner un point de départ assuré à toutes les personnes qui voudraient bien m'assister dans cette entreprise, je me suis fait remettre la nomenclature complète de tous les dépôts de titres connus en France avant 1788. Cet état général, qui fut dressé par toute la France en 1784, et dont l'original existe encore au Cabinet des manuscrits de la Bibliothèque royale, a été décomposé en quatre-vingt-six états particuliers, applicables à chacun des départements actuels, et dans lesquels sont même indiqués les différents arrondissements dans lesquels on pourrait rechercher la trace des anciennes collections [1].

J'ai l'honneur de vous envoyer ci-joint celui qui se rapporte particulièrement à votre département; il vous indiquera nominativement les villes, les communes et même les établissements qui étaient pourvus d'archives avant la Révolution, dans les localités voisines de celle que vous habitez; il vous sera d'un utile secours pour la recherche des matériaux qui existaient autrefois dans ces archives, et dont les débris doivent être conservés actuellement dans les dépôts des diverses communes.

Je vous prie de m'adresser, Monsieur, par l'intermédiaire de M. le Préfet de votre département, tous les renseignements que vous pourrez recueillir,

---

Voir le n° 367 de la Collection Moreau à la Bibliothèque nationale.

soit sur ces dépôts eux-mêmes et leur situation, soit sur les pièces qu'ils renferment. Si vos travaux ou le hasard vous faisaient rencontrer quelques manuscrits ou documents intéressants, vous voudriez bien m'en donner avis; je ferai part au Comité central des découvertes que vous m'aurez signalées, et, dans le cas où il serait décidé que ces documents sont dignes, par leur importance, d'être mis au jour, je ferai rechercher soigneusement toutes les autres pièces qui pourront se rapporter au même sujet; je les rassemblerai en un seul et même ouvrage, et je chargerai un ou plusieurs membres du Comité d'en surveiller la publication, sans vous enlever toutefois l'honneur d'attacher votre nom à votre découverte.

Vous aurez peut-être besoin, Monsieur, d'être aidé dans ces recherches mêmes par des hommes intelligents et exercés, qui ne se rencontreront pas dans votre département; vous manquerez peut-être des ressources nécessaires pour donner suite à des travaux que vous aurez jugés importants, mais difficiles à exécuter. Adressez-vous à moi, et je chercherai les moyens de surmonter ces obstacles, en envoyant auprès de vous des jeunes gens habitués aux recherches de cette nature, ou bien en vous fournissant toutes les indications que vous m'aurez demandées. S'il existait, dans le département où vous avez fixé votre domicile, quelques hommes instruits et d'un mérite solide dont la collaboration pût m'être utile, je vous serai obligé de me les faire connaître; je n'ai pas besoin, toutefois, de vous faire observer, à cet égard, qu'il est certaines conditions sans lesquelles on ne saurait être propre à un semblable travail; il ne suffit point, pour s'y livrer avec succès, d'avoir le goût de l'étude ou le talent d'écrire, de s'être adonné même aux recherches générales de l'histoire; il faut posséder, en outre, des connaissances paléographiques toutes particulières, qui ne s'acquièrent qu'à force de temps et de patience; l'art de déchiffrer les anciens manuscrits ne s'apprend point en quelques jours, et celui qui n'aurait pas, au moins à un certain degré, cette instruction préalable, risquerait de tomber souvent dans les erreurs les plus graves et les plus funestes.

Au surplus, quiconque se sentira capable de travailler sérieusement et avec suite dans la voie que j'ai l'honneur de vous indiquer sera indemnisé de ses efforts par le Gouvernement; j'ai exprimé cependant l'intention positive de ne point accorder de traitement fixe et réglé d'avance; les indemnités viendront après le travail et seront proportionnées aux résultats obtenus et constatés.

Dans le but d'éviter à toutes les personnes qui voudront bien me seconder des recherches pénibles et peut-être inutiles, je crois devoir vous adresser un certain nombre de questions et d'observations qui vous indiqueront particulièrement la nature des recherches qui doivent être entreprises par toute la France, et vous serviront de règle dans vos travaux.

1° Parmi les documents relatifs à l'histoire de France qu'il s'agit de rechercher et de réunir, les uns sont conservés dans les bibliothèques et comprennent les histoires, les chroniques, les mémoires, les relations, les notices, les journaux, les biographies; les autres sont des pièces d'archives, et consistent principalement en registres, rôles, comptes, cartulaires, chartes, diplômes, lettres, etc. Quelques-uns sont relatifs à l'histoire politique et sociale du pays, à sa législation, à ses institutions générales ou locales; il en est enfin qui se rapportent particulièrement à l'histoire philosophique et littéraire, à l'histoire des arts et de leurs monuments.

2° Toutes les fois qu'un manuscrit ou document inédit de quelque importance aura été découvert, on devra m'en donner avis sur-le-champ, en ayant soin d'indiquer, dans une courte notice, son âge et sa date, son titre, sa forme ou son format, l'énoncé de la période historique embrassée par l'ouvrage, l'aperçu de ce qu'il contient, ses rapports avec les ouvrages imprimés les plus connus; on dira s'il est écrit sur parchemin, sur papier, sur papyrus d'Égypte ou sur écorce d'arbre; de quel dépôt ou collection il est tiré; on en donnera un *fac-simile,* dans le cas où il paraîtrait fort ancien; et, dans tous les cas, on prendra copie des premières et dernières phrases soit de l'ouvrage entier, soit, suivant les circonstances, des différents livres dont il se compose.

3° Si le manuscrit n'est pas daté, on examinera si les raies sur lesquelles s'appuient les lignes d'écriture sont tracées à la pointe sèche (avant 1200); au plomb (du XI° au XIV° siècle); ou en rouge (du XIV° au XV° siècle); si les *i* simples sont accentués (après 1200) ou pointés (après 1400); si l'*u* est surmonté d'un ou de deux accents aigus (du X° au XII° siècle); si les mots sont séparés entre eux ou non; si l'*æ* est formé d'un *a* et d'un *e* conjoints (avant 1200) ou d'un *e* simple (du XIII° au XV° siècle), ou d'un *ę* (avant 1100); si les chiffres sont arabes (après 1200); à quelle distance les signatures des cahiers, si toutefois il y a des signatures, sont placées au-dessous de la ligne inférieure.

4° Quant à ce qui regarde plus spécialement les chartes, on aura soin d'indiquer si elles ont des sceaux; si les sceaux sont plaqués ou pendants; s'ils sont ronds ou ovales, en cire ou pâte blanchâtre, verte ou rouge; si les attaches sont en soie ou en parchemin.

5° Il ne faudra jamais s'en rapporter uniquement au titre des manuscrits, ni même à la table de leurs matières; mais on parcourra chaque manuscrit, pièce par pièce, feuille par feuille, page par page; on regardera avec attention les feuilles volantes, la reliure, les marges et les notes diverses qui peuvent avoir été ajoutées au commencement, à la fin ou dans le courant de l'ouvrage.

Relativement aux collections de pièces, telles que titres, rôles, etc., on distinguera les pièces détachées de celles qui sont inscrites sur des registres suivis.

6° Enfin la transcription d'un document en entier ou par extraits n'aura lieu qu'après un examen attentif et sur mon ordre formel.

Telles sont, Monsieur, les principales observations que je crois devoir vous adresser dès à présent; je vous prie de les communiquer à toutes les personnes qui vous paraîtraient capables de comprendre ces instructions et de les mettre à exécution. J'ai la ferme confiance que vous ne me refuserez point l'appui que je réclame de vous, et que bientôt, grâce au concours de tous les hommes qui s'intéressent au progrès des études historiques, nous parviendrons à élever un monument digne de la France et des lumières de l'époque actuelle.

Agréez, etc.

GUIZOT.

P. S. Je vous envoie, avec mes instructions, un exemplaire du rapport que j'ai présenté au Roi, et que Sa Majesté a bien voulu approuver, sur le plan général de l'entreprise et les travaux projetés ou déjà commencés.

6

ARRÊTÉ INSTITUANT UN COMITÉ CHARGÉ DE CONCOURIR À LA RECHERCHE ET À LA PUBLICATION DE DOCUMENTS INÉDITS.

10 janvier 1835.

LE MINISTRE SECRÉTAIRE D'ÉTAT AU DÉPARTEMENT DE L'INSTRUCTION PUBLIQUE,

Vu l'article 53 du chapitre VIII du budget de l'exercice 1835, en vertu duquel il est alloué au Ministère de l'instruction publique un crédit de 120,000 francs, consacré à la recherche et à la publication des monuments inédits de l'histoire de France;

Considérant qu'il importe de réunir dans une série distincte tous les documents qui peuvent se rapporter à l'histoire morale et intellectuelle du pays,

Arrête ce qui suit :

Article premier. Il est formé, près le Ministère de l'instruction publique, un Comité spécialement chargé de concourir, sous la présidence du Ministre, à la recherche et à la publication des monuments inédits de la littérature, de la philosophie, des sciences et des arts considérés dans leurs rapports avec l'histoire générale de la France.

Art. 2. Sont nommés membres de ce Comité :

MM. Cousin, pair de France, conseiller au Conseil royal de l'instruction publique, vice-président du Comité;

Vitet, secrétaire général du Ministère du commerce, membre de la Chambre des députés;

Auguste Le Prévost, député du département de l'Eure;

Prosper Mérimée, inspecteur général des monuments historiques;

Victor Hugo;

Ch. Lenormant, conservateur adjoint au département des médailles et antiques de la Bibliothèque royale;

Albert Lenoir, architecte;

Didron, secrétaire du Comité.

Guizot.

7

CIRCULAIRE ET INSTRUCTIONS RELATIVES À LA RECHERCHE
ET À LA PUBLICATION DE DOCUMENTS INÉDITS.

15 mai 1835.

Aux Correspondants du Ministère de l'instruction publique.

Monsieur, en vous associant à la recherche et à la publication des monuments inédits relatifs à l'histoire de France, j'ai appelé d'abord votre attention sur ce qui concerne l'histoire politique et civile; mais les monuments qui se rapportent aux divers développements de l'intelligence humaine dans notre patrie sont nombreux aussi et dignes de notre intérêt; c'est vers les monuments de ce genre, vers les travaux et les manuscrits relatifs aux sciences, à la philosophie, à la littérature et aux arts, que je viens aujourd'hui diriger particulièrement votre zèle. De telles recherches sont le complément naturel des premières; elles importent essentiellement à la connaissance de notre histoire nationale.

J'ai institué, près mon Ministère, un second Comité, chargé spécialement de surveiller, sous ma présidence, cette seconde partie de la grande entreprise historique pour laquelle je réclame, Monsieur, votre laborieux concours.

Les instructions que j'aurai l'honneur de vous adresser à ce sujet s'appliqueront, les unes aux travaux à faire pour la découverte et la publication des manuscrits enfouis dans les bibliothèques, archives et collections; les autres à un grand ensemble de recherches et d'études d'une nature différente sur les monuments d'art en France, monuments bâtis ou monuments meubles, monuments religieux, militaires, civils, etc. C'est uniquement des instructions de la première classe que j'ai le dessein de vous entretenir aujourd'hui, et je les diviserai selon les objets auxquels elles s'appliquent.

SCIENCES EXACTES ET NATURELLES.

Les sciences dites *exactes* sont à peu près nulles en France au moyen âge, c'est-à-dire jusqu'au xie siècle. Il restait à peine quelque chose d'Euclide, que Boèce avait conservé. Il n'y avait un peu de science mathématique que dans les traités destinés à déterminer le jour de Pâques, et à donner une forme plus constante au calendrier. Ce serait dans ces traités (*de computo*, *de cyclo paschali*), et dans ce qu'on pourrait retrouver d'inédit de Bède, d'Alcuin, d'Abbon, abbé de Fleury, de Gerbert, qu'il y aurait à rechercher quelques vestiges des connaissances mathématiques en cette première période.

Avec l'influence des Arabes, et à la suite des voyages de Gerbert, de Pierre le Vénérable, etc., la science s'introduit; les mathématiques, la physique, sous le nom de *météorologie*, la médecine, sous le nom de *physique*, se propagent dans l'Occident : il serait précieux de découvrir quelques-unes des anciennes traductions faites par des chrétiens ou des juifs qui allaient en Espagne ; on pourrait, parmi ces traductions de l'arabe, retrouver quelques ouvrages inédits que les Arabes eux-mêmes auraient traduits des Grecs.

Parmi les anciens poètes provençaux, plusieurs s'occupèrent de mathématiques ; mais leurs ouvrages ont été perdus. Ce furent les premiers essais de la science française. En tête des anciens romans bretons, dans les généalogies qui figurent au commencement de ces poèmes, on saisit la trace des systèmes astronomiques, de ceux qui sont venus du Nord en particulier.

On noterait dans les plus anciens manuscrits l'emploi des chiffres dits *arabes*, et l'on indiquerait leur forme.

Rencontrerait-on, avant Guy d'Arezzo et Jean de Murris, des traités ou des indications sur le système de musique moderne ?

Au XIIIe siècle, au siècle d'Albert le Grand, arrivent les grandes encyclopédies, où s'amassent et s'organisent tous les éléments de la science d'alors. Les mathématiques y tiennent moins de place que la physique, et surtout que la dialectique et la théologie. Ces encyclopédies sont presque toutes inédites. Il y en a beaucoup en français, et des étrangers même employaient à dessein cette langue. Brunetto Latini, maître du Dante, écrivait en français son *Trésor*, que Napoléon avait songé à faire imprimer avec des commentaires, et aux frais de l'État.

Des passages intéressants sur l'état des sciences mathématiques, physiques, cosmographiques et naturelles, se rencontrent dans des ouvrages en vers, qui étaient des espèces de répertoires et de compilations universelles. Ainsi les *Bestiaires* appartiennent à la fois à la science naturelle et à la poésie de ces temps ; ainsi, dans la *Bible* de Guyot de Provins est le passage célèbre sur la boussole : on cite, d'un autre ouvrage en vers, un passage sur les antipodes. D'autres textes semblables peuvent, en se rencontrant, éclaircir l'origine de certaines inventions ou la date de certaines connaissances (verres à lunettes, poudre à canon, feu grégeois, etc.).

La date et l'origine de l'astrologie et de la magie, l'introduction et les progrès en France de l'alchimie et des sciences occultes, qui se développèrent principalement au XIVe siècle, sont des points encore intéressants à déterminer, indépendamment même de ce qu'il y a de vain dans ces sortes de sciences.

Tous les traités spéciaux qui concerneraient l'art de la peinture sur verre, la fabrication ou l'emploi des couleurs, les teintures sur laine et sur soie, seraient encore d'une valeur inestimable pour la science et l'art modernes.

La médecine de ces siècles, même avant que l'anatomie et la physiologie l'aient éclairée, peut fournir quelques renseignements à la nôtre, tant sur les maladies particulières régnantes alors, et depuis disparues ou modifiées, que sur les divers remèdes empiriques en usage. On ne devrait pas négliger des manuels, des formulaires et *compendium*, servant aux élèves de ces anciennes écoles, s'il s'en rencontrait. On serait attentif aux premières marques de saine observation dans les sciences naturelles : ces siècles possédaient une zoologie, une botanique, qui se reproduisent en partie jusque dans leur architecture.

Les longues et continuelles querelles entre le Collège des chirurgiens fondé au XIII° siècle et la Faculté de médecine ont enfanté un grand nombre d'écrits qui peuvent faire connaître l'état et les prétentions de l'art chirurgical depuis Lanfranc jusqu'à Ambroise Paré.

Existe-t-il en français ou en latin quelque ouvrage sur l'algèbre, antérieur au XVI° siècle? Léonard Fibonacci, Italien, qui avait étudié sous les Arabes à Bougie, paraît être le premier introducteur de l'algèbre parmi les chrétiens. Ses ouvrages existaient encore manuscrits dans le siècle dernier; ils ont disparu depuis quatre-vingts ans environ : ne peut-on espérer de les retrouver?

Les questions se multiplient en avançant vers le XVI° siècle, et je n'énumère pas tout ce qu'on pourrait demander d'utile et de nouveau à cette époque véritablement savante, où la connaissance directe de l'antiquité et l'essor du génie moderne redoublent d'émulation. Mais on devra arriver, dans la voie des recherches que je sollicite, à fixer avec plus de précision les circonstances et l'origine des inventions mémorables en astronomie, en agriculture, en art militaire, qui ont changé la face de la science et de la société. L'emploi de la vapeur dans les machines se voit au XVII° siècle : en serait-il fait mention quelque part auparavant?

Y a-t-il d'anciens voyages inédits appartenant au XVI° siècle, et surtout aux siècles précédents?

Dans les traductions sans nombre qui se firent alors des auteurs grecs en latin et en français, certaines traductions inédites pourraient être utiles, sinon à mettre au jour, du moins à examiner.

L'imprimerie n'a pas mis au jour, autant qu'il serait naturel de le croire, tous les écrits importants des savants du xvie et du xviie siècle. Des correspondances, des manuscrits scientifiques inédits existent encore ou peuvent se retrouver, bien qu'on les ait supposés perdus. On avait déclaré perdue la correspondance de Peiresc, qui intéresse autant l'histoire de la littérature que celle des sciences; elle a été recouvrée depuis. Les manuscrits de Fermat, qu'on a dit brûlés par son fils après sa mort, ne l'ont pas été, en effet, selon toute vraisemblance. On a publié, il y a quelques années, un ouvrage mathématique de Descartes qu'on ne s'attendait pas à rencontrer : il peut en être ainsi, à plus forte raison, de ses savants prédécesseurs du xvie siècle, de Viète, par exemple. On n'a pas tous les écrits mathématiques de Pascal qui, soumis à l'examen de Leibnitz, ont été mentionnés dans la lettre de ce dernier. Il ne faudrait pas être détourné dans ces sortes de recherches par le caractère anonyme des manuscrits; car des indications intrinsèques ou indirectes peuvent conduire à déterminer sûrement l'auteur. Pascal, Fermat, Roberval, Stevin, etc., de tels noms sont bien propres à rehausser la découverte, possible encore, qu'on ferait de quelqu'un de leurs écrits.

PHILOSOPHIE.

En ce qui concerne la recherche des manuscrits traitant de matières philosophiques, on n'aura pas à s'occuper beaucoup de ce qui peut s'être fait avant le xiie siècle : 1° parce que les œuvres philosophiques antérieures à ce siècle, comme celles de saint Anselme, de Jean Scot ou Érigène, etc., existent imprimées; 2° parce que la scolastique, qui est la grande philosophie du moyen âge, n'était pas véritablement fondée; 3° parce que les auteurs de ces œuvres antérieures au xiie siècle appartiennent rarement à la France.

Ce n'est pas à dire pourtant qu'aucun manuscrit de ce genre, si l'on venait à en rencontrer, dût être négligé. Il ne serait pas impossible de retrouver de nouvelles lettres d'Alcuin.

Mais on s'attachera principalement au xiie siècle : 1° parce que c'est l'ère véritable de la scolastique; 2° parce que c'en est surtout le commencement en France; 3° parce qu'il y a très peu d'écrits philosophiques de ce temps qui aient été publiés.

On recherchera donc s'il n'existe pas des manuscrits contenant quelque traité d'Abailard. Déjà l'on vient de retrouver son *Sic et Non* et plusieurs traités de dialectique. Il est certain (et il le dit lui-même) qu'il avait fait des leçons sur toutes les parties de la philosophie : ce seraient ces leçons qu'il y aurait un grand intérêt à retrouver, ne fussent-elles rédigées que par quelqu'un de ses élèves. Il en est de même de Guillaume de Champeaux, ce maître si célèbre en son temps, et dont il n'a été imprimé qu'un très petit écrit, *De origine animæ.* Il doit se retrouver aussi quelque chose de Gilbert de la Porrée, un des élèves les plus distingués d'Abailard. Guillaume de Conches était aussi à cette époque un maître célèbre, dont il n'a été publié que peu d'ouvrages.

Enfin, en lisant la description fidèle que Jean de Salisbury nous donne de l'état de l'enseignement à Paris au milieu du xiie siècle, de la multitude des maîtres et de la diversité des opinions, il est impossible de ne pas espérer qu'avec des recherches patientes et bien dirigées on arriverait à retrouver beaucoup de choses précieuses et nouvelles.

Dans les siècles suivants, les ordres religieux qui se sont successivement établis ont cultivé la renommée de chacun de leurs membres; de là les éditions, au moins passables, des maîtres célèbres des xiiie, xive et xve siècles. On a donc moins à espérer de retrouver beaucoup d'ouvrages inédits des maîtres de ces époques; cependant il y a lieu de rechercher si l'on ne découvrirait pas quelques fragments de professeurs célèbres, tels par exemple que Occam, qui a enseigné à Paris, et qui, ayant été mal avec l'autorité ecclésiastique, n'a pas eu le bonheur de la plupart des autres maîtres, dont leurs ordres ont recueilli avec soin les ouvrages.

Nous signalons Occam, bien qu'il n'appartienne pas à la France, mais comme ayant professé à Paris. Il faut dire la même chose de Roger Bacon, qui a étudié et professé longtemps à Paris. On sait qu'il y a deux grands ouvrages de Roger Bacon qui, réunis à l'*Opus majus*, composaient son œuvre générale. L'*Opus majus* a été publié; les deux autres écrits, l'*Opus minus* et l'*Opus tertium*, ne l'ont pas été. Il serait possible qu'on retrouvât dans une bibliothèque de France quelque copie qui se comparerait utilement avec les manuscrits conservés en Angleterre.

On demandera particulièrement au xive et au xve siècle tout ce qui se rapporte à la grande querelle des Nominalistes et des Réalistes, par laquelle a commencé et par laquelle a fini la scolastique. Pour bien s'assurer de ce qui est réellement inédit, on devra consulter l'*Histoire littéraire de la France*, où l'article concernant chaque auteur se termine par une énumération des ouvrages inédits et même des ouvrages réputés perdus. On tirera de là des indications et des directions précieuses. Pour les siècles où l'histoire littéraire des Bénédictins manque, il faudra consulter les divers catalogues et les indications données par les historiens de la philosophie, par Brucker principalement.

Quand on croira avoir découvert quelque chose d'inédit, on tâchera de vérifier si le morceau ne se trouve pas imprimé déjà dans quelqu'une de ces vastes collections où tant de pièces diverses sont rassemblées, dans le *Spicilegium* de d'Achery, dans le *Thesaurus anecdotorum* de Bernard Pez, dans les collections de Durand, de Martene, et les *Analecta* de Mabillon. Au cas où l'on n'aurait pas sous la main les moyens de vérification, du moment qu'on croira avoir trouvé quelque chose d'inédit qui ait de l'importance, il suffira de m'en écrire, et je transmettrai, avec l'aide du Comité, les éclaircissements nécessaires.

Même avant Descartes, il a pu y avoir des essais de philosophie en langue française, dans le genre des traductions et commentaires que Louis Le Roy a donnés de plusieurs ouvrages de Platon et d'Aristote. On se garderait de les négliger, non plus que les écrits appartenant à cette philosophie morale moins systématique et plus libre qui s'honore des noms de Montaigne et de Charron.

Le xviie siècle lui-même nous offre, dans la Bibliothèque du Roi, beaucoup de morceaux inédits du P. Lami, de l'Oratoire, élève de Malebranche. Des correspondances de philosophes célèbres, discutant entre eux des points intéressants, peuvent se retrouver encore et ajouter à cet héritage de la philosophie en France.

LITTÉRATURE.

En ce qui concerne la littérature, Monsieur, j'appellerai d'abord particulièrement votre attention sur ce qui pourrait éclairer les origines de notre langue, et la culture qui s'est développée dans les divers genres de composition, à partir du xie siècle jusqu'au xvie, durant cette période qui comprend la naissance, le premier emploi et le premier éclat de notre langue vulgaire, jusqu'à l'époque tout à fait moderne. Il importe, pour combler une grande lacune dans notre histoire littéraire, de connaître et de recueillir de plus en plus complètement les monuments de cette période, que les Bénédictins et leurs savants continuateurs n'ont fait qu'entamer.

Vous voudrez donc bien rechercher ce que vos collections manuscrites pourraient contenir en fait de longues compositions épiques et chevaleresqués, chansons dites *de geste*, romans en vers ou en prose, se rapportant aux cycles de Charlemagne, d'Arthus, d'Alexandre, ou de la guerre de Troie, ou à toute autre variété de sujets. Vous en donneriez des indications et extraits qui permissent d'en déterminer l'âge.

Il serait précieux de retrouver des romans en prose antérieurs aux xive et xve siècles. Vous noteriez, dans les romans en vers, si les vers sont rimés par tirades monorimes, s'ils sont de douze, de dix ou de huit syllabes. Vous verriez, surtout au commencement ou à la fin de ces romans, quelquefois aussi au milieu et dans l'intervalle d'un livre à l'autre, s'il est fait mention de l'auteur et de la date, et vous transcririez fidèlement ces endroits.

Les chroniques en vers, qu'il faut distinguer des romans, et dans le genre du *Rou* ou du *Brut*, vous offriraient une valeur historique étroitement unie à la curiosité littéraire.

Vous ne rechercherez pas avec moins d'intérêt ce qui se pourrait découvrir en fait de *miracles, mystères, moralités, farces, sotties, dialogues et débats, plets*, etc., en un mot, tout ce qui se rapporte aux compositions et représentations dramatiques de ces temps.

Vous mettrez une égale importance à tous manuscrits étendus en vers, quel qu'en soit le titre; aux voyages, aux écrits satiriques désignés sous le nom de *Bibles;* à ceux qui s'intitulent *Bestiaires, Volucraires, Lapidaires*, ou qui s'offriraient sous des titres latins; aux espèces de compilations scientifiques, comme l'*Image du monde;* aux grands ouvrages allégoriques du genre du *roman de la Rose;* aux grands apologues, aux branches nouvelles qu'on pourrait retrouver du célèbre *roman du Renard*, par exemple. Vous remarqueriez les traductions des *Écritures*, les *Psautiers*, et en général toute traduction des auteurs anciens; vous attacheriez un prix tout particulier aux *grammaires, glossaires* et *traités sur la langue* composés dans ces siècles, si vous en découvriez.

Dans les genres de moindre étendue, et dont les pièces ne se trouvent souvent point dans des manuscrits à part, mais aux dernières pages seulement ou au milieu de manuscrits qui traitent de matières toutes différentes, vous remarqueriez les chansons, lais, complaintes, rotruenges; les fabliaux, les fables attribués aux divers Ysopets; les estampies, rondeaux, sirventais; les jeux-partis, les proverbes, dicts et sentences, dicts et contredicts; les proses farcies; les caroles, noëls, sermons en vers, etc. Pour ces objets de peu d'étendue et qui vous paraîtraient de quelque prix, des copies entières remplaceraient convenablement les indications et descriptions, que vous réserveriez aux plus longs ouvrages.

Des écrits en apparence très étrangers à l'histoire littéraire peuvent s'y rattacher par quelque point. Des traités en langue vulgaire sur les divers arts et métiers, sur diverses parties des sciences d'alors, des livres de compte même, peuvent devenir précieux pour l'histoire des origines et des progrès de la langue, par leur date, par leur terminologie. La littérature de ces époques revendique très directement, et à titre presque de poèmes didactiques, les traités en vers sur la chasse, sur l'équitation, sur les échecs, etc.

Des chroniques romanesques, sermons ou autres écrits en prose latine, ne sont pas du tout étrangers à l'histoire de notre littérature française, et peuvent servir à l'éclaircissement de questions intéressantes relatives au fond ou à la forme de certaines compositions, à la langue dans laquelle elles parurent d'abord, etc. Les anciens livres d'offices, en latin, peuvent offrir la première forme, encore liturgique, des *miracles* et des *mystères*. On trouve des mots français intercalés dans des sermons latins dès le XIIe siècle, et sans doute auparavant. Presque toutes les liturgies relatives aux événements de la famille, au baptême, au mariage, etc., contiennent des mots ou même des portions de dialogue en langue vulgaire, dont il faudrait faire le relevé.

On ne devra pas non plus omettre les poèmes latins de ces âges. En général, la recherche des écrits latins du moyen âge se lie de près, non seulement à la connaissance du fonds littéraire commun de ces temps, mais aussi à l'étude philologique de notre langue, beaucoup de mots français, d'expressions françaises, plus ou moins altérés de l'ancien latin, ayant contracté cette altération dans leur forme de basse latinité.

Des manuscrits de poèmes ou chroniques en langue romane provençale ne sont nullement exclus de votre recherche. Tout ce qu'on en pourra découvrir et recueillir sera porté à l'information des personnes savantes qui se sont occupées plus particulièrement de cette branche de notre littérature, et qui sont désormais maîtres reconnus en pareille matière.

Les ouvrages en langue *trouverre* qui ont été composés dans un dialecte provincial particulier méritent attention; on pourrait en éclairer l'étude par la connaissance du patois moderne correspondant.

Il s'est conservé, en quelques localités de la France, des fêtes, des représentations dramatiques populaires dont l'origine semble remonter à une haute antiquité. Il s'est conservé en certaines contrées à part, surtout en Bretagne et vers les Pyrénées, d'anciennes traditions poétiques, des récits superstitieux, des chants même en langue du pays, altérés sans doute, mais évidemment transmis. Il ne sera pas indifférent d'examiner et de noter ces restes du passé avant que la civilisation moderne et l'usage de la langue générale les aient fait disparaître.

Mais votre recherche, Monsieur, n'est pas du tout limitée à cette époque du moyen âge et aux siècles antérieurs au XVIe, sur lesquels j'ai cru devoir fixer d'abord votre attention. D'intéressants résultats sont à espérer encore pour les époques suivantes, dans lesquelles l'imprimerie semble avoir tout épuisé. Des copies peut-être plus complètes de certains ouvrages célèbres, des correspondances jusqu'ici négligées, des ouvrages même que les circonstances ont empêché d'imprimer en leur temps, peuvent venir ajouter en quelque chose à tout ce que la France possède déjà de richesses littéraires accumulées durant ces trois derniers siècles.

Telles sont, Monsieur, les instructions que j'ai jugées nécessaires et suffisantes pour vous diriger dans la recherche des manuscrits traitant des matières scientifiques, philosophiques et littéraires. Les instructions relatives à l'art s'appliquent à une tout autre classe de monuments et méritent d'être développées d'une manière tout à fait distincte des précédentes. Je vous les adresserai successivement[1], et je compterai toujours sur votre empressement à me seconder dans des travaux d'un si haut intérêt, non seulement pour chaque localité, mais pour notre patrie tout entière.

Recevez, etc.

GUIZOT.

8

LETTRE DE GUIZOT À M. SAINTE-BEUVE LUI DEMANDANT UN RAPPORT SUR LES TRAVAUX RELATIFS À LA LITTÉRATURE FRANÇAISE AU MOYEN ÂGE PENDANT LES TROIS DERNIERS SIÈCLES.

19 septembre 1835.

Monsieur, en attendant les résultats des recherches que j'ai fait entreprendre sur les monuments de notre ancienne littérature nationale, et pour donner à ces recherches mêmes un point de départ bien déterminé, je dési-

---

[1] « Ces instructions, qui seront fort étendues, ne sont pas encore complètement rédigées et n'ont pu encore être adressées aux correspondants. »

rerais que vous voulussiez bien vous charger de rédiger un exposé, un compte rendu précis et complet des divers travaux entrepris en France sur cette littérature durant les trois derniers siècles.

A partir du xvi⁰ siècle, en effet, on commence en France à s'occuper de la littérature antérieure, comme d'une chose déjà ancienne. Marot se fit éditeur du *roman de la Rose;* le président Fauchet, Étienne Pasquier et d'autres encore se livrèrent à quelques essais de critique sur ces monuments littéraires. Sous quel aspect abordèrent-ils cette étude? Quelle idée s'en formèrent-ils et quelles opinions s'accréditèrent dès lors?

La grandeur et l'éclat du siècle suivant durent naturellement distraire les esprits de ces recherches minutieuses sur la vieille littérature maternelle, réputée informe et barbare. Les immenses travaux d'érudition exécutés par les Mabillon, les du Cange, ont un caractère particulièrement historique; la littérature proprement dite ne trouve place chez eux qu'en qualité de témoignage à l'appui de certains faits. Il importe cependant d'observer et de bien constater le progrès qui se prépara dès lors dans la connaissance positive de nos anciens monuments littéraires, la véritable critique qui commença à leur sujet, et aussi les traditions qui se perpétuaient chez quelques amateurs érudits, comme Ménage et La Monnoye.

Ce fut dans le siècle suivant que, grâce aux Sainte-Palaye, aux Barbazan, etc., des publications littéraires non interrompues vinrent constituer régulièrement cette étude. Une analyse précise, jointe à une appréciation exacte de leurs travaux, ferait connaître la formation, la suite et les progrès de cette importante branche de critique et d'histoire littéraire jusqu'à nos jours.

En s'arrêtant aux dernières années, et sans entrer dans le détail des travaux contemporains, il y aurait à voir si quelque remarque lumineuse et fondamentale, en débrouillant la grammaire de notre vieille langue, n'est pas venue récemment modifier les recherches littéraires qui s'y rapportent, en fixer les conditions, et y introduire un degré de précision auquel on n'avait pas encore songé.

Ce sont là sans doute, Monsieur, des aperçus bien superficiels, mais ils n'ont d'autre objet que de vous indiquer ma pensée. Je désire que vous puissiez tracer ainsi un exposé historique des recherches entreprises jusqu'ici sur notre vieille littérature, et qu'il résulte de votre travail un tableau exact des développements successifs et de l'état actuel de cette intéressante étude. Ce serait là une utile et belle introduction à la publication de ceux de nos monuments littéraires qui sont encore inédits, et dont la recherche se poursuit avec tant d'ardeur.

Agréez, etc.

Guizot.

9 (1)

RAPPORT AU ROI SUR L'ÉTAT DES TRAVAUX RELATIFS À LA RECHERCHE ET À LA PUBLICATION DE DOCUMENTS INÉDITS CONCERNANT L'HISTOIRE DE FRANCE.

2 décembre 1835.

Sire,

Vers la fin de l'année dernière, j'ai eu l'honneur de soumettre à Votre Majesté les mesures prescrites pour la recherche et la publication des documents inédits relatifs à l'histoire de France. Je viens aujourd'hui lui faire connaître l'état des travaux entrepris jusqu'à ce jour et lui en présenter les premiers résultats.

Ces travaux se divisent en deux séries distinctes : l'une comprend les documents relatifs à l'histoire politique et sociale du pays, à sa législation, à ses institutions; l'autre s'occupe de l'histoire des sciences, des lettres, des arts et de leurs monuments.

La surveillance particulière des travaux qui se rapportent à cette seconde série a été confiée à un second Comité, institué près le Ministère de l'instruction publique, à l'instar du premier Comité dont j'ai déjà entretenu Votre Majesté[2], et composé, comme le premier, des hommes les plus distingués par leurs talents et leurs lumières. Les deux Comités, réunis alternativement sous ma présidence, ont assidûment accompli leur mission; la plupart des correspondants de mon Ministère dans les départements ont concouru avec zèle à nous seconder dans nos efforts; et déjà je puis mettre sous les yeux de Votre Majesté d'importants résultats, obtenus pendant le cours de cette année.

Le premier et le plus considérable est la publication des deux premiers

---

[1] M. Francisque Michel adressa au Ministre, en septembre 1835, un mémoire sur sa mission en Angleterre. Ce rapport, compris dans les *Rapports au Ministre sur la Collection des documents inédits de l'histoire de France et sur les actes du Comité des travaux historiques*, p. 35-85-203, n'a pas paru de nature à être reproduit ici.

[2] «Voir le rapport du 27 novembre 1834.»

volumes d'un recueil intitulé : *Négociations relatives à la succession d'Espagne sous Louis XIV, ou correspondances, mémoires et actes diplomatiques concernant les prétentions et l'avènement de la maison de Bourbon au trône d'Espagne*, et qui formera six ou sept volumes. J'ai l'honneur de présenter ces deux volumes à Votre Majesté. Ce grand travail, conçu avec une intelligence profonde et exécuté avec un soin consciencieux par M. Mignet, garde des archives du Ministère des affaires étrangères, est devenu, grâce au talent de l'éditeur, un ouvrage original, non moins qu'une collection de pièces diplomatiques. M. Mignet a su encadrer ces pièces, qui forment à peu près les deux tiers de l'ouvrage total, dans un récit substantiel, entremêlé de savantes explications. Ce sera presque une histoire de la diplomatie française de 1660 à 1738 ; histoire authentique et dont les matériaux, inconnus jusqu'à ce jour, nous révèlent une face entièrement neuve de cette grande époque.

A côté de cette publication, je présente à Votre Majesté le premier volume des *Documents* publiés par M. le général baron Pelet, directeur du dépôt de la Guerre, et relatifs à l'*Histoire de la guerre de la succession d'Espagne*, de 1701 à 1713. Ce recueil, préparé depuis longtemps par le lieutenant général de Vault, ancien directeur du dépôt de la Guerre, et revu avec soin par son habile éditeur, fera connaître, par les rapports et les lettres des généraux, des ministres de la guerre et de Louis XIV lui-même, le détail exact et officiel des opérations de ces campagnes célèbres, et présentera ainsi le côté militaire de la grande lutte dont le travail de M. Mignet offrira le côté diplomatique.

Des cartes jointes à ce recueil, et presque toutes encore inédites, en rendront le texte parfaitement intelligible. Six cartes appartiennent au premier volume, et seront incessamment publiées.

Enfin, Sire, un quatrième volume paraît en même temps que les précédents : c'est le *Journal des États généraux tenus à Tours en 1484*, par Jehan Masselin, official de l'archevêque de Rouen, et député à ces États. La traduction française, par M. Adhelm Bernier, est imprimée en regard du texte latin : cet ouvrage, qui n'était connu que par quelques extraits ou fragments détachés, contient une foule de renseignements précieux, qu'on chercherait vainement ailleurs, sur le cérémonial, les usages, les formes observées dans la tenue des États généraux de l'ancienne monarchie, ainsi que sur leur juridiction et l'étendue des droits et des pouvoirs qui leur étaient dévolus. On y trouve d'ailleurs une expression fidèle, une vivante représentation des idées politiques et administratives qui occupaient, vers la fin du xv⁰ siècle, les hommes les plus distingués de la société française, nobles, prélats, bourgeois réunis en une assemblée de trois cents personnes, discutant et délibérant de concert sur les questions les plus graves pour notre pays.

Ces quatre volumes, Sire, sont entièrement terminés, et ouvrent, dès à présent, la série de nos publications historiques; mais plusieurs autres sont depuis longtemps livrés à l'impression et ne tarderont pas à paraître. Je demande à Votre Majesté la permission de les lui indiquer.

L'*Histoire en vers de la Croisade contre les hérétiques albigeois*, publiée d'après un manuscrit de la Bibliothèque du Roi et traduite sur le texte provençal par M. Fauriel, ouvrage de la plus haute importance, et dont j'ai entretenu Votre Majesté dans l'un de mes précédents rapports, sera incessamment terminée.

La *Chronique en vers des ducs de Normandie*, par Benoît de Sainte-More, dont le texte, écrit en langue normande du commencement du xiii⁰ siècle, a été copié par M. Francisque Michel, d'après mes instructions, sur le manuscrit original de la Tour de Londres, est également sous presse. La nécessité d'envoyer et de collationner les épreuves à Londres en retardera un peu la publication; mais le travail est suivi avec assiduité.

J'ai confié à M. Ravenel, bibliothécaire de la ville de Paris, le soin de publier les *Carnets du cardinal Mazarin*, dont j'ai déjà rendu compte à Votre Majesté. Dans ce volume seront également insérées diverses notes de Mazarin, sa correspondance avec Colbert, et plusieurs autres pièces relatives aux troubles de la Fronde. Ce travail difficile, qui exige beaucoup de soins et de patience, sera terminé dans quelques mois, et livré dès lors à l'impression.

Deux chroniques très importantes pour l'histoire des règnes de Charles VI, Charles VII et Louis XI, la *Chronique du Religieux de Saint-Denys* et celle d'Amelgard, manquent aux diverses collections publiées dans ces derniers temps. M. Bellaguet est chargé d'en publier le texte et la traduction, sous la surveillance particulière de M. le baron de Barante, qui connaît si bien et a si bien retracé l'histoire de cette mémorable époque.

La commission instituée à Besançon sous la présidence de M. Weiss, bibliothécaire de cette ville, et chargée de diriger le dépouillement des quatre-vingt-cinq volumes in-folio des papiers du cardinal de Granvelle, est déjà fort avancée dans son travail. Pendant les six derniers mois de cette année, plus de vingt-cinq volumes de cette vaste collection ont été analysés complètement, et les pièces en langues étrangères, qu'ils contiennent en grand nombre, ont été traduites lorsqu'elles ont paru offrir de l'importance. Dès que le dépouillement sera terminé, la commission s'occupera du choix des pièces qu'il serait convenable de publier.

Un autre ouvrage, dont le manuscrit existe aussi à la bibliothèque de Besançon, m'a paru digne d'être mis au jour. C'est une *Histoire, en seize livres, des guerres de la Franche-Comté,* de 1632 à 1642, par un conseiller au parlement de Dole, le sieur Girardot de Beauchemin, membre du gouvernement de la province à cette époque. C'est un tableau très animé de la résistance de la Franche-Comté aux entreprises de Richelieu, de la politique de ce ministre, de celle de la cour d'Espagne, des deux invasions successives du prince de Condé et du duc de Saxe-Weimar, enfin du long attachement de cette province à la maison d'Autriche et de ce qu'elle souffrit alors pour cette cause. On peut considérer cet ouvrage comme un épisode de la guerre de Trente ans, épisode d'un grand intérêt pour l'histoire de France, puisqu'il retrace les destinées, encore séparées, d'une province qui depuis s'est intimement unie à la France, sous le rapport moral aussi bien que sous le rapport politique.

M. Guérard, membre de l'Institut et du premier Comité central, m'a proposé de faire extraire, sous sa direction : 1° les registres originaux du parlement de Paris; 2° les registres de la Chambre des comptes; 3° le Trésor des chartes, recueils remplis de documents neufs et intéressants à publier. Je ferai incessamment entreprendre ce grand travail, que M. Guérard est si capable de bien diriger.

Le dépouillement des grandes collections de manuscrits que possède la Bibliothèque royale se poursuit avec activité, sous la direction de M. Champollion-Figeac, l'un des conservateurs du département des manuscrits de cet établissement, et membre du premier Comité central. Douze personnes sont employées à ce travail. Les premières collections analysées ont été : 1° celle de Dupuy, à laquelle appartient l'immense recueil d'anciens titres, chartes, diplômes, etc., originaux ou en copie, rassemblés ou transcrits par Pierre Pithou, formant ensemble neuf cent cinquante volumes in-folio et in-4°; la collection de Brienne, composée de pièces diplomatiques et de documents qui se rapportent aux diverses affaires du Royaume; 3° la collection de Bréquigny, composée de copies exécutées, par ordre de l'ancien gouvernement, aux archives de la Tour et de l'Échiquier de Londres. Le même travail s'accomplit en ce moment sur les diverses collections réunies dans le fonds de Colbert, si riche en matériaux de tout genre, relatifs aux affaires étrangères et aux affaires intérieures de la France. Les trois premiers recueils sont complètement dépouillés; les cartes qui en contiennent le relevé ont été classées dans des cartons par ordre chronologique, en attendant qu'elles soient dépouillées elles-mêmes pour former des tables générales des matières et des noms d'hommes et de lieux mentionnés dans l'ensemble des collections de la Bibliothèque royale. Quand ce plan aura reçu son entière exécution, un simple coup d'œil jeté sur l'une de ces tables indiquera sur-le-champ à l'historien, à l'érudit, au géographe, les pièces qui peuvent se rattacher à l'objet spécial de ses recherches. Il serait superflu d'insister sur l'utilité d'un pareil travail; il aura évidemment pour résultat de livrer à l'histoire, et aux sciences qui s'y rattachent, une masse énorme de documents dont elles n'ont pu s'aider qu'incomplètement jusqu'à ce jour. Mais ce résultat, Sire, quelque précieux qu'il soit, ne répondrait pas entièrement aux vues de Votre Majesté, s'il ne nous amenait aussi à mettre au jour, dès à présent, ceux de ces documents qui présentent une véritable importance sous le rapport historique : déjà les mesures sont prises pour que ce but soit très prochainement atteint. Parmi les pièces inédites qui ont été relevées et analysées, le Comité central déterminera celles qui, par leur nature et en raison de l'intérêt qu'elles peuvent offrir, mériteront d'entrer dans la collection imprimée des documents relatifs à l'histoire de France. Cette publication commencera, je l'espère, en 1836.

M. Champollion-Figeac, indépendamment de la direction des travaux de dépouillement qui s'exécutent à la Bibliothèque royale, s'est chargé, en outre, de recueillir et de publier les lettres des rois, reines, princes et princesses de France, aux rois, reines, princes et princesses d'Angleterre, depuis le milieu du XIIe siècle jusqu'à la fin du XVIe. Les matériaux de cette publication sont rassemblés en grande partie. L'impression en est commencée, et sera terminée dans le cours de l'année qui va s'ouvrir.

Plusieurs monuments inédits, qui appartiennent à l'histoire de la France sous les deux premières races et le commencement de la troisième, seront aussi publiés successivement, sous la direction de M. Guérard, membre de l'Institut et du Comité. La transcription de l'un de ces monuments, le cartulaire de la célèbre abbaye de Saint-Bertin, vient d'être achevée d'après le manuscrit appartenant à la bibliothèque de la ville de Saint-Omer et le travail nécessaire à la publication, confié à M. Claude, se poursuit sous les yeux de M. Guérard, de manière à pouvoir être imprimé en 1836. Cette publication sera suivie de celle du cartulaire de l'église de Notre-Dame de Chartres, non moins important que celui de l'abbaye de Saint-Bertin, par sa date et par la nature des titres qu'il renferme.

Tels sont, Sire, les travaux qui ont été exécutés ou commencés, durant le cours de l'année 1835, à la Bibliothèque royale.

Un zèle, sinon aussi fructueux, du moins aussi actif, a été déployé dans les départements, et déjà la plupart des bibliothèques ou collections d'archives ont été l'objet de soigneuses explorations. Les correspondants de mon Ministère ont été aidés dans leurs recherches par les personnes que j'ai envoyées en divers lieux, et par un grand nombre d'hommes instruits qui se sont offerts d'eux-mêmes à l'Administration. Plusieurs conseils généraux et municipaux ont voté des fonds extraordinaires pour l'inventaire et le classement de leurs archives. Je me contenterai d'indiquer à Votre Majesté les plus importants de ces travaux.

M. le Dr Leglay, l'un de mes correspondants les plus actifs et les plus éclairés, a été chargé de mettre à jour les riches dépôts du département du Nord, et particulièrement ceux de Lille et de Cambrai. Il a continué les inventaires qui furent dressés avec tant de soin par les Godefroy avant 1789; il a signalé, dans le catalogue des manuscrits de Cambrai, deux chapitres de la Chronique de Molinet qui ne se trouvent point dans l'édition imprimée; il a fait connaître enfin deux ouvrages qui paraissent dignes d'attention, les *Mémoires de Robert d'Esclaibes*, gentilhomme du Hainaut, qui servait dans l'armée de la Ligue du temps de Henri III et de Henri IV, et ceux *du baron de Vuverden*, contenant une foule de notions intéressantes et inédites sur les affaires publiques du xviie siècle.

MM. Redet et de la Fontenelle ont exploré les archives de Poitiers; M. Moreau, celles de Saintes; M. Maillet, celles de Rennes; M. Monnier, celles du Jura. Des travaux analogues ont été commencés par M. Mermet à Vienne, en Dauphiné; par M. Ollivier à Valence, par M. Morellet à Albi, par M. de Formeville à Lisieux, par M. Maillard de Chambure à Dijon et à Semur. Divers manuscrits et documents curieux déposés à la bibliothèque de Lyon ont été signalés et étudiés par MM. Monin et Péricault.

En même temps que les correspondants du Ministère recherchaient sur place les monuments inédits relatifs à l'histoire de leurs villes ou de leurs anciennes provinces, plusieurs voyages étaient entrepris par mes ordres, soit en France, soit à l'étranger.

M. Weiss a été chargé d'entreprendre une tournée dans les départements du Doubs et du Jura, afin d'y examiner toutes les collections publiques ou particulières de livres et de manuscrits.

M. Michelet a visité tous les dépôts qui se trouvent de Poitiers à Bayonne, de Pau à Toulouse et Montauban, de Cahors à Bourges et Orléans. Le résultat de ses investigations est consigné dans un rapport étendu, qu'il m'a remis à son retour [1].

M. Granier de Cassagnac, en se rendant dans le midi de la France, s'est mis en relation personnelle avec les correspondants de mon Ministère établis dans toutes les villes qu'il a parcourues; il s'est enquis auprès d'eux de l'état des dépôts qu'ils sont appelés à consulter, des résultats qu'ils ont obtenus jusqu'à ce jour, de la direction qu'il conviendrait de donner à leurs recherches ultérieures, et des moyens qu'on pourrait mettre à leur disposition pour les aider dans leur travail.

Le voyage de M. Francisque Michel en Angleterre a donné des résultats assez considérables. Il a transcrit la *Chronique rimée des ducs de Normandie*, par Benoît de Sainte-More; l'*Histoire des rois Anglo-Saxons*, de Geoffroi Gaimar; le poème désigné par le savant abbé de la Rue sous le titre de *Voyage de Charlemagne à Constantinople*, et plusieurs autres ouvrages dont les originaux manquent à la France. Il a fouillé les vastes collections du Musée britannique, les bibliothèques des universités d'Oxford et de Cambridge, et a pris note de tous les manuscrits qui lui ont paru offrir quelque intérêt pour notre histoire et notre ancienne littérature nationale.

Le second Comité établi près mon Ministère s'est occupé exclusivement des monuments qui se rapportent aux divers développements de l'intelligence humaine dans notre patrie. Ces monuments se distinguent naturellement en deux classes : les uns intéressent l'histoire des sciences, des lettres, de la philosophie; les autres, celle de l'art, envisagé sous toutes ses formes et dans ses productions de toute nature. Ces deux ordres de travaux ne sauraient être conçus ni exécutés d'après le même plan. Pour tout ce qui tient

---

[1] *Rapport au Ministre de l'instruction publique sur les bibliothèques et archives des départements du sud-ouest de la France* (août-septembre 1835). Paris, Ducessois, 1836, in-4° de 28 pages.

à l'histoire philosophique, scientifique et littéraire, il s'agit, de même que pour l'histoire politique et sociale, de recueillir et de publier des manuscrits inconnus ou inédits, de compulser par conséquent les bibliothèques de Paris et des départements, d'examiner la valeur des résultats fournis par cette investigation, et de décider quels sont les manuscrits qui doivent être livrés à la publicité. Cette marche a été suivie par le second Comité comme elle l'avait été par le premier. Une circulaire contenant des instructions précises et détaillées sur cet objet a été adressée à tous les correspondants de mon Ministère.

Le recueil des *Fragments inédits d'Abailard*, publié par M. Cousin, est presque entièrement imprimé, et paraîtra avant trois mois. Ce recueil se compose de trois parties distinctes :

1° Fragments du *Sic et Non*, formant environ un grand tiers de l'ouvrage original;

2° Fragments d'un traité de dialectique, sous la forme d'un long commentaire d'Abailard sur l'*Organon* d'Aristote;

3° Fragments et opuscules philosophiques d'Abailard. Dans cette dernière partie se trouvent des *Glossæ in Porphyrium*, qui méritent d'être lues avec soin. Ce volume est d'une importance réelle pour l'histoire de la philosophie scolastique, et le Gouvernement seul pouvait faire les frais d'une telle publication.

Un travail spécial, destiné à servir en quelque sorte d'introduction aux publications du Comité chargé de la recherche de nos monuments littéraires, a été confié à M. Sainte-Beuve, l'un de ses membres. Ce travail doit consister en un compte rendu précis et complet des développements successifs qu'ont reçus en France, durant les trois derniers siècles, l'étude et l'histoire critique de notre ancienne littérature. Ainsi, au moment où cette partie si intéressante de la vie intellectuelle du pays recommence à exciter parmi nous une curiosité si générale et si vive, M. Sainte-Beuve rappellera, résumera et appréciera, avec la sagacité qui le distingue, toutes les recherches dont elle a déjà été l'objet depuis le commencement du xvie siècle jusqu'à nos jours.

Quand on quitte les sciences et les lettres pour s'occuper des arts, il faut nécessairement changer de méthode. Ici il ne s'agit plus de découvrir et d'imprimer des ouvrages inédits. A part quelques traités spéciaux et en petit nombre, l'histoire des arts n'est point dans les livres; elle est écrite dans les monuments eux-mêmes, dont les formes, variables suivant les temps et les lieux, représentent non seulement les principes et les règles suivies par les diverses écoles, mais surtout l'esprit, les idées, les connaissances mêmes qui appartiennent aux siècles qu'elles rappellent. Ce sont donc les formes des monuments qu'il faut reproduire, au moyen d'une description courte mais exacte, en ayant soin de noter minutieusement les différences caractéristiques qui se remarquent dans chacun d'eux. Tous les monuments qui ont existé ou qui existent encore sur le sol de la France seront l'objet d'une étude particulière dans chaque commune, dans chaque hameau, dans chaque groupe d'habitations. Aux notices descriptives on joindra souvent un plan, une coupe et au moins une ou deux élévations des constructions qu'on aura mentionnées; tous les plans et dessins seront ramenés, autant qu'il sera possible, à une échelle unique, et l'ensemble de ces travaux formera une véritable statistique monumentale de la France, étudiée à ses différents âges.

En ce moment, M. Ramey exécute un spécimen de ce travail pour tous les monuments qui existent dans trois cantons du département de l'Oise, et M. Grille de Beuzelin, pour deux arrondissements du département de la Meurthe.

M. Mérimée, inspecteur des monuments historiques de la France, et l'un des membres du Comité, a parcouru, pendant les derniers mois de cette année, toute l'ancienne province de Bretagne. Les nombreuses observations qu'il m'a transmises intéressent principalement l'histoire de l'architecture bretonne, dans laquelle il croit avoir reconnu un style particulier. Il m'a adressé, en outre, ainsi qu'à M. le Ministre de l'intérieur, diverses propositions relatives à la conservation des édifices du moyen âge qu'il a visités. Enfin, il s'est rendu, par mes ordres, dans le département de la Vienne, afin d'y examiner les restes de l'ancienne abbaye de Charroux, de constater l'état actuel de ce monument, et de faire les démarches nécessaires pour en assurer la conservation.

Partout M. Mérimée a remarqué un grand empressement à garder et à étudier les monuments de notre histoire. Des Sociétés savantes s'occupent du soin de les décrire; un grand nombre d'artistes et de particuliers entreprennent des fouilles à leurs frais; chacun s'efforce d'entrer, autant qu'il est en son pouvoir, dans les vues de l'Administration. Cependant de telles recherches exigent des connaissances spéciales, et par conséquent doivent être dirigées d'après des instructions détaillées et précises. Le Comité s'est chargé de rédiger ces instructions, qui constitueront, à elles seules, un travail considérable. M. Albert Lenoir, membre du Comité, s'est occupé de tout ce qui concerne les monuments publics gaulois, grecs, romains et chrétiens, jusqu'au xie siècle; M. Auguste Le Prévost, des monuments religieux depuis le xie siècle jusqu'à nos jours; M. Mérimée, de l'architecture militaire de toutes les époques, en y comprenant les routes qui, dans l'origine, sont toutes militaires. M. Lenormant a traité de tous les monuments meubles des divers âges, des vases et ornements, des médailles, des vignettes et manuscrits à miniature, etc., etc. La première partie de ces instructions est complètement achevée, et sera bientôt livrée à l'impression. Des gravures sur bois, ajoutées à l'ouvrage, en rendront l'intelligence plus nette et plus facile.

J'ai pensé qu'au moment où l'on exécute avec tant de soin la carte de France, au Ministère de la guerre, il serait utile de faire dresser, par les habiles ingénieurs de ce département, une carte de la vieille France, avec l'indication de ses voies antiques et des anciennes villes de toutes les époques. M. le général baron Pelet, directeur du dépôt de la Guerre, a accueilli cette proposition, et il a offert d'extraire de la grande carte de France une carte en quatre feuilles, où tous les monuments et toutes les données relatives à l'archéologie seront notés d'une manière particulière. M. le général Pelet a donné des instructions en ce sens à MM. les officiers d'état-major chargés de la rédaction de la carte générale.

Un dernier travail enfin complétera celui du Comité. Il existe, sans doute, un assez grand nombre d'hommes capables de lire les anciennes écritures des manuscrits ou des inscriptions monumentales; toutefois, ces connaissances paléographiques ne sont pas, à beaucoup près, suffisamment répandues; plus elles deviendront vulgaires, plus les monuments anciens seront connus et appréciés, plus aussi les recherches entreprises sur tous les points de la France acquerront de valeur et de certitude. L'enseignement des habiles professeurs de l'École des chartes ne s'adresse qu'à un petit nombre d'élèves rassemblés à Paris. D'une autre part, les traités de paléographie qui sont entre les mains des savants ne sont que d'un faible secours pour ceux qui veulent se livrer à cette étude. Les ouvrages des Bénédictins sont trop volumineux ou manquent de méthode; d'autres offrent des planches mal exécutées; les traités allemands sont d'une science diplomatique trop haute et ne peuvent être utiles que pour les manuscrits germaniques. Un seul livre de ce genre, composé en anglais, celui de Thomas Astle, est excellent pour les travaux du moyen âge; les écritures cursives et calligraphiques y sont représentées dans de nombreux exemples, avec abréviations et alphabets chronologiques. Il m'a paru qu'il serait utile de répandre dans le public un ouvrage semblable, qui apprendrait à reconnaître les divers modes d'écriture employés en France dans tout le cours du moyen âge, et donnerait les abréviations les plus usitées et les exemples les plus frappants empruntés à chaque siècle, dans les manuscrits du Nord et dans ceux du Midi. Ce but sera complètement atteint au moyen d'une douzaine de planches ajoutées au texte. J'ai chargé de la rédaction de ce manuel paléographique M. Natalis de Wailly, chef de la section administrative des Archives du royaume, dont le zèle et l'instruction m'étaient particulièrement connus. Cette publication, sans prétention scientifique, mais d'une utilité pratique incontestable, marche rapidement et sera bientôt terminée.

Tel est, Sire, l'ensemble des travaux historiques exécutés pendant le cours de l'année 1835. Votre Majesté pensera, je l'espère, qu'une utile impulsion a été donnée, et je crois pouvoir l'assurer que les résultats obtenus en garantissent de plus importants encore. Ainsi la France devra à la haute protection de Votre Majesté, aidée du concours éclairé des Chambres, une illustration plus complète de ses annales, et, ce qui n'est pas un moindre bienfait, une carrière nouvelle ouverte aux hommes actifs et laborieux qui veulent se vouer à l'étude sérieuse du passé de notre patrie; étude non seulement pleine d'attrait, mais propre à élever l'esprit et la moralité de la nation.

Je suis avec le plus profond respect, Sire, de Votre Majesté, le très humble et très obéissant serviteur et fidèle sujet,

GUIZOT.

10

CIRCULAIRE RELATIVE À UNE DEMANDE DE RECHERCHES HISTORIQUES POUR LE RECUEIL DES DOCUMENTS INÉDITS DE L'HISTOIRE DU TIERS ÉTAT.

10 août 1836.

Aux Correspondants du Ministère.

Monsieur, j'ai chargé M. Augustin Thierry, membre de l'Académie royale des inscriptions et belles-lettres, de diriger le recueil et la publication des documents inédits de l'*Histoire du Tiers État*. Ce travail est d'une si haute importance pour notre pays, il embrasse tant d'intérêts divers, il doit jeter une si vive lumière sur les origines de notre droit politique, que vous saisirez avec empressement, je n'en doute pas, l'occasion d'y participer et d'en hâter l'exécution. Mais, avant de vous donner des instructions spéciales et propres à diriger votre zèle, je vais vous exposer en quelques mots le plan que M. Augustin Thierry se propose de suivre, et que j'ai cru devoir approuver.

Le recueil des documents inédits de l'*Histoire du Tiers État* se divisera en deux collections distinctes.

La première comprendra les documents relatifs à l'état des villes, bourgs et paroisses de l'ancien royaume de France, dont la réunion successive a formé la France actuelle, savoir :

1° Les chartes des communes concédées par les rois ou les seigneurs ;

2° Les statuts municipaux des villes ;

3° Les ordonnances, lettres et actes quelconques, qui, à diverses époques, ont accru, modifié ou aboli, dans les différentes localités, les droits et privilèges communaux ;

4° Enfin les actes royaux ou seigneuriaux relatifs au redressement de certains abus et à l'exemption de certaines redevances, tailles ou péages en faveur de telle ou telle ville, bourg ou paroisse de France.

La seconde collection comprendra :

1° Les documents relatifs à l'état de la bourgeoisie considérée dans les diverses corporations ;

2° Les statuts constitutifs d'anciens corps d'arts et métiers ;

3° Les actes relatifs aux maîtrises et aux jurandes, aux conseils de prud'hommes et aux consulats de commerce ;

4° Les ordonnances et règlements concernant la pratique des lois, le barreau, la médecine et la chirurgie, l'exercice de toutes les professions lettrées ou non lettrées, libérales ou industrielles.

Cette courte énumération suffit, Monsieur, pour vous indiquer les points principaux sur lesquels devront porter vos recherches. Il y a tout lieu de penser que les divers dépôts de votre département contiennent un grand nombre de documents curieux, et qu'ils n'attendent, pour livrer à la science et au public toutes leurs richesses, que des explorateurs habiles et zélés.

Toutes les fois que vous aurez été payé de vos efforts par la découverte de quelque charte importante, je vous prie de m'en transmettre directement l'indication exacte. Vous voudrez bien mentionner l'objet et la date du document; me dire si vous en possédez le manuscrit original ou seulement une copie, et, autant que possible, m'envoyer une copie fidèle des deux ou trois premières lignes et des deux ou trois dernières.

Lorsque vous aurez acquis la certitude qu'un document est réellement inédit, je vous invite à m'en adresser une copie complète et collationnée sur le manuscrit; mais dans le cas où le manuscrit serait trop difficile à déchiffrer, ou écrit dans un des idiomes vulgaires de la France, je désire recevoir l'original lui-même. J'en ferai faire la copie, et il sera immédiatement restitué au dépôt qui me l'aura confié.

Toutes les fois que vous pourrez trouver des sceaux de communes antérieurs au XVIIe siècle apposés à des actes relatifs à l'objet de la collection, ou bien à d'autres actes, je vous prie, Monsieur, de m'en envoyer une description avec l'indication du monument auquel ils sont apposés, et du dépôt où l'on pourra le retrouver. Lorsque la commune aura eu différents sceaux, il sera bon de le mentionner, ainsi que l'époque où a eu lieu le changement.

Je transmettrai à M. A. Thierry tous les renseignements dont je serai redevable à vos studieuses investigations. Il les examinera avec soin, et se fera toujours un devoir de mentionner les noms des personnes qui l'auront aidé de leur coopération dans le grand et utile travail dont la direction lui est confiée.

Recevez, etc.

Pelet de la Lozère.

11

CIRCULAIRE RELATIVE À UNE DEMANDE DE RENSEIGNEMENTS POUR LA COLLECTION DES MONUMENTS INÉDITS DE L'HISTOIRE DU TIERS ÉTAT.

26 août 1837.

Aux Correspondants du Ministère

Monsieur, j'ai eu l'honneur de vous adresser un exemplaire du rapport de M. Augustin Thierry sur les travaux de la collection des monuments inédits de l'*Histoire du Tiers État*, dont la direction lui est confiée[1]. Je viens au-

---

[1] Voici ce rapport, en date du 10 mars 1837 :

« Monsieur le Ministre, à la fin de l'année dernière vous m'avez fait l'honneur de me charger de diriger le travail d'une collection des chartes de communes et des statuts municipaux des villes de France, ainsi que des statuts et règlements des anciennes corporations d'arts et métiers, recueil destiné à éclaircir les origines et l'histoire du Tiers État. Comme vous me laissez une entière liberté relativement à la conduite et à la division du travail, j'ai cherché premièrement à me faire une idée nette et précise de ce que devrait être un recueil complet des monuments de l'histoire du Tiers État, pour qu'un tel recueil pût rivaliser avec les grands ouvrages d'érudition consacrés à l'histoire de la noblesse et du clergé, et qu'il fût digne de la haute fortune politique de ce troisième ordre, le dernier en date, longtemps le moindre en pouvoir, mais que la Providence destinait à vaincre les deux autres, et à les absorber dans une seule masse nationale, désormais compacte et homogène. Les différents genres de matériaux capables de figurer comme documents de l'histoire civile et politique du Tiers État ou de la bourgeoisie française m'ont semblé pouvoir être rangés sous plusieurs chefs spéciaux, selon qu'ils se rapportent à la condition privée ou publique des personnes roturières, à leur existence dans la famille, dans la corporation industrielle, dans la commune, dans la province et dans l'État. Il m'a semblé que ces diverses classifications pouvaient se réduire à quatre, et donner naissance à quatre collections particulières ou à quatre divisions du recueil général, que je vais indiquer ici, en les énumérant, non d'après l'ordre logique, mais d'après l'ordre de publication successive que je crois à propos de suivre.

« 1. Collection des documents de toute espèce relatifs à l'état des villes, bourgs et paroisses de l'ancien royaume de France et des provinces dont la réunion a formé la France actuelle, savoir : Chartes de communes concédées par les rois ou les seigneurs ; — Statuts municipaux des villes ; — Ordonnances, lettres et actes quelconques qui, à diverses époques, ont accru, modifié ou aboli, dans les différentes localités, les droits et les privilèges communaux ; — Actes royaux ou seigneuriaux relatifs au redressement de certains abus et à l'exemption de certaines redevances, tailles ou péages en faveur de telle ou telle ville, bourg ou paroisse de France.

« 2. Collection des documents relatifs à l'état de la bourgeoisie considérée dans ses diverses corporations : Statuts constitutifs des anciens corps d'arts et métiers ; — Actes et règlements relatifs aux maîtrises et aux jurandes, aux conseils de prud'hommes et aux consulats du commerce ; — Ordonnances royales ou municipales concernant la pratique des lois, le barreau, la médecine et la chirurgie, l'exercice de toutes les professions lettrées ou non lettrées, libérales ou industrielles.

« 3. Collection des actes relatifs à la convocation et à la tenue des États provinciaux et des États

jourd'hui réclamer le concours de votre zèle pour cette belle entreprise, qui doit jeter une si vive lumière sur la portion la plus obscure et la moins explorée de notre histoire nationale.

généraux du royaume, au mode d'élection des députés du Tiers État, à leur nombre, à leurs prérogatives et à leur manière de délibérer; — Procès-verbaux des séances des États, soit provinciaux, soit généraux, depuis leur première convocation jusqu'en 1789.

« 4. Collection d'actes relatifs à l'état des personnes roturières, soit de condition serve, soit de condition libre : Affranchissements de familles ou d'individus; — Octrois de privilèges royaux à certaines personnes ou à certaines familles bourgeoises; — Concessions du titre de bourgeois du Roi; — Privilèges royaux ou seigneuriaux accordés pour l'exemption de toute sorte de servitudes réelles ou personnelles à des habitants du plat pays non réunis en communauté; — Requêtes adressées aux cours souveraines des provinces et au parlement de Paris, pour la jouissance du droit de franchise de corps et de biens; — Jugements rendus en faveur de ces réclamations ou contre elles.

« Après avoir en quelque sorte mesuré de l'œil cette longue carrière, qu'il ne me sera pas donné de parcourir, car toute une vie d'homme n'y suffirait pas, je me suis renfermé, Monsieur le Ministre, dans le cercle que me traçaient vos instructions, et je n'ai plus songé qu'à la mise en œuvre des deux premières parties du recueil : la collection des chartes municipales et celle des statuts des corporations d'arts et métiers. Pour arriver à la découverte des pièces inédites dont l'une et l'autre doivent se composer, il fallait qu'un dépouillement général fût entrepris à la fois dans toutes les archives de France. Le soin d'explorer les Archives du royaume et les bibliothèques de Paris me regardait seul; mais, pour l'exploration des archives départementales ou municipales et des bibliothèques de province, je devais solliciter le concours des personnes honorées par vous du titre de correspondants de votre Ministère. Le programme des deux collections leur fut transmis sous la forme d'une circulaire adressée en votre nom; et dès lors je commençai à entretenir, avec ces hommes instruits et recommandables, un commerce de lettres, que la coopération empressée de MM. les chefs de vos bureaux m'a permis de rendre très actif. Je dirai plus tard quels ont été, pour le progrès de mon travail, les fruits de cette correspondance.

« Il s'agissait de commencer à Paris la recherche des actes inédits relatifs à l'organisation communale et à celle des corps d'arts et métiers, et, pour cela, d'explorer l'ancien cabinet des chartes et les autres dépôts de manuscrits de la Bibliothèque royale, ainsi que l'immense dépôt des Archives du royaume. Pour ce qui regarde la Bibliothèque royale, je comptais m'aider du dépouillement général des recueils non catalogués, qui s'exécute, d'après vos ordres, sous la direction éclairée de M. Champollion-Figeac. Mais, comme ce travail est encore bien loin d'être achevé, le secours qu'il me promettait ne devait pas être de longue durée; et, d'ailleurs, privé de la vue comme je le suis, une pareille entreprise était pour moi hérissée de difficultés de tous les genres. Heureusement je rencontrai une assistance inespérée dans l'intelligence et le zèle de mon collaborateur, M. Martial Delpit, élève de l'École des chartes. Ce jeune homme, doué de qualités d'esprit rares à son âge, d'un sens parfaitement juste et éminemment pratique, d'une conception prompte et d'une grande ponctualité d'exécution, m'a rendu possible une œuvre d'investigations minutieuses que d'avance je craignais d'aborder. Comme, durant plusieurs mois, je n'ai eu d'autre aide que la sienne, une grande part lui appartient dans les résultats effectifs du travail de cette année, résultats que je vais essayer, Monsieur le Ministre, de vous faire connaître en détail.

« L'inscription, sur un bulletin à part, du titre et du sommaire de chaque pièce, telle qu'elle se pratique pour le nouveau catalogue des manuscrits de la Bibliothèque royale, m'ayant paru offrir

Le rapport de M. Augustin Thierry vous a fait connaître le plan qu'il se propose de suivre dans l'exécution de ce travail. Les différents genres de plus de commodité pour le classement ultérieur, j'ai prescrit l'emploi de ce mode de dépouillement. J'ai fait joindre, au titre et à la date de chaque document relatif à l'histoire des communes ou à celle des corporations d'arts et métiers, une courte notice analytique, ainsi que les noms de la localité (ville, bourg ou village) à laquelle ce document se rapportait, et les noms des grandes circonscriptions anciennes et modernes (diocèse, province, département) où cette localité se trouvait située; enfin, l'indication précise du recueil, du volume et de la page où il faudra recourir quand le moment de la transcription sera venu.

« C'est de cette manière qu'ont été dépouillées successivement, au cabinet des manuscrits de la Bibliothèque royale, les collections suivantes : celle de Bréquigny (103 vol. in-folio); celle de Dupuy (950 vol.); celle de Duchesne, d'Audiguier et d'Oihenart (121 vol.); celle de Leydet, Prunis et de Lespine (100 cartons); 35 volumes de celle de Doat; celle de Decamps (125 vol.); celle des chartes tirées des archives des Pays-Bas et recueillies par Desnans (210 vol.); l'inventaire des chartes d'Artois et de Flandre (6 vol.); 100 volumes de la collection de Colbert, contenant les chartes de la Flandre et de l'Artois, et 17 autres recueils de pièces appartenant aux mêmes provinces. Un semblable travail a commencé à s'exécuter aux Archives du royaume, sur une partie du Trésor des chartes. 2287 bulletins de pièces réputées inédites jusqu'à nouvel examen ont été ainsi relevés, savoir : 1520 par M. Delpit, 467 par M. Thomassy, que vous avez bien voulu lui adjoindre au 1er novembre 1836; et 300 par M. Teulet, employé à la section historique des Archives, autorisé par vous, depuis le mois de janvier 1837, à travailler sous ma direction.

« Voilà, Monsieur le Ministre, ce qu'a produit jusqu'à présent l'exploration des dépôts littéraires et des archives de Paris; mais la plus grande partie des documents qui doivent prendre place dans le grand recueil dont vous m'avez confié la direction se trouve encore ensevelie dans les archives provinciales, où ils gisent pour la plupart inconnus de ceux-là mêmes qui ont mission de les conserver. Pour obtenir un commencement d'information et voir de quel côté je pourrais, à coup sûr, diriger mes premières demandes, j'ai examiné avec soin tous les renseignements transmis à vos bureaux sur l'état des bibliothèques et des archives départementales, ainsi que les rapports des personnes savantes qui, à différentes reprises, ont été chargées de visiter et d'inspecter par toute la France les dépôts d'anciens actes publics, et les établissements littéraires. Cet examen m'a indiqué l'existence de recueils manuscrits et de répertoires d'actes dont le dépouillement, exécuté sur les lieux, devait me procurer un grand nombre de pièces importantes, ou me fournir des indications capables de me les faire découvrir. Tel fut le sujet des premières lettres que j'adressai, par l'entremise de vos bureaux, aux correspondants de votre Ministère dans tous les départements. A mesure que s'est agrandi pour moi le cercle de ces communications officieuses, chaque réponse qui m'a été transmise s'est toujours trouvée, de ma part, suivie d'une nouvelle lettre, dans laquelle je réclamais, soit de plus amples éclaircissements, soit la copie des pièces jugées utiles et reconnues inédites. Ces demandes de copies se sont élevées au nombre de sept cent trente-neuf, tant pour les chartes de communes que pour les actes relatifs aux corporations industrielles. En outre, j'ai fait transcrire moi-même quarante pièces environ, dont les originaux, transmis en communication par les maires de plusieurs villes, leur ont été ensuite fidèlement renvoyés. Toutes ces copies sont maintenant déposées au bureau des travaux historiques, dans des cartons étiquetés du titre de la collection que je dirige.

« Il est de mon devoir, Monsieur le Ministre, de nommer ici ceux de MM. les correspondants qui se sont empressés de venir à mon aide dans ce travail préparatoire, et dont le zèle désintéressé

matériaux capables de figurer comme documents de l'histoire civile et politique du Tiers État lui ont semblé pouvoir être rangés sous plusieurs

mérite ma reconnaissance et votre approbation. M. le docteur Leglay, archiviste général du département du Nord, a bien voulu extraire du riche dépôt dont la surveillance lui est confiée plusieurs catalogues de chartes municipales, et, sur ma demande, il a déjà envoyé copie de cinquante-cinq de ces pièces. M. Tailliar, conseiller à la cour royale de Douai, m'a transmis le sommaire et quelques fragments d'un mémoire plein de science et de vues ingénieuses sur l'origine et la constitution des communes du nord de la France; je lui dois, en outre, vingt-six copies de chartes concernant les villes d'Aire et de Douai. M. Chambaud, archiviste du département de Vaucluse, après avoir visité toutes les archives communales de ce département, a consigné les résultats de cette inspection dans plusieurs rapports d'un haut intérêt, qui renferment de curieux détails sur l'organisation libre des villes de l'ancien Comtat Venaissin, sur leurs assemblées représentatives, le nombre, le mode d'élection, le degré de pouvoir et les différents titres de leurs magistrats locaux. M. de Laplane, correspondant à Sisteron, a envoyé un sommaire de l'histoire de cette ville, plein de renseignements relatifs au progrès et aux vicissitudes de son existence municipale. MM. Hiver à Péronne, Deville à Rouen, Dusevel et Rigollot à Amiens, Ludovic Chapplain à Nantes, de Formeville à Lisieux, Maillet à Rennes, ont fourni des notices détaillées sur les archives de ces différentes villes, et procuré ou promis un assez grand nombre de pièces. MM. Chaudruc de Crazannes pour le Quercy, de Gaujal pour le Rouergue, Samareuilh pour l'Agenais, La Teyssonnière pour la Bresse, de Courson pour la Bretagne, ont donné des notices intéressantes sur les chartes communales de ces provinces. Enfin, MM. de Givenchy, Piers, Herman et Legrand à Saint-Omer, Maurice Ardant à Limoges, Morellet à Nevers, Clément Compayré à Alby, Galeron à Falaise, Ollivier à Valence, Henri à Perpignan, Dumont à Saint-Mihiel, Paris à Reims, Soyer-Villemel à Nancy, Ricard à Marseille, de Mourcin à Périgueux, Fernel père à Neufchâtel, Lagarde à Tonneins, Maffre et Boudard à Béziers, ont envoyé, soit des indications précieuses, soit des pièces importantes.

« C'est avec regret, Monsieur le Ministre, qu'après avoir payé ma dette de gratitude, je me vois contraint d'ajouter que, sur cent vingt correspondants nommés par vous pour la recherche et la conservation des monuments de notre histoire, quarante seulement ont répondu à l'appel que je leur ai fait en votre nom. De cinquante-deux départements, et en général des provinces du Centre et de l'Est, Poitou, Anjou, Touraine, Blaisois, Orléanais, Berri, Bourbonnais, Lyonnais, Franche-Comté, Bourgogne, Alsace, il ne m'est parvenu ni documents, ni indications quelconques. Ces provinces pourtant ne manquent pas plus que les autres d'hommes avantageusement connus par leurs travaux archéologiques, et doués de ce louable esprit de patriotisme qui se plaît à raviver et à rendre populaires les souvenirs de la contrée natale. J'aime à croire qu'il n'y a point là défaut de zèle, mais simple lenteur de travail, et que le vide causé par ce retard se trouvera bientôt comblé. Quoi qu'il en soit, je me suis convaincu, Monsieur le Ministre, que, sans votre patronage et la vaste centralisation dont vous disposez, il me serait impossible d'obtenir le concours d'efforts et l'assiduité de communications dont j'ai besoin, et que si le rêve de l'exécution d'une pareille entreprise par des sociétés libres et des souscriptions volontaires peut être honnête et consciencieux, il est complètement chimérique. Du reste, comme je l'ai déjà dit, aucun genre d'assistance ne m'a manqué dans vos bureaux; je me plais à en rendre témoignage, et à remercier de leur coopération non moins active qu'éclairée M. Royer-Collard, chef de la division des sciences et des lettres, et M. Herbet, chef du bureau des travaux historiques.

« Il me reste à vous parler, Monsieur le Ministre, du plan qui sera suivi dans la mise en œuvre

chefs spéciaux, selon qu'ils se rapportent à la condition privée ou publique des personnes roturières, à leur existence dans la famille, dans la corpo-

de la première partie du recueil des monuments de l'histoire du Tiers État, et aussi des mesures que je me propose de prendre pour arriver le plus promptement possible à un commencement de publication. Cette première partie doit être, selon moi, non pas une simple collection de pièces inédites, mais le répertoire universel de tous les actes relatifs à l'histoire des villes municipales, des communes et des bourgeoisies. Pour cela, il faudra qu'elle contienne, avec le texte entier des documents nouveaux, les titres et de courts sommaires de tous ceux qui ont déjà paru imprimés dans d'autres recueils ou dans des ouvrages historiques.

« Les différents matériaux de la collection, textes ou sommaire de chartes, lettres, statuts, règlements, etc., seront classés et rangés, d'après leur date et d'après la région du territoire à laquelle ils appartiennent, de telle sorte que l'ordre chronologique et l'ordre géographique se trouvent combinés ensemble. Dans la division qui me paraît devoir être faite du sol municipal de la France en cinq régions, celles du Nord, de l'Ouest, du Centre, de l'Est et du Midi, je n'ai pas eu seulement en vue les facilités pratiques et la promptitude du travail, mais des différences essentielles quant aux origines et à l'organisation du régime communal. Dans la région du Nord, les chartes de communes sont en général des traités de paix conclus entre la ville et son seigneur, après une insurrection populaire. Dans celle de l'Ouest, on ne voit aucune intervention de la royauté pour l'affranchissement des communes : toutes les chartes primitives sont de concession seigneuriale. Dans celle du Centre, paraissent les grandes villes de bourgeoisie, privilégiées quant aux droits civils, mais sans libertés politiques. Dans celle de l'Est et du Sud-Est, domine le système régulier d'une double assemblée représentative, d'un grand et d'un petit conseil convoqués périodiquement. Enfin la région du Midi, moins abondante en chartes de communes proprement dites, offre une foule de grands monuments de législation municipale, lois de justice et de police, lois d'élection pour les magistratures, lois organiques pour la réforme des constitutions existantes. Du cours de la Vienne et des montagnes d'Auvergne aux Pyrénées et aux Alpes, les anciens statuts des villes, rédigés avec plus de science et de méthode, sont de véritables codes civils et criminels, débris, pour la plupart, de l'ancienne législation écrite, du code Théodosien, qui, pour les cités méridionales, était toujours la règle du droit, *l'orden de drech*, comme s'expriment les coutumes de Montpellier.

« La première série de la collection des monuments de l'histoire du régime municipal et communal sera celle de l'*extrême Nord*. Selon toute apparence, le tome I comprendra les pièces relatives aux provinces de la Flandre française, du Hainaut français, de l'Artois, et aux comtés de Vermandois, Boulonnais et de Ponthieu (départements du Nord et du Pas-de-Calais, portion des départements de l'Aisne et de la Somme). Sur toute la partie de ce territoire anciennement soumise à la seigneurie des comtes de Flandre, les institutions communales et le nom de ces institutions, *keures* ou *cœures* (mot étranger à la langue française [1]), sont les mêmes que dans la Flandre belge ; l'esprit des coutumes municipales y paraît exclusivement dérivé des lois barbares, et il y a dans les formes de l'association, soit civile, soit industrielle, une teinte fortement marquée des mœurs germaniques. Cette zone de pays présente en outre une particularité qui ne se rencontre guère dans les autres contrées de la France, ce sont les institutions de paix publique, la trêve de Dieu et la trêve du prince, localisées, pour ainsi dire, au sein des villes et des bourgs, et devenues des établissements de police urbaine, sous la garantie des magistrats municipaux. Ainsi, non

---

[1] « Ce mot signifie statut, décision prise de commun accord. »

ration industrielle, dans la commune, dans la province et dans l'État. Par suite de ce classement logique, l'ouvrage aura quatre grandes divisions,

seulement la délimitation géographique, mais encore les différences remarquables de caractère historique, distingueront dans la collection ce premier groupe des chartes de communes, de ceux qui doivent le suivre et former avec lui la série entière des pièces concernant la région territoriale que j'ai nommée *région du Nord*.

«Afin de hâter le plus possible la publication de ce premier volume, dès que ma résolution a été prise de commencer par la frontière du Nord, j'ai borné le dépouillement des grands recueils et des dépôts d'actes, tant de la Bibliothèque royale que des Archives du royaume, à la circonscription territoriale que je me proposais d'embrasser d'abord. Pour établir le partage de ce qui doit être relevé présentement et de ce qu'on pourra négliger, sauf à y revenir plus tard, M. Delpit a exploré, par mon ordre, tous les catalogues du cabinet des manuscrits de la Bibliothèque, et cet examen lui a fourni les indications suivantes sur le nombre et la nature des collections qui nous restent à dépouiller :

« 1° 74 recueils de chartes, lettres et autres actes concernant d'une manière spéciale les pays de Flandre, Hainaut, Artois, Vermandois et Boulonnais;

« 2° 443 recueils de chartes ou titres exclusivement relatifs à quelqu'une des autres provinces du royaume;

« 3° 322 collections mixtes ou recueils généraux de documents pour l'histoire de France.

«De ces trois catégories, la première et la dernière, l'une à cause de sa spécialité, l'autre à cause de la promiscuité des documents qu'elle réunit, sont les seules à l'égard desquelles le travail de recherches à fond se continuera; la seconde sera réservée pour un examen ultérieur. La même méthode va être appliquée au dépouillement des Archives du royaume, mais aucune restriction n'aura lieu pour la correspondance avec les départements, sources d'informations précieuses que je tâcherai de tenir constamment ouvertes et d'agrandir de plus en plus. Quant à la durée des travaux préparatoires, je ne puis la fixer, Monsieur le Ministre, que d'une manière approximative. Le relevé complet de tous les actes relatifs aux provinces de l'extrême Nord, exécuté d'abord sur les collections manuscrites et ensuite sur les recueils imprimés, exigera, sans nul doute, au moins un an. Il faudra encore un an au moins pour la transcription, la collation et l'annotation des pièces qui composeront le premier volume, pour la rédaction des notices historiques dont chacune doit être précédée, et pour celle de l'introduction générale : ainsi, aucune publication ne peut avoir lieu avant deux années. Ce terme est long, je le reconnais, et je voudrais promettre davantage; mais telle est la nature des grands ouvrages d'érudition historique : ils ressemblent à ces constructions d'architecture monumentale, dont les fondements se creusent profondément, et où beaucoup de travail doit s'enfouir avant que rien paraisse au-dessus du sol.

«Il y a certes un grand mérite d'à-propos dans l'intention de recueillir et de rassembler en un seul corps tous les documents authentiques de l'histoire de ces familles sans noms, mais non pas sans gloire, d'où sont sortis les hommes qui firent la révolution de 1789 et celle de 1830; ce mérite, Monsieur le Ministre, doit vous être rapporté en entier. J'ai reçu de vous l'idée première de ce vaste recueil, et le plan de l'ouvrage avec ses divisions m'a été suggéré par l'analyse aussi profonde qu'ingénieuse que, dans votre Histoire de la civilisation française, vous avez faite des origines multiples et de la formation lente et toujours progressive du Tiers État. Quelle que soit la nuance d'opinion qui triomphe dans nos débats parlementaires, aucune, du moins j'ose l'espérer, ne saurait voir avec indifférence cette laborieuse et patriotique entreprise, ni se montrer avare pour elle de secours et d'appui. En effet, de grandes leçons et de beaux exemples pour le siècle

dont chacune formera un recueil spécial. Voici le programme des deux premières, selon l'ordre de publication :

1° Collection des documents de toute espèce relatifs à l'état des villes, bourgs et paroisses de l'ancien royaume de France et des provinces dont la réunion a formé la France actuelle, savoir :

présent peuvent sortir de la révélation de cette face obscure et trop négligée des six derniers siècles de notre histoire nationale. Il y avait, chez nos ancêtres de la bourgeoisie, cantonnés dans leurs mille petits centres de liberté et d'action municipales, des mœurs fortes, des vertus publiques, un dévouement naïf et intrépide à la loi commune et à la cause de tous; surtout ils possédaient à un haut degré cette qualité du vrai citoyen et de l'homme politique, qui nous manque peut-être aujourd'hui, et qui consiste à savoir nettement ce qu'on veut, et à nourrir en soi des volontés longues et persévérantes.

« Dans toute l'étendue de la France actuelle, pas une ville importante qui n'ait eu sa loi propre et sa juridiction municipale; pas un bourg ou simple village qui n'ait eu ses chartes de franchise et ses privilèges communaux; et, parmi cette foule de constitutions d'origine diverse, produit de la lutte ou du bon accord entre les seigneurs et les sujets, de l'insurrection populaire ou de la médiation royale, d'une politique généreuse ou de calculs d'intérêts, d'antiques usages rajeunis ou d'une création neuve et spontanée (car il y a de tout cela dans l'histoire des communes), quelle infinie, j'allais dire quelle admirable variété d'inventions, de moyens, de précautions, d'expédients politiques! Si quelque chose peut faire éclater la puissance de l'esprit français, c'est la prodigieuse activité de combinaisons sociales qui, durant quatre siècles, du XIIe au XVIe siècle, n'a cessé de s'exercer pour créer, perfectionner, modifier, réformer partout les gouvernements municipaux, passant du simple au complexe, de l'aristocratie à la démocratie, ou marchant en sens contraire, selon le besoin des circonstances et le mouvement de l'opinion. Voilà quel spectacle digne d'intérêt et de méditation m'ont présenté les deux mille pièces ou sommaires de pièces authentiques dont j'ai déjà pris connaissance. J'y ai vu la bourgeoisie française, non seulement ferme et intelligente dans la gestion de ses affaires locales, mais, ce que l'on a trop oublié depuis, honorée par les chefs de l'État comme un pouvoir politique, appelée en garantie dans les traités conclus avec les puissances étrangères, complimentée et même flattée par les rois et les régents du royaume.

« Ainsi, le recueil des monuments de l'Histoire du Tiers État doit mettre en quelque sorte au grand jour les racines les plus profondes et les plus vivaces de notre ordre social actuel. Des quatre collections dont il sera composé, la première, celle des chartes et des statuts communaux, suffirait seule pour honorer, non seulement aux yeux du pays, mais encore aux yeux de la science, le Gouvernement sous le patronage duquel elle s'exécutera; car elle réalise un des vœux les plus chers des hautes intelligences historiques du XVIIIe siècle, des Laurière, des Bréquigny, qui voyaient dans les monuments de la législation municipale l'origine la plus certaine et la plus pure de notre ancien droit coutumier. Pour moi, Monsieur le Ministre, je tâcherai de poser au moins les bases du grand ouvrage dont la pensée vous appartient, heureux d'aller rechercher à toutes leurs sources les souvenirs de cette masse plébéienne, autrefois esclave ou sujette, maintenant souveraine, dont j'ai salué avec joie la dernière et glorieuse victoire : heureux enfin d'employer le peu de force qui me reste pour une cause et pour des études auxquelles j'ai dévoué ma vie.

« J'ai l'honneur, etc.

« Augustin THIERRY. »

Chartes de communes, concédées par les rois ou les seigneurs ; — statuts municipaux des villes ; — ordonnances, lettres et actes quelconques qui, à diverses époques, ont accru, modifié ou aboli, dans les différentes localités, les droits et les privilèges communaux ; — actes royaux ou seigneuriaux relatifs au redressement de certains abus et à l'exemption de certaines redevances, tailles ou péages en faveur de telle ou telle ville, bourgade ou paroisse de France ; — actes relatifs à la réunion des villes ou communes au domaine royal ; — actes relatifs à l'établissement et à l'organisation des milices bourgeoises, à la fondation et à l'entretien des établissements d'instruction publique ; — concessions de foires et de marchés faites par les rois ou les seigneurs suzerains aux villes, communes, bourgades, abbayes, églises et seigneuries de leurs domaines.

2° Collection des documents relatifs à l'état de la bourgeoisie, considérée dans ses diverses corporations, savoir :

Statuts constitutifs des anciens corps d'états et métiers ; — actes et règlements relatifs aux maîtrises et aux jurandes, aux conseils de prud'hommes et aux consulats du commerce ; — ordonnances royales ou municipales concernant la pratique des lois, le barreau, la médecine et la chirurgie, l'exercice de toutes les professions lettrées ou non lettrées, libérales ou industrielles.

L'exécution d'une œuvre si vaste et si difficile n'est possible qu'avec l'assistance de tous les amis de l'histoire et des antiquités nationales. Je vous engage donc à vouloir bien explorer ou faire explorer les archives publiques et particulières, et à me faire connaître l'existence de tous les documents qui vous paraîtront rentrer dans la série des actes dont je viens de vous donner l'énonciation sommaire.

Le premier volume du recueil des monuments de l'*Histoire du Tiers État* comprendra les pièces relatives aux provinces de la Flandre française, du Hainaut français, de l'Artois, et aux comtés de Vermandois, Boulonnais et Ponthieu (départements du Nord et du Pas-de-Calais, portion des départements de l'Aisne et de la Somme). Tous les hommes éclairés de ces différentes localités sont donc appelés à seconder un travail qui, sans leur coopération, resterait nécessairement incomplet : c'est à leur patriotisme, à leur zèle pour l'histoire de leur pays que je fais appel, certain d'avance d'être entendu de tous ceux qu'anime la louable ambition d'éclairer d'un nouveau jour les diverses vicissitudes et les progrès de la société française.

Quoique le recueil soit spécialement consacré à la publication de documents inédits, j'ai cru indispensable de reproduire ceux de ces documents qui auraient été déjà imprimés, mais seulement à un petit nombre d'exemplaires, soit dans des ouvrages peu répandus, soit dans des brochures, des factums judiciaires ou des publications périodiques. Veuillez donc me faire connaître tous les écrits de ce genre contenant des chartes, des lettres ou tout autre document qui vous semblerait de nature à faire partie de la collection des monuments de l'*Histoire du Tiers État*.

Dans le cas où vous ne pourriez par vous-même me fournir ces renseignements, je vous prie de communiquer le rapport de M. Augustin Thierry aux archéologues, aux possesseurs de collections d'anciens titres, et à toutes les personnes qui se livrent à l'étude de nos monuments historiques et de nos antiquités. Vous voudrez bien en même temps, s'il y a lieu, me faire connaître les noms de ces personnes, afin que je puisse entretenir avec elles des relations profitables à la science; de son côté, M. Augustin Thierry se fera un devoir de payer un tribut public de reconnaissance à tous ceux qui lui auront apporté leur assistance dans la grande et nationale entreprise confiée à ses soins. La publicité est le plus digne salaire de semblables travaux.

Recevez, etc.

SALVANDY.

12 [1]

ARRÊTÉ PORTANT ORGANISATION DE CINQ COMITÉS HISTORIQUES.

18 décembre 1837.

NOUS, MINISTRE SECRÉTAIRE D'ÉTAT AU DÉPARTEMENT DE L'INSTRUCTION PUBLIQUE,

Considérant qu'aux termes du rapport placé en tête de la loi de finances de 1835, les Comités historiques, dans la pensée du Ministre qui créa cette utile et nationale institution, étaient destinés à être complétés et perfectionnés par l'expérience; qu'en effet, la nécessité se fit promptement sentir

---

[1] M. Francisque Michel adressa au Ministre, le 26 septembre 1837, un nouveau rapport sur la transcription qu'il avait faite de documents anglais. Ce rapport forme les pages 204-285 des *Rapports au Ministre sur la Collection des documents inédits de l'histoire de France et sur les actes du Comité des travaux historiques*.

d'adjoindre au Comité établi par l'arrêté ministériel du 18 juillet 1834, pour rechercher les documents de l'*histoire politique et sociale*, un second Comité, que l'arrêté du 10 janvier 1835 chargea de rechercher les documents de l'*histoire intellectuelle et morale de la France;* que celui-ci devait être démembré, selon le rapport au Roi en date du 2 décembre 1835, pour en former un troisième, lequel serait consacré à l'*histoire des arts et des monuments;* que cette division s'est introduite dans la pratique, mais que *la philosophie, la langue et les sciences* comprennent encore des matières trop distinctes pour pouvoir réunir, dans un seul Comité, tous les hommes spéciaux dont ces travaux exigent le concours;

Voulant d'ailleurs rattacher les Comités historiques à l'Institut, qui est et doit rester la clef de voûte des établissements scientifiques et littéraires de la France, afin de donner à ce corps illustre des moyens d'action de plus et aux Comités plus d'importance et d'autorité;

Voulant, en même temps, rattacher, autant que possible, les nombreuses sociétés savantes du royaume à un centre commun, afin d'imprimer à leurs travaux une direction plus utile et d'appeler sur chacune, en connaissance de cause, les encouragements que méritent leur zèle et leurs lumières,

Avons arrêté et arrêtons :

DISPOSITION GÉNÉRALE.

Article premier. L'allocation annuelle attribuée par la loi de finances aux travaux historiques sera répartie, par portions égales, pour être appliquée à des travaux spéciaux, entre cinq Comités, savoir :

1° De la langue et de la littérature française;
2° De l'histoire positive, ou des chroniques, chartes et inscriptions;
3° Des sciences;
4° Des arts et des monuments;
5° Des sciences morales et politiques.

ATTRIBUTIONS DES COMITÉS.

Art. 2, § 1. Le Comité historique de la langue et de la littérature française recherche et publie les documents relatifs à l'histoire de la langue et de ses origines; de la littérature nationale aux diverses époques; des divers genres d'éloquence, celle de la chaire et du barreau; des États généraux et des Parlements; des divers genres de poésie et de leurs rhythmes; de l'imprimerie; de la librairie; de la bibliographie; de la lexicographie française.

Le Comité assiste l'Académie française, sur le vœu et d'après les instructions de ladite Académie, dans tous les travaux qui ont pour objet les idiomes nationaux, leur dictionnaire et leur histoire.

§ 2. Le Comité historique des chroniques, chartes et inscriptions rassemble et publie tous les documents relatifs à l'histoire proprement dite de la nation française et des pays sur lesquels elle règne. Il éclaire les antiquités locales; il recherche la généalogie et les vicissitudes des classes, des corporations, des communes; il explore les archives des mairies, des cours et tribunaux, dépouille les *Olim*, les communiers et autres registres judiciaires, vérifie les cartulaires, publie les chroniques inédites; il conseille les fouilles à faire dans l'intérêt de la science, et expose les résultats de celles qui ont été accomplies, classe les médailles, explique les inscriptions, éclaircit les textes; il recueille, dans les éléments de l'histoire générale ancienne ou moderne, tous les faits qui intéressent spécialement l'histoire nationale.

Le Comité assiste l'Académie des inscriptions et belles-lettres, sur le vœu et d'après les instructions de l'Académie, dans tous les travaux historiques qui ont pour sujet le territoire et les annales de la France.

§ 3. Le Comité historique des sciences recherche et publie les documents relatifs à l'histoire des diverses branches des connaissances humaines dans notre patrie; il s'attache principalement à tout ce qui intéresse les sciences physiques, mathématiques, naturelles, médicales; il explore les travaux propres à en faire connaître les progrès, les migrations, les conquêtes au dehors. Il recherche dans les bibliothèques publiques et particulières les manuscrits des savants français qui sont restés inconnus; il rassemble les archives et les annales de l'industrie nationale à toutes les époques.

Le Comité assiste l'Académie des sciences, sur le vœu et d'après les instructions de l'Académie, dans les travaux qui ont pour objet l'histoire scientifique de la France.

§ 4. Le Comité historique des arts et monuments recherche et publie tous les documents inédits relatifs à l'histoire des arts chez les Français; il fait connaître tous les monuments d'art en France, dans tous les genres, monuments religieux, militaires et civils; il fait dessiner et graver, pour les conserver à l'avenir, les œuvres remarquables d'architecture, de peinture, de sculpture en pierre, en marbre, en bois; il donne des instructions sur la conservation matérielle des ruines, statues, tours, chapelles, cathédrales qui intéressent la religion, l'art ou l'histoire.

Le Comité assiste l'Académie des beaux-arts, sur le vœu et d'après les instructions de l'Académie, dans tous les travaux qui ont pour objet l'histoire artistique de la France.

§ 5. Le Comité historique des sciences morales et politiques recherche et publie tous les documents relatifs à l'histoire de la philosophie, de la jurisprudence, de l'économie politique; il scrute les origines du droit, celles des institutions civiles et politiques; il recherche les manuscrits des docteurs célèbres; il met au jour tous les éléments ignorés de statistique; il extrait des archives de la Cour des comptes, des anciennes Cours des aides, tous les faits propres à éclaircir l'histoire commerciale, financière, politique; il recherche tout ce qui peut contribuer à la connaissance des mœurs publiques dans les diverses époques et de leurs progrès.

Le Comité assiste l'Académie des sciences morales et politiques, sur le vœu et d'après les instructions de l'Académie, dans tous les travaux qui ont pour objet l'histoire des sciences philosophiques, du droit et des institutions politiques en France.

Art. 3. Les Comités entrent en relation, par l'intermédiaire du Ministre de l'instruction publique, avec toutes les Sociétés savantes (légalement autorisées) du royaume, pour les associer à leurs travaux respectifs, en leur fournissant, quand il y a lieu, les moyens nécessaires sur leur budget.

Art. 4. Le budget de chaque Comité se compose d'un sixième de l'allocation annuelle de la loi de finances relative aux travaux historiques. Le dernier sixième est réparti par le Ministre selon les besoins spéciaux. Ce fonds commun s'accroît de toutes les sommes non dépensées par chaque Comité.

Art. 5. Sous l'approbation du Ministre, les Comités décident les travaux qu'ils doivent entreprendre, règlent l'exécution de ceux qui leur sont demandés par les Académies composant l'Institut, indiquent ceux qui doivent être proposés aux diverses sociétés du royaume.

Ils désignent ceux de leurs membres qui sont chargés de diriger des travaux, statuent sur le nombre des littérateurs ou savants qui doivent y être employés, sur les missions qui peuvent leur être données, sur les indemnités qui sont attachées à chaque recherche ou publication.

Ils jugent s'il y a lieu d'imprimer, sur les fonds de leur budget, les publications de leur compétence, qui peuvent leur être présentées par d'autres littérateurs et savants.

Art. 6. Chaque Comité veille par ses correspondants à la conservation des monuments graphiques, des manuscrits, des médailles, inscriptions, etc., de son ressort.

Il propose au Ministre les instructions qui pourraient être adressées, dans l'intérêt de l'art, aux particuliers, aux magistrats, à l'autorité ecclésiastique, pour éviter les dégradations ou provoquer les acquisitions par l'État.

Les Comités publient, chacun dans la limite de ses attributions, les monographies, les monuments de toute nature qui sont exposés à disparaître, et préparent, en procédant par départements, une carte et une statistique monumentale de la France.

Art. 7. Les Comités publieront un dictionnaire et un manuel de paléographie, ainsi que tous traités propres à répandre la connaissance des origines et l'appréciation des monuments.

Art. 8. Les Comités publient, en outre, des documents historiques, et pour y prendre place, un recueil comprenant toutes les pièces originales, dissertations et rapports, soit des membres, soit des auxiliaires, soit des correspondants, soit des diverses Sociétés savantes qui présenteront un intérêt durable. Le *Journal général de l'instruction publique* continue à publier les autres découvertes, pièces et rapports qui méritent cette distinction.

Art. 9. Il est rendu compte, à l'Académie compétente de l'Institut, de toutes les découvertes des Comités et de tous les travaux dont la publication est décidée. Les Comités, à la diligence des présidents ou d'un de leurs membres, lui rendent compte de tous les travaux remarquables des Sociétés savantes qui ont réclamé et obtenu cette distinction.

Art. 10. Les Comités signalent aux Sociétés savantes des départements les recherches locales, les fouilles, les publications qui pourraient éclairer des points douteux et intéressants de l'histoire. Ces travaux sont publiés, autant que possible, dans un ordre méthodique.

Art. 11. Les Comités délibèrent sur les allocations qui doivent être faites à ces sociétés pour l'exécution des travaux qu'ils ont provoqués ou approuvés, et désignent au Ministre celles qui ont des droits particuliers aux encouragements du Ministère de l'instruction publique.

Art. 12. Les Comités donnent leur avis sur tous les ouvrages relatifs à l'histoire nationale, pour lesquels il est demandé des souscriptions ou encouragements au Ministère de l'instruction publique.

COMPOSITION DES COMITÉS.

Art. 13. Les Comités se composent de 12 à 15 membres au plus. Ceux de ces membres qui appartiennent à l'Académie à laquelle leur Comité ressortit seront remplacés directement par cette Académie. Les autres membres seront nommés par le Ministre, les Comités entendus.

Art. 14. Chaque Comité a des membres non résidants, dont le nombre ne peut dépasser celui des membres titulaires; les membres non résidants sont nommés par le Ministre, sur la présentation des Comités, et parmi les membres des diverses Sociétés savantes, légalement autorisées dans le royaume, qui se sont mises en relation avec les Comités.

Les membres non résidants prennent séance quand ils se présentent.

Art. 15. Chaque Comité a des correspondants que le Ministre, sur la présentation des Comités, désigne parmi les hommes de lettres et savants des départements qui se vouent avec succès à la recherche et à l'étude de l'histoire nationale.

Art. 16. Les membres chargés de la direction d'un travail, ou les savants chargés de son exécution, proposent aux Comités les auxiliaires dont ils croient le concours nécessaire. Ces auxiliaires ont droit à remplir les premières places vacantes, quand ils ont coopéré à une publication importante.

Art. 17. En l'absence du Ministre, les Comités ont pour président un de leurs membres, nommé à cet effet par le Ministre.

Les présidents règlent l'emploi des deniers, la distribution des travaux et les ordres du jour qui sont soumis au Ministre; ils font tous les rapports destinés à l'Institut et au Ministre, et fournissent les éléments de ceux qui doivent être présentés au Roi et mis sous les yeux des Chambres.

Art. 18. La correspondance des cinq Comités est centralisée au Ministère de l'instruction publique, dans un bureau qui est annexé à la division des établissements scientifiques et littéraires, et qui fait partie de l'administration centrale. Le Ministre écrit au nom des Comités. C'est au Ministre que leurs correspondants s'adressent.

Art. 19. Le chef du bureau des travaux historiques est secrétaire général des Comités. Le Ministre attachera à chaque Comité un secrétaire spécial, qui sera chargé de la rédaction du procès-verbal, de la surveillance des travaux historiques et des impressions, de la tenue des comptes. Le chef de la division des établissements scientifiques et littéraires peut prendre part aux délibérations de tous les Comités. Les fonctions de secrétaire sont seules rétribuées.

Art. 20. Les Comités siègent au Ministère de l'instruction publique ; ils se réunissent au moins deux fois par mois, depuis le 1er novembre jusqu'au 30 juin de chaque année ; ils ont des réunions plus fréquentes quand l'état des travaux l'exige. Le procès-verbal est mis sous les yeux du Ministre.

Art. 21. Toutes les sociétés légalement autorisées seront invitées à adresser aux Comités leurs recueils et publications de toute nature, lesquels seront conservés et réunis au chef-lieu des Comités, sous la garde du bibliothécaire du Ministère de l'instruction publique.

Art. 22. Dans le recueil des documents et dans le *Journal général de l'instruction publique* sont publiés, avec chaque travail, les noms des correspondants, des auxiliaires, des Sociétés savantes qui y ont concouru. Les nominations de membres non résidants et de correspondants sont rendues publiques. Les procès-verbaux des Comités peuvent être insérés, en tout ou en partie, dans le *Journal général de l'instruction publique*.

Art. 23. Tous les ans, les présidents des Comités présentent au Ministre une liste de propositions pour les récompenses honorifiques qu'auraient méritées, pour des travaux spéciaux, les savants des sociétés des départements ou des Comités.

Art. 24. Tous les ans, le Ministre présente au Roi et dépose sur le bureau des Chambres, avec les publications historiques des Comités, un rapport contenant l'emploi des fonds, l'état des travaux, les noms de ceux qui ont concouru à élever ce monument national.

Salvandy.

13

CIRCULAIRE RÉCLAMANT LA COLLABORATION ACTIVE DES CORRESPONDANTS DU MINISTÈRE POUR LA PUBLICATION D'ANCIENNES VERSIONS DE LA BIBLE.

28 février 1838.

Aux Correspondants du Ministère.

Monsieur, en complétant l'organisation des Comités historiques et en les classant selon la nature de leurs travaux, j'ai eu surtout pour but de régulariser le concours que veulent bien m'accorder les personnes studieuses qui se livrent à la recherche des monuments inédits de notre histoire nationale. Je fais préparer en ce moment des instructions générales qui seront de nature, je l'espère, à diriger leurs efforts vers d'utiles découvertes; mais je n'ai pas cru devoir attendre qu'elles fussent entièrement rédigées pour recourir à leur zèle et pour resserrer les liens qui les unissent déjà au Ministère de l'instruction publique.

Je viens, donc, dès aujourd'hui, Monsieur, réclamer votre collaboration à une œuvre digne de tout votre intérêt. M. Villemain, président du Comité qui s'occupe spécialement de l'histoire, de la langue et de la littérature françaises, m'informe que ce Comité a pensé que la publication d'un recueil comprenant plusieurs versions de la Bible, prises à différentes époques et séparées entre elles d'un ou de plusieurs siècles, offrirait un véritable intérêt pour la philologie nationale. Ce travail, dont je n'ai pas besoin de vous signaler l'importance, nécessitera de longues et difficiles recherches dans les bibliothèques de Paris; mais elles ne pourront être complètes qu'autant qu'elles s'étendront à tous les dépôts littéraires et scientifiques que possède la province. Je vous prie, Monsieur, de vouloir bien vous associer à ces explorations, dont la science historique est appelée à recueillir les plus heureux résultats.

Assurément vous ne pouvez espérer la découverte de traductions successives de la totalité du texte de la Bible; mais je ne doute pas que des recherches patientes et bien dirigées ne vous en fassent retrouver des parties plus ou moins étendues, traduites à diverses reprises en langue vulgaire. Il est certain, par exemple, qu'il existe un grand nombre de versions des Psaumes, du livre de Job, de l'histoire de Joseph, et d'autres fragments complets de l'Ancien et du Nouveau Testament.

Si vos actives investigations vous amenaient, Monsieur, à découvrir un manuscrit dont le contenu vous parût répondre aux indications que je viens de vous donner, je vous serais obligé de m'adresser une notice critique sur toutes les circonstances qui peuvent en faire connaître l'auteur, l'âge probable, et fixer l'opinion du Comité sur son origine et la véritable place qu'il doit occuper dans l'histoire de la langue française.

Recevez, etc.

SALVANDY.

14
ARRÊTÉ SUR LE SERVICE DES DÉPÔTS ET BIBLIOTHÈQUES DU MINISTÈRE DE L'INSTRUCTION PUBLIQUE.

4 avril 1838.

NOUS, MINISTRE SECRÉTAIRE D'ÉTAT AU DÉPARTEMENT DE L'INSTRUCTION PUBLIQUE, GRAND MAÎTRE DE L'UNIVERSITÉ,

Vu notre arrêté en date du 4 décembre 1837, sur l'organisation du Ministère de l'instruction publique,

ARRÊTONS :

. . . .

TITRE III.
DES BIBLIOTHÈQUES.
§ 3. BIBLIOTHÈQUE DES COMITÉS HISTORIQUES.

ART. 22. La bibliothèque des Comités historiques comprend la collection des documents, les manuscrits inédits ou autres, plans, dessins faits par leur ordre et sous leur autorité; tous les recueils et publications des Sociétés savantes du royaume qui lui seront adressés.

. . . .

SALVANDY.

15

CIRCULAIRE DEMANDANT DES RENSEIGNEMENTS SUR LES SOCIÉTÉS SAVANTES ET LITTÉRAIRES EXISTANT DANS LES DÉPARTEMENTS [1].

24 avril 1838.

Aux Préfets.

Monsieur le Préfet, j'ai besoin d'avoir sous les yeux des renseignements circonstanciés sur les Sociétés savantes et littéraires qui existent en France.

Je vous prie de me transmettre, le plus tôt que vous le pourrez, l'indication des sociétés de votre département. Votre réponse devra me faire connaître :

1° S'il existe dans votre département des Sociétés savantes ou littéraires quelconques, et, dans ce cas, quelles sont celles qui ont été autorisées à prendre le titre d'académies ou sociétés royales; quelles sont celles qui sont reconnues par ordonnance du Roi; quelles sont celles qui sont autorisées par arrêté ministériel; quelles sont celles dont les réunions sont autorisées par arrêtés de préfecture; quelles sont enfin celles qui dépendent directement de l'autorité municipale.

2° En m'adressant les statuts, et, si vous pouvez, les recueils de ces sociétés, vous voudrez bien me faire connaître leurs ressources, soit qu'elles proviennent de subventions départementales ou municipales, de souscriptions, de revenus particuliers ou de cotisations éventuelles.

3° Je désire savoir aussi, Monsieur le Préfet, quelles sont les sociétés qui ont institué des établissements utiles, tels que bibliothèques, musées, cabinets d'histoire naturelle, cours publics; quelles sont celles qui publient des travaux spéciaux, qui ouvrent des concours et qui distribuent des prix.

Je vous prie, Monsieur le Préfet, de répondre promptement à ces diverses questions et de me transmettre tous les renseignements que vous croirez pouvoir s'y rattacher. Le but de cette statistique, que je désire former, est de mettre à la portée des sociétés existantes des moyens nouveaux d'étendre leurs travaux et de servir ainsi les intérêts des sciences.

Recevez, etc.

SALVANDY.

[1] Des circulaires semblables ont été plusieurs fois adressées aux Préfets. Comme elles offrent entre elles peu de variété, il a paru inutile de les reproduire toutes.

16

CIRCULAIRE AUTORISANT ENTRE LES SOCIÉTÉS SAVANTES L'ÉCHANGE EN FRANCHISE DE LEURS PUBLICATIONS PAR L'INTERMÉDIAIRE DU MINISTÈRE DE L'INSTRUCTION PUBLIQUE.

5 juillet 1838.

Aux Préfets.

Monsieur le Préfet, je suis informé que plusieurs compagnies savantes des départements désireraient établir entre elles l'échange des recueils qu'elles publient, et qu'elles n'en sont empêchées que par l'insuffisance de leurs ressources, qui ne leur permet pas de faire les frais des transports. Comme je suis convaincu que ces communications des sociétés entre elles serviraient puissamment les progrès des sciences et des lettres, j'ai cru qu'il était du devoir de l'Administration de présider à cet échange intellectuel, et d'assurer la promptitude et la régularité des envois que les compagnies savantes se feraient réciproquement.

J'ai donc décidé que les présidents ou secrétaires perpétuels de ces corps savants seraient autorisés à m'adresser toutes leurs publications, et que des mesures seraient prises pour que tous les documents qu'ils auraient à distribuer parvinssent exactement à leur destination.

Je vous prie, Monsieur le Préfet, de faire connaître aux présidents ou secrétaires des Sociétés savantes de votre département la décision que porte la présente circulaire et de veiller, autant que vous le pourrez, à son exécution.

Je désire que les membres des Sociétés savantes trouvent, dans les mesures que je viens d'arrêter, la preuve de ma sollicitude pour elles et de mon désir d'étendre et de régulariser leurs moyens d'action sur les progrès intellectuels du pays.

Recevez, etc.

SALVANDY.

17
CIRCULAIRE RENOUVELANT LA DEMANDE DE RENSEIGNEMENTS SUR LES SOCIÉTÉS SAVANTES ET LITTÉRAIRES EXISTANT DANS LES DÉPARTEMENTS.

7 août 1838.

Aux Préfets.

Monsieur le Préfet, dans une circulaire en date du 24 avril dernier, insérée au n° 80 du *Journal général de l'instruction publique*, je vous ai demandé des renseignements circonstanciés sur les Sociétés savantes et littéraires qui existent dans votre département.

N'ayant pas encore reçu de réponse de vous, Monsieur le Préfet, je vous invite à vous occuper immédiatement de recueillir ces divers documents et d'en hâter l'envoi. J'y attache un intérêt pressant.

Je saisis cette occasion, Monsieur le Préfet, pour vous rappeler les dispositions que j'ai prises, par ma circulaire du 5 juillet dernier, dans l'intention de faire du Ministère de l'instruction publique le centre commun et le lien de correspondance des diverses sociétés établies dans les départements pour concourir aux progrès des sciences et des lettres. Les mesures que j'ai cru devoir prendre, en imprimant une nouvelle activité aux travaux des Sociétés départementales, rendront, je l'espère, plus générale et plus efficace l'influence avantageuse qu'elles exercent déjà sur les progrès intellectuels du pays.

Je ne doute pas que les Sociétés scientifiques et littéraires de votre département ne se montrent empressées d'établir, avec les autres Sociétés de la France, des relations générales et des correspondances régulières que j'ai essayé de rendre faciles, en permettant que les diverses communications se fissent sans frais, sous le couvert de mon Ministère.

Recevez, etc.

SALVANDY.

18
CIRCULAIRE RELATIVE À LA CORRESPONDANCE DES SOCIÉTÉS SAVANTES.

Avril 1838.

Aux Préfets.

Monsieur le Préfet, je suis informé que les corps savants qui ont besoin de renseignements officiels, pour l'accomplissement de leurs diverses missions, s'adressent à vous ou à vos subordonnés directement. Je dois vous rappeler que cette correspondance directe ne peut pas avoir lieu. C'est par mon intermédiaire seulement que les compagnies savantes, qui ne sont pas placées sous votre autorité, peuvent se mettre en rapport avec les diverses branches de la puissance publique.

Vous voudrez donc bien, toutes les fois que vous recevrez des communications de ce genre, vous borner à m'en informer exactement et à prendre mes instructions. Si cependant il pouvait y avoir urgence, la lettre que vous m'écririez contiendrait les éléments de la réponse que j'aurais à faire aux demandes qui vous auraient été adressées. Ce sont là des règles dont nous ne devons jamais nous départir, parce que dans l'abus présent, qui n'offre aucun danger, il faut prévoir les abus à venir, qui pourraient en avoir.

Agréez, etc.

SALVANDY.

19

CIRCULAIRE RELATIVE À UNE DEMANDE DE RENSEIGNEMENTS
POUR LA COLLECTION DES MONUMENTS DE L'HISTOIRE DU TIERS ÉTAT.

5 septembre 1838.

Aux Correspondants du Ministère.

Monsieur, j'ai l'honneur de vous adresser un exemplaire du nouveau rapport de M. Augustin Thierry sur les travaux de la collection des monuments inédits de l'*Histoire du Tiers État,* dont la direction lui est confiée [1]. Je

---

[1] Ce rapport, du 6 mai 1838, est ainsi conçu :

« Monsieur le Ministre,

« Dans un rapport adressé le 10 mars 1837, à M. Guizot, votre prédécesseur, j'ai exposé le plan adopté par moi pour les travaux du recueil des monuments inédits de l'Histoire du Tiers État, dont la direction m'est confiée. J'ai dit que ce recueil devait se composer de quatre séries ou collections distinctes, savoir :

« 1° Collection des documents de toute espèce relatifs à l'organisation municipale et à l'état des villes, bourgs et paroisses de l'ancien royaume de France et des provinces dont la réunion a formé la France actuelle ;

« 2° Collection des documents relatifs à l'état de la bourgeoisie considérée dans ses diverses corporations ;

« 3° Collection des actes relatifs à la convocation et à la tenue des États provinciaux et des États

viens encore une fois réclamer le concours de votre zèle pour cette belle entreprise, qui doit jeter une si vive lumière sur la portion la plus obscure et la moins explorée de notre histoire nationale.

généraux du royaume; au mode d'élection des députés du Tiers État, à leur nombre, à leurs prérogatives et à leur manière de délibérer;

«4° Collection d'actes relatifs à l'état des personnes roturières, soit de condition serve, soit de condition libre; affranchissements de familles ou d'individus; concessions royales ou seigneuriales du titre et des droits de bourgeoisie.

«J'ai annoncé dans le même rapport que je m'occupais exclusivement de la mise en œuvre des deux premières séries, c'est-à-dire de la recherche et de la transcription des documents inédits relatifs à l'existence municipale et aux corporations d'arts et métiers, et que je dirigeais vers ces deux points tout le travail préparatoire. Voici quels étaient, il y a un an, les résultats de ce travail.

«Le dépouillement des grandes collections manuscrites de la Bibliothèque royale et celui des registres du Trésor des chartes aux Archives du royaume (section historique) avaient fourni ensemble 2287 bulletins, contenant chacun le titre, la date et l'analyse sommaire d'une pièce présumée inédite, et relative, soit à l'histoire des communes, soit à celle des corporations d'arts et métiers. Mes relations avec les correspondants de votre Ministère et, au moyen de ces relations, mes recherches dans les archives municipales et les bibliothèques de province s'étaient étendues à 34 départements. De nombreuses lettres m'avaient procuré l'indication de 739 pièces inédites dont j'avais demandé copie : une centaine environ de ces pièces m'étaient parvenues.

«Aujourd'hui, Monsieur le Ministre, toutes les branches de la vaste exploration que j'ai entreprise offrent un bien autre développement. Le dépouillement des manuscrits de la Bibliothèque royale, exécuté par MM. Delpit, Bernhard, Guessard et Yanoski, a produit 13,184 bulletins. Celui de la section historique des Archives du royaume, exécuté par M. Teulet, employé à ces mêmes archives, a donné 2060 bulletins; enfin, celui de la section judiciaire, commencé il y a six mois par M. Duclos, a déjà fourni 1730 indications de pièces d'autant plus précieuses qu'elles sont toutes des originaux. Quant à la correspondance que j'entretiens par l'intermédiaire de vos bureaux, elle a continué d'être à la fois active et fructueuse. J'ai fourni les programmes de 315 lettres qui se sont réparties entre 56 départements; mes demandes de copies se sont élevées à 3250, et j'ai déjà reçu 1248 pièces collationnées, et quelquefois annotées avec un grand soin. De plus, j'ai fait copier moi-même environ 150 pièces très volumineuses dont les originaux m'avaient été transmis en communication par les maires de plusieurs villes. Je citerai, entre autres, le registre des statuts de corporations d'arts et métiers d'Abbeville, un pareil registre, appartenant à la ville de la Rochelle; les chartes des villes de Falaise, Privas, Aubenas, Joyeuse, Bouglon, Castel-Jaloux, Sury-le-Comtal, Saint-Bonnet et Saint-Germain-Laval; les statuts municipaux de Périgueux; un recueil de pièces relatives aux privilèges et à l'ancienne constitution de la petite ville de Saint-Avold, en Lorraine; les statuts des chirurgiens d'Aix, ceux des orfèvres de Rouen; les inventaires raisonnés des archives de Sens, de Poitiers, de Nevers, de Périgueux, etc.

«Les 13,184 bulletins relevés à la Bibliothèque royale l'ont été en majeure partie sur les grandes collections de pièces relatives à l'histoire de France, dont le dépouillement avait commencé l'année dernière. Ces collections portent en général pour titre le simple nom des savants qui les ont rassemblées. La plupart manquent de table, et ne figurent sur aucun catalogue [*]. A celles que j'ai

[*] «C'est pour elles que s'exécutent en ce moment les travaux d'inventaire dirigés par M. Champollion-Figeac.»

Le précédent rapport de M. Augustin Thierry vous a déjà fait connaître le plan qu'il se propose de suivre dans l'exécution de ce travail. Les différents énumérées dans mon précédent rapport, savoir : Bréquigny, copies faites à la Tour de Londres (103 vol. in-fol.); Dupuy (957 vol.); Duchesne, Audiguier et Oihenart (121 vol.); Decamps (125 vol.); Desnans, pièces sur les Pays-Bas (210 vol.); Godefroy, inventaires des chartes de Flandre et d'Artois (6 vol.), il faut joindre les suivantes, qui ont été vues à fond dans le cours de cette année : 1° Mélanges de Colbert, 50 volumes; 2° cent quatre-vingt-deux de Colbert (182 vol.); 3° cinq cents de Colbert (500 vol.); 4° Béthune, Baluze et Gaignières (150 vol. environ, que le catalogue particulier de ces collections indiquait comme utiles à consulter); 5° Fontanieu (environ 500 portefeuilles); 6° la collection des copies de pièces envoyées de différents points de la France au cabinet des chartes, dirigé par Moreau et Bréquigny : collection très importante, due en grande partie aux travaux des Bénédictins de la congrégation de Saint-Maur; 7° enfin 976 recueils moins considérables, mais formant ensemble plus de 2000 volumes.

« Aux Archives du royaume (section historique), les 2060 bulletins relevés jusqu'à ce jour proviennent de l'examen complet : 1° des titres I, II, VI, VII et VIII de la série K, comprenant : cartons des rois (168); copies de chartes diverses (49 cartons); chartes relatives aux villes et provinces de France (365 cartons); 2° de la collection intitulée *Layettes;* 3° des 102 premiers registres du Trésor des chartes et de tout le supplément à cette vaste collection, ensemble 1699 registres ou cartons contenant plus de 100,000 pièces. Je puis dire, à la louange de ce travail de dépouillement, qu'il a paru précieux comme catalogue pour les archives elles-mêmes, et que le vénérable et savant directeur de cet établissement en a fait faire un double.

« La section judiciaire des Archives du royaume, c'est-à-dire l'immense dépôt de la Sainte-Chapelle, peu connu et peu exploré jusqu'ici, mérite, Monsieur le Ministre, que je vous en parle plus longuement. En effet, bien que spécial pour la conservation des actes de jugement et de procédure, ce dépôt contient une foule de documents pour l'histoire des villes, des communes rurales et des corporations industrielles. C'est là que sont rassemblés tous les registres du parlement de Paris; dont la juridiction, avant la création des parlements provinciaux, s'étendait à tout le royaume, et qui, depuis cette époque, est souvent intervenu dans le jugement des procès soutenus par les villes les plus éloignées de la capitale à cause des appels au Conseil privé, au grand Conseil, au Châtelet, à la Cour des monnaies et à celle des aides. Les registres du Parlement sont de plusieurs sortes; ils comprennent : 1° les *lettres patentes et ordonnances;* 2° les *registres civils et criminels;* 3° les *accords.*

« Les lettres patentes et ordonnances sont le recueil des édits rendus par les rois, soit sur les affaires publiques, soit pour le règlement d'intérêts particuliers. Ceux de ces édits qui intéressent directement l'histoire du Tiers État ont pour objet la concession ou la suppression du droit de commune, l'élection des maires et échevins, les privilèges octroyés à des villes ou bourgades, les constitutions municipales, les statuts organiques des corporations d'arts et métiers, les capitulations des villes réunies au domaine royal, les concessions de foires et marchés, l'établissement de la juridiction consulaire, les ordonnances et règlements relatifs à l'exercice des professions libérales ou industrielles.

« Les registres civils et criminels forment trois séries : le *conseil,* les *plaidoiries,* les *jugés,* qui toutes renferment des actes concernant les communes. Ces actes éclairent l'histoire municipale sous différents points de vue. Dans le *conseil,* collection qui s'étend de 1364 à 1789, les habitants de certains bourgs ou villages se présentent en justice contre leurs seigneurs; ils exposent leurs droits et leurs franchises; la cour prononce, sur le rapport d'un conseiller. Dans les *plaidoiries* (de

genres de matériaux capables de figurer comme documents de l'histoire civile et politique du Tiers État lui ont semblé pouvoir être rangés sous plu-

1395 à 1789), les longs discours des avocats, fidèlement reproduits, offrent des renseignements curieux, tant sur l'antiquité et l'étendue des privilèges municipaux que sur la fondation et les accroissements successifs d'un grand nombre de villes et de bourgades. Dans les *jugés*, collection qui commence par les célèbres *Olim*, et qui s'étend de 1250 à 1789, on trouve de nombreux documents sur les octrois de communes, les bourgeoisies, les affranchissements, etc. : là sont enregistrées toutes les causes des villes venues par appel au parlement de Paris. Ces causes sont d'ordinaire longuement exposées, et presque toutes fournissent des éclaircissements, soit sur l'administration et la police intérieure des villes, soit sur les débats d'intérêts des différentes classes de la population entre elles ou avec les seigneurs du lieu.

« Enfin, la collection dite *des accords* s'étend de l'année 1300 à l'année 1642 : elle contient les transactions homologuées au parlement de Paris sur tous les différends élevés entre des corps de ville ou de simples particuliers. Il s'en trouve un grand nombre par lesquels des communes transigent et s'accommodent, soit entre elles, soit avec leurs seigneurs, sur les privilèges locaux, la police des rues et des chemins, la propriété litigieuse de certains terrains, et les droits d'usage ou de pâture.

« Je puis nommer encore plusieurs collections non moins intéressantes pour l'histoire municipale et pour celle des corporations bourgeoises : ce sont les *registres-bannières* du Châtelet, qui s'étendent de 1330 à 1700, et dans lesquels se trouvent rassemblés des actes relatifs aux corps d'arts et métiers, à la police de Paris, à son commerce et à son administration; les registres de la Cour des monnaies (de 1315 à 1789) : cette cour avait, dans toute l'étendue de la France, droit de juridiction sur tous les artisans et ouvriers travaillant la monnaie et les métaux; les registres de la Cour des aides (de 1387 à 1789); ceux du grand Conseil depuis l'année 1500; ceux du bureau de la ville de Paris depuis l'année 1380. Le dépouillement méthodique de ces vastes collections était d'autant plus important pour le recueil des monuments de l'Histoire du Tiers État, qu'il n'en existe ni catalogues, ni inventaires, et que les matériaux qu'il doit fournir sont d'une authenticité incontestable.

« Comme je l'ai annoncé l'année dernière, Monsieur le Ministre, je me propose de faire marcher avant tout les travaux de la collection des chartes de communes; je diviserai cette collection en séries correspondantes à cinq régions du sol municipal de la France, et je commencerai la publication par les documents relatifs à la région de l'extrême Nord (provinces de Flandre et d'Artois, département du Nord et du Pas-de-Calais, avec portion de celui de la Somme). C'est là que je tends; et, pour y parvenir le plus promptement possible, j'ai concentré le dépouillement à fond des manuscrits de la Bibliothèque royale sur les recueils mixtes qui renferment pêle-mêle des documents relatifs à toutes les anciennes provinces, et sur les recueils exclusivement spéciaux pour les provinces du Nord. Le travail sur les collections mixtes avance rapidement, et, quand il sera achevé, il ne restera plus à examiner que les recueils spéciaux, dont le nombre s'élève seulement à deux cent quarante-sept, et qui sont peu volumineux. Dès qu'ils auront été vus, tout sera terminé pour les manuscrits de la Bibliothèque royale, et l'on s'occupera des bibliothèques de Paris, des archives de la couronne et des dépôts particuliers, dépôts de peu d'importance, dont l'exploration complète exigera à peine quelques mois. Dans un an, selon toute apparence, le travail de recherches et de dépouillement sera complet à Paris, dans les bibliothèques et dans les archives, et alors commencera, par la transcription et l'annotation des textes, la mise en œuvre du tome I de la collection des chartes de communes et des statuts municipaux.

sieurs chefs spéciaux, selon qu'ils se rapportent à la condition privée ou publique des personnes roturières, à leur existence dans la famille, dans la

« Mais alors aussi une dernière exploration sera nécessaire; il faudra que les archives locales de la frontière du Nord soient visitées par deux au moins des personnes qui travaillent sous ma direction, afin que je m'assure par leurs yeux, qui sont les miens, que rien n'a été omis dans les informations des correspondants. Elles auront pour mission de glaner dans les grands dépôts où une ample moisson aura déjà été faite, et de parcourir les communes dont les archives plus pauvres, mais plus ignorées, offriraient encore des chances de découvertes inattendues. Cette tournée finie, je pourrai passer à l'impression, sans crainte de me jeter dans les hasards d'une publication prématurée, publication qui manquerait son but, et nécessiterait peut-être, pour chaque volume de texte, un demi-volume de supplément.

« Je dois en terminant, Monsieur le Ministre, rappeler à votre attention le zèle et les services des collaborateurs qui m'ont été adjoints officiellement, et vous nommer les personnes éclairées qui, des différents points de la France, ont concouru au travail de cette année par des recherches, des communications et des informations officieuses.

« M. Delpit, le plus ancien de mes collaborateurs, chargé de la surveillance des travaux qui s'exécutent sous ma direction, justifie de plus en plus cette marque de confiance dont l'a honoré le précédent ministre. Outre la part qu'il prend, avec une sagacité remarquable, à l'exploration des recueils manuscrits de la Bibliothèque royale, il m'assiste dans la lecture et le dépouillement hebdomadaire des lettres de vos correspondants, et fait pour moi les recherches qu'exigent les réponses que je leur adresse. C'est sur lui que je me repose du soin de classer et d'inventorier toutes les pièces qui me sont envoyées, et de diriger les travaux de copie que je fais exécuter. Son esprit d'ordre, sa clairvoyance et sa parfaite ponctualité me sont d'un grand secours dans la conduite d'une entreprise où les soins de détail se multiplient et exigent de ma part une attention de plus en plus minutieuse.

« MM. Bernhard, Guessard et Yanoski montrent dans le travail d'inventaire qu'ils font à la Bibliothèque royale, soit sur les documents originaux, soit sur des recueils de copies plus ou moins anciennes, une complète intelligence de tout ce qui se rapporte à l'objet, à l'esprit, à toutes les conditions essentielles du grand recueil auquel ils coopèrent. Aux connaissances de l'archiviste et du paléographe chacun d'eux joint quelque aptitude particulière que je mettrai à profit à une époque plus avancée du travail. M. Bernhard a de la langue germanique une habitude qui me sera bien précieuse pour la collection et l'annotation des chartes flamandes et allemandes des villes du Nord et de l'Est. M. Guessard, élève de l'illustre M. Raynouard, a été formé par lui dans la philologie du moyen âge. M. Yanoski a puisé dans de fortes études à l'École normale une science de l'histoire qui trouvera largement son emploi dans la rédaction des notices dont sera précédée chaque série d'actes relatifs à une ville, bourgade ou commune de France.

« Dans le dépouillement de la section historique des Archives du royaume, M. Teulet, déjà connu par des travaux distingués, apporte un esprit de méthode et une rectitude d'exécution dignes de tous mes éloges. Pour le dépouillement de la section judiciaire, j'ai trouvé dans M. Duclos tout ce qu'une longue expérience peut donner d'habileté dans ce genre de travail, car il est depuis dix-neuf ans employé à la conservation et au classement du dépôt de la Sainte-Chapelle. C'est un homme instruit autant que modeste, avide pour lui-même de recherches studieuses et que ne rebutent ni l'insupportable poussière des parchemins roulés depuis des siècles, ni la fatigue de courses continuelles à travers des archives entassées sur plusieurs étages, qui n'ont entre eux d'autre communication qu'un étroit escalier de clocher.

corporation industrielle, dans la commune, dans la province et dans l'État. Par suite de ce classement logique, l'ouvrage aura quatre grandes divisions,

« Enfin, Monsieur le Ministre, je n'ai cessé de rencontrer le concours le plus actif dans votre bureau des travaux historiques, où se fait le triage des lettres qui vous sont adressées pour moi et où mes programmes de réponses se transforment pour les correspondants en lettres écrites sous votre nom. Je dois des remerciements particuliers au chef de ce bureau, M. Herbet, dont l'empressement à me seconder par tous les moyens possibles ne s'est jamais démenti.

« J'arrive aux personnes que le pur zèle de la science a liées d'une façon plus ou moins intime, plus ou moins constante, à mon travail de cette année. La liste en est longue, mais je me ferais scrupule d'omettre un seul nom.

« M. Leglay, archiviste général du département du Nord, s'est montré, comme l'année dernière, l'un des plus zélés parmi vos correspondants; il m'a communiqué les tomes V et VI de l'inventaire des archives des comtes de Flandre, qu'il a rédigé avec les notes laissées par Godefroy en complétant le travail de son savant prédécesseur. Je lui suis redevable, en outre, d'un assez grand nombre de copies de pièces, de plusieurs notices ou analyses pleines de renseignements précieux. M. Tailliar, conseiller à la cour royale de Douai, auteur d'un mémoire très remarquable sur l'affranchissement des communes dans le nord de la France, m'a procuré la copie complète des statuts municipaux de la ville d'Hesdin, et beaucoup d'indications de pièces ou de recueils intéressants. MM. Dusevel et Rigollot, correspondants à Amiens, m'ont envoyé plusieurs copies de pièces relatives à l'histoire municipale de la province de Picardie; ils ont entrepris et presque achevé la transcription du volumineux registre de l'hôtel de ville d'Amiens, qui contient le texte de tous les statuts des anciennes corporations d'arts et métiers de cette ville. MM. Louandre père et fils ont fait le dépouillement complet des archives de la mairie d'Abbeville, et m'ont envoyé deux cent quarante-huit bulletins et vingt copies de pièces utiles à la collection des chartes municipales.

« M. de Laplane a exploré avec une grande sagacité les archives de la ville de Sisteron, et m'a envoyé cent trente-sept copies de pièces qui présentent un tableau de l'existence municipale de cette ville depuis le XIIe siècle jusqu'en 1789. MM. Balasque et d'Aguerre d'Ospital, à Bayonne, ont entrepris, par amour pour l'histoire de leur ville natale, de classer et d'inventorier ses archives, qui sont très riches, mais dans un déplorable état de désordre et de confusion. Ils m'ont transmis, comme premier résultat de leur travail, des catalogues raisonnés de toutes les chartes qui leur ont paru de nature à prendre place dans le recueil des monuments de l'Histoire du Tiers État; j'y ai trouvé l'indication de plus de deux cents pièces importantes, dont je leur ai demandé copie. M. Chambaud, archiviste du département de Vaucluse, a continué la visite des archives communales de ce département et exposé les résultats de son inspection dans plusieurs rapports qui complètent les renseignements curieux qu'il avait déjà donnés sur l'ancienne organisation municipale des villes du Comtat Venaissin. M. de Courson, correspondant à Saint-Brieuc, a parcouru toute la basse Bretagne pour rechercher les documents relatifs à l'Histoire du Tiers État qui ont échappé à la destruction presque entière des archives publiques de cette province. Ses voyages m'ont procuré la connaissance d'un grand nombre de pièces conservées dans les manoirs ou dans les collections particulières. Les notices qu'il a envoyées sur les archives municipales de Quimper, Saint-Brieuc et Saint-Malo, ont amené de ma part la demande de beaucoup de copies, qu'il s'est chargé de faire.

« M. Hubert, professeur au collège de Charleville, a parcouru de même, dans l'intérêt de la collection des monuments de l'Histoire du Tiers État, une grande partie du département des Ardennes. Ses rapports au Ministre contiennent l'indication d'une foule de pièces utiles à mon travail, et dont chacune formera un recueil spécial ; voici le programme des deux premières, selon l'ordre de publication :

1° Collection des documents de toute espèce relatifs à l'état des villes,

déjà il m'a envoyé les copies de soixante de ces pièces. M. Clément Compayré, à Alby, m'a fourni des notices détaillées sur les archives de plusieurs villes de l'ancienne province de Languedoc. Je lui dois de plus un assez grand nombre de copies de chartes en langue romane du Midi, qu'il a bien voulu transcrire lui-même et annoter avec le plus grand soin. M. Maillet, bibliothécaire à Rennes, m'a envoyé les copies de cent trente-sept pièces relatives aux privilèges de cette ville. M. Redet, archiviste à Poitiers, m'a transmis plusieurs inventaires détaillés de pièces concernant l'organisation municipale des villes du Poitou, et plusieurs copies de statuts des anciennes corporations industrielles. M. Ollivier, juge au tribunal civil de Valence, m'a envoyé les copies d'un certain nombre de chartes municipales du Dauphiné, et l'inventaire complet des chartes conservées aux archives de la mairie de cette ville. Il fait transcrire toutes celles de ces pièces qui doivent prendre place dans le recueil des monuments de l'Histoire du Tiers État, et les accompagne de notes et d'éclaircissements historiques.

« MM. Jolibois, correspondant à Chaumont-sur-Marne ; Godin à Arras, Morand et Louis Cousin à Boulogne, Brun-Lavainne à Lille, Samazeuilh à Nérac, Lagarde à Tonneins, Cassany-Mazet à Villeneuve-d'Agen, Yung à Strasbourg, Sommer à Colmar, Belhomme à Toulouse, Delalo à Mauriac, ont envoyé des travaux remarquables, soit en inventaires d'actes relatifs à l'organisation municipale, soit en copies de pièces inédites, soit en renseignements de tout genre.

« MM. Herman, Legrand et de Givenchy, à Saint-Omer ; Lebeau à Avesnes, Auguste Le Prévot à Évreux, de Formeville à Caen, Deville et Floquet à Rouen, Canel à Pont-Audemer, Fransquin à Marville, La Teyssonnière à Bourg, Lottin et Fleury à Orléans, Faunié-Duplessis à Angoulême, Henri à Perpignan, Gautier à Gap, Monnier à Lons-le-Saulnier, ont procuré des copies de pièces concernant ces différentes villes et des indications puisées dans les archives départementales ou municipales.

« MM. Lappenberg, archiviste de la ville libre de Hambourg, Dufaytelle à Calais, Lequien à Béthune, Gérard et Abo de Bazinghen à Boulogne, Arthur Dinaux à Valenciennes, Bouthors à Amiens, Lemasle à Saint-Quentin, Fernel père à Neufchâtel, Galeron à Falaise, Pesche au Mans, Journal Rouquet à Nantes, de la Fontenelle de Vaudoré à Poitiers, Duvivier à Mézières, Louis Paris à Reims, Soyer-Villemel et Noël à Nancy, Dumont à Saint-Mihiel, Buzy à Gérardmer, Quantin à Auxerre, Tarbé à Sens, Louis Raynal à Bourges, Moreau à Saintes, Delayant à la Rochelle, Aymar au Puy, Peigues à Gannat, Arnoul et Maurice Ardant à Limoges, Péricaut à Lyon, Chauduc de Crazannes à Montauban, Platelet à Agen, Masson à Lectoure, Germain à Nimes, Jules Renouvier à Montpellier, Boudard et Reclus à Béziers, Crozet à Grenoble, Clair à Arles, Porte à Aix, Ricard à Marseille, Lejeune à Chartres, Henri de Gastebois à Eymet, Marquis à Clermont-Ferrand, Tournal à Narbonne, ont envoyé ou des notices, ou des copies de chartes, ou des manuscrits en communication.

« Les fonctionnaires de l'ordre administratif qui ont répondu par des envois de pièces originales ou par des informations effectives aux deux circulaires adressées en votre nom sont : M. le baron Méchin, préfet du département du Nord ; M. Charles Dunoyer, préfet de la Somme ; M. Bellon, préfet de l'Oise ; M. le comte d'Arros, préfet de la Meuse ; MM. Nau de Champlouis, préfet du Pas-de-Calais, et Amédée Thierry, préfet de la Haute-Saône, qui ont tous deux institué des commissions spéciales pour la recherche des documents historiques ; M. le vicomte de Bondy, préfet de 'Yonne ; M. le baron Siméon, préfet du Loiret ; M. Faye, préfet de la Sarthe ; M. Romieu,

bourgs et paroisses de l'ancien royaume de France et des provinces dont la réunion a formé la France actuelle, savoir :

Chartes de communes concédées par les rois ou les seigneurs ; — statuts

préfet de la Dordogne ; M. Saladin, préfet de la Drôme ; M. Scipion Mourgue, préfet des Hautes-Alpes ; M. Larreguy, préfet de la Charente ; M. de Crèvecœur, préfet du Tarn ; M. Brun, préfet de Lot-et-Garonne ; M. Decourt, préfet des Hautes-Pyrénées ; M. Mancel, préfet de la Vienne ; M. de la Châtre, sous-préfet à Issoudun ; M. Champagnole, sous-préfet à Lombez ; M. Jacques Leveir, maire de Calais ; M. Copet, maire de Crécy ; M. Béconnet, maire de Béthune ; M. Dollez, maire de Landrecies ; M. de Marcillac, maire de Périgueux ; M. le comte Raymond, maire d'Agen ; M. Cabanès, maire de Moissac ; M. Lesur, maire de Guise ; M. César Parent, maire de Lannoy, et M. Tricart, maire de Molliens-le-Vidame.

« Enfin j'ai reçu, à part de la correspondance, diverses communications de quelques personnes résidant à Paris : M. Lacabane, employé de la Bibliothèque royale ; M. Bernard, auteur de l'Histoire du Forez ; M. Charles Labitte ; M. Douet d'Arcq, ancien élève de l'École des chartes ; MM. Géraud, Clairfond, Valette et Marchegay, élèves actuels de la même école.

« Ce concours d'efforts dirigés de tant de points vers un centre unique, ces travaux libres, cet empressement désintéressé, offrent, si je ne m'abuse, quelque chose d'imposant. Toutefois, Monsieur le Ministre, je dois l'avouer, et je le dis avec un profond regret, la France n'est pas là représentée tout entière : trente départements ont fait défaut. Votre appel comme le mien a été nul pour eux ; il n'en est sorti ni une lettre, ni un envoi, ni un indice quelconque. Dans beaucoup de préfectures, nos circulaires sont allées simplement grossir l'amas des papiers de rebut. Et pourtant, quoi de plus digne de la sollicitude des magistrats de la France nouvelle que les nobles efforts qui se font de toutes parts pour recueillir et enregistrer les souvenirs d'un passé qui n'existera plus désormais que dans la mémoire des hommes ? Il faut que le pieux effroi qui a saisi quelques âmes à la vue de l'imminente destruction de nos monuments nationaux devienne un sentiment public ; il faut que chacun se fasse conservateur de cet héritage de nos aïeux comme il l'est de la fortune de l'État et de sa fortune particulière. A cet égard, Monsieur le Ministre, l'exemple que vous donnez devrait être une leçon et une loi pour tous.

« Dans le rapport que vous avez fait au Roi sur le budget de votre Ministère, vous avez eu la bonté de mentionner le recueil que je dirige, en l'appelant *un vaste travail*. J'espère que les résultats obtenus depuis un an ne paraîtront point démentir cette expression flatteuse. J'ai rassemblé, soit en copies textuelles, soit en bulletins sommaires, dix-huit mille pièces, dont les deux tiers au moins sont inédites. La collection des copies qui s'accumulent de jour en jour dans les cartons de votre Ministère forme le noyau d'un nouveau cabinet des chartes, supplément nécessaire de celui de la Bibliothèque royale, et d'un intérêt unique, à cause de sa spécialité. Jamais pareille masse de documents inédits n'a été réunie sur un point quelconque de notre histoire ; et même, dans leur état actuel, tout incomplets et provisoires qu'ils sont, ils peuvent servir à étudier sous des aspects entièrement neufs l'ancienne organisation municipale, les vieilles associations de la bourgeoisie, toutes les origines du Tiers État. Ils révèlent l'immensité des richesses que, malgré l'injure des siècles, l'incurie des hommes et les dévastations politiques, les archives de France possèdent encore sur cette portion la plus obscure et la plus curieuse des annales de la société moderne. Je voudrais pouvoir promettre sur-le-champ la publication d'un volume, et je fais tous mes efforts pour en avancer le terme ; je ne sais si l'infatigable Bréquigny allait plus vite ; je serais tenté de croire que non, et d'ailleurs, Monsieur le Ministre, pour marcher sûrement au but dans de semblables entreprises, il faut de toute nécessité joindre la patience au désir.

municipaux des villes; — ordonnances, lettres et actes quelconques qui, à diverses époques, ont accru, modifié ou aboli, dans les différentes localités, les droits et les privilèges communaux; — actes royaux ou seigneuriaux relatifs au redressement de certains abus et à l'exemption de certaines redevances, tailles ou péages en faveur de telle ou telle ville, bourgade ou paroisse de France; — actes relatifs à la réunion des villes ou communes au domaine royal; — anciens comptes des villes, traités des villes et des communes entre elles ou avec leurs seigneurs; — actes relatifs à l'établissement et à l'organisation des milices bourgeoises, à la fondation et à l'entretien des établissements d'instruction publique placés sous la dépendance de l'autorité municipale; — concessions de foires et de marchés faites par les rois ou les seigneurs suzerains aux villes, communes, bourgades, abbayes, églises et seigneuries de leurs domaines; — privilèges accordés aux marchands étrangers dans les villes françaises, et à des marchands français dans les pays étrangers.

2° Collection des documents relatifs à l'état de la bourgeoisie considérée dans ses diverses corporations, savoir :

Statuts constitutifs des anciens corps d'arts et métiers; — actes et règlements relatifs aux maîtrises et aux jurandes, aux conseils de prud'hommes et aux consulats du commerce; — actes relatifs à l'établissement ou au maintien des *hanses*, *ghildes* et autres associations commerciales; — ordonnances royales ou municipales concernant la pratique des lois, le barreau, la médecine et la chirurgie, l'exercice de toutes les professions lettrées ou non lettrées, libérales ou industrielles.

L'exécution d'une œuvre si vaste et si difficile n'est possible qu'avec l'as-

« Depuis le jour où un homme d'État, dont le nom est grand dans la science, me transmit l'idée de ce recueil vraiment national, et m'en confia l'exécution, des obstacles de tous genres ont été traversés, d'énormes difficultés vaincues. Maintenant le travail est organisé, les rôles sont distribués et remplis; il y a un concours de zèle et d'efforts; il y a une méthode, une règle, des traditions qui, s'établissant et se fortifiant de plus en plus, doivent donner, pour la mise en œuvre définitive, des procédés certains et invariables. Je viendrais à manquer à la collection des monuments de l'Histoire du Tiers État, que cette collection, Monsieur le Ministre, ne manquerait pas au pays qui l'attend, et que la promesse faite par le Gouvernement ne serait pas vaine. Et si, ce qu'à Dieu ne plaise, des préoccupations trop exclusives en faveur des intérêts matériels portaient les Chambres à répudier le patronage des travaux historiques, les solides fondements de l'ouvrage interrompu resteraient là, pour accuser le temps présent, et pour inviter une autre génération à mieux comprendre tous les devoirs du vrai patriotisme.

« J'ai l'honneur, etc.

« Augustin THIERRY. »

sistance de tous les amis de l'histoire et des antiquités nationales. Je vous engage donc à vouloir bien explorer ou faire explorer les archives publiques et particulières, et à me faire connaître l'existence de tous les documents qui vous paraîtraient rentrer dans la série des actes dont je viens de vous donner l'énonciation sommaire.

Quoique le recueil des monuments de l'*Histoire du Tiers État* soit spécialement consacré à la publication de documents inédits, j'ai cru qu'il serait indispensable de reproduire ceux de ces documents qui auraient été déjà imprimés, mais seulement à un petit nombre d'exemplaires, soit dans des ouvrages peu répandus, soit dans des brochures, des factums judiciaires ou des publications périodiques. Veuillez donc me faire connaître tous les écrits de ce genre contenant des chartes, des lettres ou tout autre document qui vous semblerait de nature à faire partie de la collection des monuments de l'*Histoire du Tiers État*.

Dans le cas où vous ne pourriez par vous-même me fournir ces renseignements, je vous prie de communiquer le rapport de M. Augustin Thierry aux archéologues, aux possesseurs de collections d'anciens titres et à toutes les personnes qui se livrent à l'étude de nos monuments historiques et de nos antiquités. Vous voudrez bien en même temps, s'il y a lieu, me faire connaître les noms de ces personnes, afin que je puisse entretenir avec elles des relations profitables à la science; de son côté, M. Augustin Thierry se fera un devoir de rendre un tribut public de reconnaissance à tous ceux qui lui auront apporté leur assistance dans la grande et nationale entreprise confiée à ses soins : la publicité est le plus digne salaire de semblables travaux.

Recevez, etc.

SALVANDY.

20

CIRCULAIRE RELATIVE À L'ENVOI D'UN QUESTIONNAIRE ARCHÉOLOGIQUE.

30 novembre 1838.

Aux Correspondants du Ministère.

Monsieur, voulant fournir au Comité historique des arts et monuments, établi près du Ministère de l'instruction publique, de nouveaux moyens de recueillir tous les documents relatifs à nos antiquités nationales, j'ai cru devoir adresser à chacun des correspondants la série de questions ci-jointe.

Je réclame votre active collaboration pour une œuvre si digne de tout votre intérêt.

J'ai pensé qu'il pourrait être utile d'associer à ce travail d'exploration les inspecteurs des écoles primaires. Par la nature de leurs fonctions, ils sont en mesure de donner des renseignements précieux sur les monuments qui existent dans un grand nombre de communes. Vous jugerez sans doute convenable d'entrer en communication avec eux et de mettre à profit leur coopération.

Vous voudrez bien consigner sur le cadre préparé par le Comité le résultat de vos recherches, et m'adresser tous les documents que vous aurez recueillis.

Recevez, etc.

SALVANDY.

DÉPARTEMENT
d

CANTON
d

COMITÉ HISTORIQUE
DES ARTS ET MONUMENTS.

COMMUNE
d

§ I. — MONUMENTS GAULOIS.

QUESTIONS.	RÉPONSES.
1° Existe-t-il dans la commune d des pierres ou roches consacrées par une superstition populaire ?	1°
2° Sont-ce des roches adhérentes au sol ou plantées en terre de main d'homme ?	2°
3° Ces roches sont-elles de même nature que les pierres du pays ? et, dans le cas contraire, de quel lieu et de quelle distance peut-on supposer qu'elles aient été apportées ?	3°
4° Quel nom portent-elles dans le pays ?	4°
5° Quel est leur nombre ?	5°

6° Quelle est leur hauteur ?   6°
Quelle est leur largeur ?
Quelle est leur épaisseur ?

7° Ces roches sont-elles disposées en cercle ?   7°

8° Posées en équilibre ?   8°

9° Groupées deux par deux, réunies par une troisième superposée transversalement, de manière à former soit une espèce de table, soit une allée couverte ?   9°

10° A-t-on remarqué des dessins sur ces pierres ?   10°

11° A-t-on fait des fouilles auprès d'elles ?   11°

12° Qu'a-t-on trouvé ?   12°

13° Existe-t-il des monticules faits de main d'homme ?   13°

14° Les a-t-on fouillés ?   14°

15° Qu'a-t-on trouvé ?   15°

16° Existe-t-il des arbres ou des fontaines consacrés par des pratiques superstitieuses ?   16°

17° A quelle distance de l'église ?   17°

18° Existe-t-il des souterrains et y a-t-on trouvé des sépultures ?   18°

19° Y a-t-il des traditions qui s'y rattachent ?   19°

20° A-t-on trouvé des espèces de coins ou hachettes en pierres siliceuses ou en métal ?   20°

§ II. — MONUMENTS ROMAINS.

1° Trouve-t-on dans la commune d quelques fragments d'une ancienne chaussée passant dans le pays pour une voie romaine, ou portant soit les noms de *chemin de Cesar,* de *chaussée Brune-*   1°

haut, soit toute autre dénomination qui emporte l'idée de son ancienne importance et d'une origine plus ou moins reculée ?

2° Quelle est la direction de cette chaussée? Jusqu'où en suit-on la trace? Quelle portion de la commune traverse-t-elle?

3° Quel nom lui donne-t-on dans le pays?

4° Quelles traditions se rattachent à sa construction?

5° Quels sont les noms des hameaux, fermes ou *lieux dits* qu'elle traverse?

6° Aurait-on trouvé le long de ces chaussées, particulièrement sous des croix ou dans les fondations de quelque édifice religieux, des colonnes à peu près semblables aux pierres milliaires de nos grandes routes et portant une inscription? Que peut-on lire de cette inscription?

7° Remarque-t-on des mouvements de terrain réguliers formant enceinte et connus ou non sous la dénomination de *camps romains* ou camp de César?

8° La chaussée, s'il en existe, aboutit-elle à cette enceinte?

9° Existe-t-il quelque localité à laquelle se rattache la tradition d'un ancien champ de bataille? Cette tradition est-elle appuyée sur des faits authentiques, sur un nom significatif, sur quelques vestiges de retranchements, ou sur des armes, ossements, sépultures ou autres objets qu'on y aurait trouvés?

10° Trouve-t-on dans les champs, à l'époque des labours, des fragments de poterie rougeâtre, des tuiles ou briques, entières ou par morceaux, d'une pâte très fine et d'une extrême dureté?

2°

3°

4°

5°

6°

7°

8°

9°

10°

11° Trouve-t-on des médailles ou monnaies, des débris d'armes, des agrafes, des épingles de bronze avec ou sans ressorts, des anneaux, des clefs courtes et grossières, des verroteries, de petits cubes de pâte rouge, noire, blanche ou jaunâtre, propres à former des mosaïques, de petites figures d'hommes ou d'animaux en bronze ou en argile cuite ?

12° Remarque-t-on, soit à fleur de terre, soit par suite de fouilles, des fragments d'anciennes murailles très épaisses, revêtues de petites pierres carrées formant un appareil régulier et interrompu de distance en distance par des couches de grandes briques plates ?

13° Quelle est la forme de ces constructions ? Sont-elles en ligne droite ou suivent-elles une direction circulaire ou semi-circulaire ?

14° Trouve-t-on des fragments de marbre, des inscriptions, des monnaies, des statues, des fûts de colonnes, des chapiteaux, des morceaux de sculpture, soit en pierre, soit en bronze ?

15° A-t-on trouvé dans des lieux aujourd'hui non consacrés au culte des cercueils en pierre, en plâtre, en terre cuite, placés isolément ou en groupes ? Quelle est leur direction et la nature de la pierre ? Qu'a-t-on trouvé dedans ? Portent-ils des ornements, des figures ou des inscriptions ? Paraissent-ils avoir déjà été fouillés ?

§ III. — MONUMENTS DU MOYEN ÂGE.

1° Existe-t-il dans la commune d une ou plusieurs églises ?

2° Existe-t-il des chapelles isolées, des chapelles souterraines ou cryptes ?

3° Quelle est la dimension de chaque église?

Sa longueur (dans œuvre)?

Sa largeur (*idem*)?

4° Est-elle en forme de croix?

5° Au dehors le chœur se termine-t-il carrément ou en hémicycle? Est-il entouré de chapelles? Quelques-unes de ces chapelles forment-elles une saillie semi-circulaire et voûtée hors de la muraille?

6° De quels matériaux est-elle construite? Y remarque-t-on des portions en petites pierres carrées (ordinairement en tuf), ou bien de place en place des assises de grandes briques plates?

7° Y a-t-il, à l'intérieur, des piliers ou des colonnes? Combien y en a-t-il de rangs?

8° Les piliers sont-ils carrés, cylindriques ou composés d'un faisceau de colonnes?

9° Ces piliers ou colonnes sont-ils ornés de chapiteaux sculptés?

10° Que représentent les sculptures de ces chapiteaux? Sont-ce des hommes, des animaux, des perles, des broderies ou des feuillages? Peut-on distinguer à quelles plantes appartiennent ces feuillages?

11° Les bases des colonnes sont-elles plates ou élevées? Sont-elles sculptées? Y a-t-il dans leurs angles des sortes de griffes ou pattes?

12° Y a-t-il, soit dans l'église, soit extérieurement, et particulièrement sous les portes, des statues en pierre?

13° Y a-t-il à l'intérieur, soit contre les murailles, soit au-dessus des autels, de petites statues en albâtre ou en bois, peintes ou dorées, superposées les unes aux autres, et représentant des scènes de l'Écriture sainte?

14° De quelle forme sont les fenêtres? Se terminent-elles carrément, en cintre ou en ogive? — 14°

15° Combien de fois sont-elles plus hautes que larges? — 15°

16° Sont-elles soutenues latéralement par des colonnes? — 16°

17° Sont-elles séparées intérieurement par des divisions en pierre? Ces divisions sont-elles perpendiculaires, contournées ou circulaires? — 17°

18° Les vitres sont-elles en verre blanc ou en verre colorié? Y distingue-t-on des personnages? Quelle est la grandeur de ces personnages? Les couleurs sont-elles claires ou foncées? Les chairs sont-elles représentées par le verre blanc ou par une teinte plus ou moins bistrée? Les personnages se détachent-ils sur un fond bleu foncé ou sur des fonds de paysage et d'architecture? Y a-t-il sur le vitrail des légendes en latin ou en français? Peut-on les lire et les copier? Dans ces légendes ne se trouve-t-il pas une date? — 18°

19° Si les murailles et les piliers sont recouverts de chaux ou de badigeon, ne peut-on pas soulever cet enduit dans quelques endroits, et ne retrouve-t-on pas sur la pierre des traces d'anciennes peintures? — 19°

20° Les voûtes de l'église sont-elles cintrées ou en ogive? en pierre ou en bois? Sont-elles peintes ou seulement blanchies? Les arêtes des voûtes sont-elles saillantes? Leurs nervures sont-elles anguleuses ou arrondies? Se terminent-elles à leur point de jonction par des rosaces ou des culs-de-lampe? — 20°

21° Au lieu de voûte y a-t-il simplement un plafond? Les poutres sont-elles apparentes? Sont-elles peintes, sculptées ou tout unies?

22° Les stalles du chœur ou la chaire à prêcher sont-elles sculptées en bois ou en pierre?

23° Trouve-t-on dans l'église de grandes dalles de pierre ou de marbre servant de pavé, et sur lesquelles sont tracées des figures d'hommes ou de femmes, d'ecclésiastiques ou de chevaliers? L'inscription qui doit entourer ces figures est-elle lisible? Peut-on la copier?

24° Existe-t-il dans l'église d'autres sortes de tombeaux avec ou sans statues, avec ou sans inscription?

25° Les portes de l'église sont-elles carrées, cintrées ou en ogive? Sont-elles soutenues par un ou plusieurs rangs de colonnes? Entre les colonnes y a-t-il des figures? Que représentent les chapiteaux de ces colonnes? Les portes n'ont-elles qu'une seule ouverture, ou un pilier les divise-t-il par le milieu? Au-dessus de l'ouverture ou des deux ouvertures y a-t-il un bas-relief? Que représente-t-il? De quelle dimension sont les figures?

26° Entre-t-on immédiatement dans l'église, ou existe-t-il un porche en dedans ou en dehors du portail?

27° Le toit de l'église est-il plat ou aigu? recouvert en tuiles, en ardoises ou en plomb? entouré de galeries de pierre sculptées à jour?

28° Quelle est la forme de la corniche ou couronnement? Est-elle portée par de petites pierres carrées représentant des bouts de solives et terminées par des figures ordinairement monstrueuses d'hommes ou d'animaux, ou par de petites arcades, ou par des espèces de consoles ou modillons? Est-elle accompagnée de trèfles ou quatre feuilles en creux? Consiste-t-elle en moulures ou en un ornement courant dans lequel il entrerait des feuillages?

29° Les murs sont-ils soutenus par des contre-forts? Ces contre-forts sont-ils adhérents aux murailles? En sont-ils détachés, et les soutiennent-ils au moyen d'arcs-butants? Sont-ils simples ou ornés de sculptures?

30° L'église est-elle surmontée d'une ou de plusieurs tours? Sur quelle partie de l'édifice ces tours sont-elles placées? Quelle est leur forme? Sont-elles rondes, carrées, octogones? Renferment-elles un escalier? De quelles formes sont leurs fenêtres ou ouvertures? Se terminent-elles par une plate-forme? Sont-elles surmontées d'un toit ou d'une flèche? Ce toit ou cette flèche sont-ils en pierre ou en bois? recouverts en ardoises, en tuiles ou en plomb?

31° A-t-il existé dans la commune d une ancienne abbaye ou un ancien couvent? De quel ordre? Sous quelle invocation? Reste-t-il quelques fragments des bâtiments conventuels? Le cloître subsiste-t-il?

32° Trouve-t-on dans les carrefours ou dans le cimetière des croix de pierre sculptées? Quelle est leur dimension? Sont-elles ornées de sculptures?

33° S'il existe des chapelles isolées, sont-elles voisines de quelque fontaine fréquentée par les malades? Y va-t-on en pèlerinage? Ces pèlerinages ont-ils surtout lieu le jour ou la veille de la fête du saint? Quels usages locaux et cérémonial singulier y remarque-t-on? Quel genre de malades s'y rendent particulièrement?

34° Existe-t-il dans la commune d un ancien château? Est-il fortifié? Est-il en ruines ou en bon état d'entretien, habité ou abandonné?

35° S'il est fortifié, les tours sont-elles rondes ou carrées, tronquées par le haut ou couronnées de créneaux? Est-il entouré de fossés? Avec ou sans machicoulis? Y a-t-il un donjon? Y a-t-il des souterrains?

36° De quelle forme et de quelle dimension sont les fenêtres? Sont-elles simples ou décorées?

37° A l'intérieur les cheminées sont-elles grandes? Sont-elles ornées de sculptures en pierre, en marbre ou en bois? Les plafonds et les lambris sont-ils peints ou sculptés? Voit-on sur les murailles des traces des anciens blasons? Quels étaient les propriétaires avant 1789? Les vieillards de la commune savent-ils quelque tradition relative au château?

38° Existe-t-il dans la commune quelque autre maison ornée de peintures, de sculptures ou de décorations, soit en bois, soit en pierre?

39° Enfin a-t-on connaissance, soit dans le château, soit dans l'église, soit partout ailleurs, de quelque tableau, tapisserie, ancien meuble sculpté, titres ou archives, médailles, portraits de famille, ornements d'autel, et de tous autres objets remontant à une époque plus ou moins reculée?

21

CIRCULAIRE DEMANDANT AUX INSPECTEURS PRIMAIRES QUELS MONUMENTS HISTORIQUES EXISTENT DANS LES COMMUNES DE LEUR CIRCONSCRIPTION.

30 novembre 1838.

Aux Inspecteurs des écoles primaires.

Monsieur l'Inspecteur, le Comité historique des arts et monuments établi près du Ministère de l'instruction publique a pensé avec raison que les inspecteurs des écoles primaires pouvaient, par la nature même de leurs fonctions, être en mesure de fournir souvent, et sans recherches spéciales, des documents précieux sur les monuments historiques qui existent dans un grand nombre de communes. Ce Comité a, en conséquence, exprimé le vœu que la série de questions ci-jointe[1] fût adressée à MM. les inspecteurs des écoles primaires.

Je n'ai pu me refuser à accueillir cette demande. L'importance des travaux du Comité historique impose à l'Administration le devoir de faciliter autant que possible ses études et ses recherches sur nos antiquités nationales. Toutefois, mon intention n'est pas d'ajouter aux nombreuses occupations dont vous êtes déjà chargé. Loin de vouloir augmenter les détails de votre service, j'ai cherché les moyens de diminuer le travail auquel donne lieu annuellement la rédaction des états de situation de l'instruction primaire. Il est donc bien entendu que vous n'aurez à répondre aux questions présentées par le Comité historique qu'autant que cette occupation ne prendrait pas sur votre temps et ne vous détournerait sous aucun rapport des soins que réclament vos attributions ordinaires.

Vous remarquerez, du reste, que les renseignements demandés n'exigent aucun travail de rédaction. Il suffit, pour la plupart des questions, de répondre par *oui* ou par *non* ou par un simple chiffre. Il ne vous sera donc pas difficile de consigner sur le cadre préparé par le Comité le résultat des observations que vous auriez été à même de faire dans le cours de vos inspections. Je vous renouvelle seulement l'invitation de ne pas perdre de vue que ce doit être pour vous moins un travail obligatoire qu'un délassement et une distraction aux fatigues de vos tournées.

Vous m'adresserez directement les documents que vous aurez recueillis. Recevez, etc.

SALVANDY.

[1] C'est le questionnaire précédent.

22 [1]

CIRCULAIRE DEMANDANT COMMUNICATION
DES INSCRIPTIONS ROMAINES EXISTANT EN FRANCE.

1er mars 1839.

Aux Correspondants du Ministère.

Monsieur, le Comité des arts et monuments se propose de publier la collection, aussi complète que possible, des *inscriptions romaines existant actuellement en France*. Je vous invite à me transmettre toutes celles dont vous auriez connaissance et qui se trouveraient, soit sur des monuments, soit dans un musée public, soit dans des cabinets particuliers.

Le Comité publie les inscriptions romaines de la France, *sans les interpréter;* il se borne à indiquer, dans ses notes, la description sommaire des monuments portant des inscriptions, le lieu où elles ont été découvertes, celui où elles existent actuellement, enfin le nom de la personne qui a bien voulu les communiquer. Je vous engage, Monsieur, à faire part de ce plan aux personnes de votre connaissance qui s'occupent à recueillir des inscriptions; elles verront que, loin de leur enlever des travaux commencés, le Comité n'a d'autre but que de faciliter et d'étendre leurs études.

Je ne saurais, Monsieur, vous inviter à mettre trop de soin dans les transcriptions que vous m'adresserez. Vous savez que le plus petit détail a son importance; le déplacement d'un point, un intervalle trop long ou trop court entre deux lettres, peut changer le sens d'une inscription. Votre exactitude ne pourra être trop minutieuse.

Vos copies devront être accompagnées d'un *dessin*, ou tout au moins d'une *description* du monument sur lequel se trouve l'inscription; vous noterez la grandeur des lettres, l'intervalle qui existe entre elles, la longueur des lignes, les signes de ponctuation, les accents, etc.

Lorsqu'une inscription est tracée sur plusieurs pierres appareillées en-

---

[1] Les rapports de M. Danton sur les travaux du Comité des sciences morales et politiques (3 septembre 1838), de M. Génin sur les travaux du Comité de la langue et de la littérature françaises (1er décembre 1838), de M. le baron Thénard sur les travaux du Comité des sciences (5 décembre 1838), de M. Varin sur les travaux du Comité des chartes (30 décembre 1838), de M. de Gasparin sur les travaux du Comité des arts et des monuments (1838), et de M. le comte Beugnot sur les registres du Parlement de Paris (1838), ne présentent pas un intérêt assez général pour être insérés ici. Ils ont d'ailleurs été publiés dans les *Rapports au Ministre*, p. 287-361.

semble, vous devrez toujours indiquer la position de ces pierres et le nombre de lettres que porte chacune d'elles.

Si la forme des lettres est *inusitée,* si elles sont *liées* entre elles, si une ou plusieurs sont peu lisibles ou peuvent, par l'incertitude de leur forme, donner lieu à des interprétations différentes, il serait bon d'en envoyer une empreinte, au moyen d'une feuille d'étain ou d'un papier fort et non collé, qu'on applique légèrement humide sur l'inscription. En frottant la feuille avec une brosse ou un pinceau rude, on fait pénétrer le papier dans le creux des lettres, dont en séchant il garde l'empreinte. Un dessin peut remplacer cette empreinte, mais n'offrira jamais cependant de semblables garanties de fidélité.

Le même procédé est applicable aux inscriptions frustes, mutilées, ou qui offrent des lacunes. A défaut d'une empreinte, il faudra du moins noter très exactement l'étendue des lacunes, mesurer chaque ligne, chaque lettre, de façon à ce qu'il soit possible de conjecturer le nombre de caractères effacés. Dans aucun cas, on ne devra passer dans le creux des lettres une matière colorante. Cette pratique, qui altère toujours un monument, expose en outre à commettre des erreurs très fâcheuses.

Il n'y a pas d'ailleurs d'inscription qui doive être négligée. Je vous invite donc à me transmettre toutes celles que vous connaissez et que vous aurez *copiées vous-même* ou du moins soigneusement collationnées sur l'original, soit qu'elles soient tracées sur le marbre, la pierre ou le bronze, soit qu'elles se lisent sur des autels, des tombeaux, des vases, des bijoux, soit enfin qu'elles aient été déjà publiées ou qu'elles soient inédites.

Après l'impression du recueil projeté, le Comité des arts et monuments me présentera la liste des personnes qui doivent en recevoir des exemplaires, comme ayant utilement contribué à ce travail.

Je joins ici un modèle dont vous pourrez vous servir pour les envois que vous voudrez bien m'adresser :

1° Autel, tombeau, vase, etc.... Indiquer la matière, décrire le monument ou le dessiner.

2° Trouvé à..... actuellement déposé à. ... Faire connaître les circonstances de la découverte.

3° Noter l'état de conservation de l'inscription.

4° Première ligne, longueur......, hauteur des lettres....., moyenne des intervalles entre chacune d'elles et entre les mots.

Deuxième ligne, longueur....., hauteur des lettres....., même remarque pour les lacunes.

5° Observations générales.

Le diamètre et les dimensions diverses des colonnes romaines peuvent donner en beaucoup de cas d'excellents caractères archéologiques. Je vous prie de m'adresser en même temps la mesure exacte de ces colonnes qui vous appartiendraient, qui seraient recueillies dans les dépôts publics ou disséminées en différents lieux.

Recevez, etc.

SALVANDY.

23

CIRCULAIRE RELATIVE À L'ENVOI D'INSTRUCTIONS RÉDIGÉES PAR LE COMITÉ [1].

1839.

Aux Correspondants du Ministère.

Monsieur, je vous ai demandé, il y a quelque temps, de diriger vos recherches sur les documents inédits relatifs à l'histoire de la philosophie, des sciences et des lettres : il me reste maintenant à appeler votre attention sur un autre ordre de documents non moins importants, mais qui demandent des investigations d'un genre tout particulier.

Depuis les Gaulois jusqu'à nos jours, des monuments de toute espèce ont couvert le sol de la France. Quelques-uns ont complètement disparu, d'autres, encore en grand nombre, restent debout ou nous sont signalés par leurs ruines. Ces monuments, qui révèlent à l'artiste les variations successives de l'art et du goût, peuvent aussi fournir à l'historien d'utiles indications sur l'état politique, intellectuel, moral et industriel de chaque siècle. Tantôt c'est une inscription qui se déroule sur le bois, sur la pierre, sur le verre ou sur le métal : le monument alors fait l'office d'un manuscrit; tantôt c'est la grandeur des constructions, le caractère du travail, la nature et le choix des emblèmes qui deviennent autant de révélations pour l'historien, et qui mettent en relief des faits que la lettre morte des documents écrits ne pourrait pas même laisser apercevoir.

---

[1] Voir tome III, *Instructions*, n°ˢ I, II et V.

Il n'y a pas encore longtemps qu'on a reconnu combien les études historiques doivent emprunter de secours à l'étude des monuments. Les hommes laborieux des deux derniers siècles, qui ont sauvé d'une destruction inévitable un si grand nombre de chartes et de pièces manuscrites en les faisant revivre par leurs patientes transcriptions, ont laissé se dégrader et s'écrouler sous leurs yeux cette innombrable variété de monuments que les siècles passés avaient entassés sur tous les points du royaume. Si des dessins et des descriptions fidèles nous en avaient reproduit les formes et les dimensions, si seulement un relevé exact nous en donnait le dénombrement, que de problèmes pourraient être résolus! que de lumière sur des questions à jamais douteuses!

Il est trop tard pour réparer ce déplorable oubli; mais plus nos regrets sont vifs, plus rigoureux est le devoir de ne pas mériter à notre tour les reproches des siècles à venir. Nos richesses monumentales, quoique décimées depuis cinquante ans, égalent encore en beauté et surpassent en variété celles de tous les autres pays de l'Europe. Notre premier soin, assurément, doit être de travailler à leur conservation, de les entourer de respect et de prolonger leur durée. Mais, quoi que nous fassions, ces pierres sont périssables, et le jour viendra où la postérité en cherchera vainement la poussière. Qu'il en reste au moins une image, un souvenir. Que partout où un monument existe aujourd'hui on sache à jamais qu'il a existé; que ses proportions, sa figure, son importance, sa destination soient religieusement conservées, et que les historiens futurs puissent en retrouver dans tous les temps une trace impérissable.

C'est pour accomplir cette œuvre difficile, ce travail tout nouveau, qu'on fait appel à la patience et aux efforts de MM. les correspondants. Il s'agit de dresser la carte monumentale de la France. Les 37,200 communes devront être visitées, explorées en tout sens. Il ne faut pas qu'il existe un seul monument, un seul fragment de ruine, à quelque siècle, à quelque civilisation qu'il appartienne, sans qu'il en soit fait mention, ne fût-ce que pour constater qu'il ne mérite pas qu'on l'étudie.

Sans l'assistance active et laborieuse de MM. les correspondants, un tel plan serait chimérique. N'oublions pas que chaque jour voit disparaître quelques-uns de ces monuments dont nous voulons perpétuer le souvenir. Ceux que les années épargnent encore, l'ignorance les mutile ou les profane. Il faut donc que cette vaste statistique, sous peine d'être impuissante, soit promptement terminée. C'est assez dire que, pour en recueillir les éléments, il est nécessaire que de toutes parts et en même temps on se mette à l'ouvrage.

Mais ici une difficulté se présente. Une œuvre confiée à tant de mains à la fois ne manquera-t-elle pas d'ensemble et d'unité? La science archéologique ne possède pas encore sa nomenclature. Que de disparates, que de contradictions et d'obscurités si chacun décrit les monuments avec une phraséologie particulière, s'il juge de leur antiquité d'après des systèmes différents! Cette bigarrure nous jetterait dans un vague et dans une indécision qu'un travail scientifique doit éviter à tout prix. Aussi ai-je pensé qu'il était indispensable que le Comité institué pour présider à ce genre de travaux indiquât à MM. les correspondants, dans des instructions précises et techniques, le plan d'après lequel les recherches devront être entreprises, les expressions qui devront être consacrées à la description de telle ou telle partie des monuments, et, enfin, les signes caractéristiques qui serviront à les classer et à déterminer l'époque qui les a vu construire. Ce n'est qu'en se conformant à ces instructions et en les suivant littéralement qu'on évitera toute ambiguïté, et que nous pourrons donner à l'ensemble du travail cette unité qui, seule, peut en assurer le succès.

J'ai l'honneur de vous transmettre dès aujourd'hui la première partie des instructions adoptées par le Comité, savoir : celles qui se rapportent aux monuments élevés en France avant l'établissement définitif du christianisme, soit par les Gaulois, soit par les Grecs et les Romains, et celles qui concernent les monuments chrétiens. M. Albert Lenoir a rédigé la partie de ces instructions qui est relative aux monuments religieux et civils des Gaulois, des Grecs, des Romains et des chrétiens, jusqu'au xie siècle; M. P. Mérimée s'est chargé des voies et des camps; à M. Ch. Lenormant appartiennent les instructions sur les monuments meubles : armes, poteries, ustensiles et monnaies. Ultérieurement seront publiées les instructions relatives aux monuments chrétiens du xie au xvie siècle.

Je n'ai pas besoin de vous dire qu'indépendamment de cette division chronologique en deux grandes époques, païenne et chrétienne, nos monuments se subdivisent naturellement d'après leur destination. On peut les classer en religieux, militaires et civils. Cet ordre sera celui des instructions suivantes, et en outre elles distingueront encore, dans chacune de ces trois classes, deux sortes de monuments, les monuments fixes ou constructions adhérentes au sol, et les monuments meubles, afin de rendre moins confuse et plus accessible aux recherches cette multitude presque infinie d'objets.

Recevez, etc.

SALVANDY.

24
ARRÊTÉ RÉUNISSANT EN UN COMITÉ UNIQUE LES COMITÉS DE LITTÉRATURE ET DE SCIENCES SOUS LE TITRE DE *COMITÉ POUR LA PUBLICATION DES DOCUMENTS ÉCRITS DE L'HISTOIRE DE FRANCE.*

30 août 1840.

LE MINISTRE SECRÉTAIRE D'ÉTAT AU DÉPARTEMENT DE L'INSTRUCTION PUBLIQUE,

Vu l'arrêté du 18 juillet 1834, portant création d'un Comité chargé de diriger et de surveiller la recherche et la publication des documents inédits relatifs à l'histoire de France;

Vu l'arrêté du 10 janvier 1835;

Vu le rapport au Roi du 2 décembre 1835;

Vu l'arrêté du 18 décembre 1837;

Considérant qu'il importe de donner aux travaux des Comités historiques plus d'unité et d'activité,

ARRÊTE ce qui suit:

ARTICLE PREMIER. Les quatre Comités historiques de la langue et de la littérature françaises, des chroniques, chartes et inscriptions, des sciences et des sciences morales et politiques, ne formeront plus, à dater du présent arrêté, qu'un seul Comité, qui prendra le nom de *Comité pour la publication des documents écrits de l'histoire de France.*

ART. 2. Tous les membres des quatre Comités feront de droit partie du nouveau Comité, qui se réunira au moins une fois par mois sous notre présidence.

ART. 3. M. Mignet, membre du Comité des sciences morales et politiques et secrétaire perpétuel de l'Académie des sciences morales et politiques, est nommé vice-président du nouveau Comité.

Art. 4. Toutes les dispositions contraires au présent arrêté sont et demeurent abrogées.

V. Cousin.

25
CIRCULAIRE RELATIVE AU CHANGEMENT DE NOM DES COMITÉS DE LITTÉRATURE ET DE SCIENCES.
30 août 1840.

Aux Membres des Comités de littérature et de sciences.

Monsieur, j'ai l'honneur de vous informer que, par arrêté en date du 30 août dernier, j'ai décidé que « les quatre Comités de la langue et de la littérature françaises, des chartes, chroniques et inscriptions, des sciences, des sciences morales et politiques, ne formeront plus qu'un seul Comité, qui prendra le nom de *Comité pour la publication des monuments écrits de l'histoire de France.* »

Tous les membres des quatre Comités font de droit partie du nouveau Comité, qui se réunira au moins une fois par mois sous ma présidence.

M. Mignet, membre du Comité des sciences morales et politiques et secrétaire perpétuel de l'Académie des sciences morales et politiques, est nommé vice-président du nouveau Comité.

Toutes les dispositions contraires au présent arrêté sont et demeurent abrogées.

Recevez, etc.

V. Cousin.

26
CIRCULAIRE RÉCLAMANT L'ENVOI AU COMITÉ DE COMMUNICATIONS PLUS FRÉQUENTES.
31 décembre 1840.

Aux Correspondants du Ministère.

Monsieur, un arrêté de mon prédécesseur a réuni en un seul Comité les quatre Comités de la langue et de la littérature françaises, des chartes, chroniques et inscriptions, des sciences, des sciences morales et politiques. Cette mesure a eu pour principal objet de donner plus d'unité à l'ensemble des travaux historiques qui s'exécutent sous les auspices du Ministère de l'instruction publique, mais non d'affaiblir l'intérêt de chacune des branches d'études précédemment représentées par un Comité spécial.

Je viens donc, Monsieur, réclamer de votre zèle des communications plus fréquentes et une coopération plus suivie encore que par le passé. Mes prédécesseurs vous ont adressé à plusieurs reprises des instructions pour vous guider dans vos recherches, soit en ce qui touche à l'histoire politique et civile de notre pays, soit en ce qui concerne la littérature, les sciences et la philosophie. Je vous prie, Monsieur, de vouloir bien vous reporter à l'esprit de ces instructions.

Pour l'histoire politique et civile, vous pourrez rechercher particulièrement les manuscrits renfermant des chroniques, des mémoires et autres documents d'une certaine étendue, mais sans négliger les pièces détachées, telles que les chartes, diplômes, ordonnances, lettres ou actes divers qui vous paraîtraient propres à éclairer l'histoire locale ou l'histoire générale de notre pays. Ce dernier genre de documents pourrait entrer dans la collection des monuments inédits de l'*Histoire du Tiers État,* dirigée par M. Augustin Thierry, ou dans le recueil publié par M. Champollion-Figeac.

Pour la littérature, je ne saurais trop vous recommander tout ce qui jetterait du jour sur les origines et les divers développements de la langue française, considérés à partir du xie et du xiie siècle. Les écrits originaux du moyen âge, en prose ou en vers, restés inédits et inconnus, ne se trouvent malheureusement pas en grand nombre dans les bibliothèques des départements. Cependant il en est quelques-unes où l'on rencontrerait des manuscrits de romans, peut-être même de voyages. On peut aussi découvrir des Bibles en langue vulgaire, des traductions et des imitations des auteurs latins, enfin beaucoup d'ouvrages qui, n'appartenant que par la forme à la littérature française, n'en sont pas moins susceptibles de faire connaître le point précis où elle était parvenue à une époque donnée de notre histoire.

Pour les sciences, il importerait d'indiquer au Comité les documents qui serviraient à constater l'état des connaissances mathématiques, physiques, cosmographiques, etc., pendant toute la durée du moyen âge. Telles seraient ces espèces d'encyclopédies qui ont eu cours si longtemps, et qui ont donné lieu à tant de commentaires; tels seraient également les traités spéciaux, d'une époque ancienne, relatifs à telle ou telle science particulière. D'un autre côté, l'origine et la date de certaines découvertes scientifiques sont l'objet de questions importantes qui partagent nos érudits. Ainsi, pour ne pas citer d'exemples trop connus, c'est un problème de savoir si le système décimal, qu'on est généralement convenu d'attribuer aux Arabes, n'a pas une autre origine. Le Comité serait heureux que les pièces que vous aurez sans doute à lui transmettre lui permissent d'éclaircir quelques-unes de ces questions.

Enfin, Monsieur, la philosophie scolastique comprend une multitude d'écrits, dont les plus importants sont publiés sans doute, mais dont quelques-uns ont échappé jusqu'ici aux recherches de nos savants. Il est à croire que des investigations nouvelles et plus patientes ne resteraient pas sans succès. Il y a tel ouvrage de Gerbert, d'Abailard, de Roger Bacon, que l'on retrouverait peut-être dans celles de nos bibliothèques qui ont recueilli, à l'époque de la Révolution, les dépouilles des couvents et des divers établissements religieux. Vous savez que, durant plusieurs siècles, ce sont principalement les moines qui ont écrit sur la philosophie, et que leurs ouvrages étaient religieusement conservés dans les maisons de l'ordre dont ils faisaient partie. Vous verrez si les dépôts de manuscrits mis à votre disposition n'auraient pas reçu quelques portions de ce précieux héritage. Quant aux écrits philosophiques d'une date récente, nous possédons les meilleurs et les plus considérables. Mais ce qui nous manque et ce qui ne peut être qu'égaré, c'est une partie de la correspondance que les Gassendi, les Descartes, les Leibnitz et leurs amis entretenaient avec l'Europe savante. La découverte de quelques-unes de leurs lettres serait d'un prix infini pour l'histoire de la philosophie.

Il me reste à vous prier, toutes les fois que vous éprouverez des doutes sur l'importance d'un manuscrit, de me l'adresser, si c'est possible, ou de me donner copie de la première et de la dernière page. Beaucoup de manuscrits manquent de titres, d'autres ont un titre faux. En jugeant les uns et les autres sur l'apparence, on s'exposerait à des erreurs fâcheuses.

Telles sont, Monsieur, les principales recommandations que je tenais à vous rappeler, et que votre science vous permettra de compléter aisément. L'impulsion donnée depuis plusieurs années aux recherches historiques a déjà produit des publications utiles, et je me plais à reconnaître que les correspondants de mon Ministère ont contribué à cet heureux résultat. J'espère que vous continuerez de nous prêter le secours de votre zèle et de vos lumières.

Agréez, etc.

Villemain.

27

CIRCULAIRE RELATIVE À LA PUBLICATION D'UN RECUEIL COMPLET DES LETTRES MISSIVES DE HENRI IV.

24 août 1841.

Aux Correspondants du Ministère.

Monsieur, j'ai décidé, après avis du Comité pour la publication des monuments écrits de l'histoire de France, qu'il serait formé et publié, sous les auspices du Ministère de l'instruction publique, un recueil complet des lettres missives de Henri IV. Je viens réclamer votre concours pour les travaux préparatoires de cette importante collection, et vous prier de vouloir bien rechercher dans les bibliothèques publiques et dans les dépôts d'archives qui se trouvent dans le lieu de votre résidence toutes les lettres ayant un caractère d'authenticité personnelle, écrites par Henri IV, soit avant, soit depuis son avènement au trône de France. La correspondance de ce prince était si étendue, qu'il n'est presque point de localité où l'on ne puisse en trouver quelque trace.

Je désirerais qu'il vous fût possible de mettre à ma disposition les lettres originales que vous aurez pu découvrir. Je m'empresserai de les faire transcrire, et de vous les renvoyer dans le plus bref délai. Si vous ne pouvez me transmettre le manuscrit directement, je vous serai très obligé de m'en envoyer une copie exacte, et d'avoir soin que l'orthographe, quelque défectueuse qu'elle puisse être, soit scrupuleusement conservée. Je vous prie également de m'indiquer les sources d'où proviendront les lettres que vous aurez recueillies. J'aurai soin que l'éditeur de la collection mentionne les noms des personnes dont l'obligeance aura concouru à la compléter.

J'espère, Monsieur, que vous aurez bientôt à m'annoncer le résultat de vos premières recherches. Je suis assuré d'avance de l'empressement que vous mettrez à seconder une entreprise dont vous pouvez, mieux que personne, apprécier l'importance et l'intérêt.

Recevez, etc.

VILLEMAIN.

28

ORDONNANCE DU ROI QUI PRESCRIT LA PUBLICATION
D'UN ANNUAIRE DES SOCIÉTÉS SCIENTIFIQUES ET LITTÉRAIRE DU ROYAUME[1].

27 juillet 1845.

LOUIS-PHILIPPE, Roi des Français, à tous présents et à venir, salut.

Sur le rapport de notre Ministre Secrétaire d'État au Département de l'instruction publique,

Nous avons ordonné et ordonnons ce qui suit :

ARTICLE PREMIER. Il sera publié à dater du 1er janvier prochain, sous les auspices du Département de l'instruction publique, un Annuaire des Sociétés scientifiques et littéraires du royaume, comprenant :

1° Les statuts et règlements de ces sociétés, par extraits pour le passé, intégralement pour l'avenir ;

2° Un exposé de leur origine, de leur but et de leurs ressources ;

3° Une analyse de leurs travaux les plus importants et de ceux de leurs membres ;

4° La relation des séances et assemblées publiques de l'année ;

5° Le compte rendu des prix décernés dans ces assemblées, et le programme annuel des prix proposés ;

6° La liste des membres résidants, correspondants ou associés ;

7° La nomenclature des principaux corps savants des autres États.

ART. 2. Toutes les Sociétés scientifiques et littéraires du royaume, régulièrement autorisées, adresseront à l'avenir, au Département de l'instruction publique, deux exemplaires de leurs publications de toute nature, pour y rester déposés et y former la bibliothèque des Sociétés savantes, prévue en l'article 22 de l'arrêté du 4 avril 1838.

[1] Cet annuaire n'a paru qu'une fois, en 1846, chez M. V. Masson, libraire.

Art. 3. Des mesures seront prises pour que toutes les Sociétés scientifiques et littéraires du royaume reçoivent régulièrement les publications de l'Institut correspondant à l'ordre de leurs travaux.

Art. 4. Celles de ces sociétés qui ont des bibliothèques et qui en adresseront le catalogue au Département de l'instruction publique participeront à la distribution des ouvrages provenant du fonds des souscriptions et du dépôt légal.

Art. 5. Toutes celles qui contribuent aux progrès des sciences et des lettres et des diverses branches de l'histoire nationale participeront à la répartition du fonds de secours alloué par la loi de finances, et qui formera, à dater du 1er janvier 1846, un chapitre spécial dans le budget de l'État.

Art. 6. Tous les ans, à l'époque du 1er mai, notre Ministre Secrétaire d'État au Département de l'instruction publique mettra sous nos yeux un rapport sur les travaux de toute nature émanés des diverses Sociétés savantes du royaume et de leurs membres. Ce rapport sera publié au *Moniteur*.

Art. 7. Notre Ministre Secrétaire d'État au Département de l'instruction publique est chargé de l'exécution de la présente ordonnance.

Fait au Palais de Neuilly, le 27 juillet 1845.

LOUIS-PHILIPPE.

Par le Roi,
Salvandy.

29

CIRCULAIRE RELATIVE À L'ÉTAT DE SITUATION DES SOCIÉTÉS SAVANTES, LITTÉRAIRES ET SCIENTIFIQUES DES DÉPARTEMENTS.

28 juillet 1845.

Aux Préfets.

Monsieur le Préfet, l'ordonnance dont j'ai l'honneur de vous transmettre l'ampliation vous fera connaître les intentions du Roi à l'égard des Sociétés savantes, littéraires et scientifiques du royaume. Déjà, dans ma première administration, je m'étais attaché à établir des relations suivies entre ces compagnies si honorables et si utiles et le Département de l'instruction publique. J'avais demandé à MM. les Préfets des renseignements sur le nombre de ces sociétés, sur leurs titres, sur leur composition, sur leurs travaux.

Tous n'avaient pu répondre quand j'ai quitté les affaires. Le Roi ordonne que l'œuvre soit reprise. Vous voudrez bien, dans le plus bref délai, m'envoyer un état comprenant les points que je viens de vous indiquer, c'est-à-dire le nombre, le titre exact, l'organisation, les principaux travaux des diverses sociétés. C'est de vous que j'attends ces renseignements précis.

Vous pouvez, en même temps, adresser à celles qui ne l'auraient pas reçue immédiatement la circulaire ci-jointe, que j'envoie à toutes les Sociétés savantes qui ont des rapports habituels avec mon Administration. Vous ferez apprécier l'intérêt bienveillant que le gouvernement du Roi étend sur elles, et presserez l'envoi des publications et documents que je leur demande. Je compte, Monsieur le Préfet, sur votre concours pour un service dont le résultat doit être de mettre en valeur tout ce qu'il y a d'esprits actifs et sérieux dans le département confié à votre administration et de mettre en lumière tout ce qu'il a produit déjà de travaux distingués et utiles.

Recevez, etc.

SALVANDY.

30

CIRCULAIRE RELATIVE À L'EXÉCUTION DE L'ORDONNANCE QUI PRESCRIT LA PUBLICATION D'UN ANNUAIRE DES SOCIÉTÉS SAVANTES.

28 juillet 1845.

Aux Présidents des Sociétés savantes.

Monsieur le Président, je vous adresse ampliation d'une ordonnance du Roi relative aux Sociétés scientifiques et littéraires. Ses dispositions vous attesteront la sollicitude de Sa Majesté et de son gouvernement pour les travaux qui, sur tous les points du royaume, développent et honorent le génie national. Vous savez que déjà, sous ma première administration, je m'étais attaché à donner à ces compagnies, si nombreuses et souvent si actives, l'ensemble, le lien, les moyens d'action et de succès qui leur manquent. Des mesures avaient été prises pour instituer entre elles un échange régulier de leurs travaux, et je renouvelle formellement à cet égard mes précédentes invitations. Je les avais conviées à établir des communications soutenues avec le Département de l'instruction publique. Enfin, j'avais eu la pensée de les rattacher à l'Institut lui-même, comme au centre commun des lumières et de l'activité intellectuelle de la France, au moyen des cinq Comités historiques, que l'un des fonds du budget me permettait de doter richement, pour qu'ils pussent servir d'intermédiaire à cette action nouvelle et féconde. Aujourd'hui, cette organisation n'existe plus. L'Administration centrale donnera directement aux travaux des compagnies savantes la publicité fructueuse et l'impulsion efficace que je considère comme un des premiers intérêts du pays et comme un des premiers devoirs de mon Département. Il faut qu'on sache tout ce que le zèle volontaire et libre pour les lettres, pour l'histoire, pour les sciences mathématiques, pour les sciences naturelles, pour la philosophie, pour le droit, pour la médecine, pour l'archéologie, pour les traditions patriotiques et les souvenirs généreux de l'esprit local, produit, chaque année, d'œuvres qui mériteraient de ne pas rester circonscrites et inconnues. Il faut aussi que cet amour des études sérieuses, qui est pour un grand peuple la plus noble occupation des temps de paix, s'affermisse, se propage, porte de plus en plus des fruits solides et durables. Tel est le but de l'ordonnance que j'ai l'honneur de vous adresser.

Déjà un premier rapport au Roi, en date du 11 juin 1845 [1], a pu vous faire connaître que j'ai décidé que la garantie de la spécialité serait donnée au fonds qui est porté au budget pour les Sociétés savantes. De la sorte, ce fonds ne pourra point être distrait de sa légitime destination. Quoique modique, il servira à donner des moyens d'encouragement et de récompense dont les sociétés les plus honorables et les plus utiles manquent souvent. J'ai tout lieu de croire que, grâce à cette garantie, la libéralité éprouvée des Chambres pour les choses de l'esprit ne se refusera point à l'augmentation de crédit dont je compte faire la proposition au prochain budget.

Un encouragement plus direct et plus élevé est celui qui résulte de l'ordre du Roi que tous les ans le tableau de tous les travaux soit placé sous ses re-

---

[1] Voici l'extrait de ce rapport contenant les dispositions relatives à la garantie de spécialité des fonds alloués aux Sociétés savantes :

« A l'égard du chapitre des encouragements, je partage, Sire, l'opinion de la commission des finances, qui réclame une division nouvelle. Cette division est fondée sur la nature des choses. Je demanderai même à Votre Majesté la permission d'y ajouter, dans le prochain budget, un chapitre particulier de plus pour donner la garantie de la spécialité au fonds très restreint qui est alloué aux Sociétés savantes, fonds que l'intelligente générosité des Chambres jugera peut-être à propos d'accroître, quand il ne pourra plus recevoir d'autre destination. Tel qu'il est, il rendra de réels services en allant exclusivement porter à tous ces corps libres qui se vouent, dans nos départements les plus reculés, à la culture de toutes les branches de savoir et d'étude, les encouragements et l'appui de votre Gouvernement. »

gards si bienveillants pour ce qui honore la France et si prompts à apporter la récompense partout où se montre le mérite.

Sa Majesté veut, en même temps, qu'un Annuaire méthodique et complet soit consacré chaque année à recueillir tous les noms, toutes les œuvres, tous les programmes, tous les succès. Ce seront les archives de l'esprit français dans ses efforts éclairés et libres.

Enfin, l'arrêté de 1838 par lequel toutes les publications devaient être réunies au Département de l'instruction publique, qui s'honorera d'un tel dépôt, va recevoir immédiatement son exécution. J'ai besoin, Monsieur le Président, que ces sociétés elles-mêmes m'assistent dans la tâche que j'entreprends d'ajouter à leur activité en même temps qu'à leur éclat. Je vous demande de m'adresser immédiatement :

1° Les règlements et statuts de la société ;

2° La composition actuelle de son bureau et la liste de tous ses membres, associés ou correspondants ;

3° Une notice abrégée, mais exacte et autant que possible complète, sur l'origine, le but, les ressources et les travaux les plus remarquables de la société, ainsi que sur les hommes éminents qui en ont fait partie [1] ;

4° Toutes les publications faites, par la société que vous présidez, dans le cours de l'année où nous sommes.

J'ai besoin que ces divers documents soient réunis à mon Ministère *avant le 15 septembre prochain,* pour que l'Annuaire puisse paraître exactement à l'époque du 1er janvier. Du premier septembre au dernier jour de l'année, vous voudrez bien me tenir au courant des mutations, des séances publiques, des prix donnés ou proposés, pour qu'au moment de sa publication l'Annuaire soit de tous points fidèle. En même temps, je désire qu'il vous soit possible de me faire parvenir par envois successifs la collection entière des publications de votre compagnie. La bibliothèque des Sociétés savantes ne sera complète qu'ainsi.

Je désire également connaître toujours, au moment même où le programme est arrêté, l'époque des séances publiques, et en être informé par l'envoi même du programme, pour avoir le temps, toutes les fois où ce serait convenable et utile, de faire intervenir, d'une façon opportune, les témoi-

---

[1] « La notice sur la société devra être rédigée dans l'ordre des indications inscrites sur la dernière page de cette circulaire. »

gnages de la sollicitude de l'Administration et de la haute bienveillance du Roi.

Veuillez, Monsieur, communiquer à la société que vous présidez l'ordonnance de Sa Majesté et cette lettre, qui n'en est que le commentaire. Vos honorables collaborateurs y verront, ainsi que vous, la preuve du prix qu'un gouvernement libéral et éclairé tel que le nôtre attache à tous les travaux de l'esprit national, à tous les progrès de la civilisation française.

Recevez, etc.

SALVANDY.

Ordre des renseignements que doit comprendre la notice de la société.

1° Origine et fondation de la société, autorisations qu'elle a reçues, hommes éminents qui en font partie ;

2° But et travaux ;

3° Concours et prix ;

4° Publications ;

5° Membres (qualités et nombre des) ;

6° Organisation intérieure de la société (comités, sections) ;

7° Bureau d'administration (composition du) ;

8° Séances ordinaires et publiques (indication du nombre et des époques auxquelles ont lieu les) ;

9° Institutions dues à la société (jardin botanique, musée, bibliothèque, etc) ;

10° Travaux remarquables produits par la société ;

11° Ressources (nombre et nature des) ; donner le chiffre de chacune ;

12° Sceau (description du) ; (emblème, devise, exergue).

31

DÉCISION DU MINISTRE DES FINANCES AUTORISANT ENTRE LES SOCIÉTÉS SAVANTES L'ÉCHANGE EN FRANCHISE DE LEURS PUBLICATIONS PAR L'INTERMÉDIAIRE DU MINISTRE DE L'INSTRUCTION PUBLIQUE.

3 mars 1847.

Par lettres des 4 juin et 11 décembre derniers, M. le Ministre de l'instruction publique a insisté de nouveau pour que M. le Ministre des finances voulût bien accueillir les demandes qu'il avait formées, à savoir :

1° D'autoriser les Sociétés savantes à s'adresser réciproquement, sous le couvert du Ministre de l'instruction publique, les publications qu'elles échangent entre elles ;

2° De comprendre les présidents des Sociétés savantes au nombre des correspondants de ce Département.

M. de Salvandy ajoutait que de cette concession ne résulterait, d'ailleurs, ni encombrement, ni embarras pour l'administration des postes, attendu que, par suite des mesures qu'il se proposait de prescrire, le volume de la correspondance du Ministère de l'instruction publique ne serait pas sensiblement augmenté.

L'administration des postes, à qui ces demandes ont été communiquées, a conclu à ce qu'elles fussent rejetées, en se fondant sur les termes de l'ordonnance du 17 novembre 1844 portant que : « la franchise ne peut être accordée qu'aux fonctionnaires publics et pour la correspondance exclusivement relative au service de l'État. »

Antérieurement à l'ordonnance du 14 décembre 1825, le Ministre de l'intérieur, qui avait dans ses attributions celles qui sont aujourd'hui dévolues au Département de l'instruction publique, correspondait en franchise avec les *Sociétés savantes d'agriculture et des arts*. L'ordonnance de 1825 a maintenu cette concession dans le chapitre intitulé : « État des *fonctionnaires* envers lesquels le contreseing du Ministre de l'intérieur opère la franchise. »

On lit aussi au paragraphe 2 de l'article 4 de la même ordonnance : « A l'avenir, aucun contreseing ou franchise ne pourra être accordé que par nous, *lorsque le service l'exigera indispensablement.* »

Il suit de ces dispositions que les membres des Sociétés savantes étaient considérés comme fonctionnaires, et, implicitement, que leur correspondance était regardée comme étant indispensable au service. M. le Ministre de l'instruction publique fait valoir que les membres des Sociétés savantes peuvent d'autant plus être assimilés aujourd'hui aux fonctionnaires, qu'il existe au budget de son Département un crédit pour subventions et encouragements aux Sociétés savantes, ce qui rend nécessaire avec ces sociétés une correspondance qui doit, comme toutes celles de l'espèce, avoir lieu en franchise.

Ce que demande M. le Ministre de l'instruction publique n'est donc que le rétablissement d'une concession dont jouissait le Ministre de l'intérieur avant 1828, époque à laquelle un Ministère spécial de l'instruction publique ayant été créé, les Sociétés savantes d'agriculture et des arts n'ont point été comprises dans la nomenclature des fonctionnaires et des agents à l'égard desquels le contreseing du Ministre devait opérer la franchise, aux termes de l'ordonnance royale rendue le 6 juillet de la même année.

C'est ce dernier état de choses qui a été maintenu par l'ordonnance royale du 17 novembre 1844, qui détermine le régime actuel des franchises; et rien ne paraît s'opposer, au point de vue des principes, à ce que, si la mesure est jugée utile, la franchise supprimée en 1828 soit aujourd'hui rétablie.

Cette utilité n'étant point contestée, j'ai l'honneur de proposer au Ministre de vouloir bien décider :

1° Qu'à l'avenir les Sociétés savantes pourront s'adresser, sous le couvert de M. le Ministre de l'instruction publique, les publications qu'elles échangent entre elles [1];

2° Que les présidents des Sociétés savantes seront compris au nombre des correspondants de ce Département;

3° Enfin que ces dispositions recevront leur exécution, sans attendre la promulgation de l'ordonnance à intervenir.

Si le Ministre adhère à ces propositions, la présente note, revêtue de son approbation, sera transmise à M. le Directeur général des postes, pour qu'il ait, en ce qui le concerne, à assurer l'exécution de la décision qui en fait l'objet.

Le 2 mars 1847.

Approuvé le 3 mars 1847 :
Le Ministre des finances,
LAPLAGNE.

Le Secrétaire général,
DE COLMONT.

---

[1] « Les paquets formés avec ces publications ne doivent pas peser plus de 5 kilogrammes et chaque société ne peut en expédier qu'un par jour. »

32

CIRCULAIRE AU SUJET DE L'ENVOI EN FRANCHISE DES PUBLICATIONS DES SOCIÉTÉS SAVANTES.

19 mars 1847.

Aux Présidents des Sociétés savantes.

Monsieur le Président, par suite du conflit qui s'était élevé entre l'administration des postes et mon Ministère, au sujet de l'envoi des publications que les Sociétés savantes échangent entre elles, et que j'avais autorisé sous mon couvert, je me suis trouvé dans l'impossibilité de faire parvenir à leur destination tous les mémoires et les autres publications qui m'ont été adressés par diverses sociétés. La résistance imprévue que j'ai rencontrée a, seule, occasionné l'interruption du service d'échange que je considérais comme un des principaux moyens de relation entre les compagnies savantes. Je n'ai rien négligé pour faire cesser un état de choses si regrettable, et des réclamations pressantes ont été souvent adressées à M. le Ministre des finances. Après beaucoup d'objections et de difficultés, je suis parvenu, enfin, à faire prendre en considération les motifs que j'invoquais pour faire ressortir la nécessité et l'importance de la mesure réclamée, dans l'intérêt des corps savants de la France. J'ai profité de cette occasion pour étendre, autant qu'il était possible, la facilité de correspondance entre mon Ministère et toutes les compagnies savantes, et, sous ce rapport, la suspension momentanée des échanges aura du moins servi à établir, d'une manière plus large et plus assurée, cette partie importante du service.

Je m'empresse de vous informer, Monsieur le Président, que, par une décision récente, M. le Ministre des finances a autorisé les Sociétés savantes à s'adresser réciproquement, sous mon couvert, les publications qu'elles échangent entre elles, et que, de plus, MM. les Présidents de ces sociétés sont compris au nombre des personnes qui correspondent en franchise de port avec le Ministère de l'instruction publique. Par l'effet de cette décision, que je me félicite d'avoir provoquée, les communications entre les Sociétés savantes se faisant sous mon couvert, directement, et non plus par l'intermédiaire des préfectures, seront plus promptes et plus complètes. D'un autre côté, la franchise donnée à ma correspondance avec MM. les Présidents des compagnies savantes établit d'une manière plus étroite les relations des sociétés avec mon Ministère, et je ne doute pas que cette mesure ne devienne, dans l'avenir, un moyen puissant de rapprochement entre toutes les Sociétés savantes de la France.

Vous voudrez bien, Monsieur le Président, donner connaissance de la présente lettre à la société dont vous dirigez les travaux, et prendre les mesures nécessaires pour continuer, dès que vous le jugerez convenable, les envois de publications avec les sociétés correspondantes, et qui ont été jusqu'à ce jour interrompus.

Je vous serai obligé de m'accuser réception de cette lettre.

Recevez, etc

SALVANDY.

P. S. On croit utile de rappeler, à cette occasion, que souvent des envois faits par des Sociétés savantes n'ont pu arriver à leur destination, parce que les bandes d'adresses étaient ou peu solides ou illisiblement écrites. Signaler de pareils inconvénients, c'est en prévenir le retour.

33

RAPPORT AU ROI SUR L'ÉTAT DES TRAVAUX EXÉCUTÉS DE 1835 À 1847 POUR LE RECUEIL DES DOCUMENTS INÉDITS RELATIFS À L'HISTOIRE DE FRANCE.

15 avril 1847.

Sire, j'ai eu l'honneur de soumettre à Votre Majesté, pendant ma première administration [1], un exposé des travaux exécutés de 1835 à 1839 pour le recueil des documents inédits relatifs à l'histoire de France, qui se publie par vos ordres et par les soins du Ministère de l'instruction publique.

Dès cette époque, cette entreprise toute nationale, dont l'un de mes plus illustres prédécesseurs avait conçu la pensée, et à laquelle, grâce à votre haute approbation et au concours éclairé des Chambres, il avait pu donner

[1] Il a paru inutile de reproduire le rapport de 1839, que celui-ci reprend et complète. On le trouvera dans le *Rapport au Roi sur le budget général des dépenses pour l'exercice 1840*) janvier 1839).

un commencement d'exécution, avait reçu de grands développements et produit d'importants résultats. L'organisation des Comités historiques avait été complétée, et une vive impulsion donnée aux études d'histoire et d'archéologie nationales. Plusieurs publications intéressantes avaient été commencées ou terminées. Je ne reviendrai pas sur le mérite de ces publications, qui ont déjà été appréciées dans de précédents rapports. Je me contenterai de remettre sous les yeux de Votre Majesté la simple énumération de celles qui avaient été, dès lors, livrées au public :

Les tomes I et II des *Négociations relatives à la succession d'Espagne sous Louis XIV*, publiés par M. Mignet.

Les trois premiers volumes des *Mémoires militaires relatifs à la succession d'Espagne*, extraits de la correspondance de la cour et des généraux, par le lieutenant général Devault, publiés par M. le lieutenant général Pelet, et accompagnés de cartes géographiques et de plans nécessaires à l'intelligence des opérations militaires.

Les deux premiers volumes de la *Chronique des ducs de Normandie*, par Benoît, trouvère anglo-normand, du xiiᵉ siècle, publiés par M. Francisque Michel, d'après un manuscrit du Musée britannique.

Journal des États généraux de France tenus à Tours en 1484 sous le règne de Charles VIII, rédigé en latin par Jehan Masselin, député du bailliage de Rouen, publié et traduit pour la première fois sur les manuscrits inédits de la Bibliothèque du Roi, par M. Adhelm Bernier.

Ouvrages inédits d'Abélard pour servir à l'histoire de la philosophie scolastique en France, publiés par M. Victor Cousin.

Les *Procès-verbaux du conseil de régence du roi Charles VIII pendant les mois d'août 1484 à janvier 1485*, publiés par M. Adhelm Bernier.

Règlements sur les arts et métiers de Paris, rédigés au xiiiᵉ siècle et connus sous le nom de *Livre des métiers d'Étienne Boileau*, publiés par M. Depping.

Paris sous Philippe le Bel, d'après des documents originaux et notamment d'après un manuscrit contenant le rôle de la taille imposée sur les habitants de Paris en 1292, publié par M. H. Géraud.

La Croisade contre les hérétiques albigeois, écrite en vers provençaux par un poëte contemporain, traduite et publiée par M. Fauriel.

Relations des ambassadeurs vénitiens sur les affaires de France au xviᵉ siècle, recueillies et traduites par M. Tommaseo.

Rapport sur les monuments historiques des arrondissements de Nancy et de Toul, accompagné de cartes, plans et dessins, par M. Grille de Beuzelin.

Les *Éléments de paléographie*, par M. Natalis de Wailly.

Je dois remarquer que cette dernière publication a beaucoup contribué, depuis quelques années, à répandre le goût des études paléographiques et des recherches historiques, et à augmenter le nombre de nos collaborateurs.

C'est là que s'arrêtaient les résultats obtenus jusqu'en 1839, et dont j'ai eu l'honneur de rendre compte précédemment à Votre Majesté. Depuis lors, et dans un intervalle de huit années, ces publications commencées ont été continuées ou achevées; de nouvelles ont été entreprises et se poursuivent activement. J'en mettrai le détail sous les yeux de Votre Majesté.

M. Mignet, avec ce dévouement qui ne s'égale qu'à la supériorité de sa raison et de son esprit, a ajouté aux *Négociations relatives à la succession d'Espagne sous Louis XIV* deux nouveaux volumes, qui embrassent dix années bien importantes, de 1668 à 1678, et qui contiennent les négociations suivies par le grand roi pour la dissolution de l'alliance formée contre la France par la Hollande, l'Angleterre et la Suède, l'histoire de l'invasion de la Hollande, de la chute et de la mort des deux frères Jean et Corneille de Witt, et de la guerre qui fut terminée par la paix de Nimègue. L'habile historien a su, comme dans son précédent travail, encadrer dans son récit ferme et animé les extraits les plus intéressants d'une masse de lettres et de dépêches.

M. le lieutenant général baron Pelet a continué le recueil qui, sous le titre de *Mémoires militaires relatifs à la succession d'Espagne*, présente le côté militaire de la grande lutte dont le travail de M. Mignet offre le côté diplomatique. Les tomes IV, V et VI ont paru; ils contiennent de curieux et importants documents sur les campagnes de Flandre, d'Italie et d'Allemagne en 1704, 1705 et 1706, et sont accompagnés de cartes géographiques et de plans détaillés de plusieurs places fortes d'Allemagne, de Piémont, de Lombardie et des Pays-Bas.

M. Francisque Michel, chargé de l'édition de la *Chronique des ducs de Normandie*, a publié le troisième et dernier volume de cette chronique. Il y a joint un poème anglo-normand de Jordan Fantosme, dans lequel se trouvent racontés les démêlés survenus au xiie siècle entre les Anglais et les Écossais, et qui se rattache à l'histoire de France par l'intervention de

Louis VII. C'est un document intéressant sous le double point de vue historique et philologique.

Trois volumes ont été publiés par M. Eugène Sue, sous le titre de *Correspondance de Henri d'Escoubleau de Sourdis, archevêque de Bordeaux, chef des conseils du Roi en l'armée navale, commandeur du Saint-Esprit, primat d'Aquitaine*, etc., augmentée des ordres, instructions et lettres de Louis XIII et du cardinal de Richelieu à M. de Sourdis, concernant les opérations des flottes françaises de 1636 à 1642. L'ensemble de ces documents, qui se rapportent à l'histoire de nos hostilités contre la maison d'Autriche à cette époque, jette le plus grand jour sur plusieurs événements des dernières années du règne de Louis XIII. L'éditeur de ce recueil y a joint un texte historique, des notes et une introduction sur l'état de la marine de France sous le ministère du cardinal de Richelieu.

Les six premiers volumes des *Archives administratives et législatives de la ville de Reims*, publiées par P. Varin, ont paru. Dans cette collection, qui a pour objet de faire connaître les institutions municipales au moyen âge, se trouvent constatées, par des pièces originales, les variations du gouvernement intérieur d'une cité puissante depuis l'invasion barbare jusqu'au XVI⁰ siècle. Les deux derniers volumes sont sous presse.

La *Chronique du religieux anonyme de Saint-Denys*, publiée en latin pour la première fois et traduite par M. L. Bellaguet, est arrivée au cinquième volume. Cette chronique, qui contient le règne de Charles VI de 1380 à 1422, est une des sources les plus précieuses de nos connaissances historiques, pour tout ce qui se rapporte aux faits civils, politiques et religieux de cette époque. M. le baron de Barante, qui a bien voulu diriger cette publication comme membre d'un des Comités historiques, y a joint une introduction, dans laquelle sont appréciés l'utilité de la chronique et le mérite du chroniqueur. Le sixième et dernier volume de cet ouvrage va être livré à l'impression.

La *Chronique en vers de Bertrand Duguesclin par Cuvellier, trouvère du XIV⁰ siècle,* qui a été publiée en deux volumes par M. Charrière, n'est pa seulement une biographie d'une des plus grandes renommées de notre pays c'est aussi la première histoire écrite sur les particularités de la guerre de la succession de Bretagne, sur l'expédition d'Espagne et sur la guerre d'expulsion des Anglais. C'est à la fois un monument historique et littéraire.

Les *Négociations, lettres et pièces diverses relatives au règne de François II*, tirées du portefeuille de Sébastien de l'Aubespine, évêque de Limoges, publiées par M. Louis Paris, forment une collection de documents destinée à faire suite aux Mémoires de Condé et à compléter les notions acquises à l'histoire du règne de François II. M. Louis Paris, qui a découvert ces pièces inédites dans les archives du château de Villebon, a suppléé à ce qui y manquait par de fréquents emprunts à la Bibliothèque royale, aux archives du Parlement et à quelques bibliothèques particulières.

M. Michelet a publié le premier volume du *Procès des Templiers*, qui fut une des affaires les plus graves du moyen âge. Ce volume renferme l'interrogatoire que le grand maître des Templiers et deux cent trente et un chevaliers ou frères servants subirent à Paris par-devant les commissaires pontificaux. Cette instruction est une sorte d'enquête extrêmement curieuse pour l'histoire des rites, des mœurs, des usages de cette époque. Lorsque la série des pièces sera complétée, M. Michelet en déterminera la valeur et essayera de donner le sens historique du procès. Le second volume de ce recueil est actuellement sous presse.

La commission formée à Besançon par un de mes prédécesseurs, sous la direction de M. Weiss, pour recueillir et publier les *Papiers d'État du cardinal de Granvelle* conservés dans la bibliothèque de cette ville, a opéré le dépouillement complet des quatre-vingt-deux volumes in-folio dont se composait ce recueil. Elle en a fait une analyse substantielle et détaillée, a transcrit et annoté toutes les pièces qui ont été jugées dignes d'être publiées, et préparé pour l'impression les matériaux des douze volumes dont se composera cette collection. Les six premiers volumes ont déjà paru; les autres paraîtront successivement à des intervalles rapprochés. Pour constater l'importance de cette collection, il suffit de rappeler que les documents dont elle se compose embrassent presque tous le XVIe siècle, si fertile en grands événements, et que l'on y trouve une foule de détails précieux sur les points les plus dignes d'exciter la curiosité, tels que la rivalité entre les maisons de France et d'Autriche, la réforme religieuse et ses progrès en Allemagne, en France et en Suisse; le divorce de Henri VIII, le mariage de sa fille Marie avec Philippe II, la conquête du Portugal, l'insurrection des Pays-Bas, les guerres de la Ligue, etc. Ces documents répandent un jour nouveau sur tous ces événements et en font apparaître les véritables causes, en initiant les lecteurs aux secrets les plus cachés du cabinet espagnol pendant l'époque de sa plus grande influence. C'est à cette collection qu'il faudra recourir désormais pour décrire les règnes de Charles-Quint, de François Ier

et de leurs successeurs immédiats, la marche du protestantisme en Allemagne et son influence sur les troubles de la France et des Pays-Bas.

M. Champollion-Figeac a fait paraître le premier volume des *Lettres de rois, reines et autres personnages des cours de France et d'Angleterre, depuis Louis VII jusqu'à Henri IV,* tirées des archives de Londres par Bréquigny, et conservées dans les collections manuscrites de la Bibliothèque royale. Les pièces intéressantes que contient ce premier volume sont précédées d'une introduction dans laquelle M. Champollion-Figeac a exposé l'histoire des essais tentés par le Gouvernement depuis le xviie siècle pour organiser en France un ensemble de recherches historiques. Le second volume des *Lettres de rois,* etc., est sous presse.

M. Champollion-Figeac a été également chargé de diriger une autre publication, qui, sous le titre de *Mélanges historiques,* se compose de deux parties distinctes : l'une est un recueil des notices et des rapports les plus intéressants adressés par les correspondants du Ministère de l'instruction publique pour les travaux historiques; l'autre renferme une suite de documents inédits provenant des collections manuscrites de la Bibliothèque royale et des archives ou des bibliothèques des départements, et qui, par leur peu d'étendue, ne seraient pas susceptibles de former une publication séparée et spéciale. Les deux premiers volumes de ce recueil ont paru. Le troisième est sous presse, et les matériaux sont prêts pour plusieurs autres volumes.

La publication des *Olim,* confiée aux soins de M. le comte Beugnot, membre de l'Institut, est arrivée au troisième volume. Cette collection, renfermée dans quatre registres, contient l'analyse des enquêtes faites devant le Parlement, et les arrêtés rendus par cette cour sous les règnes de saint Louis, de Philippe le Hardi, de Philippe le Bel, de Louis le Hutin et de Philippe le Long. Les *Olim* avaient été jusqu'à présent, en quelque sorte, à peine entrevus des historiens et des jurisconsultes, qui tous néanmoins proclamaient à l'envi l'importance de ce recueil d'actes authentiques, dans lequel on peut noter, jour par jour, les progrès que les idées de justice et d'ordre faisaient dans une société régie jusque-là par la violence. Mis désormais à la disposition de toutes les personnes qui prendront pour objet de leurs travaux le domaine de nos anciennes institutions nationales, ces documents révéleront aux historiens le caractère véritable d'une des époques les plus animées et les plus intéressantes de notre histoire, aux publicistes l'esprit d'un gouvernement dont le principe était incertain et la forme compliquée, et aux jurisconsultes les circonstances qui ont fait naître en France un pouvoir judiciaire dont l'éclat et la puissance sont un des souvenirs glorieux de notre pays. M. le comte Beugnot a fait précéder chacun de ces volumes de savantes introductions, dans lesquelles il fait connaître l'origine et le caractère du Parlement, et qui contiennent un exposé complet de l'ensemble du système judiciaire de la France pendant le XIIIe siècle.

M. Guérard, membre de l'Institut, a ouvert la grande collection des cartulaires de France, qui a été confiée à ses soins, par la publication de deux monuments fort importants : le *Cartulaire de l'abbaye de Saint-Père de Chartres*, et le *Cartulaire de l'abbaye de Saint-Bertin*. Les prolégomènes que le savant éditeur a mis à la tête du premier de ces cartulaires sont à la fois un résumé complet des renseignements qu'il renferme et un exemple frappant du fruit qu'on peut retirer de ce genre de monuments pour l'histoire de la France sous les deux premières races et le commencement de la troisième. Le *Cartulaire de l'abbaye de Saint-Bertin*, tout en nous faisant connaître la vie intérieure de cette abbaye et ses relations au dehors, nous initie à l'histoire de presque toutes les abbayes, et, sous ce point de vue, fournit les plus utiles renseignements pour l'histoire religieuse et même pour l'histoire politique de la France.

Le même éditeur ajoutera bientôt à ce beau travail trois autres documents non moins importants : le *Cartulaire de Notre-Dame de Paris*, qui est sous presse en ce moment [1], le *Cartulaire de l'abbaye de Saint-Victor de Marseille*, dont la copie a été préparée pour l'impression, et le *Cartulaire de Saint-Hugues de Grenoble*.

Les *Procès-verbaux des États généraux de 1593*, publiés par M. Auguste Bernard, sont destinés à compléter les notions jusqu'à présent fort imparfaites sur ce qui s'est passé dans cette assemblée révolutionnaire. Ces documents sont accompagnés d'un avant-propos historique et de renseignements bibliographiques qui témoignent des consciencieuses recherches et des patientes études de l'éditeur.

Mon prédécesseur, auquel est due l'heureuse idée de la formation d'un *Recueil des lettres missives de Henri IV*, et qui en a confié la publication à M. Berger de Xivrey, membre de l'Institut, a pu mettre sous les yeux de

---

[1] « Ce cartulaire se composera de quatre volumes, qui paraîtront simultanément; les trois premiers sont déjà imprimés. »

Votre Majesté les deux premiers volumes de ce recueil. Depuis, le troisième volume de cette publication, qui a été accueillie partout avec tant de faveur, a été livré au public, et le quatrième doit paraître dans le courant de cette année.

Mon prédécesseur avait également pensé qu'il serait intéressant, pour l'histoire de la langue et de la littérature françaises, de publier une série de textes exprimant exactement les mêmes idées à des époques différentes, de choisir à cet effet des versions successives d'une même portion de la Bible et d'en former un tableau comparatif, à partir, par exemple, de la fin du XIIe siècle jusqu'au commencement du XVIe. M. Leroux de Lincy, qui venait de retrouver dans la bibliothèque Mazarine un manuscrit authentique du XIIe siècle cité par Barbazan dans sa préface des *Fabliaux*, avait été chargé de préparer un spécimen de ce travail. Ce travail a paru. Le volume publié par M. Leroux de Lincy renferme les *Quatre livres des Rois traduits en français du XIIe siècle*, suivis d'un *Fragment de moralités sur Job*. M. Leroux de Lincy a joint à ces deux documents un choix des sermons de saint Bernard, et a réuni ainsi, dans le même travail, les trois plus anciens textes connus de la langue française.

M. Leglay, correspondant de l'Institut, conservateur des archives du département du Nord, a publié un recueil intitulé : *Négociations diplomatiques entre la France et l'Autriche durant les trente premières années du XVIe siècle*. Ces documents sont extraits, pour la plupart, du riche dépôt des archives de Flandre à Lille; le reste provient de la Bibliothèque du Roi à Paris, et des archives royales de Bruxelles. Ils sont extrêmement intéressants pour l'histoire politique de l'Europe pendant cette période, et fournissent d'utiles éclaircissements touchant la ligue de Cambrai, la ligue contre Louis XII, dite la Sainte Ligue, l'élection de Charles-Quint, les affaires des Suisses, la bataille de Pavie, la captivité de François Ier, etc. M. Leglay a fait précéder ce recueil d'un précis historique pour servir à l'intelligence des documents et d'une notice succincte sur chacun des agents diplomatiques qui y sont mentionnés.

M. Aimé Champollion-Figeac vient de terminer une publication qui se rattache en quelques points à celle de M. Leglay et qui lui sert comme d'annexe et de complément. C'est une série de pièces originales, authentiques et inédites, relatives à la captivité de François Ier, qui ont été recueillies dans divers dépôts d'archives d'Espagne, de Portugal et d'Italie, et dans les manuscrits de la Bibliothèque du Roi. Ces pièces, émanées des plus illustres personnages, ont été inconnues aux historiens de cette époque. Elles révèlent beaucoup de circonstances encore ignorées de la campagne de François I*er* en Italie, des suites de la bataille de Pavie, et de sa délivrance après le traité de Madrid en 1526.

Le livre de Justice et de Plet, trouvé parmi les documents inédits laissés par M. Klimrath, dont j'ai eu l'honneur d'entretenir Votre Majesté dans un précédent rapport, et que M. Rapetti, professeur suppléant au Collège de France, a été chargé de publier, paraîtra prochainement. Il ne reste plus à imprimer que l'introduction.

M. Charrière, qui a donné l'édition de la *Chronique de Bertrand Duguesclin*, vient de mettre sous presse le premier volume d'un recueil d'un autre genre, qui a pour objet la *Correspondance des ambassadeurs de France dans le Levant*, de 1530 à 1640. Ce recueil contribuera à éclaircir l'histoire trop peu connue des rapports de la France avec l'Orient à une époque très importante.

J'aurais désiré, Sire, pouvoir offrir à Votre Majesté, au commencement de cette année, le premier volume du grand recueil des *Monuments inédits de l'Histoire du Tiers État*, préparé par les soins de M. Augustin Thierry, et si impatiemment attendu par les Chambres et par le public. L'état de santé de l'illustre éditeur a seul retardé la livraison de ce volume, dont la préparation a d'ailleurs nécessité les plus longues et les plus laborieuses recherches. Je puis toutefois annoncer, dès à présent, à Votre Majesté que ce premier volume est aujourd'hui entièrement imprimé, sauf une partie de l'introduction. Cette introduction contiendra l'histoire de la formation et des progrès du Tiers État jusqu'en 1789. Le reste du volume se compose de documents inédits relatifs à la ville d'Amiens, rangés chronologiquement depuis l'origine de cette cité jusqu'au XV*e* siècle, avec des analyses qui font ressortir les points importants de chacune des pièces. J'ai l'espérance de pouvoir le présenter à Votre Majesté avant la fin de cette année. D'immenses matériaux ont été recueillis jusqu'à ce jour pour cette importante collection, dans l'intérêt de laquelle les bibliothèques de Paris et les Archives du royaume ont été soigneusement explorées. D'autre part, les correspondants du Ministère de l'instruction publique dans les départements ont dépouillé les divers dépôts de leurs localités et ont envoyé des pièces et des indications nombreuses qui forment aujourd'hui un fonds considérable, destiné à s'accroître encore. Plus de 40,000 bulletins de pièces dépouillées jusqu'à ce jour suffiraient à former un vaste index de notre histoire municipale. Le recueil des *Monuments inédits de l'Histoire du Tiers État*, en faisant connaître les rapports de la bourgeoisie avec la royauté, éclairera d'une nouvelle lumière l'histoire, jusqu'à présent trop négligée, de l'ancienne administration du royaume, et donnera, par les documents locaux, l'occasion de rectifications importantes dans le récit des faits généraux. Par les coutumes et par les chartes d'affranchissement qu'il renferme, il offrira des éléments nouveaux pour l'étude du droit au moyen âge. Par les pièces relatives aux métiers, il servira à faire connaître les classes industrielles, leur organisation en confréries religieuses, en corps politiques, et leur importance comme associations militaires pour la défense du pays. On y trouvera, en outre, des renseignements précieux sur le commerce des villes françaises et sur les rapports commerciaux de la France avec l'étranger.

Après avoir présenté à Votre Majesté un aperçu des publications qui ont été terminées ou qui sont actuellement sous presse, j'indiquerai sommairement celles qui ont été décidées, préparées ou projetées, et qui seront exécutées au fur et à mesure que les ressources du crédit alloué par les Chambres le permettront.

Je signalerai d'abord à Votre Majesté un recueil d'extraits des *Chroniques d'Angleterre de Jean de Waurin*, qui formera un utile complément aux chroniques de Froissart et de Monstrelet. Les matériaux de ce recueil ont été rassemblés et seront publiés par Mlle Dupont, qui s'est déjà fait connaître dans le monde savant par divers travaux d'érudition historique, et notamment par une édition des *Mémoires de Pierre de Fenin* et des *Mémoires de Commynes*, qu'elle a publiés pour la Société de l'histoire de France.

M. Libri, membre de l'Institut, prépare la publication d'un *Recueil de documents inédits relatifs à l'histoire des sciences en France*. La copie du premier volume de cette collection est terminée.

Une *Chronique rimée de Martin de Cotigny*, relative aux trente premières années du règne de Charles VI, et qui contient sur les mœurs, les usages et les coutumes de cette époque des particularités qu'on ne rencontre dans aucun des autres chroniqueurs contemporains, sera publiée par M. Yanoski, professeur d'histoire au collège de Henri IV.

M. Depping, qui a déjà coopéré à la collection des documents historiques par la publication du *Livre des métiers d'Étienne Boileau*, prépare un

Recueil de documents inédits concernant l'histoire de l'administration publique en France pendant le règne de Louis XIV. Cette publication contiendra un choix de pièces importantes, tirées principalement des papiers de Colbert, et qui seront classées par catégories, selon qu'elles concerneront les États provinciaux, les finances, la police, l'industrie, le commerce, la marine, le clergé, les beaux-arts, etc. Elle jettera un nouveau jour sur la marche du gouvernement, sur l'état moral, civil et financier de la France pendant le ministère d'un homme qui a tant contribué à la prospérité du royaume. Elle offrira en même temps un intérêt tout actuel, en ce qu'on y retrouvera, jusqu'à un certain point, la pensée première de la plupart des grands travaux qui préoccupent en ce moment l'attention publique. L'Administration elle-même pourra y recueillir de précieux renseignements. M. Depping, qui travaille depuis plusieurs années à la préparation de ce recueil, a déjà dépouillé toutes les collections manuscrites de la Bibliothèque royale, des Archives du royaume et d'autres dépôts publics. La copie des trois premiers volumes est prête pour l'impression.

Parmi les publications qui pourront prendre place prochainement dans la grande collection de nos documents historiques, je dois noter encore un manuscrit qui contient des faits fort intéressants pour l'histoire ecclésiastique de la France : ce sont les *Actes inédits du concile tenu à Perpignan par Benoît XIII en 1408.* Cette publication a été confiée à M. Louis de Mas Latrie.

M. de Courson a été chargé de recueillir et de publier plusieurs cartulaires bretons qui contiennent des documents très intéressants pour l'histoire de la basse Bretagne.

Un recueil de *Pièces relatives aux négociations de Louis XIV avec la cour de Siam* sera édité par les soins de M. Étienne Gallois. Bien que l'ambassade entreprise dans ce pays ne soit qu'un épisode de notre histoire qui n'a pas laissé de trace, il sera curieux de connaître plus complètement, au moyen de ces papiers, les vues du gouvernement de Louis XIV en cette occasion.

Il existe aux Archives du royaume, sous le nom de *Trésor des chartes*, un riche dépôt de pièces originales relatives à notre histoire nationale depuis le milieu du xie siècle jusqu'au milieu du xvie. Une collection de ces pièces, choisie avec discernement, serait digne, par son importance, de figurer à côté des *Acta* de Rymer, dont la publication a fait tant d'honneur à l'Angleterre. M. Letronne, membre de l'Institut, garde général des Archives du royaume, présidera aux travaux préparatoires de ce vaste recueil, qui a été décidé sur sa proposition.

La publication des *Lettres de Catherine de Médicis* et celle des *Lettres du cardinal de Richelieu*, la première confiée aux soins de M. Busoni, la seconde à ceux de M. Avenel, formeront, avec la correspondance de Henri IV, un ensemble de documents du plus haut intérêt, qui serviront non seulement à nous initier d'une manière intime au caractère et à la politique des trois personnages qui occupent une place si grande dans l'histoire et ont eu une si grande influence sur leur époque, mais encore à nous révéler les causes de beaucoup de faits qui n'ont pu être appréciés jusqu'à présent à leur juste valeur. Ces deux recueils seront sous peu livrés à l'impression.

J'ai chargé M. Joseph de Croze d'une autre publication, qui est destinée à compléter celles des lettres de Henri IV et de Catherine de Médicis : c'est la *Correspondance inédite des princes de la maison de Lorraine*, qui ont joué un rôle si important pendant les cinquante dernières années du XVIe siècle.

Un autre recueil, qui touche à une époque plus rapprochée de nous, est préparé par M. P. Margry. C'est une série de *Documents relatifs à l'histoire des anciennes colonies françaises dans l'Amérique du Nord*. Ces documents serviront, sous le point de vue d'économie politique, à jeter un nouveau jour sur la question de colonisation française dans ce pays, et, sous le point de vue historique, ils compléteront les divers ouvrages qui ont traité de ce sujet, et entre autres les travaux de Charlevoix. Ils contribueront en même temps à faire mieux apprécier les hommes supérieurs, dignes de la renommée des Vespuce et des Cortès, qui ont présidé à la découverte et à l'organisation de ces colonies, les hommes tels que les Jacques Cartier, les Cavelier de Lassalle, les Jean Talon, les Frontenac, et autres, qui ont tant honoré le nom de la France dans l'autre hémisphère, et dont les services, soit comme chefs d'expédition, soit comme administrateurs, ont été trop peu connus ou trop oubliés.

Tel est, Sire, l'ensemble des travaux exécutés depuis 1835, sous la direction du Comité institué pour la publication des monuments écrits de l'histoire de France.

En même temps que de nombreuses et importantes publications étaient ainsi exécutées ou élaborées, le dépouillement des collections manuscrites de la Bibliothèque royale, entrepris dès l'origine de cette institution sous la surveillance de M. Champollion-Figeac, se poursuivait avec activité. Plus de 3280 volumes ont été complètement dépouillés, 255,000 cartes ou bulletins analytiques des pièces contenues dans ces volumes ont été assemblés et classés par ordre chronologique, et 2000 de ces bulletins ont été transcrits chronologiquement sur des registres. Ces travaux de dépouillement, tout en ayant pour résultat la préparation d'une espèce de catalogue général des documents de notre histoire nationale, qui a pu être déjà consulté avec fruit par plus d'un savant et d'un historien, ont fourni en même temps quelques matériaux utiles pour la publication des *Mélanges historiques*, dont j'ai eu l'honneur d'entretenir plus haut Votre Majesté. Toutefois ces travaux, quelque profitables qu'ils soient, ne paraissant pas répondre entièrement aux vues des Chambres, en ce qu'ils n'ont point pour résultat direct et immédiat d'augmenter la collection des documents publiés, et que la dépense qui y est affectée diminue d'autant le fonds destiné à la publication de ces documents, j'ai cru devoir restreindre d'abord, puis supprimer cette dépense et l'appliquer à des travaux de publication dont les résultats fussent plus prochainement réalisables.

Il me reste, Sire, à entretenir Votre Majesté d'un autre ordre de travaux, de ceux qui concernent l'histoire des arts, et qui sont exécutés sous la direction du Comité des arts et monuments.

Ce Comité s'est proposé, dès l'origine, d'étudier tous les monuments qui ont existé ou qui existent encore sur le sol de la France, et d'en donner des notices descriptives avec des plans et dessins. De là deux sortes de travaux : des statistiques pour tous les monuments sans exception, des monographies pour les monuments les plus importants. Deux moyens ont été adoptés pour atteindre ce résultat. Le premier consiste à présenter des statistiques et des monographies modèles pour le plan scientifique comme pour l'exécution matérielle ; le second à rédiger pour les correspondants du Ministère de l'instruction publique et les antiquaires de France des instructions propres à indiquer le plan d'après lequel ces recherches doivent être faites, à déterminer les expressions qui doivent être consacrées dans la description d'un monument et des signes caractéristiques servant à classer les œuvres d'art et à en reconnaître l'âge.

Quant aux statistiques, elles sont de deux natures, celles qui renferment tous les monuments d'un département ou d'un arrondissement, et celles qui ne comprennent que les monuments d'une grande ville. La publication de M. Grille de Beuzelin sur les *Monuments des arrondissements de Nancy et de Toul* offre un spécimen du premier genre de statistique. Une publication de même nature, celle de la *Statistique monumentale de Montdidier* (département de la Somme), a été confiée à MM. Duthoit, Dusevel, Rigollot et Goze, correspondants du Ministère de l'instruction publique dans ce département.

Pour modèle de statistique d'une grande ville, Paris a été préféré; Paris, qui possède des monuments de toutes les époques, depuis Jules César jusqu'à nos jours. La *Statistique monumentale de Paris*, publiée par les soins de M. Albert Lenoir, est arrivée à la dix-neuvième livraison, et forme, dès à présent, un ensemble de près de 150 planches, dans lesquelles se trouvent représentées les diverses époques de notre art national, l'époque romaine, l'époque du moyen âge et celle de la Renaissance. De nombreux matériaux ont été réunis pour les livraisons ultérieures.

Deux modèles de monographie ont été choisis : la *cathédrale de Noyon* et la *cathédrale de Chartres*. La cathédrale de Noyon, par la beauté de son plan, la sévérité de ses formes, l'harmonie de ses proportions, mérite d'être comptée parmi nos monuments religieux du premier ordre. Cette publication est entièrement terminée. Les dessins ont été exécutés par M. Ramée, et le texte descriptif rédigé par M. L. Vitet, qui a joint à une exacte description du monument des considérations savantes et ingénieuses sur les monuments du moyen âge, et particulièrement sur ceux de l'époque de transition.

La cathédrale de Chartres a paru le monument le plus complet et le plus riche de la France. Elle est, en effet, la plus considérable de toutes par les nombreuses sculptures qui la décorent à l'extérieur et à l'intérieur, par l'étendue de sa crypte, par ses deux flèches occidentales, modèle de l'architecture du xiie et du xve siècle, et par la beauté de ses vitraux coloriés. MM. Lassus, architecte, et M. Amaury Duval, peintre, ont été chargés des dessins; M. Didron, de la rédaction du texte descriptif. Les trois premières livraisons de cette monographie ont paru. Elles se composent de 24 planches. J'ai l'espoir, Sire, de mettre prochainement la quatrième livraison sous les yeux de Votre Majesté.

Le Comité des arts et monuments ne s'est pas borné à ces modèles de statistiques et de monographies, qui ne peuvent guère servir qu'à ceux qui sont déjà versés dans la science archéologique. Afin de mettre cette science à la portée de tous, il s'est chargé de rédiger des *instructions* spéciales, détaillées et précises, qui forment à elles seules un travail considérable. Déjà plusieurs cahiers de ces instructions ont été publiés et distribués aux correspondants du Ministère de l'instruction publique.

Les deux premiers cahiers traitent spécialement des monuments élevés en France par les Gaulois, les Grecs et les Romains, et durant le moyen âge jusqu'au xvie siècle; ils sont dus à MM. Albert Lenoir, Auguste Le Prévost, Mérimée et Ch. Lenormant, membres du Comité. M. Albert Lenoir a fait connaître les caractères distinctifs du style latin et du style byzantin. M. Mérimée s'est occupé de l'architecture militaire; M. Ch. Lenormant des monuments meubles de la première époque; M. A. Le Prévost, des périodes dites romane et gothique, à partir du xie siècle, seulement en ce qui concerne l'extérieur des églises; dans un autre cahier qu'il prépare en ce moment, il traitera de l'intérieur et des dépendances ou constructions accessoires des églises.

Des gravures sur bois ont été ajoutées à chacune de ces instructions pour en rendre l'intelligence plus claire et plus facile.

Un autre cahier, dont les dessins et le texte sont dus à MM. Albert Lenoir et Mérimée, donne des notions sur l'architecture militaire du moyen âge. Dans ce cahier se trouvent continuées et complétées les instructions publiées antérieurement sur l'architecture militaire des Gaulois, des Grecs et des Romains en France.

Une des formes importantes de l'art chrétien, la musique, n'a pas été oubliée, et M. Bottée de Toulmon, membre du Comité des arts, a publié un cahier d'instructions à ce sujet. Il y a joint des *fac-simile* des anciennes notations, depuis le viie jusqu'au xive siècle, et des dessins gravés représentant divers instruments usités au moyen âge.

Un volume d'instructions sur les représentations religieuses exécutées en sculpture et en peinture a été publié, sous le titre d'*Iconographie chrétienne*, par M. Didron, secrétaire du Comité. Elles sont accompagnées de 150 gravures sur bois dont les dessins sont dus à M. Paul Durand.

Parmi les autres instructions qui doivent bientôt suivre les premières, je citerai particulièrement celles que M. Albert Lenoir prépare sur l'architecture monastique et civile du moyen âge, celles que M. de Saulcy, membre de l'Institut, rédige sur la numismatique française, et celles dont s'est chargé M. le marquis de Lagrange sur les armoiries et le blason.

Ces instructions, en apprenant à connaître la valeur de nos anciens monuments, contribuent à en inspirer l'amour et le respect.

Chargé de perpétuer par des publications spéciales les œuvres d'art remarquables de notre pays, le même Comité a pensé qu'il serait curieux de reproduire un vaste ensemble de peintures murales qui existent encore dans une des églises de France, et qui remontent à une époque fort reculée du moyen âge. Ce sont celles de l'*église de Saint-Savin* (département de la Vienne), dont les fresques ont résisté à plus de huit siècles. M. Gérard Séguin a dessiné toutes ces fresques, et M. Mérimée, membre de l'Institut et du Comité des arts, s'est chargé de la rédaction d'un texte explicatif, auquel il a joint une notice détaillée sur l'abbaye et l'église de Saint-Savin. L'ouvrage entier formera quatre livraisons, composées chacune de dix planches coloriées. Les trois premières livraisons ont paru avec le texte complet.

Parmi les documents relatifs à l'histoire des arts, un important manuscrit, découvert par M. Achille Deville, correspondant de l'Institut, dans les archives du département de la Seine-Inférieure, a particulièrement fixé l'attention du Comité : ce sont les *Comptes de dépense du cardinal d'Amboise, ministre de Louis XII, relatifs à la construction du château de Gaillon.* On trouve dans ces comptes des détails complets sur les travaux exécutés pour l'érection de ce château célèbre, dont Paris possède quelques magnifiques débris au palais des Beaux-Arts. La publication de ces comptes, que M. Achille Deville prépare en ce moment, servira à rectifier de graves erreurs accréditées sur la date de la construction de cette résidence et sur certains faits qui s'y rattachent. Elle fera connaître des noms d'artistes ignorés jusqu'à ce jour, et donnera des renseignements curieux sur le prix de la main-d'œuvre et des matériaux en tout genre de cette époque.

Le Comité publiera également, sous le titre de *Mélanges*, une série de documents relatifs à l'histoire des arts, qui, pris isolément, ne pourraient devenir l'objet d'une publication spéciale. De nombreux matériaux ont été réunis à cet effet. Ce recueil sera, pour les monuments figurés, analogue à celui que l'autre Comité historique publie, sous le même titre, pour les monuments écrits. Il sera accompagné d'un autre *Recueil sur les artistes français du moyen âge*, dont la publication est confiée à M. Didron.

Les documents qui concernent l'histoire de la musique au moyen âge ont aussi occupé l'attention du Comité, et une importante publication se prépare sur cet objet, par les soins de M. Bottée de Toulmon.

En même temps que ces diverses publications sont achevées, poursuivies ou préparées sous la surveillance du Comité des arts et monuments, les *bulletins* de ses séances sont publiés régulièrement depuis 1840. Ce recueil de bulletins, qui forme aujourd'hui trois volumes et demi, contient, avec le compte rendu des séances et des travaux du Comité, les notices et les rapports les plus intéressants envoyés par les correspondants du Ministère de l'instruction publique. On y a inséré aussi quelques fragments de pièces inédites sur l'histoire des arts. La lecture de ces bulletins peut donner une idée de l'activité des travaux du Comité, de l'étendue de la correspondance qu'il entretient, par l'entremise du Ministère de l'instruction publique, avec les antiquaires et les archéologues de nos départements, et de l'influence salutaire qu'il y exerce, en propageant le goût pour nos antiquités nationales et le culte de nos anciens monuments.

Je ne puis, Sire, terminer cet exposé des travaux historiques exécutés sous les auspices du Ministère de l'instruction publique, sans rendre hommage au zèle soutenu et désintéressé des membres de chacun des Comités historiques dont les lumières ont si utilement dirigé ces travaux, ainsi qu'à l'activité des correspondants institués dans les départements qui s'y sont associés avec tant d'ardeur et d'une façon si profitable.

J'ose espérer, Sire, que les résultats obtenus jusqu'à ce jour justifieront, aux yeux de Votre Majesté, les sacrifices que l'État s'est imposés pour la réalisation d'une si noble entreprise.

Je n'entrerai pas ici dans le détail des dépenses affectées à ce service. Mais si l'on songe aux longues et laborieuses recherches qu'ont rendues nécessaires le plus grand nombre des ouvrages déjà publiés, à ce qu'ont coûté de difficultés et exigé de travaux préparatoires des publications telles que la collection des *Monuments inédits de l'Histoire du Tiers État,* collection à laquelle concourent tant de collaborateurs et de correspondants, et qui absorbe depuis plusieurs années les soins de l'illustre savant chargé de la diriger, telles aussi que les recueils des *Lettres de Henri IV, de Catherine de Médicis, du cardinal de Richelieu,* pour lesquels il a fallu explorer toutes les bibliothèques et les dépôts d'archives de Paris et des départements, et visiter les archives des pays étrangers; si l'on considère le nombre et l'importance des matériaux déjà réunis et préparés pour des publications ultérieures; si l'on tient compte en même temps des soins donnés au matériel de la collection des documents historiques, à la correction du texte, à la bonne exécution des dessins et des gravures, à tous les détails accessoires de format et d'impression qui contribuent à donner un air monumental à cette collection, on se convaincra facilement que le crédit alloué jusqu'à ce jour par la libéralité des Chambres, loin d'avoir été excessif, a été à peine suffisant pour rémunérer convenablement les travailleurs et subvenir aux frais du matériel.

La collection des documents de notre histoire nationale, tirée à plus de mille exemplaires, est venue enrichir les plus importants de nos dépôts et établissements scientifiques. En outre, le gouvernement en a pu faire don à un grand nombre d'établissements étrangers, qui n'y attachent pas un médiocre prix, et, s'il est une preuve, honorable pour la France, de l'estime dont jouit ce travail aux yeux de la science étrangère, c'est l'empressement avec lequel il a été imité dans des pays voisins. En Belgique, en Espagne, en Italie, en Allemagne, il s'est formé des commissions, à l'exemple de nos Comités historiques, pour la publication des documents nationaux : des collections sont commencées sur le plan des nôtres, et nous avons sujet de nous féliciter d'avoir, dans cette voie comme dans beaucoup d'autres, marché à la tête des autres nations.

J'ose avoir la confiance, Sire, qu'en présence de tels résultats, une entreprise si nationale, qui honore à la fois votre règne, les Chambres et le pays, ne sera pas jugée par son exécution inférieure à la pensée qui l'a conçue et aux encouragements éclairés qu'elle a reçus.

Salvandy.

34
EXTRAIT DE L'ORDONNANCE ROYALE CONCERNANT LES FRANCHISES POSTALES.
16 mai 1847.

LOUIS-PHILIPPE, Roi des Français, à tous présents et à venir, salut.

Vu :

1° La loi du 25 frimaire an VIII ;
2° L'ordonnance du 17 novembre 1844.

....

Art. 4. Les publications émanées des Sociétés savantes, et qu'échangent entre elles ces sociétés, sont admises à circuler en franchise sous le couvert et le contreseing de notre Ministre de l'instruction publique. Ces publications ne pourront être expédiées que sous bande.

....

Fait au palais de Neuilly, le 16 mai 1847.

LOUIS-PHILIPPE.

Par le Roi :

Dumon.

35

CIRCULAIRE RELATIVE À LA FRANCHISE POSTALE ACCORDÉE
POUR LES PUBLICATIONS DES SOCIÉTÉS SAVANTES.

25 juillet 1847.

Aux Présidents des Sociétés savantes.

Monsieur le Président, à la date du 19 mars dernier, j'ai eu l'honneur d'adresser à toutes les Sociétés savantes du royaume une circulaire par laquelle je leur annonçais que M. le Ministre des finances venait de les autoriser à faire entre elles, et par l'intermédiaire du Ministère de l'instruction publique, l'échange de leurs publications. Cette mesure ayant été sanctionnée depuis par l'ordonnance royale du 16 mai, j'ai pensé que le moment était venu de vous donner quelques instructions nécessaires pour qu'elle ne donne lieu à aucun abus et aucune plainte.

En premier lieu, vous avez dû remarquer que les présidents des compagnies savantes sont seuls autorisés à correspondre en franchise avec le Ministre de l'instruction publique, et réciproquement; d'où il suit que les publications échangées ne doivent porter d'autre adresse que celle de *Président de...* etc., et que toutes les publications qui seraient adressées à des personnes non revêtues de la qualité de président d'une société dûment autorisée ne pourraient être admises à jouir de la franchise, et seraient nécessairement renvoyées de mes bureaux aux compagnies de qui elles émaneraient.

En second lieu, il doit être bien entendu que les publications des Sociétés savantes en nom collectif sont seules admises au bénéfice de la franchise, et qu'aucune publication ayant un caractère privé, émanât-elle d'un membre d'une société savante, ne pourrait participer à cette franchise, puisque je ne l'ai obtenue qu'en faveur des publications des Sociétés savantes.

Vous comprendrez qu'il doit, à plus forte raison, être interdit, de la manière la plus absolue, de joindre aux publications que vous aurez à m'adresser des prospectus, des annonces de librairie et tous autres papiers qui auraient un caractère de spéculation mercantile ou commerciale, lequel serait complètement en désaccord avec la pensée qui a présidé à l'établissement de ce nouveau service.

En un mot, vous ne perdrez pas de vue qu'en demandant une extension de franchise en faveur des Sociétés savantes, je n'ai eu d'autre but que la diffusion des lumières par la plus grande publicité possible, mais dégagée de tous moyens qui ne seraient pas parfaitement désintéressés et, par conséquent, avouables.

Les publications que vous m'adresserez doivent être mises sous bandes. Ces bandes ne doivent pas recouvrir plus du tiers de la surface de l'ouvrage. Elles porteront pour adresse : *M. le Président de l'académie* ou *société de...* avec l'indication de la ville et du département. Quant aux publications destinées aux sociétés savantes de Paris, vous y ferez ajouter avec soin le nom et le numéro de la rue où se trouve le local où elles siègent.

De l'expédition des diverses recommandations que j'ai eu l'honneur de vous exposer, dépend la prompte expédition des documents que vous m'aurez adressés : c'est assez dire que vous vous y conformerez avec empressement, aussi bien dans l'intérêt de votre compagnie que des compagnies avec lesquelles vous opérez des échanges.

Recevez, etc.

SALVANDY.

36
CIRCULAIRE RELATIVE À UNE DEMANDE DE DOCUMENTS
SUR L'ARCHÉOLOGIE CHRÉTIENNE.
14 août 1847.

Aux Correspondants du Ministère.

Monsieur, le Comité historique des arts et monuments établi près du Ministère de l'instruction publique se propose de rédiger des instructions archéologiques sur les attributs des saints, pour compléter ses travaux sur l'archéologie chrétienne. Le Comité, afin de recueillir les divers documents nécessaires pour ce travail, invoque la coopération de chacun des correspondants de mon Département. Il a rédigé un certain nombre de questions sur lesquelles il appelle votre attention particulière. Je vous serai très obligé de m'adresser le résultat de vos recherches à ce sujet.

Recevez, etc.

SALVANDY.

QUESTIONS.

1° Quels sont les saints représentés dans le pays avec des attributs caractéristiques ?

2° Quels sont ces attributs ? Quelle est la plus ancienne époque où l'on trouve des exemples de chacun d'eux ? Ne sont-ils pas quelquefois isolés et indépendants de la représentation du saint ?

(On entend par attribut un objet matériel quelconque placé ordinairement près d'un saint ou porté par lui. On peut étendre la signification de l'attribut à l'attitude, aux vêtements, à la chevelure, à la barbe, en un mot à tous les caractères qu'on peut regarder comme distinctifs.)

3° Quels sont les saints invoqués actuellement dans le pays ou qui l'étaient autrefois pour un objet spécial, tel que les maladies et les nécessités des fidèles ?

4° Quelle est la forme du culte qu'on rend aux saints ? Quel est le jour de leur fête ?

Quels sont les lieux et les monuments où ce culte leur est rendu ? Quels en sont le rite et les pratiques ? Quelle est la forme des pèlerinages ? Quelles sont les traditions populaires qui s'y rattachent ?

Quels sont les saints particuliers du pays ? En sont-ils originaires ? Quels sont leurs noms en latin, en français et dans la langue ou le patois du pays ?

Quels sont les patrons des églises, des diocèses, des villes, des confréries, des corporations d'art, des corps de métiers ou d'états ?

Existe-t-il dans le pays des objets entourés d'une vénération particulière et donnant lieu à des pratiques religieuses ou superstitieuses ?

37

CIRCULAIRE DEMANDANT UN ÉTAT DES RESSOURCES DES SOCIÉTÉS SAVANTES.

11 septembre 1847.

Aux Présidents des Sociétés savantes.

Monsieur le Président, j'ai l'intention de faire dresser un relevé général des ressources particulières et extraordinaires dont disposent les Sociétés savantes du royaume, comprenant l'espèce et la qualité des sommes que chacune d'elles peut réaliser annuellement pour pourvoir à ses dépenses. Ce relevé me fera connaître d'une manière précise la situation financière de chaque société et me permettra d'apprécier les besoins de celles qui n'ont que des ressources insuffisantes pour entreprendre ou continuer d'utiles travaux. Je n'ai pas cru devoir faire usage, à cette occasion, des renseignements qui m'ont été fournis antérieurement, comme n'étant plus peut-être d'une exactitude suffisante, et j'ai préféré vous demander, Monsieur le Président, les documents que je crois aujourd'hui nécessaires pour atteindre le but que je me propose.

Je vous serai donc très obligé, Monsieur le Président, de m'adresser immédiatement et *sans aucun retard* la note complète de toutes les ressources actuelles de la société dont vous dirigez les travaux, telles que cotisations, produits de diplômes, subventions municipales, départementales ou ministérielles, revenus propres provenant de legs, donations, etc., et généralement toute espèce de recette qui vient accroître les sommes que la société a ordinairement à sa disposition.

Recevez, etc.

SALVANDY.

38

ARRÊTÉ RELATIF À LA TRANSFORMATION DU *BULLETIN*
DES COMITÉS HISTORIQUES.

8 janvier 1849.

LE MINISTRE AU DÉPARTEMENT DE L'INSTRUCTION PUBLIQUE ET DES CULTES

ARRÊTE :

ARTICLE PREMIER. Le *Bulletin archéologique du Comité des arts* prendra désormais le titre de *Bulletin des Comités historiques.*

Ce *Bulletin* est destiné à l'insertion d'actes officiels relatifs aux travaux historiques, du compte rendu des séances des Comités et à la publication des documents envoyés par les correspondants du Ministère de l'instruction publique pour les travaux historiques.

Art. 2. Il sera nommé dans chacun des deux Comités historiques une commission, composée de trois membres, chargée de désigner parmi les travaux des correspondants ceux qui doivent être publiés dans le *Bulletin*.

Le chef du bureau des travaux historiques fera partie de ces commissions et surveillera la publication.

Les communications ayant pour objet la réfutation, la discussion ou le complément des travaux des correspondants pourront être publiés, sur l'avis de la commission compétente.

Art. 3. Le *Bulletin* ne sera distribué gratuitement qu'aux personnes et établissements ci-après désignés :

1° Aux membres titulaires, aux membres non résidants et aux secrétaires des deux Comités;

2° A chacune des bibliothèques publiques de Paris;

3° A la bibliothèque publique de chaque chef-lieu de département;

4° A la bibliothèque publique d'Alger;

5° Aux bibliothèques de l'École normale, de l'École polytechnique, de l'École des chartes et de l'École française d'Athènes.

Art. 4. Chaque année, au mois de décembre, les commissions présenteront aux Comités la liste de ceux des correspondants qui, par de fréquentes ou d'importantes communications, auraient des titres à recevoir gratuitement le *Bulletin*.

Les Comités statueront sur ces propositions.

Toute demande directe de concession gratuite sera renvoyée à l'examen des commissions, qui feront un rapport, d'après lequel les Comités statueront.

Art. 5. La rédaction du *Bulletin* est entièrement gratuite.

Art. 6. Le prix d'abonnement au *Bulletin* est fixé uniformément à neuf francs par an.

Chaque numéro du *Bulletin* se composera de trois feuilles in-8° de texte, avec lithographie ou gravure sur bois quand il y aura lieu, et sera renfermé dans une couverture imprimée.

Chaque année formera un volume.

ART. 7. Le *Bulletin* sera imprimé par l'Imprimerie nationale, qui sera chargée en outre de recevoir les abonnements et d'expédier les livraisons.

FALLOUX.

39

CIRCULAIRE RELATIVE À LA TRANSFORMATION DU *BULLETIN DES COMITÉS HISTORIQUES.*

15 janvier 1849.

Aux Correspondants du Ministère.

Monsieur, je vous adresse ci-joint le numéro complétant le quatrième volume du *Bulletin archéologique du Comité des arts et monuments.*

Je vous informe en même temps, qu'en exécution d'un arrêté du 8 janvier courant, le *Bulletin* est reconstitué sur de nouvelles bases.

Restreint jusqu'ici aux travaux du seul Comité des arts, ce recueil sera désormais commun aux deux Comités historiques institués près le Ministère de l'instruction publique et des cultes. Les procès-verbaux des séances de l'un et de l'autre Comité y trouveront place, mais non point *in extenso*; il n'y sera mentionné que les hommages de livres ou d'objets d'art adressés aux Comités. Les nominations de correspondants et autres actes officiels relatifs aux travaux historiques y seront également consignés, soit textuellement, soit sommairement.

Mais la place la plus large sera réservée aux communications envoyées par les correspondants du Ministère. Ces communications, toutefois, seront soumises à l'examen préalable d'une commission spéciale formée dans le sein de chaque Comité. Tout travail inséré au *Bulletin* portera le nom de l'auteur. Il sera ajouté des planches reproduisant les dessins dont les commissions auront jugé la publication utile, soit pour l'intelligence du texte, soit à cause de l'intérêt artistique des monuments retracés.

Le *Bulletin des Comités historiques* sera publié à la fin de chaque mois, par cahiers de trois feuilles chacun, accompagnés de lithographies ou de gravures sur bois, d'après les dessins des correspondants. Le premier numéro paraîtra dans le courant de février.

La modicité du fonds affecté aux travaux historiques et la nécessité pour l'Administration de faire face à la dépense qu'occasionnera le nouveau mode de publication ne permettent plus que l'envoi gratuit du *Bulletin* soit la conséquence immédiate du titre de correspondant.

Le prix d'abonnement, calculé de manière à couvrir simplement les frais d'impression et de distribution, est fixé à neuf francs pour l'année. Les demandes d'abonnement devront être adressées, en franchise, à M. le Directeur de l'Imprimerie nationale.

Au mois de décembre de chaque année, les deux commissions du *Bulletin* présenteront aux Comités la liste de ceux des correspondants qu'elles jugeront avoir droit, par l'importance de leurs communications, à l'envoi gratuit du *Bulletin*.

J'aime à espérer, Monsieur, que vous trouverez dans ces dispositions une preuve du haut intérêt que je porte aux travaux des correspondants, puisque les communications que vous adresserez pourront désormais arriver à la publicité par une voie plus directe et plus prompte, le prix modique du *Bulletin* devant le faire rechercher avec plus d'empressement que par le passé.

Je vous prie donc, Monsieur, de reprendre des travaux que les circonstances ont dû nécessairement interrompre ou ralentir. L'abondance et la variété sont grandes des matières qui appellent vos investigations. Les bibliothèques communales possèdent des manuscrits encore inconnus, des imprimés rares et curieux; les archives départementales et municipales contiennent des actes précieux pour l'histoire des institutions ou des localités. Il existe encore dans nos provinces des monuments peu connus et mal appréciés; chaque jour le sol de la France s'ouvre pour rendre au jour d'importants vestiges des arts d'autrefois; les églises, les édifices communaux, certaines résidences particulières méritent d'être étudiés, soit pour leur propre caractère, soit pour les souvenirs qui s'y rattachent.

Les instructions publiées par le Comité des arts offrent des indications sûres et précises pour les études que vous pourrez entreprendre. Ces instructions seront très prochainement complétées par la publication des cahiers depuis longtemps attendus.

Le Comité des monuments écrits appellera, de son côté, l'attention de ses correspondants sur certains points encore mal éclaircis de notre histoire. Il donnera aussi des instructions analogues à celles de l'autre Comité.

L'Administration compte que vous voudrez bien lui prêter, dans l'intérêt de la science, le concours le plus actif possible. Elle recevra avec reconnaissance les communications que vous lui adresserez; elle les examinera avec soin et donnera à vos travaux le seul témoignage de gratitude dont elle puisse disposer, la publicité du *Bulletin*. Ce recueil sera entièrement l'œuvre des correspondants; c'est d'eux qu'il dépend d'en assurer le succès et de lui faire prendre un rang distingué dans l'estime des savants.

Recevez, etc.

FALLOUX.

40

CIRCULAIRE DEMANDANT DES RECHERCHES SUR LES MEUBLES ET VÊTEMENTS ECCLÉSIASTIQUES DU MOYEN ÂGE.

Février 1849.

Aux Correspondants du Ministère.

Monsieur, jusqu'ici les études archéologiques sur les arts du moyen âge ont eu presque exclusivement pour objet les grandes œuvres d'architecture, de sculpture et de peinture. Le Comité des arts et monuments institué près le Ministère de l'instruction publique et des cultes pense que le moment est venu d'étudier à leur tour les costumes et les ameublements du moyen âge, et qu'on ne saurait mieux inaugurer cette nouvelle série de travaux que par la recherche de tout ce qui peut exister encore d'anciens vêtements ecclésiastiques, d'insignes religieux et objets spécialement affectés au service des autels. De nombreuses demandes ont été adressées au Comité par des membres du clergé et par les fabriques sur les meilleurs modèles à consulter pour la confection des ornements sacerdotaux et pour la fabrication des vases sacrés. C'est sur le zèle de ses correspondants que le Comité a compté pour répondre à des questions qui intéressent à un si haut degré la dignité des cérémonies du culte.

Malgré les pertes que l'Église de France a éprouvées, depuis deux siècles surtout, par suite de la réforme à peu près complète du costume ecclésiastique et de la dilapidation des trésors, il existe encore dans notre pays une quantité très considérable de vêtements, de reliquaires et de vases sacrés appartenant aux différentes époques du moyen âge. Ces objets précieux sont dispersés; il s'agit d'en centraliser au moins la description et la représentation : on arriverait facilement à reconstituer, au moyen des renseignements que les correspondants sont à portée de recueillir, des séries complètes de costumes et de meubles religieux en rapport avec les grandes divisions de l'art monumental. Les statues, les bas-reliefs et les peintures que le moyen âge a répandus dans nos églises et sur les châsses de nos saints avec une si abondante libéralité fournissent déjà, sur le vêtement du prêtre et sur la décoration mobilière de l'autel, les indications les plus essentielles. Mais l'imitation sculptée ou peinte ne saurait suppléer entièrement à la présence des objets eux-mêmes; il est à peu près indispensable, surtout pour en produire de pareils, d'avoir sous les yeux les œuvres originales, ou, du moins, des dessins qui en soient la parfaite image.

Les renseignements que le Comité sollicite aujourd'hui viendront compléter ceux que le *Bulletin* a déjà portés à la connaissance des correspondants. Les églises de Saint-Étienne à Sens, de Saint-Quiriace à Provins, de Saint-Bertrand de Comminges, de Saint-Sernin à Toulouse, possèdent, on le sait, des chapes, des chasubles, des mitres, des crosses fabriquées dans les XIIe, XIIIe et XIVe siècles. La chasuble en soie de saint Regnobert, évêque de Bayeux; l'étole et le manipule du même saint, tout tissus d'or et de perles; l'étole de saint Pol, évêque de Léon, dont la broderie représente des chiens et des cavaliers; la dalmatique de saint Étienne de Muret; la chasuble et le calice donnés, vers le milieu du XIIIe siècle, par saint Louis, au bienheureux Thomas Élie, curé de Biville; les ornements pontificaux de saint Edme, archevêque de Cantorbéry; la chasuble de saint Rambert; les insignes et quelques portions du vêtement d'Hervée, évêque de Troyes; la mitre et la crosse de l'archevêque de Rouen, Jean de Marigny, frère du célèbre Enguerrand; les précieuses crosses des abbayes du Lys et de Maubuisson se sont conservés jusqu'à nos jours. Le *Bulletin* a publié la description de la chape de saint Louis, évêque, et ce travail peut être proposé comme un excellent modèle à suivre pour les monuments du même genre. L'ouverture de plusieurs anciens tombeaux à Jumièges, à Saint-Claude, à Reims (dans l'église de Saint-Remy), a fourni des étoffes curieuses, comme on en avait trouvé dans les sépultures les plus anciennes de l'abbaye de Saint-Germain-des-Prés. Dans certaines châsses, celles de saint Germain, évêque d'Auxerre, et de saint Exupère, évêque de Toulouse, par exemple, les reliques sont encore enveloppées de tissus remarquables, d'une origine très ancienne, qui paraissent avoir fait partie de vêtements sacerdotaux. Les restes de Charlemagne, à Aix-la-Chapelle, et ceux de l'impératrice Richarde, à Andlau, avaient aussi été déposés dans des voiles de soie historiés, qui se sont retrouvés presque intacts. La cathédrale de Metz se fait gloire de garder religieusement une riche chape, qu'on appelle la chape de Charlemagne, et dont le tissu passe pour un ouvrage du viiie siècle. Une nappe brodée en couleur, dans la première moitié du xie siècle, par Élisabeth, femme de Wifred, comte de Cerdagne, a survécu à la ruine de l'abbaye de Saint-Martin-du-Canigou, dont elle recouvrait autrefois le principal autel.

La plupart des objets anciens en métal qui composaient la décoration des autels sont passés dans les collections particulières; un ameublement moderne les a remplacés presque partout. Cependant quelques-uns ont échappé à la profanation. On peut citer les calices superbes du trésor de Notre-Dame de Paris, les châsses magnifiques d'Ambazac, de Mauzac, de Saint-Taurin d'Évreux, du Coudray-Saint-Germer et de Jouarre. Le reliquaire portatif de l'abbé saint Mommole, à Saint-Benoît-sur-Loire, et les petites châsses émaillées de Saint-Sernin de Toulouse sont aussi des monuments d'orfèvrerie bien précieux.

Le simple énoncé d'une pareille suite d'objets montre assez tout ce qu'on doit attendre de recherches dirigées avec persévérance, et entreprises simultanément sur tous les points de la France. Le Comité ne fixe d'autre limite aux recherches de ses correspondants que la fin du xviiie siècle. En effet, si les formes anciennes avaient été complètement altérées bien avant cette époque, il n'en restait pas moins, dans les détails du costume et du mobilier ecclésiastiques, des vestiges intéressants à constater du système primitif d'ornementation. Des dessins exacts, ou même des moulages pris sur des objets mobiliers et des patrons taillés sur les vêtements seraient ici plus nécessaires que jamais : les formes se représentent mieux qu'elles ne se décrivent.

Les points principaux sur lesquels le Comité désire obtenir des renseignements sont résumés dans le questionnaire que je vous adresse ci-joint [1].

Pour seconder les vues du Comité, je fais appel à votre active collabora-

---

[1] C'est le questionnaire reproduit dans le tome III, *Instructions*, n° III.

tion, et je vous prie de vouloir bien consigner sur le questionnaire les renseignements que vous pourrez recueillir, en y ajoutant aussi souvent que possible le dessin des objets que vous aurez signalés.

Recevez, etc.

FALLOUX.

41 [1]

ARRÊTÉ ÉTABLISSANT LES CONDITIONS D'APRÈS LESQUELLES LE *BULLETIN DES COMITÉS* SERA ACCORDÉ GRATUITEMENT.

3 mars 1849.

LE MINISTRE DE L'INSTRUCTION PUBLIQUE ET DES BEAUX-ARTS,

Sur la proposition des Comités historiques,

ARRÊTE :

L'article 4 de l'arrêté du 8 janvier 1849, relatif au *Bulletin des Comités historiques*, est modifié ainsi qu'il suit :

« Le *Bulletin* sera envoyé gratuitement à tous les correspondants du Ministère pour les travaux historiques.

« Sont exceptés de ce bénéfice les correspondants qui, depuis l'époque de leur nomination, n'ont adressé aucun travail au Ministère.

« Chaque année, au mois de décembre, les commissions du *Bulletin* signaleront aux Comités ceux des correspondants qui, depuis deux ans, n'auront fait aucune communication. Ces correspondants cesseront dès lors d'avoir droit à l'envoi gratuit du *Bulletin*.

« Toute demande de concession gratuite sera renvoyée à l'examen des commissions, qui feront un rapport, d'après lequel les Comités statueront. »

FALLOUX.

[1] Ici aurait pu prendre place un rapport adressé par M. Génin au Ministre sur la situation des travaux historiques au 1ᵉʳ janvier 1849, mais il ne présente pas un intérêt assez général pour être reproduit. — On le trouvera dans le *Bulletin des Comités*, t. I, p. 4.

42

ARRÊTÉ DIVISANT EN DEUX SÉRIES LE *BULLETIN*
DES COMITÉS HISTORIQUES.

5 mars 1849.

LE MINISTRE DE L'INSTRUCTION PUBLIQUE ET DES BEAUX-ARTS,

Vu la délibération du Comité des monuments écrits, en date du 5 mars 1849,

ARRÊTE :

ARTICLE PREMIER. Le *Bulletin des Comités historiques*, institué par l'arrêté du 8 janvier dernier, formera deux séries distinctes, affectées, l'une aux travaux du Comité des monuments écrits, l'autre aux travaux du Comité des arts.

Chaque série se composera de deux feuilles in-8° par mois.

ART. 2. Il sera fait un choix des procès-verbaux du Comité des monuments écrits et des Comités qui y ont été réunis, depuis la création des Comités jusqu'à l'ouverture de la session de 1849.

Ce choix de procès-verbaux sera imprimé et formera un volume in-8°.

La dépense nécessaire à cette publication sera imputée sur le crédit alloué pour les travaux historiques.

FALLOUX.

43

CIRCULAIRE RELATIVE À L'ENVOI DU *BULLETIN DES COMITÉS*.

27 mars 1849.

Aux Correspondants du Ministère.

Monsieur, par ma circulaire du 15 janvier dernier, je vous ai fait connaître le nouveau mode de publication adopté pour le *Bulletin des Comités historiques*. Je vous ai informé en même temps que le *Bulletin* ne pourrait plus être adressé gratuitement aux correspondants, mais que, chaque année, les Comités désigneraient ceux des correspondants à qui, en raison de leurs travaux, le *Bulletin* serait ultérieurement envoyé.

Les Comités ont exprimé le vœu que ces dispositions fussent modifiées, que l'envoi gratuit fût admis en principe, et que la suppression de cet envoi fût la conséquence de la négligence que les correspondants apporteraient dans leurs rapports avec le Ministère.

J'ai cru devoir prendre en considération ce vœu des Comités, et j'ai modifié en conséquence l'arrêté du 8 janvier.

Ainsi, Monsieur, le *Bulletin des Comités* vous sera adressé gratuitement tous les mois. Chaque année, les Comités examineront la liste des correspondants, et signaleront ceux qui, étant restés deux années sans faire de communications ayant quelque valeur, devront perdre le bénéfice de l'envoi du *Bulletin*.

Toutes les autres dispositions annoncées dans la circulaire précitée seront maintenues.

Le premier numéro du *Bulletin* n'a point encore paru. La publication de ce numéro, retardée jusqu'ici par des motifs d'exécution matérielle, aura lieu très prochainement.

Recevez, etc.

Falloux.

44

ARRÊTÉ RELATIF À LA PUBLICATION PAR EXTRAITS DES PROCÈS-VERBAUX DU COMITÉ HISTORIQUE DES MONUMENTS ÉCRITS.

10 mai 1849.

Le Ministre de l'instruction publique et des cultes,

Vu la décision du Comité des monuments écrits de l'histoire de France, dans sa séance du 5 mars 1849,

Arrête :

Les *procès-verbaux des séances du Comité historique des monuments écrits*, depuis son origine et à partir de la fondation des Comités, seront publiés par le Ministère de l'instruction publique et des cultes, afin de servir d'introduction et de complément à la publication faite, dans le *Bulletin*, des procès-verbaux des séances actuelles. Cette publication aura lieu immédiatement; elle formera un volume in-8° de 23 à 24 feuilles, et sera confiée aux soins de MM. Taranne et de la Villegille, secrétaires du Comité des monuments écrits de l'histoire de France.

FALLOUX.

45
ARRÊTÉ FIXANT LE NOMBRE DES MEMBRES RÉSIDANTS DES DEUX COMITÉS.

12 novembre 1849.

LE MINISTRE DE L'INSTRUCTION PUBLIQUE ET DES CULTES

ARRÊTE :

Le nombre des membres des Comités historiques institués près le Ministère de l'instruction publique et des cultes est fixé ainsi qu'il suit :

1° A trente membres pour le Comité des monuments écrits de l'histoire de France;

2° A vingt membres pour le Comité des arts et monuments.

E. DE PARIEU.

46
CIRCULAIRE CONCERNANT LE SERVICE D'ÉCHANGE ET DE TRANSMISSION DES PUBLICATIONS DES SOCIÉTÉS SAVANTES.

20 janvier 1850.

Aux Présidents des Sociétés savantes.

Monsieur le Président, j'ai eu l'occasion de remarquer que les envois des publications qui me sont transmises par les Sociétés savantes, pour être réexpédiées ensuite aux sociétés qui correspondent entre elles par l'intermédiaire de mon Département, ne me parvenaient pas toujours d'une manière complète, ou bien qu'une partie des exemplaires dont ces envois se composent arrivaient à mon Ministère avec des bandes d'adresse déchirées, et souvent même sans aucune espèce d'indication. D'autres fois encore, ces bandes portent une autre désignation que celle du président de la société, qui seule peut donner la franchise de port; et il faut alors que rectification soit faite dans mes bureaux de ces adresses irrégulières, pour que les paquets qui m'ont été transmis soient admis par la poste et dirigés vers leur destination.

Pour régulariser et assurer complètement le service d'échange établi entre les Sociétés savantes, service dont l'utilité est aujourd'hui vivement appréciée par ces compagnies, je crois devoir, Monsieur le Président, vous indiquer quelques mesures qui me paraissent de nature à prévenir toute erreur à l'avenir, et dont l'observation rendra plus sûre et plus prompte la réexpédition des envois transmis à mon Département. Ces mesures sont les suivantes :

1° Les bandes qui enveloppent les publications adressées aux Sociétés savantes devront toujours être à l'adresse du président de la société à laquelle ces publications seront destinées.

2° Ces bandes d'adresse devront être maintenues par une ficelle croisée sur l'exemplaire, de manière à garantir la bande de toute déchirure.

3° Chaque envoi devra toujours être annoncé par une lettre d'avis renfermant la liste des destinataires, afin qu'il soit possible de vérifier le nombre des exemplaires transmis et quels sont les exemplaires manquants, si l'envoi n'est pas parvenu complet.

4° Lorsque l'envoi à transmettre sera composé de mémoires formant des volumes, il sera nécessaire de le diviser, s'il est considérable, et de m'adresser successivement, jour par jour, des paquets de dix à douze exemplaires.

5° Enfin, je rappelle que les sociétés qui désirent profiter de l'avantage qui leur est offert de correspondre gratuitement sous mon couvert doivent, aux termes de l'article 2 de l'ordonnance du 27 juillet 1845, joindre à leurs envois deux exemplaires des publications transmises, pour le bureau des compagnies savantes de mon Ministère. Cette communication est d'autant plus nécessaire qu'elle peut seule me mettre à portée de suivre les travaux des sociétés, d'en apprécier l'importance et de désigner celles qui me paraissent dignes de participer aux encouragements dont je dispose.

Je vous prie, Monsieur le Président, de vouloir bien donner connaissance de cette lettre au bureau de la société que vous présidez, et je vous serai très obligé de veiller à ce que les envois que vous aurez à faire sous mon couvert soient préparés conformément aux présentes indications.

Agréez, etc.

E. DE PARIEU.

47
ARRÊTÉ RÉGLANT LA DURÉE DES SESSIONS ET FIXANT LE NOMBRE DES SÉANCES DES COMITÉS.

16 février 1850.

Le Ministre de l'instruction publique et des beaux-arts,

Considérant qu'il importe d'établir sur des bases uniformes le Comité des monuments écrits de l'histoire de France et le Comité des arts et monuments institués près le Département de l'instruction publique et des cultes, et qu'il serait utile, pour la publication du *Bulletin* et l'impression des procès-verbaux, de faire marcher parallèlement les travaux de ces deux Comités,

Arrête :

Article premier. Le service des travaux des deux Comités s'ouvrira le 1er novembre de chaque année, pour se terminer au 1er août de l'année suivante. Les vacances des deux Comités seront de trois mois (du 1er août au 1er novembre).

Art. 2. Chacun des deux Comités tiendra une séance mensuelle. Cette séance sera fixée au 1er lundi de chaque mois pour le Comité des monuments écrits de l'histoire de France, et au second lundi pour le Comité des arts et monuments.

E. DE PARIEU.

48
ARRÊTÉ PRESCRIVANT LA FORMATION D'UNE BIBLIOTHÈQUE DES SOCIÉTÉS SAVANTES ET DES COMITÉS HISTORIQUES.

20 février 1850.

Le Ministre de l'instruction publique et des cultes

Arrête :

Article premier. Il est formé au Ministère de l'instruction publique et des cultes, sous le titre de *Bibliothèque des Sociétés savantes et des Comités historiques*, une bibliothèque exclusivement composée des ouvrages offerts aux Comités historiques, et des recueils et mémoires publiés et envoyés par les Sociétés savantes de Paris et des départements.

Art. 2. Cette bibliothèque, où seront déposés et classés les dessins, *fac-simile*, empreintes, estampages envoyés par les correspondants du Ministère pour les travaux historiques, est placée sous la conservation spéciale du chef du bureau des corps savants et des travaux historiques, qui en fera inventorier et cataloguer tous les articles.

E. DE PARIEU.

49

ARRÊTÉ RESTREIGNANT LA CONCESSION DU *BULLETIN DES COMITÉS*.

8 mars 1850.

LE MINISTRE DE L'INSTRUCTION PUBLIQUE ET DES BEAUX-ARTS

ARRÊTE :

A partir du 1er janvier 1850, toute nomination au titre de correspondant du Ministère de l'instruction publique et des cultes, pour les travaux historiques, ne peut donner droit à la concession gratuite du *Bulletin des Comités* qu'en vertu d'un arrêté spécial.

E. DE PARIEU.

50

CIRCULAIRE RELATIVE À LA PUBLICATION DES ÉTATS GÉNÉRAUX DU XIVe SIÈCLE.

5 décembre 1850.

Aux Correspondants du Ministère, aux Archivistes, Bibliothecaires, etc.

Monsieur, j'ai décidé, sur la proposition du Comité des monuments écrits, qu'il serait publié, dans la Collection des documents inédits sur l'histoire de France, un recueil de pièces relatives aux États généraux du XIVe siècle. Déjà, des recherches effectuées dans différents dépôts de Paris ont amené la découverte de précieux documents concernant ces assemblées si importantes, et cependant si imparfaitement connues jusqu'ici; mais, pour que le recueil projeté soit aussi complet que possible et digne de la collection où il est appelé à figurer, il importe que des explorations soient également faites dans les départements.

J'ai pensé pouvoir compter en cette circonstance sur votre concours, et je ne doute pas que vous ne soyez disposé à vous associer à des travaux dont l'objet est d'élever un monument qui intéresse à un haut degré notre histoire nationale. Je vous prie donc de vouloir bien explorer les divers dépôts d'archives qui se trouvent à proximité de votre résidence, et de me signaler les documents de toute nature relatifs aux États généraux que vous rencontrerez: lettres de convocation et de nomination, cahiers, mandats, relations particulières, etc. Je vous recommanderai spécialement l'examen des archives des greffes des cours d'appel et des tribunaux de première instance, où doivent se trouver déposés les papiers provenant des anciens parlements, bailliages, sénéchaussées et autres juridictions, auxquels ils ont succédé. Vos investigations, d'ailleurs, ne devront pas porter uniquement sur les documents qui se rapportent aux États du xive siècle. Elles devront s'étendre aussi à tous ceux qui concernent les assemblées plus récentes jusqu'à celle de 1614. Ces documents pourront, à leur tour, devenir l'objet de publications spéciales, dont l'ensemble formerait un tableau complet de nos anciens États généraux. Vous ne perdrez pas de vue, non plus, qu'il s'agit seulement des États généraux pour lesquels le souverain convoquait les trois ordres de tout le royaume, et non des États provinciaux particuliers aux pays d'États.

Enfin, Monsieur, je crois utile de vous rappeler que des recherches analogues à celles dont je vous invite à vous occuper ont déjà eu lieu dans le but de déterminer les anciennes formes de convocation des États généraux. Un arrêt du Conseil d'État du Roi, en date du 5 juillet 1788, fit, à cet égard, un appel par suite duquel affluèrent une foule de renseignements et de mémoires. Mais beaucoup de ces pièces ont nécessairement dû s'égarer au milieu des commotions politiques qui survinrent, et il sera, par conséquent, à propos que vous me fassiez connaître tous les documents que vous découvrirez, lors même que vous auriez des motifs fondés de croire que des copies en ont été précédemment transmises au Gouvernement.

Je vous prie, Monsieur, de m'accuser réception de la présente lettre.

Agréez, etc.

E. DE PARIEU.

51

CIRCULAIRE RELATIVE À L'ÉTABLISSEMENT DE COMMUNICATIONS ENTRE LES SOCIÉTÉS SAVANTES ET LE COMITÉ DES ARTS ET MONUMENTS.

5 janvier 1851.

Aux Présidents des Sociétés savantes.

Monsieur le Président, il existe, entre le Comité des arts et monuments institué près le Département de l'instruction publique et les Sociétés savantes qui s'occupent d'archéologie, une similitude d'études qui peut rendre très profitable à l'un comme aux autres la connaissance des travaux entrepris dans un but commun. A l'occasion d'une communication qui lui a été faite à l'une de ses dernières séances, le Comité a été frappé de cette corrélation, et il a exprimé le désir que les compagnies qui se livrent aux recherches archéologiques et historiques fussent invitées à se mettre en rapport avec lui par la communication des procès-verbaux de leurs séances et l'envoi régulier de leurs publications imprimées. Le Comité examinerait ces documents, renverrait les uns à la commission formée dans son sein pour la publication du *Bulletin*, et il déposerait les autres dans ses archives et sa bibliothèque.

Convaincu moi-même de l'utilité de ces relations entre les compagnies savantes et le Comité des arts et monuments, je viens vous demander, Monsieur le Président, de vouloir bien vous associer à ses intentions en m'adressant, à partir du présent mois de janvier, les procès-verbaux de vos séances, les comptes rendus périodiques, manuscrits ou imprimés, des recherches ou découvertes faites par votre compagnie, avec l'indication des mesures que, dans l'intérêt de l'art et de l'archéologie, elle aurait adoptées ou provoquées, et enfin les programmes de concours ouverts et des prix proposés. Je m'empresserai de transmettre ces communications au Comité, et vous pouvez être assuré d'avance qu'elles seront accueillies avec le plus vif intérêt.

Je vous prie, Monsieur le Président, de m'accuser réception de cette lettre et de me faire savoir en même temps si, dans cette occasion, je puis compter, comme je l'espère, sur l'adhésion de votre compagnie à la demande du Comité.

Recevez, etc.

E. DE PARIEU.

52
ARRÊTÉ FIXANT LE NOMBRE DES CORRESPONDANTS DU MINISTÈRE POUR LES TRAVAUX HISTORIQUES.
23 janvier 1851.

Le Ministre de l'instruction publique et des cultes,

Vu l'arrêté du 12 novembre 1849, qui fixe le nombre des membres résidants des deux Comités institués près le Ministère de l'instruction publique et des cultes;

Considérant qu'il importe de déterminer également le nombre des correspondants,

Arrête :

Article premier. Le nombre des correspondants du Ministère de l'instruction publique et des cultes, pour les travaux historiques, est limité à 300.

Art. 2. Il ne sera plus fait de nominations, à l'avenir, que dans la proportion d'une nomination sur deux extinctions, jusqu'à la réduction successive des correspondants actuels au nombre de 300.

Art. 3. Tout correspondant qui aura laissé passer deux années sans faire de communications au Comité auquel il appartient sera considéré comme démissionnaire, et, comme tel, susceptible d'être remplacé.

E. DE PARIEU.

53
NOUVEL ARRÊTÉ FIXANT LE NOMBRE DES CORRESPONDANTS DU MINISTÈRE POUR LES TRAVAUX HISTORIQUES.
7 avril 1851.

Le Ministre Secrétaire d'État au département de l'instruction publique et des cultes;

Considérant :

1° Que le titre de correspondant du Ministère de l'instruction publique et des cultes pour les travaux historiques ne doit pas être un titre stérile, destiné à flatter l'amour-propre, mais qu'il doit donner des résultats réels et profitables aux travaux des deux Comités;

2° Que la liste des correspondants nommés depuis 1835 tend à s'accroître indéfiniment, et que la plupart des correspondants inscrits, ou n'ont fait que des communications très rares, ou même n'en ont jamais fait aucune,

Arrête :

Article premier. Le nombre des correspondants du Ministère de l'instruction publique et des cultes pour les travaux historiques est fixé à deux cents.

Art. 2. Les correspondants sont nommés indistinctement pour les deux Comités; chaque Comité n'a droit qu'à un nombre de présentations égal à la moitié du nombre total des correspondants.

Art. 3. Les correspondants qui sont demeurés cinq ans sans faire de communications sont déchus de leur titre.

Art. 4. La liste des correspondants est revue au commencement de chaque année et officiellement arrêtée par le Ministre.

Art. 5. Les correspondants recevront le *Bulletin* des Comités, publié par les soins et sous les auspices du Ministère de l'instruction publique et des cultes.

Art. 6. Les correspondants qui viendraient fixer leur domicile à Paris perdent leur titre par le fait même de ce changement de résidence.

Ch. Giraud.

54
ARRÊTÉ FIXANT LE NOMBRE DES MEMBRES NON RÉSIDANTS
DES COMITÉS HISTORIQUES.

7 avril 1851.

Le Ministre Secrétaire d'État au département de l'instruction publique et des cultes;

Vu l'arrêté du 12 novembre 1849 qui fixe le nombre des membres résidants des deux Comités historiques institués près le Ministère de l'instruction publique et des cultes;

Vu l'arrêté en date de ce jour qui fixe le nombre des correspondants du Ministère de l'instruction publique et des cultes pour les travaux historiques;

Considérant qu'il importe de régler également ce qui concerne les membres non résidants des Comités historiques,

Arrête :

Article premier. Le nombre des membres non résidants des Comités historiques établis près le Ministère de l'instruction publique et des cultes est fixé à dix pour chacun des Comités.

Art. 2. Les membres non résidants diffèrent des correspondants en ce point qu'ils peuvent, se trouvant de passage à Paris, assister aux séances du Comité qui les a proposés, mais avec voix consultative seulement.

Art. 3. Les secrétaires des Comités n'ont également qu'une voix consultative.

Art. 4. Les membres non résidants qui viendraient fixer leur domicile à Paris perdent leur titre par le fait même de ce changement de résidence.

Ch. Giraud.

55
ARRÊTÉ INSTITUANT DES PRIX EN FAVEUR DES CORRESPONDANTS DU MINISTÈRE.

31 juillet 1851.

Le Ministre de l'instruction publique et des cultes;

Vu les arrêtés des 18 juillet 1834, 10 janvier 1835, 18 décembre 1837, 30 août 1840 et 5 septembre 1848, relatifs à l'organisation des Comités historiques;

Vu l'arrêté du 16 février 1850 et celui du 7 avril 1851;

Désirant compléter l'ensemble des mesures qui tendent à assurer aux deux Comités le concours le plus actif et le plus utile possible, de la part des correspondants du Ministère pour les travaux historiques,

Arrête :

Article premier. Deux prix seront donnés annuellement à ceux des correspondants qui se seront distingués par le nombre et surtout par l'importance de leurs communications inédites.

Art. 2. Ces prix consisteront, pour le Comité des monuments écrits, en douze ou quinze volumes choisis dans la Collection des monuments inédits de l'histoire de France; pour le Comité des arts, en un ou plusieurs ouvrages choisis parmi les publications dirigées par ce Comité.

Art. 3. Ils seront décernés sur un rapport motivé, que chaque Comité devra remettre au Ministre, après la séance de clôture qui précède les vacances, fixées du 1ᵉʳ août au 1ᵉʳ novembre par l'arrêté du 16 février 1850.

Art. 4. On ne prendra pour base d'appréciation que les communications faites dans le cours de l'année.

Art. 5. Sur la demande du Comité, il pourra être accordé une mention honorable au correspondant qui aura le plus approché du prix.

Art. 6. Les prix seront proclamés par le Ministre pendant les vacances, et notifiés aux Comités dans leur séance de rentrée.

Art. 7. Les prix et mentions honorables seront insérés au *Bulletin* des Comités.

De Crouseilhes.

56
CIRCULAIRE DEMANDANT DES RENSEIGNEMENTS POUR LA PUBLICATION DE L'ANNUAIRE DES SOCIÉTÉS SAVANTES DE 1852.

20 octobre 1851.

Aux Présidents des Sociétés savantes.

Monsieur le Président, une ordonnance du 27 juillet 1845 a prescrit la publication d'un *Annuaire* des Sociétés savantes, et, conformément à ses dispositions, toutes les Sociétés scientifiques et littéraires de la France firent parvenir au Ministère de l'instruction publique des renseignements détaillés sur leur origine, leur but, leurs travaux et les ressources dont elles disposaient. Ces renseignements, réunis et mis en ordre par l'Administration, entrèrent dans le premier Annuaire, qui a été publié en 1846.

Les circonstances n'ont pas permis de continuer cette utile publication pour les années suivantes; mais je désire la reprendre aujourd'hui et compléter, pour l'Annuaire de 1852, les renseignements déjà recueillis.

J'ai besoin pour cela, Monsieur le Président, que les compagnies savantes qui ne sont pas portées à l'Annuaire de 1846 m'adressent une *Notice historique* abrégée, mais exacte, sur leur origine, leur but, leurs ressources et leurs travaux les plus importants, avec l'indication des autorisations qu'elles ont obtenues et quelques exemplaires ou la copie de leurs statuts et règlements.

Les compagnies déjà portées à l'Annuaire devront me faire connaître, s'il y a lieu, les changements introduits dans leurs statuts et règlements depuis 1846.

Toutes les sociétés, enfin, sont invitées à m'adresser :

1° La composition actuelle du bureau;

2° Le personnel des membres résidants et correspondants, avec les noms des membres décédés depuis 1846;

3° Les prix distribués depuis 1846, le sujet et la valeur des prix, les noms des lauréats;

4° Les prix actuellement au concours, sujet et valeur de ces prix;

5° L'état des publications, le nombre de volumes publiés, les travaux les plus importants qu'ils renferment;

6° Les ressources dont elles disposent et l'emploi de ces ressources;

7° Enfin, chaque compagnie voudra bien me faire parvenir un cliché ou une gravure sur bois du sceau de la société et du jeton de présence, si elle en a, pour les reproduire dans l'Annuaire.

En vous priant, Monsieur le Président, de m'adresser ces divers renseignements en ce qui concerne votre compagnie, j'espère que vous y verrez une preuve nouvelle de la sympathie du Gouvernement pour les utiles travaux dus au zèle et à l'activité des Sociétés savantes, et du désir qu'il a d'en répandre la connaissance et de les encourager par tous les moyens en son pouvoir.

Je désire recevoir les renseignements énumérés ci-dessus un mois au plus après la date de cette lettre, afin que l'*Annuaire* puisse être publié au commencement de 1852 [1].

Recevez, etc.

DE CROUSEILHES.

57

RAPPORT DU MINISTRE AU PRÉSIDENT DE LA RÉPUBLIQUE
SUR LA PUBLICATION D'UN RECUEIL DES POÉSIES POPULAIRES DE LA FRANCE.

13 septembre 1852.

Monseigneur, les chants populaires ont été, depuis le commencement du siècle, l'objet des recherches de l'érudition. Notre pays possède, plus qu'aucun autre, de précieux restes de ces poésies, aussi bien dans la langue nationale que dans les idiomes provinciaux qu'elle a remplacés. Malheureusement, ces richesses, que le temps emporte chaque jour, disparaîtront bientôt, si l'on ne s'empresse de recueillir tant de témoignages touchants de la gloire et des malheurs de notre patrie.

Fondateur d'un gouvernement qui aime à s'appuyer sur la fidélité des souvenirs poétiques du peuple, vous avez voulu, Monseigneur, conserver avec respect les chants qui rappellent les luttes héroïques de nos pères et les joies paisibles de leurs foyers domestiques. Cette pensée que l'Empereur avait conçue, vous m'avez ordonné de la réaliser.

J'ai l'honneur, en conséquence, de vous proposer de faire publier, sous la direction de mon Ministère, le *Recueil des poésies populaires de la France*. Dans ces chants, qui offrent non seulement la trace des événements de l'histoire nationale, mais encore les modèles de beautés trop longtemps méconnues, nous aimerons à retrouver une fraîcheur de génie qui n'appartient qu'à quelques époques heureuses. Au contact de l'expression naïve du vieil esprit français, notre littérature se surprendra peut-être à rougir des fausses délicatesses où s'égare parfois sa subtilité.

Je suis assuré, Monseigneur, de ne point faire un vain appel au zèle des fonctionnaires de mon Département qui pourront concourir à l'accomplissement de votre désir, et le Comité qui dirige les publications entreprises

---

[1] L'annuaire annoncé dans cette circulaire n'a jamais paru.

par mon Ministère sera utilement chargé de choisir et de préparer les matériaux du vaste monument que vous voulez élever à notre gloire littéraire.

J'ai l'honneur, etc.

H. FORTOUL.

58
DÉCRET ORDONNANT LA PUBLICATION D'UN RECUEIL GÉNÉRAL DES POÉSIES POPULAIRES DE LA FRANCE.

13 septembre 1852.

LOUIS-NAPOLÉON, Président de la République francaise,

Sur le rapport du Ministre de l'instruction publique et des cultes,

Décrète :

ARTICLE PREMIER. Il sera publié, par les soins du Ministre de l'instruction publique, un *Recueil général des poésies populaires de la France*, soit qu'elles aient été déjà imprimées, soit qu'elles existent en manuscrits dans les bibliothèques, soit enfin qu'elles nous aient été transmises par les souvenirs successifs des générations.

ART. 2. Le *Recueil des poésies populaires de la France* comprendra :
Les chants religieux et guerriers;
Les chants de fête, les ballades;
Les récits historiques, les légendes, les contes, les satires.

ART. 3. Le Comité de la langue, de l'histoire et des arts de la France, établi près le Ministère de l'instruction publique[1], est chargé de revoir les textes et la traduction de tous les morceaux qui seront adressés au Ministre de l'instruction publique, de désigner ceux qui devront être admis dans le *Recueil des poésies populaires*, de les mettre en ordre, en les accompagnant de tous les commentaires propres à en constater la valeur aux différents points de vue de l'histoire du pays, et de celle de la langue française et des idiomes locaux de la France.

---

[1] Ce Comité n'a été créé que le lendemain, par l'arrêté du 14 septembre.

Art. 4. Il sera prélevé, sur le chapitre XXXIV du budget du Ministère de l'instruction publique et des cultes, la somme nécessaire pour les travaux préparatoires de cette publication.

Art. 5. Une médaille commémorative sera décernée, sur la proposition du Comité de la langue, de l'histoire et des arts de la France, aux personnes qui auront le plus contribué, par leurs recherches et par leurs découvertes, à enrichir cette collection.

Art. 6. Le Ministre de l'instruction publique et des cultes est chargé de l'exécution du présent décret.

Fait au palais de Saint-Cloud, le 13 septembre 1852.

LOUIS-NAPOLÉON.

Par le Président,

H. FORTOUL.

59

ARRÊTÉ RÉORGANISANT LES COMITÉS HISTORIQUES ET INSTITUANT UN COMITÉ UNIQUE SOUS LE TITRE DE *COMITÉ DE LA LANGUE, DE L'HISTOIRE ET DES ARTS DE LA FRANCE*.

14 septembre 1852.

LE MINISTRE DE L'INSTRUCTION PUBLIQUE ET DES CULTES,

Vu les arrêtés des 18 juillet 1834, 10 janvier 1835, 18 décembre 1837, 30 août 1840 et 5 septembre 1848[1], relatifs à la création et à l'organisation des Comités historiques institués près le Ministère de l'instruction publique pour les travaux historiques;

Considérant qu'il importe que les divers Comités institués auprès du Ministère de l'instruction publique soient réorganisés de façon à ce qu'ils puissent tout à la fois, par des travaux distincts et par une discussion commune, contrôler utilement les documents qui intéressent la langue, l'histoire et les arts de la France,

---

[1] Ce dernier arrêté n'a pas été reproduit, parce qu'il ne contient que la liste des membres du Comité historique des arts et monuments.

ARRÊTE :

ARTICLE PREMIER. Les deux Comités institués auprès du Ministère de l'instruction publique et des cultes, sous les noms de *Comité des monuments écrits* et *Comité des arts et monuments*, sont réunis en un seul Comité, qui prendra le nom de *Comité de la langue, de l'histoire et des arts de la France*.

ART. 2. Ce Comité reste seul chargé de surveiller les publications exécutées sous les auspices du Ministère de l'instruction publique et de diriger les recherches des correspondants.

ART. 3. Il se divise en trois sections, savoir : *section de philologie, section d'histoire, section d'archéologie*.

La section de philologie se compose de 12 membres.

La section d'histoire se compose de 15 membres.

La section d'archéologie se compose de 15 membres.

ART. 4. Le Comité tient ses séances le premier lundi de chaque mois, les trois sections réunies, sous la présidence du Ministre de l'instruction publique, et, en son absence, d'un vice-président désigné par lui.

ART. 5. Dans le courant du mois, chaque section se réunit, sous la présidence d'un membre désigné par le Ministre, pour l'examen préparatoire des questions de sa compétence qui doivent être portées à la réunion générale du Comité.

ART. 6. Il est attaché au Comité un secrétaire désigné par le Ministre.

ART. 7. Le directeur général de l'administration des cultes et le chef du secrétariat du Ministère de l'instruction publique font, de droit, partie du Comité.

H. FORTOUL.

60

CIRCULAIRE RELATIVE À LA PUBLICATION D'UN RECUEIL GÉNÉRAL DES POÉSIES ET DES CHANTS POPULAIRES DE LA FRANCE.

17 septembre 1852.

Aux Inspecteurs primaires.

Monsieur l'Inspecteur, je crois pouvoir réclamer votre concours pour l'accomplissement d'une œuvre qui, bien qu'en dehors du cercle ordinaire de vos attributions, est liée aux intérêts que vous avez mission de surveiller.

L'empereur Napoléon avait conçu la pensée de réunir en un seul recueil les poésies et les chants populaires de la France. Malgré les louables efforts de quelques savants, on n'a pu former, jusqu'à ce jour, que des collections locales, et par conséquent incomplètes.

Par un décret en date du 13 septembre courant, le Prince Président vient de me prescrire de préparer un recueil général qui embrassera toutes les époques de notre civilisation et toutes les provinces qui ont contribué à leur éclat.

Mieux que personne vous pouvez surprendre, pour ainsi dire, sur les lieux mêmes, les matériaux épars de ce grand travail. Veuillez donc vous enquérir avec soin de tout ce qui pourrait vous mettre sur la trace des chants et des poésies populaires que la tradition seule a conservés. Le concours que j'attends de vous ne s'étend pas aux poésies déjà imprimées.

Il n'est pas nécessaire que vous vous adressiez indistinctement à tous les instituteurs; mais vous pouvez vous entendre avec ceux d'entre eux qui, soit par eux-mêmes, soit par d'anciennes relations avec les habitants du pays, seraient en état de vous apporter de précieux documents. Ne négligez aucune indication; interrogez, dans vos tournées, les plus pauvres habitants des villages où vous croirez que des chants religieux ou guerriers, des chants de fête, des ballades, des récits historiques, des légendes, des contes ou des satires se sont perpétués par la tradition orale. Efforcez-vous de les saisir dans leur forme primitive; et, lorsqu'aucune règle ne pourra vous aider dans vos transcriptions, faites en sorte de rappeler fidèlement la prononciation locale par l'orthographe que vous adopterez; joignez-y toujours une traduction littérale; ne négligez pas enfin de rappeler, autant que vous le pourrez, les faits auxquels les pièces recueillies se rattachent, les auteurs auxquels elles sont attribuées, et au moins l'époque probable à laquelle elles remontent.

Là doit se borner votre tâche. Je ne prétends pas vous imposer un travail scientifique qui ajouterait un trop lourd fardeau aux occupations nombreuses de l'inspection. Je ne vous demande que les textes mêmes des poésies populaires, que vous accompagnerez, toutes les fois que vous le pourrez, des indications dont je viens de parler. Le Comité de la langue, de l'histoire et des arts de la France, établi près de mon Ministère, sera heureux de recevoir de vous les matériaux du vaste monument dont le Prince veut enrichir notre littérature.

Le savant qui a recueilli avec un soin ingénieux les chants populaires de la Bretagne a trouvé un concours empressé et efficace dans les membres du clergé, qui sont en rapport journalier avec nos écoles. Je ne doute pas que vous ne rencontriez auprès d'eux le même accueil dès que vous leur aurez fait connaître l'objet de vos recherches.

Veuillez, Monsieur l'Inspecteur, envoyer à M. le recteur de l'académie, qui est chargé de les réunir et de me les transmettre, tous les morceaux que vous aurez recueillis. Une médaille devant être décernée aux personnes qui auront le plus contribué par leurs découvertes et leurs recherches à enrichir la collection que je suis chargé de publier, je vous prie de me signaler les noms de celles qui vous auront fourni les éléments les plus utiles.

Recevez, etc.

H. FORTOUL.

61

CIRCULAIRE RELATIVE AUX RECHERCHES DEMANDÉES AUX INSPECTEURS PRIMAIRES POUR UN RECUEIL GÉNÉRAL DES POÉSIES POPULAIRES DE LA FRANCE.

17 septembre 1852.

Aux Recteurs.

Monsieur le Recteur, j'ai l'honneur de vous envoyer un exemplaire de la circulaire que je viens d'adresser à MM. les inspecteurs de l'instruction primaire.

Je vous prie d'en prendre connaissance et de m'aider dans l'accomplissement de l'œuvre importante qui se prépare. Veuillez diriger MM. les inspecteurs dans leurs recherches, donner les indications historiques qui pourraient leur être nécessaires, et faire en sorte qu'ils ne s'égarent pas dans la tâche assez difficile qui est, non pas imposée, mais signalée à leur zèle. Lorsque vous aurez reçu les résultats de leurs travaux, je vous prie de vouloir bien les classer, les coordonner et me les envoyer accompagnés d'un rapport dans lequel vous aurez soin de mettre en lumière les considérations qui auraient pu échapper ou de redresser les erreurs qui auraient pu être commises. Vous pourrez, dans ce but, faire appel à l'expérience des fonctionnaires de l'instruction publique placés sous vos ordres, et qui s'empresseront certainement de vous prêter leur concours.

Je ne doute pas, Monsieur le Recteur, que vous ne teniez à honneur de coopérer au monument que le Prince veut élever à la gloire littéraire de la France.

Recevez, etc.

H. Fortoul.

62

ARRÊTÉ RÉGLANT LES CONDITIONS D'APRÈS LESQUELLES SERONT IMPRIMÉS LES VOLUMES DE LA COLLECTION DES DOCUMENTS INÉDITS.

13 décembre 1852.

Le Ministre au département de l'instruction publique et des cultes,

Vu l'arrêté du 14 septembre 1852, portant réorganisation du Comité de la langue, de l'histoire et des arts de la France, institué près le Ministère de l'instruction publique;

Considérant qu'il importe que les ouvrages faisant partie de la Collection des documents historiques soient publiés d'une façon plus régulière et sous une surveillance plus active du Comité,

Arrête :

Article premier. A l'avenir, aucun volume de la Collection des documents inédits ne pourra être livré à l'impression sans que le manuscrit de ce volume ait été soumis au Comité, qui le fera paginer, et décidera s'il y a des changements ou des modifications à y apporter.

Art. 2. Les éditeurs de la collection ne pourront sous aucun prétexte, lorsque le manuscrit d'un ouvrage aura été revu et adopté par le Comité, apporter aucun changement ou modification dans ce manuscrit sans l'avis du Comité.

Art. 3. Le chef du cabinet et du secrétariat est chargé de l'exécution du présent arrêté.

H. Fortoul.

63

CIRCULAIRE RELATIVE À L'ENVOI DE NOUVELLES INSTRUCTIONS DU COMITÉ [1].

28 octobre 1853.

Aux Correspondants du Ministère.

Monsieur, en donnant une organisation nouvelle aux Comités institués en 1835 auprès du Ministère de l'instruction publique pour recueillir les documents inédits de l'histoire de France, j'ai voulu mettre en présence toutes les sciences historiques, et les appeler à se contrôler mutuellement dans une délibération commune.

Désormais la philologie, l'histoire et l'archéologie, réunies dans un seul et même Comité, travailleront de concert à éclairer les parties obscures de nos annales. Les instructions rédigées par les anciens Comités devenant insuffisantes, j'ai invité le Comité de la langue, de l'histoire et des arts de la France, à préparer, pour ses correspondants, un nouveau plan de travaux et d'investigations. La pensée qui avait présidé à la nouvelle institution devait aussi inspirer les rédacteurs de nouvelles instructions, et ils se sont attachés à donner à leur travail plus d'unité qu'on n'avait pu en mettre dans les instructions antérieures : ils ont essayé de faire bien comprendre que toute étude sérieuse ne saurait être exclusive, et que la philologie et l'archéologie doivent servir avant tout à éclairer notre histoire nationale.

La section de philologie n'a donc pas cru pouvoir se restreindre à une

---

[1] Voir tome III, *Instructions*, n°ˢ IV, VI, VII et VIII.

étude stérile des mots et des formes diverses du langage : elle a revendiqué l'histoire du développement intellectuel de la France et la publication des monuments inédits de notre littérature. Pour diriger dans un champ aussi vaste les explorations des correspondants, il faut des instructions précises, que cette section n'a pu encore terminer. Elle a dû s'occuper d'abord du *Recueil des poésies populaires*, dont un décret impérial avait confié la rédaction au Comité, et préparer pour cette publication des instructions particulières qui, sous la plume d'un savant écrivain, ont pris le vif intérêt d'une véritable étude littéraire. En joignant l'exemple aux préceptes, M. Ampère a su préciser, dans quelques pages, le véritable caractère de la poésie populaire, et faire ressortir à la fois le charme et l'importance d'un recueil qui réunira les plus naïves fantaisies de l'esprit français et les plus graves souvenirs de nos annales.

La section d'histoire, qui doit recueillir et publier les monuments inédits de la vie civile et politique de notre pays, a pu se borner à signaler les sources principales où les correspondants sont à même de puiser, et les grandes collections utiles à consulter pour s'assurer si les documents qu'on retrouve n'ont pas été déjà publiés. Un court résumé des indications qui doivent accompagner les envois termine ces instructions, destinées à recevoir de nouveaux développements.

Les instructions de l'ancien Comité des arts et monuments rendaient la tâche facile à la section d'archéologie. Il lui a suffi d'en reproduire une partie, en ajoutant quelques avis généraux et quelques conseils pratiques.

En vous adressant les nouvelles instructions réunies des trois sections du nouveau Comité, je n'ai pas besoin, Monsieur, de vous inviter à vous bien pénétrer de la pensée qui les a inspirées, et de faire appel à votre dévouement pour la science. Les travaux des correspondants peuvent seuls permettre au Comité d'atteindre le but qu'il se propose. J'espère que vous voudrez bien continuer à lui apporter le concours de votre zèle et de vos lumières.

Agréez, etc.

H. FORTOUL.

64

CIRCULAIRE RELATIVE À LA RECHERCHE DE DOCUMENTS
POUR LE RECUEIL GÉNÉRAL DES POÉSIES POPULAIRES DE LA FRANCE.

5 décembre 1853.

Aux Recteurs.

Monsieur le Recteur, par lettre du 17 septembre 1852, je vous ai invité à donner tous vos soins au recueil des poésies populaires que prépare le Comité de la langue, de l'histoire et des arts de la France. Je vous ai communiqué un exemplaire de la lettre que j'adressais dans le même but à MM. les inspecteurs de l'instruction primaire, et je vous ai prié de diriger les recherches de ces fonctionnaires, de classer et de coordonner leurs travaux et de me les envoyer accompagnés d'un rapport spécial et détaillé.

Je m'étonne qu'une semblable invitation ait produit jusqu'à ce jour si peu de résultats; quelques inspecteurs seulement y ont répondu, et je dois dire que ces réponses me font regretter vivement que le plus grand nombre se soit abstenu.

J'écris de nouveau à ces fonctionnaires une lettre dont je vous envoie également copie. J'insiste auprès de vous, de la manière la plus pressante, pour que vous vous entendiez avec eux, et pour que vous en obteniez le concours le plus empressé. Je tiens beaucoup à ce que le recueil qui se prépare soit complété dans le plus bref délai, et je comptais pour l'enrichir principalement sur les membres de l'instruction publique. Veuillez donc, Monsieur le Recteur, non seulement stimuler le zèle de MM. les inspecteurs, mais encore vous adresser à tous les fonctionnaires de votre académie, qui voudront bien consacrer leurs loisirs à l'accomplissement de cette œuvre nationale. Il va sans dire que je recueillerais avec le plus vif intérêt le résultat des recherches auxquelles, de votre côté, vous auriez bien voulu vous livrer directement, et que je serais heureux si les membres de l'Université se signalaient entre tous, dans cette circonstance, par le nombre et la richesse de leurs découvertes.

Vous trouverez ci-joint un exemplaire des instructions publiées par l'honorable M. Ampère [1], au nom du Comité de la langue, de l'histoire et des arts de la France.

Recevez, etc.

H. FORTOUL.

---

[1] Voir tome III, *Instructions*, n° VI.

65

CIRCULAIRE RELATIVE À LA RECHERCHE DE DOCUMENTS
POUR LE RECUEIL GÉNÉRAL DES POÉSIES POPULAIRES DE LA FRANCE.

5 décembre 1853.

Aux Inspecteurs primaires.

Monsieur l'Inspecteur, un décret du 13 septembre 1852 prescrit de préparer un recueil général de toutes les poésies populaires de la France, et, par lettre du 17 septembre 1852, j'ai réclamé votre concours pour l'accomplissement d'une œuvre dont la direction est confiée au Comité de la langue, de l'histoire et des arts.

Je m'étonne qu'un petit nombre d'inspecteurs seulement aient répondu à une si honorable invitation, et je ne m'explique ce peu d'empressement que par l'hésitation où l'absence de directions précises a pu laisser quelques-uns d'entre vous. Il n'en sera plus de même désormais. Le Comité de la langue, de l'histoire et des arts de la France vient de confier à la plume savante et ingénieuse de l'un de ses membres les plus distingués le soin de rédiger des instructions détaillées, et d'y joindre, comme spécimen, quelques-unes des poésies de tout genre que le Comité a reçues avec intérêt. Je vous envoie un exemplaire de ces instructions, et je vous invite à les méditer sérieusement. J'attache le plus haut prix à ce que le recueil dont il s'agit soit achevé dans un très court délai, et je ne comprendrais pas que ceux des fonctionnaires de l'instruction publique qui, par la nature de leur mission, sont plus que personne en état d'interroger les souvenirs des populations agricoles, où les vieilles traditions se perpétuent si facilement, et de pousser, sous ce rapport, leurs investigations jusque dans les hameaux les plus reculés, fussent précisément ceux qui montrassent le moins de zèle pour l'œuvre patriotique à laquelle ils sont conviés. La plupart des États européens ont recueilli avec respect ces souvenirs épars des premiers efforts de leur génie national. La France seule, dont la langue est devenue européenne, négligera-t-elle ces précieuses origines d'une littérature qui fait sa gloire? J'aime à espérer, Monsieur l'Inspecteur, que vous vous livrerez avec la plus grande activité aux recherches que je vous demande. Je serais heureux que le corps entier des inspecteurs se signalât, dans cette circonstance, à l'attention et à la reconnaissance des savants qui veulent bien se charger de mettre l'ordre et de porter la lumière dans le recueil des œuvres populaires de nos ancêtres.

Recevez, etc.

H. Fortoul.

66
CIRCULAIRE RELATIVE À LA CRÉATION D'UN *BULLETIN DES SOCIÉTÉS SAVANTES*.

16 mars 1854.

Aux Présidents des Sociétés savantes.

Monsieur le Président, les mesures déjà prises par mon Département dans l'intérêt des Sociétés savantes, et en particulier l'organisation du service d'échange de leurs publications, ont eu pour effet de favoriser leur développement en établissant entre elles des relations plus suivies. Pour resserrer encore le lien qui les unit et mettre en lumière des travaux trop peu connus, j'ai décidé qu'il serait publié un *Bulletin des Sociétés savantes*.

A côté des faits intéressants que peuvent offrir les missions scientifiques et littéraires, les séances du Comité de la langue, de l'histoire et des arts de la France, auquel se rattachent si naturellement les compagnies savantes, le *Bulletin* présentera le compte rendu aussi complet que possible des mémoires publiés par ces sociétés. Leurs travaux recevront une publicité plus étendue et seront immédiatement signalés à l'attention du monde savant. Ce *Bulletin* sera le centre où viendront aboutir les résultats divers de leurs recherches, qui, ainsi réunies, s'éclaireront et se compléteront les unes par les autres.

Pour que ce but soit atteint, il est nécessaire que les Sociétés savantes entretiennent avec mon Département des communications régulières et fréquentes. Je vous engage donc, Monsieur le Président, à m'adresser, à l'avenir, le plus exactement possible, deux exemplaires des bulletins, mémoires, comptes rendus et autres publications de votre compagnie, conformément à l'article 2 de l'ordonnance du 27 juillet 1845. Vous voudrez bien y joindre les programmes des prix qui auront été proposés. Ces documents, après avoir été analysés dans le *Bulletin*, seront classés dans la bibliothèque des Sociétés savantes, qui vient d'être réorganisée par mes ordres et placée sous la direction de M. Vincent, membre de l'Institut. Ils formeront ainsi une collection précieuse, que les sociétés elles-mêmes pourront utilement consulter.

De nombreuses lacunes existent dans cette bibliothèque; je vous les ai signalées par ma circulaire du 31 janvier dernier [1]. Je vous serai obligé de me faire parvenir, à défaut des ouvrages eux-mêmes, s'ils sont épuisés, une note exacte des différents travaux publiés depuis l'origine de votre compagnie et un catalogue détaillé des sujets qui y sont traités. Quelques sociétés font imprimer des tables de matières par ordre alphabétique, à la suite de chaque série de leurs publications. Peut-être trouverez-vous que ce système, éminemment propre à faciliter les recherches, mérite d'être adopté. Je recommande encore à votre attention la louable coutume de quelques sociétés savantes qui adressent régulièrement à mon Ministère les procès-verbaux manuscrits de leurs séances. Le Comité de la langue, de l'histoire et des arts de la France trouve souvent, dans ces communications, d'utiles renseignements.

Ces nouvelles dispositions vous prouvent, Monsieur le Président, combien le Gouvernement désire encourager les travaux des Sociétés savantes et développer dans toute la France le goût des études sérieuses. Vous voudrez, je n'en doute pas, vous associer à ses efforts.

Agréez, etc.

H. FORTOUL.

67

CIRCULAIRE RELATIVE AUX RAPPORTS DES RECTEURS
AVEC LES SOCIÉTÉS SAVANTES.

10 janvier 1856.

Aux Recteurs.

Monsieur le Recteur, par les dispositions de la loi du 14 juin 1854 [2], par les décrets et actes officiels qui en ont réglé l'exécution, vous avez vu que le Gouvernement, en constituant les nouvelles académies, a voulu créer de

---

[1] Cette circulaire n'a pu être retrouvée.
[2] Cette loi est relative à l'administration générale de l'instruction publique.

grands centres d'activité intellectuelle, d'où puisse s'étendre sur la France entière l'impulsion qu'il entend donner aux études de tout ordre. Depuis lors, des instructions spéciales vous ont montré l'esprit de la loi en ce qui touche son application aux divers degrés de l'enseignement public. Sans aucun doute, la première, la plus essentielle de vos attributions consiste à diriger et à surveiller les écoles de l'État et à présider à l'instruction classique proprement dite. Mais là ne s'arrête pas votre mission : au Ministère de l'instruction publique se rattachent d'autres institutions, qui, sans participer d'une manière immédiate à la distribution de l'enseignement et sans ressortir directement à votre autorité, ne doivent pas cependant demeurer en dehors de votre action, car elles contribuent à la diffusion générale des connaissances littéraires et scientifiques. Je veux parler des Sociétés savantes et des correspondants de mon Ministère pour les travaux historiques.

Les Sociétés savantes, bien qu'elles ne puissent exister qu'en vertu d'une autorisation du Gouvernement, ont une vie propre et indépendante. On ne saurait trop respecter leur liberté dans le choix et la direction de leurs études. C'est là une des conditions de la variété des services qu'elles sont appelées à rendre à la science. Néanmoins ces compagnies se rattachent à l'Administration de l'instruction publique par les encouragements qu'elles en reçoivent, par l'échange de leurs publications respectives sous les auspices de mon Ministère, enfin par la publicité que donne à leurs travaux la *Revue des Sociétés savantes*, recueil que j'ai institué dans le but d'établir un lien entre les diverses compagnies et de signaler leurs travaux à l'intérêt du public savant.

Votre position élevée vous permettra, je l'espère, d'exercer l'influence la plus salutaire sur les sociétés qui sont comprises dans la circonscription de votre ressort. Au moment où la nouvelle organisation des académies, en s'inspirant des anciennes traditions de la France, rassemble, sous une même direction rectorale, des départements unis par la communauté de leurs souvenirs, de leurs mœurs et de leurs intérêts, vous trouverez, dans les sociétés savantes spécialement vouées à l'étude de la science locale, des centres où se conserve, avec le culte intelligent des traditions particulières de la province, l'amour sincère du pays. De semblables associations méritent tous vos encouragements.

Je vous invite à vous mettre en rapport avec MM. les présidents des Sociétés savantes, à leur assurer le concours de vos lumières et de votre autorité. Je verrais avec plaisir qu'il vous fût possible d'assister aux séances publiques de ces compagnies. Vous témoignerez ainsi de la sollicitude du Gouvernement pour des associations qui entretiennent et propagent en France le goût des lettres et de la science. Ne craignez pas d'engager les membres du corps enseignant à prendre leur part de ces travaux, qui leur feront étudier et aimer le pays qu'ils habitent et auquel ils s'attacheront d'autant plus qu'ils le connaîtront mieux. Ils doivent tenir à honneur d'être admis dans ces doctes compagnies, qui ne seront peut-être pas insensibles à des mérites solides et vraiment classiques. Quand vous verrez des efforts se produire pour réorganiser des sociétés malheureusement dispersées, quand une compagnie nouvelle cherchera à se former et n'attendra plus pour se constituer que l'approbation du Gouvernement, vous me signalerez ses tendances, son but, les revenus dont elle dispose. J'examinerai avec beaucoup d'intérêt les rapports que vous m'adresserez à ce sujet, et j'aurai soin de les consulter lorsqu'il s'agira de répartir des encouragements entre les sociétés et d'assurer mon concours tantôt à leurs publications, tantôt à des recherches importantes et à des fouilles qui nous rendent les monuments et les précieux débris du passé.

J'appelle aussi votre attention, Monsieur le Recteur, sur les travaux de MM. les correspondants du Comité de la langue, de l'histoire et des arts de la France, institué auprès de mon Ministère pour diriger les recherches et les publications relatives à notre histoire nationale. Les correspondants, choisis parmi les savants les plus recommandables de chaque département, concourent aux travaux du Comité par la communication de documents qui sont dus souvent à leurs découvertes, dont ils font ainsi hommage au pays avec le plus honorable désintéressement. Ils président aux fouilles, dessinent les monuments et les objets d'art, découvrent dans les bibliothèques et les archives des pages inconnues et des manuscrits enfouis. Fidèles aux savantes instructions rédigées par le Comité, ils s'appliquent à combler les lacunes qui leur sont signalées, et leurs persévérants efforts concourent à fonder le grand édifice de l'histoire de France. Vous ne négligerez aucune occasion de faciliter de si utiles travaux.

Le nombre des correspondants a été fixé à deux cents; ce chiffre est actuellement atteint. Je vous adresse la liste de ceux qui habitent dans le ressort de votre académie. Quoiqu'il n'y ait pas lieu à faire, quant à présent, de nouvelles nominations, je vous engage, en vue de vacances possibles ou d'adjonctions reconnues nécessaires, à me désigner les personnes qui, dans votre circonscription, vous sembleraient, par leurs études, leurs goûts, leurs travaux, dignes d'obtenir le titre de correspondant. Je recevrai avec satisfaction toutes les communications que vous pourriez avoir à m'adresser vous-même en ce qui concerne les publications de documents inédits de l'histoire nationale préparés par les soins du Comité. Vous engagerez les membres du corps enseignant qui se vouent plus particulièrement aux études historiques, à vous seconder dans ces communications. Vous serez, d'ailleurs, tenu au courant des travaux du Comité par l'envoi de son *Bulletin*.

Je vous signalerai deux publications également confiées au Comité et dont vous sentirez toute l'importance : la première est le *Recueil des poésies populaires de la France*, ordonné par le décret du 13 septembre 1852 et pour lequel des instructions spéciales, rédigées par M. Ampère, ont été adressées à MM. les correspondants et aux membres du corps enseignant. Déjà un grand nombre de documents intéressants ont été communiqués ; mais il reste encore bien des sources à explorer.

La seconde publication est un *Recueil des inscriptions romaines de la Gaule*, confié aux soins de M. Léon Renier, membre du Comité.

Je vous prie de veiller dans le ressort de votre académie à ce que toutes les inscriptions qui seraient de nature à entrer dans ce recueil soient relevées exactement au moyen de copies et d'estampages, pour être examinées par la commission chargée de préparer les éléments de la publication.

Je vous recommande, en terminant, de signaler à mon attention toute personne qui, dans le ressort de votre académie, se fera remarquer par son zèle pour les lettres et les sciences. Je chercherai les moyens de lui offrir quelque témoignage de sollicitude de mon Administration pour ces précieux travaux de l'esprit, qui, de quelque part qu'ils viennent, méritent l'intérêt du Gouvernement.

Recevez, etc.

H. FORTOUL.

68

ARRÊTÉ CHARGEANT UNE COMMISSION FORMÉE DANS LE COMITÉ D'EXAMINER LES COMMUNICATIONS DES SOCIÉTÉS SAVANTES ET D'EN RENDRE COMPTE À L'ASSEMBLÉE GÉNÉRALE.

31 janvier 1856.

LE MINISTRE SECRÉTAIRE D'ÉTAT AU DÉPARTEMENT DE L'INSTRUCTION PUBLIQUE ET DES CULTES,

Considérant qu'il importe que le Comité de la langue, de l'histoire et des arts de la France puisse, dans l'intérêt des travaux dont il est chargé, prendre régulièrement connaissance des publications faites par les Sociétés savantes ;

Que, d'autre part, les Sociétés savantes trouveront, dans les appréciations et les observations du Comité, une direction utile, un élément de publicité et un encouragement pour leurs propres travaux,

ARRÊTE :

ARTICLE PREMIER. Une commission choisie dans les différentes sections du Comité de la langue, de l'histoire et des arts de la France, sera chargée d'examiner les publications des Sociétés savantes relatives à la philologie, à l'histoire et à l'archéologie nationales, et d'en rendre compte chaque mois à l'assemblée générale.

ART. 2. Les membres qui devront faire partie de cette commission seront désignés, chaque mois, par le vice-président du Comité, sur la proposition des présidents des sections.

H. FORTOUL.

69

CIRCULAIRE RELATIVE AUX RAPPORTS DES SOCIÉTÉS SAVANTES AVEC LE COMITÉ DE LA LANGUE, DE L'HISTOIRE ET DES ARTS DE LA FRANCE.

10 février 1856.

Aux Présidents des Sociétés savantes.

Monsieur le Président, le Comité de la langue, de l'histoire et des arts de la France, qui a été institué près de mon Ministère dans le but de recueillir les documents relatifs à notre histoire nationale, poursuit avec activité l'œuvre à la fois patriotique et littéraire que la sollicitude du Gouvernement lui a confiée. Toutefois, malgré le savoir et le dévouement éprouvé de ses membres, il ne lui serait pas possible de répondre à la légitime attente du pays, s'il n'était assuré du concours de toutes les personnes qui, sur les divers points de l'empire, se consacrent aux recherches historiques. Les Sociétés savantes ont toujours attaché un prix particulier à ce genre de travaux, et leurs mémoires contiennent un grand nombre de monographies qui ont éclairé d'un jour nouveau l'histoire encore trop peu connue de nos anciennes provinces.

Il existe donc, entre ces compagnies et ce Comité, un lien naturel, qu'il appartient à mon Administration de resserrer. Déjà, au moment où les Comités historiques furent organisés, une circulaire ministérielle a réclamé le concours des Sociétés savantes et leur a demandé la communication de leurs procès-verbaux. Mais ces comptes rendus trop sommaires ne donnant, en général, que la nomenclature des travaux lus dans chaque séance, il serait difficile d'y recueillir les éléments d'une sérieuse coopération. Afin d'établir entre le Comité et les Sociétés savantes des rapports vraiment féconds pour la science, j'ai décidé que les publications de ces compagnies qui se rattachent à la philologie, à l'histoire ou à l'archéologie nationale seraient examinées par une commission choisie dans les différentes sections du Comité, qui en rendrait compte chaque mois en assemblée générale. Le Comité profitera ainsi des recherches des sociétés des départements; il puisera dans leurs publications des renseignements d'autant plus précieux qu'ils ne peuvent être obtenus que sur les lieux mêmes et par l'étude des documents locaux. D'un autre côté, les sociétés trouveront dans les rapports, dans les appréciations du Comité, un encouragement, une direction et d'utiles éléments de publicité ajoutés à ceux que je me suis efforcé de leur offrir en fondant la *Revue des Sociétés savantes*.

Je ne crois pas nécessaire de vous faire remarquer, Monsieur le Président, que ces dispositions ne compromettent en rien l'indépendance des sociétés et qu'elles leur conservent, sans y porter atteinte, la libre initiative qui seule produit les recherches originales; elles ont seulement pour but d'assurer de nouveaux auxiliaires au Comité, que secondent déjà, avec autant de zèle que de succès, les correspondants que je lui ai donnés dans les départements.

La bibliothèque des Sociétés savantes, organisée par les soins de mon Ministère, doit recevoir deux exemplaires de toutes les publications de ces compagnies. Un de ces exemplaires sera mis à la disposition du Comité, pour servir à son examen. Il suffira donc que la société que vous présidez me continue les mêmes envois que par le passé; mais je vous recommanderai de faire en sorte qu'ils aient lieu avec toute la régularité désirable. Chaque livraison devra m'être adressée aussitôt qu'elle aura paru.

Dans les nouvelles mesures que je viens de prendre, vous verrez, je l'espère, Monsieur le Président, une preuve de la sollicitude du Gouvernement, pour le progrès des études historiques, et particulièrement pour les travaux si dignes d'intérêt qui se poursuivent dans les départements avec une intelligence et un zèle que le succès continuera de couronner.

Recevez, etc.

H. Fortoul.

70

INSTRUCTION RELATIVE À LA PUBLICATION D'UN RECUEIL DES INSCRIPTIONS DE LA GAULE ET DE LA FRANCE.

15 avril 1856.

Aux Correspondants du Ministère.

Monsieur, l'épigraphie est une des sources les plus abondantes où l'on puisse recueillir d'utiles renseignements pour l'étude des antiquités d'un peuple. Il est arrivé souvent que des inscriptions sont venues révéler des faits importants, qui avaient échappé à l'attention des écrivains occupés des grandes questions de l'histoire générale, ou éclairer d'un jour nouveau des faits déjà connus. C'est aux inscriptions antiques que nous devons presque tout ce que nous savons sur l'organisation administrative de l'empire romain. Hiérarchie des grandes fonctions publiques; circonscriptions administratives; privilèges dont jouissaient les différentes espèces de municipalités; composition et attributions de leurs magistratures; institutions religieuses; état des personnes; organisation et distribution, sur toute la surface de l'empire, des divers corps de troupes, légions, cohortes, ailes de cavalerie, chargés d'en défendre les frontières contre les attaques du dehors, ou de maintenir à l'intérieur l'ordre et la tranquillité publics; grade et hiérarchie des officiers; construction des monuments; exécution des voies romaines et des autres grands travaux d'utilité publique : toutes ces questions, et beaucoup d'autres, qu'il serait trop long d'énumérer, trouvent dans les inscriptions antiques leur solution et ne la trouvent, pour ainsi dire, que là. Le recueil des inscriptions romaines de la Gaule pourra donc être considéré comme le premier monument, et l'on peut ajouter, comme un des monuments les plus précieux de l'histoire de notre pays, qui, pendant si longtemps, a fait partie de l'empire romain, et dans les institutions duquel on remarque encore tant de traces de la savante et forte administration de cet empire. Les inscriptions des premiers siècles chrétiens, qui nous révèlent des faits d'un autre ordre, ne sont pas moins intéressantes pour notre histoire nationale. Elles nous apportent presque toutes des détails d'une incontestable valeur sur la perpétuité du dogme, sur la liturgie sacrée, sur la hiérarchie ecclésiastique. D'autres constatent la date de la construction ou de la dédicace de ces temples magnifiques qui font la gloire de notre pays. Celles qui sont gravées sur les monuments, dans les églises, dans les cloîtres ou dans les anciens cimetières, nous transmettent sur les personnages les plus illustres des siècles passés, sur les généalogies des grandes familles, sur les artistes, des notions qu'on chercherait vainement ailleurs. Celles qui traitent des fondations pieuses et des donations contiennent fréquemment des indications sur les anciennes juridictions, sur les divisions topographiques, sur les mesures, sur la valeur de l'argent et des denrées. Les inscriptions morales, religieuses, poétiques, quelquefois même facétieuses, qui se lisent sur les murs des maisons particulières ou des palais, sur les reliquaires, sur les vases sacrés, sur les autels fixes ou portatifs, sur les stalles, sur les vitraux, sur les cloches, sur les meubles, sur les tapisseries, sur les chapiteaux des colonnes romanes, sur les socles des statues, au pourtour des bas-reliefs, sont précieuses à consulter pour qui veut connaître les mœurs, les usages, les croyances, les cérémonies, les habitudes, les traditions, les opinions scientifiques des siècles qui nous ont précédés. Elles donnent l'explication des sujets mystérieux ou symboliques dont les peintres et les sculpteurs se plaisent à décorer nos édifices, sacrés et profanes. Enfin, ce sont les inscriptions qui viennent compléter les études faites dans les manuscrits anciens sur les origines de la langue et sur la paléographie.

Aussi, la publication d'un recueil des inscriptions de la Gaule et de la France a-t-elle constamment préoccupé mes prédécesseurs, et plus d'une fois les Comités historiques ont été appelés à délibérer sur les moyens d'en réaliser le projet. L'organisation actuelle du Comité de la langue, de l'histoire et des arts de la France, en imprimant aux travaux une direction unique, a permis d'arrêter un plan définitif pour cette entreprise, qui exige le concours des trois sections dont le Comité se compose aujourd'hui.

Les inscriptions de la Gaule et de la France sont divisées en trois séries. La première comprend toutes les inscriptions antiques jusqu'au ve siècle. La seconde commence avec l'établissement de la monarchie des Francs, pour s'arrêter un peu après le premier quart du xive siècle, à l'année 1328, date de l'avènement de Philippe de Valois au trône. La troisième s'étend jusqu'à l'année 1789, cette limite extrême de l'histoire de l'ancienne monarchie française. Cette dernière série atteindrait des proportions exagérées, si elle devait comprendre indifféremment toutes les inscriptions qui s'y rattachent.

Mais, à partir des premières années du xiiie siècle, le choix des monuments épigraphiques deviendra d'autant plus sévère qu'on se rapprochera davantage de notre époque.

Depuis plus d'une année, j'ai confié à M. Léon Renier le soin de rassembler, de coordonner et de commenter les inscriptions appartenant à la première série. Afin d'accélérer autant que possible la publication du recueil complet, je viens de charger un autre membre de la section d'archéologie, M. le baron de Guilhermy, d'entreprendre immédiatement le même travail à l'égard des monuments de la seconde série. On s'occupe en même temps de classer provisoirement les inscriptions qui pourraient faire partie de la troisième. C'est en vue du prompt accomplissement de cette tâche laborieuse que je réclame, Monsieur, votre concours personnel et que je vous prie d'employer tous les moyens qui seraient à votre disposition pour donner la plus grande publicité à la présente circulaire. Le travail qu'exigerait la recherche, ou même la rectification sur place, de toutes les inscriptions que la France possède encore aujourd'hui serait évidemment au-dessus des forces de deux personnes. J'ai donc compté sur la coopération de tous ceux qui s'intéressent aux progrès de l'archéologie nationale.

Les inscriptions de chacune des sections du recueil seront publiées par ordre topographique, c'est-à-dire par province. Auprès du texte de chaque monument, on aura soin de faire figurer le nom du correspondant ou de toute autre personne qui l'aura relevé et communiqué. S'il est adressé des notes explicatives, et qu'elles soient jugées utiles à consigner dans le recueil, on en fera connaître l'auteur.

Dans les inscriptions, la forme des lettres est un des objets les plus dignes d'étude; l'Administration fera graver quelques monuments, choisis parmi les plus remarquables et les plus caractéristiques. On pourra composer des alphabets tirés des inscriptions à date certaine, qui permettront de suivre les changements successifs survenus dans la configuration des lettres et de déterminer la date ou l'origine de chaque caractère distinct.

Une dernière partie pourra être réservée aux inscriptions qui seraient signalées en Italie, en Belgique, en Angleterre ou dans d'autres pays étrangers, comme offrant un intérêt direct pour notre histoire.

Les volumes se publieront à mesure qu'on aura reçu des matériaux suffisants pour les composer. On commencera l'impression sans se préoccuper du degré d'avancement des autres parties de la collection.

Pour atteindre le but que je me suis fixé, je vous adresserai, Monsieur, les recommandations suivantes, qui ont été mûrement discutées dans le sein du Comité :

1° Recueillir toutes les inscriptions connues, en quelque langue qu'elles soient exprimées, en latin, en grec, en hébreu, en français, ou quelqu'un de nos idiomes provinciaux;

2° Adresser, toutes les fois qu'il sera possible, un estampage ou une épreuve photographique de l'inscription, y joindre une transcription pour qu'on y puisse recourir au besoin;

3° Dans le cas où les moyens qui viennent d'être indiqués comme les meilleurs ne pourraient être employés, faire un *fac-simile* de l'inscription, en reproduisant la forme des lettres et tous les détails de l'original;

4° A défaut d'estampage ou de dessin, transcrire le texte ligne pour ligne, distinguer les majuscules, figurer les abréviations, sans compléter les mots ni les syllabes; figurer les sigles et les monogrammes, ainsi que les signes de ponctuation ou d'accentuation; ne rien omettre, ne rien suppléer; reproduire, en un mot, ce que présente le monument, sauf à en donner des explications en note;

5° Employer pour les transcriptions autant de feuilles distinctes qu'il y aura de monuments, afin que le classement et le numérotage puissent s'effectuer immédiatement;

6° Indiquer soigneusement la matière sur laquelle l'inscription est tracée; les dimensions en mètres et subdivisions; la grandeur relative des lettres, et tous les autres détails qui peuvent offrir quelque intérêt archéologique;

7° Faire connaître les figures, symboles ou ornements qui se rapporteraient au texte et pourraient en faciliter l'intelligence;

8° Transcrire les détails les plus circonstanciés sur le lieu où se trouve l'inscription; sur la province et le diocèse dans lesquels ce lieu était autrefois compris; sur le département et le diocèse dont il fait aujourd'hui partie. Si l'inscription a été déplacée pour être recueillie dans un musée ou ailleurs, en mentionner l'origine et les époques des déplacements successifs qu'elle aura subis. Dans le cas où l'emplacement primitif serait inconnu, le constater expressément;

9° Rechercher si l'inscription a été publiée ou relevée antérieurement; s'il existe d'anciens recueils, imprimés ou manuscrits, au moyen desquels on pourrait compléter les inscriptions qui sont aujourd'hui frustes ou mutilées; dire si ces recueils contiendraient quelques détails utiles à recueillir pour annoter les inscriptions conservées;

10° Faire suivre le texte des renseignements qu'on aura pu découvrir sur les personnages, sur les édifices, sur les localités dénommés dans les inscriptions.

Ces rapides indications, que je laisse à votre expérience le soin de compléter, vous faciliteront, je l'espère, l'utile mission qui vous est confiée. Vous m'avez habitué depuis longtemps à compter sans réserve sur votre concours toutes les fois que j'avais à le réclamer dans l'intérêt des études historiques. J'ai la confiance que cette fois encore vous répondrez avec empressement à l'appel que je vous adresse au nom du Comité tout entier, pour le succès d'une publication qui doit répandre un jour nouveau sur les parties les moins connues des annales de notre pays.

Recevez, etc.

H. FORTOUL.

71

CIRCULAIRE RELATIVE À LA PUBLICATION DES LETTRES DU CARDINAL MAZARIN.

26 avril 1856.

Aux Correspondants du Comité des travaux historiques.

Monsieur, j'ai décidé, sur la proposition du Comité de la langue, de l'histoire et des arts de la France, qu'un recueil des lettres du cardinal Mazarin sera publié dans la Collection des documents inédits. Ce recueil est destiné à compléter les publications de lettres historiques entreprises et poursuivies depuis plus de vingt ans par mon Administration. Les correspondances de Catherine de Médicis, des princes de la maison de Lorraine, de Henri IV, de Richelieu, la Correspondance administrative sous Louis XIV et les Négociations relatives à la succession d'Espagne, déjà publiées ou en cours de publication, ont jeté une vive lumière sur l'histoire intérieure et extérieure de la France pendant une période de plus de cent cinquante ans (1550-1715). Il existait, dans cette série de correspondances historiques, une lacune de dix-huit ans, de 1643 à 1661, époque pendant laquelle Mazarin a gouverné la France. C'est pour la combler que j'ai décidé que les lettres de ce grand ministre seraient recueillies et imprimées.

Je n'ai pas besoin d'insister sur l'importance historique d'une pareille collection. Le continuateur de la politique de Richelieu, dont l'habile prévoyance a jeté les bases de l'équilibre européen et réuni dans une étroite union la France, l'Allemagne septentrionale, la Hollande, l'Angleterre et la Savoie, est placé depuis longtemps au premier rang parmi les personnages les plus considérables de l'histoire moderne. Il serait d'un haut intérêt pour l'Europe et pour la France de réunir les pièces authentiques qui permettront d'apprécier avec exactitude les négociations de Mazarin. Un pareil travail n'est possible qu'avec l'aide des correspondants, que j'invite à recueillir les lettres du cardinal dispersées dans les archives et les bibliothèques de la France entière.

J'appellerai d'abord votre attention sur les lettres diplomatiques qui sont enfouies dans les archives d'un grand nombre de familles. Au XVIIe siècle, la plupart des ambassadeurs gardaient les papiers relatifs aux missions qu'ils avaient remplies, et leurs familles en sont encore aujourd'hui dépositaires. Il est d'autant plus nécessaire d'étudier ces archives particulières et de signaler les documents historiques qu'elles renferment que de nombreuses causes de destruction les menacent, et ont sans doute déjà anéanti des pièces d'un grand intérêt. Quelquefois les papiers des ambassadeurs ont été déposés dans les archives ou des bibliothèques publiques. C'est ainsi que la bibliothèque de Chartres possède le registre de l'ambassade du marquis de Fontenay à Rome sous le ministère de Mazarin, registre important pour faire connaître la politique du cardinal en Italie. Beaucoup de documents de cette nature sont dispersés dans d'autres bibliothèques. Je vous prie de me signaler tous ceux que vous pourrez trouver.

Bien que la diplomatie ait surtout occupé Mazarin, et que son habileté comme négociateur soit son principal titre de gloire, il y eut cependant une époque de son ministère où il fut détourné du soin de la politique étrangère par les désordres intérieurs, triste effet de l'agitation qui s'était communiquée de Paris à toute la France. La Normandie, la Provence, la Guyenne surtout, furent le théâtre des guerres de la Fronde. Pendant cette période de cinq années (1648-1653), Mazarin ne cessa de stimuler le zèle de ses partisans. Sa correspondance avec les intendants, les gouverneurs, les généraux, les parlements et les administrations municipales, redoubla d'activité. Les archives judiciaires et municipales des départements doivent contenir un grand nombre de lettres du cardinal relatives à cette époque. Je vous prie de faire toutes les recherches nécessaires pour les découvrir.

Lorsque vous aurez à me signaler quelques documents de nature à entrer dans la collection qui se prépare, je vous engage à me donner avec exactitude les renseignements suivants : date de la lettre, lieu d'où elle a été écrite, personne à laquelle elle est adressée, si c'est un original ou une copie, enfin analyse sommaire des matières qui y sont traitées.

Je compte, Monsieur, sur votre science et votre zèle pour contribuer à rendre aussi complet que possible un recueil qui manque à notre histoire nationale, et qui permettra d'apprécier le rôle d'un ministre célèbre et une des époques les plus glorieuses de l'ancienne monarchie.

Agréez, etc.

H. FORTOUL.

72

ARRÊTÉ DÉCIDANT QUE DES JETONS DE PRÉSENCE SERONT DISTRIBUÉS AUX SÉANCES GÉNÉRALES DU COMITÉ.

5 mai 1856.

A partir de ce jour, il sera distribué aux membres du Comité de la langue, de l'histoire et des arts de la France, des jetons de présence aux réunions générales du Comité.

H. Fortoul.

73

ARRÊTÉ ÉTABLISSANT DES DISPOSITIONS NOUVELLES POUR LA PUBLICATION DES DOCUMENTS INÉDITS DE L'HISTOIRE DE FRANCE.

26 janvier 1857.

Le Ministre Secrétaire d'État au département de l'instruction publique et des cultes

Arrête :

Article premier. Toute indemnité mensuelle pour les travaux de la Collection des documents inédits est supprimée.

Art. 2. A l'avenir, les éditeurs des ouvrages de la collection recevront, à titre d'indemnité, une somme dont le maximum ne pourra dépasser quatre mille francs par volume, et dont une partie seulement pourra être payée d'avance.

Art. 3. Les éditeurs devront, au bout de l'année, remettre la copie d'un volume entier, avec introduction, annotations, tables, etc., tout prêt à être envoyé à l'Imprimerie impériale. Cette copie sera immédiatement visée par le commissaire responsable.

Dans le cas où la copie ne serait pas remise à l'époque fixée, nulle autre indemnité ne pourra être accordée à l'éditeur.

Art. 4. Si, dans les six mois qui suivront le délai fixé pour la remise du manuscrit, la copie, revisée et approuvée par le commissaire, n'est pas livrée au Ministère, on exigera par toutes les voies de droit la restitution de la somme avancée.

Art. 5. Sur la somme qui lui aura été allouée, l'éditeur fera exécuter, sous sa responsabilité, tous les travaux préparatoires, tels que recherches dans les divers dépôts d'archives et bibliothèques, transcriptions et tables des manuscrits.

Art. 6. Les commissaires chargés de surveiller la publication des documents inédits sont nommés par le Ministre en Comité.

Art. 7. Ils examinent, dans le plus bref délai, les manuscrits des ouvrages qui leur sont renvoyés, et s'assurent que le texte, l'introduction et les notes sont dignes d'une publication faite aux frais de l'État.

Art. 8. Ils font sur chaque manuscrit un rapport écrit et signé, qui est lu en Comité et transmis au Ministre.

Art. 9. Les commissaires surveillent l'impression du manuscrit qui a été renvoyé à leur examen, et s'assurent que les éditeurs ne font pas à l'ouvrage des changements de nature à en modifier le caractère ou à augmenter les frais.

Art. 10. La publication terminée, il pourra être accordé une indemnité au commissaire responsable.

Rouland.

74
CIRCULAIRE RELATIVE À LA PUBLICATION DE LA *REVUE DES SOCIÉTÉS SAVANTES*.

20 mai 1857.

Aux Recteurs.

Monsieur le Recteur, le patronage des Sociétés savantes, que le Gouvernement vous a confié, est une des parties les plus importantes de votre mission. Éveiller et entretenir le goût des lettres, des sciences et des arts, encourager les hommes laborieux qui composent les académies des départements, appeler l'attention sur leurs travaux, tel est le but que vous devez sans cesse vous proposer. Pour l'atteindre plus sûrement, le Ministère de l'instruction publique donne un nouveau développement à la *Revue des So-*

ciétés savantes, et veut en faire comme le lien de toutes les académies dispersées dans les départements.

Il arrive trop souvent que les travaux les plus utiles sur l'histoire, les anciennes institutions, la topographie et les monuments de nos provinces restent ignorés et comme ensevelis dans les recueils des académies. La *Revue des Sociétés savantes*, en ouvrant une tribune à des hommes érudits auxquels il ne manque qu'un public plus nombreux, leur permettra de faire profiter la France entière de leurs savantes recherches. Une analyse bienveillante et sérieuse résumera tous les travaux des académies et signalera les ouvrages ou mémoires importants publiés dans les diverses parties de l'empire. Ce sera une statistique intellectuelle des départements, rédigée chaque mois sous les auspices du Ministère de l'instruction publique.

Je ne saurais trop vous recommander, Monsieur le Recteur, de faire pénétrer dans les Sociétés savantes de votre ressort académique la pensée qui doit présider à ce recueil. Il ne s'agit pas d'entraver la liberté de ces sociétés, qui trouveront toujours leur véritable inspiration dans leur amour pour les lettres, les sciences et les arts. Le Gouvernement ne veut que leur venir en aide; convaincu de l'utilité de leurs travaux, il leur ouvre un champ plus vaste et provoque une activité plus féconde en facilitant les communications entre les différents centres intellectuels de la France.

Invitez les membres des Sociétés savantes de votre ressort académique à m'adresser, outre leurs recueils périodiques, des travaux d'histoire, de philologie, d'archéologie et de topographie, destinés à éclairer les antiquités provinciales; qu'ils s'attachent exclusivement au pays qu'ils habitent. Eux seuls peuvent en faire connaître le passé et le présent, en signaler les progrès industriels et agricoles et indiquer les améliorations qu'il réclame. De ces études locales, embrassant toutes les parties des connaissances humaines, il résultera à la longue un tableau complet et approfondi du mouvement intellectuel de l'empire français. Associer les Sociétés savantes à cette œuvre nationale, c'est assez leur montrer combien le Gouvernement apprécie leurs recherches et estime leur concours.

Recevez, etc.

ROULAND.

75

CIRCULAIRE DEMANDANT QUE LES PROFESSEURS DE FACULTÉS PARTICIPENT AUX TRAVAUX DE LA *REVUE DES SOCIÉTÉS SAVANTES*.

30 mai 1857.

Aux Recteurs.

Monsieur le Recteur, en rendant l'ordre et la sécurité au pays, le Gouvernement de l'Empereur a donné un nouvel essor aux études sérieuses; les associations scientifiques et littéraires autorisées par la loi se livrent à d'importants travaux, et l'attention publique est vivement éveillée sur les choses de l'esprit. La *Revue des Sociétés savantes*, qui se publie sous les auspices de mon Ministère, vient de recevoir une extension nouvelle et d'élargir son programme, afin de suivre pour ainsi dire pas à pas le mouvement qui s'accomplit sur tous les points de l'empire, et de mettre en lumière les efforts de tous les hommes qui se vouent en province à la culture des sciences et des lettres.

Je désirerais vivement que MM. les professeurs de Facultés ne restassent point étrangers à la rédaction de cette *Revue*. Il appartient à leur savoir et à leur expérience de provoquer et de stimuler l'activité intellectuelle dans nos départements; il leur appartient également d'en constater les résultats. Il importe donc, Monsieur le Recteur, que vous désigniez chaque année, dans l'ordre des lettres et dans l'ordre des sciences, un professeur qui sera chargé de recueillir tous les faits relatifs à l'objet spécial de ses études qui se produiront dans le ressort académique dont l'administration vous est confiée, et de suivre attentivement les publications faites, soit collectivement dans des mémoires, par les membres des Sociétés savantes, soit individuellement, dans des livres, par les membres de ces mêmes sociétés. Le professeur à qui sera confiée cette intéressante mission consignera dans un rapport le résultat de ses recherches et de ses observations. Ce rapport, sévèrement divisé par ordre de matières, devra comprendre, pour chaque groupe de livres ou de mémoires, une analyse dans laquelle seront exposés les sujets traités par les auteurs, leurs conclusions critiques et les faits nouveaux que les diverses publications pourront mettre en lumière. A la suite de ce premier travail, purement analytique, l'auteur du rapport rédigera un résumé dans lequel il exposera quelle est, dans le ressort académique, la tendance générale des esprits, quelles études occupent de préférence les Sociétés savantes, et les éléments nouveaux que ces sociétés ont apportés à l'ensemble des connaissances humaines.

La première condition, pour donner aux rapports que je demande la précision, l'exactitude et la clarté qu'ils comportent, c'est de les confier dans chaque Faculté aux hommes spéciaux.

L'histoire et l'archéologie occupant une place très importante dans les mémoires des Sociétés savantes, une large part devra être faite, dans les Facultés des lettres, à MM. les professeurs d'histoire, que vous chargerez spécialement de faire connaître les travaux les plus notables publiés sur la géographie, les institutions du moyen âge, l'histoire générale des circonscriptions territoriales de l'ancienne monarchie, l'archéologie monumentale, la numismatique, la langue, les patois, la vieille littérature, ainsi que les découvertes les plus importantes faites dans le ressort académique et les discussions auxquelles ces découvertes donneront lieu. La littérature proprement dite ne formant qu'une partie très secondaire des publications départementales, il suffira d'en toucher quelques mots, en se bornant à nommer les personnes et à donner quelques indications générales et purement bibliographiques. Il ne conviendra d'insister dans cette partie du rapport que sur les ouvrages hors ligne et portant le cachet d'un véritable talent.

La part qui doit revenir aux professeurs des sciences n'est pas moins importante. Le résumé qui leur sera confié devra contenir l'exact tableau, par ordre de matières, des études théoriques et des applications. La géologie, la zoologie, la météorologie, la botanique, ayant particulièrement attiré, dans ces dernières années, l'attention des Sociétés savantes, il sera très profitable, dans l'intérêt des études générales, de signaler ce qui s'est fait de local et de particulier dans chaque ressort académique. On constatera avec soin, pour chacune de ces diverses sciences, ce que les mémoires pourront contenir en fait de travaux originaux et neufs.

Dans les grands centres industriels, tels que Rouen, Mulhouse, Lille, Lyon, Metz, Nantes et Saint-Quentin, les Sociétés savantes ont beaucoup fait pour le progrès des arts technologiques; non seulement elles ont ouvert des concours, donné des prix pour les découvertes et les perfectionnements, distribué des récompenses aux ouvriers qui se sont distingués par leurs bons services et leur bonne conduite, mais encore elles ont publié, dans leurs recueils, d'excellents travaux de chimie appliquée, en même temps qu'elles faisaient exécuter sous leurs yeux d'importantes expériences; il est donc de toute justice que tant d'honorables travaux soient connus du pays tout entier, à la prospérité duquel ils ont efficacement contribué, et c'est par ce motif que les rapports devront mentionner, d'une manière spéciale, les publications des sociétés qui auront trait aux applications des sciences à l'industrie.

En comprenant l'agriculture dans leurs programmes, en se préoccupant de plus en plus des applications pratiques, les associations savantes de nos départements ont aussi rendu de grands services. Il est donc indispensable d'accorder une attention toute particulière à celles de leurs publications qui ont trait à l'économie rurale. Quelles sont les études théoriques qu'elles publient? Quels perfectionnements ont-elles introduits dans les méthodes? Quelles cultures nouvelles ou quels instruments nouveaux ont-elles propagés? Quelle est l'action immédiate qu'elles ont exercée autour d'elles? Telles sont les principales questions auxquelles devra répondre le rapport d'une manière sommaire, mais cependant suffisante pour rendre justice à chacun.

Je n'ai pas besoin d'ajouter, Monsieur le Recteur, que le but du travail dont je viens d'indiquer le programme étant surtout d'encourager des travaux utiles et désintéressés, les rapports ne sauraient comporter qu'une critique bienveillante des livres édités dans les départements, et, qu'en outre, ils ne devront s'occuper que des faits locaux et des publications faites par les sociétés autorisées dans votre académie, car ils auront d'autant plus de valeur qu'ils seront plus particuliers et plus nettement circonscrits.

Recueillis par des hommes aussi éclairés, aussi dévoués aux intérêts des lettres et des sciences que MM. les professeurs des Facultés, les renseignements que je leur demande aujourd'hui ont à mes yeux une grande importance. La presse quotidienne ou périodique n'a jamais donné jusqu'ici aux ouvrages publiés dans nos départements l'attention qu'un grand nombre d'entre eux méritent. Elle a, pour ainsi dire, laissé dans l'ombre des hommes que leur modestie et leur désintéressement auraient dû recommander de préférence à son attention; c'était plus que de l'oubli; c'était de l'ingratitude, et c'est pour réparer cette ingratitude que je fais appel aux membres du corps enseignant. Leurs rapports me permettront, par l'insertion dans la *Revue des Sociétés savantes*, de montrer que les travaux de ces sociétés ne restent point étrangers à la sollicitude du Gouvernement, et qu'il entre dans les vues de mon Administration de signaler, dans un organe de publicité toujours impartial, toutes les manifestations de l'esprit français, quels que soient les points du territoire sur lesquels elles se produisent. L'empereur Napoléon Ier a demandé à l'Institut le résumé décennal du progrès des sciences et des lettres dans notre glorieuse patrie. Je demande aujourd'hui un résumé du même genre à l'Université pour chacune de nos grandes circonscriptions académiques, et, grâce aux renseignements qui seront recueillis sous votre haute direction, je pourrai chaque année présenter au pays, qui ne peut manquer de l'accueillir avec une légitime satisfaction, le tableau général du mouvement intellectuel accompli dans l'empire français.

Recevez, etc.

ROULAND.

76

ARRÊTÉ RÉORGANISANT LE COMITÉ DE LA LANGUE, DE L'HISTOIRE ET DES ARTS DE LA FRANCE SOUS LE TITRE DE *COMITÉ DES TRAVAUX HISTORIQUES ET DES SOCIÉTÉS SAVANTES*.

22 février 1858.

LE MINISTRE SECRÉTAIRE D'ÉTAT AU DÉPARTEMENT DE L'INSTRUCTION PUBLIQUE ET DES CULTES,

Vu les arrêtés des 4 juillet 1834, 10 janvier 1835, 18 décembre 1837, 30 août 1840, 5 septembre 1848, 14 septembre 1852, relatifs à la création et à l'organisation des Comités institués près le Ministère de l'instruction publique et des cultes,

ARRÊTE :

ARTICLE PREMIER. Le *Comité de la langue, de l'histoire et des arts de la France* prend le titre de *Comité des travaux historiques et des sociétés savantes*.

ART. 2. Le Comité des travaux historiques et des sociétés savantes est divisé en trois sections :

1° Section d'histoire et de philologie;
2° Section d'archéologie;
3° Section des sciences.

ART. 3. Il se compose de membres titulaires, de membres honoraires et de membres non résidants. Il a, dans chacun des départements, des correspondants, qui portent le titre de *Correspondants du Ministère de l'instruction publique*, et dont le nombre ne peut dépasser deux cents.

Art. 4. Le Ministre de l'instruction publique est président du Comité. Il désigne, pour chaque section, un vice-président et un secrétaire choisis parmi les membres titulaires.

Un secrétaire est, en outre, attaché au Comité.

Art. 5. Chaque section se réunira une fois par mois, le lundi.

Art. 6. La réunion générale du Comité aura lieu quatre fois par an. Le Ministre convoque, lorsqu'il le juge convenable, une réunion extraordinaire.

Art. 7. En l'absence du Ministre, les séances générales du Comité sont présidées alternativement par chacun de MM. les vice-présidents.

Art. 8. Les membres titulaires ont seuls voix délibérative. Les membres honoraires et les membres non résidants ont voix consultative.

Art. 9. Les correspondants du Ministère, les présidents et secrétaires perpétuels des Sociétés savantes, qui se trouveront momentanément à Paris, pourront assister à toutes les séances du Comité.

Lorsque le Comité devra examiner une question intéressant une société savante, cette société pourra être invitée à envoyer un délégué qui assistera à la séance et sera entendu.

Art. 10. Chaque section examine, suivant l'ordre de ses travaux, les projets de publication pour la Collection des documents inédits, et en propose directement au Ministre l'adoption ou le rejet.

Art. 11. Des commissaires choisis par le Ministre dans les sections surveillent l'impression des volumes de cette collection, conformément à l'arrêté du 26 janvier 1857.

Art. 12. Les sections peuvent être chargées par le Ministre de publier des documents ou des travaux historiques et scientifiques.

Art. 13. Chaque section prend connaissance des envois des correspondants et statue sur l'insertion de ces communications dans la *Revue des Sociétés savantes*.

Elle donne son avis sur la formation des listes de correspondants, qui sont revisées tous les deux ans.

Elle prépare les instructions nécessaires pour diriger les recherches des correspondants, et rédige des instructions spéciales pour les Sociétés savantes qui les demanderont au Ministre.

Art. 14. Chaque section remet, tous les mois, au Ministre un compte rendu des publications des Sociétés savantes de la France qui sont parvenues au Ministère dans le mois précédent. Ce compte rendu est publié dans la *Revue des Sociétés savantes*.

Art. 15. Les sections donnent leur avis sur les encouragements qui peuvent être accordés par le Ministre aux Sociétés savantes.

Elles donnent également un avis motivé, au point de vue scientifique, sur les demandes en reconnaissance légale formées par ces sociétés.

Elles présentent tous les ans au Ministre la liste des correspondants et des membres des Sociétés savantes qui leur paraissent mériter des récompenses honorifiques ou des encouragements.

Art. 16. Trois prix annuels de quinze cents francs chacun pourront, à partir de 1859, être accordés aux Sociétés savantes qui présenteront les meilleurs mémoires, imprimés ou manuscrits, sur des questions proposées par le Comité sous l'approbation du Ministre.

Il sera décerné deux médailles pour chacun des prix : l'une de 300 francs à la société qui aura présenté le mémoire couronné, et une autre de 1,200 francs à l'auteur ou aux auteurs de ce mémoire.

Chaque section, suivant sa spécialité, examinera les mémoires envoyés par les Sociétés savantes pour répondre aux questions proposées. Sur le rapport des sections, le Comité, en assemblée générale, dressera la liste des sociétés qui lui paraîtront mériter les prix. Ces propositions seront soumises à l'approbation du Ministre.

Art. 17. Les secrétaires de chaque section sont chargés de préparer, sous l'approbation du Ministre, les travaux de leur section. Ils en confèrent avec le vice-président.

Art. 18. Dans les séances générales du Comité, les secrétaires des sections présentent un rapport sur les travaux de leur section et font connaître les communications des correspondants.

Art. 19. Le secrétaire du Comité est l'auxiliaire des secrétaires des sections. Il assiste à toutes les séances, dépouille la correspondance et la communique aux secrétaires des sections. Il rédige, sous leur direction, les procès-verbaux des séances.

Art. 20. Des jetons de présence sont distribués, dans les séances du Comité et des sections, aux membres titulaires, aux membres honoraires et aux membres non résidants.

Art. 21. La bibliothèque des Sociétés savantes est réunie à la bibliothèque du Comité, qui prendra le titre de *Bibliothèque du Comité des travaux historiques et des sociétés savantes.*

Cette bibliothèque sera ouverte tous les jours aux membres du Comité.

Art. 22. Le Directeur du personnel et du secrétariat général est chargé de l'exécution du présent arrêté.

Rouland.

77

CIRCULAIRE RELATIVE À L'EXÉCUTION DE L'ARRÊTÉ DU 22 FÉVRIER 1858, CONCERNANT LA RÉORGANISATION DU COMITÉ DES TRAVAUX HISTORIQUES ET DES SOCIÉTÉS SAVANTES.

29 mars 1858.

Aux Recteurs.

Monsieur le Recteur, par un arrêté du 22 février dernier, j'ai donné une organisation nouvelle au Comité historique institué près de mon Ministère. J'ai l'honneur de vous envoyer ci-joint un exemplaire de cet arrêté, ainsi que des circulaires que je viens d'adresser à MM. les présidents des Sociétés savantes et à MM. les correspondants du Ministère de l'instruction publique. Ces circulaires vous indiqueront suffisamment, Monsieur le Recteur, les principes généraux qui ont présidé à cette organisation.

La pensée intime qui m'a guidé est tout entière dans la dénomination que j'ai donnée au Comité. J'ai voulu rattacher autant qu'il est possible les Sociétés savantes à mon Ministère, en constituant une société centrale qui, sans éveiller aucune susceptibilité, puisse imprimer une utile impulsion à ces associations, ainsi qu'à tous les travaux individuels ou collectifs entrepris en province. Pour mettre le Comité des travaux historiques et des sociétés savantes en mesure de remplir la tâche que je lui ai confiée, j'ai créé une section nouvelle, qui lui permettra de prendre connaissance des recherches scientifiques, aussi bien que des études historiques, philologiques et archéologiques. Le Comité pourra, dès lors, donner une direction efficace à toutes les sociétés et apprécier le mérite de leurs travaux. Aussi je l'ai chargé de me donner son avis sur les encouragements de toute nature qui pourront être accordés aux associations savantes ou aux membres qui en font partie et sur les demandes en reconnaissance légale formées par ces associations. Pour stimuler le zèle de ces compagnies, j'ai institué trois prix de 1,500 francs, destinés aux meilleurs mémoires qu'elles présenteront sur des questions déterminées. Le Comité devra encore me proposer les questions à mettre au concours, et me présenter la liste des sociétés qui lui paraîtront mériter les prix. Indépendamment des instructions générales, il pourra préparer des instructions spéciales pour les sociétés qui m'en feront la demande; il entendra, au besoin, les délégués des compagnies savantes, et recevra, dans ses séances, les communications orales de MM. les présidents et secrétaires perpétuels de ces associations qui se trouveront momentanément à Paris.

Les correspondants du Ministère de l'instruction publique jouiront du même privilège, et pourront ainsi se mettre en relations plus directes et plus intimes avec le Comité, dont ils sont les collaborateurs naturels. Ils seront nommés ou maintenus sur l'avis des sections, qui me feront connaître chaque année ceux qu'elles auront jugés dignes d'encouragements ou de récompenses honorifiques.

Je n'insisterai pas davantage, Monsieur le Recteur, sur cette organisation nouvelle, développée d'ailleurs à des points de vue différents, dans les circulaires que j'ai l'honneur de vous adresser. Exciter l'activité de ces sociétés; s'efforcer de donner à leurs travaux une impulsion uniforme tout en respectant avec soin une indépendance à laquelle la plupart d'entre elles attachent le plus grand prix; les faire sortir des généralités où trop souvent elles se sont égarées; les amener insensiblement aux recherches locales, aux études restreintes et nettement circonscrites; les maintenir sur le terrain qu'elles connaissent, qu'elles peuvent explorer sans danger; leur offrir un centre commun où tous les efforts isolés viennent aboutir et se coordonner; donner à ces recherches une publicité étendue; faire connaître au monde savant les résultats importants qu'elles produisent : tel est le but que je me suis proposé en donnant au Comité une constitution plus forte et en élargissant le cadre de la *Revue des Sociétés savantes*.

Je verrai avec satisfaction MM. les membres du corps enseignant devenir membres actifs de ces associations, et, par leur exemple, imprimer aux recherches de leurs confrères la direction la plus conforme aux véritables intérêts de la science. Pour acquérir l'influence désirable, ils devront renoncer aux théories générales et aux vues d'ensemble qui peuvent trouver place dans leur enseignement; ils aborderont, au contraire, dans leurs mémoires ces questions qui ne sauraient être résolues que sur les lieux mêmes, et, pour les traiter, ils n'hésiteront pas à se pénétrer de l'esprit de la province qu'ils étudient. Ils n'oublieront pas, du reste, les obligations spéciales que leur impose à cet égard leur titre de fonctionnaires, et ils se garderont avec soin de s'associer à certains projets qui ont pour but d'enlever à l'État toute influence sur les Sociétés savantes. Le Gouvernement ne peut rester étranger à ce mouvement littéraire, qu'il lui appartient d'encourager et de diriger; il doit compter, pour l'accomplissement de cette tâche, sur le concours intelligent de MM. les membres de l'Université.

Par ma circulaire du 30 mai dernier, j'ai déjà appelé votre attention sur les rapports que je désire voir s'établir entre les compagnies savantes et MM. les professeurs des Facultés : je crois devoir vous donner ici les éclaircissements qui m'ont été demandés par quelques-uns de vos collègues.

Dans certaines académies, MM. les professeurs chargés d'étudier le mouvement intellectuel et scientifique du ressort ont craint de ne pouvoir réunir les publications ou mémoires qu'ils doivent apprécier. Je ne crois pas que ces difficultés puissent les arrêter bien longtemps. Lorsque les Sociétés savantes auront nettement compris la pensée qui inspire ces travaux; lorsqu'elles auront vu publier dans la *Revue* qui leur est consacrée les études faites sur leurs publications, elles s'empresseront, sans aucun doute, de mettre à votre disposition les documents nécessaires. On ne peut du reste, à cet égard, que faire appel avec la plus grande réserve à leurs dispositions bienveillantes et à leurs véritables intérêts. Indépendamment des exemplaires destinés au dépôt légal, elles adressent encore au Ministère deux collections complètes de leurs mémoires : on ne saurait, sans indiscrétion, en réclamer une troisième. Vous trouverez, Monsieur le Recteur, la liste bibliographique de tous leurs travaux dans la *Revue des Sociétés savantes* que j'aurai soin de vous faire parvenir; s'il vous était impossible de vous procurer sur les lieux quelques-uns de ces volumes, je m'empresserais de vous les adresser en communication, dans le cas où je ne pourrais en disposer en faveur de la bibliothèque de l'académie.

On a encore exprimé la crainte qu'un travail d'ensemble sur les publications littéraires ou scientifiques qui se produisent pendant une année dans la circonscription d'une académie ne fût un trop lourd fardeau pour les deux professeurs qui en seraient chargés, et on m'a demandé s'il ne suffirait pas de m'adresser des rapports spéciaux, auxquels un plus grand nombre de professeurs prendraient part. Je n'ai pas pensé qu'un travail d'une ou deux feuilles d'impression puisse distraire MM. les professeurs de la préparation de leur cours, et je regretterais que ma circulaire du 30 mai pût donner lieu à de semblables préoccupations. Je ne vous dissimulerai pas cependant, Monsieur le Recteur, que j'attache plus d'importance aux appréciations générales qu'aux études partielles; je désirerais même que ces rapports fussent rédigés dans la forme ordinaire des articles de revue et qu'ils pussent ainsi trouver place, sous la signature de leurs auteurs, dans la *Revue des Sociétés savantes*. Je n'ai pas besoin de vous faire remarquer que cette forme, tout à l'avantage des rédacteurs, réclame la plus grande bienveillance d'appréciation, et qu'on ne saurait prendre trop de ménagements à l'égard de travaux désintéressés, qu'il s'agit avant tout d'encourager. En louant ce qui leur paraîtra bon, en passant sous silence ce qu'ils jugeront mauvais, MM. les professeurs répondront à ma pensée sans froisser aucun amour-propre, et ils prédisposeront ainsi les sociétés à recevoir l'impulsion qu'on s'efforcera de leur donner.

Je me propose de tenir compte à MM. les professeurs du zèle qu'ils apporteront à une œuvre dont ils sauront apprécier l'intérêt, et je vous invite à me rappeler ces travaux dans les propositions d'avancement ou de récompenses honorifiques que vous voudrez bien m'adresser. Je pourrai encore leur donner, à titre d'encouragement, quelques-unes des publications de mon Ministère, et leur collaboration à la *Revue* recevra la rémunération que les recueils savants les plus considérables affectent à la rédaction.

Ces mesures vous aideront, Monsieur le Recteur, dans la tâche nouvelle que j'ai confiée à votre dévouement. Vous comprenez trop bien l'importance de l'œuvre que j'ai entreprise et du but que je me propose, pour que je ne sois pas assuré de votre concours et de votre active collaboration.

Nous serons, du reste, pleinement récompensés de nos efforts, et nous aurons bien mérité de l'Empereur, du pays et de la science, si nous pouvons amener insensiblement et sans pression les Sociétés savantes à recevoir et à suivre les inspirations du Gouvernement.

Recevez, etc.

ROULAND.

78

CIRCULAIRE RELATIVE À L'EXÉCUTION DE L'ARRÊTÉ DU 22 FÉVRIER 1858.

29 mars 1858.

Aux Présidents des Sociétés savantes.

Monsieur le Président, les Sociétés savantes continuent avec persévérance et succès leurs recherches studieuses; leurs travaux prennent de plus en plus ce caractère local qui doit en faire l'originalité et la force, et leurs mémoires deviennent des études approfondies, qui fourniront des matériaux précieux pour notre histoire générale. Le mérite croissant de ces publications fait regretter chaque année davantage qu'elles restent à peu près ignorées en dehors du cercle restreint où elles se produisent. Il ne faut pas, en effet, se le dissimuler, Monsieur le Président, les travaux des compagnies savantes passent souvent inaperçus de ceux-là mêmes qui auraient le plus d'intérêt à les mettre à profit, et on doit constater avec regret qu'ils sont moins connus en France que de l'autre côté du Rhin, où les recueils bibliographiques les mentionnent avec un soin que nous ne devons pas nous borner à admirer.

Diverses mesures ont déjà été prises par mes prédécesseurs pour relier entre elles ces associations et mettre en lumière leurs recherches. L'échange de leurs publications sous le couvert du Ministre de l'instruction publique; l'organisation du Comité historique; la création d'un *Bulletin*, puis d'une *Revue des Sociétés savantes,* ont eu pour but de donner à ces sociétés un centre commun où leurs travaux pussent aboutir, et de leur offrir la publicité qui leur manque. Mais ces mesures n'ont pas eu le résultat qu'on en pouvait attendre; les sociétés ne se connaissent pas beaucoup mieux que par le passé, leurs mémoires restent ignorés en dehors de la province où ils paraissent, et la critique leur accorde à peine un regard distrait.

Je tiendrais à honneur, Monsieur le Président, de modifier cet état de choses et de faire rendre à ces travaux d'histoire provinciale la justice qui leur est due. En organisant des Facultés ou des Écoles supérieures dans la plupart de nos grandes villes, en encourageant la formation ou le développement des bibliothèques et des musées de province, le Gouvernement de l'empereur a témoigné du prix qu'il attache à ce que le mouvement intellectuel ne soit plus concentré à Paris. Il ne peut voir sans une vive satisfaction les hommes les plus honorables et les plus considérés du pays le seconder dans cette tâche, en révélant les ressources littéraires et scientifiques que renferment nos provinces.

J'ai voulu, Monsieur le Président, encourager ces efforts isolés, réunir de plus en plus dans une pensée commune ces travailleurs épars sur le sol de la France, et stimuler leur zèle en leur faisant entrevoir, dans son ensemble, l'édifice qu'ils construisent aujourd'hui, sans qu'il leur soit permis de se rendre compte des progrès de leur œuvre. Pour atteindre ce but, j'ai donné une organisation nouvelle au Comité des travaux historiques et à la *Revue des Sociétés savantes*. J'ai l'honneur de vous adresser ci-joint, Monsieur le Président, un exemplaire de mon arrêté du 22 février dernier, relatif au Comité des travaux historiques, et j'appelle votre attention sur les dispositions qui peuvent intéresser votre compagnie.

Il a semblé convenable de rendre au Comité le titre consacré par l'usage; mais j'ai désiré que cette dénomination rappelât, en outre, les liens étroits, qui devront rattacher le Comité aux Sociétés savantes. Les associations que l'on désigne d'ordinaire par ce titre générique ne s'occupent pas exclusivement d'histoire, de philologie et d'archéologie; elles cultivent avec non moins de succès les sciences morales et économiques, les sciences physiques et mathématiques, les sciences naturelles, agricoles et industrielles. Le nouveau *Comité des travaux historiques et des sociétés savantes* n'aurait pas justifié son titre ni répondu à ma pensée, s'il avait dû négliger, comme par le passé, cette branche importante des études poursuivies en province. En y ajoutant une section des sciences, je l'ai mis en mesure de suivre désormais tous ces travaux, et de me présenter chaque mois un compte rendu des mémoires parvenus au Ministère dans le mois précédent. Ce compte rendu sera publié dans la *Revue* dont je vais avoir bientôt l'honneur de vous entretenir.

Cette étude régulière, faite dans chaque section par les hommes les plus compétents, permettra au Comité de se former une opinion éclairée sur le mérite respectif de ces publications. Aussi, j'ai cru devoir charger les sections de me donner leur avis sur les encouragements qui pourront être accordés aux Sociétés savantes, et sur les demandes en reconnaissance légale formées par ces compagnies. Le Comité me présentera, en outre, chaque année, la liste des correspondants du Ministère et des membres des sociétés qui lui paraîtront mériter des récompenses honorifiques.

Pour encourager efficacement les travaux entrepris en province et appeler les investigations sur certains points qui ont été trop négligés jusqu'à présent, ou qui réclameraient le concours d'un grand nombre d'érudits répartis dans tous les départements, j'ai décidé que trois prix annuels de 1,500 francs seront décernés, à partir de 1859, aux sociétés savantes qui présenteront les meilleurs mémoires, imprimés ou manuscrits, sur des questions proposées par le Comité avec mon approbation. Pour chacun des prix, il sera décerné deux médailles : l'une de 300 francs à la société qui aura présenté le mémoire couronné, et l'autre de 1,200 francs à l'auteur ou aux auteurs de ce mémoire.

Dans la même pensée, j'ai pris quelques dispositions qui serviront, je l'espère, les intérêts de la science, en créant un échange de communications entre les provinces et la capitale. C'est ainsi que les sections du Comité pourront rédiger des instructions spéciales pour les sociétés savantes qui lui en feront la demande; que ces compagnies pourront être invitées à se faire représenter par un délégué au sein du Comité; que MM. les présidents ou vice-présidents et secrétaires perpétuels qui se trouveront momentanément à Paris, ainsi que MM. les correspondants du Ministère, auront le droit d'assister à toutes les séances des sections.

Enfin, la bibliothèque des Sociétés savantes réunira, à l'avenir, les mémoires des sociétés et les communications imprimées ou manuscrites adressées au Comité, qui aura ainsi toutes les facilités nécessaires pour embrasser l'ensemble du mouvement scientifique et littéraire de la province. Je n'ai pas besoin de vous faire remarquer, Monsieur le Président, combien il est désirable que les publications de votre société soient adressées régulièrement à mon Ministère, et puissent ainsi trouver la place qui leur appartient dans la bibliothèque et dans la *Revue des Sociétés savantes*.

Pour donner à cette *Revue* l'importance qu'elle mérite, j'ai précédemment décidé qu'elle formerait, chaque année, deux forts volumes in-8°. A partir du 1er janvier de cette année, elle recevra une extension nouvelle, et elle comprendra le *Bulletin du Comité des travaux historiques*, qui a fait, jusqu'à présent, l'objet d'une publication distincte; mais la part la plus importante sera toujours réservée aux compagnies savantes. Chaque livraison contiendra des articles d'ensemble sur les travaux des sociétés de la France ou d'une province; les comptes rendus de leurs mémoires les plus considérables; la bibliographie complète de leurs publications; la bibliographie critique des ouvrages dont la connaissance peut leur être utile; une chronique offrant le tableau complet des concours académiques et mentionnant les faits d'un intérêt général dans l'ordre d'idées que comprend le cadre de ce recueil. La *Revue* contiendra encore des études sur les travaux des sociétés étrangères, l'indication des mémoires les plus importants produits par ces sociétés, les rapports publiés jusqu'en 1857 dans les *Archives des missions scientifiques et littéraires,* les documents inédits fournis par les correspondants, etc.

Les rédacteurs de cette *Revue* ne pourraient accomplir la tâche qui leur est imposée s'ils n'étaient assurés du concours assidu des associations savantes; ils recevront donc avec reconnaissance tous les renseignements, toutes les communications, tous les avis, qui les mettront en état de présenter à leurs lecteurs un tableau complet des recherches historiques, archéologiques et scientifiques qui s'opèrent en province. Ces compagnies voudront, je n'en doute pas, préparer le succès d'un recueil qui doit être leur œuvre, et lui faire prendre par leur collaboration active un rang élevé dans l'estime du monde savant.

Je désire, Monsieur le Président, que les Sociétés savantes voient dans ces mesures mon vif désir de seconder leurs efforts et de les encourager dans la voie où elles marchent avec une ardeur si désintéressée. Ces dispositions ne sauraient gêner en rien leur indépendance d'action et leur liberté d'initiative, nécessité de leurs travaux et condition de leur succès. Aussi, je me plais à vous répéter, Monsieur le Président, qu'en leur offrant de nouveaux encouragements et une publicité plus efficace, j'ai voulu bien moins stimuler le zèle de leurs membres que constater les heureux résultats de leurs recherches, relier leurs études, les coordonner, et montrer à tous ce que nos sociétés savantes font chaque année pour l'honneur du pays et les progrès de la civilisation.

Recevez, etc.

ROULAND.

79

CIRCULAIRE RELATIVE À LA REVISION DE LA LISTE DES MEMBRES NON RÉSIDANTS DU COMITÉ ET DES CORRESPONDANTS DU MINISTÈRE [1].

12 avril 1858.

Aux Préfets.

Monsieur le Préfet, au moment où le Comité des travaux historiques vient de recevoir une organisation nouvelle, par un arrêté du 22 février dernier, qui lui donne des attributions plus étendues et lui permet d'embrasser dans leur ensemble tous les travaux des Sociétés savantes, il est nécessaire de reviser la liste des membres non résidants et des correspondants qui, dans chaque département, concourent aux travaux de ce Comité.

J'ai cru devoir remettre en vigueur la disposition qui limitait à deux cents le nombre des correspondants du Ministère. Pour revenir à ce chiffre normal, tout en nommant un certain nombre de correspondants dans l'ordre des sciences, je me verrai contraint d'opérer des éliminations, qui porteront nécessairement sur les membres dont les communications ont été le moins fréquentes et le moins importantes. Je ne veux pas toutefois, Monsieur le Préfet, prendre une semblable mesure, sans m'être assuré que ces radiations ne vous semblent pas offrir d'inconvénients sérieux; il serait en effet regrettable que le Comité, qui doit devenir le centre des Sociétés savantes de la France, fût privé du concours d'un correspondant en état d'exercer une influence notable sur quelques-unes de ces compagnies.

Vous trouverez ci-inclus, Monsieur le Préfet, la liste des membres non résidants du Comité et des correspondants du Ministère d'après l'ancienne organisation; j'y joins l'indication des personnes qui, n'ayant pas pris une part active aux travaux du Comité, me semblent devoir être rayées de la liste des correspondants; je vous transmets, en même temps, les noms des candidats appartenant à votre département, dont les titres littéraires ou scientifiques me paraissent mériter un examen sérieux.

Je vous prie, Monsieur le Préfet, de vouloir bien me transmettre *confidentiellement* et *d'urgence*, avec votre avis personnel, les renseignements que vous pourriez recueillir sur toutes les personnes mentionnées dans ces listes,

---

[1] L'Administration avait toujours eu l'habitude de prendre l'avis des préfets pour la nomination des correspondants, mais, jusqu'en 1858, elle demandait cet avis par dépêches particulières et non par voie de circulaires.

leur aptitude aux travaux qu'on doit attendre de leur zèle et leurs relations avec les sociétés savantes de leur province; je désire, en outre, savoir *d'une manière précise* si parmi elles il ne s'en trouverait point qui, par leurs actes ou leurs opinions politiques, se seraient d'elles-mêmes placées en dehors du choix de l'Administration.

Recevez, etc.

ROULAND.

80
CIRCULAIRE RELATIVE À LA PRÉSENTATION DE CORRESPONDANTS POUR LA SECTION DES SCIENCES DU COMITÉ.

30 avril 1858.

Aux Préfets.

Monsieur le Préfet, l'ancien Comité de la langue, de l'histoire et des arts de la France ne se composait que des sections de philologie, d'histoire et d'archéologie. Par l'arrêté du 22 février dernier, j'ai adjoint à ce Comité une section des sciences; par conséquent, les correspondants du Ministère doivent se composer à la fois de savants versés dans les connaissances archéologiques et historiques, et de savants s'étant consacrés à l'étude des sciences morales, physiques et naturelles.

Or, dans les lettres que j'ai reçues jusqu'à ce jour de MM. les préfets, je ne vois guère figurer que des personnes s'étant occupées de travaux historiques et archéologiques; cet oubli tient sans doute à ce que, sur la liste des anciens correspondants du Ministère que je vous ai adressée, on ne comptait que des archéologues et des historiens; mais aujourd'hui l'adjonction d'une section des sciences aux sections déjà existantes entraîne nécessairement l'adjonction de correspondants appartenant aux sciences physiques et naturelles.

Je vous serai donc obligé, Monsieur le Préfet, de m'adresser un supplément de présentations, pour me faire savoir s'il existe dans votre département des personnes s'étant distinguées par des travaux de sciences physiques, naturelles ou médicales, et qui seraient aptes, par conséquent, à remplir les fonctions de correspondant du Ministère.

Cela ferait de votre part l'objet d'un envoi spécial.

Recevez, etc.

ROULAND.

81

CIRCULAIRE RELATIVE À LA NOUVELLE ORGANISATION
DU COMITÉ DES TRAVAUX HISTORIQUES ET DES SOCIÉTÉS SAVANTES [1].

26 août 1858.

Aux Correspondants du Ministère.

Monsieur, j'ai l'honneur de vous informer que, par arrêté en date du 26 août, je vous ai nommé correspondant du Comité des travaux historiques et des sociétés savantes.

J'espère, Monsieur, que vous voudrez bien voir dans cette nomination un témoignage du prix que j'attache à votre concours, et que votre utile collaboration ne me fera pas défaut.

L'importance croissante des travaux historiques ou scientifiques entrepris en province et les heureux résultats des recherches opérées par les Sociétés savantes m'ont engagé à donner au Comité institué près de mon Ministère une organisation nouvelle, qui lui permette d'embrasser l'ensemble de ce mouvement intellectuel, de constater les faits nouveaux acquis à la science, de leur offrir la publicité qui leur manque, de diriger et d'encourager les efforts isolés et les publications collectives. Tel a été le but de l'arrêté du 22 février dernier, dont j'ai l'honneur de vous adresser un exemplaire.

J'ai cru devoir rendre officiellement au Comité le nom qu'il porta jadis et que l'usage lui a conservé; mais j'ai voulu, en même temps, que cette dénomination rappelât les attributions nouvelles qui lui sont confiées. Par le fait même de sa constitution, le Comité se voyait contraint de négliger les publications scientifiques : en créant une section des sciences, je l'ai mis en mesure d'embrasser toutes les études poursuivies avec succès en province. J'ai pu, dès lors, étendre sa sphère d'action, et, tout en lui conservant les attributions qui lui ont appartenu jusqu'à ce jour, le charger de me présenter un compte rendu mensuel de toutes les publications des Sociétés savantes; de me donner son avis sur les encouragements qui pourront être accordés à ces associations, et sur les demandes en reconnaissance légale qu'elles formeront; de proposer des questions à ces sociétés, sous mon approbation, et de me présenter la liste des mémoires qui lui paraîtront mériter des prix.

---

[1] Une circulaire, qui n'a point été reproduite parce qu'elle était presque identique à celle-ci, avait été adressée aux anciens correspondants le 29 mars précédent.

Les correspondants conserveront avec le Comité leurs anciennes relations : leurs communications continueront à être examinées par les sections, qui statueront sur l'insertion de ces envois dans la *Revue des Sociétés savantes*, et en donneront connaissance au Comité réuni en assemblée générale. Ils recevront, comme par le passé, les instructions nécessaires pour leurs recherches. Mais, pour les rattacher plus intimement encore au Comité, j'ai décidé qu'ils auront le droit d'assister aux séances lorsqu'ils se trouveront momentanément à Paris.

C'est dans les sections du Comité que MM. les correspondants peuvent rencontrer les meilleurs juges de leurs travaux, les appréciateurs les plus éclairés de leur zèle; aussi, j'ai décidé qu'à l'avenir le Comité me donnera son avis sur la formation et la revision des listes de correspondants, et qu'il m'indiquera, parmi ses collaborateurs, ceux qui lui paraîtront mériter des récompenses honorifiques ou des encouragements.

Dans ces dernières années, MM. les correspondants ont été invités à se borner à envoyer des documents inédits. Il y aurait un grave inconvénient, à mon avis, à maintenir ces restrictions : le Comité forme en quelque sorte, avec les correspondants, une vaste société savante qui embrasse toute la France et doit résumer les travaux des associations locales; il recevra donc avec reconnaissance les communications que vous voudrez bien, Monsieur, lui adresser dans ce but; il accueillera avec intérêt des notices sur des points d'histoire, de philologie ou d'archéologie *locale,* sur les découvertes qui pourront avoir lieu, et les faits curieux qui viendront à se produire. Les sections du Comité pourront être chargées, à l'avenir, de publier des travaux historiques ou scientifiques : telles seraient, par exemple, des études générales sur la géographie historique de la France, sur les anciennes institutions des provinces, leur bibliographie, leurs dialectes, leurs monuments, leur faune et leur flore. Les sections ne pourraient aborder ces utiles publications si elles n'étaient assurées à l'avance de votre active collaboration : vous voudrez bien me permettre de compter sur votre concours.

Les études de géographie, d'archéologie, de philologie, et un certain nombre de travaux historiques, ne sauraient guère se préparer que sur les lieux mêmes : mais, pour tirer de ces études le profit qu'on en doit attendre, pour les faire servir utilement à l'avancement de la science, il faut leur assurer une publicité qui leur fait trop souvent défaut, et réunir dans un faisceau toutes ces forces isolées. C'est dans cette pensée qu'a été créée la

Revue des Sociétés savantes, revue destinée à devenir le centre où aboutiront, de tous les points de la France, les travaux des Sociétés savantes et les recherches individuelles dont le mérite reste toujours inaperçu si quelque heureux hasard ne les place au grand jour de la critique. Cette statistique fidèle des faits nouveaux acquis à la science et des résultats obtenus par le travail individuel ou collectif des érudits dispersés dans les départements était appelée par les vœux de tous ceux qui s'intéressent aux progrès de la science, par tous ceux-là, aussi, qui tiennent à honneur de montrer que la culture intellectuelle de notre pays ne reste pas au-dessous de la prospérité qui lui est assurée par un Gouvernement réparateur. Je ne pouvais qu'entrer dans cette pensée : aussi, dès l'année dernière, la *Revue des Sociétés savantes* a élargi son programme, qui va recevoir de nouvelles améliorations, et comprendre à l'avenir le *Bulletin du Comité*, dont le plan était trop restreint pour offrir un véritable intérêt. L'étendue beaucoup plus considérable de la *Revue* permettra de publier dans ce nouveau recueil des études plus soutenues, des communications plus variées, des travaux d'un caractère plus personnel. Je serais heureux de voir MM. les correspondants prendre, avec les savants de nos provinces, une part active à une publication qui a pour but exclusif de mettre leurs travaux en relief : je me plais à penser, Monsieur, que les communications que vous voudrez bien adresser au Comité pourront entrer, soit intégralement, soit par extrait ou analyse, dans la *Revue des Sociétés savantes*, et qu'elles contribueront efficacement au succès de ce recueil.

Recevez, etc.

ROULAND.

82

CIRCULAIRE RELATIVE À L'EXÉCUTION D'UN *DICTIONNAIRE GÉOGRAPHIQUE DE LA FRANCE*.

26 août 1858.

Aux Présidents des Sociétés savantes et aux Correspondants du Ministère.

Monsieur, en donnant, par mon arrêté du 22 février dernier, une nouvelle organisation au Comité des travaux historiques et des sociétés savantes, j'ai eu particulièrement en vue de rattacher par un lien plus étroit à mon

Ministère les recherches de MM. les correspondants et les divers travaux des Sociétés savantes de la province.

Aujourd'hui je fais appel à votre zèle et à vos lumières pour la préparation d'un *Dictionnaire géographique de la France*. Mieux que personne, MM. les correspondants et MM. les membres des Sociétés savantes connaissent la topographie ancienne et moderne du pays, et c'est à eux surtout qu'il appartient de concourir à une œuvre aussi utile.

Comme j'attache une grande importance à la prompte exécution de ce travail, je vous adresse dès à présent les trois questions suivantes.

1° Existe-t-il pour votre département des nomenclatures générales ou partielles, manuscrites ou imprimées, des anciens noms de peuple, des circonscriptions antérieures à 1789, des lieux habités ou historiques, communes, hameaux, écarts ou autres dépendances des communes, des montagnes, vallées, grottes, cavernes, forêts, cours d'eau, étangs, caps, baies, havres, îles et rochers? Quelle est la valeur scientifique de ces nomenclatures?

2° Quels sont les ouvrages inédits ou imprimés, quels sont les documents (tels que collection de titres originaux, cartulaires et pouillés) qui indiquent les noms latins ou vulgaires sous lesquels les lieux habités, les cours d'eau, etc. de la totalité ou d'une partie de ce département étaient connus avant 1789?

3° Dans le cas où il n'existerait pas pour la totalité ou pour partie de votre département de pareilles nomenclatures, je vous prie de me dire si vous consentez à vous charger vous-même de ce travail, ou de m'indiquer les personnes qui seraient le mieux préparées à l'entreprendre.

Je n'insisterai pas, Monsieur, sur l'intérêt que présentera ce dictionnaire. Ce sera un véritable monument d'érudition nationale, dont la France entière pourra s'enorgueillir et que les savants consulteront aussi utilement que le *Glossaire* de Ducange et l'*Art de vérifier les dates*.

Agréez, etc.

ROULAND.

83.

CIRCULAIRE PRESCRIVANT COMMUNICATION AU MINISTÈRE D'EXTRAITS DES PROCÈS-VERBAUX DES SOCIÉTÉS SAVANTES, AINSI QUE DES MODIFICATIONS DE LEUR PERSONNEL.

10 janvier 1859.

Aux Présidents des Sociétés savantes.

Monsieur le Président, par ma circulaire du 29 mars 1858, j'ai eu l'honneur de vous faire connaître le but que je me suis proposé en donnant une extension nouvelle à la *Revue des Sociétés savantes*, et de vous indiquer quelle était la nature des travaux et des documents destinés à figurer dans ce recueil. J'ajoutais que le concours assidu des Sociétés savantes était indispensable aux rédacteurs de la *Revue* pour l'accomplissement de leur tâche, et qu'ils recevraient avec reconnaissance tous les renseignements, tous les avis qui les mettraient en état de présenter à leurs lecteurs un tableau complet des recherches historiques, archéologiques et scientifiques qui s'opèrent en province.

Je viens vous prier aujourd'hui de vouloir bien, en rappelant à la société que vous présidez tout le prix que j'attache à ces communications, lui transmettre mon désir, non-seulement d'être tenu au courant de toutes les découvertes, de toutes les fondations, de tous les faits qui intéressent, au point de vue de la science, la localité qu'elle habite, mais encore de recevoir, avec toute la régularité possible, des extraits des procès-verbaux de ses séances, toutes les fois qu'ils contiendront quelque indication utile, et les programmes des prix mis par elle au concours. Je tiendrais également à être informé exactement des mutations qui peuvent avoir lieu dans la composition du bureau ou du conseil d'administration de la société, des décès et des nominations nouvelles, en un mot de toutes les modifications qui surviennent dans son personnel.

Ces utiles renseignements figureront périodiquement dans la chronique de la *Revue*.

Les Sociétés savantes des départements verront, je pense, dans cette mesure une nouvelle preuve de mon désir de donner la plus grande publicité possible à leurs travaux et à leurs actes.

Agréez, etc.

ROULAND.

84

CIRCULAIRE RELATIVE À LA PUBLICATION D'UN *RÉPERTOIRE ARCHÉOLOGIQUE DE LA FRANCE*.

30 mars 1859.

Aux Présidents des Sociétés savantes[1].

Monsieur le Président, je vous ai adressé récemment une lettre relative à la préparation d'un *Dictionnaire géographique de la France,* qui doit être rédigé, avec le concours des Sociétés savantes des départements, par les soins de la section d'histoire et de philologie du Comité impérial des travaux historiques et des sociétés savantes.

Je vous demande aujourd'hui votre coopération et celle de la société que vous présidez pour un projet non moins intéressant, dont je confie l'exécution à la section d'archéologie, je veux parler du *Répertoire archéologique de la France,* dont le plan a été exposé dans la séance du Comité du 14 juin dernier. Les archives du Comité contiennent déjà un grand nombre de communications qui répondent d'avance à la plupart des questions soulevées par le programme que vous trouverez ci-inclus. Ces précieuses communications, qui presque toutes émanent des Sociétés savantes, sont classées méthodiquement; la section pourra donc facilement utiliser dans cette grande entreprise toutes celles qui s'y rapportent, en faisant scrupuleusement connaître dans l'ouvrage les noms des sociétés et ceux des auteurs auxquels le Comité en est redevable. Mais le programme adopté par la section, dans la séance du 17 janvier 1859, ne pourra être rempli d'une manière satisfaisante qu'à l'aide de nouveaux envois; car bien des localités, riches en monuments de tout genre, ne sont pas encore représentées dans les archives du Ministère, et d'ailleurs ces documents n'ont pas été recueillis en vue de l'ouvrage pour lequel je réclame le concours des Sociétés savantes.

Comme j'attache une grande importance à la prompte réalisation de ce projet, je vous prie, Monsieur, de faire connaître mes intentions à la société que vous présidez. Les Sociétés savantes s'empresseront, j'en ai la conviction, de coopérer à cette œuvre, qui ne peut être menée à bonne fin qu'avec leur participation. Je compte, Monsieur le Président, sur l'empressement que

---

[1] Une circulaire identique était adressée à la même date aux correspondants du Ministère. On leur adressa également, les 20 août et 10 décembre, des circulaires semblables à celles qui se trouvent plus loin sous les nos 85 et 86.

vous voudrez bien mettre à stimuler le zèle de ceux de vos confrères que la nature de leurs études appelle à y concourir. Je vous prie, en conséquence, Monsieur le Président, de faire connaître à la société le programme que je vous adresse sous ce pli [1]. La section recevra avec reconnaissance soit la description archéologique d'un département tout entier, soit celle d'une ville, soit même celles de séries de monuments ou de monuments situés dans la région à laquelle appartient la société que vous présidez.

Les noms des sociétés, ainsi que ceux des auteurs qui auront fourni des travaux complets, des notices partielles, ou même simplement d'utiles documents ou matériaux, seront scrupuleusement publiés dans l'ouvrage. J'ai voulu, en donnant à chacun des articles l'autorité et la confiance qu'inspire une signature recommandable, ajouter une nouvelle garantie à toutes celles que présentera au lecteur un livre fait et publié sous les auspices du Gouvernement. Cette mesure aura encore cet avantage qu'elle fera connaître à la France tout ce qu'elle recèle d'archéologues distingués dans chacun de ses départements.

Je n'ai pas besoin de vous rappeler, Monsieur le Président, que j'ai institué des médailles pour les Sociétés savantes et pour les auteurs qui adresseraient au Comité impérial les travaux les plus méritants. Ces récompenses et les autres distinctions honorifiques dont dispose mon Ministère seront accordées, s'il y a lieu, en 1859, sur le rapport du Comité, à la meilleure description archéologique d'un département ou même d'un arrondissement.

La lecture du programme adopté par la section d'archéologie, dans sa séance du 17 janvier 1859, et que j'ai l'honneur de vous adresser, en vous permettant d'apprécier toute l'importance du projet pour lequel je réclame un concours qui n'a jamais fait défaut au Gouvernement, vous fera connaître en même temps tout ce que j'attends du zèle et des lumières des membres des Sociétés savantes.

Agréez, etc. ROULAND.

85

CIRCULAIRE RELATIVE À LA PUBLICATION D'UN *DICTIONNAIRE GÉOGRAPHIQUE DE LA FRANCE*.

20 août 1859.

Aux Présidents des Sociétés savantes.

Monsieur le Président, par ma circulaire du 26 août 1858, j'ai eu l'hon-

[1] Voir tome III, *Instructions*, n° x.

neur de vous faire connaître le projet de publication d'un *Dictionnaire géographique de la France,* que je me suis proposé de faire exécuter, sous les auspices de mon Ministère, par le Comité impérial des travaux historiques et des sociétés savantes. Je faisais en même temps appel à la coopération de MM. les membres des Sociétés savantes pour la préparation de ce travail, et je vous adressais quelques questions préliminaires dans le but de mettre le Comité à même d'arrêter définitivement le plan le plus convenable à suivre pour cette entreprise. Les renseignements qui me sont parvenus, et les nouvelles discussions qui ont eu lieu au sein du Comité, ont permis à M. Léopold Delisle, l'un de ses membres, de rédiger des instructions plus détaillées, dont je vous adresse ci-joint un exemplaire[1]. Ce rapport contient, ainsi que vous le remarquerez, toutes les indications nécessaires pour la marche à suivre dans l'accomplissement de la tâche éminemment utile proposée aux compagnies savantes. Si, toutefois, la société que vous présidez croyait devoir demander quelques nouveaux éclaircissements, je m'empresserais de les lui transmettre.

En m'accusant réception de la présente circulaire, je vous serai obligé, Monsieur le Président, de vouloir bien me faire connaître de la manière la plus précise, et dans le plus bref délai, la part de collaboration que je puis espérer de votre société. Vous savez déjà tout le prix que j'attache à ce concours. Pour arriver plus promptement à un résultat, il a été décidé, comme vous le verrez dans les instructions ci-jointes, que le *Dictionnaire géographique de la France* serait publié en 86 livraisons, représentant chacune un département. Une livraison est déjà sous presse : c'est vous dire, Monsieur le Président, l'active impulsion que je désire donner à cette publication.

Agréez, etc.

ROULAND.

86

CIRCULAIRE RELATIVE À LA PUBLICATION D'UN *RÉPERTOIRE ARCHÉOLOGIQUE DE LA FRANCE.*

10 décembre 1859.

Aux Présidents des Sociétés savantes.

Monsieur le Président, par ma circulaire en date du 30 mars 1859, j'ai

---

[1] Voir tome III, *Instructions,* n° XI.

eu l'honneur de vous faire connaître le projet de publication du *Répertoire archéologique de la France*, que je me suis proposé de faire exécuter, sous les auspices de mon Ministère, par le Comité impérial des travaux historiques et des sociétés savantes. Je vous faisais en même temps savoir que je comptais surtout, pour l'exécution de cette œuvre nationale, sur le concours que voudraient bien prêter au Comité MM. les membres des Sociétés savantes des départements. Je n'avais pas trop présumé de leur zèle pour la science et de leur patriotisme; beaucoup de promesses de concours me sont parvenues, et j'ai même déjà reçu de quelques départements des travaux assez considérables pour que le Comité pût se mettre immédiatement à l'œuvre, et commencer la rédaction définitive du grand ouvrage dont je lui ai confié la direction.

Le *Répertoire archéologique* sera divisé, comme le *Dictionnaire géographique* et la *Description scientifique de la France*, en 86 livraisons, représentant chacune un département. Ces livraisons seront publiées successivement, au fur et à mesure que les matériaux en parviendront au Comité. Chacune d'elles portera le nom de la société ou des savants qui l'auront préparée. La première sera bientôt en état d'être mise sous presse, et j'espère que les derniers mois de cette année ne se passeront pas sans qu'elle puisse être livrée au public. Mais je n'ai pas voulu attendre jusque-là pour vous faire connaître le plan adopté par le Comité. J'ai donc l'honneur de vous adresser ci-joint un *spécimen* contenant la description d'un certain nombre de communes du département du Morbihan.

Ce *spécimen* est le résumé des renseignements qui m'ont été adressés sur ces communes par M. Rosenzweig, membre de la Société archéologique de Vannes, correspondant de mon Ministère pour les travaux historiques. Il suffira pour vous donner une idée du style simple et concis qui devra être adopté pour la rédaction du *Répertoire archéologique de la France*, de la manière dont les monuments devront y être mentionnés ou décrits; enfin, de l'ordre suivant lequel ces mentions ou descriptions devront être classées dans les différentes notices dont se composera cet ouvrage.

L'objet que je me suis proposé dans la publication du *Répertoire archéologique de la France* a déjà été exposé, avec des détails suffisants, dans le *Programme* rédigé par le secrétaire de la section archéologique du Comité, et qui a été publié dans la *Revue des Sociétés savantes* (1859, 2° série, t. I, p. 153). Ce *programme* et le *spécimen* que j'ai l'honneur de vous adresser aujourd'hui contiennent toutes les indications nécessaires pour la marche à suivre dans l'exécution de cette grande entreprise. Si cependant la société que vous présidez croyait avoir besoin de quelques nouveaux éclaircissements, je vous prie de me le faire savoir : je m'empresserai de vous les transmettre.

En m'accusant réception de cette circulaire, je vous serai obligé, Monsieur le Président, de vouloir bien me faire connaître, *de la manière la plus précise et dans le plus bref délai*, la part de collaboration que je puis espérer de votre société. Je n'ai pas besoin de vous répéter que j'attache le plus grand prix à ce concours, et je connais trop bien le patriotisme éclairé qui anime les membres des Sociétés savantes des départements, pour douter qu'ils ne s'empressent tous de s'associer, dans la mesure du possible, à une tâche aussi utile et aussi nationale que celle que je propose à leur science et à leur activité.

Agréez, etc.

ROULAND.

87
ARRÊTÉ RELATIF À DES PRIX À DÉCERNER AUX SOCIÉTÉS SAVANTES [1].
25 janvier 1860.

LE MINISTRE SECRÉTAIRE D'ÉTAT AU DÉPARTEMENT DE L'INSTRUCTION PUBLIQUE ET DES CULTES

ARRÊTE :

ARTICLE PREMIER. Un des prix annuels de 1,500 francs institués par l'arrêté du 22 février 1858 (art. 16) sera décerné, en 1860, à la société savante qui aura transmis au Ministère le meilleur *Dictionnaire géographique* d'un département ou même d'un arrondissement.

ART. 2. Ces dictionnaires devront être rédigés conformément au plan adopté par la section d'histoire du Comité et au spécimen publiés dans la *Revue des Sociétés savantes* (2ᵉ série, 1859, tome I, p. 165 et 177; tome II, p. 310, 312 et 394), et dont un exemplaire a été envoyé aux Sociétés savantes.

---

[1] Un arrêté similaire, du 2 février suivant, décida qu'un prix de 1,500 francs serait également décerné à la société qui adresserait au Ministre le meilleur *Répertoire archéologique* d'un département ou même d'un arrondissement. Il n'a pas paru utile de le reproduire ici, non plus que la suite des arrêtés indiquant chaque année les sujets de concours.

Art. 3. Les travaux imprimés ou manuscrits devront être envoyés au Ministère avant le 1er décembre 1860.

ROULAND.

88

CIRCULAIRE RELATIVE À LA PRÉPARATION D'UNE *DESCRIPTION SCIENTIFIQUE DE LA FRANCE*.

1er juin 1860.

Aux Présidents des Sociétés savantes [1].

Monsieur le Président, je vous ai adressé, il y a quelques mois, deux lettres relatives au *Dictionnaire géographique de la France* et au *Répertoire d'archéologie;* je viens vous communiquer aujourd'hui le plan d'un troisième ouvrage, qui, sous le titre de *Description scientifique de la France*, doit compléter l'ensemble de la vaste publication nationale dont j'ai conçu la pensée et à l'exécution de laquelle j'attache le plus haut prix.

Décrire la France d'une manière exacte mais sommaire, sous les rapports géologique, zoologique, botanique, météorologique et statistique, tel est l'objet général de l'ouvrage qui aura pour titre : *Description scientifique de la France*. J'ai décidé de prendre pour base de division de ce livre les départements de l'empire français, cette division géographique répondant aux habitudes générales de notre société, aussi bien qu'à l'état politique et administratif du pays. D'après ce système, il y aura donc à décrire successivement chaque département sous les rapports énumérés plus haut, c'est-à-dire au point de vue géologique, zoologique, botanique, météorologique et statistique.

Cet ouvrage sera précédé d'une *Introduction*, dans laquelle on s'appliquera à faire connaître, d'une manière générale, la France sous le rapport scientifique. Rapprochés des descriptions locales de chaque département, ces *prolégomènes* compléteront l'ensemble de la monographie scientifique de la France. En effet, dans le corps de l'ouvrage, on trouvera les études spéciales relatives à la flore, à la faune, à la partie géologique, à la statistique de chaque département; en tête seront les considérations d'ensemble et ces

---

[1] A la même date, une circulaire identique était adressée aux correspondants du Ministère.

vues générales auxquelles il faut s'élever pour donner une idée exacte d'un pays au point de vue scientifique. Ces considérations générales sur la constitution physique du sol de la France, sur les animaux et les plantes qu'on y rencontre, sur son climat, sur sa statistique, etc., seront le résumé synthétique de tous les faits et de toutes les études exposés dans le reste du livre.

Pour mettre la *Description scientifique de la France* en harmonie avec les deux autres publications qui lui seront corrélatives et qui sont confiées aux deux autres sections du Comité, savoir : le *Dictionnaire géographique de la France* et le *Répertoire d'archéologie*, qui procèdent tous les deux par l'ordre alphabétique, les descriptions scientifiques de nos divers départements seront rangées dans l'ordre de l'alphabet. Dans ce but, chaque département sera publié par fascicule isolé, au fur et à mesure de sa terminaison. Chaque fascicule ayant sa pagination spéciale, rien ne sera plus facile, l'ouvrage une fois terminé, que de placer chaque département à son rang alphabétique. Ainsi seront conciliées la promptitude, la régularité de cette publication, avec l'ordre de succession que doivent offrir ses différentes parties.

Une commission choisie dans le sein de la section des sciences du Comité des travaux historiques et des sociétés savantes sera chargée de composer l'introduction de cet ouvrage. Quant aux monographies scientifiques des départements, je désire les confier aux Sociétés savantes de ces mêmes départements et aux correspondants que j'ai attachés à mon Ministère.

Tous les travaux envoyés par les Sociétés savantes pour concourir à la *Description scientifique de la France* porteront la signature de leur auteur, le nom de l'auteur devant donner à son travail une recommandation nouvelle et souvent une signification spéciale.

Je vous prie, Monsieur le Président, de vouloir bien communiquer les vues que je viens de vous faire connaître à MM. les membres de la société savante que vous dirigez, en leur demandant de vouloir bien s'occuper sans délai de la description scientifique de votre département. Vous trouverez bon, sans doute, de répartir entre les membres de votre société les différentes sections de ce travail selon la spécialité des études et des travaux de chacun.

Je me réserve de récompenser, par les distinctions dont mon Administration dispose, les membres des sociétés et les correspondants du Ministère qui auront efficacement concouru à l'exécution de ce travail. Vous n'ignorez pas, d'un autre côté, Monsieur le Président, que j'ai choisi *la meilleure description scientifique d'un département de la France* comme programme du prix que j'ai institué par mon arrêté du 22 février 1858, pour être distribué annuellement aux Sociétés savantes. Ce sera pour moi une autre manière de récompenser les travaux qui auront été utiles à la composition de l'ouvrage dont il est question ici.

Par l'exposé qui précède vous voyez, Monsieur le Président, quel important et sérieux appel je viens faire au zèle, au dévouement des Sociétés savantes, qui n'a jamais fait défaut au Gouvernement. En donnant au Comité des travaux historiques et des sociétés savantes une organisation nouvelle, en le rattachant d'une manière étroite aux compagnies savantes de nos départements, je me suis proposé de mettre en lumière le mérite et les travaux des hommes de science de nos provinces, d'offrir aux travaux émanés de leurs sociétés savantes une large et efficace publicité, enfin de donner à ces sociétés le moyen de manifester avec éclat leur valeur scientifique. L'exécution des trois grands ouvrages dont j'ai eu l'honneur de vous communiquer le plan : le *Dictionnaire géographique de la France*, le *Répertoire d'archéologie* et la *Description scientifique de la France*, m'a paru un moyen puissant d'atteindre le but que je me propose, c'est-à-dire de faire connaître à la France tous les hommes de mérite qu'elle compte dans son sein, et de cimenter plus étroitement les rapports que je désire voir s'établir entre tous les savants français. Tous les hommes distingués que nos départements renferment viendront, à tour de rôle, concourir à la rédaction de ces livres; ils mettront, je n'en doute point, le plus louable empressement à se dévouer à une œuvre éminemment nationale. Ce grand ouvrage, qu'aucune nation n'a encore entrepris, formera, j'ose le dire, un véritable monument élevé à la science française, non seulement parce qu'on y trouvera la description scientifique de la France, mais encore parce qu'il présentera dans un faisceau, dans un foyer commun, la réunion de tous les talents, de toutes les intelligences, de tous les honorables dévouements de notre patrie.

Dans cette lettre, Monsieur le Président, j'ai dû me borner à vous faire connaître d'une manière succincte le plan et les moyens généraux d'exécution de la *Description scientifique de la France*, travail pour lequel je sollicite le précieux concours de la société que vous dirigez. Des renseignements plus précis, des indications plus catégoriques vous sont, je le sens, nécessaires pour que la société savante que vous présidez puisse se mettre immédiatement à l'œuvre. Ne pouvant entrer ici dans des détails plus circonstanciés, j'ai l'honneur de vous adresser sous ce pli un exemplaire des instructions [1] que la commission que j'ai instituée pour s'occuper de la *Description scientifique de la France* a composées, sur ma demande. Au moyen de ces instructions, les Sociétés savantes connaîtront exactement le genre et l'étendue du travail que l'on attend de leurs lumières, ce qui empêchera tout malentendu, tout emploi inutile de leurs efforts et de leur zèle.

Agréez, etc.

ROULAND.

89
CIRCULAIRE INDIQUANT DE QUELLE MANIÈRE DOIVENT ÊTRE CONÇUS LES COMPTES RENDUS DES PROFESSEURS DE FACULTÉS SUR LES TRAVAUX DES SOCIÉTÉS SAVANTES.

22 mars 1861.

Aux Recteurs.

Monsieur le Recteur, j'ai déjà plusieurs fois signalé à votre attention la pensée qui a présidé à l'organisation du Comité des travaux historiques et des sociétés savantes. J'ai voulu surtout rattacher à l'Administration centrale les nombreuses académies éparses dans les départements, afin de donner plus de notoriété à leurs utiles travaux. Les Facultés des sciences et des lettres ont un rôle important dans cette organisation; elles sont chargées de me présenter, chaque année, un compte rendu du mouvement intellectuel dans le ressort de l'académie et de me signaler les productions remarquables des Sociétés savantes.

Plusieurs des professeurs auxquels ces travaux ont été confiés s'en sont acquittés avec le soin et le succès que l'on devait attendre d'hommes aussi distingués. Cependant, j'ai remarqué qu'en général ils s'arrêtaient trop aux détails et se bornaient à analyser les mémoires des Sociétés savantes. Ce n'est pas là leur mission. Ce que j'attends de leur collaboration, c'est un tableau

---

[1] Voir le tome III, *Instructions*, n° XII.

général du travail intellectuel de chaque ressort académique. Leur but doit être de retracer les progrès qu'ont fait faire aux études d'histoire, de philologie et d'archéologie, aux sciences mathématiques, physiques et naturelles, les recherches de tous les savants disséminés dans tout l'empire, et de marquer comment, par ce travail de nos départements, s'accroissent chaque année les richesses intellectuelles de la France. Quant à l'analyse détaillée des mémoires que les Sociétés savantes publient annuellement, elle est faite par les membres mêmes du Comité, et leurs rapports sont publiés dans la *Revue des Sociétés savantes*. Il est arrivé plus d'une fois qu'un même travail a été apprécié par un membre du Comité et par un professeur de Faculté; ce qui entraîne des inconvénients faciles à comprendre.

J'espère, Monsieur le Recteur, que les hommes éminents qui composent les Facultés de l'empire comprendront l'importance de la mission qui leur est confiée. Se rattachant à Paris par l'étendue et la force de leur instruction classique, par la généralité et l'élévation de leurs études, ils participent en même temps à la vie intellectuelle des Sociétés savantes des départements; ils se trouvent ainsi les intermédiaires naturels entre ces sociétés et le Ministère de l'instruction publique. Leur compte rendu, inspiré par un sentiment de bienveillante confraternité, aura surtout pour but et pour résultat de signaler les savants modestes et laborieux de nos provinces et d'appeler mon attention sur leurs travaux. Conçus dans cet esprit, les rapports annuels des Facultés seront un tableau complet et rapide du progrès accompli, dans toutes les branches des connaissances humaines, par le travail des départements, et un encouragement puissant pour les Sociétés savantes, dont les productions seront appréciées par des juges aussi éclairés que bienveillants. Telle est, Monsieur le Recteur, la pensée dont doivent se pénétrer les professeurs des Facultés chargés de ces rapports; elle est digne de toute leur sollicitude. Je suis convaincu que, dirigés par votre haute intelligence, ils s'en acquitteront avec autant de zèle que de talent.

Agréez, etc.

ROULAND.

90

CIRCULAIRE RELATIVE AU CONCOURS DES SOCIÉTÉS SAVANTES.

1er août 1861.

Aux Présidents des Sociétés savantes.

Monsieur le Président, j'ai l'honneur de vous informer que la distribution solennelle des prix accordés aux Sociétés savantes, à la suite du concours de 1860, aura lieu à Paris dans la grande salle de la Sorbonne, le 10 novembre prochain.

Permettez-moi d'espérer qu'il vous sera possible d'assister à cette cérémonie. Je serai heureux d'exprimer publiquement ma gratitude personnelle et mes félicitations les plus sincères aux corps savants, dont la collaboration active et dévouée contribue pour une si large part au succès des travaux du Comité[1].

Veuillez recevoir, etc.

ROULAND.

91

CIRCULAIRE RELATIVE AUX LECTURES PRÉPARÉES POUR LES RÉUNIONS DES DÉLÉGUÉS DES SOCIÉTÉS SAVANTES PAR LES MEMBRES DE CES SOCIÉTÉS.

20 août 1861.

Aux Présidents des Sociétés savantes [2].

Monsieur le Président, j'ai l'honneur de vous informer, qu'indépendamment de la distribution des prix qui devait avoir lieu le 10 novembre et dont je viens de reporter l'époque au 25 du même mois, les sections du Comité des travaux historiques et des sociétés savantes tiendront, les 21, 22 et 23, des séances solennelles, dans lesquelles MM. les membres des Sociétés savantes seront admis à donner lecture des notes ou mémoires qu'ils auront bien voulu préparer pour cette circonstance [3].

---

[1] Une médaille de bronze fut distribuée à chacune des sociétés savantes représentées à cette cérémonie.

[2] Une circulaire identique fut envoyée aux Recteurs.

[3] Dans ces séances, les membres des Sociétés savantes se divisèrent en trois sections, correspondant aux trois sections du Comité. Un arrêté ministériel avait désigné, au préalable, le bureau de chacun de ces groupes.

Je vous serais obligé, Monsieur le Président, de me faire connaître, avant le 1ᵉʳ novembre, dernier délai, le nom des membres de votre société qui auraient l'intention de prendre part à ces lectures, et de m'indiquer le sujet et l'étendue des travaux.

Veuillez recevoir, etc.

Le secrétaire général,
ROULAND.

92

CIRCULAIRE ANNONÇANT LA PUBLICATION DES MÉMOIRES
LUS DANS LES RÉUNIONS DES DÉLÉGUÉS DES SOCIÉTÉS SAVANTES À LA SORBONNE.

9 décembre 1861.

Monsieur, sur le rapport d'une commission prise dans le sein du Comité des travaux historiques, M. le Ministre a décidé l'impression des mémoires présentés par MM. les professeurs de Facultés et MM. les membres des Sociétés savantes des départements pour être lus dans les séances des 21, 22 et 23 novembre dernier.

Je vous prie de vouloir bien m'adresser, par le retour du courrier, votre mémoire, que Son Excellence désire vivement voir figurer dans le recueil projeté.

Veuillez agréer, etc.

G. ROULAND.

93

CIRCULAIRE RELATIVE À LA COLLECTION ANTHROPOLOGIQUE
DU MUSÉUM D'HISTOIRE NATURELLE.

17 janvier 1863.

Aux Présidents des Sociétés savantes.

Monsieur le Président, l'étude des races humaines, envisagées au point de vue de leurs caractères physiques et anatomiques, a été longtemps négligée, malgré l'exemple donné par Buffon et Blumenbach; mais elle a repris, depuis quelques années, un essor remarquable. Des publications, de jour en jour plus fréquentes et signées des noms les plus éminents, attestent l'intérêt croissant qui s'attache à cet ordre de recherches, en Amérique aussi bien que dans les principaux États de l'Europe. Loin d'être restée en arrière de ce mouvement, la France l'a devancé, sinon provoqué, et c'est à Paris que la première société ethnologique s'est constituée; c'est au Muséum qu'a été fondé, en 1832, le premier et jusqu'à ce jour le seul enseignement public ayant pour objet l'histoire naturelle de l'homme. Aujourd'hui cet établissement, de l'aveu même des étrangers, possède la collection anthropologique la plus riche qui existe, soit en Europe, soit en Amérique.

Mais il ne faut pas se dissimuler que, pour conserver cette supériorité encore incontestée, d'incessants efforts sont nécessaires ; car de toutes parts on s'est mis à l'œuvre, et nos collections perdraient rapidement l'autorité qu'elles ont si légitimement acquise, si nous ne prenions soin de les maintenir à leur rang par de nouvelles études. Or un moyen assuré de donner à ces collections un intérêt spécial serait d'y réunir le plus grand nombre possible de squelettes et de têtes osseuses des diverses populations qui se sont succédé sur tous les points de notre territoire.

La science est aujourd'hui assez sûre d'elle-même pour puiser dans la comparaison de ces matériaux des renseignements certains. Aussi est-il permis d'affirmer qu'indépendamment de son importance propre, cette collection ostéologique des races, quelle que soit leur origine, ayant existé sur le sol de la France, jetterait un jour nouveau sur quelques-uns des problèmes historiques dont la solution intéresse à un si haut degré le monde savant.

Pour constituer un pareil ensemble, je crois devoir, en premier lieu, Monsieur le Président, réclamer le concours des Sociétés savantes des départements. Ces compagnies ont en effet pour elles le nombre, qui est une condition essentielle de succès ; elles joignent en outre aux aptitudes les plus diverses la connaissance des traditions locales et l'avantage inestimable des informations les plus directes et les plus promptes.

Chaque année nous apporte en France son contingent de découvertes. Le hasard ou d'intelligentes recherches nous révèlent l'existence de tombes celtiques ou gauloises, romaines ou gallo-romaines, et l'on recueille comme de précieux témoignages les moindres vestiges des industries ou des mœurs; les ossements seuls sont trop souvent dédaignés. Ils offriraient cependant, pour les études anthropologiques, un intérêt égal à celui que présentent pour l'archéologie, les médailles, les armes et les bijoux. Ne serait-il pas à désirer, Monsieur le Président, que ces restes, parfois admirablement conservés, fussent en toute occasion recueillis avec les plus grands soins, pour être réunis à la collection du Muséum? Si l'appel que j'ai l'honneur de vous adresser était entendu, la France posséderait avant peu d'années les matériaux d'un ouvrage plus complet que les *Crania americana* de Morton et les *Crania anglica* de B. Davis et Turnham.

Sans prétendre indiquer ici des procédés invariables, il ne me paraît pas inutile de rappeler les précautions très simples qui peuvent être généralement observées à l'ouverture de tombes antiques. Ce qui importe, c'est de dégager les os avec lenteur et d'éviter de les briser. Cette première partie de la tâche remplie, le mieux est de les envelopper dans du foin, dans de la paille ou même dans des feuilles d'arbres, les petits os seuls devant être placés dans des enveloppes de papier. L'ensemble de ces fragments serait ensuite renfermé dans une caisse, et adressé au Muséum avec la suscription : *Objets d'histoire naturelle. Jardin des plantes. Laboratoire d'anthropologie. Paris.*

Autant que possible, les squelettes devraient être recueillis dans leur entier, mais ce serait là un cas très rare, les squelettes étant le plus souvent assez profondément altérés pour qu'il soit difficile d'en retrouver toutes les parties. On rechercherait spécialement les os de la tête, tant du crâne que de la face, *y compris la mâchoire inférieure*, et, en admettant même que ces os fussent disjoints ou fracturés, il conviendrait de réserver au Muséum la mission de constater jusqu'à quel point ces fragments ne peuvent donner lieu à aucune remarque.

Si l'on recueillait les os de plusieurs squelettes, il serait nécessaire de faire de ces débris distincts autant de paquets séparés, et de les expédier, soit à part, soit dans une seule caisse à compartiments. Une planche clouée en travers suffit à établir la division.

Il importerait enfin que le nom du donateur fût écrit lisiblement sur la lettre d'envoi, ce nom devant être porté sur les objets appelés à prendre place dans la collection.

De tous ces documents ainsi rassemblés jailliraient sans nul doute des lumières inattendues, des certitudes d'une valeur inappréciable, surtout si les savants qui voudront bien concourir au but commun prenaient soin de joindre aux objets qu'ils transmettront une note sommaire renfermant leurs conjectures ou leurs affirmations personnelles sur l'âge et la race des individus, et des renseignements exacts sur la nature des terrains où s'est faite la découverte, sur la forme extérieure et intérieure des tombes, sur les armes, poteries ou bijoux qui pouvaient accompagner les ossements. On ne saurait, en effet, pour résoudre des problèmes à tous égards si graves, s'autoriser d'indications trop précises ni s'entourer de trop de témoignages.

Je n'ai pas oublié, Monsieur le Président, les nombreux travaux que j'ai déjà réclamés de votre zèle ni les résultats obtenus, grâce à l'empressement désintéressé des Sociétés savantes. Si je leur signale aujourd'hui une nouvelle occasion d'exercer leur activité, c'est que je ne crains pas de leur demander beaucoup dès lors qu'il s'agit de rendre à la science de nouveaux services. Je vous prie donc de vouloir bien communiquer cette circulaire à MM. vos collègues, et de me faire connaître dans quelle mesure vous jugez possible de remplir la mission que je serais heureux de confier à votre dévouement.

Recevez, etc.

ROULAND.

94

CIRCULAIRE RELATIVE À LA RÉUNION DES DÉLÉGUÉS DES SOCIÉTÉS SAVANTES À LA SORBONNE EN 1861 ET 1862.

16 février 1863.

Aux Présidents des Sociétés savantes[1].

Monsieur le Président, j'ai l'honneur de vous informer que la distribution solennelle des prix accordés aux Sociétés savantes, à la suite des concours de 1861 et de 1862, aura lieu à Paris, dans la grande salle de la Sorbonne, le samedi 11 avril prochain.

Indépendamment de cette cérémonie, et ainsi que cela a déjà eu lieu au mois de novembre 1861, les trois sections du Comité des travaux historiques et des sociétés savantes tiendront, les mercredi 8, jeudi 9 et vendredi 10 avril, des séances extraordinaires, dans lesquelles MM. les membres des compagnies savantes seront admis à donner lecture des notes ou mémoires qu'ils auront bien voulu préparer pour cette circonstance.

---

[1] Une circulaire presque identique fut envoyée aux Recteurs le 21 mars suivant.

Je vous serais obligé, Monsieur le Président, de communiquer la présente circulaire à vos honorables collègues, et de me faire connaître, avant le 8 mars, dernier délai, le nom des membres de votre société qui auraient l'intention de prendre part à ces lectures, en m'indiquant le sujet et, autant que possible, l'étendue des travaux.

Agréez, etc.

ROULAND.

95
CIRCULAIRE RELATIVE À LA RÉUNION
DES DÉLÉGUÉS DES SOCIÉTÉS SAVANTES À LA SORBONNE POUR 1864.

15 mai 1863.

Aux Présidents des Sociétés savantes.

Monsieur le Président, j'ai l'honneur de vous informer que la distribution des récompenses qui seront décernées aux Sociétés savantes, à la suite du concours de 1863, aura lieu dans les premiers jours d'avril 1864. Je fixerai ultérieurement, et j'aurai soin de faire connaître l'époque précise de cette réunion générale, et le nombre de séances qui devront être consacrées à l'audition des mémoires préparés spécialement pour cette circonstance par les délégués des Sociétés savantes.

Il m'a paru convenable à tous égards, Monsieur le Président, d'indiquer dès aujourd'hui aux compagnies savantes la date de cette réunion. Ceux de MM. les membres de votre société qui voudront bien prendre part aux lectures publiques auront tout le temps nécessaire pour s'y préparer, et les résultats obtenus gagneront ainsi en éclat et en solidité.

J'ai également décidé, comme mesure d'ordre, et pour régler avec plus de méthode que par le passé le programme des lectures, que les manuscrits des notices et mémoires me seraient transmis au plus tard le 1er février de l'an prochain; les registres d'inscription seront clos à la même époque, dernier délai.

Il résulte de l'expérience déjà acquise, que les travaux d'une trop grande étendue, quelque intéressants d'ailleurs qu'ils puissent être, présentent un très grave inconvénient : le nombre des séances de lectures étant limité, il arrive, et ce fait regrettable s'est produit, que tous les lecteurs inscrits ne peuvent être entendus. Il serait donc à désirer que la durée d'une lecture ne dépassât pas vingt minutes, ou que MM. les membres des Sociétés savantes voulussent bien déposer sur le bureau leurs mémoires complets, et n'en donner, s'il y a lieu, qu'un résumé qui en reproduirait les parties essentielles.

Veuillez agréer, etc.

ROULAND.

96
ARRÊTÉ RÉGLEMENTANT LA PUBLICATION DES OUVRAGES DE LA COLLECTION DES DOCUMENTS INÉDITS DE L'HISTOIRE DE FRANCE.

21 septembre 1863

LE MINISTRE SECRÉTAIRE D'ÉTAT AU DÉPARTEMENT DE L'INSTRUCTION PUBLIQUE,

Vu les arrêtés du 13 décembre 1852, du 26 janvier 1857, et les délibérations répétées du Comité;

Considérant que le but du Comité est essentiellement de publier des textes originaux inédits, en y joignant seulement des notes et introductions nécessaires pour en faciliter l'intelligence;

Qu'il importe d'aviser à ce que les ouvrages faisant partie de la Collection des documents historiques soient publiés désormais d'une manière plus conforme à ce principe, sous la surveillance active du Comité,

ARRÊTE :

ARTICLE PREMIER. Tout projet de publication qui aura été renvoyé par le Ministre au Comité sera examiné par une commission de trois membres. La commission donnera son avis sur l'utilité et l'importance de la publication; elle indiquera le nombre de volumes que la publication devra comprendre.

Les conclusions du rapport de la commission seront discutées par le Comité, qui soumettra ensuite une proposition au Ministre. Le vote du Comité aura lieu au scrutin secret.

En cas d'avis favorable, l'adoption en principe n'engage pas l'Administration vis-à-vis de l'éditeur, et laisse entière la décision définitive à intervenir avant la publication de chaque volume, conformément à l'article 2 ci-après.

Art. 2. Aucun volume ne pourra être livré à l'impression qu'après le dépôt préalable de la totalité du manuscrit de ce volume (texte, annotations, introduction ou préface).

Ce manuscrit sera renvoyé à l'examen d'une commission de trois membres, qui s'assurera que le texte, les notes, l'introduction ou préface sont dignes d'une publication faite aux frais de l'État, et que les éditeurs se sont bornés à présenter un résumé de ce que renferment les volumes et à apprécier l'authenticité, le caractère et la valeur des textes.

La commission fera un rapport écrit et signé de ses membres, qui sera lu et discuté dans le Comité avant d'être transmis au Ministre. Ce rapport devra contenir l'avis de la commission sur le nombre approximatif de feuilles que formera le volume.

Art. 3. En cas d'adoption par le Ministre, et après que l'imprimerie aura également été appelée de son côté à donner son avis sur l'étendue approximative du volume, chacun des feuillets du manuscrit sera paginé et estampillé avant d'être livré à l'impression. Les éditeurs ne pourront ensuite, sous aucun prétexte, y apporter aucune modification sans l'avis du Comité.

Il est interdit à l'imprimerie de composer aucune page de copie qui ne porterait pas l'estampille du Ministère, comme il lui est également interdit de faire aucun carton sans autorisation spéciale de l'Administration.

Art. 4. Lorsque l'impression d'un volume aura été décidée, un commissaire responsable nommé par le Ministre, sur l'avis du Comité, sera chargé de suivre le travail de l'éditeur. Ce commissaire maintiendra l'éditeur dans la stricte observation des conditions qui lui auront été imposées, et s'assurera qu'il n'est fait aux ouvrages aucun changement de nature à en modifier le caractère ou à en augmenter les frais.

La surveillance du commissaire s'exercera indépendamment du contrôle matériel de l'Administration.

Art. 5. Les épreuves des ouvrages de la Collection des documents inédits, au nombre de trois exemplaires pour chaque feuille, seront envoyées directement de l'imprimerie au Ministère de l'instruction publique, pour être transmises par celui-ci, savoir, deux exemplaires à l'éditeur, et un au commissaire. Le retour des épreuves à l'imprimerie aura lieu également par l'intermédiaire du Ministère.

En règle générale, et sauf avis du commissaire responsable, il ne sera accordé que trois épreuves au plus. Les éditeurs devront donner leur bon à tirer, sinon sur la première ou la deuxième, au moins sur la troisième épreuve.

Le tirage ne pourra avoir lieu qu'après le visa du commissaire responsable et celui de l'Administration. Le manuscrit de chaque volume sera déposé au Ministère après la publication.

Art. 6. Toute indemnité mensuelle pour les travaux de la Collection des documents inédits demeure supprimée.

Art. 7. Les éditeurs des ouvrages de la Collection des documents inédits recevront, à titre d'indemnité, une somme dont le maximum ne pourra dépasser 4,000 francs par volume, et dont une partie seulement pourra être payée d'avance, après adoption du manuscrit par le Comité et par le Ministre.

Art. 8. En sus de l'indemnité fixée par le Ministre, aucune réclamation ne pourra être faite pour les frais de recherches, copie ou collation de texte que les éditeurs pourraient faire exécuter en vue de la publication dont ils sont chargés.

Art. 9. Il ne sera dû aucune indemnité pour les ouvrages dont les projets n'auront été adoptés qu'en principe.

Art. 10. Les prescriptions du présent arrêté sont applicables, soit pour les ouvrages à exécuter, soit pour ceux qui sont en cours d'exécution, à tous les éditeurs sans exception, qu'ils soient ou non membres du Comité.

Art. 11. Le secrétaire général du Ministère de l'instruction publique est chargé de l'exécution du présent arrêté.

V. Duruy.

97
NOUVELLE CIRCULAIRE RELATIVE À LA RÉUNION DES DÉLÉGUÉS DES SOCIÉTÉS SAVANTES À LA SORBONNE EN 1864 [1].

15 février 1864.

Aux Présidents des Sociétés savantes.

Monsieur le Président, par arrêté du 30 novembre, j'ai décidé que la

---

[1] Il a paru superflu de reproduire, pour les années suivantes, celles des circulaires adressées à l'occasion des réunions des délégués des sociétés savantes qui ne renferment aucun détail nouveau.

distribution des récompenses accordées aux Sociétés savantes, à la suite du concours de 1863, aurait lieu à la Sorbonne, le samedi 2 avril prochain, à midi. La réunion générale, que je me propose de présider, sera précédée de trois jours de lectures publiques, les 30 et 31 mars et le vendredi 1er avril.

Je vous prie de vouloir bien me faire connaître, *dans le plus bref délai*, les noms de ceux de MM. les membres de votre société qui se proposeraient de donner lecture, à l'une des trois sections du Comité, de notices ou mémoires *inédits*. J'aurai l'honneur de vous rappeler à ce sujet les observations contenues dans la circulaire du 15 mai dernier, sur l'inconvénient que peut présenter la trop grande étendue de ces communications. Le nombre des jours de lecture étant limité, il est à souhaiter que chacun des lecteurs inscrits puisse être entendu. Si les questions traitées exigeaient de longs développements, les mémoires pourraient être déposés sur le bureau, et l'auteur serait appelé à exposer, de vive voix, le but de son travail et ses conclusions.

Des cartes d'entrée, destinées aux lauréats, aux lecteurs et aux représentants des sociétés, vous seront adressées, dans la seconde quinzaine de mars.

Veuillez agréer, etc.

V. DURUY.

98
CIRCULAIRE RELATIVE AU CHOIX DES LIVRES PROPRES À ÊTRE PLACÉS DANS LES BIBLIOTHÈQUES DES ÉCOLES PRIMAIRES.

1er décembre 1864.

Aux Présidents des Sociétés savantes.

Monsieur le Président, chaque année mon Département achète un certain nombre de livres pour être distribués aux bibliothèques des écoles primaires. Ce sont en général des ouvrages d'histoire ou de géographie, de littérature ou de morale, des manuels d'agriculture, des traités élémentaires de science appliquée, destinés aux élèves les plus avancés de ces écoles ou à leurs parents, pour les lectures d'hiver.

Il m'a paru qu'il serait très-désirable de pouvoir mettre entre les mains de cette classe de lecteurs, indépendamment de ces ouvrages d'une utilité générale, des livres présentant un caractère d'intérêt particulier pour les populations de telle ou telle localité et spécialement appropriés à leurs besoins.

Les membres de la société que vous présidez seraient mieux que personne en mesure de m'éclairer sur ce point. Je vous serai donc très obligé de vouloir bien, après vous être concerté avec eux, m'indiquer quels sont, au point de vue de la littérature, de l'histoire, des sciences, de l'hygiène, de l'agriculture, de l'industrie, etc., les ouvrages qui pourraient être le plus utilement répandus dans votre département.

Agréez, etc.

V. DURUY.

99

ARRÊTÉ CRÉANT UNE NOUVELLE SÉRIE DE LA *REVUE DES SOCIÉTÉS SAVANTES*.

17 mai 1865.

LE MINISTRE SECRÉTAIRE D'ÉTAT AU DÉPARTEMENT DE L'INSTRUCTION PUBLIQUE

ARRÊTE :

ARTICLE PREMIER. Il sera publié sous les auspices du Ministère de l'instruction publique, une nouvelle série de la *Revue des Sociétés savantes* (partie historique et archéologique).

ART. 2. Cette *Revue* formera, chaque année, deux volumes in-8°, de 30 à 40 feuilles chacun; elle sera imprimée à l'Imprimerie impériale et tirée à 800 exemplaires.

Elle comprendra;

1° Les extraits des procès-verbaux des séances des deux sections d'histoire et d'archéologie;

2° Les rapports faits par les membres des deux sections sur les travaux des Sociétés savantes des départements et sur les communications manuscrites adressées au Comité;

3° Les documents inédits dont le Comité aura prescrit l'impression;

4° Un bulletin bibliographique des principaux ouvrages publiés en France et à l'étranger;

5° Une chronique comprenant les sujets de concours, la composition des bureaux des sociétés, des articles nécrologiques, fouilles et découvertes historiques et archéologiques.

Art. 3. La composition de chaque numéro de la *Revue* sera arrêtée par une commission, qui surveillera également l'impression et donnera le bon à tirer sur chaque feuille, après que les corrections auront été faites par les auteurs des articles.

Cette commission sera ainsi composée:
Le chef de la division des établissements scientifiques et littéraires;
Le secrétaire de la section d'histoire du Comité;
Le secrétaire de la section d'archéologie;
Le chef de bureau des travaux historiques;
Le secrétaire du Comité.

Art. 4. Les frais de cette *Revue* seront imputés, soit sur les fonds destinés à la publication des documents inédits de l'histoire nationale, soit sur les fonds de subvention aux Sociétés savantes.

Art. 5. Le chef de la division des établissements scientifiques et littéraires est chargé de l'exécution du présent arrêté.

V. Duruy.

100

ARRÊTÉ RÉGLANT L'ADMINISTRATION INTÉRIEURE
DES SECTIONS D'HISTOIRE ET D'ARCHÉOLOGIE DU COMITÉ
DES TRAVAUX HISTORIQUES.

7 février 1866.

Le Ministre Secrétaire d'État au département de l'instruction publique,

Arrête:

Article premier. Les secrétaires des sections d'histoire et d'archéologie du Comité des travaux historiques sont chargés, chacun en ce qui le concerne, d'extraire des procès-verbaux des séances rédigés par le secrétaire du Comité les parties de ces procès-verbaux qui devront être insérées dans la *Revue des Sociétés savantes*.

Art. 2. Ils ont également mission de revoir, sous la direction du président de la section, les rapports lus en séance par les membres du Comité et les documents inédits dont l'insertion dans la *Revue des Sociétés savantes* a été arrêtée en principe par l'assemblée.

Ils font de droit partie de la commission de rédaction et reçoivent, à ces titres, une indemnité annuelle de 1,200 francs.

Art. 3. Les procès-verbaux, rapports et documents dont il vient d'être parlé sont communiqués à la commission de rédaction avant l'envoi à l'imprimerie; la commission apprécie la convenance des modifications qui peuvent y avoir été introduites. Elle donne le *bon à tirer*.

En outre, si les rapports et conclusions d'un membre du Comité devaient être l'objet d'un remaniement essentiel, l'auteur du rapport en sera nécessairement averti avant la publication.

Art. 4. Les secrétaires ne peuvent, en aucun cas, insérer ou faire insérer dans la *Revue des Sociétés savantes*, un article, avis ou mention, quels qu'ils soient, sans que lesdits articles, avis ou mention aient été préalablement consentis par la commission de rédaction.

Art. 5. Le chef du bureau des travaux historiques et des sociétés savantes est et demeure spécialement chargé de la conservation et du classement de tous les documents manuscrits ou imprimés qui se rattachent aux travaux du Comité.

Il surveille les impressions, il assure l'envoi régulier, la rentrée et la distribution des épreuves. Il a, seul, mandat pour correspondre directement avec l'Imprimerie impériale, qui devra considérer comme non avenues toutes communications qui lui seraient adressées par une autre voie.

Art. 6. Le chef de la division des établissements scientifiques et littéraires est chargé de l'exécution du présent arrêté.

V. Duruy.

101

CIRCULAIRE RELATIVE AUX CONDITIONS EXIGÉES DES SOCIÉTÉS SAVANTES POUR LES RECONNAÎTRE COMME ÉTABLISSEMENTS D'UTILITÉ PUBLIQUE.

12 février 1866.

Aux Préfets.

Monsieur le Préfet, le nombre des demandes en reconnaissance comme établissements d'utilité publique adressées à mon Département par les Sociétés savantes s'est accru, depuis quelques années, dans une très notable proportion. J'ai le regret d'ajouter que plusieurs de ces demandes ne s'appuyaient pas sur des titres suffisants, et que le Conseil d'État a dû parfois répondre à mes propositions en concluant au rejet.

J'ai lieu de craindre que les compagnies savantes ne perdent de vue trop fréquemment ce point essentiel : que la reconnaissance d'utilité publique constitue une faveur d'exception qui, bien loin de pouvoir être accordée indifféremment à tous ceux qui la sollicitent, doit, au contraire, être expressément réservée aux sociétés qui se sont signalées par d'utiles services rendus aux sciences et aux lettres, et qui se trouvent, en outre, placées dans les conditions financières les plus propres à assurer leur fonctionnement durable et régulier.

En conséquence je vous prie, Monsieur le Préfet, de vouloir bien apporter la plus grande attention dans l'examen des demandes qui vous seront désormais soumises. Le mérite, la bonne volonté des personnes sont des titres dont je suis assurément tout disposé à tenir le plus grand compte; mais ces titres seuls ne suffisent pas. Il est nécessaire que les sociétés en instance pour obtenir la reconnaissance légale puissent justifier, en premier lieu, qu'elles jouissent de ressources suffisantes; qu'elles ont un passé de travail et d'efforts qui garantit la durée de leur existence; en second lieu, qu'elles sont revêtues de mon approbation préalable depuis un assez long temps pour qu'il ait été permis au Comité des travaux historiques d'apprécier la part d'action qui peut leur être acquise dans le mouvement scientifique et littéraire de notre pays.

Vous jugerez sans doute convenable de communiquer ces observations à MM. les sous-préfets de votre département, en les invitant à s'y conformer.

Recevez, etc.

V. DURUY.

102

ARRÊTÉ FIXANT LES ATTRIBUTIONS ET RÉGLANT L'ORGANISATION DE LA SECTION DES SCIENCES DU COMITÉ.

27 janvier 1866.

Le Ministre Secrétaire d'État au département de l'instruction publique

Arrête ainsi qu'il suit le règlement pour la section des sciences du Comité des travaux historiques et des sociétés savantes :

Article premier. La section scientifique du Comité rend compte au Ministre du mouvement des sciences en France et à l'étranger. Elle lui signale les travaux qui méritent une récompense ou dont l'exécution a besoin d'encouragement.

Art. 2. La section prend à cet effet connaissance des pièces et mémoires qui lui sont remis par le Ministre; des mémoires publiés par les sociétés; des propositions scientifiques qui lui sont soumises par les membres.

Art. 3. Les rapports sur les travaux importants sont faits par écrit. Ils sont publiés en un recueil spécial.

Les parties de ces rapports relatives à des propositions pour des récompenses ou des encouragements ne sont publiées qu'autant qu'il est intervenu une décision conforme du Ministre.

Art. 4. La section propose la répartition des récompenses et encouragements à décerner dans la séance annuelle de Pâques aux savants, auteurs des meilleurs travaux.

Elle donne son avis sur les allocations à répartir entre les sociétés, suivant l'importance de leurs études.

Art. 5. La section, où toutes les sciences doivent être représentées, est composée :

1° De membres titulaires, qui sont seuls convoqués aux séances ordinaires;

2° De membres honoraires, qui sont convoqués aux séances extraordinaires.

V. Duruy.

103

ARRÊTÉ ORGANISANT LA SECTION DES SCIENCES DU COMITÉ POUR LA RÉUNION DES DÉLÉGUÉS DES SOCIÉTÉS SAVANTES À LA SORBONNE EN 1866.

3 mars 1866.

Le Ministre Secrétaire d'État au département de l'instruction publique

Arrête ainsi qu'il suit le règlement pour les séances de la section scientifique du Comité des travaux historiques, à l'occasion de la réunion des Sociétés savantes qui aura lieu à Paris les 4, 5, 6 et 7 avril 1866.

Article premier. Les membres de la section des sciences sont répartis en trois commissions : des sciences mathématiques, des sciences physiques, des sciences naturelles.

La première commission comprend la géométrie et l'analyse, la mécanique, l'astronomie, la géodésie.

La deuxième commission comprend la physique, la météorologie et la chimie.

La troisième comprend la géologie et la minéralogie, la botanique, la zoologie, l'agriculture et la médecine.

Art. 2. Font partie de ces commissions les membres du Comité des sociétés savantes, les personnes inscrites pour des lectures, les délégués des sociétés, les auteurs de travaux scientifiques.

Les séances des commissions ne sont pas publiques.

Art. 3. Chaque commission nomme son bureau (composé d'un président, d'un vice-président, d'un secrétaire), à l'ouverture de la première séance et après la lecture des noms des membres composant la commission.

Les suffrages ne peuvent pas porter sur les membres du bureau de la section.

Les commissions prennent connaissance des travaux qui leur sont renvoyés par le Ministre et de ceux qui leur sont soumis par leurs membres.

Un procès-verbal succinct en est rédigé pour l'insertion au *Moniteur*.

Art. 4. Deux séances publiques, commissions réunies, seront tenues par la section des sciences, le jeudi 5 et le vendredi 6 avril à 2 heures.

Le programme de ces séances est publié à l'avance. A cet effet, les commissions désignent les travaux les plus importants paraissant offrir de l'intérêt pour la séance générale et pouvant donner lieu à une discussion. L'ordre du jour est arrêté par les bureaux de la section et des commissions réunies.

Art. 5. Les constructeurs d'instruments et appareils nouveaux dans les différentes branches de la science sont invités à les exposer dans une des galeries de la Sorbonne.

Les expériences et démonstrations auxquelles ces appareils sont destinés sont, autant que possible, répétées sous les yeux des membres de la section.

V. Duruy.

104
CIRCULAIRE RELATIVE À L'ORGANISATION D'UNE EXPOSITION À LA SORBONNE D'INSTRUMENTS ET APPAREILS SCIENTIFIQUES NOUVEAUX.

17 mars 1866.

Aux Présidents des Sociétés savantes.

Monsieur, j'ai l'honneur de vous envoyer la copie d'un arrêté [1] par lequel, conformément à l'avis de la section scientifique du Comité des travaux historiques et des sociétés savantes, j'ai autorisé l'organisation d'une exposition d'instruments et appareils nouveaux, qui doit avoir lieu à la Sorbonne, du 4 au 7 avril prochain. Il est à désirer que MM. les délégués des sociétés et les professeurs venus de tous les points de la France trouvent là, et ils en ont exprimé le désir, les appareils nouveaux dans les différentes branches de la science, et soient à même de répéter les expériences auxquelles ils servent, lorsque cela est possible.

Je compte, Monsieur, sur votre concours pour l'organisation de cette exposition et pour nous indiquer, au besoin, ce qu'il convient d'y faire figurer dans la partie des sciences dont vous vous occupez spécialement.

Agréez, etc.

V. Duruy.

[1] C'est l'article 5 de l'arrêté précédent.

105

CIRCULAIRE RELATIVE À LA CRÉATION DE COLLECTIONS POUR L'ENSEIGNEMENT SPÉCIAL.

12 janvier 1867.

Aux Présidents des Sociétés savantes.

Monsieur le Président, l'enseignement spécial qui s'organise sur un plan nouveau dans la plupart des lycées et des collèges embrasse l'étude des sciences et de leurs applications, d'une manière beaucoup plus étendue que cela n'avait eu lieu jusqu'à ce jour.

L'enseignement de l'histoire naturelle, considérée dans ses rapports avec l'agriculture, l'horticulture, l'industrie, l'art décoratif et le dessin, y tient une place importante; mais, pour que le professeur puisse donner à ses leçons tout l'intérêt dont elles sont susceptibles, et pour que les élèves en tirent un profit réel et durable, il faut que les objets dont il parle soient mis sous leurs yeux et que la parole du maître soit toujours accompagnée d'une démonstration qui gravera les faits dans leur mémoire.

Pour obtenir ce résultat, je viens réclamer le concours de la société savante que vous présidez. Si l'on ne comptait, pour former des collections, que sur les efforts du professeur ou de l'Administration, le but ne serait atteint que lentement, et pendant longtemps il resterait dans les collections des établissements d'enseignement spécial des vides regrettables.

J'ai pensé que les naturalistes qui font partie de votre compagnie voudraient bien, dans leur dévouement au progrès de la science et de l'instruction publique, contribuer à la formation de ces petits musées locaux.

Voici la nature des objets qu'on devrait chercher à y réunir :

Pour la *zoologie* : la collection des principaux animaux du département, particulièrement les oiseaux, qui rendent tant de services, et les insectes, qui font tant de mal. On s'attacherait à réunir, d'une manière spéciale, les insectes nuisibles aux végétaux cultivés, dans leurs divers états successifs, pour faire connaître leurs mœurs, leurs transformations et les dégâts qu'ils causent;

Pour la *botanique* : 1° un herbier des plantes du département avec étiquettes portant la détermination de la famille à laquelle la plante appartient, la localité et l'époque de la récolte; 2° les principaux bois forestiers en échantillons formés de rondelles d'arbres âgés et de planches avec aubier et écorce, collection facile à former par les propriétaires forestiers; 3° les produits agricoles du département, tels que céréales, plantes oléagineuses, textiles, tinctoriales, avec leurs produits à divers degrés de préparation;

Pour la *géologie* : 1° des exemples des roches composant les divers terrains du département, avec des coupes montrant la position dans laquelle on les trouve; 2° le plus grand nombre possible de corps organisés fossiles, animaux ou végétaux, en échantillons bien choisis et pouvant servir à l'enseignement.

Tels seraient, Monsieur le Président, les objets appartenant à la contrée où se trouve situé un établissement d'enseignement secondaire spécial, qu'il serait à désirer qu'on pût réunir pour l'instruction des élèves dans les sciences naturelles.

Je n'ai pas besoin d'ajouter que les dons d'objets recueillis en dehors du département et qui aideraient à former une collection plus générale, mise à côté de la collection départementale, seraient reçus avec reconnaissance.

Si même les relations de quelques-uns des membres de votre société leur donnaient le moyen de se procurer des objets exotiques, intéressants par leurs usages dans l'économie domestique ou l'industrie, particulièrement des produits de nos colonies, ainsi que les animaux ou les végétaux qui les fournissent, l'enseignement de l'histoire naturelle, tel qu'il doit être donné dans les établissements pour lesquels je sollicite votre concours, trouverait dans ces objets d'étude de très utiles auxiliaires.

Pour l'exécution, il suffirait, Monsieur le Président, que vous prissiez la peine d'avertir des intentions de votre compagnie M. l'inspecteur d'académie de votre département, qui prendrait les mesures nécessaires pour la meilleure répartition de ces dons parmi les établissements scolaires de son ressort, où ils seraient conservés avec les noms des donateurs, et qui m'en rendrait compte.

Les Sociétés savantes de France auront rendu un double service à l'enseignement et à la science, en même temps qu'elles aideront à populariser dans notre pays, où elle est trop négligée, une des études les plus charmantes et tout à la fois les plus utiles.

Recevez, etc.

V. Duruy.

106

CIRCULAIRE RELATIVE À LA RÉUNION DES DÉLÉGUÉS DES SOCIÉTÉS SAVANTES
À LA SORBONNE EN 1867.

5 février 1867.

Aux Présidents des Sociétés savantes.

Monsieur le Président, j'ai décidé, par un arrêté du 4 janvier 1867, que la distribution des récompenses accordées aux Sociétés savantes des départements, à la suite du concours de 1866, aurait lieu à la Sorbonne, le samedi 27 avril 1867, à midi. Cette distribution sera précédée de quatre jours de lectures publiques, les mardi 23, mercredi 24, jeudi 25 et vendredi 26 avril.

Je vous serai obligé, Monsieur le Président, de vouloir bien, dès à présent, faire connaître cette décision à MM. les membres de votre société, afin qu'ils aient tout le temps nécessaire pour préparer les mémoires qu'ils se proposent de lire.

J'ai l'honneur de vous rappeler que, dans les deux sections d'histoire et d'archéologie, aucun mémoire ne sera admis pour les lectures de la Sorbonne, s'il n'a été préalablement lu devant une Société savante des départements et jugé digne par cette société de m'être proposé pour la lecture publique. Cette mesure n'est pas applicable aux travaux scientifiques qui seront présentés à la section des sciences.

Les manuscrits des notices et mémoires relatifs à l'histoire ou à l'archéologie devront m'être transmis, au plus tard, le 5 avril; les registres d'inscription seront clos le même jour sans exception, et une commission, prise dans le sein du Comité des travaux historiques, déterminera l'ordre dans lequel les mémoires envoyés pourront être lus.

Le nombre croissant des mémoires envoyés chaque année m'a déterminé à augmenter d'un jour les séances de lectures; mais il n'en est pas moins nécessaire que la durée de chaque lecture ne dépasse pas vingt minutes. Dans le cas où des mémoires trop considérables seraient présentés, MM. les membres des Sociétés savantes voudront bien ne donner lecture que d'un résumé reproduisant les parties essentielles de leur travail.

Le chiffre des billets à prix réduits concédés à mon Administration par les compagnies de chemins de fer étant déterminé par le nombre même des personnes inscrites, je vous prie de m'envoyer, avant le 5 avril, la liste de ceux de MM. les membres de votre société qui seraient délégués par elle, soit pour faire des lectures de notices ou mémoires, soit pour la représenter à la Sorbonne; passé cette époque, il ne me serait plus possible d'assurer les mêmes facilités aux délégués qui me seraient désignés tardivement.

Des cartes d'entrée destinées aux lauréats, aux lecteurs et aux représentants des sociétés, valables du 15 au 29 avril, vous seront adressées en temps opportun.

Agréez, etc.

V. Duruy.

107

EXTRAIT D'UN RAPPORT À L'EMPEREUR SUR L'ENSEIGNEMENT SUPÉRIEUR.

Novembre 1868.

Sociétés savantes des départements. — Un moyen d'accroître cette vitalité des corps académiques, qui devraient être les héritiers de nos anciennes universités provinciales, serait d'associer à ce mouvement les 244 sociétés savantes des départements. Elles se répartissent de la manière suivante entre nos 18 académies:

Académie d'Aix (Provence)...............................	19
d'Alger (Algérie)................................	5
de Besançon (Franche-Comté)......................	9
de Bordeaux (Guyenne et Gascogne)................	12
de Caen (Normandie et Maine).....................	27
de Chambéry (Savoie).............................	7
de Clermont (Auvergne, Marche et Bourbonnais).........	7
de Dijon (Bourgogne, Nivernais et partie de la Champagne).	13
de Douai (Flandre, Artois et Picardie)................	25
de Grenoble (Dauphiné et Vivarais)..................	6
de Lyon (Lyonnais, Forez, Bresse et Bugey)............	17
de Montpellier (bas Languedoc et Roussillon)...........	10
de Nancy (Lorraine)	11
de Paris (Île-de-France, Orléanais, Berry, Champagne)......	22
de Poitiers (Poitou, Aunis, Saintonge, Angoumois et Limousin).	17

Académie de Rennes (Bretagne et Anjou)............................	17
de Strasbourg (Alsace)..	9
de Toulouse (haut Languedoc, Quercy, Rouergue, Foix, Bigorre)..	11

Ces sociétés sont sans lien entre elles, et elles tiennent avec raison à leur autonomie, qu'il faut respecter. Cependant instituées surtout en vue d'étudier l'archéologie et l'histoire de leur province, elles devraient combiner leurs efforts pour faire avancer cette œuvre éminemment nationale, sans laquelle l'histoire générale de la France ne saurait faire aujourd'hui de sérieux progrès.

Je propose à l'Empereur de fonder dans chacune de nos académies un prix annuel de 1,000 francs, qui sera décerné au mémoire ou à l'ouvrage jugé le meilleur sur quelque point d'archéologie, d'histoire politique et littéraire ou de science, intéressant les provinces comprises dans le ressort académique. Les commissions qui décerneraient les prix seraient formées en majorité par les présidents ou les membres des sociétés savantes de l'académie.

....

V. Duruy.

108

CIRCULAIRE RELATIVE À L'ÉTABLISSEMENT DE PRIX ACADÉMIQUES À DÉCERNER AUX MEILLEURS TRAVAUX D'ARCHÉOLOGIE, D'HISTOIRE ET DE SCIENCE.

14 décembre 1868.

Aux Recteurs.

Monsieur le Recteur, dans le rapport que j'ai adressé à Sa Majesté l'Empereur, en novembre dernier, sur l'état de l'enseignement supérieur, je propose à Sa Majesté de fonder, dans chacune des académies, un prix de 1,000 francs, qui serait décerné au mémoire ou à l'ouvrage jugé le meilleur sur quelque point d'archéologie, d'histoire politique et littéraire ou de science, intéressant les provinces comprises dans le ressort académique. J'ajoute que les commissions qui décerneraient les prix seraient formées en majorité par les présidents ou les membres des sociétés savantes de l'académie. Enfin, je signale la mesure proposée comme un moyen d'accroître la vitalité des corps académiques, et de faire revivre nos anciennes universités provinciales, en associant à ce mouvement les deux cent quarante-quatre sociétés savantes des départements.

J'appelle toute votre attention, Monsieur le Recteur, sur ce passage de mon rapport. Je vous invite à vous préoccuper immédiatement des moyens d'exécution du projet dont il s'agit. A cet effet, vous aurez à entrer en relation avec MM. les présidents des sociétés savantes de votre académie. Vous leur ferez part des intentions du Gouvernement, en vous attachant à les persuader, si vous soupçonnez dans les esprits la moindre appréhension à cet égard, que la volonté de l'Empereur est de respecter l'indépendance et l'initiative des compagnies savantes, et que Sa Majesté n'a d'autre but que d'encourager le progrès des hautes études dans les départements. Vous inviterez MM. les présidents à vous transmettre leur avis et celui des sociétés qu'ils dirigent. D'après les indications que vous aurez recueillies, vous rédigerez pour le nouveau concours académique de votre ressort un projet de règlement dans lequel seront notamment spécifiées les matières du concours et la composition du jury appelé à décerner le prix. Dès que ce travail sera terminé, et j'attache beaucoup d'importance à son prompt achèvement, vous voudrez bien me l'adresser.

Agréez, etc.

V. Duruy.

109

CIRCULAIRE RELATIVE AU CONCOURS QUE LE MINISTRE ATTEND DES CORRESPONDANTS DU MINISTÈRE.

6 janvier 1869.

Aux Correspondants du Ministère.

Monsieur, la liste des correspondants du Ministère de l'instruction publique pour les travaux historiques a été récemment revisée et complétée. Je crois le moment opportun pour vous adresser quelques instructions précises, que je recommande à toute votre attention.

Créé en 1834, réorganisé en 1852, puis en 1858, le Comité des travaux historiques et des sociétés savantes vient de parcourir une période de dix années qui n'a pas été sans profit pour l'étude de l'histoire et des antiquités de notre pays. C'est au savoir et au zèle de ses correspondants que sont dus, pour une notable part, les résultats obtenus. Il importe que cette utile coopération ne se ralentisse pas, mais que, toujours aussi active, éclairée d'ailleurs par l'expérience du passé, elle continue à produire tous les fruits qu'on doit en attendre.

Le titre de correspondant, qui vous a été conféré, vous impose des obligations très sérieuses. La première, la plus essentielle, c'est d'entretenir des rapports avec le Comité. Ceux qui, dans l'espace de deux ans, n'auraient adressé aucune communication, auraient rompu eux-mêmes le lien par lequel mon Administration avait espéré se les attacher d'une manière durable. Dès l'année 1841, le Comité exprimait l'avis qu'ils devaient être considérés comme démissionnaires. Quelque rigoureuse que cette règle puisse paraître, je suis dans l'intention de ne pas m'en écarter à l'avenir.

Mais les envois que le Comité réclame de ses collaborateurs sont des envois faits avec discernement, qui profitent aux études historiques et archéologiques par l'indication de quelque fait ou de quelque document nouveau. Il faut savoir choisir parmi les matériaux que le hasard ou des recherches suivies avec patience ont permis de rassembler. Tous n'offrent pas le même intérêt, et la plupart ne sauraient faire l'objet d'une communication vraiment instructive. Des envois qui se réfèrent exclusivement à des points déjà connus sont, pour celui qui les adresse, comme pour les membres du Comité qui les examinent, l'occasion d'un travail sans intérêt et sans profit.

Afin de vous faciliter le concours que j'attends de vous et de le rendre en même temps plus fructueux, je résumerai en peu de mots les points sur lesquels vos études me paraîtront pouvoir se porter le plus utilement.

Je distinguerai les études de philologie et d'histoire et les études d'archéologie.

Aux correspondants de la section de philologie et d'histoire j'adresse les recommandations suivantes :

Collaborer aux publications dirigées par le Comité, soit en envoyant les pièces qui sont de nature à entrer dans les ouvrages confiés à différents éditeurs (comme les documents sur les États généraux du règne de Philippe le Bel, la correspondance de Catherine de Médicis, celle de Henri IV et celle de Mazarin, etc.), soit en s'associant plus ou moins directement à des travaux qui, pour être convenablement exécutés, demandent le concours des hommes zélés et instruits de chaque département, comme les dictionnaires topographiques, dont huit volumes ont déjà vu le jour, ou bien encore les recherches sur les anciens patois, les dictons et les traditions locales, dont le Comité devra bientôt s'occuper d'une manière toute spéciale;

Indiquer les manuscrits relatifs à l'histoire et à la littérature de la France qui n'auraient pas encore été signalés ou dont il n'y aurait que des notices insuffisantes dans les catalogues, les inventaires ou les rapports précédemment publiés;

Accorder une attention toute particulière aux chroniques, aux vies de saints, aux cartulaires, aux obituaires, aux pouillés et aux recueils de correspondances;

Signaler, au fur et à mesure qu'elles ont lieu, les acquisitions de manuscrits et de documents divers faites pour les bibliothèques et les dépôts d'archives;

Explorer les collections particulières, dont le contenu est moins bien connu que celui des collections publiques;

Recueillir les pièces qui peuvent le plus servir au progrès des études historiques et philologiques; tels sont : les textes à l'aide desquels on peut compléter ou rectifier les listes et séries contenues dans le *Gallia christiana*, l'*Art de vérifier les dates*, l'*Histoire généalogique de la Maison de France et des grands officiers de la Couronne;* — les textes d'après lesquels peut être déterminé le commencement de l'année au moyen âge dans chacune de nos anciennes provinces; — les actes relatifs au servage, aux affranchissements et en général à la condition des personnes; — les actes qui se rapportent à l'origine et aux modifications des institutions ecclésiastiques, administratives et judiciaires, à l'état de l'agriculture, de l'industrie et du commerce; — les actes émanés des rois, surtout pour les temps antérieurs à l'époque où s'ouvre la série régulière des registres du Trésor des chartes, c'est-à-dire au règne de Philippe le Bel; — les actes émanés des papes depuis les temps les plus anciens jusqu'au XIVe siècle inclusivement; — les documents relatifs à la tenue des États généraux, procès-verbaux d'élections, cahiers de bailliages, doléances particulières, etc.; — les textes qui peuvent éclaircir la chronologie, encore si confuse, de la guerre de Cent ans; — les documents relatifs soit à la fondation des écoles, à la formation et à la dispersion des anciennes bibliothèques, à l'introduction de l'imprimerie dans chaque province, soit au prix des marchandises et au taux des salaires, avec l'indication des sources et, autant qu'il sera possible, avec la comparaison des prix anciens et des prix actuels; — les textes dans lesquels se rencontrent des mots qui manquent à la dernière édition du *Glossaire* de Du Cange ou qui n'y sont pas bien expliqués; — les plus anciennes chartes françaises de chaque région; — enfin les pièces dans lesquelles figurent nos grands auteurs du xvi° et du xvii° siècle. On sait combien sont rares les données positives sur la plupart d'entre eux; il reste encore beaucoup de découvertes à faire à ce sujet, en comparant les minutes des notaires et les anciens registres de l'état civil déposés dans les mairies ou aux greffes des tribunaux;

Examiner soigneusement les gardes des manuscrits et les feuillets d'anciens manuscrits qui ont été souvent employés pour servir de couvertures à des registres modernes;

Apporter la plus scrupuleuse exactitude dans les transcriptions: souvent le Comité a regretté de ne pouvoir utiliser des communications importantes adressées par des correspondants dont les copies lui paraissaient faites avec négligence; pour prévenir cet inconvénient, il suffira le plus souvent, quand un passage présentera une difficulté, de figurer les mots tels qu'ils sont dans le texte original, sans essayer de remplir les abréviations; cette précaution est surtout nécessaire pour les anciens textes en langue vulgaire; il serait même à désirer que les correspondants qui enverront des chartes françaises du xiii° siècle, copiées d'après les originaux, s'astreignissent à transcrire ces pièces lettre pour lettre, sans compléter les mots abrégés.

Il serait bon de joindre aux pièces communiquées de courtes notes pour indiquer exactement le nom actuel et la situation des lieux mentionnés dans les textes anciens.

Avant de copier une pièce, il faut s'assurer, autant que possible, si elle n'a pas été déjà imprimée. Cette vérification doit surtout porter sur les publications locales et récentes dont l'usage est familier aux correspondants de chaque province. Il importe de rappeler que l'indication des actes antérieurs à l'année 1302, qui ont été imprimés dans différents ouvrages du xvi°, du xvii° et du xviii° siècle, se trouve dans la table chronologique de Bréquigny, dont les sept premiers volumes sont publiés. Il existe en outre des tables spéciales pour les actes émanés de certains dignitaires ou relatifs à certains pays. La plus importante est intitulée: *Regesta pontificum romanorum*. L'auteur, M. Philippe Jaffé, y a réuni et classé chronologiquement toutes les bulles et lettres de papes antérieures à l'année 1198. Pour les chroniques, on trouvera des renseignements analogues dans la *Bibliothèque historique* du P. Lelong et dans le récent ouvrage publié par M. Potthast sous le titre de *Bibliotheca medii ævi*.

Quand on n'aura pas le moyen de vérifier si une pièce est vraiment inédite, et que cette pièce aura une certaine étendue, on pourra d'abord se borner à en adresser une analyse avec la copie textuelle de la date. Le Comité, d'après cette indication, décidera s'il y a lieu de demander une transcription complète.

Le Comité a parfois regretté l'habitude où sont quelques correspondants de transmettre successivement différentes pièces relatives à un même sujet. L'intérêt de ces pièces est bien mieux saisi quand elles sont groupées les unes à côté des autres. Un texte insignifiant par lui-même prend souvent une grande valeur quand il est rapproché d'un second texte qui vient l'éclaircir et le compléter. Les correspondants doivent donc réunir en un seul envoi tous les documents qu'ils ont découverts sur une question déterminée et qu'ils se proposent d'adresser au Comité.

Parmi les recommandations qui précèdent, plusieurs intéressent également la section de philologie et d'histoire et la section d'archéologie; mais aux correspondants de cette dernière section en particulier je dois donner quelques instructions spéciales.

Je leur signalerai en premier lieu trois ouvrages qui sont en cours de publication, et pour lesquels leur coopération peut être d'une grande utilité; ce sont: les *Inscriptions romaines de l'Algérie* et les *Inscriptions romaines de la Gaule et de la Bretagne*, par M. Léon-Renier; le *Recueil des inscriptions de la France du ve au xviiie siècle*, par M. de Guilhermy.

En ce qui touche en général les travaux d'épigraphie, je ne puis que me référer aux recommandations données par l'un de mes prédécesseurs: recueillir toutes les inscriptions qui pourront être découvertes; adresser toutes les fois qu'il sera possible, un estampage ou une épreuve photographique de l'inscription; y joindre une transcription pour qu'on y puisse recourir au besoin; dans le cas où les moyens qui viennent d'être indiqués comme les meilleurs ne pourraient pas être employés, faire un fac-similé de l'inscription en reproduisant la forme des lettres et tous les traits de l'original; à défaut d'estampage ou de dessin, transcrire le texte ligne par ligne, distinguer les majuscules, figurer les abréviations, sans compléter les mots ni les syllabes, figurer les sigles et les monogrammes, ainsi que les signes de ponctuation ou d'accentuation; ne rien omettre, ne rien suppléer; employer pour les transcriptions autant de feuilles distinctes qu'il y aura de monuments, afin que le classement et le numérotage puissent s'effectuer immédiatement; indiquer soigneusement la matière sur laquelle l'inscription est tracée, les dimensions en mètres et subdivisions, la grandeur relative des lettres et tous les autres détails qui peuvent offrir quelque intérêt archéologique; transmettre les indications les plus circonstanciées sur le lieu où se trouve l'inscription, sur la province et le diocèse dans lesquels ce lieu était autrefois compris, sur le département et le diocèse dont il fait aujourd'hui partie; rechercher si l'inscription a été publiée ou relevée antérieurement.

A l'égard des monuments, quel que soit leur âge, vous avez, selon les circonstances, une tâche aussi variée que délicate. Il vous appartient de rechercher et de faire connaître au Comité les pierres, roches et souterrains consacrés par les superstitions populaires ou par de vieilles traditions; les anciennes sépultures; les chaussées auxquelles se rattachent des noms historiques, comme ceux de César et de Brunehaut; les monuments religieux, églises, chapelles, oratoires; tous les objets qui peuvent nous éclairer sur la marche des arts et de la civilisation, monnaies, poids et médailles, poterie, coins ou hachettes en pierre ou en métal, armes de guerre, vêtements sacerdotaux, crosses, calices, ostensoirs, châsses, meubles, peintures et vitraux, etc.; dans les catalogues de découvertes des monnaies romaines trouvées accidentellement ou à la suite des fouilles, il sera inutile de décrire chacune des pièces trouvées, à moins qu'elles ne soient inédites; on pourrait indiquer les pièces connues par une simple référence aux deux grands ouvrages de M. H. Cohen, intitulés, l'un : *Description générale des monnaies de la République romaine, communément appelées médailles consulaires;* l'autre : *Description historique des monnaies frappées sous l'Empire romain, communément appelées médailles impériales.*

Chaque nature d'objets exigerait des développements dans lesquels je n'ai pas l'intention d'entrer, et que votre expérience personnelle, ainsi que les instructions de mes prédécesseurs, peut suppléer. Je me bornerai à vous dire que, malgré l'importance que peuvent offrir les fouilles entreprises journellement sur différents points du territoire, les débris du passé qu'elles mettent en lumière ne sont pas les seuls objets dignes de votre attention.

Le sol de la France est couvert de monuments que, par l'habitude de les voir, on néglige quelquefois d'étudier, mais qui fourniraient la matière des travaux les plus utiles et les plus curieux. Il reste à écrire pour chaque province une histoire de l'architecture locale, dont il appartient aux correspondants du Comité de recueillir les éléments. Vous connaissez toute l'importance qui s'attache aux comptes de dépenses, marchés, devis, etc., soit parce qu'ils indiquent le prix des matériaux et de la main-d'œuvre aux diverses époques, soit parce qu'ils nous initient aux procédés jadis employés dans l'art de bâtir, soit enfin parce qu'ils révèlent les noms des ouvriers qui ont concouru à l'érection des édifices, depuis l'architecte qui en a conçu la première idée jusqu'au simple tailleur de pierre qui a dégrossi le bloc informe. Vous rechercherez soigneusement dans les archives locales et dans les bibliothèques les documents de ce genre. La communication en sera toujours accueillie avec intérêt par la section d'archéologie. Je vous recommande aussi de recueillir tout ce qui est relatif aux anciens artistes, tout ce qui peut servir, soit à reconstituer leur biographie, en général si peu connue, soit à bien apprécier leur méthode.

En ce qui concerne la musique, on rencontre dans les bibliothèques des manuscrits qui renferment des traités plus ou moins complets ou de simples fragments de musique en ancienne notation. Les manuscrits doivent être signalés, et, pour en faire apprécier la valeur, la description qui en sera donnée devra être accompagnée d'extraits. Quant aux fragments, il sera indispensable d'adresser des fac-similés, soit que la notation se montre sous la forme de *neumes,* comme cela a lieu du viiie au ixe siècle, soit qu'elle présente des notes carrées ou en losanges, placées sur des lignes de nombre variable. La plus rigoureuse exactitude est recommandée dans les copies. En effet, l'absence *d'un point,* la position mal observée de la *queue* d'une note, suffisent pour rendre impossible la traduction de tout un morceau. J'appelle aussi votre attention sur les airs des anciens chants populaires de la France.

Je compléterai ces instructions, relatives aux objets de vos études et à la nature des communications que le Comité attend de vous, par quelques avis sur la forme même de ces communications.

Les travaux historiques et archéologiques du Comité étant répartis entre deux sections, il est préférable que chaque envoi fait au Comité ne comprenne que des matières s'adressant à une même section. Les communications touchant à des matières différentes entraînent souvent de la confusion, des erreurs, et pour le moins des retards fâcheux. Ces inconvénients seront facilement évités par la mesure d'ordre que je vous recommande.

Il importe aussi d'indiquer la provenance de tous les documents, de les dater et de les signer, principalement les dessins, les copies d'inscriptions et les estampages.

Quant aux ouvrages dont il est fait hommage au Ministère, il ne sera accusé réception que de ceux qui seront accompagnés d'une lettre d'envoi.

Telles sont, Monsieur, les instructions que je confie à votre zèle et à votre expérience. J'ai l'espoir qu'elles contribueront à la bonne direction des études d'histoire et d'archéologie, auxquelles vous avez jusqu'ici consacré utilement vos loisirs, et dont le progrès ne m'est pas moins cher qu'à vous-même.

Agréez, etc.

V. DURUY.

110

DÉCRET INSTITUANT DES PRIX ANNUELS POUR LES TRAVAUX D'HISTOIRE, D'ARCHÉOLOGIE OU DE SCIENCE.

30 mars 1869.

NAPOLÉON, par la grâce de Dieu et la volonté nationale, EMPEREUR DES FRANÇAIS, à tous, présents et à venir, SALUT.

Voulant encourager dans les départements les hautes études d'histoire, d'archéologie et de science;

Sur le rapport de notre Ministre Secrétaire d'État au département de l'instruction publique,

AVONS DÉCRÉTÉ et DÉCRÉTONS ce qui suit :

ARTICLE PREMIER. Il est institué dans chaque ressort académique de l'empire un prix annuel de 1,000 francs, qui sera décerné à l'ouvrage ou au mémoire jugé le meilleur sur quelque point d'histoire politique ou littéraire, d'archéologie ou de science, intéressant les départements compris dans le ressort.

Ne prennent point part à ce concours les personnes résidant dans le département de la Seine.

ART. 2. Chaque année, un prix de 3,000 francs sera décerné par le Comité des travaux historiques et des sociétés savantes à l'ouvrage jugé le meilleur parmi ceux qui, durant l'année précédente, ont été couronnés dans les concours académiques établis par l'article premier.

Art. 3. Les dépenses nécessaires auxdits concours seront imputées sur les fonds affectés au budget du Ministère de l'instruction publique pour le service des sciences et lettres.

Art. 4. Notre Ministre Secrétaire d'État au département de l'instruction publique est chargé de l'exécution du présent décret.

Fait au palais des Tuileries, le 30 mars 1869.

NAPOLÉON.

Par l'Empereur :

V. Duruy.

III

ARRÊTÉ RELATIF À L'EXÉCUTION DU DÉCRET QUI PRÉCÈDE.

31 mars 1869.

Le Ministre Secrétaire d'État au département de l'instruction publique,

Vu le décret du 30 mars 1869, par lequel il est institué, dans chaque ressort académique de l'empire, un prix annuel de 1,000 francs qui sera décerné à l'ouvrage ou mémoire jugé le meilleur sur quelque point d'histoire politique ou littéraire, d'archéologie ou de science, intéressant les départements compris dans le ressort,

Arrête :

Article premier. Le prix ci-dessus mentionné sera décerné alternativement : en 1869, sur un travail d'histoire politique ou littéraire; en 1870, sur une question d'archéologie; en 1871, sur une question de science, et successivement dans le même ordre les années suivantes.

Art. 2. Le choix des sujets est laissé aux concurrents.

Art. 3. Sont admis à concourir tous les ouvrages et mémoires manuscrits ou imprimés, sous la réserve que les auteurs résident dans le ressort académique et que les ouvrages ou mémoires imprimés n'auront pas été publiés plus de trois ans avant le terme fixé pour le concours.

Art. 4. Sont exclus du concours les ouvrages ou mémoires qui auront déjà été couronnés par l'Institut.

Art. 5. Le jury chargé de décerner le prix est composé, sous la présidence du recteur : 1° de délégués des sociétés savantes du ressort académique, dont les travaux se rapportent à l'objet du concours; 2° de membres choisis par le Ministre, en nombre inférieur à celui desdits délégués. Les concurrents ne peuvent faire partie du jury.

Art. 6. La proclamation du prix aura lieu dans la séance solennelle de la rentrée des Facultés. Elle sera précédée de la lecture du rapport fait au nom du jury.

Art. 7. Le prix annuel de 3,000 francs, institué par l'article 2 du décret précité en faveur du meilleur des ouvrages couronnés dans les concours académiques, sera proclamé dans la réunion des Sociétés savantes qui a lieu, chaque année, à Paris, sous la présidence du Ministre.

Art. 8. Les recteurs sont chargés, chacun en ce qui le concerne, de l'exécution du présent arrêté.

V. Duruy.

112

CIRCULAIRE RELATIVE AUX PRIX ACADÉMIQUES INSTITUÉS POUR LES TRAVAUX D'HISTOIRE, D'ARCHÉOLOGIE OU DE SCIENCE.

19 avril 1869.

Aux Recteurs.

Monsieur le Recteur, en vous adressant le décret impérial et l'arrêté ministériel des 30 et 31 mars, relatifs à l'institution, dans chaque ressort académique, d'un prix annuel de 1,000 francs à décerner à un ouvrage ou mémoire d'histoire, d'archéologie ou de science, je crois devoir y joindre quelques recommandations propres à vous guider dans l'exécution des mesures à prendre à ce sujet.

Il importe, en premier lieu, qu'une publicité suffisante soit donnée par vos soins, dans votre académie, à cette institution. Vous voudrez bien adresser une copie du décret et de l'arrêté à chacune des sociétés savantes et leur indiquer le mode et l'époque de l'envoi des ouvrages ou mémoires, soit manuscrits, soit imprimés, destinés au concours. Aux termes de l'article 1er de l'arrêté, le concours aura lieu, cette année, entre les ouvrages d'histoire politique ou littéraire. Ces ouvrages ou mémoires devront être remis au chef-lieu de votre académie avant le 31 juillet prochain. Le jury pourra d'ailleurs choisir, en dehors de ces ouvrages, les travaux qui lui sembleront pouvoir participer au concours, sous la réserve des conditions prescrites par l'article 3 de l'arrêté du 31 mars.

En ce qui concerne la composition de ce jury, vous provoquerez, en temps opportun, la désignation des délégués des sociétés savantes dont les travaux se rapportent à l'objet du concours de 1869, c'est-à-dire aux études historiques ou littéraires. Le nombre de ces délégués devra être réglé d'après le nombre des sociétés existant dans votre académie : restreint à un seul pour chacune d'elles, si ces sociétés sont nombreuses, et porté à deux ou à trois, dans le cas contraire. Vous désignerez vous-même à mon choix ceux des membres du jury qu'il m'appartient de nommer directement, en vertu de l'article 5 dudit arrêté.

Vous me transmettrez le résultat du jugement porté par le jury, dès qu'il vous sera connu ; quant au rapport qui sera fait en son nom, vous aurez soin de me l'adresser avec l'ouvrage couronné, immédiatement après la séance solennelle de la rentrée des Facultés.

Je laisse à votre appréciation les autres dispositions de détail, sauf à m'en référer, si vous le jugez nécessaire.

Je suis assuré, d'ailleurs, que vous ne négligerez rien pour concourir au succès d'une institution si favorable au développement et au progrès des sciences et des lettres dans nos départements.

Recevez, etc.

V. Duruy.

113

CIRCULAIRE RAPPELANT LES INSTRUCTIONS RELATIVES AUX PRIX ACADÉMIQUES INSTITUÉS PAR LE DÉCRET DU 30 MARS 1869.

31 mars 1870.

Aux Recteurs.

Monsieur le Recteur, aux termes de l'article 1er de l'arrêté ministériel du 31 mars 1869, le prix annuel de 1,000 francs institué dans chaque ressort académique de l'empire par le décret du 30 du même mois devra être décerné, en 1870, à un ouvrage ou mémoire sur quelque point d'archéologie intéressant les départements compris dans le ressort. Des instructions propres à vous guider dans l'exécution des mesures à prendre à ce sujet vous ont été adressées par une circulaire du 19 avril 1869. Je vous prie de vouloir bien vous reporter à ces instructions, et rappeler, par la voie de la presse, aux personnes qui résident dans votre académie, les dispositions du décret et de l'arrêté précités.

Le terme du 31 juillet, fixé par ces instructions pour la remise au chef-lieu de votre académie des ouvrages présentés au concours, ayant paru, l'année dernière, à plusieurs de vos collègues, trop rapproché de l'époque habituelle des vacances, j'ai décidé que ce terme serait fixé au 31 mai pour l'année 1870.

Je dois ajouter, comme complément des instructions du 19 avril dernier, que le décret doit être interprété dans ce sens, qu'en aucun cas le prix de 1,000 francs ne sera partagé, et qu'il ne sera décerné spécialement aucune mention *honorable* ou *très honorable;* mais que le rapport du jury pourra signaler d'une façon particulière celui ou ceux des ouvrages dont le mérite aura été le plus remarqué et qui auront le plus approché du prix.

Vous voudrez bien provoquer, en temps opportun, la désignation des délégués des sociétés savantes de votre ressort dont les travaux se rapportent à l'objet du concours, et m'adresser en même temps vos propositions sur les membres que j'aurai moi-même à choisir, en vertu de l'article 5 de l'arrêté du 31 mars 1869.

Recevez, etc.

SEGRIS.

114

CIRCULAIRE DEMANDANT LA LISTE DES SOCIÉTÉS SAVANTES EXISTANT DANS CHAQUE DÉPARTEMENT.

Juillet 1870.

Aux Préfets.

Monsieur le Préfet, je désirerais avoir le plus tôt possible la liste complète des sociétés savantes existant dans votre département et correspondant naguère avec le Ministère de l'instruction publique. Vous voudrez bien y joindre les renseignements suivants, que je vous prie de demander à MM. les présidents de ces sociétés :

1° Date de la fondation de la société, avec sa dénomination très précise ;

2° Nombre des volumes qu'elle a publiés sous forme de mémoires ou de bulletins ;

3° Date de son autorisation ministérielle ;

4° Date de sa reconnaissance comme établissement d'utilité publique, s'il y a lieu ;

5° Les noms des président, vice-président et secrétaire aujourd'hui en exercice.

Comme j'ai un besoin urgent de cet état, je vous prie, Monsieur le Préfet, d'en recueillir immédiatement les éléments, et de me le transmettre sans délai dès que vous l'aurez fait dresser.

Recevez, etc.

M. RICHARD.

115

CIRCULAIRE RELATIVE AUX ENCOURAGEMENTS À DONNER AUX ÉTUDES SCIENTIFIQUES.

Décembre 1871.

Aux Recteurs.

Monsieur le Recteur, l'opinion publique s'est fortement prononcée sur la nécessité de reprendre sans retard les recherches littéraires et scientifiques.

Les recherches scientifiques auxquelles je limiterai la présente lettre imposent souvent des sacrifices que les savants ne sont point en mesure de supporter. Il ne serait pas juste de les laisser à leur charge, ces travaux et les découvertes qui en résultent étant un élément essentiel de la dignité, de la force morale et de la puissance matérielle du pays.

L'intervention de l'État dans les travaux de l'intelligence est délicate ; elle ne peut être fructueuse qu'à la condition de ne pas entraver la liberté des hommes de science et de ne pas éteindre ou gêner en eux l'esprit d'initiative. Consultée par moi sur la meilleure direction à donner aux encouragements de l'État, la section des sciences du Comité des sociétés savantes a émis l'avis :

1° Que les fonds dont l'Administration pourra disposer pour l'encouragement des sciences soient attribués à des travaux de recherches et à la publication des résultats acquis;

2° Que l'Administration s'abstienne d'une intervention directe dans les travaux scientifiques, et qu'elle en laisse le soin au zèle éclairé des savants et des sociétés.

Je suis disposé à me conformer à cet avis des hommes compétents, et je réclame votre concours, Monsieur le Recteur, pour m'aider à remplir d'une manière utile au pays les devoirs qui s'imposent à mon Administration.

Il se peut que des savants insuffisamment aidés jusqu'ici dans leurs études se soient laissés parfois aller à l'inaction. Il vous sera facile de relever leur courage, de les engager à reprendre leurs travaux interrompus et à s'adresser à vous avec confiance pour les moyens d'exécution.

La mission que je vous confie, Monsieur le Recteur, ne peut réussir qu'à la condition de n'avoir rien d'officiel, sinon, nous manquerions aux principes que nous avons posés. Mais vous connaissez vos collaborateurs; vous savez quels sont ceux qu'animent un zèle et une ardeur véritables, et qu'on peut solliciter, sans crainte de faire naître des prétentions que le talent ne justifierait pas.

J'ai d'ailleurs besoin de connaître la puissance des éléments de travail qui peuvent s'offrir à cet appel du pays, afin de mesurer l'étendue du concours que je dois demander à l'Assemblée nationale.

Dans les mathématiques, en physique, en chimie, les recherches sont toujours individuelles.

Les sciences naturelles offrent, au contraire, des questions dont l'étude doit être poursuivie sur toute la surface du pays et qui réclament le concours d'un grand nombre de personnes. Une direction est alors nécessaire. C'est aux savants, aux sociétés, à se concerter pour ces travaux d'ensemble, qui méritent et recevront les mêmes encouragements que les travaux individuels.

Les demandes qui me sont adressées seront toutes soumises à la section des sciences du Comité. Il sera statué dans le plus bref délai.

Recevez, etc.

Jules SIMON.

116

DÉCRET SUPPRIMANT LE CONCOURS INSTITUÉ LE 30 MARS 1869 ENTRE LES SOCIÉTÉS SAVANTES DE CHAQUE ACADÉMIE.

21 décembre 1872.

Le Président de la République française,

Sur le rapport du Ministre de l'instruction publique, des cultes et des beaux-arts,

Décrète :

Article premier. Le décret du 30 mars 1869, relatif aux concours annuels entre les sociétés savantes de chaque académie, est rapporté.

Art. 2. Le Ministre de l'instruction publique, des cultes et des beaux-arts est chargé de l'exécution du présent décret.

A. THIERS.

Par le Président :
Jules Simon.

117

ARRÊTÉ METTANT UN PRIX ANNUEL À LA DISPOSITION DE CHACUNE DES SECTIONS DU COMITÉ.

25 décembre 1872.

Le Ministre de l'instruction publique, des cultes et des beaux-arts,

Sur la proposition du Comité des travaux historiques et des sociétés savantes,

Arrête :

Article premier. Une allocation de *trois mille francs* sera mise annuellement à la disposition de chacune des sections d'histoire, d'archéologie et des sciences du Comité des travaux historiques et des sociétés savantes, pour être distribuée, à titre d'encouragement, soit aux sociétés savantes des départements, soit aux savants dont les travaux auront contribué le plus efficacement aux progrès de l'histoire, de l'archéologie et des sciences.

Art. 2. Cette allocation sera accordée pour la première fois en 1873.

Art. 3. L'arrêté du 31 mars 1869 relatif aux concours académiques est rapporté.

Jules Simon.

118
CIRCULAIRE RELATIVE À LA RÉUNION DES DÉLÉGUÉS DES SOCIÉTÉS SAVANTES À LA SORBONNE EN 1873.

30 décembre 1872.

Aux Présidents des Sociétés savantes.

Monsieur le Président, j'ai décidé, par un arrêté du 25 décembre courant, qu'une réunion des délégués des Sociétés savantes des départements aurait lieu à la Sorbonne au mois d'avril 1873, et que des lectures et des conférences publiques seraient faites pendant les journées de mercredi 16, jeudi 17 et vendredi 18 avril.

Le samedi 19 avril, le Ministre présidera la séance générale, dans laquelle seront distribués les encouragements accordés aux sociétés.

Sur la proposition des trois sections du Comité des travaux historiques, le décret du 30 mars 1869, relatif aux concours académiques, a été rapporté, et j'ai décidé qu'à partir de 1873 une somme de 3,000 francs serait mise annuellement à la disposition de chacune des sections du Comité, pour être distribuée, à titre d'encouragement, soit aux sociétés savantes des départements, soit aux savants dont les travaux auront contribué le plus efficacement aux progrès de l'histoire, de l'archéologie et des sciences.

Je vous prie, Monsieur le Président, de vouloir bien faire connaître cette décision, le plus tôt possible, aux membres de votre société, et leur indiquer les jours des réunions, pour qu'ils aient le temps de préparer les communications qu'ils se proposent de faire.

Je dois vous rappeler que, dans les sections d'histoire et d'archéologie, aucun mémoire ne sera admis pour les lectures de la Sorbonne, s'il n'en a été préalablement jugé digne par une société savante des départements. Cette mesure n'est pas applicable aux travaux scientifiques qui seront présentés à la section des sciences. Les manuscrits des mémoires relatifs à l'histoire et à l'archéologie devront être transmis, au plus tard, le 1ᵉʳ avril, époque à laquelle seront clos les registres d'inscription. Dans le cas où ces mémoires ne seraient pas terminés, les auteurs devront au moins en faire connaître le titre.

La durée de chaque lecture ne devra pas dépasser vingt minutes. Quand les mémoires seront trop considérables, les auteurs ne devront en présenter qu'un résumé.

A l'occasion de ces réunions, les compagnies de chemin de fer veulent bien mettre à ma disposition un certain nombre de billets à prix réduits; mais comme il importe de connaître d'avance le chiffre des billets à demander, je vous prie de m'envoyer, avant le 1er avril, la liste des personnes déléguées par votre société, soit pour la représenter, soit pour y faire des lectures. Après ce délai, il ne me sera plus possible d'assurer les mêmes facilités aux personnes qui se feraient inscrire trop tardivement.

Les billets destinés aux représentants des sociétés, valables du lundi 7 au mercredi 23 avril, vous seront adressés en temps opportun [1].

Agréez, etc.

Jules Simon.

119

CIRCULAIRE RELATIVE AUX COMMUNICATIONS EXIGÉES DES CORRESPONDANTS DU MINISTÈRE.

9 mai 1873.

Aux Correspondants du Ministère.

Monsieur, le 25 décembre 1872, sur les propositions du Comité des travaux historiques, j'ai revisé la liste des correspondants du Ministère. Vous trouverez cette nouvelle liste dans la brochure ci-jointe, où sont également contenues, entre autres renseignements, des instructions particulières [2], auxquelles je vous prie de vouloir bien vous conformer exactement, lorsque vous aurez des communications à m'adresser.

Je ne saurais trop vous rappeler que ces communications doivent être aussi fréquentes que possible, tout en continuant d'être intéressantes et

---

[1] Le même jour une circulaire semblable était adressée aux Recteurs.
[2] Ce sont les instructions contenues dans la circulaire du 6 janvier 1869.

inédites. Vous voudrez bien ne pas oublier qu'un silence prolongé de deux ans est un motif suffisant pour provoquer, de la part du Comité, une proposition de radiation.

Recevez, etc.

Jules SIMON.

120
ARRÊTÉ RÉGLANT LA COMPOSITION ET L'ADMINISTRATION INTÉRIEURE DE LA SECTION D'HISTOIRE ET DE PHILOLOGIE, AINSI QUE DE LA SECTION D'ARCHÉOLOGIE.

21 février 1874.

LE MINISTRE DE L'INSTRUCTION PUBLIQUE, DES CULTES ET DES BEAUX-ARTS,

Vu le projet de règlement présenté par les sections d'histoire et d'archéologie du Comité des travaux historiques,

ARRÊTE :

ARTICLE PREMIER. La section d'histoire et de philologie et la section d'archéologie du Comité des travaux historiques se composent, la première, de trente membres titulaires, et la seconde, de vingt-cinq.

ART. 2. Ces membres sont nommés par le Ministre, après avis de la section compétente, qui présente trois candidats pour chaque place vacante.

ART. 3. En cas de vacances, le Comité, saisi par le Ministre, est chargé de faire des propositions pour pourvoir à ces vacances; en outre, tous les ans, au mois de juillet, chacune des sections nomme une commission de trois membres chargée :

1° De constater le nombre des vacances qui ont pu se produire dans la section par suite des causes de radiation énumérées dans l'article 4;

2° De dresser une liste de candidats.

Chaque commission fait son rapport à la section dans la séance du mois de décembre.

Tous les membres ont droit, dans cette séance, de proposer l'adjonction de nouveaux noms à la liste des candidats dressée par la commission. Dans la séance du mois de janvier, il est procédé au choix définitif des candidats qui seront présentés au Ministre. Le vote a lieu au scrutin secret. Sont présentés au Ministre les candidats qui ont réuni, au premier tour, la majorité absolue, et, au second, la majorité relative des suffrages.

Art. 4. Tout membre qui, sans motifs justifiés, aura manqué pendant une année aux séances de la section, ou qui, durant deux ans, n'aura pas fait de rapport, sera considéré comme démissionnaire.

Art. 5. Tout membre non résidant, ou tout correspondant qui vient habiter Paris, perd, par ce seul fait, son titre de membre non résidant, ou correspondant.

Art. 6. Lorsqu'un membre titulaire, membre non résidant, honoraire ou correspondant, est intéressé personnellement dans une question, la discussion et le vote ont lieu en son absence, à moins d'une décision contraire de la section.

De Fourtou.

121
CIRCULAIRE PRESCRIVANT UNE ENQUÊTE
SUR LA SITUATION DES SOCIÉTÉS SAVANTES DANS LES DÉPARTEMENTS.
15 janvier 1875.

Aux Présidents des Sociétés savantes.

Monsieur le Président, les dispositions de l'ordonnance royale du 27 juillet 1845, qui a prescrit la publication d'un Annuaire général des Sociétés savantes, n'ont été exécutées qu'une seule fois. Un seul Annuaire a été publié en 1846, et depuis cette époque les circonstances n'ont pas permis de continuer cette utile publication.

Les relations établies depuis entre le Ministère et les Sociétés des départements, les rapports des membres des Comités historiques publiés dans les Revues et les réunions de la Sorbonne, ont bien fait connaître individuellement les travaux de quelques sociétés, mais aucun travail d'ensemble n'a été entrepris. C'est pour combler cette lacune que je viens de charger une commission de préparer un rapport sur le service des Sociétés savantes.

En conséquence, j'ai l'honneur de vous prier, Monsieur le Président, de vouloir bien réunir les renseignements suivants, qui sont indispensables pour ce travail :

1° La date de la fondation de la société se rattache-t-elle à une ancienne société locale antérieure à 1789?

2° Une notice historique sur l'origine et les progrès de la société;

3° Une liste des récompenses ou distinctions qu'elle a reçues en France ou à l'étranger;

4° Le nombre des membres: 1° titulaires ou honoraires, 2° correspondants, pendant la première année de son existence et actuellement, avec indication des noms de ses différents présidents;

5° Le nombre de volumes publiés, avec indication des mémoires les plus importants;

6° Les titres des ouvrages publiés à part: cartulaires, pouillés, mémoires, correspondances historiques, annuaires, etc.;

7° Le nombre actuel de sociétés ou d'établissements avec lesquels elle correspond en France, à l'étranger;

8° Est-elle reconnue comme établissement d'utilité publique? la date de cette reconnaissance légale;

9° La société possède-t-elle une bibliothèque? indiquer le nombre de volumes et de manuscrits. Possède-t-elle des collections d'histoire naturelle, d'épigraphie, etc.? Ces bibliothèques et collections sont-elles cataloguées? Ces catalogues sont-ils imprimés?

Je vous serai très reconnaissant, Monsieur le Président, de vouloir bien m'envoyer dans les derniers jours de février prochain ces renseignements et tous ceux que vous croirez devoir être utiles, et qui me permettront de connaître et de faire connaître au public les services que rend la société que vous présidez.

Recevez, etc.

De Cumont.

122

CIRCULAIRE PRESCRIVANT DES RECHERCHES POUR LA PUBLICATION DES DOCUMENTS INÉDITS RELATIFS AUX ÉTATS GÉNÉRAUX.

11 janvier 1876.

Aux Correspondants du Ministère et aux Conservateurs des bibliothèques.

Monsieur, depuis longtemps le Comité des travaux historiques et des sociétés savantes s'occupe d'un grand projet de publication des documents inédits relatifs aux États généraux du xiv° au xvii° siècle.

M. Georges Picot a été chargé de rassembler les divers éléments qui ont pu être recueillis jusqu'ici et d'indiquer les travaux exécutés et ceux qui restent à accomplir.

J'ai l'honneur de vous adresser ci-joint le rapport que le Comité a entendu et approuvé dans sa dernière séance sur l'état de la question [1], en vous

---

[1] Ce rapport, en date du 6 décembre 1875, est ainsi conçu :

« Parmi les documents de notre histoire nationale, il n'en est peut-être aucuns qui soient moins connus que les documents relatifs à la tenue des États généraux. Assurément, il n'en est pas qui soient plus dignes d'être mis au jour. Lorsque le Comité historique fut créé, un des premiers projets de publication que conçut M. Guizot avait pour but de donner le texte entier du *Journal des États de Tours*, dont des fragments seuls étaient connus. Dans la pensée de votre illustre fondateur, ce volume ne formait lui-même qu'une partie d'un vaste ensemble destiné à reconstituer les annales authentiques de nos vieilles assemblées.

« Dès 1836, M. Augustin Thierry, en acceptant la mission de réunir tout ce qui pouvait éclaircir les origines et l'histoire du Tiers État, considérait comme un élément essentiel de cette publication « la collection des actes relatifs à la convocation et à la tenue des États généraux du royaume »; mais ce plan, qui avait l'inconvénient d'être restreint à ce qui intéressait spécialement le troisième ordre, et qui, certes, eût été agrandi par son auteur, ne put recevoir un commencement d'exécution.

« En 1841, un seul volume avait donc paru ; mais le Comité n'avait pas perdu de vue le projet, et ce fut avec un élan dont vos procès-verbaux constatent l'unanimité que fut accueillie la proposition de publier un recueil des pièces inédites sur les États de la Ligue. M. Auguste Bernard avait découvert, avec autant de bonheur que de patience, une série de documents jetant la lumière sur une session qu'avait rendue célèbre, en la défigurant, le plus spirituel et le plus puissant de nos vieux pamphlets politiques. Les procès-verbaux étaient transcrits, les notes rédigées, tout était prêt : présenté le 1er mars 1841, le projet était appuyé par M. Fauriel, renvoyé à la commission, adopté le 5 avril suivant, et, sur la proposition de M. Mignet, le Comité « priait instamment le « Ministre de faire commencer immédiatement l'impression de ce recueil, que son importance devait « faire passer avant les autres publications. » Une année plus tard, en 1842, paraissait un volume de plus de cent feuilles, qui réalisait toutes les espérances du Comité, et que l'ordre des textes, la méthode suivie par l'éditeur, les tableaux habilement dressés, les plans et les tables rendent, à n'en pas douter, un des plus remarquables qui aient été publiés dans la collection des Documents inédits.

« Un tel succès devait tout naturellement inspirer la pensée de confier à l'heureux éditeur la publication d'une autre session d'États. Il sollicita lui-même, en 1842, la mission de recueillir et de publier tout ce qui restait d'inédit et d'officiel sur les États généraux, et particulièrement sur ceux de 1588 [*]. Ce projet fut ajourné, et, en 1846, une discussion qui s'éleva dans le sein du Comité nous permet de constater que la publication qui nous occupe, abandonnée par M. Augustin Thierry, désormais consacré aux recherches sur les origines du Tiers État, n'avait rencontré aucun éditeur résolu à en surmonter les difficultés.

[*] « Séance du 8 août 1842. »

priant de le lire attentivement et de vous rendre exactement compte des difficultés à surmonter et pour lesquelles je réclame votre concours éclairé.

« Le Comité n'avait pas perdu tout espoir [a]. En 1850, il était saisi d'une double proposition de M. Auguste Bernard, embrassant la publication immédiate des actes relatifs aux États généraux de 1303 à 1317 et la préparation de la suite complète des États généraux du xive au xviie siècle.

« La première question fut aussitôt mise à l'étude. Sur le rapport de M. Le Clerc, annonçant que déjà M. de Stadler s'était occupé des plus anciens États généraux, le Comité l'adjoignit comme éditeur à M. Auguste Bernard, et les invita l'un et l'autre à communiquer leurs premiers travaux [b]. Malheureusement, cette collaboration, loin de hâter les efforts, sembla multiplier les obstacles. On chercha à faire aux deux éditeurs la part qui convenait à leur amour-propre [c] ; puis, lorsqu'on obtint de M. de Stadler le manuscrit qu'il annonçait, des changements parurent nécessaires, et M. Le Clerc présenta sur le plan adopté un rapport critique [d] qui dut servir de programme à l'éditeur. M. de Stadler sembla s'attacher à ce sujet, et depuis 1852, date où les procès-verbaux constatent que le manuscrit remanié était attendu, jusqu'à la mort de l'éditeur, survenue en 1875, cette publication, toujours annoncée, incessamment ajournée par des promesses de corrections, a figuré perpétuellement et compte encore aujourd'hui parmi les ouvrages qui semblent à la veille d'être livrés à l'imprimerie. Vous avez su, à notre dernière séance, que ce manuscrit avait été remis par la famille de M. de Stadler à notre honorable président. Vous avez bien voulu me confier la charge de le dépouiller, ainsi que l'honneur de vous en rendre compte. Aussi ne manquerai-je pas de vous soumettre, à l'une de nos plus prochaines séances, un rapport détaillé sur ce sujet.

« La seconde proposition de M. Auguste Bernard offrant de se dévouer à la recherche et à l'impression des documents inédits sur les États généraux de 1355 à 1614 devait donner lieu à un effort plus considérable et sur lequel il est à propos d'insister. Sur le principe même de la publication, il n'y avait eu qu'une voix au sein du Comité; mais quelle méthode fallait-il adopter? Comment rassembler les pièces? Un seul éditeur devait-il être investi d'une telle charge? Pour résoudre toutes ces questions, une commission fut nommée le 6 mai 1850 [e]. Son premier soin fut de rechercher la trace des documents envoyés en 1788 à Versailles, par suite de l'arrêt du Conseil du 5 juillet, prescrivant la transmission des copies de tout ce qui était relatif aux formes et aux délibérations des anciens États généraux. Il y avait là un trésor qu'il fallait retrouver. Dès la séance suivante [f], la commission fit savoir qu'elle avait inutilement exploré les archives du Ministère de la justice et qu'elle allait continuer ses investigations. M. de Pastoret fournit des renseignements précieux sur cette masse énorme de pièces et de mémoires dépouillée par son père en 1788, remise au Roi avec les notes destinées à en faire connaître sommairement la nature, renvoyée au Garde des sceaux, puis enfin transmise à M. Necker. On résolut de les demander à divers dépôts publics et de continuer en même temps aux Archives des recherches qui devaient être fructueuses, à en croire les affirmations de M. Auguste Bernard, assurant qu'il s'y trouvait un dépôt spécial de plus de deux cents volumes sur les États généraux. Le 1er juillet 1850, le champ de l'enquête commencée par le Comité s'agrandissait encore : aux dépôts des Archives et des Ministères s'ajoutaient les greffes des tribunaux, héritiers des greffes des bailliages, ainsi que les archives départementales. La pensée d'une circulaire que le

---

[a] « Séance du 2 avril 1849. »
[b] « 6 mai 1850. »
[c] « 3 juin 1850. »
[d] « 11 novembre 1850. »
[e] « Elle était composée de MM. Le Clerc, P. Lacroix, Taillandier et de Wailly. »
[f] « Séance du 3 juin 1850. »

Je vous demanderai particulièrement d'apporter votre attention sur les points suivants :

I. Décrire les documents manuscrits relatifs aux tenues d'États généraux ;

Comité adresserait à tous les correspondants vint à l'esprit de plusieurs membres. Ce projet fut adopté, et, le 5 décembre 1850, M. le Ministre de l'instruction publique (M. de Parieu) invitait les archivistes, bibliothécaires et correspondants du Ministère à prêter leur concours à la publication des documents inédits sur les États généraux du XIV° siècle, en recherchant dans les départements tous les documents qui se rapportent à l'histoire de nos assemblées.

« Cette demande, restreinte à une seule époque, et ne s'appliquant que sous une forme indirecte aux États généraux des siècles suivants, produisit quelques réponses dont il nous a été facile de retrouver les traces aux archives, si bien classées, de notre Comité. Quoique, pendant quelques mois, une place spéciale ait été réservée, dans les procès-verbaux de vos séances, aux communications relatives aux États généraux, il me semble évident que l'attention de vos prédécesseurs fut bientôt détournée de cet objet, et que le résultat n'a pas été proportionné à l'attente. La plupart des lettres demeurèrent sans réponse, et vingt correspondants à peine tinrent à honneur d'éclairer le Comité en s'associant à sa tentative.

« Depuis 1852, de loin en loin, un document a été signalé ; le nom de M. Auguste Bernard, évidemment découragé, n'est plus prononcé [a], et nous ne rencontrerons un effort sérieux pour aborder la publication des États de 1614 que plusieurs années plus tard. Notre honorable collègue M. Levasseur, qui n'appartenait pas encore au Comité, lui soumit un plan en 1857, et son active collaboration, malheureusement détournée de ce soin par d'autres travaux, a du moins laissé de précieux matériaux, dont ceux qui reprendront sa tâche interrompue ne manqueront pas de profiter.

« Ainsi, depuis quarante ans, malgré la volonté de M. Guizot, le projet de M. Augustin Thierry, les vœux de M. Mignet et le désir du Comité, exprimé à toutes les époques et renouvelé naguère dans le rapport de son président M. Léopold Delisle [b], il n'a paru jusqu'ici que deux volumes d'une série qui a sa place marquée dans notre Collection.

« Je ne m'attarderai pas, Messieurs, à vous rappeler la grandeur des sujets qu'embrassera une publication complète. Vous savez qu'il ne s'agit point seulement de faire revivre ici les formes oubliées d'une de ces institutions qui ont péri avec l'ancien régime : la matière est plus grande et le but est plus haut. Les origines du gouvernement représentatif de notre pays, ses débuts, ses fortunes changeantes, le jugement que portaient aux différentes époques sur ses mérites les classes diverses de la nation, ne serait-ce pas déjà un sujet digne en lui-même de l'étude attentive des hommes de notre temps ? Mais si, au delà de ce procédé de gouvernement, en lisant avec attention les documents qui en révèlent le mécanisme, nous trouvons des indications nombreuses sur le clergé, sur la magistrature, sur l'administration, les finances, le commerce, la noblesse et l'état militaire de la France ; si sur toutes ces questions un jour nouveau est jeté par les plaintes des trois

[a] La dernière trace des efforts de M. Auguste Bernard se trouve dans une mention portée au procès-verbal de la séance du 6 janvier 1851, à propos d'une lettre rendant compte d'une entrevue avec M. Gachard, archiviste général de Belgique, qui commençait alors la collection des documents concernant les assemblées nationales de ce pays. M. Bernard s'était assuré qu'une vaste enquête avait précédé la publication. A ce propos, il avait vérifié que plus d'une pièce relative à nos tenues d'États avait été signalée dans les villes autrefois françaises, notamment Tournay.

[b] Rapport de M. Léopold Delisle sur les travaux de la Section d'histoire et sur ses publications depuis 1834. Imprimerie nationale, 1874, p. 144.

en mentionner l'étendue; dans le cas où ils paraîtraient inédits, indiquer si la copie pourrait en être faite aisément.

II. Pour les fonds d'archives qui doivent renfermer des textes relatifs

ordres; si nous surprenons, entre les intérêts contraires, des luttes pleines d'enseignements, et, pour ainsi dire, des fragments de dialogues qui font revivre les passions éteintes, nous aurons bien plus qu'un document d'histoire, nous verrons se ranimer devant nous l'histoire elle-même et les mémoires de la société française, dictés par l'opinion publique et écrits par les hommes les plus éminents de chaque époque.

« S'il était permis d'assigner un rang aux pièces sur les États généraux suivant l'intérêt des documents, ce seraient, en effet, les cahiers de doléances qui devraient être cités en première ligne. Préparés en réponse aux lettres de convocation qui figureront en tête de chaque session, les plaintes embrassent tous les sujets : opinion du temps, mœurs et besoins des contemporains, tout y porte l'empreinte des sentiments profonds de ceux qui les rédigèrent. L'intérêt qui s'attache à leur publication est tel, que, suivant nous, aucun de ces cahiers ne doit être laissé dans l'ombre. Ils sont malheureusement fort rares. Tandis que le cahier général des trois ordres, tel que les députés qui l'avaient rédigé en fondant en un seul les cahiers de bailliages le remettaient au roi, nous a été précieusement conservé par les États de 1483, 1560, 1576, 1588 et 1614; les cahiers primaires que dressaient les assemblées de paroisses et de bailliages ont presque tous disparu. Néanmoins, nous espérons qu'une recherche minutieuse amènera de nouvelles découvertes et que nous pourrons placer, comme terme de comparaison, à côté de la rédaction générale, quelques-uns des éléments qui lui avaient servi de base.

« L'importance des procurations a varié suivant les temps. D'un intérêt considérable lorsque les relations entre les provinces et le pouvoir central étaient rares, elles furent plus négligées au XVIe siècle, et le cahier qu'apportait avec lui le membre des États contribuait à faire oublier une ancienne formalité en enlevant toute espèce de doute sur l'identité de l'élu. En revanche, nous trouvons, à partir de la fin du XVe siècle, des procès-verbaux d'élection qui présentent le plus grand intérêt : leur publication compléterait le tableau des opérations qui précédaient la réunion de l'assemblée.

« Nous arrivons alors à l'ouverture de la session, et nous rencontrons les procès-verbaux officiels. Chaque ordre faisait rédiger le sien. Un triple procès-verbal devra donc être recherché et publié. Dans ces pièces devront figurer à leur date les harangues officielles qui nous sont parvenues, soit qu'elles émanent du roi ou du chancelier, soit qu'elles aient été prononcées par les orateurs des États. On atteindra ainsi, appuyé sur des documents authentiques, la fin de la session, qui se terminera par la présentation des cahiers, la publication de leur texte complet ainsi que des réponses du roi, et par une indication plus ou moins étendue des principales ordonnances qui ont donné satisfaction aux vœux des députés.

« Toutefois la tâche de l'éditeur ne serait pas accomplie s'il se bornait à donner des pièces en quelque sorte officielles. A côté des procès-verbaux dressés par les greffiers des États, il y a des récits écrits jour par jour par des personnages considérables vivant à la cour ou par des députés eux-mêmes, contenant la suite des événements et fournissant la clef des intrigues. Reflets des impressions intimes de chaque ordre, moins discrets que le greffier, plus sincères qu'une relation destinée à la publicité, ces mémoires ne peuvent être séparés des procès-verbaux auxquels ils communiquent la vie. Sans le journal de Bodin, qui comprendrait les premiers États de Blois? Sans celui de Bernard, qui s'expliquerait les seconds? et quel récit de 1614 peut être tenté sans lire et

aux tenues d'États généraux, et notamment pour les registres municipaux et les registres capitulaires, proposer le meilleur mode de dépouillement en

citer à chaque pas Florimond Rapine? D'ailleurs, le journal de Masselin en est un frappant exemple. Quelque exact que pût être le procès-verbal des États de Tours, qui peut nier que, s'il était retrouvé, il serait sans doute moins précieux pour l'histoire que la relation du chanoine de Rouen? Assurément, l'admission dans la Collection ou le rejet de tels récits ne sera pas une des parties les moins ardues de l'entreprise du Comité, qui devra mesurer l'importance et le caractère plus ou moins inédit de chaque document. Ainsi pour une session complète, la publication comprendrait les lettres royales de convocation, quelques exemples de procurations ou de procès-verbaux d'élection, les cahiers particuliers, le texte complet des procès-verbaux des séances de chaque ordre avec les harangues, les cahiers généraux des trois ordres accompagnés des réponses royales, que suivrait l'énumération des actes royaux dus à la sollicitation directe des députés; enfin viendraient, comme un appendice, les relations des principaux personnages.

« En décrivant ainsi une sorte de type qui devra être pris pour modèle, nous n'avons pas besoin d'un effort d'imagination; le volume publié par M. Auguste Bernard est une œuvre achevée, que l'éditeur de la Collection devra conserver sous ses yeux pour tendre à s'en rapprocher constamment.

« Après avoir indiqué la méthode générale d'une telle publication, nous devons nous demander si nous en possédons en ce moment tous les éléments. Certes, le Cabinet des manuscrits contient la plupart des pièces importantes; nous en avons retrouvé plus d'une aux Archives nationales, et, dans les archives de province, divers cahiers nous ont été signalés et ont été réunis par nous. Ce que nous avons pu rassembler, joint aux pièces dont nous connaissons l'existence, compose le fond essentiel des sessions tenues à Orléans en 1560, à Blois en 1576 et en 1588, à Paris en 1614. De ces pièces, les unes sont copiées, les autres prêtes à être transcrites; mais ce serait une grave erreur que de penser qu'il suffirait de commencer la publication sans se livrer à de nouvelles recherches. Il ne paraît pas possible que les archives municipales ou celles des bailliages, mieux explorées, ne nous livrent pas les originaux des cahiers confiés aux députés. Avant de commencer une entreprise qui sera définitive, il faut réunir la collection complète des manuscrits qui doit lui servir de fondement. Une telle méthode n'est pas nouvelle : nos devanciers nous en ont laissé l'exemple. Les documents sur le Tiers État n'ont vu le jour qu'après plusieurs années de travail et la formation laborieuse d'un des répertoires de renseignements les plus riches que nous possédions, puisque plus de seize mille fiches, appartenant à la bibliothèque du Comité, servent à montrer à ceux qui ont plus d'ardeur que de patience les efforts au prix desquels un historien, tel que M. Augustin Thierry, acquérait le droit d'enseigner nos origines et de publier des documents d'une valeur incomparable.

« Avant de proposer au Comité d'entamer une publication si étendue, qu'il nous soit donc permis de solliciter de lui la rédaction d'une nouvelle circulaire adressée aux sociétés savantes, aux correspondants, aux conservateurs des archives départementales, municipales ou judiciaires, et réclamant l'indication des documents relatifs aux tenues d'États généraux. Cette circulaire ne se bornerait pas, comme celle de 1850, aux États généraux du xive siècle; elle embrasserait toute la série de nos assemblées nationales, de 1301 jusqu'à la convocation avortée de 1651. Cet appel demeurerait-il stérile? Nous ne le pensons pas. Depuis vingt-cinq ans, de nombreux dépôts ont été fouillés, les archives départementales et municipales ont été l'objet de soins éclairés et d'une surveillance savante. Nous sommes certain qu'il y a une nouvelle moisson à recueillir, et que le Comité n'aura pas à regretter l'initiative que nous le supplions de prendre.

« La circulaire ministérielle a-t-elle produit tout l'effet qu'on en pouvait attendre? Qu'on se revue d'obtenir l'indication ou la copie des morceaux se rattachant à la publication projetée.

III. Faire connaître s'il se trouve dans le département des collections particulières qui pourraient contenir des pièces de cette nature; indiquer le nom du propriétaire et les moyens de faire réussir une demande de communication.

IV. Indiquer sommairement les documents relatifs aux États provinciaux; n'insister que sur les sessions qui ont immédiatement précédé ou suivi les réunions d'États généraux et sur les pièces qui ont un trait direct à ces assemblées.

V. Indiquer les recherches et les publications faites sur les États, ou sur toute autre matière qui s'y rattache, par des savants du département; mentionner les pièces détachées qui ont été publiées.

VI. Enfin, je recommanderai spécialement à MM. les conservateurs des bibliothèques dont le catalogue n'a pas été publié, de transcrire la partie du catalogue contenant la description des pièces originales imprimées et des publications relatives aux États généraux; si le catalogue n'est pas complet sur ce point, d'écrire les articles, en ayant soin de mentionner, à la suite du titre entier, le format, le lieu, la date et le nombre de pages.

porte aux procès-verbaux, et il demeure évident que depuis plus de vingt ans les correspondants du Ministère, en adressant les documents isolés qui parfois touchent aux sessions d'États, ne semblent pas se douter du projet jadis conçu par le Comité. Nous n'en voulons d'autre preuve que l'extrême rareté des documents transmis de 1852 à 1864. A cette époque, les copies de trois manuscrits précieux sur les États de 1614 parvinrent coup sur coup au Comité. Que s'était-il passé? Le zèle des archivistes avait reçu une vive impulsion due uniquement à l'analyse qu'avait faite M. Levasseur, dans votre Bulletin, du cahier du Tiers État d'Userches envoyé par M. Combet. Quelques lignes annonçant que vous projetiez une publication sur les États de 1614 nous avaient valu un cahier de paroisse des Landes, le procès-verbal très complet des élections de Melun et le cahier de la ville de Lyon.

« Soyez persuadés, Messieurs, qu'une circulaire donnera un véritable élan aux recherches. Vos archives recevront en peu de temps une collection spéciale, qui donnera le moyen de vérifier et de comparer les textes, de multiplier les éclaircissements et de préparer pour chaque session un en-semble de pièces soigneusement revues, offrant toutes les garanties au Comité lorsqu'il sera appelé à décider par la suite quelle forme et quelle étendue seront données à chaque publication. Ainsi s'élèvera pour ainsi dire sous vos yeux et par l'initiative du Comité des travaux historiques, le monument que chacun des éditeurs, livré à ses seules forces, a été jusqu'ici impuissant à fonder.

« Georges PICOT. »

Permettez-moi, Monsieur, d'espérer que vous voudrez bien, dès à présent, entreprendre vos recherches et m'en faire parvenir les résultats dès que vous les aurez terminées.

Recevez, etc.

H. WALLON.

123

CIRCULAIRE RELATIVE À UN PROJET DE PUBLICATION DES MÉMOIRES DRESSÉS PAR LES INTENDANTS EN 1697, POUR L'INSTRUCTION DU DUC DE BOURGOGNE.

8 février 1876.

Aux Correspondants du Ministère.

Monsieur, la publication des mémoires dressés par les intendants en 1697, pour l'instruction du duc de Bourgogne, va prochainement commencer, conformément aux propositions du Comité des travaux historiques. Fort mal connus jusqu'ici, ces mémoires pourraient cependant, grâce à leur caractère officiel, nous donner des notions sûres, précises, à peu près complètes, sur la constitution générale du royaume, aussi bien que sur l'état de chaque province, à l'une des époques les plus importantes de l'ancien régime. De là ressort l'obligation de livrer au public qui désire s'instruire de nos origines, non plus une analyse confuse et volontairement inexacte de ces mémoires, comme l'a fait Boulainvilliers, ni des reproductions tronquées, souvent incorrectes, presque toujours annotées d'une façon insuffisante, comme il en a paru un certain nombre dans les recueils de province, ou des publications peu connues, difficiles à trouver; mais bien l'ensemble authentique des mémoires, scrupuleusement édités, rectifiés, s'il en est besoin, à l'aide des documents originaux, complétés lorsqu'un intendant s'est mal acquitté de sa mission, élucidés enfin par des notes qui permettent d'étudier en toute confiance ce tableau de l'ancienne France.

Vous avez pu voir, par les rapports du Comité des travaux historiques, que ces considérations ont fait accepter le projet de publication présenté par M. de Boislisle, et que le désir de l'Administration est d'en faire profiter largement chaque province. Mais, portant sur un si vaste ensemble, le travail de l'éditeur ne saurait répondre à toutes les exigences, présenter toutes les garanties, que moyennant le concours de tous ceux que la publication intéresse et qui seront appelés à en bénéficier.

Je fais donc appel aux correspondants du Ministère, aux membres des sociétés savantes, aux conservateurs des dépôts d'archives anciennes ou des bibliothèques, à tous les amis de l'histoire, et je suis persuadé que chacun, suivant ses connaissances spéciales, s'empressera de répondre au questionnaire suivant :

I. Indiquer les copies de chaque mémoire ; où se trouvent-elles ? quelle est leur origine ? présentent-elles quelques particularités notables ? donnent-elles des indications sur l'auteur du mémoire ou la date de la rédaction ? portent-elles des annotations postérieures ?

II. Connaît-on des documents relatifs à la composition des mémoires et à l'usage qui en devait être fait pour l'héritier de la couronne ?

III. A-t-on retrouvé les matériaux qui ont servi à dresser chaque mémoire, et particulièrement les rapports fournis par les subdélégués ou autres agents de l'administration provinciale ? Ces documents font-ils connaître les collaborateurs qui ont aidé l'intendant dans l'exécution du travail, ou même à qui l'on doit attribuer la rédaction définitive des mémoires ?

IV. Quels sont les mémoires publiés jusqu'ici ? Dans quel temps, dans quelles conditions et par qui ont-ils été imprimés ?

V. En dehors des publications intégrales, a-t-il été fait quelques études sur les mémoires ou sur les matériaux qui ont servi à les rédiger ?

VI. Signaler les pièces intéressantes qui pourraient servir à l'annotation du texte des mémoires ou s'y joindre en appendice.

VII. Des enquêtes analogues à celle de 1697 avaient été faites antérieurement, à diverses époques : signaler les documents qui s'y rattachent.

VIII. Les intendants ou leurs agents ont eu lieu, plusieurs fois dans le courant du dix-huitième siècle, de dresser de nouveaux mémoires. Ces documents se retrouvent-ils dans les dépôts, ont-ils été publiés, présentent-ils un caractère ou une valeur qui engagent à les utiliser comme appendices à la publication des mémoires de 1697 ?

Je vous prie, Monsieur, de vouloir bien m'aider de vos recherches et d'adresser vos renseignements, sous mon couvert, au bureau des travaux historiques et des sociétés savantes (division des sciences et lettres).

Recevez, etc.

H. WALLON.

124
ARRÊTÉ RELATIF À LA COLLECTION DES DOCUMENTS INÉDITS.

12 juillet 1876.

LE MINISTRE DE L'INSTRUCTION PUBLIQUE ET DES BEAUX-ARTS

ARRÊTE :

Désormais tout ouvrage de la Collection des documents inédits sur l'histoire de France portera imprimé au verso du faux titre la mention suivante :

Par arrêté du   , le Ministre de l'instruction publique, sur la proposition de la section d'   du Comité des travaux historiques et des sociétés savantes, a ordonné la publication d   par M.   M.   , membre du Comité, en a suivi l'impression en qualité de commissaire responsable.

WADDINGTON.

125
CIRCULAIRE PROVOQUANT, DE LA PART DES CONSEILS GÉNÉRAUX, UNE SOUSCRIPTION À LA PUBLICATION DES MÉMOIRES DES INTENDANTS.

8 août 1876.

Aux Préfets.

Monsieur le Préfet, je viens de décider que les *Mémoires dressés par les intendants en 1697, pour l'instruction du duc de Bourgogne,* seraient prochainement édités par M. de Boislisle dans la Collection des documents inédits relatifs à l'histoire de France.

Ces mémoires forment, dans leur ensemble, un tableau complet de l'ancienne France, considérée à tous les points de vue : histoire des provinces; topographie; description des localités, des monuments, des voies publiques, des cours d'eau, des forêts; état des divisions ecclésiastiques, judiciaires, militaires et administratives; organisation centrale et organisation provinciale; statistique de la population, des finances, du commerce, de l'industrie, etc. Bien qu'un petit nombre seulement des mémoires aient été publiés en différents temps, et que la plupart ne soient connus que des seuls érudits par les copies conservées dans nos dépôts de manuscrits, leur intérêt, leur utilité, n'ont échappé à aucun de nos historiens. Mais c'est aussi aux administrateurs, aux statisticiens, aux économistes, qu'ils peuvent rendre des services réels et fournir nombre d'indications précieuses, surtout pour l'étude particulière de chaque province, de son ancienne constitution, des ressources qu'elle offrait, de ses rapports avec le reste de la France, de ses productions naturelles ou industrielles, et, en général, des divers précédents si nécessaires à connaître d'une façon plus exacte que nous ne l'avons pu faire jusqu'à présent. Aucun document ne saurait valoir cette collection de mémoires, qui offre tous les caractères de l'authenticité, qui comprend tous les détails, et qui nous offre des notions claires, sûres et précises sur une infinité de points où nous ne rencontrions trop souvent que des obscurités ou des erreurs.

Ces considérations m'ont déterminé non seulement à faire éditer les *Mémoires des intendants*, mais aussi à leur donner plus de publicité que n'en reçoivent les autres volumes de la Collection des documents inédits. Il est à désirer, en effet, que notre nouvelle publication soit mise à la disposition de tous les lecteurs et travailleurs qu'intéressent ces questions si véritablement sérieuses.

Selon l'usage, chaque volume des *Mémoires* sera envoyé aux bibliothèques publiques des départements; mais je crois, en outre, qu'il serait utile d'en faire bénéficier les bibliothèques des préfectures et des sous-préfectures, celles des archives départementales, communales et hospitalières, les établissements d'instruction publique, etc.

Pour parvenir à ce résultat, je vous demande, Monsieur le Préfet, de vouloir bien signaler au Conseil général de votre département, dans sa prochaine session, l'intérêt de la publication dont l'impression va commencer, et lui proposer d'y souscrire pour tel nombre d'exemplaires qu'il jugera à propos de répartir dans le département. L'ensemble de la série des *Mémoires*, avec les annotations et les compléments que l'éditeur doit y ajouter, formera six ou sept volumes; je mettrai chaque volume à la disposition du

Conseil général au prix réduit de 6 francs au lieu de 12 francs, taux ordinaire des volumes de la Collection des documents inédits.

Je vous serai obligé, Monsieur le Préfet, de vouloir bien me transmettre sans retard la décision du Conseil général et me faire connaître le nombre d'exemplaires dont vous aurez besoin, pour que je puisse fixer le chiffre définitif du tirage des mémoires.

Recevez, etc.

WADDINGTON.

126

ARRÊTÉ LIMITANT LA DURÉE DES LECTURES FAITES À LA SORBONNE.

27 juin 1877.

LE MINISTRE DE L'INSTRUCTION PUBLIQUE, DES CULTES ET DES BEAUX-ARTS,

Sur les propositions des sections d'histoire et d'archéologie du Comité des travaux historiques et des sociétés savantes,

ARRÊTE :

ARTICLE PREMIER. A l'avenir, les mémoires destinés à être lus pendant les réunions de la Sorbonne devront être déposés au Ministère, un mois au moins avant ces réunions; passé ce délai et sous aucun prétexte, aucun mémoire ne pourra être admis.

ART. 2. Les membres du Comité, dans chaque section, examineront ces mémoires et désigneront ceux d'entre eux dont on pourra donner lecture.

ART. 3. Les mémoires présentés devront traiter de sujets relatifs à l'histoire, à la philologie et aux antiquités nationales antérieurement à 1789.

J. BRUNET.

127

CIRCULAIRE RELATIVE À LA PUBLICATION D'UNE BIBLIOGRAPHIE DES TRAVAUX DES SOCIÉTÉS SAVANTES DES DÉPARTEMENTS.

28 juin 1877.

Aux Présidents des Sociétés savantes.

Monsieur le Président, malgré les efforts du Comité des travaux historiques et de l'Administration, les travaux des sociétés savantes de la France sont loin d'obtenir une publicité suffisante. Un grand nombre échappe à l'examen du Comité, et, parmi ceux dont il est question dans ses séances, beaucoup sont bientôt oubliés, sans que la *Revue*, faute d'un plan assez méthodique et régulier, faute aussi de tables suffisantes, donne un moyen commode de retrouver l'indication des mémoires et des documents qu'on aurait intérêt à consulter. Un relevé général des travaux contenus dans les recueils des Sociétés savantes est assurément une des œuvres bibliographiques dont le besoin se fait le plus vivement sentir.

Des projets relatifs à cette entreprise ont été déjà plus d'une fois soumis au Comité. Aucun n'a été adopté, et les difficultés sont telles qu'on ne saurait, sans une délibération approfondie, ni arrêter un plan de travail, ni se prononcer sur la question des voies et moyens de réalisation.

Il est cependant une opération préliminaire dont l'utilité n'est pas contestable et qui pourrait être promptement et facilement menée à bonne fin. Elle consisterait dans une liste sommaire, mais complète et exacte, des publications de nos sociétés savantes. Sous le nom de chaque société, se trouverait l'indication bibliographique des ouvrages, mémoires et bulletins qu'elle a fait paraître; cette indication comprendrait le nombre des volumes, le format, les dates extrêmes de publication et les particularités qu'il importe de connaître pour bien classer les recueils dans une bibliothèque, pour en constater les lacunes, pour y faire promptement une recherche et pour marquer les renvois avec précision. Il faudrait donc signaler et les distinctions de séries, et les grandes divisions, et les tables générales ou partielles.

Pour mieux faire comprendre l'économie du travail, M. Léopold Delisle, administrateur général, directeur de la Bibliothèque nationale, et membre du Comité des travaux historiques, a bien voulu rédiger comme spécimen les notices dont pourraient être l'objet les recueils d'une dizaine de sociétés.

J'ai l'honneur de vous envoyer ces spécimens et de vous prier de vouloir bien m'adresser une notice analogue sur votre société. Ce travail devant être très court, vous pourrez sans doute me le faire parvenir dans un bref délai. Il serait indispensable, en tous cas, que je le reçusse avant le 25 juillet prochain, car le Comité en a besoin pour les propositions d'encouragement dont les sociétés savantes doivent bientôt être l'objet, et il a été décidé que celles d'entre elles qui n'auraient pas fourni dans le temps indiqué les renseignements précis qu'il réclame ne seraient pas comprises dans la répartition du fonds d'encouragement qui me sera soumise avant les vacances de 1877.

J'ajouterai que, depuis longtemps déjà, l'Administration a fait des démarches pour être à même de renseigner exactement le public sur les travaux des sociétés savantes. Le 15 janvier 1875, elle a demandé à toutes les sociétés les détails nécessaires à la publication d'un Annuaire des sociétés savantes. C'est à peine si un tiers d'entre elles ont envoyé des réponses, et l'Administration a dû renoncer momentanément à un travail qui aurait eu les plus grands avantages pour le monde savant et pour les sociétés elles-mêmes, dont il aurait répandu le nom et fait connaître les mérites et les richesses. Mais je tiens, dans l'intérêt même des sociétés, à faire paraître, avant l'Exposition de 1878, une bibliographie aussi exacte que possible des publications dues à toutes ces associations savantes, qui contribuent si largement au progrès et à la diffusion des études littéraires, historiques, archéologiques et scientifiques en France. J'ai d'ailleurs un impérieux besoin de cette bibliographie pour établir et développer le service des échanges internationaux, en vue duquel une commission spéciale a été instituée par mon prédécesseur près du Ministère de l'instruction publique.

Dans cet ordre de travaux, nous nous sommes déjà laissé devancer. La commission des échanges internationaux de Bruxelles vient, en effet, de faire paraître, sous le titre de *Introduction à la Bibliographie de Belgique*, un relevé de tous les écrits périodiques qui se publient dans ce royaume par les sociétés savantes, les administrations publiques, les associations et les particuliers. Cet exemple va être imité dans plusieurs pays. La France ne saurait rester plus longtemps en retard.

Je compte, Monsieur le Président, sur votre zèle pour tout ce qui touche aux intérêts scientifiques, je compte sur votre bon vouloir et sur votre empressement pour me mettre en mesure de faire paraître le plus tôt possible une publication à laquelle j'attache une sérieuse importance, et qui, très certainement, fera le plus grand honneur à nos sociétés savantes et à la science française.

Recevez, etc.

J. BRUNET.

SPÉCIMEN DE BIBLIOGRAPHIE DES SOCIÉTÉS SAVANTES DE FRANCE.

BESANÇON.

Société d'Émulation du Doubs, fondée en 1840, à Besançon.

Mémoires.

1re série, t. I, 1841-1843; — t. III, 1847-1849. Grand in-8°.

2e série, t. I, 1850; — t. VIII, 1856. Grand in-8°.

3e série, t. I, 1856; — t. X, 1864-1869. In-8°.

4e série, t. I, 1865; — t. X, 1875. In-8°.

A la fin du tome X de la 4e série, p. 607-665, *Table générale. Mémoires de la Société*, 1841-1875, dressée par M. I. Waille.

CAEN.

Société des Antiquaires de Normandie, fondée en 1824 (Derache, libraire, à Paris).

Mémoires.

1re série, t. I, 1825; — t. X, 1837. In-8° avec huit atlas.

2e série, t. I, 1840; — t. X, 1853, in-4° (tomes XI-XX de la collection).

3e série, t. I, 1855; — t. VIII, 1870, in-4° (tomes XXI-XXVIII de la collection).

Livraison 1 du tome IX de la 3e série, 1875.

Il existe une table des 24 premiers volumes, par M. Renault. In-4° de 151 p.

Bulletin. In-8°. Commencé en 1860, ce bulletin contient les procès-verbaux des séances, des comptes rendus et des notices diverses. Les années 1860-1875 forment les tomes I-VII, plus un tome VII supplémentaire consacré aux recherches de M. Henri Moissy sur les noms de famille normands. Une table des cinq premiers volumes du *Bulletin* a été dressée par M. Renault (Caen, 1872. In-8° de 203 p.).

ORLÉANS.

Société archéologique de l'Orléanais, fondée en 1848. Elle porte depuis 1875 le titre de Société archéologique et historique de l'Orléanais.

Mémoires. T. I, 1851; — t. XV, 1876, in-8°. Des atlas sont joints aux tomes II, IV, IX, XI et XII.

Bulletin, paraissant par livraisons trimestrielles in-8°. Il en existe 90 numéros, dont les 79 premiers forment cinq volumes, répondant aux années 1848-1873.

PARIS.

ACADÉMIE DES INSCRIPTIONS ET BELLES-LETTRES. Fondée en 1663, définitivement constituée en 1701; supprimée en 1793; remplacée dans l'Institut de 1795 à 1803 par la CLASSE DE LITTÉRATURE ET DES BEAUX-ARTS, puis de 1803 à 1816 par la CLASSE D'HISTOIRE ET LITTÉRATURE ANCIENNE; rétablie en 1816 sous la dénomination primitive.

I. Les travaux de l'ancienne Académie, depuis l'origine jusqu'en 1793, ont été publiés sous le titre de *Mémoires* (ou *Histoire*, pour les volumes ou portions de volumes consacrés à l'histoire de la Compagnie) *de l'Académie des inscriptions*, recueil de 51 volumes in-4° (tome I, 1717, réimprimé en 1736; tome LI, 1842). Chacun des volumes XI, XXII, XXXIII et XLIV contient la table des matières renfermées dans la série des dix volumes précédents; le tome LI est rempli par la table des volumes XLVI-L. Il y a une table générale des 46 premiers volumes, dressée par les soins de M. de Laverdy et intitulée: *Tableau général, raisonné et méthodique des ouvrages contenus dans le recueil des Mémoires de l'Académie royale des inscriptions et belles-lettres.* Paris, 1791, in-4°.

Du contenu des volumes I-XLI, on a donné, de 1717 à 1781, une édition in-12, en 104 volumes.

II. Les travaux de la Classe de littérature et des beaux-arts remplissent cinq volumes in-4°: *Mémoires de l'Institut. Littérature et beaux-arts*, tome I, an VI; — tome V, an VII.

III. Une nouvelle série, en cours de publication, a commencé en 1803, sous le titre de *Mémoires de l'Institut. Classe d'histoire et de littérature ancienne*, et à partir de l'année 1816: *Académie des inscriptions et belles-lettres*. De cette série, imprimée in-4° et vulgairement appelée: *Nouveaux Mémoires de l'Académie des inscriptions*, ont paru les tomes I-XXVI, la seconde partie du tome XXVII et le tome XXVIII. A partir du tome XII, chaque volume est partagé en deux parties. Les tomes XI et XXII contiennent les tables des deux premières décades.

IV. Deux recueils de l'Académie sont consacrés aux travaux de divers savants, qu'elle croit devoir publier sous ses auspices; ils sont généralement connus sous la dénomination de : Recueil des savants étrangers, c'est-à-dire des savants qui ne font pas partie de l'Académie. En voici la composition :

Mémoires présentés par divers savants. 1re série. *Sujets divers d'érudition.* Tome I, 1844; — tome VIII, 1874. A partir du tome V, les volumes sont divisés en deux parties.

Mémoires présentés par divers savants. 2e série. *Antiquités de la France.* Tome I, 1843; — tome V, 1865. A partir du tome IV, les volumes sont divisés en deux parties.

MM. de Rozière et Chatel ont rédigé une *Table générale et méthodique des mémoires contenus dans les recueils de l'Académie des inscriptions et belles-lettres et de l'Académie des sciences morales et politiques.* (Paris, 1856, in-4°.) Pour cette table ont été dépouillés les volumes I-L de l'ancienne Académie, les volumes I-V de la Classe de littérature et des beaux-arts, I-XVII de la nouvelle Académie et trois volumes des savants étrangers (1re série, t. I; 2e série, t. I et II).

V. Depuis l'année 1857 se publient périodiquement par livraisons in-8°, formant un volume par an, les *Comptes rendus des séances de l'Académie des inscriptions.* État de la collection :

Première série, publiée par M. Ernest Desjardins, t. I, année 1857; — tome VIII, année 1864.

Deuxième série, t. I, année 1865; — t. VII, année 1871.

Troisième série, t. I, 1872.

Quatrième série, t. I, année 1873; — t. IV, année 1876. (Librairie A. Picard.)

VI. *Notices et extraits des manuscrits de la Bibliothèque nationale et autres bibliothèques,* in-4°. L'Académie des inscriptions a été chargée de ce travail en 1785. État actuel de la collection : t. I, 1787; — t. XXII, 1874; plus, la seconde partie des tomes XXIII (1872), XXIV (1876) et XXV (1875).

A partir du tome VII, chaque volume est divisé en deux parties, dont la première est consacrée aux textes orientaux. — Le tome XV est rempli par les tables des quatorze premiers volumes : la première partie de ce tome XV (*partie orientale*) a paru en 1870, et la seconde partie (*partie occidentale*) en 1861. — A la seconde partie du tome XVII (travail de Letronne, Egger et Brunet de Presles sur les papyrus grecs du Louvre et de la Bibliothèque nationale) est joint un atlas in-folio de fac-similés.

Le commencement de ce recueil a été traduit en anglais et en allemand : *Accounts and extracts of the mss. in the library of the king of France* (Lond., 1789, 2 vol. in-8°); *Nachrichten und Auszüge aus den Handschriften der kœniglichen Bibliotek zu Paris* (Hildburghausen, 1791-1796, 4 parties en 2 vol. in-8°).

VII. *Histoire littéraire de la France*, t. I, 1733; — t. XXVII, 1873. In-4°.

Les douze premiers volumes (1733-1763) sont l'œuvre des Bénédictins de la congrégation de Saint-Maur et ont conduit l'entreprise depuis l'origine jusqu'au milieu du xii° siècle. Les volumes suivants ont été composés par des membres de l'Académie des inscriptions. Les tomes IX-XV (1750-1820) se rapportent aux auteurs du xii° siècle; les tomes XVI-XXIII (1824-1856) à ceux du xiii°; la partie relative au xiv° siècle a été entamée dans les tomes XXIV-XXVI (1862-1873).

Une nouvelle édition des quinze premiers volumes, dirigée par M. Paulin Paris, a été publiée, en 1865 et années suivantes, à la librairie de Palmé. On y a ajouté des *Documents inédits concernant l'histoire littéraire de la France, publiés par* Ul. Robert (Paris, 1875, in-4°), et une *Table générale par ordre alphabétique des quinze premiers volumes* (c'est-à-dire de tout ce qui est antérieur au xiii° siècle), par Camille Rivain (Paris, 1875, in-4°).

Les documents de M. Robert et la table de M. Rivain doivent se joindre à l'édition originale.

VIII. *Recueil des historiens de la France*. In-folio. T. I, 1738; — t. XXIII, 1876.

Les treize premiers volumes ont été publiés par dom Bouquet et par d'autres religieux de la congrégation de Saint-Maur; les autres par des membres de l'Académie des inscriptions. Voici la composition générale du recueil :

I. Temps antérieurs à l'arrivée des Francs.

II-IV. Époque mérovingienne.

V-IX. Époque carlovingienne.

X. Règne de Hugues Capet.

XI. Règnes de Robert et de Henri Ier.

XII-XVI. Règnes de Philippe Ier, de Louis VI et de Louis VII.

XVII-XIX. Règnes de Philippe-Auguste et de Louis VIII.

XX-XXIII. Règnes de saint Louis et de ses successeurs jusqu'à Charles le Bel inclusivement.

Une reproduction du tome XIII a été donnée en 1847 par Dupont.

Une réimpression, absolument conforme à l'édition originale, se publie sous la direction de M. Delisle, à la librairie Palmé; en ont paru les tomes I-XIV.

IX. *Ordonnances des rois de France de la troisième race, recueillies par ordre chronologique.* In-folio. Les volumes I-XIV parurent sous les auspices de la Chancellerie, de 1723 à 1790. L'Académie des inscriptions a publié, de 1811 à 1849, les volumes XI-XXI, qui contiennent les ordonnances de Louis XI, Charles VIII et Louis XII. Le terme assigné à la collection a été l'avènement de François Ier.

Table chronologique des ordonnances..., suivie d'une table alphabétique pour en faciliter l'usage, par J.-M. Pardessus. Paris, 1847, in-folio.

X. *Table chronologique des diplômes, chartes, titres et actes imprimés concernant l'histoire de France,* par M. de Bréquiguy.

C'est une analyse chronologique des pièces diplomatiques relatives à l'histoire de France, depuis l'année 142 jusqu'à l'année 1314, dont le texte se trouve dans les ouvrages parus antérieurement à l'année 1770 ou environ. Voici l'état des volumes dont se compose la table. Les trois premiers volumes ont été publiés au nom du Cabinet des chartes, annexé à la Chancellerie; les cinq autres ont été imprimés par les soins de l'Académie des inscriptions.

I.	1769. Actes des années...	142-1031
II.	1775...	1032-1136
III.	1783...	1137-1179
IV.	1836...	1180-1213
V.	1846...	1214-1230
VI.	1850...	1240-1270
VII.	1863...	1271-1302
VIII.	1876...	1303-1314

La table ne sera pas poursuivie plus loin. Un index bibliographique des ouvrages dépouillés par Bréquigny et par ses collaborateurs occupe les p. 657-683 du tome V.

XI. *Diplomata, chartæ, epistolæ, leges aliaque instrumenta ad res gallo-francicas spectantia.* Ed. J.-M. Pardessus. Tomes I et II. Paris, 1843-1849. In-folio. (Ces deux volumes contiennent le texte des actes relatifs à notre histoire depuis 417 jusqu'en 751.) Une première édition, entreprise par Bréquigny et imprimée sauf la table, avait reçu un commencement de publicité en 1791; elle forme un volume in-folio, dont presque tous les exemplaires ont été détruits, de même que les exemplaires des deux volumes de lettres d'Innocent III que La Porte du Theil avait préparés et qui devaient paraître ensemble.

XII. En 1834, l'Académie des inscriptions a décidé la publication d'un *Recueil des historiens des croisades*, dont il a paru, depuis 1841, dix volumes ou parties de volumes in-folio, savoir :

Lois (Assises de Jérusalem), t. I et II.

Historiens occidentaux, t. I-III; le premier volume en deux parties.

Historiens grecs, t. I.

Historiens arabes, t. I et 2ᵉ partie du tome II.

Historiens arméniens, t. I.

XIII. Un arrêté ministériel du 15 décembre 1863 a chargé l'Académie des inscriptions de compléter la publication du *Gallia christiana*. Les treize premiers volumes de cet ouvrage avaient paru avant la Révolution, par les soins des Bénédictins de la congrégation de Saint-Maur. M. Hauréau, en son nom privé, avait donné les tomes XIV (1856) et XV (1860), relatifs aux provinces de Tours et de Besançon. Le tome XVI, qui se rapporte à la province de Vienne, et qui est l'œuvre du même auteur, a été publié par l'Académie en 1865.

XIV. En 1872, le Ministre de l'instruction publique a confié à l'Académie des inscriptions l'achèvement des *Œuvres complètes de Bartolomeo Borghesi*, dont les sept premiers volumes in-4° avaient été publiés aux frais de la liste civile de l'empereur Napoléon III. L'Académie a fait paraître, en 1872, une seconde édition du tome VII [1] et le tome VIII, lesquels forment les tomes II et III des lettres.

Société de l'École des chartes, fondée à Paris en 1839, et composée des anciens élèves de l'École des chartes; elle publie des documents et des mémoires historiques, principalement relatifs à la France et au moyen âge, dans un recueil intitulé : *Bibliothèque de l'École des chartes* (grand in-8°), dont il paraît six livraisons par an et dont le prix d'abonnement est de 10 francs (Alph. Picard, libraire).

Bibliothèque de l'École des chartes. Les 30 premiers volumes, années 1839-1869, forment six séries, chacune de 5 volumes, avec trois tables décennales, qui s'ajoutent aux derniers volumes des séries 2, 4 et 6 (tomes X, XX et XXX de la collection). La division par séries a été abandonnée à partir de l'année 1870. Chacun des volumes publiés depuis cette date porte simplement le numéro de la tomaison générale et le millésime de l'année à laquelle répond le volume : XXXI, année 1870; — XXXVII, année 1876.

La Société de l'École des chartes a commencé la publication d'une série de documents historiques dont un seul volume a paru : *Extraits des comptes et mémoriaux du roi René, pour servir à l'histoire des arts au xve siècle, d'après les originaux des Archives nationales,* par A. Lecoy de la Marche. Paris, 1873, in-8°.

PARIS.

Société de l'histoire de Paris et de l'Île-de-France, fondée en 1874. (Champion, libraire.)

Mémoires, in-8°, t. I, 1873, — t. III, 1876.

Bulletin, in-8°, six cahiers par an. Ont paru les années 1874-1876, et le cahier 1 de 1876.

Plan de Paris sous le règne de Henri II, par Olivier Truschet et Germain Hoyau, reproduit en fac-similé d'après l'exemplaire unique de la bibliothèque de Bâle, 8 feuilles grand in-folio.

2 planches phototypiques, reproduisant deux tableaux du xvie siècle : Projet du Pont-Neuf en 1578, et Procession de la Ligue en 1590.

---

[1] « L'édition originale du tome VII a péri dans l'incendie de la bibliothèque du Louvre, en 1871. »

POITIERS.

Société des archives historiques du Poitou, fondée en 1871.
Archives historiques du Poitou, t. I, 1872, — t. IV. 1875.

ROUEN.

Société de l'histoire de Normandie, fondée en 1869, à Rouen. (Métérie, libraire à Rouen; Alph. Picard, à Paris.)

Collection de chroniques, mémoires et documents sur l'histoire de la province, dont 12 volumes in-8° ont paru, savoir :

Chronique normande de Pierre Cochon, notaire apostolique à Rouen, par M. Ch. de Beaurepaire, en 1870.

Actes normands de la Chambre des comptes sous Philippe de Valois, par L. Delisle, 1871.

Chronique de Robert de Torigni, abbé du Mont-Saint-Michel, par L. Delisle, t. I et II, 1872, 1873.

Histoire générale de l'abbaye du Mont-Saint-Michel, par dom Jean Huynes, publ. par E. de Beaurepaire, t. I et II, 1872, 1873.

Histoire ecclésiastique du diocèse de Coutances, par René Toussaint de Billy, publ. par Fr. Dolbet, t. I, 1874.

Le Canarien. Livre de la conquête et conversion des Canaries, (1403-1422), par Jean de Bethencourt, publ. par G. Gravier, 1874.

Documents relatifs à la fondation du Havre, recueillis et publiés par Stéphano de Merval, 1875.

Cahiers des États de Normandie, sous les règnes de Louis XIII et de Louis XIV, par Ch. de Beaurepaire, t. I, 1876.

Mémoires du président Bigot de Monville sur la sédition des Nu-Pieds et l'interdiction du parlement de Normandie en 1639, par le vicomte d'Estaintot, 1876.

Mémoires de Pierre Thomas, sieur de Fossé, par F. Bouquet, t. I, 1876.

Outre les volumes consacrés à l'édition de documents, la Société fait paraître un *Bulletin*, in-8°, dont la collection est ainsi composée : Assemblée du 1er juillet 1869; — Assemblée du 30 juin 1870; — vol. I, années 1870-1875; vol. II, en cours de publication.

SAINTES.

Société des archives historiques de la Saintonge et de l'Aunis, fondée en 1874. (Champion, libraire à Paris.)

Archives historiques de la Saintonge et de l'Aunis, t. I, 1874; — t. II, 1876, in-8°.

Bulletin. Deux livraisons in-8° en ont paru en 1877.

TOURS.

Société archéologique de Touraine, fondée à Tours en 1842.

Mémoires. T. I, 1842; — t. XXV, 1875. In-8°.

Bulletin, paraissant tous les trois mois depuis 1868. Années 1868-1875, formant trois volumes in-8°.

Recueil des chroniques de Touraine, publié par André Salmon. Tours, 1854. In-8°.

Supplément aux Chroniques de Touraine, par le même, Tours 1855. In-8°.

Les églises romanes en Touraine du VIe au XIe siècle, par MM. Bourrassé et Chevalier, avec 50 planches, par M. de Lafollye. Tours, 1860. In-4°.

128

ARRÊTÉ PORTANT RÈGLEMENT POUR LA COMPOSITION ET L'ADMINISTRATION INTÉRIEURE DE LA SECTION DES SCIENCES DU COMITÉ DES TRAVAUX HISTORIQUES ET DES SOCIÉTÉS SAVANTES.

4 novembre 1877.

Le Ministre de l'instruction publique, des cultes et des beaux-arts

Arrête :

Article premier. La section des sciences du Comité des travaux historiques et des sociétés savantes se compose de membres titulaires, de membres honoraires et de correspondants. Le nombre des membres titulaires est fixé à quarante.

Art. 2. Ces membres sont nommés par le Ministre, après avis de la section, qui présente trois candidats pour chaque place vacante.

Art. 3. En cas de vacance, le Comité, saisi par le Ministre, est chargé de faire des propositions pour pourvoir auxdites vacances; en outre, tous les ans, au mois de juillet, la section nomme une commission de trois membres chargée :

1° De constater le nombre des vacances qui ont pu se produire par suite des causes de radiation énumérées dans l'article 4;

2° De dresser une liste de candidats.

La commission fait son rapport à la section dans la séance du mois de décembre.

Tous les membres ont droit, dans cette séance, de proposer l'adjonction de nouveaux noms à la liste de candidats dressée par la commission. Dans la séance du mois de janvier, il est procédé aux choix définitifs des candidats qui seront présentés au Ministre. Le vote a lieu au scrutin secret.

Sont présentés au Ministre les candidats qui ont réuni, au premier tour, la majorité absolue, et, au second, la majorité relative des suffrages.

Art. 4. Tout membre qui, sans motifs justifiés, aura manqué pendant une année aux séances de la section où qui, durant deux ans, n'aura pas fait de rapport, sera considéré comme démissionnaire.

Art. 5. Les membres actifs prennent, après dix ans de service, le titre de membres honoraires; néanmoins, sur leur demande, ils peuvent être maintenus en activité.

Art. 6. Tout membre non résidant, ou tout correspondant qui vient habiter Paris, perd, par ce seul fait, son titre de membre non résidant ou de correspondant.

Art. 7. Lorsqu'un membre titulaire, membre non résidant honoraire ou correspondant, est intéressé personnellement dans une question, la discussion et le vote ont lieu en son absence, à moins d'une décision contraire de la section.

Art. 8. Le bureau de la section des sciences se compose d'un président, de deux vice-présidents, d'un secrétaire et de deux secrétaires adjoints, choisis par le Ministre. Ce bureau fait de droit partie de toutes les commissions.

J. Brunet.

129

ARRÊTÉ RÉGLANT L'ORGANISATION DE LA SECTION DES SCIENCES DU COMITÉ DES TRAVAUX HISTORIQUES ET DES SOCIÉTÉS SAVANTES.

27 novembre 1877.

Le Ministre de l'instruction publique, des cultes et des beaux-arts

Arrête :

Article premier. La section des sciences du Comité des travaux historiques et des sociétés savantes est divisée en trois groupes.

Le premier groupe, composé des représentants des sciences mathématiques, de l'astronomie, de la mécanique, de la géographie, de la navigation et de la statistique, comprend :

....

Le second groupe, composé des représentants de la physique, de la météorologie, de la chimie, de la minéralogie et de la métallurgie, comprend :

....

Le troisième groupe se compose des représentants des sciences naturelles, de la médecine et de l'agronomie, et comprend :

....

Art. 2. La commission des prix se compose des quatre membres du bureau et de deux membres de chacun des trois groupes, nommés au scrutin parmi les rapporteurs qui auront signalé au Comité des travaux dignes de récompenses.

Art. 3. Une commission permanente, composée des membres du bureau et d'un délégué de chacun des trois groupes, est chargée de la direction des publications du Comité.

Dans la première séance de novembre, de février, de mai et de juillet, cette commission rend compte de la situation du *Bulletin*.

Art. 4. Les rapports, mémoires et notes dont l'impression est votée par le Comité sont envoyés immédiatement à l'imprimerie par les soins de l'Administration et insérés suivant l'ordre de proposition.

La *Revue scientifique* paraît par cahiers de quatre à cinq feuilles d'impression.

H. Faye.

130

CIRCULAIRE RELATIVE À LA RÉUNION DES DÉLÉGUÉS DES SOCIÉTÉS SAVANTES À LA SORBONNE, EN 1878 [1].

31 janvier 1878.

Aux Présidents des Sociétés savantes.

Monsieur le Président, l'année dernière, dans la séance générale des délégués des sociétés savantes à la Sorbonne, un de mes prédécesseurs a annoncé qu'à l'occasion de l'Exposition universelle il y aurait à Paris un congrès international des sociétés savantes. Ce projet, d'un intérêt tout spécial, devant recevoir probablement son exécution en septembre prochain, ne saurait être un obstacle aux réunions ordinaires, tenues pendant les vacances de Pâques. J'ai donc décidé que, suivant l'usage, la seizième réunion aurait lieu à la Sorbonne, au mois d'avril prochain.

Des lectures et des conférences publiques seront faites pendant les journées du mercredi 24, du jeudi 25 et du vendredi 26 avril. Le samedi 27 avril, le Ministre présidera la séance générale, dans laquelle seront distribués les récompenses et encouragements accordés aux sociétés et aux savants.

Aux termes de l'arrêté du 25 décembre 1872 et sur la proposition des trois sections du Comité des travaux historiques, j'ai mis à la disposition de chacune d'elles une somme de 3,000 francs, pour être distribuée, à titre d'encouragement, savoir : 1° par les sections d'histoire et d'archéologie, *aux Sociétés savantes des départements* dont les travaux auront contribué le plus efficacement aux progrès de l'histoire et de l'archéologie ; 2° par la section des sciences, *soit aux Sociétés savantes, soit aux savants des départements* dont les travaux auront contribué aux progrès des sciences.

Je vous prie, Monsieur le Président, de vouloir bien faire connaître cette décision le plus tôt possible aux membres de votre société, et leur indiquer les jours des réunions, pour qu'ils aient le temps de préparer les communications qu'ils se proposent d'y faire. Il importe même que l'annonce de ces réunions de la Sorbonne soit l'objet d'un avertissement tout spécial, de manière qu'aucun membre ne puisse se plaindre et arguer d'ignorance.

[1] Il a paru inutile de reproduire toutes les circulaires relatives aux réunions annuelles des Sociétés savantes.

Les lectures faites chaque année à la Sorbonne par les délégués des sociétés savantes ont donné lieu, dans les sections d'histoire et d'archéologie, à quelques observations critiques dont j'ai cru devoir tenir compte. J'ai pris, en conséquence, une décision qui contribuera, je l'espère, à donner aux réunions de la Sorbonne un caractère et un intérêt de plus en plus sérieux. En voici les dispositions essentielles :

A l'avenir, les mémoires devront être envoyés au Ministère un mois au moins à l'avance, après qu'ils auront été, comme par le passé, approuvés par une société savante.

Les mémoires présentés devront porter sur des sujets relatifs à l'histoire, à la philologie et à l'archéologie. Les auteurs sont invités à s'occuper principalement des annales, des institutions, de la littérature et des antiquités nationales. La période contemporaine, à partir de 1789, reste en dehors du programme; enfin, les travaux imprimés, quels qu'ils soient, ne sont point admis.

Tout envoi qui ne remplira pas ces conditions, ou qui parviendra au Ministère après le 24 mars, sera rigoureusement écarté.

Quant aux mémoires qui y auront satisfait, ils seront soumis au Comité, qui désignera ceux dont il sera donné lecture en séance publique.

La durée de chaque lecture ne saurait dépasser 20 minutes. Quand les mémoires seront trop étendus, les auteurs se borneront à en donner un résumé.

Dans la section des sciences, les savants des départements pourront être admis à exposer, soit verbalement, soit par écrit le résultat de leurs recherches, lors même que ces travaux ne seraient pas inédits, mais à la condition que la publication n'en aurait pas été faite antérieurement à la réunion de 1877.

Chaque auteur devra adresser au Ministère, avant le 8 avril, l'indication précise du sujet de la communication qu'il se propose de faire. L'ordre des communications sera réglé par le Comité et la durée d'aucune d'elles ne pourra dépasser 15 ou 20 minutes.

A l'occasion de ces réunions, les compagnies des chemins de fer veulent bien accorder une réduction de 50 p. o/o sur le prix des places; mais comme il importe de connaître d'avance le chiffre des billets à délivrer, je vous prie de m'envoyer, avant le 8 avril, dernière limite, la liste des personnes déléguées par votre société, soit pour la représenter, soit pour faire des lectures. Il ne me serait plus possible d'assurer les mêmes facilités aux personnes qui se feraient inscrire après ce délai.

Les bulletins de circulation destinés aux représentants des sociétés, valables du lundi 15 avril au mercredi 1er mai, vous seront adressés en temps opportun.

Je me permettrai, Monsieur le Président, de vous rappeler que ces bulletins doivent être délivrés avec une certaine réserve. Il ne faudrait pas que la réunion des Sociétés savantes fût simplement un prétexte pour venir à Paris à prix réduit.

On a encore remarqué, l'année dernière, qu'un certain nombre de personnes qui avaient profité de ces billets, non seulement n'avaient fait aucune communication, mais ne s'étaient même pas présentées à la Sorbonne.

Pour éviter cet abus, je vous prie de ne comprendre sur votre liste [1] que les noms des personnes qui auront à faire des lectures ou des communications, et ceux des délégués de votre société, dont le nombre ne devra pas dépasser cinq ou six.

Je vous prie également d'engager les membres désignés pour assister aux réunions à inscrire leur adresse, *à Paris,* sur un registre qui sera déposé dans chaque salle de lecture à la Sorbonne, le 24 avril, jour de la première séance.

En ce qui concerne la délivrance des billets à prix réduits, voici ce qui a été décidé par le syndicat des compagnies de chemins de fer et ce que j'ai arrêté moi-même.

« Sur la présentation d'un bulletin portant, dans le haut, une invitation, et, dans le bas, un certificat de présence aux réunions de la Sorbonne (dont le modèle est ci-joint), la gare de départ délivrera au voyageur, du 15 au 27 avril seulement, et pour Paris, un billet ordinaire de la classe qu'il désignera. Le chef de gare percevra *le prix entier* de la place, après avoir mentionné sur la lettre d'invitation la délivrance de ce billet et la somme *reçue.* Cette lettre, ainsi visée et accompagnée du certificat réalisé, servira au porteur pour obtenir, au retour, *un billet gratuit,* de Paris au point de départ, de la même classe qu'à l'aller, si elle est utilisée du 27 avril au

---

[1] « Indiquer sur cette liste par quelle ligne la gare de départ est desservie, et, s'il est nécessaire d'avoir des autorisations sur plusieurs lignes pour venir à Paris, mentionner exactement ces lignes et les points de changement de réseau. »

1ᵉʳ mai inclusivement[1]. *Les trains express sur les lignes de Paris-Lyon-Méditerranée sont exceptés, à cause de l'encombrement qu'une trop grande affluence de délégués pourrait occasionner un même jour.*

« Toute irrégularité, soit dans la lettre de convocation, soit dans le certificat de présence ci-dessus mentionnés, entraînerait pour le voyageur l'obligation de payer le prix intégral de sa place à l'aller et au retour. »

Je vous prie, Monsieur le Président, de vouloir bien faire connaître ces diverses dispositions à MM. les membres de votre société qui se feront inscrire pour assister aux réunions de la Sorbonne, et m'adresser très exactement, dans les délais fixés, votre liste et les manuscrits d'histoire, d'archéologie et des sciences, ou, pour ces derniers seulement, les titres au moins.

Agréez, etc.

A. BARDOUX.

131

CIRCULAIRE RELATIVE AUX ÉCHANGES DE PUBLICATIONS ENTRE SOCIÉTÉS SAVANTES.

15 avril 1878.

Aux Présidents des Sociétés savantes.

Monsieur le Président, par décision ministérielle du 3 mars 1847, suivie d'une ordonnance du 16 mai de la même année, les sociétés savantes ont été autorisées à échanger en franchise leurs publications par l'entremise de mon administration.

Ce service s'est opéré d'abord sans trop de gêne, et l'administration des postes a effectué les transmissions avec assez de facilité; mais le nombre des sociétés savantes augmentant chaque jour, et par suite leurs publications prenant plus de développement, l'expédition des brochures est devenue depuis quelque temps une cause de grand embarras et tend à compromettre la transmission des correspondances en général, lorsque des paquets, souvent nombreux, atteignent séparément le poids de 15, 20, 30 kilogrammes et plus.

---

[1] « Pour les diverses lignes aboutissant à Paris, ces billets de retours gratuits seront délivrés aux gares de Paris.

Pour la ligne du Midi, ils seront délivrés par la gare terminus de ce réseau (Bordeaux-Saint-Jean, Agen, Montauban, Toulouse, Albi, Cette ou Montpellier, suivant le cas). »

En me signalant cet état de choses, M. le Ministre des finances me rappelle que l'article 68 de l'ordonnance du 17 novembre 1844 a fixé à 5 kilogrammes le poids maximum des paquets expédiés en franchise, sauf les paquets relatifs au service du Gouvernement.

En conformité de la loi, et dans l'intérêt du service des postes, j'ai l'honneur, Monsieur le Président, de vous inviter à ne faire désormais que des envois de brochures pesant 5 kilogrammes au plus, avec cette faculté de pouvoir les renouveler chaque jour dans les mêmes conditions.

L'administration des finances ne serait pas éloignée de retirer aux sociétés savantes la faveur dont elles jouissent actuellement, surtout si l'usage qu'elles en font devait continuer à être une cause de difficultés et de gêne pour le service général des postes.

Je vous prie, Monsieur le Président, de vouloir bien m'accuser réception de la présente circulaire.

Recevez, etc.

A. BARDOUX.

132

ARRÊTÉ INSTITUANT UNE COMMISSION DE GÉOGRAPHIE HISTORIQUE DE L'ANCIENNE FRANCE [1].

20 janvier 1880.

LE MINISTRE DE L'INSTRUCTION PUBLIQUE ET DES BEAUX-ARTS,

ARRÊTE :

ARTICLE PREMIER. Une commission est instituée près le Ministère de l'instruction publique et des beaux-arts, sous le titre de « Commission de géographie historique de l'ancienne France ».

ART. 2. Sont nommés membres de cette commission, MM..........
....

ART. 3. Cette ommission aura pour mission d'achever les travaux commencés par la commission de topographie des Gaules : les cartes de la

---

[1] Cet arrêté est reproduit ici bien qu'il n'ait pas directement trait au Comité, parce qu'il est visé dans la pièce n° 139, et que la commission de géographie historique de l'ancienne France a été rattachée au Comité le 9 mars 1881.

Gaule indépendante, de la Gaule soit sous la domination romaine, soit à l'époque franque et féodale; les cartes spéciales indiquant la position des monuments mégalithiques, la découverte de monnaies gauloises, les bornes milliaires, les diverses couches ethniques qui ont contribué à la formation de la nationalité française. Elle devra aussi terminer le catalogue général des monnaies gauloises et donner, d'après les nombreux documents recueillis, une édition de la *Notice des provinces et des cités de la Gaule.*

La commission de géographie historique de l'ancienne France fera, avec le concours des correspondants du Comité, des archivistes et des instituteurs, un relevé de tous les noms de lieux dits figurant au plan cadastral de chaque commune; elle dressera un inventaire des *pouillés*, pour préparer ultérieurement un *corpus général* de pouillés de France; et recueillera les textes itinéraires du moyen âge, ainsi que les dictons relatifs aux régions, aux villes, aux villages, etc. Elle devra, en un mot, centraliser tout ce qui peut toucher à la topographie historique de la France depuis les temps les plus reculés, jusqu'en 1789.

Jules FERRY.

133
CIRCULAIRE RELATIVE À LA RÉUNION D'UNE EXPOSITION INTERNATIONALE D'ÉLECTRICITÉ.

4 février 1881.

Aux Présidents des Sociétés savantes.

Monsieur le Président, un décret présidentiel, en date du 23 octobre 1880, a autorisé la réunion, à Paris, d'une exposition internationale d'électricité.

L'ouverture de cette exposition est fixée au 1er août prochain; et, le 15 septembre suivant, un congrès international des électriciens viendra contribuer à l'éclat de cette grande et utile manifestation scientifique.

Il est très désirable que votre société prenne la part la plus active possible à ces travaux, dont vous ne méconnaîtrez certainement pas le haut intérêt.

Aussi, Monsieur le Président, ai-je l'honneur de vous inviter à me faire savoir sans retard le nom du délégué que vous aurez désigné pour représenter votre société au congrès.

Vous voudrez bien en même temps me donner une liste très exacte des objets que vous jugerez devoir exposer. Il importe, en effet, que je sois mis en mesure de déterminer avec M. le Ministre des postes et des télégraphes la place qu'il sera utile de réserver à l'exposition des établissements dépendant de mon administration.

Recevez, etc.

Jules FERRY.

134
CIRCULAIRE RELATIVE À LA RÉUNION DES DÉLÉGUÉS DES SOCIÉTÉS SAVANTES À LA SORBONNE EN 1881.

12 février 1881.

Aux Présidents des Sociétés savantes.

Monsieur le Président, la 19° réunion des délégués des sociétés savantes aura lieu à la Sorbonne au mois d'avril prochain. Elle ressemblera aux précédentes, sinon que :

1° A côté des sociétés et des professeurs des départements, ceux de Paris seront également admis;

2° Les sections d'histoire et d'archéologie seront groupées en une seule.

Les journées des mercredi 20 avril, jeudi 21 et vendredi 22 seront consacrées à des lectures ou, mieux, à des expositions verbales, qui donneront aux réunions une physionomie plus variée et plus animée. Ces lectures ou ces expositions ne devront pas excéder la durée d'un quart d'heure.

Le samedi 23, je présiderai la séance générale, où seront distribuées des récompenses honorifiques.

Veuillez, Monsieur le Président, inviter les auteurs qui voudraient voir leurs travaux présentés à la section d'histoire et d'archéologie à s'occuper principalement des annales, des institutions et des antiquités nationales. Vous leur rappellerez aussi qu'ils ne doivent rien apporter en Sorbonne que d'inédit, et que la période contemporaine, à partir de 1789, est absolument exclue de leurs programmes.

Pour la section des sciences, elle ne pourra entendre aucun travail, publié ou inédit, dont il aurait été traité dans la séance de 1880 ou antérieurement.

Les délégués et les savants qui se proposent de prendre la parole feront revêtir de l'approbation d'une société savante et enverront à mon Ministère, avant le 10 mars, date rigoureuse, soit les mémoires écrits, soit les sujets qu'ils doivent traiter verbalement. Dans ce dernier cas, le plus fréquent, je l'espère, il sera indispensable que ces sujets soient accompagnés d'un programme concis et net des développements auxquels ils peuvent donner lieu.

....

Recevez, etc.

Jules FERRY.

135
CIRCULAIRE RELATIVE À LA CRÉATION D'UNE *REVUE D'HISTOIRE ET D'ARCHÉOLOGIE DU COMITÉ DES TRAVAUX HISTORIQUES ET DES SOCIÉTÉS SAVANTES* [1].

14 février 1881.

Aux Présidents des Sociétés savantes.

Monsieur le Président, désireux de venir en aide aux savants de la province et de leur fournir les moyens de recherches et de contrôle nécessaires à leurs nombreux travaux, j'ai décidé la création d'une *Revue* qui contiendra la bibliographie et l'analyse de toutes les publications intéressant l'histoire, la philologie et l'archéologie, qui paraîtront en France, tant en province qu'à Paris. Les membres du Comité des travaux historiques et des sociétés savantes ont bien voulu se charger de la rédaction de cette *Revue*, et m'ont promis pour elle leur concours le plus dévoué. Ils examineront avec tout leur soin les mémoires ou bulletins des sociétés, et ils les étudieront, à l'avenir, non plus par volume et dans un ensemble, mais d'une manière détaillée, chaque membre du Comité rendant compte des travaux que ses études spéciales l'auront le mieux préparé à juger. Toutefois, pour que l'œuvre du Comité puisse être complète, régulière et vraiment fructueuse, il est indispensable que je reçoive les publications de toutes les sociétés savantes de France. J'espère donc, Monsieur le Président, que votre société voudra bien m'envoyer les siennes. Et, comme le nombre des travaux à analyser m'obligera à mettre ces publications en même temps entre les mains

---

[1] Une circulaire semblable était adressée, à la même époque, aux présidents des sociétés savantes pour leur annoncer la création d'une *Revue scientifique* conçue sur un plan analogue à celui de la *Revue d'histoire et d'archéologie*.

de plusieurs rapporteurs, je vous prierai de me faire parvenir *cinq* exemplaires de vos mémoires ou de votre bulletin.

En retour, je serai heureux de rendre à votre société, autant que la chose me sera possible, tous les services pour lesquels elle s'adressera à moi. Dès maintenant, elle recevra mensuellement la *Revue d'histoire et d'archéologie du Comité des travaux historiques et des sociétés savantes* [1], qui, je l'espère, ne sera pas pour elle sans utilité.

Recevez, etc.

Jules FERRY.

136
ARRÊTÉ ABROGEANT L'ARRÊTÉ DU 25 DÉCEMBRE 1872.
5 mars 1881.

LE PRÉSIDENT DU CONSEIL, MINISTRE DE L'INSTRUCTION PUBLIQUE ET DES BEAUX-ARTS,

Le Comité des travaux historiques et des sociétés savantes entendu,

ARRÊTE :

ARTICLE PREMIER. L'arrêté du 25 décembre 1872, modifiant l'article 16 de l'arrêté ministériel en date du 22 février 1858, est rapporté.

ART. 2. Le chef de la division du secrétariat est chargé de l'exécution du présent arrêté.

Jules FERRY.

137
ARRÊTÉ TRANSFORMANT LE TITRE DE *COMITÉ DES TRAVAUX HISTORIQUES* EN CELUI DE *COMITÉ DES TRAVAUX HISTORIQUES ET SCIENTIFIQUES*.
5 mars 1881.

LE PRÉSIDENT DU CONSEIL, MINISTRE DE L'INSTRUCTION PUBLIQUE ET DES BEAUX-ARTS,

Vu les arrêtés des 18 juillet 1834, 10 janvier 1835, 18 décembre 1837, 30 août 1840, 5 septembre 1848, 14 septembre 1852, 22 février 1858,

---

[1] Cette revue paraît sous le titre de *Répertoire des travaux historiques*.

21 février 1874, relatifs à la création et à l'organisation des Comités institués près le Ministère de l'instruction publique et des beaux-arts,

Arrête :

Article premier. Le Comité des travaux historiques et des sociétés savantes prend le titre de *Comité des travaux historiques et scientifiques*.

Art. 2. Le Comité des travaux historiques et scientifiques est composé de quatre-vingt-dix membres titulaires, répartis en deux sections :

1° Section d'histoire, archéologie, philologie, etc. ;

2° Section des sciences.

Art. 3. Le Comité comprend aussi des membres honoraires et des membres non résidants.

Il y a, dans chacun des départements, des correspondants, qui portent le titre de *Correspondants du Ministère de l'instruction publique*, et dont le nombre total ne peut dépasser deux cents.

Art. 4. Le Ministre de l'instruction publique préside le Comité.

Il désigne, pour chaque section, un président, deux vice-présidents et un secrétaire, choisis parmi les membres titulaires du Comité.

Il nomme un archiviste du Comité.

Art. 5. Le Ministre fixe les réunions du Comité et les séances de chaque section.

Art. 6. En l'absence du Ministre, les réunions du Comité sont présidées alternativement par les présidents des sections.

Art. 7. Les membres titulaires ont seuls voix délibérative. Les membres honoraires et les membres non résidants ont voix consultative.

Art. 8. Le Comité sera libre d'inviter à ses séances les correspondants du Ministère, les présidents et secrétaires perpétuels des sociétés savantes qui se trouveraient momentanément à Paris.

Lorsque le Comité devra traiter une question intéressant une société savante, cette société pourra être appelée à envoyer un délégué, qui assistera à la séance et sera entendu.

Art. 9. Suivant l'ordre de ses travaux, chaque section examine les projets de publication pour la *Collection des documents inédits*, et en propose directement au Ministre l'adoption ou le rejet.

Art. 10. Elle publie aussi, quand le Ministre l'en charge, des documents ou des travaux historiques et scientifiques.

Art. 11. Pour les longues séries de publications ou pour les publications périodiques, le Ministre rattache au Comité, soit sur sa proposition, soit directement, des commissions qui peuvent comprendre, outre des membres titulaires ou honoraires, des personnes prises à divers titres en dehors du Comité. Toutes ces commissions sont renouvelables annuellement.

Art. 12. Le Ministre choisit, lorsqu'il le juge opportun, et réunit sous sa présidence quelques membres du Comité pour demander leur avis sur certaines questions spéciales.

Art. 13. Chaque section prend connaissance des envois faits par les correspondants, et elle en décide l'insertion dans un bulletin spécial, qui portera le titre de *Bulletin du Comité*.

Elle donne son avis sur la formation des listes de correspondants, lesquelles sont revisées tous les deux ans.

Elle prépare les instructions nécessaires pour diriger les recherches des correspondants du Ministère, et rédige des instructions spéciales pour les sociétés savantes ou les savants isolés qui les demanderaient au Ministre.

Art. 14. Les sections donnent leur avis sur les encouragements qui peuvent être accordés par le Ministre aux sociétés savantes et aux savants.

Elles donnent également un avis motivé, au point de vue scientifique, sur les demandes en reconnaissance légale formées par ces sociétés.

Elles présentent tous les ans au Ministre la liste des membres des sociétés savantes, des correspondants ou des savants qui leur paraissent mériter des récompenses honorifiques ou des encouragements.

Art. 15. Les secrétaires de chaque section sont chargés de préparer les travaux de leur section. Ils en confèrent avec leur président.

Art. 16. Ils dressent le procès-verbal des séances et font connaître les communications des correspondants.

Le secrétaire des commissions rattachées à la section, ou un rapporteur choisi par ces commissions, fait également, à chaque séance, un rapport sur l'état des travaux de sa commission.

Art. 17. L'archiviste du Comité est l'auxiliaire des secrétaires des sections; il assiste aux séances, dépouille la correspondance et la communique aux secrétaires.

Il classe, sous leur direction, et conserve les archives du Comité.

Art. 18. Des jetons de présence sont distribués, dans les séances du Comité et des sections, aux membres titulaires, aux membres honoraires et aux membres non résidants.

Art. 19. Les arrêtés susvisés, et toutes les dispositions contraires à celles du présent arrêté, sont et demeurent supprimés.

Art. 20. Le chef de la division du secrétariat est chargé de l'exécution du présent arrêté.

Jules FERRY.

138
ARRÊTÉ RATTACHANT UNE COMMISSION DE PUBLICATION À CHACUNE DES SECTIONS DU COMITÉ DES TRAVAUX HISTORIQUES ET SCIENTIFIQUES.
9 mars 1881.

Le Président du Conseil, Ministre de l'instruction publique et des beaux-arts,

Vu l'arrêté du 5 mars 1881, et notamment les articles 11 et 12 dudit arrêté,

Le Comité des travaux historiques et scientifiques entendu,

Arrête :

Article premier. Une commission, dite *Commission de publication*, est rattachée à chacune des sections du Comité des travaux historiques et scientifiques.

Art. 2. Chacune de ces commissions préparera et publiera, sous la direction du Comité et avec son concours, une *Revue* périodique relative, d'une part, aux travaux d'histoire, d'archéologie et de philologie, et, d'autre part, aux travaux scientifiques, publiés en France.

Art. 3. Ces commissions pourront être appelées à proposer un avis au Comité sur toutes les questions prévues par l'article 13 de l'arrêté du 5 mars 1881.

Art. 4. Elles seront composées ainsi qu'il suit :

Pour la section d'histoire, archéologie, philologie, etc. :

....

Pour la section des sciences :

....

Art. 5. Ceux des membres des deux commissions ci-dessus constituées qui appartiennent comme titulaires au Comité se réuniront en séances spéciales pour classer et contrôler les documents qui doivent figurer au *Bulletin du Comité.*

Jules Ferry.

139
ARRÊTÉ RÉORGANISANT LA COMMISSION DE GÉOGRAPHIE HISTORIQUE DE L'ANCIENNE FRANCE.

9 mars 1881.

Le Président du Conseil, Ministre de l'instruction publique et des beaux-arts,

Vu l'arrêté du 20 janvier 1880, instituant près le Ministère de l'instruction publique et des beaux-arts une commission sous le titre de *Commission de géographie historique de l'ancienne France;*

Vu l'arrêté du 5 mars 1881, et notamment l'article 11 de cet arrêté;

Le Comité des travaux historiques et scientifiques entendu,

Arrête :

Article premier. La commission de géographie historique de l'ancienne France est rattachée au Comité des travaux historiques et scientifiques.

Art. 2. Cette commission est chargée, soit de poursuivre les travaux qu'elle a entrepris, soit de continuer la publication des dictionnaires topographiques commencée par le Comité des travaux historiques et des sociétés savantes.

Art. 3. Sont nommés membres de cette commission :

....

Jules Ferry.

140

CIRCULAIRE INVITANT LES SOCIÉTÉS SAVANTES DE PARIS À PRENDRE PART AUX RÉUNIONS TENUES ANNUELLEMENT À LA SORBONNE.

28 mars 1881.

Aux Présidents des Sociétés savantes de Paris.

Monsieur le Président, les sociétés savantes des départements assistaient seules, par le passé, aux réunions annuelles de la Sorbonne. L'absence très regrettable de celles de Paris ne pouvait que nuire à l'intérêt, à l'éclat et à l'ensemble de ces manifestations scientifiques. Il était difficile aux savants de la province, rassemblés sans leurs collègues si distingués de Paris, de trouver dans ces rendez-vous confraternels tout le profit qu'ils étaient en droit d'en attendre.

Aussi ai-je pensé, Monsieur le Président, qu'un appel aux sociétés savantes de Paris serait entendu et qu'elles s'empresseraient de se joindre aux sociétés des départements, pour apporter aux réunions de la Sorbonne le concours de leurs lumières, et pour donner un témoignage de leur sympathie à des hommes qui, sur les points les plus reculés de la France, savent se consacrer à l'étude.

Je me propose de régler et de modifier plus tard la distribution et la forme des travaux dans nos réunions annuelles. Cette année il y sera fait des rapports soit écrits, soit verbaux, et la part qu'y voudraient bien prendre les sociétés de Paris donnerait aux séances un caractère d'élévation et d'ampleur que n'oublieraient pas leurs témoins, et qui serait certainement utile à l'avancement des études scientifiques.

Je vous prie, Monsieur le Président, de communiquer aux membres de votre société l'invitation pressante que j'ai l'honneur de vous adresser. Vous voudrez bien me prévenir, avant la fin du mois s'il se peut, du nombre des délégués de votre société qui se promettraient d'assister aux réunions de 1881. Je m'empresserai de vous envoyer pour eux des cartes d'entrée.

Recevez, etc.

Jules Ferry.

141

CIRCULAIRE RELATIVE À LA PUBLICATION D'UNE MONOGRAPHIE DES SOCIÉTÉS SAVANTES.

11 juillet 1881.

Aux Présidents des Sociétés savantes des départements.

Monsieur le Président, les sociétés savantes, si nombreuses chez nous, sont des foyers où s'alimentent le zèle et l'ardeur pour les études littéraires, pour les arts et pour les recherches scientifiques. Le rôle que jouent ces compagnies est tel qu'ignorer leur existence, leur nombre, l'action qu'elles exercent, c'est ne pas avoir une notion suffisante du mouvement intellectuel dans notre pays.

Aussi ai-je pensé rendre un réel service à l'histoire littéraire et scientifique de la France en faisant entreprendre une monographie précise et complète de chacune de nos sociétés savantes. Mais, pour que cette œuvre considérable puisse être exécutée, il est absolument nécessaire que chaque société me fasse parvenir les renseignements les plus exacts sur sa situation actuelle, sur ses origines et sur son passé.

Je m'adresse à vous, Monsieur le Président, convaincu que vous apprécierez mes intentions et que vous vous hâterez de me fournir les éléments d'un travail qui, en établissant l'historique des diverses sociétés savantes de France, mettra la vôtre dans tout son jour. Je voudrais qu'une partie de la monographie de chaque société savante comprît l'énumération entière, mais nette et rapide, de toutes les dates, de tous les faits, de tous les renseignements qui constituent l'état civil de cette société, qui résument sa situation présente. Par conséquent, j'ai besoin de connaître l'époque de sa fondation, celle, s'il y a lieu, de sa reconnaissance comme établissement d'utilité publique, celle de ses changements de noms et de titres, de ses adjonctions ou de ses transformations. Vous voudrez bien m'envoyer un exemplaire des règlements et des statuts, un duplicata de toutes les pièces officielles qui ont constitué la société ou approuvé ses modifications, une liste exacte de toutes les publications périodiques ou autres qu'elle a éditées et qu'elle édite. Je tiens à savoir aussi quel est le nombre de ses membres, titulaires ou honoraires, quelles distinctions elle a pu obtenir, quelles œuvres transitoires ou permanentes elle effectue ou patronne. Il serait même utile à ce travail que je connusse dans leur détail les ressources du budget qui permet à la société de fonctionner et de publier.

Une autre partie de l'œuvre, plus large et plus difficile, comprendrait l'histoire de la société à un point de vue plus général.

Lorsque chaque société aurait été présentée dans son état actuel, un historique aussi rigoureux que possible la rattacherait aux siècles précédents et montrerait ses origines les plus anciennes. Ainsi, il est sans doute des sociétés qui ont repris le travail de copie des chartes commencé en 1759, organisé en 1762 et en 1781, dirigé par un comité, exécuté dans chaque généralité par des envoyés ou par des correspondants. Ne serait-il pas d'un intérêt puissant de montrer que la compagnie actuelle est héritière de traditions qui remontent à cette époque? Pourquoi même, en fouillant les origines de certaines sociétés savantes, ne retrouverait-on pas la première impulsion imprimée par Molé, et plus tard, par Colbert, au mouvement des recherches archéologiques et paléographiques? Pourquoi n'irait-on pas jusqu'à découvrir que c'est ou l'ordonnance de 1582, ou les copies de manuscrits exécutées jadis, ou bien encore le patronage intéressé de telle grande maison, qui ont inauguré sur un territoire les études des chartriers et y ont groupé des érudits en qui les savants de nos jours reconnaissent des ancêtres?

Ne croyez cependant pas, Monsieur le Président, que je songe à donner à l'histoire de chaque société les développements que paraît annoncer cette préoccupation des origines. Il suffira souvent de peu de mots pour relier toutes les époques, même les plus lointaines, à la nôtre, si vous et vos collègues avez à cœur de m'indiquer les titres de noblesse de votre société. Y avait-il avant qu'elle fût fondée quelque travail, quelque recherche analogues à ceux auxquels elle se dévoue, et organisés soit par l'Administration, soit par une institution quelconque, soit par l'initiative privée? Quels sont les grands travaux entrepris et exécutés en divers temps dans ce que j'appellerai la circonscription de votre société? Connaîtriez-vous des documents importants qui n'aient pas encore vu le jour de la publicité? Votre société a-t-elle produit quelqu'un de ces travailleurs qui arrivent à la gloire, ou du moins à une grande renommée locale? Quels sont leurs noms et les dates de leur naissance et de leur mort?

Vous voudrez bien répondre à ces questions et me procurer les éclaircissements nécessaires au vaste travail que j'ai décidé. Vos collègues sont trop dévoués à la compagnie, qui encourage et honore leurs études, pour ne pas vous aider à recueillir tous les renseignements que je demande. C'est l'histoire de toutes ces grandes familles des savants de France que je veux voir écrite. Je compte que tous les membres de ces familles aimeront à retrouver des aïeux parmi les savants d'autrefois, et s'empresseront de collaborer à une œuvre où seront consignés tous les documents relatifs à la société savante à laquelle ils appartiennent.

Agréez, etc.

Jules FERRY.

142
CIRCULAIRE ARRÊTANT LE PROGRAMME DU CONGRÈS DES SOCIÉTÉS SAVANTES POUR 1882.

18 juillet 1881.

Aux Présidents des Sociétés savantes.

Monsieur le Président, les délégués des sociétés savantes des départements ont été, cette année-ci, réunis à la Sorbonne, avec les sociétés de Paris, pour leur 19e réunion annuelle, et l'on a pu constater l'ampleur et l'élan qu'ont gagnés à cette fusion les séances de la Sorbonne.

J'ai pensé cependant qu'il suffirait d'introduire encore quelques modifications pour donner plus d'éclat à ces solennités et pour en tirer plus d'avantages. Les présidents de vos diverses sections vous ont fait connaître une réforme que, de mon côté, j'ai annoncée dans mon discours aux délégués assemblés à la Sorbonne. Désormais vos réunions auront le caractère d'un congrès des savants de France. Vos commissions ont déterminé un certain nombre de questions qui seront discutées en 1882, et je n'ai eu qu'à faire compléter ce programme par le Comité des travaux historiques et scientifiques; on est, dès lors, assuré qu'il donnera lieu à des discussions approfondies. J'ai l'honneur de vous le transmettre ci-joint.

Ne croyez pas, toutefois, que ces séances générales doivent exclure les communications relatives à des travaux personnels et indépendants. Jusqu'ici un grand nombre de ces communications ont présenté un réel intérêt. J'ai voulu, pour les favoriser, qu'à l'avenir des commissions spéciales fussent formées par les délégués. Ils en constitueraient les bureaux à l'élection. C'est devant elles que seront présentés les travaux étrangers au programme annuel.

Les commissions pourront proposer que ces travaux soient repris dans les séances générales. Il me semble, Monsieur le Président, qu'ainsi organisées et distribuées, vos réunions à la Sorbonne seront plus utiles que par le passé. Elles resserreront les liens de confraternité entre des savants dont le but commun est d'enrichir le trésor d'érudition qui fait notre honneur. Tous les hommes d'étude, convoqués annuellement, se sentiront encouragés et soutenus dans leurs efforts laborieux et dans leur dévouement à la science. Ils redoubleront, j'en suis sûr, de zèle et d'ardeur pour les recherches curieuses, intéressantes et ardues auxquelles ils consacrent le meilleur de leur temps.

Du reste, je suis loin d'estimer qu'il y ait lieu de s'arrêter dans cette voie d'améliorations, et je continuerai à chercher avec vous les modifications nouvelles qui pourraient assurer davantage les résultats excellents que l'on est en droit d'attendre des réunions périodiques des sociétés savantes de France à la Sorbonne.

Agréez, etc.

Jules FERRY.

PROGRAMME DU CONGRÈS DES SOCIÉTÉS SAVANTES POUR 1882.

1° Faire connaître les récentes découvertes de monnaies gauloises.

2° Étudier les questions relatives aux camps à murs vitrifiés; s'attacher principalement à en déterminer la date.

3° Déterminer, en s'appuyant sur les inscriptions, les caractères de la sculpture de figures et d'ornements dans les monuments romains du midi de la Gaule.

4° Signaler et expliquer les inscriptions de l'antiquité trouvées en France dans ces dernières années.

5° Signaler et expliquer les inscriptions du moyen âge trouvées en France dans ces dernières années.

6° Quels sont les monuments et les produits de l'art ou de l'industrie, principalement ceux dont la date est certaine, qui peuvent servir à fixer les caractères de l'art mérovingien et de l'art carlovingien?

7° Signaler les caractères de l'architecture française du XI° siècle, d'après les monuments dont la date peut être fixée à l'aide de textes contemporains.

8° Faire connaître les systèmes d'après lesquels a été fixé le commencement de l'année, au moyen âge, dans les différentes régions de la France.

9° Faire connaître, d'après des documents authentiques, l'origine, l'objet et le développement des pèlerinages antérieurs au xvi° siècle.

10° Faire connaître l'organisation des corporations de métiers en France avant le xvi° siècle.

11° Étudier les procès-verbaux des réformateurs des coutumes au xv° et au xvi° siècle; y rechercher l'état de la législation et les progrès déjà réalisés à l'époque où ont pris fin les guerres avec les Anglais.—Dresser, d'après ces procès-verbaux, la statistique des bénéfices ecclésiastiques et des seigneuries laïques existant au xvi° siècle.

12° Mettre en lumière les documents historiques qui font connaître l'état de l'instruction primaire en France avant 1789.

13° Signaler et apprécier les documents relatifs aux assemblées provinciales du temps de Louis XVI, qui n'ont pas encore été mis en œuvre par les historiens.

14° Exposer d'après les textes et les monuments, l'état de l'imagerie populaire en France, antérieurement à la fin du xviii° siècle.

15° État des bibliothèques publiques et des musées d'antiquités dans les départements. — Mesures prises pour que ces établissements contribuent aussi efficacement que possible au développement des travaux historiques et archéologiques.

143

AUTRE CIRCULAIRE RELATIVE À LA PUBLICATION D'UNE MONOGRAPHIE
DES SOCIÉTÉS SAVANTES.

25 octobre 1881.

Aux Présidents des Sociétés savantes de Paris.

Monsieur le Président, j'ai résolu de faire entreprendre un historique aussi complet que possible de toutes les sociétés savantes de France.

A cette occasion, j'ai adressé aux sociétés de la province une circulaire, en date du 15 juillet dernier, par laquelle je leur demande tous les renseignements relatifs à l'époque de leur fondation, de leur reconnaissance comme établissement d'utilité publique, aux changements de leurs noms et de leurs titres, à leurs règlements et statuts, à leurs publications ou œuvres diverses, au nombre de leurs membres, au chiffre de leur budget, etc., etc.

Je les prie aussi de me fournir des indications sur leur passé, sur les institutions auxquelles elles se rattachent et qu'elles font revivre, sur les traditions dont elles ont hérité, etc.

Je suis convaincu, Monsieur le Président, que vous voudrez bien me mettre à même d'établir cet historique en ce qui concerne votre société. Je n'ai pas à entrer dans le détail des renseignements qui me sont nécessaires pour un travail dont vous comprendrez si bien la nature et la portée. Vous voudrez certainement que votre compagnie occupe dans l'histoire projetée le rang dont la rendent digne sa notoriété et ses services.

Recevez, etc.

Jules FERRY.

144

CIRCULAIRE ARRÊTANT LE PROGRAMME DU CONGRÈS DES SOCIÉTÉS SAVANTES POUR 1883.

27 juillet 1882.

Aux Présidents des Sociétés savantes.

Monsieur le Président, le 15 avril dernier, à la réunion générale de MM. les délégués des sociétés savantes que j'avais l'honneur de présider, j'émettais le vœu que chaque société voulût bien, en vue du congrès de 1883, me faire connaître les questions qu'elle jugerait dignes d'être signalées à l'attention des savants de France. Cet appel a été entendu, et, de toutes parts, me sont arrivées des propositions qui viennent d'être soumises à l'examen du Comité des travaux historiques.

Cette haute assemblée, à laquelle j'avais réservé le droit d'indiquer elle-même certaines recherches intéressantes à faire en histoire, archéologie ou philologie, n'a point eu à user de ce privilège. Elle a borné son travail à un simple choix, choix souvent difficile en raison de l'intérêt des questions proposées; elle a dû en réserver un grand nombre, qui seront certainement à l'ordre du jour des prochains congrès, adopter de préférence celles qui lui ont paru présenter un intérêt plus immédiat, quelquefois en généraliser les termes, mais je suis heureux de constater ici que le programme rédigé par elle, et que j'ai l'honneur de vous adresser, est uniquement dû à l'initiative de vos compagnies.

J'ai, dès maintenant, la certitude que les différents points de ce programme seront, l'an prochain, l'objet de communications analogues ou contradictoires, que vos études préalables auront pour conséquence de faire naître des discussions au sein des séances, que l'intérêt des découvertes locales faites par les sociétés savantes sous l'unité d'impulsion qu'elles se donnent elles-mêmes se généralisera dans ces débats, et que le caractère et tous les avantages d'un véritable congrès seront dès lors acquis à votre réunion.

Vous remarquerez, Monsieur le Président, qu'aucune question ne figure encore à la section des sciences morales et politiques que j'ai promis de créer et de faire représenter à la Sorbonne en 1883. Cette partie du programme n'est pas prête, mais je n'ai pas voulu qu'elle fût une cause de retard dans l'envoi des questions intéressant les autres sections.

Permettez-moi d'espérer, Monsieur le Président, que vous voudrez bien donner à ces instructions et au programme qui les accompagne toute la publicité désirable, et en ordonner l'insertion au procès-verbal de votre prochaine réunion.

Recevez, etc.

Jules FERRY.

PROGRAMME DU CONGRÈS DES SOCIÉTÉS SAVANTES POUR 1883.

I

SECTION D'HISTOIRE ET DE PHILOLOGIE.

1° Quelle méthode faut-il suivre pour rechercher l'origine des noms de lieux de France? — Quelle est la valeur des résultats déjà obtenus dans cette recherche?

2° A quelles époques, dans quelles provinces et sous quelles influences les villes neuves et les bastides ont-elles été fondées?

3° Histoire des milices communales au moyen âge. — Date de l'organisation des milices communales et de l'introduction du tiers état dans les armées royales. — Autorité des magistrats municipaux sur ces milices et conditions de leur recrutement. Mode de convocation, nature et durée du service auquel elles étaient assujetties. — Transformations des milices communales au commencement du xiv° siècle; levées en masse ou appel de l'arrière-ban; substitution de l'impôt à la prestation des sergents. — Origine et organisation des confréries d'archers et d'arbalétriers. — Institution, organisation, recrutement et rôle militaire des francs archers, de Charles VII à François I°° (1448-1521). — Faire connaître par les documents dans quelles conditions se firent la levée et l'organisation des milices provinciales à partir de 1668, et quel rôle ces milices eurent dans les guerres du règne de Louis XIV et de Louis XV.

4° *Pèlerinages.* — Quelles routes suivaient ordinairement les pèlerins français qui se rendaient en Italie ou en Terre-Sainte?

5° Signaler les documents antérieurs à la fin du xv° siècle qui peuvent faire connaître l'origine, le caractère, l'organisation et le but des confréries religieuses et des corporations industrielles.

6° *Rédaction des coutumes.* — Documents sur les assemblées qui ont procédé à cette rédaction, soit pour les coutumes générales, soit pour les coutumes locales, et sur les débats qui se sont élevés devant les Parlements à l'occasion de l'homologation desdites coutumes. — Rechercher dans les archives communales ou dans les greffes les coutumes locales qui sont restées inédites.

7° *États provinciaux.* — Documents inédits sur les élections des députés, l'étendue des mandats, les délibérations, les pouvoirs des députés et l'efficacité de leur action.

8° Conditions de l'éligibilité et de l'électorat dans les communes, les communautés et les paroisses, soit à l'occasion des offices municipaux, soit pour la nomination des délégués chargés des cahiers des doléances.

9° Quelles additions les recherches poursuivies dans les archives et dans les bibliothèques locales permettent-elles de faire aux ouvrages généraux qui ont été publiés sur les origines et le développement de l'art dramatique en France jusqu'au xvi° siècle inclusivement?

10° Signaler les documents importants pour l'histoire que renferment les anciens greffes, les registres paroissiaux et les minutes de notaires.

11° Histoire des petites écoles avant 1789. Principales sources manuscrites ou imprimées de cette histoire. — Statistique des petites écoles aux différents siècles; leur origine, leur développement, leur nombre dans chaque diocèse et dans chaque paroisse. — Recrutement et honoraires des maîtres et des maîtres adjoints. — Condition matérielle, discipline, programme et fréquentation des petites écoles. — Gratuité et fondations scolaires ; rapports entre la gratuité dans les petites écoles et la gratuité dans les universités. — Livres employés dans les petites écoles.

12° Quelles villes de France ont possédé des ateliers typographiques avant le milieu du xvi° siècle? Dans quelles circonstances ces ateliers ont-ils été établis et ont-ils fonctionné?

II

SECTION D'ARCHÉOLOGIE.

1° Signaler les documents épigraphiques de l'antiquité et du moyen âge, en France et en Algérie, qui ont été récemment découverts ou dont la lecture comporte des rectifications.

2° Quels sont les monuments qui, par l'authenticité de leur date, peuvent être considérés comme des types certains de l'architecture en France avant le milieu du xii° siècle ?

3° Étudier les caractères qui distinguent les diverses écoles d'architecture religieuse à l'époque romane, en s'attachant à mettre en relief les éléments constitutifs des monuments (plan, voûtes, etc.).

4° Quels sont les monuments dont la date, attestée par des documents historiques, peut servir à déterminer l'état précis de l'architecture militaire en France aux différents siècles du moyen âge ?

5° Signaler les œuvres de la sculpture française antérieures au xvi° siècle qui se recommandent, soit par la certitude de leur date, soit par des signatures d'artistes.

6° Signaler et décrire les peintures murales antérieures au xvi° siècle existant encore dans les édifices de la France.

7° Étudier les produits des principaux centres de fabrication de l'orfèvrerie en France pendant le moyen âge et signaler les caractères qui permettent de les distinguer.

8° Quels sont les monuments aujourd'hui connus de l'émaillerie française antérieurs au xiii° siècle?

III

SECTION DES SCIENCES MORALES ET POLITIQUES.

. . . .
. . . .

145
CIRCULAIRE ARRÊTANT LE PROGRAMME DU CONGRÈS DES SOCIÉTÉS SAVANTES POUR 1883 (SCIENCES ÉCONOMIQUES ET SOCIALES).

26 janvier 1883.

Aux Présidents des Sociétés savantes.

Monsieur le Président, la circulaire de mon prédécesseur, M. Jules Ferry, en date du 27 juillet dernier, vous annonçait l'envoi ultérieur des questions proposées au congrès de la Sorbonne en 1883 (section des sciences économiques et sociales).

Si j'ai attendu jusqu'à ce jour pour vous adresser ce programme, qui vous était promis depuis longtemps, c'est que j'espérais amener celles des sociétés savantes qui s'occupent de cet ordre d'études à désigner elles-mêmes les sujets qu'elles jugeraient de nature à être traités dans vos séances ou susceptibles d'y faire naître d'intéressantes et fructueuses discussions.

Ce résultat a été en partie atteint : toutes les sociétés de Paris et quelques sociétés de province ont répondu à mon appel.

Le nombre et l'importance des questions qui m'ont été soumises me sont une preuve que le moment était venu de donner une sorte de consécration officielle à tout un ordre d'études et de recherches de jour en jour plus utiles et plus conformes aux besoins de notre milieu social.

J'ajoute que les préoccupations qui les ont dictées sont un sûr garant de l'avenir de ces réunions, en même temps qu'une réponse à certaines appréhensions qui auraient pu naître : le congrès des sociétés savantes n'a point à redouter de voir les discussions descendre des sphères hautes et sérieuses où elles doivent absolument se maintenir pour conserver leur véritable caractère scientifique.

Vous recevrez prochainement, Monsieur le Président, quelques instructions de détail; mais je vous serai reconnaissant de donner dès aujourd'hui à cette circulaire et au programme qui l'accompagne la publicité nécessaire, et d'en ordonner l'insertion au procès-verbal des séances de votre société.

Recevez, etc.

J. DUVAUX.

PROGRAMME DU CONGRÈS DES SOCIÉTÉS SAVANTES POUR 1883 (SUITE).

III

SECTION DES SCIENCES ÉCONOMIQUES ET SOCIALES.

1° Des améliorations qu'il y aurait lieu d'introduire dans la législation civile au point de vue de la conservation des intérêts des mineurs, notamment en ce qui concerne les transactions dans lesquelles ils se trouvent engagés. Aurait-on quelques emprunts à faire à des législations étrangères?

2° Des améliorations qu'il pourrait être utile d'apporter dans la législation relative aux retraites des fonctionnaires publics.

3° De l'unification de la législation en matière de lettres de change; rapprocher les législations étrangères de la législation française et mesurer à ce sujet les besoins du commerce.

4° Quels sont les changements qu'a subis depuis 1850 le taux des salaires agricoles ou industriels dans le canton, dans une partie du canton ou dans la ville, et à quelles causes peut-on y rapporter la diversité et l'accroissement des salaires? Quel est le mouvement d'immigration de la population dans la ville et quelle influence les salaires ont-ils pu exercer sur cette immigration?

5° Étudier les variations qui sont survenues depuis 1800 dans le prix de vente et le fermage d'une ou de plusieurs propriétés rurales et rechercher les causes qui ont pu produire ces variations.

6° Des améliorations que pourrait comporter la législation relative aux aliénés, notamment en ce qui concerne l'admission des aliénés dans les asiles, la surveillance de ces maisons et les travaux qui peuvent y être pratiqués.

7° N'y aurait-il pas un avantage sérieux à ce que, sans rien préjuger sur la question de l'étalon unique ou des deux étalons, reliés ou non d'ailleurs par un rapport fixe, les nations s'entendissent pour adopter une même forme monétaire, poids, titre et tolérance?

8° Des assemblées représentatives du commerce sous l'ancien régime. — Dans la première moitié du xviii° siècle, le Gouvernement institua dans chaque centre de fabrique des assemblées annuelles des divers marchands et fabricants. On devait y discuter les réformes à introduire dans la législation ou dans les procédés de l'industrie du lieu. L'autorité y était représentée par un agent. — Les procès-verbaux de ces assemblées de commerce sont intéressants à plus d'un point de vue. Ils jettent un jour curieux sur une institution oubliée jusqu'ici et qui pourrait peut-être être rappelée par quelque institution similaire.

146
RAPPORT RELATIF À LA RÉORGANISATION DU COMITÉ DES TRAVAUX HISTORIQUES ET SCIENTIFIQUES.

5 mars 1883.

Monsieur le Ministre, en présidant, le 15 avril 1882, la réunion générale des délégués des sociétés savantes, vous disiez : « Il n'y a pas assez de sections au Comité des travaux historiques et scientifiques ; il en faut une de plus, j'en conviens, et je réalise un de mes vœux les plus chers en établissant dès aujourd'hui, pour le prochain congrès, une section des sciences morales et politiques. Il serait vraiment surprenant et peu respectueux pour la science que les sciences politiques, qui s'incorporent de plus en plus les méthodes exactes et expérimentales des autres sciences, fussent seules tenues à l'écart de ce congrès scientifique. Il ne le faut plus ; elles seront une section, elles poseront des questions et délibéreront sur le même pied que toutes les autres. »

Pour réaliser cette promesse, ou plutôt pour tenir un engagement pris en termes si formels, il est devenu nécessaire d'opérer dans le Comité des travaux historiques et scientifiques une importante transformation. Ce ne sera point la première. Si j'avais à retracer, après tant d'autres, l'histoire de ce Comité, c'est par ces variations que je pourrais, que je devrais caractériser les diverses périodes de son existence. Peu d'institutions ont subi plus de changements. Depuis son origine, le Comité a vu son nom, sa composition et ses attributions si souvent modifiés, qu'il est quelquefois difficile de se reconnaître au milieu d'un nombre aussi considérable d'évolutions. Néanmoins les états divers par lesquels il a passé n'ont point été des accidents fortuits ; ils ont été, au contraire, les effets successifs d'un développement régulier, normal, nécessaire, qui prouve en même temps combien était juste l'idée à laquelle il doit sa naissance, et combien cette idée, largement interprétée, pouvait aisément se prêter à tous les progrès.

L'histoire du Comité des travaux historiques et scientifiques se confond, en quelque sorte, avec l'histoire même de l'érudition et des sciences à notre époque; elle en suit tous les développements et tous les progrès. Créée en 1834 par un illustre historien, M. Guizot, l'organisation originelle du Comité était en harmonie parfaite avec le grand mouvement d'études historiques qui a marqué la première moitié du siècle. Presque tous les esprits se tournaient alors, avec une ardeur passionnée, vers nos origines nationales. On les recherchait dans les dépôts d'archives, dans les collections de manuscrits, dans les bibliothèques. La Révolution avait mis à la disposition des savants les richesses autrefois enfouies dans les couvents et perdues dans les châteaux : il fallait d'abord compter ces richesses, les classer, en dresser l'inventaire, puis écrire, à leur aide, l'histoire véritable à la place d'une histoire de convention. C'est pour mener à bien cette féconde entreprise que M. Guizot dressa tout un plan d'investigations et de recherches, dont un comité central, siégeant au Ministère de l'instruction publique, devait diriger et surveiller l'exécution.

Dans la pensée première de M. Guizot, la publication des documents de notre histoire nationale était l'objet principal, presque unique, du Comité. Il ne s'occupait pas des sociétés savantes des départements, ou, s'il s'en occupait, c'était pour se servir d'elles comme d'instruments. Le Comité, ou plutôt le Ministre de l'instruction publique, envoyait des instructions aux savants de province; il choisissait parmi eux des correspondants; il établissait entre Paris et les départements un vaste système de relations, non pas précisément en vue de provoquer dans les départements mêmes un réveil scientifique, mais surtout pour se procurer des travailleurs de bonne volonté qui seconderaient l'œuvre entreprise à Paris.

Ainsi, pour M. Guizot, les sociétés savantes n'étaient qu'un moyen mis au service du Comité; mais il était facile de prévoir que bientôt, et par un mouvement dérivant de la nature même des choses, le Comité des travaux historiques serait conduit à devenir l'agent supérieur des sociétés savantes, et, par conséquent, à les servir autant qu'il se servait d'elles. C'est ce qui arriva en effet. Il avait suffi de faire appel au concours de ces sociétés pour que aussitôt on les vît se multiplier, prendre une importance nouvelle, augmenter à la fois en nombre et en valeur. La province semblait se ranimer. Quelque chose de l'ardeur intellectuelle qu'on y remarquait au xvii⁰ et xviii⁰ siècle y reparut : les sociétés savantes devinrent des foyers de solide érudition.

L'objet que s'était proposé M. Guizot était donc dépassé, et très heureusement transformé. Les sociétés savantes devenaient dignes d'attirer pour elles-mêmes l'attention du Ministère de l'instruction publique, et l'on pressentait, par ce qu'elles avaient déjà fait, ce qu'elles pourraient faire, lorsque leurs efforts dispersés auraient été ramenés à une certaine unité. On comprit qu'on donnerait une véritable puissance à ces forces éparses si on les faisait converger vers un même but. Seul le Comité des travaux historiques pouvait accomplir cette tâche, et il devait l'entreprendre, car on n'avait pas à craindre que les sociétés savantes résistassent à son action bienfaisante; il était certain, au contraire, qu'elles redoubleraient de zèle lorsqu'elles auraient aperçu dans son ensemble l'édifice auquel chacune d'elles était appelée à apporter sa pierre.

C'est ainsi que le Comité des travaux historiques cessa d'être une simple commission de publication de documents inédits, pour devenir une sorte de tuteur des sociétés savantes, dont le rôle était de les éclairer les unes par les autres, de les aider, de les conseiller, de les encourager, sans gêner, bien entendu, la liberté de leur allure. Mais, comme l'activité intellectuelle de l'époque se portait toujours vers des objets nouveaux, le Comité devait être naturellement amené à rendre plus souple et plus large le cadre où il avait d'abord renfermé les travaux des sociétés savantes.

J'insiste sur ce point parce qu'il explique bien pourquoi le Comité des travaux historiques a été si souvent modifié, et comment il est devenu le Comité actuel des *travaux historiques et scientifiques*. A l'histoire proprement dite M. Guizot lui-même avait ajouté presque immédiatement la littérature, la philosophie, les sciences et les arts, ou du moins l'histoire de la littérature, de la philosophie, des sciences et des arts dans notre pays. Il avait chargé un second comité de concourir à la recherche et à la publication des documents concernant ces objets si variés. Plus tard, M. de Salvandy remplaça les deux Comités par un Comité unique : il divisa ce Comité en autant de sections que l'Institut a de classes. MM. Cousin, Villemain, Vaulabelle, de Falloux, apportèrent divers changements à cette organisation. Sous l'Empire, les études historiques transformèrent leurs méthodes. La linguistique occupa une place beaucoup plus importante, et le Comité devint un Comité de la langue, de l'histoire et des arts de la France. La philologie prenait le pas sur l'histoire proprement dite, et l'on rechercha les vieilles chansons ou les vieilles poésies de la France, comme on recherchait autrefois ses vieilles chartes ou ses vieux diplômes.

M. Rouland, tout en s'efforçant de revenir aux traditions de M. Guizot et de rendre à l'histoire la place que la philologie paraissait avoir usurpée, consacra, par l'arrêté du 22 février 1858, les révolutions accomplies. Cet arrêté fait du Comité l'organe principal et central des sociétés savantes. Il le divise en trois sections distinctes : 1° section d'histoire et de philologie; 2° section d'archéologie; 3° section des sciences. Ainsi les sciences, qui ne tenaient aucune place dans le Comité primitif de M. Guizot, qui n'y étaient entrées ensuite que sous le couvert de l'histoire, étaient mises au même rang que les études érudites et obtenaient la même situation. Enfin, pour mieux marquer encore le rôle du Comité, non plus comme simple éditeur des documents de notre histoire, mais comme conseil et guide des sociétés savantes, l'arrêté du 22 février 1858 et un arrêté subséquent du 30 mars 1859 établirent des prix annuels, qui durent être distribués, sur l'avis des diverses sections du Comité, aux savants et aux sociétés savantes de province, dans une séance solennelle tenue à la Sorbonne. C'était peut-être aller un peu loin; c'était faire du Comité une sorte de pédagogue, et des savants des sociétés savantes de province presque des écoliers. Aussi vous maintiendrez certainement, Monsieur le Ministre, les décisions récentes qui ont supprimé ces prix, sans méconnaître toutefois les avantages d'une mesure d'où sont sortis, il y a plus de vingt ans déjà, les congrès annuels des sociétés savantes et le mouvement d'émulation que ces congrès ont produit.

M. Rouland avait donné au Comité un nom qui répondait à son double rôle de directeur de la publication des documents inédits et d'organe central des sociétés savantes. Il l'avait appelé *Comité des travaux historiques et des sociétés savantes*. Il a paru plus simple encore, en ces dernières années, de le nommer *Comité des travaux historiques et scientifiques*. En même temps, on l'a réduit à deux sections : l'une, section d'histoire, d'archéologie et de philologie; l'autre, section des sciences. Cette division a rendu plus faciles des réformes importantes apportées, comme je l'expliquerai plus loin, aux publications du Comité. Elle doit être modifiée cependant, puisque vous avez promis la création d'une nouvelle section consacrée au droit, à l'économie politique et aux sciences sociales. Mais il est difficile, lorsque l'on songe à la multiplicité des travaux qu'embrassent les sociétés savantes, de considérer cette transformation comme la dernière; et peut-être serait-il préférable, si l'on veut ne pas être exposé à des remaniements prochains, de créer dès aujourd'hui une organisation assez souple et assez vaste pour éviter au Comité des révolutions trop fréquentes.

A l'origine, je l'ai déjà dit, les travaux des sociétés savantes s'étaient tournés surtout vers l'histoire et l'archéologie; plus tard, vers la philologie; plus tard encore, avec un caractère moins général mais non moins actif, ils s'étaient portés vers l'économie politique, cette science que le siècle dernier a inaugurée dans un esprit un peu trop métaphysique, mais qui est devenue depuis une science plus exacte et plus précise. Enfin les études sociales ont occupé aussi un grand nombre d'esprits.

L'histoire et l'archéologie voyaient en même temps s'accomplir dans leur propre sein une révolution grosse de résultats, révolution qu'on pouvait à peine entrevoir en 1834, et qui dépasse toutes les espérances qu'elle avait fait concevoir à ses débuts. Un passé plus vaste et plus lointain, non seulement que celui de la France, mais que celui de l'Europe, surgissait des documents enfouis, non dans les bibliothèques et dans les archives, mais dans les alluvions des fleuves et le sable des déserts. Les études orientales, à peine commencées, ouvraient aux regards des horizons d'une étonnante profondeur. Notre pays avait eu la gloire d'y contribuer plus que tous les autres, d'abord par la découverte des monuments de l'Égypte et de la langue des hiéroglyphes, puis par la découverte des premières ruines de Ninive et par d'admirables travaux de déchiffrement des cunéiformes. L'antiquité aryenne n'était pas moins heureusement sondée. Le sanscrit nous révélait l'Inde, le zend nous faisait connaître les Iraniens. Nous retrouvions ainsi, à des distances surprenantes, nos origines directes, et cette race grecque, dont l'héritage nous fait vivre encore, recevait elle-même un héritage qu'on n'avait pas soupçonné jusque-là. Ainsi, ce que nous appelions jadis l'antiquité devenait le prélude des temps modernes. Mais, en se rapprochant de nous, la Grèce et Rome, loin de perdre de leur intérêt, en acquéraient un plus vif encore. Nous avions cru les connaître : une érudition plus abondante et plus pénétrante a montré que là aussi d'immenses recherches étaient à faire; que l'histoire grecque et l'histoire romaine devaient être reprises jusque dans leurs fondements; que la société, l'art, la religion, les lettres anciennes nous réservaient mille surprises et nous préparaient mille problèmes.

L'effort du génie humain devait reporter plus loin encore les limites de l'histoire. Après l'histoire des sociétés humaines, il fouillait celle de l'homme même. Ai-je besoin de rappeler la science si récente, et pourtant si avancée déjà, qui a retrouvé jusque dans les cavernes et les couches géologiques les origines de notre espèce? Elle est trop populaire aujourd'hui pour qu'il soit nécessaire de faire autre chose que de la signaler. Grâce à cette poussée universelle de travaux, tous les vieux cadres scientifiques ont éclaté à la fois. Faut-il s'étonner si les sociétés savantes de province, un peu lasses de ne s'occuper que de leurs souvenirs locaux, éblouies d'ailleurs par la lumière qui leur arrivait de toutes parts, ont essayé de suivre les maîtres de la science dans des voies si larges et si fécondes en succès presque merveilleux?

Il ne faut ni s'en étonner ni s'en plaindre; il ne faut surtout pas méconnaître ce que ces tendances ont de sérieux. Sans doute, les savants de province confondent quelquefois leur amour de la science avec la science, et entreprennent des travaux au-dessus de leurs forces, ou du moins au-dessus des secours qu'ils trouvent auprès d'eux pour soutenir leurs forces. Néanmoins leur zèle peut être utile et il doit être encouragé. On s'efforce avec raison, depuis quelques années, de donner à nos facultés départementales une vie plus intense; on organise de grandes universités où toutes les sciences sont représentées; on crée des chaires où les jeunes savants venus de nos écoles supérieures exposent les résultats de leurs études. On est donc persuadé qu'il existe, ou du moins qu'il se formera en province un public auquel les branches les plus diverses de la science moderne seront familières. Ce public, en sortant des facultés et des universités, entre dans les sociétés savantes, et il serait étonnant qu'il y négligeât aucune des études auxquelles il vient de se livrer. S'il le faisait, l'enseignement supérieur serait en partie stérile. Pour que la grande réforme universitaire qui se poursuit parmi nous amène réellement le réveil des hautes études sur toute la surface de la France, il faut que les institutions qu'on a fondées ou développées ne restent pas isolées, et qu'autour d'elles les sociétés savantes maintiennent une sorte d'atmosphère intellectuelle élevée, en y propageant et en y développant les germes qu'elles ont reçus. Les sociétés savantes n'ont point attendu, d'ailleurs, qu'on les invitât à remplir ce rôle. Elles ont spontanément suivi le mouvement scientifique du siècle; et si, du temps de M. Guizot, la plupart d'entre elles ne s'occupaient que de l'histoire de France, combien nombreuses sont, aujourd'hui, celles qui se consacrent à l'histoire de l'Orient, à l'archéologie ancienne, aux sciences physiques et naturelles, au droit, à l'économie politique et aux sciences sociales.

Il est important pour le Ministère de l'instruction publique de mettre ses institutions en harmonie avec les progrès qui se sont accomplis depuis 1834 et que je viens d'indiquer sommairement. Il doit laisser à quelques esprits pessimistes l'habitude fâcheuse de traiter avec dédain les efforts que tentent les sociétés de province en vue d'atteindre le niveau de la science actuelle, et l'habitude plus fâcheuse encore de prétendre maintenir ces sociétés dans l'histoire locale, ou les y ramener, sous prétexte qu'elles sont impuissantes à s'occuper d'autre chose, soit par elles-mêmes, soit parce qu'elles manquent d'instruments de travail. Son rôle est bien plutôt de secourir leur bonne volonté, en suppléant, dans la mesure du possible, à l'insuffisance de leurs ressources, et en leur procurant, pour les études variées qu'elles entreprennent, les mêmes avantages qu'il leur assurait jadis pour l'étude presque unique à laquelle elles étaient vouées. Scientifiquement, il n'est pas inutile que, sur tous les points du pays, des tentatives soient faites pour suivre et pour seconder le mouvement des découvertes modernes : même lorsqu'elles échouent, ces tentatives entretiennent un milieu approprié où les vocations peuvent se produire, où les savants peuvent trouver des lecteurs et des auditeurs. Politiquement, il est indispensable, dans une nation démocratique, où la supériorité de l'intelligence est la seule reconnue, que l'intelligence de chacun puisse, en effet, s'élever par l'étude à toute sa hauteur.

« Au moment où l'instruction populaire se répand de toutes parts, disait M. Guizot en 1834 [1], et où les efforts dont elle est l'objet amènent dans les classes nombreuses qui sont vouées au travail manuel un mouvement d'esprit énergique, il importe beaucoup que les classes aisées, qui se livrent au travail intellectuel, ne se laissent pas aller à l'indifférence et à l'apathie. Plus l'instruction élémentaire deviendra générale et active, plus il est nécessaire que les hautes études, que les grands travaux scientifiques soient également en progrès. Si le mouvement intellectuel allait toujours croissant dans

[1] Circulaire du 23 juillet 1834 aux membres des sociétés savantes.

les masses pendant que l'inertie régnerait dans les régions élevées de la société, il en résulterait tôt ou tard une dangereuse perturbation. Je regarde donc comme un devoir imposé au Gouvernement, dans l'intérêt social, de prêter également son appui, et d'imprimer, autant qu'il est en lui, une impulsion harmonique à toutes les études, à la science haute et pure, aussi bien qu'à l'instruction pratique et populaire. »

Ces considérations, vraies en 1834, le sont plus encore aujourd'hui. C'est donc un devoir pour le Gouvernement de prêter son appui à toutes les études et de seconder le travail scientifique dans toutes ses manifestations : histoire nationale, histoire universelle, archéologie, philologie, art, sciences, droit, économie, géographie, etc. En exclure une quelconque serait de sa part une erreur condamnable. Dès qu'il prend en main la tutelle des sociétés savantes, dès qu'il leur offre son concours et qu'il se met à leur service, il doit les comprendre toutes dans sa sollicitude, apportant à cette œuvre la plus grande largeur d'esprit, le plus sérieux désir d'éviter les préjugés de coteries et les exclusions d'écoles, vers lesquelles il ne pourrait se laisser entraîner sans diminuer la production morale et intellectuelle du pays.

C'est en s'inspirant de cette pensée qu'il importe de réorganiser le Comité et de modifier les divers recueils dont il a la charge. Il n'est, d'ailleurs, pas nécessaire d'y opérer de grands changements. Le nom de *Comité des travaux historiques et scientifiques* peut lui être conservé, toutes les études ayant, de nos jours, un caractère historique marqué; mais les sections actuelles ne sont ni assez nombreuses, ni assez spéciales pour le vaste programme que nous venons de tracer. Le Comité actuel se compose, comme je l'ai dit plus haut, de deux sections. De plus, à côté de lui, siège une commission particulière, la *Commission de géographie historique de l'ancienne France*. Cette commission, nommée jadis *Commission de la carte des Gaules*, publie des cartes importantes et un dictionnaire archéologique. Ce sont là assurément des œuvres d'un intérêt capital, mais qui, sous peine de double emploi, devraient être confiées au Comité. Il n'y a pas de raison pour que la Gaule soit distraite de son domaine, et, si grand que soit ce domaine, la perte d'une semblable province le diminue trop pour qu'on ne prenne pas le parti de fondre la *Commission de géographie historique de l'ancienne France* avec le *Comité des travaux historiques et scientifiques*.

Ce dernier devrait se composer, en somme, de cinq sections : 1° une section d'histoire et de philologie; 2° une d'archéologie; 3° une des sciences économiques et sociales; 4° une des sciences mathématiques, physiques, chimiques et météorologiques; 5° une des sciences naturelles et géographiques. Cette division est assez complète pour embrasser tout l'ensemble, pour se prêter à tous les développements des études modernes. Il serait peut-être normal de séparer les sciences mathématiques des sciences physiques et chimiques; mais, comme les savants de province s'adonnent plutôt à ces dernières, la section des sciences mathématiques manquerait de travaux, par conséquent d'intérêt et de vie. Il paraît plus sage de ne distraire, pour le moment du moins, de la section des sciences, que la partie des sciences naturelles et géographiques de cette section. Les travaux sur les sciences naturelles sont, en province, particulièrement nombreux, et quant à la géographie, c'est aujourd'hui la plus cultivée des sciences : elle joue, de nos jours, le rôle que l'histoire jouait en 1834; aussi le nombre des sociétés de géographie augmente-t-il sans cesse, et comme on y travaille avec une ardeur prodigieuse, il en sort chaque année des milliers d'informations et de documents qui méritent d'être mis en lumière. Il semble que le génie national se tourne enfin avec passion vers l'étude du globe, qu'on a si longtemps reproché aux Français de négliger.

La division du Comité en sections, telle que j'ai l'honneur de vous la proposer, ne sera d'ailleurs, Monsieur le Ministre, qu'un cadre général, qui laissera à chacune de ces sections l'entière liberté de ses mouvements. Comme les sections auront des attributions considérables, et comme, de plus, elles seront chargées d'un certain nombre de travaux particuliers, rien n'empêchera de créer des commissions tant permanentes que provisoires, soit pour surveiller certaines publications, soit pour diriger certaines entreprises scientifiques. Du reste, les frontières des sections ne seront point tellement fermées qu'elles interdisent toute communication de l'une à l'autre. Des membres du Comité pourront appartenir à la fois à plusieurs sections, et chacune d'elles sera libre d'appeler dans ses commissions les membres des sections voisines dont le concours lui serait utile. Une commission historique, par exemple, s'ouvrira à des archéologues, une commission archéologique admettra dans son sein des historiens. De cette manière, sans éparpiller ses forces, le Comité remplira aisément les devoirs multiples qui lui seront confiés.

Mais on pourrait craindre que cette division en sections et en commissions, qui rendra le travail plus actif et plus facile, n'eût l'inconvénient de perpétuer, d'une manière chronique, la mobilité du Comité et les variations dont j'ai rapidement esquissé l'histoire. Il est bien clair, en effet, que les cinq sections dont je demande la formation tendront encore à se fractionner. Le nouveau cadre du Comité risquerait donc, comme l'ancien, d'être modifié sans cesse, peut-être même, en fin de compte, d'être totalement brisé. C'est pour prévenir ce danger, c'est pour fonder quelque chose d'un peu stable dans le flux et le reflux perpétuel des sections, pour maintenir l'accord entre ces sections parfois un peu arbitraires, que je propose de leur donner, dans le Comité même, une représentation permanente, au moyen d'une commission administrative composée des présidents de chacune d'entre elles, ainsi que de quelques-uns de ses membres choisis par le Ministre de l'instruction publique, si celui-ci le juge à propos.

Émanée directement des sections, dont elle sera l'image fidèle, cette commission formera l'élément durable du Comité. Chaque fois qu'une section sera créée, la commission, sans changer de mandat, sans modifier sérieusement sa composition, comptera seulement un membre ou deux de plus. En revanche, si une section venait à disparaître, sa représentation dans la commission disparaîtrait également. Ce procédé fort simple, en permettant de ne toucher qu'avec délicatesse à son organisme essentiel, maintiendra dans le Comité l'unité d'esprit et de direction. Sans être absolument immuable, le Comité n'aura plus à redouter ces révolutions profondes, ces transformations radicales auxquelles il a été trop exposé. Il formera une sorte de faisceau qu'on augmentera ou qu'on diminuera à volonté, en resserrant ou en élargissant le lien chargé de le contenir.

La création d'une commission administrative aura des avantages théoriques et pratiques incontestables. Si différentes qu'elles soient, les sciences ont entre elles de nombreux rapports. Il est donc nécessaire qu'au-dessus des méthodes particulières à chacune d'elles une méthode générale, une sorte d'esprit commun les anime. C'est pour cela que le Comité doit rester un, malgré la multiplicité des sections. Mais ces sections ne seront pas seulement réunies par leur intérêt scientifique, elles le seront aussi par leurs intérêts matériels. Pour cela encore, il faudra entre elles toutes une sorte de trait d'union, et elles le trouveront dans la commission centrale. Sans doute l'Administration aurait pu en jouer le rôle, mais l'autorité d'une commission formée de tous les présidents des sections sera bien supérieure à la sienne, lorsqu'il s'agira de traiter des questions délicates : en pareille matière, l'action administrative doit être aussi peu apparente et même aussi peu agissante que possible.

L'unité d'action du Comité ainsi assurée, il n'y aura plus aucun inconvénient à laisser se produire les divisions de spécialités, sans lesquelles il ne saurait y avoir ni vie ni progrès. Il n'y aura plus également aucun inconvénient à étendre le cercle des travaux du Comité, à mesure que celui de la science s'étendra; car, si ses rayons s'allongent, son centre sera fixe. Il restera seulement à mettre ses publications en rapport avec les perfectionnements qu'il aura reçus.

Je proposerai, Monsieur le Ministre, de procéder de la manière suivante.

Il est inutile de rappeler comment le Comité des travaux historiques, créé par M. Guizot pour publier les documents inédits de notre histoire, s'est acquitté de cette mission. Le rapport de M. de Watteville contient un historique et un catalogue complet[1] de la grande collection qui a paru sous la direction du Comité, et qui est si justement appréciée par le monde savant. Mais, dès son origine, les documents inédits ne l'ont pas absorbé tout entier. Lorsqu'il recevait de ses correspondants, officiels ou volontaires, quelque charte intéressante ou quelque pièce curieuse, le Comité prenait soin de les mettre au jour dans un recueil spécial connu sous le nom de *Bulletin du Comité*, puis de *Revue des Sociétés savantes*. Quoique rédigée avec le plus grand soin, ou plutôt à cause du scrupule avec lequel elle était rédigée, la *Revue des Sociétés savantes* paraissait à des intervalles tellement éloignés que les travaux qui y trouvaient place n'arrivaient parfois au public qu'après avoir perdu toute leur nouveauté. De plus, cette revue, un peu massive, manquait d'ordre et de clarté. Vous avez donc jugé utile de la modifier.

Cette première réforme a amené la création de deux recueils périodiques : 1° un *Bulletin du Comité*, paraissant tous les trois mois et réunissant les documents intéressants recueillis par les correspondants du Ministère, les rapports faits sur ces communications et les comptes rendus des discussions auxquelles elles avaient donné lieu au sein du Comité; 2° un *Répertoire des travaux historiques*, contenant l'analyse des publications parues en

---

[1] On trouvera plus loin ce catalogue complété par la nomenclature et l'analyse des ouvrages parus jusqu'à ce jour.

France et à l'étranger sur l'histoire, les monuments et la langue de la France.

On comprend tout l'intérêt de cette seconde publication, et les services qu'elle est appelée à rendre aux sociétés savantes des départements. L'historien, surtout lorsqu'il travaille dans les départements, loin des vastes dépôts et des grandes bibliothèques de Paris, rencontre des obstacles de diverse nature. Tantôt il est gêné par la rareté des documents, tantôt il se perd dans l'extrême abondance des sources. Souvent, lorsqu'il croit avoir tout exploré, il s'aperçoit qu'une veine féconde lui est demeurée inconnue. Quelle que soit sa vigilance, il ne peut être renseigné sur tout ce qui paraît, ni connaître en détail certains travaux qui pourraient utilement régler sa marche. Les érudits les plus infatigables, placés à Paris, au centre de toutes les informations scientifiques, subissent cette inquiétude de ne pouvoir jamais se dire avec une pleine confiance que, sur un sujet donné, rien de ce qui a été publié ne leur a échappé. Mais bien autre est la souffrance de celui qui est retenu dans un département. Le recueillement de sa vie laborieuse ne compense pas à ses yeux l'absence de renseignements. Il cherche, il interroge, il multiplie les lettres, il espère une réponse qui l'éclairera. Le temps fuit, et bientôt l'ardeur des premiers jours fait place au découragement. Parfois l'énergie parvient à surmonter les obstacles; après un travail courageusement poursuivi pendant des années, arrive l'heure de la publication, et l'auteur apprend alors que le même sujet a été traité et épuisé sans qu'il s'en doutât.

C'est pour remédier à cet inconvénient, c'est pour fournir aux savants de la province un instrument qui leur permette de dresser, au cours de leurs recherches, la bibliographie du sujet choisi, c'est pour les tenir au courant de tout ce qui s'écrit, au moins sur la France, que le *Répertoire* a été fondé. S'il roule uniquement sur notre histoire, c'est qu'il ne pourrait, sans devenir démesuré, embrasser l'histoire universelle. Ne faut-il point, d'ailleurs, maintenir autant que possible la pensée primitive de M. Guizot, et appeler particulièrement sur nos origines nationales les efforts des travailleurs provinciaux? C'est là qu'ils sont assurés de faire les plus belles découvertes, et que leur zèle sera couronné des meilleurs succès. Le *Répertoire*, quoique fondé d'hier, est donc en quelque sorte l'expression vivante de la tradition la plus ancienne du Comité. Il est divisé en trois parties, suivant la nature des publications. Au premier rang se placent les sociétés savantes de

France ; vient ensuite le dépouillement des revues périodiques françaises et étrangères ; enfin l'analyse des livres et opuscules occupe la troisième partie. Si normale qu'elle paraisse, cette division a le sérieux désavantage de faire du *Répertoire* une sorte d'organe fort incomplet des sociétés savantes, alors qu'il ne devrait être qu'un instrument mis à leur disposition pour faciliter leurs travaux. Pourquoi accorder une place à part aux sociétés savantes? Pourquoi ne pas signaler tout simplement les études qu'elles font sur notre histoire dans le cours du *Répertoire*, sans les apprécier, sans en rendre compte longuement, sans s'exposer par suite à faire double emploi avec le *Bulletin*, ou à empiéter sur ce qui devrait lui appartenir, sur ce qui doit lui être rendu? On reprochait à l'ancienne *Revue des Sociétés savantes* d'être un peu confuse, parce que, à côté de documents originaux envoyés par les divers correspondants du Ministère, elle contenait les jugements du Comité sur les travaux des sociétés savantes. Mais n'est-il pas tout aussi fâcheux de consacrer à ces jugements la majeure partie d'un recueil qui contient, en outre, de nombreux renseignements bibliographiques, de telle manière qu'on se trouve en présence d'un Répertoire de publications historiques, qui est en même temps une sorte de Bulletin des sociétés savantes, non pour tous leurs travaux, mais pour ceux qui concernent nos origines nationales?

Le *Répertoire* est une œuvre excellente, d'une utilité évidente, mais qui doit rester, comme les *Documents inédits*, une publication particulière du Comité. Le *Répertoire* et les *Documents inédits* sont l'un et les autres l'héritage de l'ancien Comité des travaux historiques, héritage précieux qu'il faut bien se garder de répudier, mais à côté duquel l'avenir nous réserve des richesses qu'il faut aussi se préparer à exploiter. A cet effet, le Comité a besoin d'un organe spécial, d'un journal, d'un bulletin, où tous les travaux des sociétés savantes, sans distinction, soient appréciés et discutés. C'est dans ce *Bulletin*, suite naturelle de la *Revue des Sociétés savantes*, que prendront place les procès-verbaux du Comité, les comptes rendus des travaux des sociétés, les envois des membres non résidants du Comité et des correspondants du Ministère. Ce *Bulletin*, il n'est pas besoin de le dire, devra avoir des divisions distinctes, correspondant aux diverses sections du Comité. Il sera ouvert à toutes les sections d'histoire et de philologie, d'archéologie, des sciences naturelles, géographiques, etc. Il n'en résultera aucune confusion. La *Revue des travaux scientifiques* actuelle comprend bien les sciences mathématiques, les sciences physiques et chimiques, les sciences naturelles : elle a seulement des divisions régulières qui préviennent le désordre. On établira des divisions analogues dans le *Bulletin;* et, grâce à elles, une seule publication suffira sans peine aux travaux les plus variés.

Cette unité du *Bulletin* correspondra à l'unité même du Comité, représentée par la commission centrale ou administrative. De même qu'autour de celle-ci les sections pourront se multiplier autant que les manifestations de la science, de même, autour du *Bulletin,* les sociétés pourront se développer constamment sans lui imposer d'autre changement que l'augmentation du nombre de ses feuilles. Il rendra compte de tous leurs travaux, il les analysera et les appréciera. Grâce à la régularité de sa publication, les savants de province seront tenus rapidement au courant des décisions du Comité et de l'accueil fait à leurs envois. Leurs communications, qui, lors de la *Revue des Sociétés savantes*, attendaient parfois de longs mois avant d'être livrées au public, seront mises sans retard à sa portée. Cependant la publication trimestrielle du *Bulletin* actuel est encore bien insuffisante; il faut espérer qu'il arrivera à paraître tous les mois, comme paraît la *Revue des travaux scientifiques.*

La matière ne lui manquera pas. Grâce, en effet, à la création de sections nouvelles et à l'admission de tous les travaux érudits sans distinction, il recevra sûrement de nombreuses communications. Aujourd'hui le *Bulletin*, comme le *Répertoire,* roule exclusivement sur l'histoire et l'archéologie françaises. Il n'en sera plus de même désormais, puisqu'on devra y introduire des études de droit et de législation. Ce ne sera pas tout. Si des savants de province, si des correspondants officiels ou volontaires envoient non seulement des chartes, des diplômes, des documents nationaux, mais, par exemple, la traduction d'une stèle contenue dans un de nos musées départementaux, la description d'une œuvre d'art classique, l'analyse d'un papyrus ou l'explication d'un texte appartenant à une des langues de l'Orient, devra-t-on les refuser? A coup sûr, non. Le *Bulletin* y perdra son caractère trop exclusivement voué à l'histoire nationale; il deviendra réellement un moniteur officiel des sociétés savantes, de toutes les sociétés savantes françaises.

C'est pour cela que sa publication sera fort difficile. Chaque section en préparera la part afférente à ses travaux, et la commission administrative veillera à la centralisation de ces diverses parts et s'efforcera de mettre entre elles de l'uniformité. Les sections des sciences mathématiques, physiques, chimiques et météorologiques, des sciences naturelles et géographiques auront beaucoup à faire si elles veulent que leurs publications égalent en nombre et en valeur celles des sections d'histoire et d'archéologie. Faute de ressources nécessaires, l'ancienne section des sciences avait malheureusement abandonné toute publication depuis un assez grand nombre d'années ; elle ne fait paraître actuellement qu'une revue mensuelle, la *Revue des travaux scientifiques*, contenant le résumé, l'analyse de tous les travaux scientifiques publiés en France ou faits à l'étranger par des Français, et de tous les travaux de laboratoire qui lui sont connus. Cette revue est très utile aux personnes désireuses de se tenir au courant du mouvement scientifique national, et elle est particulièrement profitable aux travailleurs qui se trouvent dispersés sur les divers points du pays, où les livres nouveaux et les recueils spéciaux n'arrivent pas en assez grande abondance. L'Administration l'envoie gratuitement aux sociétés savantes des départements, afin de faciliter les relations qui doivent exister entre toutes ces compagnies et de faire mieux connaître les services rendus par chacune d'elles.

La *Revue des travaux scientifiques* correspond au *Répertoire* publié par la section d'histoire et d'archéologie. Mais la section des sciences n'avait jusqu'ici aucune place dans le *Bulletin*. Comme je l'ai dit, les nouvelles sections scientifiques devront y être représentées à l'avenir, car les communications très intéressantes qui sont envoyées de province et les travaux remarquables que publient les sociétés de Paris méritent la plus sérieuse attention. En attendant, la section des sciences a repris la publication des œuvres des grands savants français, qui correspondait pour elle à la publication des documents inédits pour la section d'histoire. La Chambre a voté, l'année dernière, une somme de 25,000 francs pour publier les œuvres de Fermat, qui viendront prendre place à côté de celles de Fresnel, de Lavoisier, de Laplace. Plus tard, sans doute, paraîtront celles de Cuvier, d'Ampère, etc. La section des sciences ne saurait s'arrêter à Fermat. Il faut qu'elle nous donne peu à peu les œuvres inédites ou rares des grands savants français, tous les monuments qui sont l'honneur de la science et de notre pays.

Les réformes que je viens d'indiquer, et que, je l'espère, Monsieur le Ministre, vous voudrez bien approuver, soit dans la composition du Comité, soit dans ses publications, étendront largement le champ de son action. D'une simple commission d'histoire nationale qu'avait fondée M. Guizot, elles en feront le centre d'un large mouvement scientifique. Est-ce à dire cependant que, si elles augmentent ses attributions, elles changeront sa nature? Non, assurément. Lorsque vous avez annoncé à la Sorbonne que les sciences économiques et sociales allaient obtenir une section dans le Comité, vous avez dit qu'elles l'avaient mérité « en s'incorporant de plus en plus les méthodes exactes et expérimentales des autres sciences ». Or, quelles sont ces méthodes, si ce ne sont pas les méthodes historiques? Quand l'économie politique et la politique étaient des sciences métaphysiques fondées sur des principes abstraits et sur des idées absolues, elles ne pouvaient pas obtenir droit de cité dans le Comité des travaux historiques. Mais aujourd'hui qu'elles partent des faits, qu'elles dédaignent les conceptions intuitives pour s'appuyer sur des observations pratiques, que sont-elles après tout, sinon des sciences historiques?

On s'étonnera d'autant moins que nous les considérions ainsi, qu'au XVIIIe siècle même, tandis que les écoles littéraires et philosophiques cherchaient dans des abstractions et des constructions logiques les fondements et les développements du droit, le précurseur du Comité des travaux historiques, le *Bureau littéraire*, fondé par le contrôleur des finances, Bertin, pour entreprendre, avant la Révolution, l'œuvre que M. Guizot a voulu accomplir depuis, c'est-à-dire la réunion de tous les documents intéressant notre histoire nationale, le Bureau littéraire regardait déjà le droit comme une branche de l'histoire. L'historiographe de France, Moreau qui traçait le programme d'une vaste exploration de nos archives et de nos bibliothèques, faisait remarquer que la politique devait s'appuyer sur la connaissance précise des faits historiques. En conséquence, il voulait que ce fût le Garde des sceaux qui fût chargé de la recherche et de la garde des documents découverts dans les dépôts publics et privés : « Une des obligations que le Gouvernement et les lettres auront à M. le comte de Maurepas, disait-il, est d'avoir placé le Bureau littéraire sous la garde du chef de la justice, obligé sans cesse d'appeler au secours du Gouvernement et l'autorité des lois et le flambeau de l'histoire. »

Et voici comment il exposait la création du Bureau littéraire : « Il est temps de faire connaître enfin au public un des plus utiles établissements du dernier règne, celui de ce cabinet, qui, désigné d'abord sous le nom de *Bureau des chartes*, fut destiné, d'un côté, à rassembler, pour l'usage du Gouvernement et du public, tous les matériaux de notre histoire; d'un autre côté, à réunir, par des secours et par un travail commun, ceux de nos savants qui, sans partialité et sans système, ne cherchent dans l'étude de l'antiquité que l'honneur d'aider, par une connaissance plus exacte des faits, et notre législation et notre droit public.... Le Gouvernement a ses principes, parce que la société a ses règles, mais pour les appliquer il faut connaître les faits; car, partout où la raison du bien public ne se montre pas avec évidence, les anciens usages des peuples doivent être respectés; et ce sont eux qui, lorsqu'ils ne sont point en contradiction avec cette éternelle morale, première base de toute constitution politique, fixent la différence qui caractérise tous les États de l'univers. Le droit public d'une nation tient donc principalement à son histoire, et les connaissances qui éclairent celle-ci ne peuvent manquer de perfectionner celui-là. Pour remplir ce double objet, ce qui nous a principalement manqué en France, ce ne sont pas les monuments, c'est la critique qui les juge, le discernement qui les choisit, l'impartialité qui les emploie. Les fictions romanesques qu'ont avidement saisies nos premiers historiographes ne prouvaient que l'ignorance des véritables sources. L'esprit de système qui est venu ensuite en a supposé l'abus. »

Bien avant M. Guizot, c'est donc pour donner un fondement au droit que Moreau voulait reconstituer l'histoire. En unissant aujourd'hui dans le Comité le droit à l'histoire, vous resterez par conséquent, Monsieur le Ministre, fidèle à des traditions qui remontent déjà à plus d'un siècle. C'est pour maintenir ce que ces traditions ont de respectable en même temps que de conforme aux principes de la science, qu'au lieu de laisser au Comité le nom de *Comité des travaux historiques et des sociétés savantes*, vous lui avez donné, ou plutôt vous lui avez rendu celui de *Comité des travaux historiques et scientifiques*. Ce nom rappelle son origine et indique ses méthodes qui reposent toutes sur l'observation, sur l'expérience, et qui fuient avec soin les indications hasardées et les entraînements téméraires. En suivant les sociétés savantes dans leur progrès, mais en leur rappelant sans cesse que c'est de l'histoire qu'elles sont parties et qu'elles doivent garder toujours l'esprit historique, le Comité ne répudiera pas la pensée de son fondateur, il l'agrandira sans la détruire, il la développera sans la dénaturer.

Veuillez agréer, etc.

Le Directeur du Secrétariat,
Xavier CHARMES.

147

ARRÊTÉ RÉORGANISANT LE COMITÉ DES TRAVAUX HISTORIQUES ET SCIENTIFIQUES [1].

12 mars 1883.

Le Président du Conseil, Ministre de l'instruction publique et des beaux-arts,

Vu les arrêtés des 18 juillet 1834, 10 janvier 1835, 18 décembre 1837, 30 août 1840, 5 septembre 1848, 14 septembre 1852, 22 février 1858, 21 février 1874, 5 mars 1881, 30 juin 1881, relatifs à la création et à l'organisation des Comités historiques institués près le Ministère de l'instruction publique et des beaux-arts,

Arrête :

Article premier. Le Comité des travaux historiques et scientifiques comprend cinq sections et une commission centrale.

Les sections sont ainsi réparties :

1° Section d'histoire et de philologie ;

2° Section d'archéologie ;

3° Section de sciences économiques et sociales ;

4° Section de sciences mathématiques, physiques, chimiques et météorologiques ;

5° Section de sciences naturelles et de sciences géographiques.

Art. 2. Le Comité se compose de membres titulaires, de membres honoraires et de membres non résidants nommés par arrêté ministériel.

Il a, dans chaque département, des correspondants.

Les correspondants, nommés par le Ministre, conformément aux articles 10 et 15 du présent arrêté, prennent le titre de *Correspondants du Ministère de l'instruction publique*.

Les membres titulaires du Comité qui ne font point partie de la commission centrale peuvent prendre part aux travaux de ladite commission, avec voix consultative, sur convocation spéciale.

---

[1] Par un arrêté pris le 14 mars, le Ministre nomma les membres des cinq sections du Comité et de la commission centrale.

Les membres honoraires n'assistent aux séances des sections que sur convocation spéciale. Ils prennent part aux travaux avec voix délibérative.

Les membres non résidants assistent, avec voix consultative, aux séances des sections lorsqu'ils y sont convoqués.

Art. 3. Le Comité peut inviter à ses séances les correspondants du Ministère, les présidents et secrétaires perpétuels des sociétés savantes qui se trouvent momentanément à Paris.

Si le Comité traite une question intéressant une société savante, cette société peut être appelée à désigner un délégué, qui assiste à la séance et y est entendu.

Art. 4. Le Ministre de l'instruction publique préside les assemblées générales du Comité et de la commission centrale.

Il désigne pour chaque section un président, un ou deux vice-présidents et un secrétaire choisi parmi les membres titulaires du Comité.

Il nomme, pour la commission centrale, deux vice-présidents. Le secrétaire de la commission est pris dans l'Administration.

Art. 5. Le Ministre fixe les séances de chaque section, ainsi que les réunions de la commission centrale. Il convoque le Comité en assemblée générale.

Art. 6. En l'absence du Ministre, les assemblées générales du Comité sont présidées, en vertu d'une délégation ministérielle, soit par l'un des vice-présidents de la commission centrale, soit par l'un des présidents de section.

Art. 7. Dans l'ordre de ses travaux, chaque section reçoit et examine les projets de publication pour la Collection des documents inédits de l'histoire de France et en propose l'adoption ou le rejet.

Elle peut proposer la publication de tous autres documents ou travaux historiques et scientifiques.

Art. 8. Pour les séries de publications ou pour les publications périodiques, le Ministre forme au sein du Comité, soit directement, soit sur la proposition du Comité, des commissions qui peuvent comprendre des membres titulaires ou honoraires, ou des personnes prises, à divers titres, en dehors du Comité.

Art. 9. Chaque section prend connaissance des envois de ses correspondants et décide leur insertion au *Bulletin* du Comité ou leur renvoi aux archives.

Elle prépare les instructions nécessaires pour diriger les recherches des correspondants et des instructions spéciales pour les travaux des sociétés savantes ou des savants isolés qui les demandent au Ministre.

Elle rédige, en ce qui concerne ses travaux, le programme des congrès de la Sorbonne, et délibère sur la marche de ces congrès.

Art. 10. Dans l'ordre de ses travaux, chaque section donne son avis sur les encouragements qui peuvent être accordés aux sociétés savantes ou aux savants, et sur les demandes faites par les sociétés en vue d'être reconnues comme établissements d'utilité publique.

Elle donne son avis sur les candidatures au titre de correspondant.

Elle dresse, pour être soumise à la commission centrale, la liste des membres des sociétés savantes, des correspondants ou des savants qui lui paraissent mériter des distinctions honorifiques.

Art. 11. En cas de démission ou de décès d'un de ses membres, chaque section présente, à la majorité des voix, une liste de trois candidats, laquelle est renvoyée à la commission centrale.

Pour que le vote soit valable, le nombre des suffrages doit être égal aux deux tiers au moins du nombre des membres de la section.

Art. 12. Les secrétaires de chaque section sont chargés de préparer les travaux de la section. Ils en confèrent avec le président.

Ils rédigent le procès-verbal des séances, font connaître les communications des correspondants et sont responsables de la publication de la partie du *Bulletin* concernant la section.

Tous les deux mois, ils adressent à la commission centrale un rapport sur les travaux de la section et sur l'état des publications.

Art. 13. La commission centrale se réunit, au moins tous les deux mois, sur convocation du Ministre.

Art. 14. Elle reçoit et examine les rapports des secrétaires visés à l'article 12.

Elle surveille la publication du *Bulletin* du Comité.

Elle examine les propositions de publications faites par chaque section et assigne aux publications qu'elle adopte un rang d'impression.

Elle arrête le programme du congrès des sociétés savantes à la Sorbonne et règle la marche de ses travaux.

Art. 15. Elle délibère sur les avis émis dans chaque section, soit au sujet des encouragements à accorder aux sociétés savantes ou aux savants, soit sur les demandes faites par les sociétés pour être reconnues comme établissements d'utilité publique.

Elle propose au Ministre les candidats au titre de correspondants du Ministère de l'instruction publique.

Elle discute les propositions de distinctions honorifiques présentées par les sections et en dresse la liste définitive.

Art. 16. Lorsqu'il y a lieu de procéder au remplacement d'un membre dans une section, la commission centrale discute la liste présentée par la section compétente.

Elle peut modifier l'ordre des candidats et même dresser une liste nouvelle.

En cas de modification dans l'ordre des présentations de la section ou de propositions nouvelles, les deux listes sont soumises au Ministre.

Art. 17. Des jetons sont attribués aux membres titulaires ainsi qu'aux membres honoraires ou non résidants présents aux séances.

Art. 18. Sont et demeurent abrogés tous arrêtés et dispositions contraires au présent arrêté.

Art. 19. Le directeur du secrétariat est chargé de l'exécution du présent arrêté.

Jules Ferry.

148
ARRÊTÉ SUPPRIMANT LA COMMISSION DE GÉOGRAPHIE HISTORIQUE DE L'ANCIENNE FRANCE.

13 mars 1883.

Le Président du Conseil, Ministre de l'instruction publique et des beaux-arts,

Vu l'arrêté du 20 janvier 1880, instituant cette même commission sous le titre de *Commission de géographie historique de l'ancienne France;*

Vu l'arrêté du 9 mars 1881, rattachant cette commission au Comité des travaux historiques et scientifiques;

Vu l'arrêté du 12 mars 1883;

Considérant que les travaux de cette commission rentrent dans les attributions des diverses sections du Comité des travaux historiques et scientifiques,

Arrête :

Article premier. Est dissoute la commission de géographie historique de l'ancienne France.

Art. 2. Le directeur du secrétariat est chargé de l'exécution du présent arrêté.

Jules Ferry.

149
INSTRUCTIONS POUR LA RÉDACTION DU *RÉPERTOIRE DES TRAVAUX HISTORIQUES*.

20 avril 1883.

I. Choix des fragments à analyser.
II. Rédaction des analyses.
III. Proportions à donner aux analyses.
IV. Indications bibliographiques et typographiques.
V. Renvoi d'un fragment.
VI. Délai dans lequel les analyses devront être renvoyées.

I
CHOIX DES FRAGMENTS À ANALYSER.

La commission de rédaction du *Répertoire des travaux historiques* a cru utile de porter à la connaissance de ses collaborateurs les diverses règles qui ont été arrêtées par elle et qui serviront de guide pour la rédaction des analyses.

La commission du *Répertoire* envoie aux membres du Comité et aux collaborateurs les livres, périodiques ou publications de sociétés savantes, qu'elle les charge d'analyser.

En général, la totalité du livre doit être analysée. Il se peut toutefois qu'un livre de philosophie, de morale ou de législation contienne un chapitre consacré à l'histoire. L'analyse alors devra être circonscrite à ce fragment, et le point précis qu'il éclaire devra seul être mentionné. Il en sera de même pour les livres d'histoire étrangère : les points de contact entre notre histoire et le sujet du livre devront être relevés, sans que notre analyse ait à entrer dans le détail du livre étranger. Ainsi, dans un livre important, il se peut qu'un chapitre seul soit à signaler.

Dans les volumes de sociétés savantes et de périodiques, le choix est moins aisé. Nous ne pouvons résoudre ici toutes les questions qui se posent. Les applications se dégageront d'elles-mêmes.

S'il s'agit de fixer les dates extrêmes de l'histoire nationale, les collaborateurs devront prendre les origines de notre sol et de notre race et s'arrêter à notre époque. Toutefois les travaux sur l'histoire de France postérieure à 1871 devront seulement être mentionnés, sans en donner l'analyse. Lorsque, pour des causes graves, il paraîtra nécessaire de déroger à cette règle, les collaborateurs devront joindre aux analyses une note expliquant à la commission les motifs qui les auront déterminés.

Au point de vue géographique, ils ne devront pas entendre l'expression « France » dans le sens étroit que les frontières politiques lui imposent, mais examiner tout ce qui intéresse l'histoire des Français partout où, dans les diverses crises de notre vie nationale, les Gaulois, les Normands, les Bourguignons, les Provençaux, ont porté l'effort de notre race. Dans le doute sur les limites du travail, ils devront faire les analyses, sauf à appeler l'attention de la commission sur la convenance de l'insertion au *Répertoire*.

Le *Répertoire* publié en 1883, ne comprenant que ce qui a paru du 1er janvier au 31 décembre 1882, c'est-à-dire les ouvrages portant le millésime 1882, les publications revêtues d'un millésime postérieur ne doivent pas être analysées. Quant aux ouvrages revêtus du millésime 1881, leur omission dans le volume précédent est la conséquence d'une erreur matérielle. Elle devra donc être réparée, après que le collaborateur aura vérifié si en effet le *Répertoire* de 1881 ne contient pas l'analyse de l'ouvrage.

II

RÉDACTION DES ANALYSES.

La commission recommande à ses collaborateurs d'éviter tout ce qui pourrait rapprocher les analyses des articles de revue. Il ne s'agit pas en effet de porter un jugement littéraire et historique sur le livre, l'article ou le mémoire analysé. Cette appréciation, qui est le but principal d'un compte rendu, est ici tout à fait secondaire.

Ce qui importe, c'est de faire connaître exactement ce que renferme la publication. Il faut se placer sans cesse au point de vue des auteurs de monographies plongés dans l'étude d'un seul sujet et devant apprendre par nos analyses qu'ils ont besoin de consulter ou qu'ils peuvent laisser de côté tel ou tel ouvrage.

L'étude de la table du volume, ou des divisions de l'article, doit souvent guider nos collaborateurs. Ils doivent se pénétrer de la nécessité de faire figurer dans la page qu'ils consacrent à un ouvrage les renvois aux principaux chapitres, afin que chacune des mentions soit reportée à l'Index qui terminera le volume du *Répertoire*.

Qu'on veuille bien se pénétrer de l'usage du *Répertoire*, et il sera facile de fixer le procédé qui s'impose aux rédacteurs. Très rarement, il arrivera que plusieurs pages soient lues de suite. Le plus souvent, un chercheur voudra vérifier ce qui a été écrit depuis quelques années sur un sujet, sur un homme, ou sur une institution. Il ouvrira l'Index et lui demandera un relevé qui lui inspire une pleine certitude. Il faut donc que tout chapitre important soit noté, ne fût-ce que par le titre, afin que la table analytique en fasse mention. Pour cela, il est bon de placer autant que possible à côté des expressions collectives les titres précis, de ne pas craindre les énumérations et de songer sans cesse qu'on fait non un résumé, mais un dépouillement.

Le savant éminent qui a présidé les premières séances de la commission du *Répertoire*, et dont l'érudition déplore depuis un an la perte, a rédigé un article qui doit servir de type et que nous remettons sous les yeux de nos collaborateurs :

377. DEMAY (G.). *Inventaire des sceaux de la Normandie, recueillis dans les dépôts d'archives, musées et collections particulières des départements de la Seine-Inférieure, du Calvados, de l'Eure, de la Manche et de l'Orne, avec une introduction sur la paléographie des*

sceaux et seize planches photoglyptiques. Paris, imprimé par ordre du Gouvernement à l'Imprimerie nationale, 1881, 1 vol. in-4° de xliv-434 pages.

C'est la suite de l'ouvrage du même auteur dont trois parties, concernant les sceaux de la Flandre, de l'Artois et de la Picardie, ont déjà paru.

Le présent volume a pour introduction un essai sur la paléographie des sceaux, où il est traité successivement de la forme des caractères, de la ponctuation, de la disposition des légendes, et de leurs abréviations. Ce dernier chapitre est suivi d'un lexique en vingt-deux pages sur trois colonnes, où sont figurés tous les exemples d'abréviations recueillis par M. Demay dans le cours de ses travaux de sphragistique. La description des sceaux se compose de 3,187 articles concernant autant de types, dont la plupart sont inédits. Suivant la division à laquelle s'est déjà conformé l'auteur, ils sont distribués en vingt séries, sous les chefs suivants :

1° souverains; 2° grands dignitaires; 3° grands feudataires; 4° dignitaires des grands feudataires; 5° seigneurs; 6° hommes de fiefs, hommes francs, paysans, manants, vavasseurs, etc.; 7° villes; 8° cours et tribunaux; 9° offices; 10° cardinaux; 11° archevêques et évêques; 12° chapitres; 13° paroisses; 14° universités; 15° abbayes; 16° prieurés; 17° corporations religieuses; 18° ordres militaires religieux; 19° hôpitaux, maladreries, confréries, etc.; 20° divers et inconnus.

La sixième série est celle qui a le plus fourni. Elle renferme à elle seule 1,027 articles se rapportant à des hommes de la campagne, qui ont disposé librement de leurs biens, sans avoir eu besoin de recourir à l'intervention d'un seigneur.

Les seize planches donnent la représentation de 107 types de sceaux. Quatre sont des pierres gravées antiques; un cinquième, dont l'empreinte est en creux, a été obtenu par un camée à l'effigie d'un empereur chrétien du iv° siècle. Ce que les types du moyen âge offrent de plus neuf est l'imagerie des sceaux de paysans, empruntée généralement à des emblèmes du même genre que les armes parlantes.

J. Quicherat.

La méthode d'analyse que nous conseillons ne doit pas empêcher l'auteur de laisser entrevoir en certains cas la valeur de l'ouvrage; mais il doit y mettre une extrême discrétion et se borner à un mot, à une ligne, en évitant d'insérer un paragraphe d'éloge ou de critique. Il ne perdra pas de vue que souvent la meilleure forme du blâme est le silence; la très grande brièveté, parfois même la mention d'un titre avec deux lignes de développement, suffiront à faire sentir la médiocrité d'une publication.

Il y a un point qu'on ne saurait trop rappeler, c'est la nécessité de noter si le travail est fait sur des sources et s'il contient des résultats nouveaux.

La commission recommande, pour les notices biographiques, d'insérer, après le nom qui forme le titre de l'article ou du livre, la profession principale de celui auquel est consacrée la notice et les dates extrêmes de sa vie. Tel nom qui paraît connu de tous au moment où le fascicule est rédigé peut donner lieu, quelques années après, à d'étranges erreurs d'identifications.

III
PROPORTION À DONNER AUX ANALYSES.

1° *Livres*. — L'analyse d'un livre ne doit pas dépasser *une demi-page* ou *une page* tout au plus. Si, en quelques cas rares, cette limite paraît trop étroite, l'auteur devra expliquer, par une note destinée à la commission du *Répertoire*, les raisons qui l'ont déterminé à la dépasser.

2° *Périodiques*. — Les analyses des mémoires des sociétés savantes et des articles de Revue doivent être très brèves. Souvent il suffit d'ajouter quelques indications qui donnent plus de clarté et de précision au titre : un ou deux mots, une date, une ligne qui explique un titre obscur, telles sont les mentions nécessaires. Il faut que chaque analyse rende clairement le but de l'auteur et fasse sentir à quels lecteurs l'article peut apporter un utile contingent.

IV
INDICATIONS BIBLIOGRAPHIQUES ET TYPOGRAPHIQUES.

En tête de chaque analyse doivent figurer les indications les plus précises.

Périodiques. — Le titre du volume figure en tête, puis vient le numéro de la série ou de la livraison, le lieu de la publication, le nom du libraire ou de l'imprimeur, la date, le format avec le nombre de pages.

Chaque analyse commence par l'inscription de trois zéros, auxquels l'Imprimerie substituera le numéro d'ordre, le nom de l'auteur, son prénom entre parenthèses, le titre complet du mémoire en italique, et son étendue, exprimée par le numéro de la première et de la dernière page.

Le texte de l'analyse est à la ligne.

Si, dans un même volume, une part est faite aux documents, une aux mémoires, une autre aux comptes rendus, il est bon de marquer par un sous-titre la division, le caractère employé pour les comptes rendus devant être plus fin que le texte courant.

Dans le cours d'une année, les livraisons sont groupées en volumes d'une pagination suivie.

Ce sont les volumes et non les livraisons que nous analysons.

Lorsque, dans un même volume, se rencontrent deux ou trois articles sur un même sujet qui avaient été distribués dans diverses livraisons, ils devront être rapprochés et mis à la suite. Voici un exemple de ce procédé :

REVUE DES DEUX-MONDES, 3e période, t. XLIII, janvier-février 1881.

000. HAUSSONVILLE (Othenin d'). *Le salon de Mme Necker, d'après des documents tirés des archives de Coppet.*

7e article (1er janvier 1881, p. 54-80), 1788 à 1790 : Mariage de Mlle Necker. Exil de Necker; il est rappelé; son second ministère; sa chute; sa retraite à Coppet en octobre 1790.

8e article, fin (15 janvier 1881), 1790 à 1794 : Coppet pendant la Révolution. Les dernières années de Mme Necker.

Livres. — Chaque article commence par le nom de l'auteur, le prénom entre parenthèses, le titre complet en italique comprenant jusqu'au nom de l'auteur avec sa qualité (s'il y a plusieurs qualités, choisir la principale, c'est-à-dire celle qui lui donne une compétence dans la question traitée), le lieu de la publication, le nom de l'éditeur ou de l'imprimeur, la date, le format et le nombre de pages, exprimé en chiffres romains pour l'introduction et en chiffres arabes pour le livre lui-même.

Exemple:

000. BOISLISLE (A.-M. DE). *Mémoires des Intendants sur l'état des généralités, dressés pour l'instruction du duc de Bourgogne.* Tome I. *Mémoire de la généralité de Paris,* publié par A.-M. de Boislisle, membre du Comité des travaux historiques. Paris, Impr. nat., 1881, in-4°, CXIV-854 pages.

A la ligne commence ensuite l'analyse.

Comptes rendus. — Pour distinguer les comptes rendus d'ouvrages des articles originaux publiés par une Revue, ou contenus dans une publication de sociétés savantes, la commission a adopté le procédé suivant : au lieu de commencer par le nom de l'auteur, le titre de l'ouvrage est porté le premier en italique et suivi entre crochets du nom de l'auteur du compte rendu.

Exemple :

000. *Mémoires inédits de Charles-Nicolas Cochin sur le comte de Caylus, Bouchardon, les Slodtz, publiés... par Charles Henry* [Ulysse ROBERT] (p. 111 et 112).

Sans interdire les notes, la commission demande que les auteurs n'en abusent pas. Ils doivent se rappeler sans cesse qu'il s'agit d'un dépouillement et que, si ce genre de travail doit être fait avec lumière, il n'appelle pas un luxe d'érudition qui serait déplacé.

V

RENVOI D'UN FRAGMENT.

Dans un travail tel que la confection du *Répertoire*, il est nécessaire que chacun des collaborateurs traite des matières qu'il connaît le mieux. Aussi ne doit-il pas hésiter, si une question lui semble tout à fait étrangère à ses études spéciales, à renvoyer le livre à la commission du *Répertoire*, en indiquant les matières qui rentrent dans sa compétence.

De même, lorsque, dans un volume de sociétés savantes ou de périodiques, un mémoire traite d'une matière spéciale qui lui semble digne d'être examinée par un savant versé dans ce genre d'études, il peut renvoyer les analyses qu'il aura rédigées, en signalant l'article omis, afin qu'il soit transmis sur-le-champ à un rédacteur compétent.

VI

DÉLAI DANS LEQUEL LES ANALYSES DEVRONT ÊTRE RENVOYÉES.

Les collaborateurs sont priés de renvoyer les analyses dans la quinzaine du jour où la publication leur est parvenue.

Ils conservent le volume.

Les manuscrits devront être portés sur le recto seulement et signés lisiblement par les auteurs.

Ils seront adressés au *Ministère de l'instruction publique* sous enveloppes closes non affranchies portant en travers : *Travaux historiques.*

150

CIRCULAIRE ANNONÇANT L'ENVOI D'UN QUESTIONNAIRE RELATIF À L'OBSERVATION DES COUPS DE FOUDRE.

21 mai 1883.

Aux Présidents des Sociétés savantes.

Monsieur le Président, le congrès international des électriciens, réuni à Paris en 1881, a émis le vœu que les gouvernements prissent le soin de « réunir les éléments statistiques relatifs à l'efficacité des paratonnerres des divers systèmes ». Un questionnaire relatif aux coups de foudre en général a été rédigé à cet effet par la conférence internationale de 1882, et, afin de faciliter la relation des faits observés, la commission française a donné à ce questionnaire la forme d'un tableau complété par une instruction.

M. le Ministre des postes et des télégraphes a exprimé le désir que les observatoires météorologiques et les membres des sociétés savantes fussent invités à rassembler le plus grand nombre possible d'observations scientifiques se rapportant aux coups de foudre et à communiquer leurs remarques particulières sur le degré d'efficacité des moyens en usage pour protéger de la foudre les monuments publics.

Désireux de répondre aux intentions de mon collègue, j'ai l'honneur de vous transmettre ci-joint un exemplaire du questionnaire dont il s'agit, en vous priant de me le renvoyer complété à l'aide d'indications très précises.

Je crois devoir vous faire connaître, par la même occasion, que la conférence internationale de 1882, considérant qu'un paratonnerre en mauvais état peut, dans certaines circonstances, devenir une cause de danger réel et permanent pour les édifices qu'il devrait protéger et pour les bâtiments voisins, a émis le vœu que « les paratonnerres fussent partout soumis à une vérification périodique ».

Recevez, etc.

Jules FERRY.

MODÈLE A.

QUESTIONNAIRE RELATIF AUX COUPS DE FOUDRE.

QUESTIONS.	RÉPONSES.	OBSERVATIONS.
Département...........		
Arrondissement.........		
Commune		
Heure du coup de foudre........		
Nature de l'objet frappé............		
Hauteur de l'objet frappé...........		
Renseignements sur l'entourage de l'objet frappé...................		
Nature du terrain (sol et sous-sol)....		
Voie suivie par la foudre..........		
Accidents de personnes ou d'animaux..		
Objets brûlés, fondus ou détruits. — Incendies. — Effets mécaniques....		
Rôle des masses métalliques dans les dégâts..................		

Renseignements relatifs aux paratonnerres.

Position du paratonnerre...........		
Forme du paratonnerre...........		
État du paratonnerre avant le coup de foudre..................		
État de la communication du paratonnerre avec le sol................		
Communication avec les masses métalliques voisines................		

Renseignements divers.

Le coup de foudre a-t-il été simple ou multiple?.................		
Pluie, grêle ou trombe préalable.....		
Témoignage des personnes qui ont vu le coup de foudre...............		

INSTRUCTION.

rvateur est prié de faire des réponses simples et précises à chacune des questions posées dans la pr
lu tableau ci-joint, en donnant les renseignements formulés ci-après. La présente instruction est ac
divers exemples empruntés aux descriptions de deux coups de foudre remarquables; l'un a été ob
(Ille-et-Vilaine), le 9 septembre 1843; l'autre est un coup de foudre double qui a frappé la cathéd
g, le 10 juillet 1843.

° **1.** Indiquer la nature de l'objet frappé : *maison*, *église*, *monument public*, *construction* en général; mentionner *le mode de
tion*, les *matériaux*, la *nature du toit* et de la *charpente*; la présence de *poutres en fer* et de *masses métalliques* dive
encore une *meule de paille* ou de *foin*, ou un *arbre*, et, dans ce cas, indiquer l'espèce d'arbre foudroyé. EXEMPLE : L
est tombée sur le pavillon S.-E. de la caserne, couvert d'un toit en ardoises, terminé en forme de pyramide et surmo
tige en fer portant une girouette.

° **3.** Indiquer sommairement si l'objet est situé en pays plat ou sur une colline, s'il est isolé ou situé auprès de maisons ou
plus élevés, et à quelle distance sont ces objets. EXEMPLE : *La tige de fer de la girouette est de 2 mètres et le pavillo
les constructions environnantes d'environ 5 mètres.*

' **4.** Caractériser la nature du terrain autant que possible par un seul mot : *sable*, *argile*, *craie*, *calcaires*, *roches diverses
indiquer la présence des nappes d'eau environnantes ainsi que celle des gisements métalliques qui peuvent exi
le voisinage.

' **5.** EXEMPLE : *La foudre a suivi deux arêtes du toit; le premier courant a brisé les ardoises sur une longueur de 5 mètres,
plusieurs solives, puis s'est perdu dans le bâtiment; le second courant, après avoir labouré le toit à l'extérieur sur une
de 6 mètres, a traversé la toiture, percé plusieurs murs épais, puis a pénétré dans une écurie.*

° **6.** EXEMPLE : *Huit chevaux ont été tués, un autre blessé; tous ont été frappés à la tête.*

' **7.** EXEMPLE : *La litière des chevaux a été incendiée; des mors, des boucles en cuivre et des poignées de sabre ont été fondus.
poutres ont été brisées et des murs épais ont été percés.*

° **8.** Indiquer si des conducteurs métalliques divers, conduites d'eau, de gaz, de calorifère, ou autres objets, ont été a
paraissent avoir joué un rôle dans les dégâts. EXEMPLE : *La foudre a suivi une bande de fer placée le long de la ma
laquelle les chevaux étaient attachés, et paraît avoir frappé ceux qui au moment du coup avaient la tête en contac
conducteur.*

Renseignements relatifs aux paratonnerres.

° **9.** Indiquer s'il existe un paratonnerre, soit sur l'objet frappé, soit dans le voisinage, quelle est la distance et quelle es
teur du paratonnerre par rapport aux points frappés par la foudre.

° **10.** Décrire très sommairement la construction du paratonnerre, *pointes*, nombre, nature, disposition, hauteur, diamètre
de terminaison. — Nombre des *conducteurs le long du toit*, leur forme, leur section, leur diamètre. Nombre et
des tiges de communication avec le sol. EXEMPLE : *La cathédrale est protégée par trois tiges verticales placées au som
pyramide, sur la maison des gardes à l'extrémité de la plate-forme et au-dessus du chœur. Les conducteurs qui partent
des tiges communiquent au sol par trois puits de 10 mètres de profondeur. Les deux derniers paratonnerres sont reliés
par une barre de fer qui suit le faîte de la nef. La tige conique qui surmonte le bouton de la pyramide, et qui constitu
cipal paratonnerre, a 1 mètre 50 de haut et se termine par une pointe en platine : sa base a 6 centimètres de large. D
cette tige, partent 4 conducteurs en fer de 55 millimètres de large et de 15 millimètres d'épaisseur, qui contournent les dét
chitecture et sont réunis plus bas par un cercle de fer qui les rend solidaires et entoure l'édifice. Deux conducteurs r
système en communication avec deux des puits.*

° **11.** Indiquer l'état du paratonnerre avant la chute de la foudre, la date de la construction et de la dernière vérification
lieu. EXEMPLE : *L'appareil était en parfait état depuis sa construction en 1835.*

° **12.** Indiquer la *nature*, la *grandeur* et la *forme* des surfaces de contact avec le sol et la nature du sol. EXEMPLE : *Les tige
munication se prolonge par des barres en cuivre rouge de même diamètre, terminées en patte d'oie, et qui plongent
puits où il reste au moins 1 mètre d'eau par les plus grandes sécheresses.*

° **13.** Les conduites d'eau de gaz, ou autres masses métalliques sont-elles reliées au paratonnerre?

' **14.** Indiquer s'il y a eu plusieurs coups successifs et d'autres coups dans le voisinage. Distance des autres points frappés. E
La foudre est tombée deux fois sur le paratonnerre, à une minute d'intervalle.

° **15.** Dire si le coup de foudre a été précédé ou suivi de *pluie*, de *grêle* ou d'une *trombe*.

° **16.** Citer les noms et qualités de quelques personnes ayant été témoins des divers phénomènes indiqués dans le tableau.

OBSERVATIONS.

e intitulée *Observations* est réservée aux observateurs pour leur permettre de compléter certains renseignemen
quelques détails sur diverses particularités qui ne répondent pas exactement aux questions posées. EXEMPLE :
s prétendent avoir vu un globe de feu enveloppant les conducteurs supérieurs du paratonnerre, et glissant rapideme
L'employé du télégraphe qui était sur la cathédrale au moment de la chute de la foudre a assuré n'avoir nu distingue
umineuse sillonnant le conducteur.

151
CIRCULAIRE ARRÊTANT LE PROGRAMME DU CONGRÈS DES SOCIÉTÉS SAVANTES POUR 1884.

3 août 1883.

Aux Présidents des Sociétés savantes.

Monsieur le Président, j'ai l'honneur de vous adresser le programme du congrès de la Sorbonne en 1884 : il comprend cinq parties distinctes, répondant aux cinq sections du Comité des travaux historiques et scientifiques.

Cette haute assemblée, après examen attentif des nombreuses questions proposées par les sociétés savantes, s'est préoccupée de signaler celles qui dans leur ensemble paraissent répondre aux besoins actuels de la science aussi bien qu'aux tendances indiquées par les sociétés elles-mêmes.

Beaucoup d'autres questions, présentant peut-être un intérêt moins immédiat, mais dont le Comité a spécialement remarqué l'importance, figureront à l'ordre du jour de vos prochains congrès : il fallait faire un choix, le mettre en proportion avec le nombre d'heures restreint de vos séances, s'attacher de préférence à des sujets d'études généraux, insister sur certains points encore obscurs que des recherches simultanées et comparatives pourront sans doute éclairer.

Vous remarquerez, Monsieur le Président, que les sections scientifiques du Comité, sans vouloir peser en rien sur la direction des recherches auxquelles peuvent se livrer leurs collaborateurs, et bien convaincues que c'est surtout par l'initiative individuelle des hommes d'études que les sciences progressent, ont cru cependant devoir, cette année, signaler à l'attention des sociétés savantes un certain ordre de travaux à entreprendre, toute une série d'enquêtes qui, faites sur les divers points de la France et réunies ensuite en un seul faisceau, permettront le contrôle certain de faits jusqu'ici ignorés dans leurs causes et dans leurs résultats.

Je joins à cet envoi un questionnaire détaillé, rédigé par le bureau central météorologique et relatif aux phénomènes périodiques de la végétation, aux époques d'arrivée et de départ des oiseaux de passage, à la date de l'apparition des principales espèces d'insectes qui nuisent à l'agriculture et à d'autres faits du même ordre. Je vous prie d'appeler à ce sujet l'attention de tous les travailleurs de votre société : des observations faites simultanément sur toute l'étendue de notre territoire, signalées ensuite dans les séances de la Sorbonne par les comptes rendus de MM. les délégués, apporront sans nul doute à la science, des données, des renseignements, qui feront le plus grand honneur à la France.

Je vous serais obligé, Monsieur le Président, de donner à cette circulaire et au programme qui l'accompagne toute la publicité désirable, et d'en ordonner l'insertion au procès-verbal de votre prochaine réunion.

Recevez, etc.

Jules FERRY.

PROGRAMME DU CONGRÈS DES SOCIÉTÉS SAVANTES POUR 1884.

I

SECTION D'HISTOIRE ET DE PHILOLOGIE.

1° Origine, signification et formes successives des noms de lieu d'une région.

2° Mode d'élection et étendue des pouvoirs des députés aux États provinciaux.

3° Les villes neuves, les bastides, les sauvetats et autres fondations analogues à partir du XII° siècle.

4° Les biens communaux au moyen âge.

5° Origine et organisation des anciennes corporations d'arts et métiers.

6° Indications fournies par l'emplacement des établissements charitables pour fixer le tracé des anciennes voies.

7° Origine, importance et durée des anciennes foires.

8° Utilité et importance des registres de notaires, des registres de paroisse, et des documents des greffes ; — mesures prises ou à prendre pour en assurer la conservation et en faciliter l'usage.

9° Anciens livres de raison et journaux de famille.

10° Données géographiques et statistiques à tirer des procès-verbaux de rédaction des coutumes.

11° État de l'instruction primaire et secondaire avant 1789.

12° Liturgies locales antérieures au XVIII° siècle.

13° Les ermites et les reclus.

14° Origine et règlement des confréries et charités antérieures au XVII° siècle.

15° Quel jour commençait l'année dans les différentes provinces de la France au moyen âge?

II
SECTION D'ARCHÉOLOGIE.

1° Quelles sont les contrées de la Gaule où ont été signalés des cimetières à incinération remontant à une époque antérieure à la conquête romaine? — Quels sont les caractères distinctifs de ces cimetières?

2° Essayer une classification des enceintes fortifiées, *oppida* gaulois, camps romains, mottes féodales. — Indiquer quels sont les caractères distinctifs de chacune de ces séries; donner des exemples.

3° Déterminer la date exacte des murs d'enceinte de l'époque romaine dans la construction desquels sont entrés des monuments funéraires ou des débris d'anciens édifices.

4° Décrire les monuments connus sous le nom de *piles*, comme la *pile de Cinq-Mars*, près de Tours. — Caractériser ces monuments; en rechercher l'origine et la destination.

5° Dresser la liste, faire la description et rechercher l'origine des œuvres d'art hellénique et des inscriptions grecques qui existent dans les collections publiques ou privées de Marseille et des villes de la Provence ou de la basse vallée du Rhône. Distinguer entre ceux de ces monuments qui sont de provenance locale et ceux qui ont été importés dans les temps modernes.

6° Étudier les plus récentes théories qui ont pu être émises sur l'origine des basiliques chrétiennes. Décrire les plus anciennes basiliques que l'on connaisse en dehors de l'Italie, en particulier celles de l'Algérie.

7° Étudier les caractères qui distinguent les diverses écoles d'architecture religieuse à l'époque romane en s'attachant à mettre en relief les éléments constitutifs des monuments (plans, voûtes, etc.).

8° Quels sont les monuments qui, par l'authenticité de leur date, peuvent être considérés comme des types certains de l'architecture en France avant le XIII° siècle?

9° Quelle est la distribution géographique des églises à une seule nef dont les cathédrales d'Albi et de Perpignan sont les types principaux? Quelle est l'origine du plan de ces édifices?

10° Quelles sont les églises à coupoles de l'Aquitaine dont la date peut être établie par des documents historiques? Produire et discuter les textes relatifs à leur construction.

11° Quels sont les monuments dont la date attestée par des documents historiques peut servir à déterminer l'état précis de l'architecture militaire en France aux différents siècles du moyen âge?

12° Étudier, avec accompagnement de coupes et de plans, les constructions rurales élevées par les abbayes, telles que granges, moulins, étables, colombiers, etc.

13° Signaler et décrire les peintures murales antérieures au XVIe siècle existant encore dans les monuments civils ou religieux de la France.

14° Signaler les œuvres de la sculpture française antérieures au XVIe siècle qui se recommandent soit par la certitude de leur date, soit par les signatures d'artistes.

15° Étudier les tissus anciens et les broderies qui existent dans les trésors des églises, dans les musées et dans les collections particulières.

16° Quels sont les progrès réalisés depuis dix ans dans le classement des monnaies gauloises, soit au point de vue chronologique, soit au point de vue de leur distribution géographique?

III

SECTION DES SCIENCES ÉCONOMIQUES ET SOCIALES.

I

1° La division de la propriété en France, avant et après 1789.

2° Étudier les mouvements de la population sur un point déterminé de la France rurale, soit sous l'ancien régime, soit depuis la Révolution.

3° Étudier sur un point quelconque de la France l'influence économique et sociale d'une voie de communication nouvellement ouverte : chemin de fer, canal, route, pont.

II

4° Les colonies françaises considérées au point de vue des conditions politiques et économiques dans lesquelles elles se sont formées et des moyens propres à en assurer le développement.

III

5° Étudier la situation légale des sociétés commerciales françaises à l'étranger et des sociétés étrangères en France.

6° De l'unification de la législation en matière de lettres de change ; rapprocher les législations étrangères de la législation française et mesurer à ce sujet les besoins du commerce.

7° Rechercher s'il ne conviendrait pas, à l'exemple de certaines législations étrangères, d'accorder à la femme mariée, indépendamment de toute convention matrimoniale, l'administration et la libre disposition d'une partie de ses biens.

iv

8° L'enseignement secondaire spécial, ses caractères distinctifs, ses limites et ses relations avec l'enseignement supérieur.

IV

SECTION DES SCIENCES MATHÉMATIQUES, PHYSIQUES, CHIMIQUES ET MÉTÉOROLOGIQUES.

1° Étude du mistral.

2° Observations de tremblements de terre avec les enregistreurs.

3° Éclairs de chaleur; fréquence des orages dans la même journée.

4° Étude des phénomènes périodiques de la végétation.

5° De quelle utilité peuvent être, au point de vue de la prévision du temps, les renseignements fournis par les observations magnétiques et électriques.

6° Recherches sur la présence de la vapeur d'eau dans l'air par les observations actinométriques et spectroscopiques.

7° Comparaison des climats du midi et du sud-ouest de la France.

V

SECTION DES SCIENCES NATURELLES ET DES SCIENCES GÉOGRAPHIQUES.

1° Étude du mode de distribution topographique de chacune des espèces animales qui habitent une partie de notre littoral. Marquer sur une carte à grande échelle (par exemple, sur les feuilles séparées du Pilote français) les points où chacune de ces espèces a été trouvée et indiquer, par des signes de convention, si elle y est très commune, assez commune ou rare.

2° Étude détaillée de la France fluviale dans des régions bien déterminées. Marquer sur une carte les localités fréquentées par chaque espèce de poisson, de crustacé et de mollusque; indiquer si elle est sédentaire ou voyageuse; et, dans ce dernier cas, les époques d'arrivée et de départ. Noter aussi l'époque de la ponte.

3° Répondre aux demandes du questionnaire du bureau central météorologique, relatif aux phénomènes périodiques de la végétation, aux époques d'arrivée et de départ des oiseaux de passage, à la date de l'apparition des principales espèces d'insectes qui nuisent à l'agriculture, et à d'autres faits du même ordre.

4° Étudier les relations qui peuvent exister entre les variétés de diverses espèces zoologiques ou botaniques et les conditions dans lesquelles les représentants de ces espèces vivent (altitude, sécheresse ou humidité, etc.).

5° Étudier au point de vue de l'anthropologie les différentes populations qui, depuis les temps les plus reculés ont occupé, en totalité ou en partie, une région déterminée de la France.

6° Étudier les changements qui, depuis les temps historiques, ont été effectués dans la configuration du sol d'une localité par l'action de la mer, par la formation d'alluvions, par l'action des vents ou par toute autre cause naturelle.

7° Indication sommaire des anciennes cartes possédées par les différentes sociétés de géographie, par des établissements publics ou par des particuliers.

152

CIRCULAIRE ANNONÇANT L'ENVOI D'UNE INSTRUCTION SOMMAIRE RÉDIGÉE PAR LA SECTION DES SCIENCES ÉCONOMIQUES ET SOCIALES DU COMITÉ DES TRAVAUX HISTORIQUES ET SCIENTIFIQUES [1].

3 août 1883.

Aux Présidents des Sociétés savantes.

Monsieur le Président, j'ai l'honneur de porter à votre connaissance une instruction sommaire rédigée par la section des sciences économiques et sociales du Comité des travaux historiques et scientifiques, et je vous prie de vouloir bien lui donner la plus large publicité.

Recevez, etc.

Jules FERRY.

[1] Voir tome III, *Instructions*, n° XII.

153

CIRCULAIRE ARRÊTANT LE PROGRAMME DU CONGRÈS DES SOCIÉTÉS SAVANTES POUR 1885.

24 août 1884.

Aux Présidents des Sociétés savantes.

Monsieur le Président, j'ai l'honneur de vous adresser le programme du congrès des sociétés savantes à la Sorbonne en 1885, en vous priant de lui donner toute la publicité désirable ; comme l'an dernier, il comprend cinq parties distinctes, répondant aux cinq sections du Comité des travaux historiques et scientifiques.

Vous pourrez y remarquer le maintien d'un certain nombre de questions qui vous avaient été signalées précédemment : elles ont déjà donné lieu, je le sais, à de très importantes communications ; mais le Comité, les sociétés savantes elles-mêmes, n'ont pas jugé que l'intérêt en fût diminué : il est tels sujets d'études qui ne comportent point d'enquêtes de trop courte durée ; il faut les continuer, les poursuivre sans relâche, en raison de leur importance, de leur utilité au point de vue scientifique, du résultat qu'on veut atteindre, qui est de réunir toutes les découvertes locales susceptibles d'éclaircir certains points obscurs de l'histoire ou de la philologie, de l'archéologie ou des sciences.

C'est là véritablement, Monsieur le Président, le but de vos réunions ; c'est aussi le vœu manifesté par le Comité tout entier le jour où il a cru devoir arrêter un programme, en invitant les sociétés savantes à collaborer à la solution des questions qu'il renferme, et à faire présenter annuellement par leurs délégués, devant la publicité d'un congrès, tous les résultats de leurs recherches.

Agréez, etc.

FALLIÈRES.

PROGRAMME DU CONGRÈS DES SOCIÉTÉS SAVANTES À LA SORBONNE EN 1885.

I

SECTION D'HISTOIRE ET DE PHILOLOGIE.

1° Mode d'élection et étendue des pouvoirs des députés aux États provinciaux.

2° Les villes neuves, les bastides, les sauvetats et autres fondations analogues à partir du xii° siècle.

3° Recherche des documents d'après lesquels on peut déterminer les modifications successives du servage.

4° Origine, étendue, régime et formes d'aliénation des biens communaux au moyen âge.

5° Origine et organisation des anciennes corporations d'arts et métiers.

6° Origine, importance et durée des anciennes foires.

7° Anciens livres de raison et de comptes et journaux de famille.

8° État de l'instruction primaire et secondaire avant 1789.

9° Liturgies locales antérieures au xvii° siècle.

10° Origine et règlements des confréries et charités antérieures au xvii° siècle.

11° Étude des anciens calendriers.

12° Indiquer les modifications que les recherches les plus récentes permettent d'introduire dans le tableau des constitutions communales tracé par M. Augustin Thierry.

13° Des livres qui ont servi à l'enseignement du grec en France depuis la Renaissance jusqu'au xviii° siècle.

14° Rôles des maîtres écrivains dans l'instruction populaire et la rédaction des actes.

15° Étude des documents antérieurs à la Révolution pouvant fournir des renseignements sur le chiffre de la population dans une ancienne circonscription civile ou ecclésiastique.

II

SECTION D'ARCHÉOLOGIE.

1° Quelles sont les contrées de la Gaule où ont été signalés des cimetières à incinération remontant à une époque antérieure à la conquête romaine? Quels sont les caractères distinctifs de ces cimetières?

2° Dresser la liste, faire la description et rechercher l'origine des œuvres d'art hellénique, des inscriptions et des marbres grecs, qui existent dans les collections publiques ou privées des divers départements. Distinguer ceux de ces monuments qui sont de provenance locale de ceux qui ont été importés dans les temps modernes.

3° Étudier les plus récentes théories qui ont pu être émises sur l'origine des basiliques chrétiennes. Décrire les plus anciennes basiliques que l'on connaisse en dehors de l'Italie, en particulier celles de l'Afrique romaine.

4° Signaler les nouvelles découvertes de bornes milliaires ou les constatations de chaussées antiques qui peuvent servir à déterminer le tracé des voies romaines en Gaule ou en Afrique.

5° Grouper les renseignements que les noms de lieux dits peuvent fournir à l'archéologie et à la géographie antique.

6° Signaler les édifices antiques de l'Afrique, tels que arcs de triomphe, temples, théâtres, cirques, portes de ville, tombeaux monumentaux, aqueducs, ponts, etc., et dresser le plan des ruines romaines les plus intéressantes.

7° Étudier les caractères qui distinguent les diverses écoles d'architecture religieuse à l'époque romane en s'attachant à mettre en relief les éléments constitutifs des monuments (plans, voûtes, etc.).

8° Rechercher, dans chaque département ou arrondissement, les monuments de l'architecture militaire en France aux différents siècles du moyen âge. En donner des statistiques, signaler les documents historiques qui peuvent servir à en déterminer la date.

9° Signaler les constructions rurales élevées par les abbayes, telles que granges, moulins, étables, colombiers. En donner, autant que possible, les coupes et plans.

10° Étudier les tissus anciens, les tapisseries et les broderies qui existent dans les trésors des églises, dans les anciens hôpitaux, dans les musées et dans les collections particulières.

11° Signaler les actes notariés du XIV° au XVI° siècle, contenant des renseignements sur la biographie des artistes et particulièrement les marchés relatifs aux peintures, sculptures et autres œuvres d'art commandées, soit par des particuliers, soit par des municipalités ou des communautés.

12° Étudier les produits des principaux centres de fabrication de l'orfèvrerie en France pendant le moyen âge, et signaler les caractères qui permettent de les distinguer.

III

SECTION DES SCIENCES ÉCONOMIQUES ET SOCIALES.

1° La division de la propriété en France.

(Cette question ayant été déjà discutée dans son ensemble au congrès de 1884, les études nouvelles auxquelles elle pourra encore donner lieu devront être limitées, soit à un point déterminé du territoire, soit à l'une seulement des causes principales du morcellement.)

2° L'aménagement et la conservation des forêts en France, avant et après 1827.

3° La législation et le régime des routes et chemins en France, aux XVIIIe et XIXe siècles.

4° Étudier, au point de vue de leur valeur comparative, les divers documents qui peuvent être utilisés pour l'évaluation des populations de l'ancienne France (évaluation en feux dans les recensements dressés par les officiers des élections ou les agents des seigneurs, évaluation en communiants dans les pouillés et les registres des visites pastorales, etc...).

5° Étudier, sur un point déterminé ou dans une industrie particulière, le salaire et les conditions des ouvriers, sous l'ancien régime et dans la France contemporaine.

6° De la propriété en pays musulman.

7° Étudier la situation légale des sociétés commerciales françaises à l'étranger et des sociétés étrangères en France.

8° Des modifications à introduire dans la législation en vue d'autoriser ou de régulariser la preuve du décès d'une personne disparue, dont la mort ne peut pas être constatée par un acte régulier de l'état civil.

9° L'enseignement secondaire spécial, ses caractères distinctifs, son utilité sociale et ses relations avec les autres ordres d'enseignement.

IV.

SECTION DES SCIENCES MATHÉMATIQUES, PHYSIQUES, CHIMIQUES ET MÉTÉOROLOGIQUES.

1° Étude du mistral.

2° Observations de tremblements de terre avec les enregistreurs.

3° Éclairs de chaleur : fréquence des orages dans la même journée.

4° Étude des phénomènes périodiques de la végétation.

5° De quelle utilité peuvent être, au point de vue de la prévision du temps, les renseignements fournis par les observations magnétiques et électriques ?

6° Recherches sur la présence de la vapeur d'eau dans l'air par les observations astronomiques et spectroscopiques.

7° Comparaison des climats du midi et du sud-ouest de la France.

8° Les causes qui semblent présider à la diminution générale des eaux dans le nord de l'Afrique et à un changement du climat.

V

SECTION DES SCIENCES NATURELLES ET DES SCIENCES GÉOGRAPHIQUES.

1° Étude du mode de distribution topographique de chacune des espèces animales qui habitent une partie de notre littoral. Marquer sur une carte à grande échelle (par exemple, sur les feuilles séparées du Pilote français) les points où chacune de ces espèces a été trouvée, et indiquer par des signes de convention si elle y est très commune, assez commune ou rare.

2° Étude détaillée de la France fluviale dans des régions bien déterminées. Marquer sur une carte les localités fréquentées par chaque espèce de poisson, de crustacé et de mollusque; indiquer si elle est sédentaire ou voyageuse; et, dans ce dernier cas, les époques d'arrivée et de départ. Noter aussi l'époque de la ponte.

3° Étudier les phénomènes périodiques de la végétation, aux époques d'arrivée et de départ des oiseaux de passage, à la date de l'apparition des principales espèces d'insectes qui nuisent à l'agriculture, et à d'autres faits du même ordre.

4° Étudier les relations qui peuvent exister entre les variétés des diverses espèces zoologiques ou botaniques et les conditions dans lesquelles les représentants de ces espèces vivent (altitude, sécheresse ou humidité, etc.).

5° Étudier au point de vue de l'anthropologie les différentes populations qui, depuis les temps les plus reculés, ont occupé, en totalité ou en partie, une région déterminée de la France.

6° Étudier les changements qui, depuis les temps historiques, ont été effectués dans la configuration du sol d'une localité par l'action de la mer, par la formation d'alluvions, par l'action des vents ou par toute autre cause naturelle.

7° Indication sommaire des anciennes cartes possédées par les différentes sociétés de géographie, par des établissements publics ou par des particuliers.

8° Étudier l'influence de la chaîne des Cévennes dans les limites apportées à la propagation, vers le Nord, des espèces végétales et animales de la région méditerranéenne.

9° Discuter la question de l'acclimatation en France du ver à soie, de l'ailante (*attacus cynthia vera*, G. Men.) et des autres espèces séricigènes.

10° Particularités anatomiques et morphologiques qui caractérisent la flore des différentes régions botaniques en Barbarie.

11° Causes de la mortalité dans les troupeaux indigènes (Algérie).

12° Étude microscopique des roches sédimentaires et non sédimentaires au point de vue agronomique.

13° Examiner et discuter l'influence qu'exercent sur la conservation des insectes les températures hibernales et leur durée plus ou moins longue.

14° Étude des phénomènes périodiques de la végétation; dates du bourgeonnement, de la floraison et de la maturité.

154

ARRÊTÉ ATTACHANT AU COMITÉ UNE COMMISSION ORNITHOLOGIQUE.

29 novembre 1884.

LE MINISTRE DE L'INSTRUCTION PUBLIQUE ET DES BEAUX-ARTS,

Vu la création d'un comité austro-hongrois chargé d'encourager l'établissement de stations d'observations ornithologiques;

Vu l'invitation adressée aux autres puissances par le gouvernement autrichien de coopérer, par une institution analogue, à l'étude comparative de ces observations;

Vu l'article 8 de l'arrêté du 15 mars 1883;

Vu l'avis exprimé par le Comité des travaux historiques et scientifiques (section des sciences naturelles et géographiques),

ARRÊTE :

ARTICLE PREMIER. Une commission permanente, rattachée au Comité des travaux historiques et scientifiques, est instituée près le Ministère de l'instruction publique, à l'effet de centraliser les observations ornithologiques recueillies en France, ou transmises de l'étranger, et de préparer ou de recevoir les travaux de publications nécessaires à leur vulgarisation.

Art. 2. Sont nommés membres de ladite commission :
....

FALLIÈRES.

155

ARRÊTÉ ATTACHANT AU COMITÉ UNE COMMISSION CHARGÉE D'EXAMINER ET DE PUBLIER LES COMMUNICATIONS RELATIVES À L'ARCHÉOLOGIE DE LA TUNISIE [1].

18 décembre 1884.

LE MINISTRE DE L'INSTRUCTION PUBLIQUE ET DES BEAUX-ARTS,

Vu l'article 8 de l'arrêté du 12 mars 1883,

ARRÊTE :

ARTICLE PREMIER. Une commission, rattachée à la section d'archéologie du Comité des travaux historiques et scientifiques, est instituée, près le Ministère de l'instruction publique, à l'effet de recevoir et d'examiner, au point de vue de leur publication, les communications relatives à l'archéologie de la Tunisie.

Art. 2. Sont nommés membres de cette commission :
....

FALLIÈRES.

156

CIRCULAIRE SIGNALANT LES SUJETS D'ÉTUDES RECOMMANDÉS PAR LA SECTION DES SCIENCES ÉCONOMIQUES ET SOCIALES DU COMITÉ DES TRAVAUX HISTORIQUES ET SCIENTIFIQUES [2].

19 décembre 1884.

Aux Présidents des Sociétés savantes.

Monsieur le Président, vous n'ignorez pas que le Comité des travaux historiques et scientifiques comprend, depuis l'arrêté du 12 mars 1883, une section des sciences économiques et sociales.

---

[1] Voir tome III, *Instructions*, n° XIV.
[2] Le même jour, le Ministre adressait aux préfets une circulaire identique.

Cette section, tenant à provoquer l'envoi de communications qui pourraient être insérées ou analysées dans son *Bulletin*, a résolu de soumettre à l'attention des travailleurs plusieurs sujets d'étude que j'ai l'honneur de vous transmettre.

Je désire vivement, Monsieur le Président, que la publicité la plus grande soit donnée à ce document, et je vous serai reconnaissant de le faire connaître à votre société, non seulement dans sa plus prochaine séance, mais par tous les moyens en votre pouvoir.

Recevez, etc.

FALLIÈRES.

SUJETS D'ÉTUDES RECOMMANDÉS PAR LA SECTION DES SCIENCES ÉCONOMIQUES ET SOCIALES.

Il y a des questions d'histoire économique ou sociale qui ne peuvent être résolues qu'avec une masse considérable de documents recueillis en des lieux divers et pour des époques diverses. S'il est difficile à un savant d'en rassembler lui-même un nombre suffisant pour embrasser le problème sous toutes ses faces, il est plus facile à un plus grand nombre de savants d'appliquer, chacun sur un point particulier, l'effort de leur érudition, en le dirigeant avec méthode, d'après un plan déterminé, de manière à constituer une sorte d'enquête scientifique. Ce concert peut produire d'utiles résultats pour la science.

C'est dans cette pensée que la section des sciences économiques et sociales du Comité des travaux historiques et scientifiques a posé les présentes questions. M. le Ministre de l'instruction publique et des beaux-arts les adresse aux sociétés savantes, aux correspondants du Ministère et à toute personne qu'elles peuvent intéresser. Le travail de chaque collaborateur peut avoir plus ou moins d'étendue suivant la nature et la quantité des documents ; une simple note de quelques lignes, lorsqu'elle sera comparée avec d'autres données, éclairera souvent un point de la question ; ce qui importe, c'est de n'admettre que des faits certains et de faire connaître exactement les sources auxquelles ils auront été puisés. La section des sciences économiques et sociales rendra compte de tous les mémoires qui seront envoyés au Ministre de l'instruction publique et des beaux-arts, et les rapports qu'elle rédigera seront insérés dans son *Bulletin*. Ce périodique publiera également les mémoires les plus importants, et leurs auteurs jouiront, dans ce cas, des droits alloués aux collaborateurs.

I

HISTOIRE D'UN DOMAINE RURAL.

On connaît les traits généraux qui constituent l'organisation de la propriété foncière avant et depuis 1789. Mais on ne peut contester, sur ce point comme pour beaucoup d'autres, l'avantage qu'il y a à procéder par monographies. Cette méthode permet de grouper sous une forme concrète et vivante autour d'un seul exemple une foule de détails précis. C'est ainsi qu'il serait instructif et intéressant à un haut degré de reconstruire l'histoire économique de tels ou tels domaines ruraux sur divers points de la France. On les prendrait en remontant aussi loin que possible, de telle façon que l'on pût suivre leur histoire dans la période qui a précédé la Révolution et dans celle qui l'a suivie. Cette reconstruction peut rencontrer des difficultés; mais elle n'est pas impossible. Les éléments en existent dans un certain nombre de terriers et dans les divers documents qu'on rencontre concentrés ou épars dans les archives des communes, chez les notaires ou entre les mains des particuliers.

Assurément les questions auxquelles doit répondre une telle étude sont assez nombreuses et assez diverses pour qu'on ne puisse espérer toujours obtenir des renseignements suffisants pour chacune d'elles. Mais de telles lacunes ne devraient pas rebuter les chercheurs zélés et instruits auxquels nous nous adressons. Leur tâche peut être encore fort utile, même en restant incomplète à quelques égards. L'important est de n'omettre aucune source existante et d'en tirer parti sur le plus grand nombre possible de points susceptibles d'être éclaircis.

A peine est-il besoin de tracer les cadres dans lesquels doit se renfermer une pareille recherche. Elle doit être abondante en faits et sobre d'appréciations. Tout ce qui aurait l'air d'une dissertation doit en être sévèrement exclu comme un hors-d'œuvre. Tout commentaire doit se borner à la simple explication des circonstances qui font comprendre comment un fait s'est produit et qui contribuent à l'éclaircir.

Maintenant quelles sont les questions qui peuvent constituer les éléments de l'historique d'un domaine rural ?

Il est clair qu'elles offriront certaines différences essentielles si le domaine a toujours été dans des mains roturières ou s'il a appartenu à une ou à plusieurs familles nobles. Dans le premier cas, il y aurait surtout à se préoccuper des redevances qu'il payait ; dans le second, de celles qu'il percevait ; mais, dans l'un et l'autre cas, les diverses charges féodales subsistant avant la Révolution viendraient se grouper autour de ce domaine, avec indication de la nature et de la quantité de chacun d'eux.

Voici quelles sont les questions principales auxquelles il y aurait lieu de répondre et dans quel ordre elles nous paraîtraient devoir être présentées :

1° On indiquerait le nom du domaine et celui de la localité où il est placé, son étendue et sa contenance actuelles, cultures, bétail, bâtiments, etc. Cette première vue se bornerait à un état descriptif assez rapide de la nature et de la valeur des terres, de manière à ne pas tomber dans des doubles emplois par les réponses plus détaillées adressées aux questions qui doivent suivre.

2° On ferait connaître par quelles mains le domaine a passé depuis le point de départ de l'étude, quels morcellements il a subis, ce qu'il a pu gagner ou perdre pour la valeur et le revenu sous ses propriétaires successifs, quelles transformations principales a subies la culture, quels propriétaires y ont résidé, et quelle influence a pu avoir leur action personnelle ou leur absence. On donnera le prix de vente à chaque changement de propriétaire.

3° On rappellera tout ce qui concerne les baux et les divers systèmes d'amodiation ; on signalera la durée et les clauses principales de ces baux à la charge du bailleur ou du preneur, les obligations du fermier entrant à l'égard du fermier sortant, les usements locaux dignes de remarque. On recherchera si la location a eu lieu en bloc ou morcelée, si l'exploitation par le tenancier s'est faite au moyen de sous-locations ou à l'aide d'ouvriers agricoles. On indiquera si le métayage a joué un rôle dans l'exploitation, sous quelles conditions il a été pratiqué et quels effets il paraît avoir eus. Dans tous ces cas, on fera connaître quelle a été la part en argent ou en nature afférente au propriétaire, aux fermiers et aux colons.

4° Indication des charges *réelles* : taille ou impôt foncier, dîmes, taxes diverses établies sur la propriété rurale. Indication des charges *personnelles* qui pesaient autrefois sur les tenanciers ou les colons : capitation, services de corps, etc. C'est ici, dans la supposition que le domaine aurait été possédé par le seigneur, qu'il y aurait lieu de faire connaître, outre les impôts qu'il aurait eu lui-même à payer, les diverses redevances féodales dont il aurait bénéficié, soit de la part des fiefs compris dans sa mouvance et payables en argent ou en denrées, soit de la part des paysans corvéables. On retournerait les termes de la question si ce domaine avait été lui-même un de ces fiefs, c'est-à-dire qu'on établirait ce qu'il a dû payer sous diverses formes à l'État, à la seigneurie et au clergé.

On constatera de même les diverses impositions à la charge du domaine depuis 1789.

Enfin, soit sous l'ancien régime, soit sous celui qui lui a succédé, on établira le montant des droits de mutation par décès ou entre vifs payés soit à l'État, soit à des seigneurs.

5° Il serait intéressant de déterminer également la condition matérielle des familles de propriétaires, de tenanciers ou de colons qui, aux différentes époques, ont habité le domaine ; leur genre de vie, leur alimentation, la disposition de leur demeure avec ses dépendances, la disposition des bâtiments de ferme, la consistance du mobilier. Les livres de raison ou de compte, les actes de vente ou de donation et surtout les inventaires après décès, pourront fournir sur ces divers points des indications précises.

II.

L'ÉTAT ET LA VALEUR DE LA PROPRIÉTÉ BÂTIE.

La connaissance des changements qu'a éprouvés la propriété bâtie dans les diverses parties de la France intéresse l'histoire des mœurs et l'histoire économique de notre pays. L'économie politique même y trouverait des renseignements ou des exemples dont elle tirerait assurément profit.

Il y a déjà des travaux de ce genre. Il serait utile de les multiplier et de former une ample collection de faits étudiés avec soin, à l'aide de documents authentiques, dans des conditions et dans des régions diverses. Ces documents existent en très grand nombre, particulièrement dans les archives des notaires et des établissements de bienfaisance et dans des papiers de famille.

La monographie, c'est-à-dire la description d'une propriété unique, est la méthode qui convient le mieux à une recherche de ce genre; plus longue sera la période pendant laquelle elle pourra suivre l'histoire de l'immeuble, plus elle sera instructive. Cependant l'étude comparée de plusieurs propriétés, groupées dans un quartier d'une ville ou d'un village, peut aussi conduire à un résultat utile. Il importe moins de tirer immédiatement de chaque travail particulier une conclusion d'ensemble sur les variations de la valeur en France que de donner des faits certains, recueillis par des recherches d'érudition et choisis avec critique, et d'en rassembler le plus grand nombre possible. C'est une œuvre collective, qui sera d'autant plus profitable à la science qu'elle comptera plus de collaborateurs; le rapprochement et la comparaison des travaux particuliers permettront sans doute d'arriver à une connaissance générale des changements de valeur de la propriété et des lois économiques qui les ont produits.

C'est pourquoi la section des sciences économiques et sociales propose cette question à l'étude des sociétés savantes, des correspondants du Ministère de l'instruction publique et des savants qui s'intéressent à ces problèmes. Elle appelle particulièrement leur attention sur les points suivants :

1° La description aussi exacte que possible de la propriété, comprenant l'étendue des terrains non bâtis, cours, jardins, etc., et des constructions qui la composaient; la nature des bâtiments, la distribution des locaux, les matériaux employés;

2° L'examen des causes qui ont modifié cet état dans la suite des temps;

3° La série des transmissions de la propriété par vente, héritages, donation, etc.;

4° La valeur de la propriété bâtie, constatée par des actes de vente, par des inventaires, etc.;

5° Les impôts, charges et servitudes que la propriété a eu à supporter;

6° Le nombre des habitants de la maison ou des maisons à diverses époques, et leur état social;

7° Si les bâtiments n'étaient pas occupés par les propriétaires, le prix et les conditions de la location, particulièrement la durée des baux;

8° Les impôts et charges, autres que le loyer, qui incombaient aux locataires, indépendamment des charges supportées par les propriétaires ;

9° Les changements survenus dans l'état économique et social de la localité, qui ont exercé une influence sur la valeur de la propriété et sur le taux des loyers ;

10° Parmi ces changements, la construction de maisons et l'agglomération de la population dans le voisinage, sur lesquelles il convient d'insister, parce qu'elles sont au nombre des causes qui influent le plus sur la valeur des immeubles.

III

EFFETS ÉCONOMIQUES D'UNE NOUVELLE VOIE DE COMMUNICATION.

Personne ne songe à nier les bienfaits qui peuvent résulter, pour l'économie générale d'une région, de l'ouverture d'une voie de communication nouvelle, propre à faciliter le mouvement des hommes et des choses. Mais on a rarement pris la peine d'observer et d'exposer, avec la précision que comporte la méthode monographique, les effets particuliers produits sur un point déterminé du territoire national par la création d'un pont, d'une rue, d'une route, d'un tramway, d'un chemin de fer, d'un canal, d'un port. Un pareil travail, pour peu qu'il émane d'un esprit clairvoyant, observateur et juste, rendra toujours de réels services. Les théoriciens y trouveront un moyen de contrôle pour leurs déductions, et il en découlera de précieuses leçons pour tous ceux qui concourent, de près ou de loin, à la direction des travaux publics : c'est en se rendant un compte bien exact du plus ou moins d'utilité des ouvrages déjà exécutés qu'on peut arriver à mesurer la productivité probable de ceux qui sont encore à l'état de projet, et à assurer ainsi le meilleur emploi possible aux ressources dont un pays dispose pour le développement de ses voies de communication.

En recommandant ce genre d'enquêtes à tous ceux qui seraient en situation de les entreprendre, il convient d'indiquer les principales questions qu'ils auront à se poser, sans que rien d'ailleurs fasse obstacle à ce que le cadre adopté diffère sur certains points de celui qu'on va tracer ici.

1° Décrire la voie nouvelle dont on se propose d'analyser les effets économiques. Dire par quelles initiatives et dans quelles conditions elle a été conçue, tracée, créée. Le montant de la dépense et la nature des ressources sont des données qu'il serait bon de mettre en regard des résultats obtenus.

2° Expliquer quelle était la situation antérieure de la contrée desservie, et pourquoi le besoin d'un nouveau moyen de circulation se faisait sentir.

3° Montrer l'influence directement exercée sur la rapidité, sur le prix, sur la sécurité des voyages ou des transports.

4° Rechercher dans quelle mesure il peut y avoir eu déplacement, développement ou création de trafic.

5° Passer de ces effets directs aux effets indirects; rechercher la nature et l'importance des services rendus à l'agriculture, à l'industrie, au commerce.

6° Indiquer, s'il y a lieu, les exploitations nouvelles qui ont pris naissance sur le parcours de la nouvelle voie et qu'elle a contribué à rendre possibles.

7° Rechercher l'influence exercée, tant aux lieux de production qu'aux lieux de consommation, sur les prix des produits dont la voie nouvelle rend le transport plus prompt ou moins coûteux.

Souvent ce ne sera point seulement dans l'ordre des faits économiques, mais aussi dans l'ordre des faits sociaux, que certaines transformations se seront produites. Les chemins de fer, partout où ils pénètrent, modifient les habitudes et les mœurs des populations.

Il y a encore là matière à d'instructives observations; mais il conviendra d'y faire plus de place à la constatation des faits qu'aux considérations personnelles.

Ce qu'on ne saurait éviter avec trop de soin dans un travail comme celui dont on vient d'esquisser le programme, c'est de confondre les effets et les causes, et d'attribuer à l'exécution d'un travail d'utilité publique d'autres résultats que ceux qu'il a réellement produits.

IV

ÉTUDIER, POUR UNE RÉGION DÉTERMINÉE, LES MODIFICATIONS QUI SE SONT INTRODUITES DANS LA PRATIQUE DES RÉGIMES MATRIMONIAUX DEPUIS LE CODE CIVIL.

L'ensemble des règles du Code civil sur le régime des biens entre époux se ramène aux trois points fondamentaux suivants :

1° Liberté pour les futurs époux de faire à leur gré leurs conventions matrimoniales ;

2° Détermination d'un régime, dit *de droit commun*, applicable, à défaut de conventions différentes régulièrement faites ;

3° Organisation dans la loi même, à côté du régime légal, des principales variétés ou combinaisons de régimes antérieurement en usage dans les diverses parties de la France.

De cette manière le législateur, en un sujet qui intéressait de si près des habitudes séculaires, a laissé toute facilité pour le maintien des usages établis, comme aussi toute liberté de s'en écarter sous l'empire des influences de l'ordre moral ou de l'ordre économique qui pourraient se produire dans le mouvement de la société.

Il serait intéressant de rechercher dans quel sens s'est exercée cette liberté, si elle a amené la persistance des diversités antérieures, si, au contraire, la pratique tend à une certaine unité par la préférence accordée à un régime déterminé, ou enfin si, la variété s'étant maintenue, il ne s'est pas opéré un changement dans la distribution en quelque sorte régionale des différents régimes et en même temps des modifications dans la pratique de chacun d'eux. Cette recherche doit avoir pour point de départ et pour base une série d'enquêtes locales aussi nombreuses que possible, dont chacune, à côté de la constatation des faits, s'efforcerait d'en dégager les causes et, s'il y a lieu, d'en marquer les conséquences.

Voici, résumés sous forme de questions, les points principaux sur lesquels devrait se porter l'attention :

1° Quel était le régime matrimonial en usage dans la région avant le Code civil, soit sous la législation ancienne, soit sous la législation intermédiaire? Quelles étaient les clauses usitées dans la pratique pour déroger en certains points au régime établi par la coutume? Quels traits distinctifs la jurisprudence locale avait-elle imprimés à tel régime type, spécialement s'il s'agit du régime dotal?

2° Quelles modifications se sont introduites en cette matière dans la région depuis le Code civil? Ces modifications se sont-elles produites suivant une tendance à se rapprocher du régime de droit commun établi par ce Code ou au contraire dans un sens opposé?

3° Quels changements se sont introduits dans la pratique d'un régime déterminé? Quels ont été les procédés employés pour amener ces changements et, en particulier, quelles sont les modifications qui ont été apportées à la formule des clauses du contrat de mariage?

4° Quelles sont les raisons d'ordre économique ou d'ordre moral qui expliquent soit la persistance de la tradition locale, soit les modifications apportées à la pratique antérieure au Code civil ou encore à la formule des clauses usitées dans l'établissement d'un régime déterminé?

5° Quelles ont été, dans l'ordre économique ou dans l'ordre moral, les conséquences observées de la pratique d'un régime déterminé et des changements introduits dans les conventions matrimoniales en usage?

6° La pratique révèle-t-elle que la législation du Code civil en matière de conventions matrimoniales mette obstacle à la satisfaction de quelque intérêt ou de quelque besoin légitime, soit dans l'ordre économique, soit dans l'ordre moral?

157
CIRCULAIRE RELATIVE À L'ENVOI D'UN QUESTIONNAIRE RÉDIGÉ PAR LA COMMISSION ORNITHOLOGIQUE.

4 mai 1885.

Aux Présidents des Sociétés savantes.

Monsieur le Président, par arrêté en date du 29 novembre 1884, il a été institué auprès du Ministère de l'instruction publique et des beaux-arts une commission ornithologique chargée de centraliser les documents relatifs aux mœurs, au régime, à la nidification des oiseaux de la France. Cette commission a rédigé un questionnaire dont j'ai l'honneur de vous transmettre plusieurs exemplaires, en vous priant de vouloir bien les distribuer aux membres de votre société qui s'occupent d'ornithologie et aux chasseurs qui sont particulièrement à même d'observer les passages d'oiseaux à travers votre contrée.

J'attache une importance particulière à ces renseignements, qui sont absolument nécessaires pour combler certaines lacunes existant dans l'histoire des oiseaux de notre pays, et pour établir le tracé des routes suivies par les espèces migratrices à travers la France.

Je vous serais très obligé si vous vouliez bien réunir les feuilles remplies suivant les indications du questionnaire, et me les retourner au plus tard dans le courant du mois de janvier de l'année prochaine.

Recevez, etc.

René Goblet.

OBSERVATIONS SUR LES OISEAUX.

Département de _____ *Station* _____
Arrondissement d _____ *Altitude* _____
Canton d _____ *Année* _____ *Nom de l'observateur* _____

INSTRUCTIONS GÉNÉRALES.

Après avoir rempli les indications placées en tête de cette feuille, les observateurs sont priés de répondre aux questions suivantes, en consignant dans le tableau placé au verso le résultat de leurs observations personnelles sur les oiseaux de leur région. Les réponses devront être inscrites dans les colonnes portant des numéros correspondant aux numéros des questions, et, à défaut de colonne spéciale, dans la colonne des Remarques.

1. Quels sont les noms locaux sous lesquels sont désignées, dans votre région, les espèces mentionnées au tableau?
2. Quelles sont les espèces communes ou rares? — Quelles sont celles dont la présence est accidentelle? (*a*) — Quelles sont celles qui, séjournant d'ordinaire pendant l'été, restent pendant l'hiver ou réciproquement? (*b*)
3. Quelles sont les espèces sédentaires ou de passage? (*c*)
4. Quelles sont, pour les oiseaux de passage, les dates de l'arrivée de l'avant-garde, du gros de la troupe et des retardataires?
5. Quelle est la direction suivie par les oiseaux à leur arrivée?
6. Quelle est la direction du vent au moment de l'arrivée?
7. Quel est l'état de l'atmosphère au même moment?
8. Quelles sont, pour les mêmes oiseaux, les dates des départs?
9. Quelle est la direction suivie par les espèces à leur départ?
10. Quelle est la direction du vent au moment de leur départ?
11. Quel est l'état de l'atmosphère au même moment?
12. Les espèces de passage voyagent-elles de jour ou de nuit? (*d*)
13. Les individus de même sexe voyagent-ils ensemble ou séparément?
14. Arrivent-ils en bandes nombreuses, en petites troupes ou isolément? (*b*)
15. Quels sont les oiseaux qui nichent dans votre région? (*e*)
16. A quelle époque nichent-ils?
17. Nichent-ils plusieurs fois?
18. Quel est le nombre des œufs par couvée? (*b*)
19. Quel est la durée de l'incubation?
20. Y a-t-il dans votre région de grandes colonies d'oiseaux nichant ensemble (Freux, Hérons, etc.)? (*b*)
21. Quel est le régime alimentaire des oiseaux observés?
22. Quelles sont les époques où ils font entendre leur premier chant et où ils cessent de chanter?
23. Quels sont les oiseaux les plus remarquables de votre région qui ne sont pas mentionnés dans le tableau ci-contre? (*f*)

Signature et adresse de l'observateur.

Notes et renvois :

(*a*) Pour les espèces communes, très communes, rares, très rares ou accidentelles, il suffira de mettre dans la colonne n° 2 les lettres C, TC, R, TR ou A.
(*b*) Répondre dans la colonne des Remarques.
(*c*) Inscrire dans l'une des colonnes n° 3 les lettres S (sédentaires) ou P (de passage).
(*d*) Inscrire dans la colonne n° 12 les lettres J (jour) ou N (nuit).
(*e*) Inscrire dans la colonne n° 15 la lettre N en regard des espèces qui nichent dans la région.
(*f*) Inscrire les noms de ces espèces dans les colonnes réservées à la 4° page.

NOTA. Il est essentiel que, dans toutes ces observations, on ne se borne pas à indiquer seulement le nom du mois où les divers phénomènes auront été relevés : on devra chercher autant que possible à marquer le jour exact ou au moins la semaine. Les espèces dont le nom est en *italique* sont celles sur lesquelles on désire particulièrement avoir des renseignements. La commission recommande de s'attacher plutôt à l'exactitude des observations qu'à leur nombre.

NOM VULGAIRE.	NOM SCIENTIFIQUE.	NOM LOCAL.	[1] nombre approximatif, rare ou accidentelles.	ESPÈCES		DATES DE L'ARRIVÉE			[5]	[6]	[7]	DATES DES DÉPARTS			[9]	[10]	[11]	[12]	REPRODUCTION.					RÉSUMÉ	DATES		REMARQUES.
				[3] séjour ou passage	[4] de	de l'avant-garde	de la troupe	des retardataires	direction par laquelle se fait l'arrivée	anomalie de vent lors de l'arrivée	état de l'atmosphère lors de l'arrivée	de l'avant-garde	de la troupe	des retardataires	direction par laquelle se fait le départ	anomalie de vent lors du départ	état de l'atmosphère lors du départ	soumis ou nuit	[15] espèces qui nichent	[16] époque de la nidification	[17] nombre de couvées	[18] nombre d'œufs par incubation	[19] durée de l'incubation	[20] totalité	du premier chant	du dernier chant	
Faucon crécerelle	Cerchneis tinnunculus																										
Faucon hobereau	Falco subbuteo																										
Épervier vulgaire	Astur nisus																										
Balbuzard	Pandion haliaetus																										
Aigle Jean-le-Blanc	Circaetus gallicus																										
Duc vulgaire	Bubo maximus																										
Grand-duc	Bubo maximus																										
Hortino	Cypselus apus																										
Hirondelle de cheminée	Hirundo rustica																										
Hirondelle de fenêtre	Hirundo urbica																										
Guêpe-pris	Coracias caesura																										
Loriot	Oriolus galbula																										
Étourneau vulgaire	Sturnus vulgaris																										
Corbeau choucas	Lycos monedula																										
Grand corbeau	Corvus corax																										
Corneille ordinaire	Corvus corone																										
Corneille mantelée	Corvus cornix																										
Corbeau freux	Corvus frugilegus																										
Pic vert	Gecinus viridis																										
Huppe	Upupa epops																										
Troglodyte mignon	Troglodytes parvulus																										
Mésange charbonnière	Parus major																										
Mésange bleue	Parus caeruleus																										
Mésange à longue queue	Acredula caudata																										
Roitelet huppé	Regulus cristatus																										
Fauvette à tête noire	Sylvia atricapilla																										
Merle noir	Merula vulgaris																										
Grive musicienne	Turdus musicus																										
Rossignol des murailles	Ruticilla phoenicura																										
Rossignol ordinaire	Luscinia philomela																										
Pouy-pouy	Dandalus rubecula																										
Hoche-queue gris	Motacilla alba																										
Alouette des champs	Alauda arvensis																										
Bruant jaune	Emberiza citrinella																										
Bruant ortolan	Emberiza hortulana																										
Pinson ordinaire	Fringilla coelebs																										
Pinson d'Ardennes	Fringilla montifringilla																										
Gros-bec vulgaire	Coccothraustes vulgaris																										
Verdier	Ligurinus chloris																										
Pigeon ramier	Columba palumbus																										
Pigeon colombin	Columba oenas																										
Tourterelle	Turtur vulgaris																										
Caille	Coturnix dactylisonans																										
Outarde canepetière	Otis tetrax																										
Pluvier doré	Charadrius pluvialis																										
Vanneau huppé	Vanellus cristatus																										
Cigogne blanche	Ciconia alba																										
Héron pré	Ardea cinerea																										
Héron Blongios	Ardetta minuta																										
Bécasse vulgaire	Scolopax rusticola																										
Bécassine ordinaire	Gallinago scolopacina																										
Bécassine sourde	Gallinago gallinula																										
Oie sauvage	Anser segetum																										
Canard sauvage	Anas boschas																										
Mouette rieuse	Xema ridibundum																										
Hirondelle de mer Pierre-Garin	Sterna hirundo																										

NOM SCIENTIFIQUE ou NOM VULGAIRE.	NOM LOCAL.	REMARQUES GÉNÉRALES.

COMMISSION ORNITHOLOGIQUE.

Monsieur

Monsieur le Ministre de l'Instruction publique,

Paris.

158

CIRCULAIRE ARRÊTANT LE PROGRAMME DU CONGRÈS DES SOCIÉTÉS SAVANTES POUR 1886.

7 septembre 1885.

Aux Présidents des Sociétés savantes.

Monsieur le Président, j'ai l'honneur de vous adresser le programme du congrès des Sociétés savantes pour 1886, en vous priant de lui donner toute la publicité désirable. Comme les années précédentes, il comprend cinq parties distinctes, afférentes aux cinq sections du Comité des travaux historiques et scientifiques.

Les Sociétés savantes ont collaboré dans une large mesure à l'ensemble de ce programme. En réponse à ma circulaire du 12 mai dernier, elles m'ont transmis un grand nombre de sujets qu'elles jugeaient dignes de figurer à l'ordre du jour du congrès, et le Comité, en arrêtant la rédaction définitive, a essayé de tenir compte de tous les vœux, s'attachant seulement à généraliser les termes de certaines questions quand elles ne semblaient viser qu'un intérêt local.

Un assez grand nombre de sujets d'études, surtout ceux qui intéressent les historiens et les archéologues, vous avaient été déjà soumis dans des sessions antérieures : vos sociétés ont compris que les nombreuses et intéressantes communications auxquelles ils ont donné lieu n'avaient fait qu'en accentuer l'intérêt; et, devant les vœux émis, le Comité a cru devoir, cette année encore, les maintenir au programme.

L'initiative prise par vos sociétés, et que je tiendrai toujours à leur laisser, m'est une garantie précieuse pour l'avenir : j'ai la confiance que, l'an prochain, sur tous les points qui constituent ce programme et que j'ai choisis d'accord avec vous, MM. les délégués apporteront les résultats de leurs travaux, et seront prêts à soutenir des discussions qui assureront l'éclat de votre congrès et en démontreront de plus en plus la haute importance scientifique.

Agréez, etc.

René GOBLET.

PROGRAMME DU CONGRÈS DES SOCIÉTÉS SAVANTES POUR 1886.

I

SECTION D'HISTOIRE ET DE PHILOLOGIE.

1° Mode d'élection et étendue des pouvoirs des députés aux États provinciaux.

2° Les esclaves sur les bords de la Méditerranée au moyen âge.

3° Recherche des documents d'après lesquels on peut déterminer les modifications successives du servage.

4° Origine et organisation des anciennes corporations d'arts et métiers.

5° Origine, importance et durée des anciennes foires.

6° Anciens livres de raison et de comptes et journaux de famille.

7° Liturgies locales antérieures au XVII° siècle.

8° Origine et règlements des confréries et charités antérieures au XVII° siècle.

9° Étude des anciens calendriers.

10° Indiquer les modifications que les recherches les plus récentes permettent d'introduire dans le tableau des constitutions communales tracé par M. Augustin Thierry.

11° Des livres qui ont servi à l'enseignement du grec en France, depuis la Renaissance jusqu'au XVIII° siècle.

12° Les exercices publics dans les collèges (distributions de prix, académies, représentations théâtrales, etc.), avant la Révolution.

13° Anciennes démarcations des diocèses et des cités de la Gaule, servant encore aujourd'hui de limites aux départements et aux diocèses.

14° Étude des documents antérieurs à la Révolution pouvant fournir des renseignements sur le chiffre de la population dans une ancienne circonscription civile ou ecclésiastique.

15° L'histoire des mines en France avant le XVII° siècle.

16° De la signification des préfixes EN et NA devant les noms propres dans les chartes et les inscriptions en langue romane.

17° Objet, division et plan d'une bibliographie départementale.

II

SECTION D'ARCHÉOLOGIE.

1° Quelles sont les contrées de la Gaule où ont été signalés des cimetières à incinération remontant à une époque antérieure à la conquête romaine ? — Quels sont les caractères distinctifs de ces cimetières ?

2° Dresser la liste, faire la description et rechercher l'origine des œuvres d'art hellénique, des inscriptions et des marbres grecs, qui existent dans les collections publiques ou privées des divers départements. Distinguer ceux de ces monuments qui sont de provenance locale de ceux qui ont été importés dans les temps modernes.

3° Dresser la liste des sarcophages païens sculptés de la Gaule. En étudier les sujets, rechercher les données historiques et les légendes qui s'y rattachent et indiquer leur provenance.

4° Signaler les nouvelles découvertes de bornes milliaires ou les constatations de chaussées antiques qui peuvent servir à déterminer le tracé des voies romaines en Gaule ou en Afrique.

5° Grouper les renseignements que les noms de lieux dits peuvent fournir à l'archéologie et à la géographie antique.

6° Signaler dans une région déterminée les édifices antiques de l'Afrique, tels que arcs de triomphe, temples, théâtres, cirques, portes de villes, tombeaux monumentaux, aqueducs, ponts, etc., et dresser le plan des ruines romaines les plus intéressantes.

7° Étudier les caractères qui distinguent les diverses écoles d'architecture religieuse à l'époque romane en s'attachant à mettre en relief les éléments constitutifs des monuments (plans, voûtes, etc.).

8° Rechercher, dans chaque département ou arrondissement, les monuments de l'architecture militaire en France aux différents siècles du moyen âge. En donner des statistiques, signaler les documents historiques qui peuvent servir à en déterminer la date.

9° Signaler les constructions rurales élevées par les abbayes, telles que granges, moulins, étables, colombiers. En donner, autant que possible, les coupes et plans.

10° Étudier les tissus anciens, les tapisseries et les broderies qui existent dans les trésors des églises, dans les anciens hôpitaux, dans les musées et dans les collections particulières.

11° Signaler les actes notariés du XIV° au XVI° siècle, contenant des renseignements sur la biographie des artistes, et particulièrement les marchés relatifs aux peintures, sculptures et autres œuvres d'art commandées soit par des particuliers, soit par des municipalités ou des communautés.

12° Étudier les produits des principaux centres de fabrication de l'orfèvrerie en France pendant le moyen âge et signaler les caractères qui permettent de les distinguer.

13° Quelles mesures pourraient être prises pour améliorer l'organisation des musées archéologiques de province, leurs installations, leur mode de classement, et pour en faire dresser ou perfectionner les catalogues?

III

SECTION DES SCIENCES ÉCONOMIQUES ET SOCIALES.

1° Des procédés de mobilisation de la propriété foncière expérimentés ou proposés en France ou à l'étranger (cédules hypothécaires, dettes foncières, billets de banque fonciers, etc.).

2° De la propriété en pays musulman.

3° Analyse des dispositions prises, depuis le XVI° siècle jusqu'à nos jours, pour créer et développer la vicinalité. Avantages et inconvénients de la prestation en nature; appréciation des conditions actuelles de la législation sur les chemins vicinaux.

4° Historique de la législation ayant eu pour but de conserver les forêts sous l'ancien régime et de nos jours. Indication de quelques mesures à prendre pour prévenir les défrichements et les exploitations abusives de bois et forêts des particuliers.

5° Réforme de l'impôt foncier des propriétés non bâties.

6° Quelles étaient les données générales de l'organisation des anciennes universités françaises? Y aurait-il avantage à créer des universités régionales? Quels services pourraient-elles rendre?

7° De l'enseignement agricole dans les écoles primaires.

8° Ouvrages anciens et tentatives diverses pour la réforme et l'amélioration des prisons avant 1789.

9° Messagers, messageries, courriers, poste dans une région donnée, du moyen âge à la Révolution.

10° La diminution de la population rurale.

11° Étudier la valeur vénale de la propriété non bâtie au XVIII° siècle dans une province, et comparer cette valeur avec la valeur vénale actuelle.

12° Du crédit agricole et des moyens de l'organiser efficacement, son fonctionnement en Allemagne et en Italie. Syndicats d'agriculteurs pour l'achat des instruments et des engrais, et pour la vente des produits; ne serait-ce pas là le moyen de résoudre la question du crédit agricole et des banques agricoles?

13° Étude des résultats statistiques de la participation aux bénéfices dans l'industrie.

14° Pourrait-on reprendre la frappe des pièces de 5 francs en argent sans avoir à redouter un rapide drainage de l'or?

15° Des conditions d'exécution qui peuvent justifier le rang que la transportation et la relégation occupent dans l'échelle des peines établies par le Code pénal et par la loi de 1885.

IV

SECTION DES SCIENCES MATHÉMATIQUES, PHYSIQUES, CHIMIQUES ET MÉTÉOROLOGIQUES.

1° Étude du mistral.

2° Méthodes d'observation des tremblements de terre.

3° Électricité atmosphérique.

4° Recherches sur la présence de la vapeur d'eau dans l'air par les observations astronomiques et spectroscopiques.

5° Comparaison des climats du midi et du sud-ouest de la France.

6° Des causes qui semblent présider à la diminution générale des eaux dans le nord de l'Afrique et à un changement du climat.

7° Études relatives à l'aérostation.

8° Étude de la gamme musicale, au point de vue historique.

V

SECTION DE SCIENCES NATURELLES ET DE SCIENCES GÉOGRAPHIQUES.

1° Étude du mode de distribution topographique des espèces qui habitent notre littoral.

2° Étude détaillée de la faune fluviatile de la France. Indiquer les espèces sédentaires ou voyageuses et, dans ce dernier cas, les dates de leur arrivée et de leur départ. Noter aussi l'époque de la ponte. Influence de la composition de l'eau.

3° Étude des migrations des oiseaux. Indiquer les dates d'arrivée et de départ des espèces de la faune française. Signaler les espèces sédentaires et celles dont la présence est accidentelle.

4° Étude des phénomènes périodiques de la végétation; dates du bourgeonnement, de la floraison et de la maturité. Coïncidences de ces époques avec celles de l'apparition des principales espèces d'insectes nuisibles à l'agriculture.

5° Examiner et discuter l'influence qu'exercent sur les insectes les températures hibernales et leur durée plus ou moins longue.

6° Étude des insectes producteurs de miel et de cire.

7° Étudier au point de vue de l'anthropologie les différentes populations qui, depuis les temps les plus reculés, ont occupé, en totalité ou en partie, une région déterminée de la France.

8° Époque, marche et durée des grandes épidémies au moyen âge et dans les temps modernes.

9° Comparer entre eux les vertébrés tertiaires des divers gisements de la France, au point de vue des modifications successives que les types ont subies.

10° Comparaison des espèces de vertébrés de l'époque quaternaire avec les espèces similaires de l'époque actuelle.

11° Comparaison de la flore de nos départements méridionaux avec la flore algérienne.

12° Influence des plantations d'eucalyptus au point de vue de l'assainissement des terres marécageuses. Utilisation de ces arbres.

13° Étude des arbres à quinquina, à caoutchouc et à gutta-percha. Quelles sont les conditions propres à leur culture? De leur introduction dans nos colonies.

14° Étudier l'influence de la chaîne des Cévennes dans les limites apportées à la propagation vers le nord des espèces végétales et animales de la région méditerranéenne.

15° Exposer les découvertes archéologiques qui ont servi à déterminer le site de villes de l'antiquité ou du moyen âge, soit en Europe, soit en Asie, soit dans le nord de l'Afrique.

16° Signaler les documents géographiques curieux (textes et cartes manuscrits) qui peuvent exister dans les bibliothèques publiques et les archives des départements et des communes.

17° Étudier les mouvements généraux des sables en Afrique et en Asie. Déterminer les régions où les sables reculent et celles où ils progressent.

18° Étudier les résultats géographiques obtenus à la suite des grandes explorations accomplies récemment au Congo, dans l'Indo-Chine et au Tonkin.

159

NOTE À M. LE MINISTRE DE L'INSTRUCTION PUBLIQUE RELATIVE À UNE RÉ-ORGANISATION DES SECTIONS DES SCIENCES DU COMITÉ DES TRAVAUX HISTORIQUES ET SCIENTIFIQUES.

3 novembre 1885.

Monsieur le Ministre, lorsque, en 1883, votre prédécesseur a modifié l'organisation du Comité des travaux historiques et scientifiques et en a distribué les sections comme elles sont demeurées depuis, j'avais cru devoir lui proposer la création d'une section de *géographie historique et descriptive*. «La géographie, lui disais-je dans le rapport que j'avais l'honneur de lui adresser le 5 mars 1883, est aujourd'hui la plus cultivée de toutes les sciences : elle joue de nos jours le rôle que l'histoire jouait en 1834; aussi le nombre des Sociétés de géographie augmente-t-il sans cesse, et, comme on y travaille avec une ardeur prodigieuse, il en sort chaque année des milliers d'informations et de documents qui méritent d'être mis en lumière. Il semble que le génie national se tourne enfin avec passion vers l'étude du globe, qu'on a si longtemps reproché aux Français de négliger.»

Il n'y avait donc point à craindre qu'une section de géographie manquât d'aliments : les informations, les documents venus des Sociétés savantes auraient suffi pour l'occuper, et les travaux laissés inachevés par la *Commission de géographie historique de l'ancienne France* offraient à son activité des ressources qu'elle n'aurait pas épuisées de longtemps.

M. Ferry s'était rendu à ces raisons, et il avait décidé la création que je lui proposais de faire; mais l'illustre savant qui présidait alors la section des sciences le pria de la différer. M. Milne Edwards suivait avec trop d'attention le progrès des sciences géographiques dans nos sociétés savantes pour se priver sans regrets d'un moyen de les surveiller et de les seconder; d'autre part, il avait rendu à l'histoire naturelle de si éminents services qu'on ne pouvait confier à un autre que lui dans le Comité le soin d'en diriger l'étude. Votre prédécesseur renonça donc à diviser, comme je lui demandais de le faire, l'ancienne section des sciences en deux sections, l'une des sciences mathématiques, physiques, chimiques, météorologiques et naturelles, l'autre de géographie historique et descriptive; il réunit les sciences géographiques et naturelles, qui au reste ont entre elles tant de liens, et forma une section distincte avec les sciences mathématiques, physiques, chimiques et météorologiques. M. Milne Edwards, auquel le Ministre était heureux de donner un témoignage de déférence, garda la présidence de la section des sciences géographiques et naturelles; et, jusqu'à son dernier jour, il l'anima de son ardeur scientifique, de sa passion pour les découvertes, de son dévouement absolu à la vérité.

Néanmoins cette division des sections scientifiques du Comité avait des inconvénients sur lesquels il était impossible de se faire illusion, et que la pratique a mis en pleine lumière. Quelle que soit l'importance des sciences mathématiques, physiques, chimiques et météorologiques, elles ne sauraient suffire à alimenter une section du Comité. Les difficultés qu'elles présentent ne permettent qu'à très peu de personnes en province de se consacrer à leur étude; les découvertes sont rares dans nos départements en cet ordre de travaux, et la plupart d'entre elles sont faites par les professeurs, mieux outillés pour les recherches, et non par les membres des Sociétés savantes. Aussi l'activité de la quatrième section du Comité est-elle restée presque sans emploi. La direction de M. Berthelot, sous laquelle cette section est placée, l'aurait fait vivre à coup sûr si elle avait été organisée pour la vie. L'expérience faite est donc décisive; et c'est avec la certitude d'être utile au Comité et aux intérêts scientifiques que j'ai l'honneur de vous proposer aujourd'hui, Monsieur le Ministre, d'accomplir le projet différé, mais non abandonné, en 1883, de rattacher les sciences naturelles à la quatrième section du Comité, qui prendrait le titre général de *Section des sciences*, et de former une cinquième section de *géographie historique et descriptive*.

Le Directeur du Secrétariat,
Xavier CHARMES.

160

ARRÊTÉ RÉORGANISANT LES SECTIONS DES SCIENCES DU COMITÉ DES TRAVAUX HISTORIQUES ET SCIENTIFIQUES.

5 novembre 1885.

LE MINISTRE DE L'INSTRUCTION PUBLIQUE, DES BEAUX-ARTS ET DES CULTES,

ARRÊTE :

ARTICLE PREMIER. Les sciences naturelles sont rattachées à la section des sciences mathématiques, physiques, chimiques et météorologiques du Comité des travaux historiques et scientifiques.

Cette section prend le titre de « Section des sciences » et est constituée ainsi qu'il suit :

. . . .

Art. 2. La cinquième section du Comité des travaux historiques et scientifiques prend le nom de « Section de géographie historique et descriptive. »

Elle est constituée ainsi qu'il suit :

. . . .

Art. 3. Sont et demeurent abrogées les dispositions des arrêtés des 12 et 14 mars 1883, contraires au présent arrêté.

René Goblet.

161

CIRCULAIRE ANNONÇANT LA CRÉATION D'UNE SECTION DE *GÉOGRAPHIE HISTORIQUE ET DESCRIPTIVE* DANS LE COMITÉ DES TRAVAUX HISTORIQUES ET SCIENTIFIQUES.

10 novembre 1885.

Aux Présidents des Sociétés savantes.

Monsieur le Président, j'ai l'honneur de vous annoncer que, par arrêté du 5 novembre courant, j'ai créé, au sein du Comité des travaux historiques et scientifiques, une section de *Géographie historique et descriptive.*

En même temps, j'ai rattaché les sciences naturelles à la 4ᵉ section (sciences mathématiques, physiques, chimiques et météorologiques), à laquelle j'ai donné le titre général de *Section des sciences.* Le rapport ci-inclus vous fera connaître les motifs d'une modification que mon prédécesseur aurait désiré introduire lui-même dans l'organisation du Comité en mars 1883, et que des raisons de haute convenance ont seules fait différer jusqu'à présent.

La création d'une section de géographie historique et descriptive donne satisfaction à des vœux qu'avaient émis depuis longtemps diverses sociétés savantes, et en particulier les Sociétés de géographie, d'origine plus récente, mais dont le nombre et l'importance s'accroissent tous les jours. La certitude de voir leurs travaux et leurs communications soigneusement étudiés, analysés, publiés par les soins d'une section spéciale, ou mis en lumière devant le congrès des Sociétés savantes à la Sorbonne, sera pour elles un précieux encouragement; elle ne peut qu'augmenter l'élan des nombreux travailleurs qui s'adonnent à cet ordre de sciences, et qui n'auront plus à regretter de ne pas savoir où diriger, pour les faire mieux connaître, les résultats de leurs études et de leurs recherches.

Je vous prie, Monsieur le Président, d'appeler sur cette nouvelle organisation l'attention des membres de votre société, et de lui donner, par les moyens en votre pouvoir, toute la publicité désirable.

Agréez, etc.

René GOBLET.

162

CIRCULAIRE ARRÊTANT LE PROGRAMME DE LA SECTION DE GÉOGRAPHIE HISTORIQUE ET DESCRIPTIVE POUR LE CONGRÈS DES SOCIÉTÉS SAVANTES EN 1886.

20 décembre 1885.

Aux Présidents des Sociétés savantes.

Monsieur le Président, ma circulaire du 10 novembre dernier vous annonçait, en même temps que la création de la *Section de géographie historique et descriptive*, le rattachement des sciences naturelles à la 4° section (sciences mathématiques, physiques, chimiques et météorologiques), qui portera désormais le titre général de *Section des sciences*.

Comme conséquence de cette décision, le programme des questions proposées au congrès de la Sorbonne, pour 1886, a dû être modifié.

D'une part, les huit questions portées au paragraphe IV du programme que vous avez reçu, le 7 septembre dernier, sont réunies aux quatorze premières questions indiquées au paragraphe V. Ces vingt-deux questions constituent le programme de la *Section des sciences*.

D'autre part, la nouvelle section, dite de *géographie historique et descrip-*

tive, a déterminé, dès sa première réunion, les questions qui, d'après l'ordre de ses travaux, pourraient être proposées en son nom aux Sociétés savantes.

A cet effet, elle a d'abord retenu comme ressortissant au domaine de la géographie historique et descriptive :

1° La question 13 inscrite au programme de la section d'histoire et de philologie ;

2° Les questions 4 et 5 inscrites au programme de la section d'archéologie ;

3° Les questions 15, 16, 17 et 18, inscrites au programme de la section de sciences naturelles et de sciences géographiques.

Enfin la section de géographie historique et descriptive a demandé que l'étude des communications fluviales entre la Manche et la Méditerranée fût ajoutée à ces sept questions.

J'ai approuvé les résolutions de la section ; et je vous prie en conséquence, Monsieur le Président, d'avertir de cette modification les membres de votre société et de donner toute la publicité désirable au programme suivant :

SECTION DE GÉOGRAPHIE HISTORIQUE ET DESCRIPTIVE.

1° Anciennes démarcations des diocèses et des cités de la Gaule servant encore aujourd'hui de limites aux départements.

2° Signaler les nouvelles découvertes de bornes milliaires ou les constatations de chaussées antiques qui peuvent servir à déterminer le tracé des voies romaines en Gaule ou en Afrique [1].

3° Grouper les renseignements que les noms de lieux dits peuvent fournir à l'archéologie et à la géographie antique.

4° Exposer les découvertes archéologiques qui ont servi à déterminer le site de villes de l'antiquité ou du moyen âge, soit en Europe, soit en Asie, soit dans le nord de l'Afrique.

5° Signaler les documents géographiques curieux (textes et cartes manuscrits) qui peuvent exister dans les bibliothèques publiques et les archives des départements et des communes.

---

[1] Cette question restera également au programme de la section d'archéologie.

6° Étudier les mouvements généraux des sables en Afrique et en Asie. Déterminer les régions où les sables reculent et celles où ils progressent.

7° Étudier les résultats géographiques obtenus à la suite des grandes explorations accomplies récemment au Congo, dans l'Indo-Chine et au Tonkin.

8° Étudier les communications fluviales ou par canaux entre la Manche et la Méditerranée.

Agréez, etc.

René GOBLET.

APPENDICE.

I
COLLECTION DES DOCUMENTS INÉDITS RELATIFS À L'HISTOIRE DE FRANCE,
PUBLIÉS SOUS LES AUSPICES DU MINISTÈRE DE L'INSTRUCTION PUBLIQUE.

I
DATE DE PUBLICATION
DE CHACUN DES VOLUMES DE LA COLLECTION DES DOCUMENTS INÉDITS.

TITRES DES OUVRAGES PUBLIÉS.	NOMS DES ÉDITEURS.	TOME I.	TOME II.	TOME III.	TOME IV.	TOME V.	TOME VI.	TOME VII.	TOME VIII.	TOME IX.	TOME X.	TOME XI.
HISTOIRE ET PHILOLOGIE.												
Archives de la ville de Reims	P. Varin	1839	1843	1848	1840	1844	1847	1852	(Table) 1853	»	»	»
Captivité du roi François Ier	Champollion-Figeac	1847	»	»	»	»	»	»	»	»	»	»
Cartulaire de l'abbaye de Beaulieu en Limousin	Maximin Deloche	1859	»	»	»	»	»	»	»	»	»	»
Cartulaire de l'abbaye de Redon en Bretagne	Aurélien de Courson	1863	»	»	»	»	»	»	»	»	»	»
Cartulaire de l'abbaye de Saint Bertin	Guérard	1840	»	»	»	»	»	»	»	»	»	»
Cartulaire de l'abbaye de Saint-Bertin (Appendice au)	Fr. Morand	1867	»	»	»	»	»	»	»	»	»	»
Cartulaire de l'abbaye de Saint-Père de Chartres	Guérard	1840	1840	»	»	»	»	»	»	»	»	»
Cartulaire de l'abbaye de Saint-Victor de Marseille	Guérard et Natalis de Wailly	1857	1857	»	»	»	»	»	»	»	»	»
Cartulaire de l'abbaye de Savigny	Aug. Bernard	1853	1853	»	»	»	»	»	»	»	»	»
Cartulaire de l'église Notre-Dame de Paris	Guérard	1850	1850	1850	1850	»	»	»	»	»	»	»
Cartulaires de l'église cathédrale de Grenoble	Jules Marion	1869	»	»	»	»	»	»	»	»	»	»
Chronique de Bertrand Duguesclin	E. Charrière	1839	1839	»	»	»	»	»	»	»	»	»
Chroniques des ducs de Normandie	Francisque Michel	1835	1838	1844	»	»	»	»	»	»	»	»
Chronique du religieux de Saint-Denys	L. Bellaguet	1839	1840	1841	1842	1844	1852	»	»	»	»	»
Correspondance administrative sous le règne de Louis XIV	G.-B. et G. Depping	1850	1851	1852	1855	»	»	»	»	»	»	»
Correspondance de Henri d'Escoubleau de Sourdis	Eugène Sue	1839	1839	1839	»	»	»	»	»	»	»	»
Correspondance des Contrôleurs généraux des finances	A.-M. de Boislisle	1874	1883	»	»	»	»	»	»	»	»	»
Documents historiques inédits	Champollion-Figeac	1841	1843	1847	1848	(Table) 1874	»	»	»	»	»	»
Éléments de paléographie	Natalis de Wailly	1838	1838	»	»	»	»	»	»	»	»	»
Esclarcissement (L') de la langue francoyse	F. Génin	1852	»	»	»	»	»	»	»	»	»	»
Familles (Les) d'outre-mer	E.-G. Rey	1869	»	»	»	»	»	»	»	»	»	»
Histoire de la croisade contre les hérétiques albigeois	C. Fauriel	1837	»	»	»	»	»	»	»	»	»	»
Histoire de la guerre de Navarre en 1276 et 1277	Francisque Michel	1856	»	»	»	»	»	»	»	»	»	»
Journal des États généraux de France	A. Bernier	1835	»	»	»	»	»	»	»	»	»	»
Journal d'Olivier Le Fèvre d'Ormesson	A. Chéruel	1860	1861	»	»	»	»	»	»	»	»	»
Lettres de Catherine de Médicis	Hector de la Ferrière	1880	1885	»	»	»	»	»	»	»	»	»
Lettres de Jean Chapelain	Tamizey de Larroque	1880	1883	»	»	»	»	»	»	»	»	»
Lettres de rois, reines et autres personnages des cours de France et d'Angleterre	Champollion-Figeac	1839	1847	»	»	»	»	»	»	»	»	»
Lettres du cardinal Mazarin	A. Chéruel	1872	1879	1883	»	»	»	»	»	»	»	»
Lettres, instructions diplomatiques et papiers d'État du cardinal de Richelieu	Avenel	1853	1856	1858	1861	1863	1867	1874	1877	»	»	»
Lettres, mandements et actes divers de Charles V	Léopold Delisle	1874	»	»	»	»	»	»	»	»	»	»
Livre de la taille	H. Géraud	1837	»	»	»	»	»	»	»	»	»	»
Livre (Le) des psaumes	Francisque Michel	1876	»	»	»	»	»	»	»	»	»	»
Livres (Li) de justice et de plet	Rapetti	1850	»	»	»	»	»	»	»	»	»	»
Livres (Li) dou Tresor	P. Chabaille	1863	»	»	»	»	»	»	»	»	»	»
Mélanges historiques	La section d'histoire du Comité	1873	1877	1880	1881	»	»	»	»	»	»	»
Mémoires de Claude Haton	Félix Bourquelot	1857	1857	»	»	»	»	»	»	»	»	»
Mémoires de Nicolas-Joseph Foucault	F. Baudry	1862	»	»	»	»	»	»	»	»	»	»

TITRES DES OUVRAGES PUBLIÉS.	NOMS DES ÉDITEURS.	TOME I.	TOME II.	TOME III.	TOME IV.	TOME V.	TOME VI.	TOME VII.	TOME VIII.	TOME IX.	TOME X.	TOME XI.
HISTOIRE ET PHILOLOGIE. (*Suite.*)												
Mémoires des Intendants sur l'état des généralités	A.-M. de Boislisle	1881	"	"	"	"	"	"	"	"	"	"
Mémoires militaires relatifs à la succession d'Espagne sous Louis XIV	Lieutenant général Pelet	1835	1836	1838	1838	1842	1845	1848	1850	1855	1859	1862
Misthra (La) du siège d'Orléans	F. Guessard et E. de Certain	1862	"	"	"	"	"	"	"	"	"	"
Négociations de la France dans le Levant	E. Charrière	1848	1850	1853	1860	"	"	"	"	"	"	"
Négociations diplomatiques de la France avec la Toscane	Abel Desjardins	1859	1861	1865	1872	1875	"	"	"	"	"	"
Négociations diplomatiques entre la France et l'Autriche	Le Glay	1845	1845	"	"	"	"	"	"	"	"	"
Négociations, lettres et pièces diverses relatives au règne de François II	Louis Paris	1841	"	"	"	"	"	"	"	"	"	"
Négociations, lettres et pièces relatives à la conférence de Loudun	Bouchitté	1862	"	"	"	"	"	"	"	"	"	"
Négociations relatives à la succession d'Espagne sous Louis XIV	Mignet	1835	1835	1842	1842	"	"	"	"	"	"	"
Olim (Les)	Beugnot	1839	1842	1844	1848	"	"	"	"	"	"	"
Ouvrages inédits d'Abélard	Victor Cousin	1836	"	"	"	"	"	"	"	"	"	"
Papiers d'État du cardinal de Granvelle	Charles Weiss	1841	1841	1842	1843	1844	1846	1849	1850	1852	"	"
Privilèges accordés à la couronne de France par le Saint-Siège	Adolphe et Jules Tardif	1855	"	"	"	"	"	"	"	"	"	"
Procédures politiques du règne de Louis XII	De Maulde	1885	"	"	"	"	"	"	"	"	"	"
Procès des Templiers	Michelet	1841	1851	"	"	"	"	"	"	"	"	"
Procès-verbaux des États généraux de 1593	Aug. Bernard	1842	"	"	"	"	"	"	"	"	"	"
Procès-verbaux des séances du conseil de régence du roi Charles VIII	A. Bernier	1836	"	"	"	"	"	"	"	"	"	"
Quatre livres (Les) des Rois	Le Roux de Lincy	1841	"	"	"	"	"	"	"	"	"	"
Rapports au Ministre	Comité historique	1839	"	"	"	"	"	"	"	"	"	"
Rapports au Ministre sur la Collection des documents inédits de l'histoire de France et sur les actes du Comité des travaux historiques	De Watteville	1874	"	"	"	"	"	"	"	"	"	"
Rapports au Roi et pièces	Guizot	1835	"	"	"	"	"	"	"	"	"	"
Recueil des chartes de l'abbaye de Cluny	Alexandre Bruel	1876	1880	1884	"	"	"	"	"	"	"	"
Recueil des lettres missives de Henri IV	Berger de Xivrey	1843	1843	1846	1848	1850	1853	1858	1872	1876	"	"
Recueil des monuments inédits de l'histoire du Tiers État	Augustin Thierry	1850	1853	1856	1870	"	"	"	"	"	"	"
Règlements sur les arts et métiers de Paris	G.-B. Depping	1837	"	"	"	"	"	"	"	"	"	"
Relations des ambassadeurs vénitiens sur les affaires de France au xvie siècle	N. Tommaseo	1838	1838	"	"	"	"	"	"	"	"	"
Rôles gascons	Francisque Michel	1885	"	"	"	"	"	"	"	"	"	"
ARCHÉOLOGIE.												
Architecture monastique au moyen âge	A. Lenoir	1852	1856	"	"	"	"	"	"	"	"	"
Comptes des bâtiments du Roi sous le règne de Louis XIV	Jules Guiffrey	1881	"	"	"	"	"	"	"	"	"	"
Comptes de dépenses de la construction du château de Gaillon (texte et atlas)	A. Deville	1850	"	"	"	"	"	"	"	"	"	"
Étude sur les monuments de l'architecture militaire des croisés en Syrie et dans l'île de Chypre	G. Rey	1871	"	"	"	"	"	"	"	"	"	"
Étude sur les sarcophages chrétiens antiques de la ville d'Arles	Ed. Le Blant	1878	"	"	"	"	"	"	"	"	"	"
Iconographie chrétienne. Histoire de Dieu	Didron	1843	"	"	"	"	"	"	"	"	"	"
Inscriptions de la France	De Guilhermy et R. de Lasteyrie	1873	1875	1877	1879	1883	"	"	"	"	"	"
Instructions {sur l'architecture antique gallo-romaine	A. Lenoir	1839	"	"	"	"	"	"	"	"	"	"
sur l'architecture du moyen âge	Leprévost et A. Lenoir	1840	"	"	"	"	"	"	"	"	"	"
sur l'architecture militaire	P. Mérimée et A. Lenoir	1843	"	"	"	"	"	"	"	"	"	"
sur la musique}	Bottée de Toulmon	1839	"	"	"	"	"	"	"	"	"	"

TITRES DES OUVRAGES PUBLIÉS.		NOMS DES ÉDITEURS.	TOME I.	TOME II.	TOME III.	TOME IV.	TOME V.	TOME VI.	TOME VII.	TOME VIII.	TOME IX.	TOME X.	TOME XI.
ARCHÉOLOGIE. (Suite.)													
Inventaire des sceaux de la collection Clairambault............		G. Demay.................	1885	"	"	"	"	"	"	"	"	"	"
Inventaire du mobilier de Charles V.................		Jules Labarte.............	1879	"	"	"	"	"	"	"	"	"	"
Monographie de la cathédrale de Chartres (texte et atlas)........		Lassus, Amaury-Duval et P. Durand.	1842	1881	"	"	"	"	"	"	"	"	"
Monographie de l'église Notre-Dame de Noyon (texte et atlas).....		Vitet et Daniel Ramée.....	1845	"	"	"	"	"	"	"	"	"	"
Peintures de l'église de Saint-Savin (texte et atlas)............		P. Mérimée et Gérard-Séguin.	1845	"	"	"	"	"	"	"	"	"	"
Recueil de diplômes militaires........................		L. Renier.................	1876	"	"	"	"	"	"	"	"	"	"
Statistique monumentale (spécimen). Rapport à M. le Ministre de l'instruction publique sur les monuments historiques des arrondissements de Nancy et de Toul (texte et atlas).		Grille de Beuzelin.........	1837	"	"	"	"	"	"	"	"	"	"
Statistique monumentale de Paris (texte et atlas).............		A. Lenoir.................	1867	"	"	"	"	"	"	"	"	"	"
SCIENCES.													
Œuvres complètes d'Augustin Fresnel...................		H. de Sénarmont, L. Fresnel, E. Verdet.	1866	1868	1870	"	"	"	"	"	"	"	"
Œuvres de Cauchy..............................		Académie des sciences.....	1882	"	"	1884	1885	"	"	"	"	"	"
Œuvres de Lagrange.............................		J.-A. Serret..............	1867	1868	1869	1869	1870	1873	1877	1879	1881	1884	T. XIII, 1882
Œuvres de Lavoisier.............................		Dumas..................	1864	1862	1865	1868	"	"	"	"	"	"	"
DICTIONNAIRES ET RÉPERTOIRES.													
Dictionnaires topographiques	Aisne........................	Auguste Matton...........	1871	"	"	"	"	"	"	"	"	"	"
	Alpes (Hautes-)................	J. Roman................	1884	"	"	"	"	"	"	"	"	"	"
	Aube........................	T. Boutiot et E. Socard.....	1874	"	"	"	"	"	"	"	"	"	"
	Calvados....................	C. Hippeau...............	1883	"	"	"	"	"	"	"	"	"	"
	Dordogne....................	De Gourgues..............	1873	"	"	"	"	"	"	"	"	"	"
	Eure........................	De Blosseville.............	1878	"	"	"	"	"	"	"	"	"	"
	Eure-et-Loir..................	Lucien Merlet.............	1861	"	"	"	"	"	"	"	"	"	"
	Gard.......................	E. Germer-Durand.........	1868	"	"	"	"	"	"	"	"	"	"
	Hérault.....................	Eugène Thomas...........	1865	"	"	"	"	"	"	"	"	"	"
	Mayenne....................	Léon Maître..............	1878	"	"	"	"	"	"	"	"	"	"
	Meurthe.....................	Henri Lepage.............	1861	"	"	"	"	"	"	"	"	"	"
	Meuse......................	Félix Liénard.............	1872	"	"	"	"	"	"	"	"	"	"
	Morbihan....................	Rosenzweig..............	1870	"	"	"	"	"	"	"	"	"	"
	Moselle.....................	De Bouteiller.............	1874	"	"	"	"	"	"	"	"	"	"
	Nièvre......................	De Soultrait..............	1865	"	"	"	"	"	"	"	"	"	"
	Pyrénées (Basses-).............	Paul Raymond............	1863	"	"	"	"	"	"	"	"	"	"
	Rhin (Haut-).................	Georges Stoffel............	1868	"	"	"	"	"	"	"	"	"	"
	Vienne......................	L. Redet.................	1881	"	"	"	"	"	"	"	"	"	"
	Yonne......................	Max. Quantin.............	1862	"	"	"	"	"	"	"	"	"	"
Répertoires archéologiques	Aube........................	D'Arbois de Jubainville.....	1861	"	"	"	"	"	"	"	"	"	"
	Morbihan....................	Rosenzweig..............	1863	"	"	"	"	"	"	"	"	"	"
	Nièvre......................	De Soultrait..............	1875	"	"	"	"	"	"	"	"	"	"
	Oise........................	Emmanuel Woillez........	1862	"	"	"	"	"	"	"	"	"	"
	Seine-Inférieure...............	L'abbé Cochet............	1871	"	"	"	"	"	"	"	"	"	"
	Tarn.......................	H. Crozes................	1865	"	"	"	"	"	"	"	"	"	"
	Yonne......................	Max. Quantin.............	1868	"	"	"	"	"	"	"	"	"	"

TITRES DES OUVRAGES PUBLIÉS.	NOMS DES ÉDITEURS.	NOMBRE DES VOLUMES publiés.	DATE de L'IMPRESSION.
BULLETINS ET REVUES.			
Bulletin archéologique (1838-1848)......	Comité historique des arts et monuments..........	4 vol. in-8°..	1843 à 1848
Extraits des procès-verbaux des séances du Comité historique des monuments écrits, depuis son origine jusqu'à sa réorganisation (1834-1848)................	De la Villegille et Taranne.......	1 vol. in-8°..	1850
Annuaire des Sociétés savantes de la France et de l'étranger (1846)..............	Comité historique des arts et monuments..........	1 vol. in-8°..	1846
Bulletin du Comité historique des monuments écrits de l'histoire de France (1848-1852).....................	Comité historique des monuments écrits..........	4 vol. in-8°..	1849 à 1852
Bulletin du Comité historique des arts et monuments (1849-1852)............	Comité historique des arts et monuments........	4 vol. in-8°..	1849 à 1852
Bulletin du Comité de la langue, de l'histoire et des arts de la France (1852-1857).	Comité de la langue, de l'histoire et des arts..........	4 vol. in-8°..	1854 à 1860
Bulletin des Sociétés savantes, missions scientifiques et littéraires (1853-1855)..	Idem...........	2 vol. in-8°..	1854 à 1855
Revue des Sociétés savantes. Partie historique et archéologique, 1re série (1856-1858)...........................	Idem...........	5 vol. in-8°..	1856 à 1858
Revue des Sociétés savantes....... 2e série (1859-1862).	Comité des travaux historiques et des sociétés savantes..	8 vol. in-8°..	1859 à 1862
3e série (1862-1864).	Idem...........	4 vol. in-8°..	1863 à 1864
4e série (1864-1869).	Idem...........	10 vol. in-8°..	1865 à 1869
Table générale des Bulletins et Revues...	O. Teissier.......	1 vol. in-8°..	1873
Revue des Sociétés savantes....... 5e série (1870-1874).	Comité des travaux historiques et des sociétés savantes..	8 vol. in-8°..	1871 à 1875
6e série (1875-1878).	Idem...........	8 vol. in-8°..	1875 à 1879
7e série (1879-1882).	Idem...........	6 vol. in-8°..	1879 à 1882

TITRES DES OUVRAGES PUBLIÉS.	NOMS DES ÉDITEURS.	NOMBRE DES VOLUMES publiés.	DATE de L'IMPRESSION.
BULLETINS ET REVUES. (*Suite.*)			
Bulletin du Comité des travaux historiques et scientifiques (histoire et archéologie) (1882-1883)	Comité des travaux historiques et scientifiques	2 vol. in-8°..	1882 à 1883
Bulletin du Comité des travaux historiques et scientifiques (en cours d'exécution).... — Histoire et philologie (1883-1885)....	Idem...........	3 vol. in-8°..	1883 à 1885
Archéologie (1883-1885).........	Idem...........	3 vol. in-8°..	1883 à 1885
Sciences économiques et sociales (1883-1885)....	Idem...........	3 vol. in-8°..	1883 à 1885
Répertoire des travaux historiques.......	Idem...........	3 vol. in-8°..	1882 à 1885
Revue des Sociétés savantes. Partie scientifique..... — 1re série (1861-1864).	Comité des travaux historiques et des sociétés savantes..	6 vol. in-8°..	1862 à 1864
2e série (1866-1877).	Idem...........	11 vol. in-8°..	1867 à 1879
3e série (1878-1879).	Idem...........	3 vol. in-8°..	1879 à 1883
Table générale de la partie scientifique...	Hugot..........	1 vol. in-8°..	1885
Revue des travaux scientifiques (en cours d'exécution).....................	Comité des travaux historiques et scientifiques	5 vol. in-8°..	1881 à 1885
RECUEIL DES MÉMOIRES LUS À LA SORBONNE PAR LES DÉLÉGUÉS DES SOCIÉTÉS SAVANTES. 1861-1863-1864-1865-1866-1867-1868.			
Histoire......................	Comités des travaux historiques et des sociétés savantes..	7 vol. in-8°..	1863 à 1869
Archéologie...................	Idem...........	7 vol. in-8°..	1863 à 1869

OUVRAGES DE LA COLLECTION DES DOCUMENTS INÉDITS EN COURS D'EXÉCUTION AU 1ᵉʳ JANVIER 1886.

TITRES DES OUVRAGES.	NOMS DES ÉDITEURS.	VOLUMES À L'IMPRESSION.
Archives de l'Hôtel-Dieu de Paris............	Brièle.............	1 volume.
Bibliographie des travaux historiques et archéologiques publiés par les Sociétés savantes de France........................	R. de Lasteyrie........	1ᵉʳ volume.
Comptes des bâtiments du Roi.............	Jules Guiffrey.........	2ᵉ volume.
Correspondance des Contrôleurs généraux des finances........................	A.-M. de Boislisle......	3ᵉ volume.
Documents relatifs aux États généraux et assemblées réunis sous Philippe le Bel..........	Georges Picot.........	1ᵉʳ volume.
Estoire (L') de la guerre sainte.............	Gaston Paris.........	1 volume.
Inventaire des sceaux de la collection Clairambault........................	G. Demay..........	2ᵉ volume.
Lettres de Catherine de Médicis.............	Hector de la Ferrière...	3ᵉ volume.
Lettres du cardinal Mazarin................	A. Chéruel..........	4ᵉ volume.
Mélanges historiques....................	La section d'histoire....	5ᵉ volume.
Mémoires des Intendants sur l'état des généralités........................	A.-M. de Boislisle.....	2ᵉ volume, en préparation.
Négociations diplomatiques de la France avec la Toscane. Index historique...............	Abel Desjardins.......	6ᵉ volume.
Œuvres de Cauchy.....................	Académie des sciences..	6ᵉ volume.
Œuvres de Fourier.....................	Darboux............	1 volume.
Œuvres de Lagrange....................	Darboux............	11ᵉ volume.
Œuvres de Lavoisier................ ..	Debray............	5ᵉ volume.
Recueil des chartes de l'abbaye de Cluny......	Alexandre Bruel.......	4ᵉ volume.
Remontrances du Parlement de Paris........	Flammermont........	1ᵉʳ volume.
Rôles gascons........................	Francisque Michel.....	2ᵉ volume, en préparation.
Sarcophages (Les) chrétiens de la Gaule......	Ed. Le Blant........	1 volume.
Dictionnaire topographique de la Drôme......	Brun-Durand........	1 volume.
Dictionnaire topographique de la Marne.......	Longnon...........	1 volume.
Répertoire archéologique des Hautes-Alpes....	J. Roman..........	1 volume.

II

NOTICES SUR LES OUVRAGES

PUBLIÉS DANS LA COLLECTION DES DOCUMENTS INÉDITS.

I

HISTOIRE ET PHILOLOGIE.

I

Cartulaire de l'abbaye de Saint-Père de Chartres, publié par M. Guérard, 1840, 2 vol. (Ouvrage épuisé.)

Pour la première période du moyen âge, depuis l'invasion des barbares jusqu'au xiiie siècle, les documents qui jettent le plus de lumière sur l'état moral et matériel du pays sont les anciens cartulaires; on appelle ainsi les recueils d'actes de tout genre qui constataient les droits réciproques des membres de la société civile et ecclésiastique. État des terres et des personnes, progrès ou décadence de l'agriculture, de l'industrie et du commerce, défrichement des forêts, fondation des villages, origines et variations des divisions topographiques, premières traces des idiomes vulgaires, jeu des institutions religieuses et féodales, telles sont, en deux mots, les principales matières qu'on peut étudier dans les cartulaires. C'est là aussi, et là seulement, qu'on trouve le moyen d'établir sur des bases solides la chronologie des familles souveraines et des grands dignitaires, travail indispensable pour mettre un peu d'ordre dans les récits trop souvent confus et incomplets des historiens contemporains. Le nombre des cartulaires qui ont existé est incalculable. Il n'est guère de monastère, d'église, de seigneurie et de communauté bourgeoise qui n'ait, à un moment donné, compris la nécessité de réunir, de coordonner et de transcrire, sur des rouleaux ou des registres, les titres qui établissaient l'origine, la nature et l'étendue de ses propriétés et de ses prérogatives. Malheureusement le temps a fait disparaître la plupart de ces précieux recueils; il en reste cependant assez pour que nous puissions en étudier les types caractéristiques dans chacune de nos provinces.

Un choix de cartulaires devait donc entrer dans la Collection des documents inédits. C'était une longue et difficile entreprise; mais le maître à qui la direction en fut confiée, M. Guérard, triompha de tous les obstacles, traça d'une main ferme la voie qui devait être suivie et montra, par des exemples restés célèbres, comment il fallait traiter et interroger les cartulaires.

M. Guérard jeta d'abord les yeux sur les cartulaires de Saint-Père de Chartres; il eût été difficile de trouver des recueils qui présentassent plus de variété, et d'où l'on pût tirer des renseignements plus instructifs. Les cartulaires de Saint-Père sont au nombre de deux : le plus ancien, connu sous le titre d'*Aganon,* du nom d'un évêque de Chartres au xe siècle, contient les actes du xe et du xie siècle. La bibliothèque de Chartres en possède deux anciens exemplaires. Le moine Paul, rédacteur de la compilation, se mit à l'œuvre un peu avant l'année 1078, et ne se borna pas à copier les chartes dont il trouvait les originaux dans les archives de Saint-Père; il consigna dans son livre les traditions qui parvinrent à sa connaissance, y inséra les détails qui pouvaient mieux faire connaître les domaines et les droits de l'abbaye, et ne passa sous silence aucun des faits propres à démontrer que l'église de Saint-Père, par son illustration comme par la richesse de ses ornements et de ses autres biens, méritait un des premiers rangs parmi les plus célèbres abbayes de la Gaule. La suite de l'*Aganon* se trouve dans un cartulaire écrit vers l'année 1200, et appelé *Livre d'argent,* en souvenir d'une précieuse couverture, dont il est depuis longtemps dépouillé. Le cartulaire d'argent, conservé à la Bibliothèque nationale, contient principalement des actes du xiie siècle. Les chartes plus récentes de Saint-Père de Chartres ont été copiées et annotées, pendant les années 1772-1776, par dom Muley, religieux de la congrégation de Saint-Maur.

M. Guérard a reproduit mot pour mot le cartulaire d'Aganon; il a donné toutes les chartes du *Livre d'argent,* en supprimant les formules inutiles et les pièces qui faisaient double emploi; dans le volumineux recueil de dom Muley, il a fait un choix sévère et restreint, de manière à n'imprimer que des documents vraiment dignes de l'histoire.

Ainsi composé, le Cartulaire de Saint-Père a dignement ouvert la série de nos cartulaires : mais, quelle que fût la valeur des textes rassemblés par l'éditeur, le prix en a encore été relevé par des prolégomènes qui ont initié le public à la connaissance de ces précieux recueils, et ont ouvert une voie nouvelle aux études dont l'histoire intime du moyen age mérite d'être l'objet. Ces prolégomènes se terminent par un pouillé, qui fait connaître les anciens noms, la population et la valeur des cures de chacune des paroisses du diocèse de Chartres au XIIIe siècle.

II

CARTULAIRE DE L'ABBAYE DE SAINT-BERTIN, publié par M. Guérard, 1840. [A la fin du volume : Cartulaire de l'abbaye de la Sainte-Trinité du Mont, de Rouen, avec notes et introduction, préparé pour l'impression par M. A. Deville.]

APPENDICE au Cartulaire de l'abbaye de Saint-Bertin, par M. François Morand, 1867.
(Ouvrage presque épuisé.)

Le recueil que M. Guérard a intitulé : *Cartulaire de l'abbaye de Saint-Bertin* est, comme il l'a dit lui-même, moins un cartulaire qu'une chronique de l'abbaye de Saint-Bertin, pour la période comprise entre le milieu du VIIe et la fin du XIIe siècle.

Ce sont, en effet, des récits dans lesquels les chartes sont insérées comme pour servir de pièces justificatives. Le rôle considérable que l'abbaye de Saint-Bertin a joué si longtemps dans le nord de la France explique suffisamment l'intérêt d'une composition qui nous fait assister aux développements de cette puissante église, et comprendre la part qu'elle a prise à tant de grands événements accomplis pendant plus de quatre siècles. Cette composition se divise en trois parties. La première date de l'année 961 et a pour auteur un moine nommé Folcuin; la deuxième est du milieu du XIIe siècle et est l'œuvre de l'abbé Simon, mort en 1148; la troisième, dont l'auteur est inconnu, conduit le récit depuis l'année 1145 jusqu'à l'année 1186.

M. Guérard a publié la première partie du Cartulaire de Folcuin d'après un manuscrit du milieu du XIIe siècle, conservé à la bibliothèque de Boulogne-sur-Mer (n° 146); pour les deux autres parties, il n'a eu à sa disposition qu'un texte très imparfait, celui du manuscrit 750 de Saint-Omer, qui est une compilation d'Alard Tassart, moine de Saint-Bertin, mort en 1533.

Deux importantes découvertes, dues à M. Morand, de Boulogne, ont fourni le moyen de combler les lacunes et de réparer des imperfections qui n'avaient pas échappé à la sagacité du premier éditeur. D'une part, M. Morand a constaté que le manuscrit original de Folcuin, aujourd'hui perdu, avait subsisté jusqu'à la Révolution, et que dom Charles Dewite en a fait une copie très fidèle, aujourd'hui conservée à Saint-Omer sous le n° 815. D'autre part, il a fait acquérir, en 1856, pour la bibliothèque de Boulogne, un manuscrit du xii° siècle (aujourd'hui n° 146 A), qui doit être considéré comme l'exemplaire original de l'œuvre de l'abbé Simon et de son continuateur anonyme. Grâce à cette découverte, l'édition de M. Guérard a pu être complétée en 1867 par un Appendice, qui comprend d'abord les rectifications que le nouveau manuscrit permet d'apporter à la deuxième partie du Cartulaire, puis le texte même de la troisième partie, qui était devenu tout à fait méconnaissable sous la plume d'Alard Tassart.

Le volume que M. Guérard a consacré au Cartulaire de Saint-Bertin se termine par un petit cartulaire normand, qui, pour être fort court, n'en est pas moins infiniment précieux. C'est le Cartulaire de l'abbaye de la Sainte-Trinité du Mont, de Rouen; il consiste en 97 chartes ou notices, toutes du xi° siècle, toutes importantes à étudier pour connaître l'état de la Normandie au temps de Guillaume le Conquérant. L'édition en a été préparée par M. Deville, d'après le manuscrit original des archives de la Seine-Inférieure.

III

Cartulaire de l'église Notre-Dame de Paris, publié par M. Guérard, avec la collaboration de MM. Géraud, Marion et Deloye, 1850, 4 vol. (Ouvrage épuisé.)

Sous le titre de *Cartulaire de Notre-Dame de Paris*, M. Guérard a donné les chartes que les évêques et le chapitre de Paris avaient fait copier à différentes reprises dans leurs cartulaires, et qui sont une mine inépuisable de renseignements sur la topographie de la ville de Paris et d'une foule de localités de l'Île-de-France, principalement au xii° et au xiii° siècle. Les registres de chartes dont la substance est passée dans la publication de M. Guérard sont au nombre de huit : trois pour l'évêché (Cartulaire de l'évêque, grand et petit Cartulaire); cinq pour le chapitre (petit Pastoral, grand Pastoral, Livre noir, Cartulaire du Mandé, Livre des serments). L'éditeur y a joint un obituaire, de la fin du xiii° siècle, qui contient des notices sur une foule de personnages dont le chapitre de Paris honorait la mémoire, et dont beaucoup appartiennent à notre histoire politique, religieuse ou littéraire. Dans l'introduction placée en tête de l'ouvrage, M. Guérard résume une partie des notions disséminées dans les chartes, analyse les causes de la popularité dont le clergé a joui pendant plusieurs siècles du moyen âge, et détermine les droits et les devoirs des membres d'un grand chapitre comme celui de Notre-Dame de Paris, les attributions des officiers qu'il employait, la condition des tenanciers qui relevaient de lui. Dans les pouillés qui font partie des Cartulaires ou que l'éditeur y a ajoutés, nous pouvons suivre les variations que les circonscriptions ecclésiastiques du diocèse de Paris ont subies du XIII° au XVIII° siècle.

IV

CARTULAIRE DE L'ABBAYE DE SAINT-VICTOR DE MARSEILLE, publié par MM. Guérard et Natalis de Wailly, avec la collaboration de MM. Marion et Delisle, 1857, 2 vol. (Ouvrage épuisé.)

Le grand Cartulaire de Saint-Victor de Marseille a été rédigé vers la fin du XI° siècle; le petit Cartulaire date du milieu du XIII°; l'un et l'autre sont aux archives des Bouches-du-Rhône. Complétés par divers documents du même dépôt, ils ont fourni la matière d'une publication dans laquelle on peut étudier la topographie, la succession des dignitaires ecclésiastiques et des seigneurs féodaux, l'état des différentes classes de la société, l'origine de beaucoup d'usages, les progrès de l'agriculture, de l'industrie et du commerce sur un grand nombre de points de la Provence, particulièrement au XI° siècle. Parmi les pièces que les éditeurs ont ajoutées aux chartes de l'abbaye de Saint-Victor, on remarque un polyptyque de l'année 814, découvert à Marseille par M. Mortreuil, et qui, par sa date, se place tout près du célèbre Polyptyque d'Irminon. Un registre de Charles Ier (ms. latin 10125 de la Bibliothèque nationale) leur a fourni le tarif des droits que les navires, les marins, les voyageurs, les marchands et les marchandises de toute espèce devaient acquitter dans plusieurs villes ou châteaux du comté de Provence, à Nice, à Séranon, à Brignoles, aux Pennes, à Aix, à Valensolle, à Saint-Gabriel, à Tarascon, à Avignon, à Orgon, à Saint-Andéol et à Arles.

V

CARTULAIRE DE L'ABBAYE DE SAVIGNY, suivi du petit Cartulaire de l'abbaye d'Ainay, publiés par M. Aug. Bernard, 1853, 2 vol. (Ouvrage presque épuisé.)

Les ressources que le Cartulaire de Saint-Victor présente à l'historien de la Provence sont offertes à l'historien du Lyonnais et des petits pays limitrophes par les Cartulaires des abbayes de Savigny et d'Ainay. Le premier est un recueil de chartes qui avait été formé par les soins de Ponce, abbé de Savigny, depuis 1111 jusqu'en 1140; le manuscrit original a disparu, et M. Auguste Bernard, pour établir son texte, a dû comparer entre elles quatre copies assez défectueuses, qui sont aujourd'hui : deux à la bibliothèque de Lyon, une à la Faculté de médecine de Montpellier et une à la Bibliothèque nationale. Plus heureux pour le Cartulaire d'Ainay, qui date aussi du XIIe siècle, M. Bernard n'a eu qu'à suivre littéralement le manuscrit original, conservé à la Bibliothèque nationale [1].

Les Cartulaires de Savigny et d'Ainay sont les deux plus anciens monuments de l'histoire du Lyonnais. Comme ils abondent surtout en informations topographiques, M. Auguste Bernard s'en est servi pour traiter à fond des questions géographiques encore très mal connues : il pouvait d'autant mieux accomplir cette tâche, qu'il avait recueilli et publié, dans l'appendice à ses Cartulaires, cinq pouillés du diocèse de Lyon, du XIIIe au XVIIIe siècle, un pouillé du diocèse de Mâcon, du XVIe siècle, et un fragment du pouillé du diocèse d'Autun, du XIe siècle.

VI

CARTULAIRE DE L'ABBAYE DE BEAULIEU EN LIMOUSIN, publié par M. Maximin Deloche, 1859. (Ouvrage presque épuisé.)

Le Cartulaire de l'abbaye de Beaulieu en Limousin consiste en 196 chartes et embrasse une période de quatre siècles, du IXe au XIIe siècle. M. Deloche l'a publié d'après le manuscrit original trouvé à Beaulieu chez M. le baron de Costa. Les savants commentaires dont il l'a orné portent sur l'histoire de la ville et du monastère de Beaulieu, sur le caractère des offices monas-

---

[1] Le cartulaire d'Ainay publié par M. Bernard est tout à fait distinct du grand cartulaire conservé à la bibliothèque de Lyon et d'un troisième cartulaire faisant partie des archives du Rhône, dont le texte vient de voir le jour par les soins de M. le comte de Charpin-Feugerolles et de M. M.-C. Guigue, sous le titre suivant : *Grand Cartulaire de l'abbaye d'Ainay, suivi d'un autre cartulaire rédigé en 1236 et de documents inédits*, Lyon, 1885, 2 vol. gr. in-4°.

tiques et des offices séculiers, sur les coutumes provinciales et locales, sur l'état de la propriété et sur les limites et les subdivisions du « pagus Lemovicinus » et du « pagus Caturcinus ».

VII

CARTULAIRE DE L'ABBAYE DE REDON EN BRETAGNE, publié par M. Aurélien de Courson, avec la collaboration de M. de la Borderie, 1863.

Les institutions de la Bretagne diffèrent tellement des institutions des autres provinces, qu'elles avaient un droit particulier à être représentées, dans la Collection des documents inédits, par le monument qui en donne l'idée la plus exacte et la plus complète, par le Cartulaire de l'abbaye de Redon. Ce vénérable cartulaire, qui appartient aujourd'hui à Mgr l'archevêque de Rennes, a été transcrit au xie siècle et nous a transmis beaucoup d'actes des deux siècles précédents. C'est à lui qu'il faut toujours recourir pour résoudre les difficultés dont l'histoire de Bretagne est semée à chaque pas, depuis les origines jusqu'au xie siècle. La simple publication du Cartulaire de Redon aurait donc été accueillie comme un véritable service rendu à l'histoire et à la philologie, quand même l'éditeur n'en aurait pas triplé l'étendue par des prolégomènes, dans lesquels il expose ses idées sur les points les plus controversés de l'histoire de Bretagne, et par des appendices où se trouvent, à côté de pièces relatives à l'abbaye de Redon, des documents d'un intérêt plus général, comme divers pouillés des neuf anciens diocèses de la Bretagne.

VIII

CARTULAIRES DE L'ÉGLISE CATHÉDRALE DE GRENOBLE, dits *Cartulaires de saint Hugues*, publiés par M. Jules Marion, 1869.

Saint Hugues, évêque de Grenoble depuis 1080 jusqu'en 1132, fit copier dans trois cartulaires les anciens titres de son église. Le premier de ces cartulaires est à la Bibliothèque nationale, les deux autres à Grenoble. Déduction faite des doubles et des triples, ils contiennent 213 chartes, que M. Jules Marion a reproduites en suivant l'ordre des manuscrits. Quoique les Cartulaires de saint Hugues eussent été largement mis à contribution par les savants des deux derniers siècles, l'édition complète qui en a paru en 1869 avait été fréquemment réclamée dans ces quarante dernières années. M. Marion s'est surtout attaché à donner des textes corrects et bien datés; pour le travail géographique, il a été secondé par M. l'abbé Auvergne. Deux pouillés du diocèse de Grenoble ont été compris dans la publication de M. Marion : l'un est du xive siècle; le second a été offert à l'évêque de Grenoble, le 1er janvier 1497, par le vicaire général François Dupuis; ce dernier pouillé est, dans le sens moderne du mot, une véritable statistique de l'ancien diocèse de Grenoble, digne, par la sûreté des informations comme par l'abondance et la variété des renseignements qu'elle renferme, de figurer à côté des meilleurs travaux du même genre dont la science contemporaine nous a si largement dotés.

IX

Recueil des chartes de l'abbaye de Cluny, formé par M. Auguste Bernard, complété, revisé et publié par M. Alexandre Bruel. — Tome I (années 802-954), 1876. — Tome II (années 954-987), 1880. — Tome III (années 987-1027), 1884.

Le Comité, qui a plus d'une fois émis le vœu de voir toujours au moins un cartulaire inscrit à l'ordre de ses travaux, s'est prononcé, après une mûre délibération, pour la publication des chartes de l'abbaye de Cluny, entreprise dont l'immensité l'avait effrayé au premier abord, mais qui, d'après le plan adopté, pourra être réduite à des proportions fort raisonnables. L'ancienneté des chartes de Cluny et l'étendue de la zone territoriale qu'elles embrassent méritaient d'ailleurs d'être prises tout particulièrement en considération.

Pour ce recueil on s'est écarté de la marche suivie par les éditeurs des Cartulaires qui viennent d'être mentionnés : les chartes n'y sont pas reproduites dans l'ordre où les ont disposées les rédacteurs des cartulaires du moyen âge, mais bien suivant l'ordre chronologique. Ce classement, qui est le seul vraiment scientifique, n'est pas toujours applicable, et soulève parfois des difficultés insolubles ; mais il s'imposait absolument pour une collection dont on demandait les éléments moins aux cartulaires anciennement rédigés qu'aux chartes originales et aux copies jadis faites d'après des chartes originales.

M. Auguste Bernard, avec un zèle, une obstination et une sagacité auxquels on ne saurait assez rendre hommage, était parvenu à se procurer la copie et l'indication de presque toutes les pièces du chartrier de Cluny, qui sont aujourd'hui dispersées dans beaucoup de dépôts français et même étrangers. Mais il est mort sans avoir revu et vérifié les copies et sans avoir fixé les dates avec une précision suffisante. Ce travail délicat, beaucoup plus long qu'on n'aurait pu le supposer, a été confié à M. Bruel, qui l'a exécuté avec le plus grand soin et la critique la plus exercée, comme on a pu le constater dans les trois premiers volumes du recueil, qui contiennent environ 2,800 pièces et qui ont atteint l'année 1027. Le premier volume s'ouvre par une notice historique sur les archives de l'abbaye de Cluny, et en particulier sur les anciens cartulaires. La justesse des observations de M. Bruel sur la date de ces vénérables monuments, aujourd'hui déposés à la Bibliothèque nationale, peut être contrôlée d'après les fac-similés héliographiques joints à la publication.

X

Recueil des monuments inédits de l'histoire du Tiers État, par Augustin Thierry. Première série : chartes, coutumes, actes municipaux..... Région du Nord, tomes I à III : Amiens et l'Amiénois ; tome IV : Abbeville et la basse Picardie. 1850-1870.

Les cartulaires les plus anciens nous sont généralement venus des églises. Les places d'honneur y sont réservées aux membres les plus élevés de la société ecclésiastique et féodale. On y voit bien figurer les hommes de condition inférieure, mais ils n'y paraissent guère que pour reconnaître les devoirs auxquels ils étaient assujettis. D'ailleurs, le rôle du Tiers État ne commence à devenir vraiment remarquable qu'à l'époque où s'arrêtent les cartulaires qui, en raison de leur ancienneté, devaient d'abord fixer l'attention du Comité et réclamer ses premiers soins. Il fallait donc composer un recueil spécial, et faire pour le troisième des anciens ordres de la nation ce qui s'était fait depuis plus de deux siècles, par l'érudition française, pour la noblesse et le clergé.

L'architecte du monument était désigné d'avance, et M. Augustin Thierry, malgré les infirmités dont il était frappé, accueillit avec l'enthousiasme d'un jeune homme les projets dont l'exécution lui fut confiée en 1836 par M. Guizot, et en vue desquels d'immenses recherches furent aussitôt entreprises à Paris, dans les départements et même à l'étranger.

D'après le plan primitif, les pièces qui devaient entrer dans le recueil auraient été rangées sous plusieurs chefs, selon qu'elles se rapportaient à la condition privée ou publique des personnes roturières, à leur existence dans la famille, dans la corporation, dans la commune, dans la province et dans l'État. On les aurait ramenées à ces quatre divisions : 1° état des personnes roturières, soit de condition serve, soit de condition libre ; 2° état de la bourgeoisie considérée dans ses diverses corporations; 3° ancien état des villes, bourgs et paroisses de France; 4° rôle du Tiers État dans les assemblées d'états généraux ou provinciaux. Mais bientôt l'éditeur, effrayé de l'immensité de la tâche, déclarait qu'il ajournait indéfiniment la première partie, et qu'il écartait la quatrième, qui d'ailleurs devait être l'objet d'une publication spéciale.

Augustin Thierry a porté ses premières recherches sur la région du nord de la France : dans cette région, il a choisi la province de Picardie, et dans cette province, la ville d'Amiens, qui, par son importance, l'ancienneté de sa commune et le grand nombre de monuments renfermés dans ses archives, méritait cette préférence.

L'histoire municipale de cette seule ville comprend les deux premiers volumes du recueil : elle se continue dans la majeure partie du troisième, qui se termine par l'histoire des communes de Corbie, de Poix et de quelques autres bourgs ou villages de l'Amiénois.

La mort est alors venue surprendre Augustin Thierry, et le quatrième volume, qu'il avait préparé, a été publié par ses collaborateurs, MM. Félix Bourquelot et Charles Louandre. Ce volume se rapporte aux communes comprises dans l'arrondissement d'Abbeville et dans une portion des arrondissements de Doullens, de Montreuil et de Saint-Pol.

En tête de l'ensemble des documents relatifs à chacune des communes, on trouve une notice historique, plus ou moins développée, suivant l'importance des localités, et chaque document est précédé d'une analyse explicative qui le résume ou appelle l'attention du lecteur sur certains détails plus particulièrement intéressants.

Telle est la mise en œuvre du plan adopté par Augustin Thierry. Si ce plan comporte d'immenses développements et amène des lenteurs considérables dans l'exécution, il est du moins d'une précision et d'une netteté indiscutables, et, réduit à de justes proportions, il pourra servir de modèle aux éditeurs qui voudront continuer l'œuvre de l'éminent historien. Les quatre volumes publiés ne renferment pas seulement les monuments de l'histoire municipale d'Amiens et de l'Amiénois, d'Abbeville et du Ponthieu : les introductions du tome I et du tome II ont une portée plus générale, et sont citées, à bon droit, parmi les chefs-d'œuvre d'Augustin Thierry. Il y a tracé, dans l'un, l'histoire de la formation et des progrès du Tiers État; dans l'autre, un tableau des formes de l'administration municipale dans les diverses régions de la France. Dans toutes les deux brillent d'un vif éclat la largeur de vues, la sûreté d'érudition et la fermeté de style qui ont fait la réputation de l'auteur de la *Conquête de l'Angleterre* et des *Récits des temps mérovingiens*.

XI

Archives de la ville de Reims, collection de pièces inédites pouvant servir à l'histoire des institutions dans l'intérieur de la cité, par P. Varin. Archives administratives, tomes I-III. — Archives législatives, 1. Coutumes; Archives législatives, 2. Statuts, tomes I-III [1]. — Table générale des matières, par M. L. Amiel. 1839-1853. 8 vol. (Ouvrage presque épuisé.)

A la collection que M. Augustin Thierry avait entreprise sur l'histoire du Tiers État doit se rattacher le vaste recueil consacré à l'histoire de la ville de Reims. Curieux de connaître la constitution intérieure d'une cité, à toutes les périodes et dans toutes les conditions possibles de son existence, M. Varin avait choisi pour sujet de ses études une ville importante, qui a passé par toutes les phases de la cité sur notre sol depuis l'époque gauloise jusqu'aux temps modernes, et pour rendre son étude encore plus complète, il fit porter ses recherches, non seulement sur les institutions municipales, mais encore sur le milieu dans lequel elles ont fonctionné, sur toutes les institutions avec lesquelles, dans le sein même de la cité, elles se sont trouvées en contact. Ce cadre était encore plus vaste que celui de M. Augustin Thierry; aussi n'a-t-il pu être entièrement rempli, quoique huit gros volumes aient été publiés sous le titre d'*Archives de la ville de Reims*. L'auteur est mort sans avoir terminé sa compilation, et la table qu'on y a ajoutée est loin de réparer le désordre apparent qui règne dans l'ouvrage et qui souvent empêche d'en tirer parti. Malgré ce défaut, le recueil de M. Varin, dont les éléments ont été choisis dans les dépôts de Paris, de Reims, de Châlons et d'autres villes, est d'un prix inestimable, non pas tant pour l'histoire particulière de la ville de Reims que pour notre histoire générale du XIIIe et du XIVe siècle. L'auteur a divisé son recueil en deux parties: Archives administratives et Archives législatives. Dans la première partie (Archives administratives, t. I, II et III) ont été mis tous les actes administratifs, toutes les chartes, tous les textes susceptibles d'un classement chronologique et qui peuvent concourir à jeter quelque lumière sur l'administration locale depuis l'époque la plus

---

[1] Le troisième volume des Statuts porte sur le titre l'indication de tome IV des Archives législatives.

ancienne jusqu'à la fin du xiv° siècle. La seconde partie, Archives législatives, se subdivise en deux sections : Coutumes (1 vol.) et Statuts (3 vol.). Une large place a été donnée dans les deux parties aux actes de l'autorité royale et à ceux de l'autorité ecclésiastique. Il en résulte qu'on y suit avec un égal intérêt l'action des officiers du roi et celle des officiers de l'archevêque, dans une grande ville pourvue d'institutions municipales très développées. A certains égards, les Archives de Reims sont le complément indispensable du Recueil des ordonnances des rois de France de la troisième race, et nulle part ailleurs on ne se rend aussi bien compte de l'exercice de la juridiction ecclésiastique au xiii° et au xiv° siècle.

XII

Lettres de rois, reines et autres personnages des cours de France et d'Angleterre, depuis Louis VII jusqu'à Henri IV, tirées des Archives de Londres par Bréquigny, et publiées par M. Champollion-Figeac, 1839-1847, 2 vol. (Ouvrage presque épuisé.)

Par les publications de M. Augustin Thierry et de M. Varin, on a entrevu les ressources que les archives de nos anciennes communes peuvent fournir pour une longue période de nos annales. M. Champollion-Figeac, dans les deux volumes qu'il a fait paraître en 1839 et 1847, a voulu montrer, par des exemples pris un peu au hasard, ce que les historiens français peuvent demander aux archives de l'Angleterre. Il a parcouru les 107 volumes de la Bibliothèque nationale où sont classées les copies que Bréquigny rapporta de Londres à la fin du siècle dernier, et en a tiré 619 pièces, dont les plus anciennes sont du règne de Louis le Jeune. La collection, comme le titre l'indique, devait aller jusqu'au règne de Henri IV; on l'a arrêtée à la mort de Louis XII. Les 619 pièces dont elle se compose présentent la plus grande variété, quoiqu'on ait à peu près systématiquement écarté les documents qui se trouvent en si grand nombre dans les volumes de Bréquigny sur les négociations diplomatiques, sur les communes de la Guyenne, sur l'administration des domaines et sur les généalogies des anciennes familles. L'éditeur s'est fait un devoir de donner, en tête du tome premier, une relation détaillée de la mission que Bréquigny remplit à Londres avec le plus entier succès, et qui se rattache aux grandes entreprises littéraires dont l'honneur revient surtout au ministre Bertin.

XIII

Chronique des ducs de Normandie, par Benoît, trouvère anglo-normand du xii° siècle, publiée pour la première fois, d'après un manuscrit du Musée Britannique, par Francisque Michel, 1836-1844, 3 vol. (Ouvrage presque épuisé.)

Telle est la richesse des dépôts anglais, que Bréquigny, malgré l'étendue de ses recherches, laissa beaucoup à faire à ses successeurs. Des nombreux missionnaires que le Gouvernement français a envoyés de nos jours en Angleterre, il en est peu qui soient revenus sans enrichir le domaine historique et littéraire de la France du moyen âge. Au moment même où le Comité inaugurait ses travaux, M. Francisque Michel rapportait d'Angleterre la copie de deux ouvrages d'une importance capitale : la Chanson de Roland, si longtemps oubliée, mais qui devait bientôt retrouver son ancienne célébrité, et la Chronique des ducs de Normandie, par Benoît. Cette chronique, comparable de tout point au Roman de Rou, est à la fois un tableau complet des traditions populaires sur les premiers siècles de l'histoire de Normandie, et l'un des plus beaux monuments de la langue française au xii° siècle. A ce double titre il méritait d'avoir une place dans la Collection des documents inédits. L'éditeur, M. Francisque Michel, a bien mérité des philologues et des historiens, par le soin qu'il a mis à reproduire le manuscrit du Musée Britannique, à relever les variantes d'un manuscrit de la bibliothèque de Tours, à rédiger le glossaire et à rapprocher des écrits de Benoît les passages correspondants des anciens auteurs qui ont écrit en latin ou en français l'histoire des ducs de Normandie. Parmi les vieux poèmes français ajoutés à l'édition de l'ouvrage de Benoît, il faut citer une Vie de saint Thomas, archevêque de Cantorbéry, tirée du manuscrit français 902 de la Bibliothèque nationale, et la Chronique de Jourdain Fantosme sur la guerre que le roi Henri II soutint en 1173 et 1174 contre son fils aîné.

XIV

Histoire de la croisade contre les hérétiques Albigeois, écrite en vers provençaux, par un poète contemporain, traduite et publiée par M. C. Fauriel, 1837. (Ouvrage épuisé.)

Comme la Chronique des ducs de Normandie, l'Histoire de la croisade contre les Albigeois est à la fois un monument historique et littéraire. Ce poème est le récit, en forme de chanson de geste, de la croisade, depuis ses débuts jusqu'au second siège de Toulouse en 1218. L'ouvrage, comme M. Meyer l'a démontré en 1865[1], est formé de la juxtaposition de deux poèmes absolument distincts par la forme comme par les idées. Le premier ne dépasse guère l'année 1212. L'auteur du premier poème, Guillaume, originaire de Tudèle en Navarre, paraît avoir été le protégé du comte Baudouin, qui, d'abord partisan de son frère, le comte de Toulouse Raimon VI, se rangea ensuite du côté des croisés. Cette première partie a été écrite au fur et à mesure des événements, entre 1210 et 1212. Le second poème, écrit probablement en 1218 et 1219, est l'œuvre d'un poète toulousain anonyme, partisan enthousiaste du comte de Toulouse. Cette seconde partie se recommande par un véritable mérite littéraire. L'ouvrage entier, tel qu'il est composé, est l'une des deux principales sources de l'histoire de la croisade albigeoise ; l'autre récit de cette croisade est l'histoire de Simon de Montfort, par Pierre des Vaux de Cernay, ouvrage rédigé avec une grande partialité et qui d'ailleurs fournit peu de renseignements sur les débuts de la croisade.

XV

HISTOIRE DE LA GUERRE DE NAVARRE EN 1276 ET 1277, par Guillaume Anelier, de Toulouse, publiée avec une traduction, une introduction et des notes, par M. Francisque Michel, 1856.

Un autre poème en langue d'oc, dont le manuscrit unique a été trouvé à Pampelune par M. Francisque Michel, se compose d'environ 3,000 vers, dans lesquels Guillaume Anelier a raconté les rivalités et les luttes de la ville de Pampelune et des bourgs voisins, en 1276 et 1277. Les événements dont la Navarre fut alors le théâtre ont pour notre histoire un intérêt direct, puisqu'ils amenèrent l'intervention du roi de France. Les histoires contemporaines, telles que la Chronique de Guillaume de Nangis et la Branche des royaux lignages de Guillaume Guiard, en parlent d'une façon assez sommaire. Seul, le poème de Guillaume Anelier nous en fait connaître le détail. Pour être en vers, ce récit n'en a pas moins une grande valeur historique. Il est l'œuvre d'un témoin oculaire, d'un homme qui paraît avoir été attaché à la personne d'Eustache de Beaumarchais, envoyé par Philippe le Hardi en Navarre pour rétablir la paix entre les partis qui divisaient le pays.

---

[1] M. Paul Meyer a publié pour la Société de l'histoire de France, en 1875 et en 1879, une nouvelle édition et une nouvelle traduction de la Chanson de la croisade contre les Albigeois; 2 vol. in-8°.

M. Francisque Michel a joint au texte et à la traduction de cet ouvrage un ample commentaire, dans lequel ont pris place un grand nombre de documents inédits, par lesquels sont complétés et contrôlés les récits de Guillaume Anelier.

XVI

Les Familles d'outre-mer, de Du Cange, publiées par M. E.-G. Rey, 1869.

La nécessité de ne pas séparer deux documents qui offrent autant d'analogie que les deux poèmes publiés par MM. Fauriel et Francisque Michel nous a obligés de mentionner un ouvrage relatif à des événements du règne de Philippe le Hardi avant trois recueils qui appartiennent au règne de saint Louis : les Rôles gascons, les Olim du parlement et les Règlements d'Étienne Boileau. Au règne de saint Louis, qui vit les dernières croisades dignes de ce nom, peut aussi se rattacher le seul volume que la section d'histoire ait encore consacré, dans la Collection des documents, aux expéditions ou aux établissements des Francs en Orient au moyen âge[1]. C'est l'ouvrage de Du Cange intitulé : *Les Familles d'outre-mer.*

Ce titre, emprunté à un monument généalogique du XIV° siècle fort précieux, a dû être conservé, parce que Du Cange l'avait choisi et l'avait inscrit en tête de son manuscrit, préparé pour l'impression peu de temps avant sa mort; mais il n'indique pas tout ce que renferme l'œuvre posthume de l'illustre auteur du Glossaire de la basse latinité. Puisé, comme tous les écrits de Du Cange, aux sources les plus sûres et les plus diverses, cet ouvrage renferme d'abord une histoire abrégée des royaumes de Jérusalem, de Chypre et d'Arménie; ensuite les séries généalogiques, avec développements historiques, continuées aussi loin que les documents l'ont permis jusqu'aux XV° et XVI° siècles, des principales familles princières ou feudataires des deux royaumes de Jérusalem et de Chypre, telles que les familles d'Antioche, de Galilée, de Jaffa, d'Édesse, de Tibériade, de Giblet, de Sidon, de Tyr, d'Ibelin, de Soissons, de Porcelet, de La Baume, de Dampierre, de Picquigny, de Provane, de Montolif et autres, d'origines diverses, mais la plupart françaises; troisièmement, les séries des grands officiers des

---

[1] Un volume qui est sous presse depuis plusieurs années contiendra le poème français d'Ambroise sur la croisade de Philippe-Auguste et de Richard Cœur de lion. — Une large place a été accordée à des documents de l'Orient latin dans les volumes de la nouvelle série des Mélanges historiques dont il sera question plus loin.

trois royaumes; quatrièmement, la succession des évêques et des abbés de Terre Sainte et de Chypre; et cinquièmement, les séries des grands dignitaires des trois ordres militaires du Temple, de l'Hôpital et de Notre-Dame des Allemands ou ordre Teutonique.

Les Familles d'outre-mer répondent donc, pour les trois royaumes chrétiens de Jérusalem, de Chypre et d'Arménie, aux notions historiques que donnent pour la France l'Art de vérifier les dates, l'Histoire généalogique du P. Anselme, et le *Gallia christiana*.

L'œuvre de Du Cange, très complète et vraiment admirable pour l'époque à laquelle elle fut composée, n'était pas au courant des progrès que l'histoire des croisades a vus s'accomplir depuis bientôt deux siècles. Les éditeurs, M. Taranne et M. Guillaume Rey, ont essayé de remédier à cet inconvénient en ajoutant des additions et des observations, qui ne se confondent pas avec le texte primitif.

XVII

Rôles gascons, transcrits et publiés par Francisque Michel. Tome I (1242-1254), 1885.

Les actes émanés de la chancellerie des rois de France avant le xiv⁰ siècle ne nous sont généralement connus que par les expéditions originales ou par les copies de ces expéditions dispersées dans les bibliothèques ou les archives publiques et privées. Fort peu ont été conservés dans les bureaux de la chancellerie à l'état de minutes ou d'enregistrements. Il en résulte que nous avons un nombre relativement très restreint des lettres par lesquelles des rois tels que Philippe-Auguste, saint Louis et Philippe le Hardi notifiaient leurs volontés à leurs sujets, donnaient des ordres ou des instructions à leurs officiers, traitaient avec les grands vassaux et avec les puissances étrangères.

A la même époque les chancelleries des papes et des rois d'Angleterre étaient heureusement beaucoup mieux organisées, et des mesures étaient prises pour y conserver le texte de la plupart des actes qui s'y rédigeaient au nom du souverain. Comme il s'y agitait beaucoup de questions relatives à la France et à des personnages ou des établissements français, les archives de ces chancelleries nous ont transmis d'innombrables textes qui appartiennent à nos annales et qu'il faut à tout prix nous approprier, puisqu'il y a là des séries ininterrompues d'actes concernant la politique et l'administration de notre pays.

Les membres de l'Ecole française de Rome ont les premiers profité de la libérale ouverture des archives du Vatican; ils en ont déjà exhumé par milliers des lettres où l'on voit, jour par jour, quels rapports entretenaient les papes avec les différents États de la chrétienté. La moisson ne sera pas moins riche en Angleterre, où l'on a conservé depuis Jean sans Terre les rôles sur lesquels sont copiés ou analysés tous les actes royaux, chartes, lettres patentes et lettres closes. La publication des rôles de Jean sans Terre par sir Thomas Duffus Hardy a renouvelé sur beaucoup de points nos annales du commencement du XIII° siècle. Beaucoup de révélations nous sont également ménagées par les rôles des règnes suivants, qu'un jour ou l'autre l'Angleterre livrera à la curiosité du monde savant; mais nous ne pouvions pas laisser à des étrangers le soin de mettre en valeur une série particulière, dont le nom seul *Rôles gascons* (*Rotuli Vasconiæ*) indique assez la nature. Ce sont les rôles spécialement relatifs aux affaires de la Gascogne et des pays voisins, depuis le XIII° siècle jusqu'au XV°. Il serait impossible d'énumérer toutes les matières dont il y est question, telles que les nominations et les attributions des fonctionnaires, l'organisation religieuse, féodale et municipale, les finances, le service militaire, les places fortes, les voyages et les missions diplomatiques, les salaires et les fournitures, le commerce et l'industrie.

M. Francisque Michel a commencé la publication des *Rôles gascons* d'après une copie figurée qui avait jadis été exécutée pour la commission des archives de la Grande-Bretagne. Le premier volume, le seul qui ait encore paru, embrasse une période de treize années (1242-1254) et renferme 4314 articles. Un deuxième volume épuisera le règne de Henri III; il sera complété par une table qui s'appliquera aux textes contenus dans les deux volumes.

XVIII

Les Olim ou registres des arrêts rendus par la cour du roi sous les règnes de saint Louis, de Philippe le Hardi, de Philippe le Bel, de Louis le Hutin et de Philippe le Long, publiés par le comte Beugnot, 1839-1848, 4 vol. (Ouvrage presque épuisé.)

On appelle *Olim* les quatre premiers registres du parlement de Paris. Cette singulière dénomination vient de ce que le second registre commence par les mots : « Olim homines de Baiona. » Les registres Olim nous ont conservé la substance et souvent le texte même des arrêts rendus à la cour du roi depuis 1254 jusqu'en 1318, et des jugements prononcés sur enquêtes pendant la même période, à l'exception toutefois des jugements des années 1273-1298, qui remplissaient un registre aujourd'hui perdu, mais dont on a pu suivre la trace jusqu'au xvi° siècle [1]. La publication de ces registres est l'un des plus grands services que l'érudition contemporaine ait rendus à l'étude de notre histoire. Nul autre document ne jette autant de clarté sur les progrès du pouvoir royal et sur l'abaissement de la féodalité française au xiii° siècle. Nulle part on ne saisit aussi complètement le jeu des institutions qui ont fini par transformer la société du moyen âge. Trente-cinq ans se sont écoulés depuis que M. le comte Beugnot, mettant au jour le premier volume des Olim, annonçait que ce document révélerait aux historiens le caractère véritable d'une des époques les plus animées et les plus intéressantes de notre histoire. Les prévisions du savant éditeur ont été justifiées par l'usage qu'ont fait des Olim les auteurs qui, de nos jours, ont pris pour sujet d'études les règnes de saint Louis et de Philippe le Bel.

XIX

Règlements sur les arts et métiers de Paris, rédigés au xiii° siècle et connus sous le nom de Livre des métiers d'Étienne Boileau, publiés pour la première fois en entier, d'après les manuscrits de la Bibliothèque du roi et des Archives du royaume, avec des notes et une introduction, par G.-B. Depping, 1837. (Ouvrage épuisé.)

Étienne Boileau fut nommé prévôt de Paris en 1258 et occupa cette charge pendant dix ans environ. Il avait réuni, sous le titre de *Livre des métiers*, tous les règlements relatifs à la police, à l'industrie et au commerce de Paris. Le recueil était divisé en trois parties : la première renfermait tout ce qui concernait la réglementation des métiers; la seconde, ce qui se rattachait aux impositions dont étaient frappées les marchandises, telles que taxes sur le transport, le débarquement, l'exposition et la vente des denrées; la troisième partie était un tableau de toutes les juridictions qui s'exerçaient alors à Paris. M. Depping a publié les deux premières parties d'après plusieurs anciens manuscrits de la Bibliothèque nationale et des Archives. Le texte de la troisième ne paraît pas nous avoir été transmis; l'éditeur l'a remplacé par un recueil fort utile de 46 ordonnances sur les

---

[1] Tous les fragments qu'on a pu recouvrer du registre perdu des Olim sont réunis dans les trois volumes suivants: *Actes du parlement de Paris*, t. I, p. 297-464; *Notices et extraits des manuscrits de la Bibliothèque nationale*, t. XXIII, part. II, p. 113-194; *Bibliothèque de l'École des chartes*, t. XLVI, p. 440-477.

métiers et le commerce, émanées des prévôts de Paris depuis 1270 jusqu'en 1300.

Le livre d'Étienne Boileau est un fidèle miroir dans lequel se reflètent les moindres détails de la vie industrielle et commerciale de Paris au XIII° siècle [1]. C'est le plus ancien monument de la législation des communautés d'artisans en France; il a sur les règlements postérieurs l'avantage d'être en grande partie l'œuvre des corporations mêmes, et non une suite de règlements tracés par l'autorité supérieure.

XX

LIVRE DE LA TAILLE, d'après des documents originaux et notamment d'après un manuscrit contenant le rôle de la taille imposée sur les habitants de Paris en 1292, publié pour la première fois par H. Géraud, 1837. (Ouvrage presque épuisé.)

En 1292, les bourgeois de Paris, pour se racheter de l'imposition extraordinaire qui venait d'être mise sur les denrées, et qui consistait dans le denier pour livre payable à la fois par l'acheteur et le vendeur, offrirent au roi une somme de 100,000 livres, exigible par un certain nombre d'annuités. Les comptes de la taille qui fut levée depuis 1292 jusqu'en 1300 pour parfaire la somme de 100,000 livres sont conservés, l'un à la Bibliothèque nationale, les autres aux Archives. Le texte du premier a été imprimé et commenté par M. Géraud, qui, n'ayant point connu les autres [2], n'a pu ni déterminer la nature de la taille, ni tirer d'un compte isolé les conséquences économiques qu'aurait comportées l'ensemble du document. Mais, tout incomplète qu'elle est, la publication de 1837 offre le plus haut intérêt pour la topographie et la statistique de Paris à la fin du XIII° siècle.

On y trouve, en effet, paroisse par paroisse et rue par rue, la liste de tous les Parisiens qui étaient soumis à la taille en 1292. Il y a donc là un véritable recensement de la population de Paris, avec d'utiles renseignements sur les portes, les rues, les places, les carrefours, les écoles, les palais, les hôtels, les églises et les couvents de la ville.

---

[1] Telle est l'importance du Livre des métiers d'Étienne Boileau, qu'une seconde édition en a été donnée en 1879, dans la collection de documents que publie la ville de Paris, par MM. de Lespinasse et Bonnardot.

[2] Voir à ce sujet le travail de M. Boutaric, dans *Notices et extraits des manuscrits*, t. XX, part. II, p. 103.

Les commentaires qui accompagnent le texte forment la plus grosse partie du volume. Ce sont d'abord des notes sur les rues de Paris, d'après les indications fournies par le rôle de la taille, et aussi par les plans anciens et par les ouvrages spéciaux. Sous le titre de *Résumé historique et statistique*, l'éditeur étudie l'enceinte de la capitale, les divisions de Paris en quartiers et les principaux monuments. Après avoir exprimé son opinion sur les développements de la population parisienne, il donne la nomenclature des professions auxquelles on se livrait alors à Paris. Cette notice, intéressante pour l'histoire de l'industrie, se termine par quelques pages sur la population juive et sur les impôts.

L'appendice du volume contient une nomenclature des rues de Paris, en vers français, d'après un manuscrit du xv° siècle, conservé à Londres dans le fonds Cottonien, et le Dictionnaire de Jean de Garlande (opuscule du commencement du xiii° siècle[1], et non pas du xi° siècle, comme on l'a cru longtemps), dans lequel sont passées en revue toutes les industries de Paris, avec l'énumération des outils employés par les artisans, et celle des objets à fabriquer, à vendre ou à réparer.

XXI

LI LIVRES DE JOSTICE ET DE PLET, publié pour la première fois d'après le manuscrit unique de la Bibliothèque nationale, par Rapetti, avec un glossaire des mots hors d'usage par P. Chabaille, 1850.

Le Livre de jostice et de plet n'est pas une œuvre originale, c'est bien plutôt une compilation, ou même simplement la mise au net de notes recueillies par un écolier studieux dans l'une des universités françaises où le droit était enseigné au xiii° siècle.

A ce point de vue restreint, et quand bien même on ne devrait y voir qu'un reflet de l'enseignement donné dans les universités, le Livre de jostice et de plet n'en serait pas moins curieux. A l'époque où il fut rédigé, les communes venaient de naître; un troisième ordre de citoyens, la bourgeoisie, commençait à s'élever et devait amener, pour les intérêts nouveaux qui se manifestaient, une législation nouvelle que le pouvoir royal était encore impuissant à lui donner.

---

[1] Il a été réimprimé plusieurs fois, et en dernier lieu par M. Scheler, dans son opuscule intitulé: *Lexicographie latine du xii° et du xiii° siècle* (Leipzig, 1867, in-8°; extr. du *Jahrbuch für romanische und englische Literatur*).

La force des choses exigeait donc que le droit romain, le droit canonique et le droit coutumier se fissent de mutuelles concessions.

On peut voir dans le Livre de jostice et de plet le commencement encore humble et confus de ce travail entrepris par les légistes et les glossateurs, et qui, secondé par la royauté, devait produire l'unité dans le gouvernement de la France, l'unité dans la législation, et se résumer, après cinq siècles de tâtonnements et d'essais, dans ce grand ensemble qui s'appelle aujourd'hui le Code civil, et qui est, ainsi que le disent ses auteurs, « une transaction entre le droit romain et les coutumes. »

L'édition du Livre de jostice et de plet, préparée par M. Klimrath d'après le manuscrit unique de la Bibliothèque nationale (n° 2844 du fonds français), a été donnée par M. Rapetti, avec la collaboration de M. Chabaille, qui a dressé un glossaire où la valeur de beaucoup de mots est déterminée par des exemples empruntés à différents textes anciens.

XXII

Procès des Templiers, publié par M. Michelet. Tomes I-II, 1841-1851, 2 vol.
(Ouvrage presque épuisé.)

Les poursuites dirigées contre l'ordre du Temple constituent sans contredit l'un des événements les plus notables du moyen âge. Le dénouement de ce grand drame judiciaire est connu ; mais ses véritables causes sont encore obscures. C'est pour faire disparaître ces obscurités que le Comité chargea, en 1837, M. Michelet de recueillir les pièces originales concernant le procès des Templiers.

Les deux volumes publiés par M. Michelet, l'un en 1841, l'autre en 1851, contiennent l'acte le plus important du procès, c'est-à-dire l'interrogatoire que le grand maître Jacques de Molay, et deux cent trente et un chevaliers ou frères servants subirent à Paris, du 22 novembre 1309 au 26 mai 1310, par-devant les commissaires ecclésiastiques, à ce délégués par le pape Clément V. On fit de cet interrogatoire deux procès-verbaux authentiques : l'un, copié sur vélin, fut envoyé au pape, et doit se trouver aujourd'hui au Vatican ; l'autre, écrit sur papier, fut déposé au trésor de Notre-Dame de Paris, d'où il est arrivé à la Bibliothèque nationale (ms. latin 11796) en passant par le cabinet de Harlay et l'abbaye de Saint-Germain des Prés. C'est ce dernier manuscrit qui a été publié par M. Michelet.

Les formes de procédure employées par les commissaires pontificaux sont curieuses à étudier; mais les témoignages recueillis offrent un intérêt bien plus considérable. « Cet interrogatoire, dit l'éditeur, fut conduit avec beaucoup de ménagement et de douceur... Les dépositions ainsi obtenues méritent plus de confiance que les aveux... que les inquisiteurs et les gens du Roi avaient arrachés par la torture immédiatement après l'arrestation. »

A la suite du grand interrogatoire de 1309-1310, on lit l'interrogatoire subi au Temple de Paris par cent quarante Templiers, du 19 octobre au 24 novembre 1307 (d'après une pièce du Trésor des chartes, J. 413), et l'interrogatoire des Templiers du diocèse d'Elne, en Roussillon, en 1310 (d'après le ms. latin 3376 de la Bibliothèque nationale).

M. Michelet s'exprime ainsi dans l'avertissement placé en tête du tome II : « Les pièces qu'on va lire, et qui ne nous étaient connues jusqu'ici qu'imparfaitement, sont de nature à modifier sous plusieurs rapports les hypothèses que nous avons émises au tome III de notre Histoire de France, en faveur de l'ordre du Temple. »

Ces lignes suffisent pour démontrer l'importance historique de la publication entreprise par le Ministère, et la nécessité de la compléter par la publication de nombreux documents inédits ou peu connus, que renferment encore sur le même sujet la Bibliothèque et les Archives nationales.

XXIII

Privilèges accordés à la couronne de France par le Saint-Siège, publiés d'après les originaux conservés aux Archives de l'Empire et à la Bibliothèque impériale, 1855. (Ouvrage presque épuisé.)

Sur la fin du règne de Philippe le Bel, ou un peu après la mort de ce roi, on mit en ordre au Trésor des chartes et l'on transcrivit sur un registre toutes les bulles des papes relatives aux privilèges spirituels de la couronne de France. Cette collection de bulles, qui remonte au commencement du XIII° siècle et qui fut continuée jusqu'au XVII°, a été publiée par MM. Adolphe et Jules Tardif, non pas d'après le registre dressé vers 1315, qui n'a été reconnu que dans ces derniers temps [1] (c'est le ms. latin 12726 de la Bibliothèque nationale), mais d'après les originaux du Trésor des chartes et d'après deux registres de la fin du XIV° siècle conservés à la Bibliothèque nationale (mss. latins 9813 et 9814). Le recueil de MM. Tardif n'éclaire

[1]. Voyez un mémoire de M. Molinier, dans la *Bibliothèque de l'École des chartes*, année 1873, t. XXXIV, p. 159.

pas seulement un côté des rapports des rois de France avec le saint-siège, il offre plus de 300 pièces dans lesquelles on peut étudier la plupart des détails de la diplomatique pontificale, à partir du xiii° siècle.

XXIV

Lettres, Mandements et actes divers de Charles V (1364-1380), recueillis dans les collections de la Bibliothèque nationale, publiés ou analysés par Léopold Delisle, 1874.

Le règne de Charles V est représenté par deux ouvrages dans la Collection des documents inédits : la Chronique de Bertrand Duguesclin et les Mandements et actes divers de Charles V. Celui-ci comprend le texte ou l'analyse d'environ 2,100 pièces trouvées dans les différentes collections de la Bibliothèque nationale, et dont la plupart viennent des archives de la Chambre des comptes. Quoique ces 2,100 pièces ne soient qu'une minime partie des actes expédiés à la chancellerie de Charles V, elles suffisent pour bien faire connaître plusieurs des institutions administratives et financières de ce règne réparateur. On y suit les mesures prises pour effacer les désastres du règne précédent. On y voit comment le roi sut diriger vers le noble but qu'il avait en vue le courage, l'habileté et le dévouement des capitaines, des conseillers, des négociateurs, des secrétaires et des agents de tout ordre qu'il prit à son service. Un grand nombre de mandements publiés ou analysés se rapportent aux dépenses de la maison du roi, de la reine et de leurs enfants; ils abondent en renseignements sur l'état de l'industrie, du commerce, du costume, de l'ameublement, des arts et des lettres dans la seconde moitié du xiv° siècle. Enfin, les historiens y trouvent le moyen de fixer la date de beaucoup d'événements importants et d'indiquer exactement le nom des personnages qui ont aidé Charles V à replacer la France, pour un temps malheureusement trop court, au rang qu'elle devait occuper dans le monde.

XXV

Chronique de Bertrand Duguesclin, par Cuvelier, trouvère du xiv° siècle, publiée pour la première fois par E. Charrière, 1869, 2 vol. (Ouvrage presque épuisé.)

Autant il faut accorder de confiance à des actes officiels tels que les mandements de Charles V, autant nous devons nous tenir en garde contre les récits romanesques qui sont le fond de la Chronique de Bertrand Duguesclin. Cette chronique n'est cependant pas à dédaigner. Le trouvère

Cuvelier, qui l'a mise en vers peu d'années après la mort du bon connétable, s'est fait l'écho de la voix populaire et a le premier donné à la légende de Duguesclin la forme que le temps a consacrée et dont la critique du XIXe siècle fera peut-être justice, sans porter atteinte aux sentiments d'admiration que commande un nom justement célèbre. M. Charrière, qui a publié le poëme de Cuvelier d'après deux manuscrits, l'un de la Bibliothèque nationale, l'autre de la bibliothèque de l'Arsenal, en a convenablement fait ressortir le mérite littéraire; par les notes et surtout par les pièces justificatives qu'il y a jointes en trop petit nombre, il a indiqué la voie dans laquelle devront s'engager les historiens qui tiendront à retracer avec une rigoureuse exactitude chacun des épisodes de la vie de Duguesclin.

Dix-sept feuilles du second volume de l'édition de M. Charrière sont remplies par une chronique en vers, qui comble une lacune du poëme de Cuvelier : elle a pour sujet la vie de Jean IV, duc de Bretagne, et a été composée vers la fin du XIVe siècle par un gentilhomme breton nommé Guillaume de Saint-André.

XXVI

CHRONIQUE DU RELIGIEUX DE SAINT-DENYS, contenant le règne de Charles VI, de 1380 à 1422, publiée en latin pour la première fois et traduite par M. L. Bellaguet, précédée d'une introduction par M. de Barante, 1839-1852, 6 vol. (Ouvrage presque épuisé.)

Cette chronique, dont l'auteur est resté inconnu, est tirée d'un manuscrit de la Bibliothèque nationale. Elle comprend un espace de quarante-deux ans, c'est-à-dire l'un des plus longs règnes de notre histoire. Souvent consultée par les historiens qui se sont occupés de la fin du XIVe siècle et du commencement du XVe, elle n'avait pas encore été publiée, et Le Laboureur n'en avait donné qu'une paraphrase plutôt qu'une traduction. C'est une des sources les plus précieuses et les plus sûres pour tout ce qui concerne les faits politiques, civils et religieux de cette époque. L'auteur, qui était contemporain et témoin des événements, les a exposés avec une impartialité d'autant plus remarquable, qu'il vivait dans un temps où la France était profondément troublée par les divisions des partis d'Orléans et de Bourgogne, par la guerre civile et par le schisme d'Occident.

XXVII

Le Mistère du siège d'Orléans, publié pour la première fois, d'après le manuscrit unique conservé à la bibliothèque du Vatican, par MM. F. Guessard et E. de Certain, 1862.

Le mystère du siège d'Orléans, dont le seul manuscrit connu est à la bibliothèque du Vatican, ne figure pas dans la Collection des documents inédits à titre de monument littéraire, ou même de texte pour l'étude de la langue, c'est dans l'histoire politique qu'il est placé; là est en effet son intérêt principal et sa véritable valeur, et il doit être considéré avant tout comme une sorte de chronique dialoguée.

Il est vraisemblable que ce mystère, qui renferme plus de 20,000 vers, et où plus de cent personnages prennent la parole, a été représenté à l'occasion de l'anniversaire du 8 mai 1429, jour de la délivrance d'Orléans. Les comptes de la ville des années 1435 et 1439 établissent qu'on célébra cet heureux événement en jouant, ces deux années-là, un ouvrage de ce genre. Tout porte à croire que c'est celui qui nous occupe. N'en fût-il pas ainsi, d'autres indices suffiraient encore à faire penser qu'il a été composé avant 1435.

Ce récit, sous forme dramatique, est donc, suivant toute apparence, d'un contemporain, et peut-être même d'un témoin oculaire des faits. Dépourvu, il faut en convenir, d'imagination et de verve, il suit «l'ordre des temps» avec le scrupule exagéré que Boileau blâmait chez certains poètes épiques; mais ce défaut devient une qualité à nos yeux, car nous ne demandons que de l'exactitude à un témoin sincère et naïf.

Sa narration commence en Angleterre, avant le départ des envahisseurs pour la France, et elle ne se termine qu'avec la délivrance d'Orléans. Sans aucun souci des unités de temps ou de lieu, l'auteur nous mène d'Angleterre en France, puis d'un camp à l'autre, et nous fait même assister, suivant la coutume de l'époque, à ce qui se passe en paradis. Ce document explique et complète, à bien des égards, le *Journal du siège*, compilé en 1467, et nous donne ce que nous ne trouverions nulle part ailleurs : les bruits courants, les récits de chaque jour et, avant tout, l'interprétation populaire des événements.

Il faut ajouter que, si peu que vaille l'œuvre littéraire, l'auteur n'en a pas moins eu l'heureuse idée de traiter le premier un sujet dont, depuis lors, aucun poète n'est encore parvenu à s'emparer définitivement, et qu'on y peut recueillir, çà et là, certains faits importants pour l'histoire de la grammaire et de la prononciation au xve siècle, que les éditeurs ont pris le soin d'indiquer dans la préface.

XXVIII

JOURNAL DES ÉTATS GÉNÉRAUX DE FRANCE, tenus à Tours en 1484, sous le règne de Charles VIII, rédigé en latin par Jehan Masselin, député du bailliage de Rouen, publié et traduit pour la première fois, sur les manuscrits inédits de la Bibliothèque du roi, par A. Bernier, 1835. (Ouvrage presque épuisé.)

Les embarras dans lesquels se trouva plongé le royaume après la mort de Louis XI amenèrent la réunion des états généraux à Tours, au mois de janvier 1484. Nous pouvons assister aux séances de cette assemblée, connaître les membres qui la composaient, entendre les discours qui y furent prononcés, suivre, jour par jour, les phases des graves et souvent orageuses discussions auxquelles donnèrent lieu, entre les députés du pays et les ministres de la royauté, le chiffre et l'assiette des impôts, l'administration des provinces et jusqu'aux principes mêmes du gouvernement de la France. Nous en avons, dans le Journal de Jean Masselin, une relation qui joint à la fidélité d'un procès-verbal officiel la vie et le mouvement d'une grande page historique. L'auteur, dont la biographie a été retracée avec une minutieuse exactitude, en 1851, par M. Charles de Beaurepaire[1], représentait à Tours le clergé du diocèse de Rouen. C'était un homme de tête et un orateur de talent, qui fit triompher ses idées sur plus d'une des questions agitées dans les états. Le journal qu'il nous a laissé a été consulté par la plupart de nos historiens; mais on n'en avait tiré qu'un parti bien insuffisant jusqu'au jour où M. A. Bernier en publia, dans la Collection des documents inédits, le texte accompagné d'une traduction et suivi de plusieurs pièces authentiques, telles que les cahiers présentés au roi par les trois états, la réponse du roi à ces cahiers, des listes de députés suivant l'ordre de séance, et l'inventaire des papiers relatifs aux états de Tours qu'on trouva en 1485 dans la succession du chancelier Pierre Doriole.

---

[1] *Mémoires de la Société des antiquaires de Normandie*, t. XIX, p. 268.

XXIX

PROCÈS-VERBAUX DES SÉANCES DU CONSEIL DE RÉGENCE DU ROI CHARLES VIII, pendant les mois d'août 1484 à janvier 1485, publiés, d'après les manuscrits de la Bibliothèque royale, par A. Bernier, 1836. (Ouvrage presque épuisé.)

Au moment où les états généraux de Tours se séparent après une session de deux mois, nous pouvons entrer dans le conseil même du roi, dont la Bibliothèque nationale (ms. français 5265) possède les procès-verbaux, depuis les premiers jours du mois d'août 1484 jusqu'au 12 janvier 1485. Ces notes, tenues par un secrétaire du roi, nous éclairent sur la constitution, les attributions et la procédure du conseil, sur la façon dont la haute administration était entendue et conduite à la cour après le règne de Louis XI, sur la manière dont le pouvoir suprême s'exerçait au siège même de la royauté. Il n'y avait point de ministres responsables, et toutes les résolutions sur la politique, l'administration et les intérêts des communautés ou des particuliers étaient prises dans un conseil, dont la composition était essentiellement mobile et subordonnée à des circonstances fortuites et à la nature des affaires.

XXX

PROCÉDURES POLITIQUES DU RÈGNE DE LOUIS XII, par M. de Maulde, 1885.

Les documents réunis dans ce volume permettent d'étudier jusqu'aux moindres détails les formes suivies pour les grands procès politiques, à la fin du XVe et au commencement du XVIe siècle, dans les juridictions royales aussi bien que dans les juridictions ecclésiastiques. Mais ils sont particulièrement précieux pour l'histoire générale du règne de Charles VIII et surtout du règne de Louis XII.

Les trois affaires auxquelles se rapporte la publication de M. de Maulde sont : le procès de lèse-majesté intenté en 1504 à Pierre de Rohan, maréchal de Gié, le procès de dissolution du mariage de Louis XII avec Jeanne de France, et le règlement de différentes réclamations que le duc et la duchesse de Bourbonnais avaient élevées lors de l'avènement de Louis XII à la couronne. Chacune de ces affaires avait par elle-même une réelle importance, et les enquêtes qui en préparèrent la solution touchent directement ou indirectement à presque tous les grands événements et mettent en scène presque tous les grands personnages des règnes de Charles VIII et de

Louis XII. L'enchaînement des faits a même souvent conduit les témoins à remonter encore plus haut. C'est ainsi que l'enquête relative au mariage de Jeanne de France contient une foule de détails sans lesquels le caractère de Louis XI ne saurait être apprécié.

XXXI

Négociations diplomatiques de la France avec la Toscane, documents recueillis par Giuseppe Canestrini et publiés par Abel Desjardins. Tomes I-V, 1859-1875, 5 vol.

Arrivés au xvie siècle, nous nous trouvons en présence d'une classe de documents qui nous a fait presque entièrement défaut pour les époques antérieures, les correspondances diplomatiques, auxquelles une place spéciale avait été réservée dès l'origine dans les travaux du Comité. C'est à l'étranger qu'il nous a fallu demander les plus anciennes séries de ces correspondances. Les archives de Florence nous ont offert sur les affaires de notre pays une suite inappréciable de dépêches, qui remontent au commencement du xive siècle, et qui, déjà abondantes pour les règnes de Louis XI et de Charles VIII, jettent la plus vive clarté sur nos annales du xvie siècle.

Florence eut longtemps les liens les plus étroits avec la France, et la patrie de Machiavel et des Médicis ne manqua jamais d'agents habiles, clairvoyants et actifs. Rien d'étonnant donc à ce que ses archives, tenues avec tant de soin, aient fourni à MM. Canestrini et Abel Desjardins des documents précieux pour notre histoire nationale. Outre une introduction générale, placée au commencement de l'ouvrage, M. Desjardins a mis en tête de chacune des huit périodes qu'embrassent les quatre volumes déjà publiés un précis historique, bref et substantiel, puis une courte notice biographique sur le personnage qui figure à chaque légation nouvelle. Le règne de Charles IX et la Saint-Barthélemy reçoivent de ces documents un jour tout nouveau. Ils font connaître à fond Henri III, et ceux qui l'ignorent, dit excellemment M. Desjardins, ne seront jamais assez reconnaissants envers Henri IV. Enfin, pour ce dernier règne lui-même, le cinquième volume renferme les détails les plus curieux sur la manière dont fut traitée et résolue dans les conseils du Vatican la grande question de l'absolution.

Une table des matières contenues dans les cinq volumes est à la veille de paraître.

XXXII

RELATIONS DES AMBASSADEURS VÉNITIENS SUR LES AFFAIRES DE FRANCE AU XVIᵉ SIÈCLE, recueillies et traduites par M. N. Tommaseo, 1838, 2 vol. (Ouvrage presque épuisé.)

Il serait superflu de signaler l'importance des relations des ambassadeurs vénitiens. Tous les savants de l'Europe ont cherché à puiser à cette source de notions sûres, d'observations judicieuses, de renseignements à la fois généraux et détaillés jusqu'à la précision de la statistique. Dès le temps où le Conseil des Dix prit un ascendant marqué sur la direction du gouvernement de Venise, on exigea de chaque ambassadeur sortant de charge un rapport ou relation d'ensemble sur la situation, la politique, le caractère des princes et de leurs ministres, les productions et le commerce du pays dans lequel il avait résidé. Cet usage a fait affluer dans les archives de Venise de vrais trésors d'informations sur les personnages considérables et sur les événements marquants de tous les États où la république a entretenu des agents du xvıᵉ au xvıııᵉ siècle.

Les deux volumes publiés par M. Tommaseo renferment douze relations du xvıᵉ siècle. La première est d'André Navagiero, en 1528; la dernière est de Jérôme Lippomano, de 1577. Un étranger, bien à même de le juger, a apprécié ainsi l'esprit des auteurs de ces relations : « Leur critique est sévère, sans être hostile; leur manière est simple avec gravité. C'est après avoir beaucoup entendu et beaucoup vu qu'ils se permettent d'avoir un avis sur les choses. » En signalant les abus qui les frappent, les lenteurs et l'énormité des frais de la justice, les rigueurs de la Sorbonne envers les hérétiques, l'étendue excessive et la mauvaise gestion des forêts de la couronne, ils sont tous unanimes à constater que la France, avec Paris, « capitale supérieure à toutes les autres capitales, » ainsi s'exprime Marin Cavalli, et comptant déjà plus de 500,000 habitants en 1546, avec l'abondance et la diversité de ses produits, l'industrie et l'esprit belliqueux de ses habitants, l'incontestable supériorité de sa cavalerie, l'amour de la nation entière pour ses princes, était l'État le plus compact et l'un des plus puissants de l'Europe. La France n'avait cependant encore ni le Roussillon ni les provinces de l'Est, que devaient lui donner les règnes suivants.

XXXIII

NÉGOCIATIONS DIPLOMATIQUES ENTRE LA FRANCE ET L'AUTRICHE durant les trente premières années du XVIe siècle, publiées par M. Le Glay, 1845, 2 vol.

Le recueil que M. le docteur Le Glay a formé sur les rapports de la France avec la maison d'Autriche, pendant les trente premières années du XVIe siècle, est tiré des archives de Flandre à Lille, de la Bibliothèque nationale de Paris et des Archives royales de Bruxelles. Il comprend les correspondances des agents diplomatiques de Louis XII, de François Ier et de Charles-Quint, de 1500 à 1530, parmi lesquels figurent, au premier rang, du côté de la France, Jean de Selve, Olivier de la Vernade, Claude de Seyssel, Antoine du Prat, Étienne Poucher, et, du côté de l'Autriche, André de Burgo, Philibert Natarelli, Jean de Courteville, Henri de Nassau, Mercurin de Gattinare. Ces correspondances, du caractère le plus intime, fournissent, sur les faits et les incidents particuliers qui se groupent autour des faits généraux et des principaux personnages de l'époque, des éclaircissements utiles et intéressants, notamment sur l'ambassade de Marguerite d'Autriche à son père Maximilien, en 1507, sur la ligue de Cambrai contre les Vénitiens, sur la ligue contre Louis XII, sur la paix des Dames, sur l'élection de Charles-Quint, sur la politique du pape Jules II, sur la bataille de Pavie et sur le traité de Madrid. Ce recueil ajoute d'importants renseignements à ceux que contient la collection beaucoup plus volumineuse des papiers du cardinal de Granvelle, dont il sera bientôt question.

XXXIV

CAPTIVITÉ DU ROI FRANÇOIS Ier, par M. Aimé Champollion-Figeac, 1847.

Le complément naturel du recueil de M. Le Glay est celui que M. Aimé Champollion-Figeac a consacré à la captivité de François Ier, et dont il a trouvé les matériaux dans les archives et les bibliothèques de Paris, ainsi que dans les collections manuscrites d'Espagne, de Portugal et de quelques villes d'Italie. Il se rapporte à trois années du règne de François Ier, de 1524 à 1526, et contient des documents nouveaux sur les circonstances de la campagne de ce prince en Italie, sur la bataille de Pavie, sur la captivité du roi en Italie et en Espagne et sur sa délivrance après le traité de Madrid. Ces documents permettent de rectifier de nombreuses inexactitudes, erreurs ou omissions qui ont été introduites dans nos annales par la plupart des historiens, en ce qui concerne ces événements et les personnages qui y ont pris part. La correspondance de François Ier avec sa mère Louise de Savoie, avec sa sœur Marguerite duchesse d'Alençon, avec ses maréchaux et ses ambassadeurs, ses relations avec l'empereur Charles-Quint et les poésies qu'il composa pendant sa captivité présentent beaucoup d'intérêt. M. Aimé Champollion a ajouté comme appendice à ce recueil cinq documents découverts, au moment même de la publication, dans les archives de Venise, qui font voir quelles étaient alors les dispositions du gouvernement de cette république à l'égard de François Ier et de Charles-Quint.

XXXV

Papiers d'État du cardinal de Granvelle, d'après les manuscrits de la bibliothèque de Besançon, publiés sous la direction de M. Charles Weiss. Tomes I-IX, 1841-1852, 9 vol. (Ouvrage presque épuisé.)

Le cardinal Antoine Perrenot de Granvelle, né à Besançon en 1517, et mort à Madrid en 1586, qui, comme ministre de Charles-Quint et de Philippe II, joua un rôle si considérable dans l'histoire de cette époque, avait laissé un vaste recueil de papiers concernant les affaires de son temps. L'importance de ce recueil, conservé à la bibliothèque de Besançon et formant plus de quatre-vingts volumes in-folio, appela l'attention du Gouvernement. Une commission, instituée sous la direction du savant bibliothécaire de cette ville, M. Ch. Weiss, fut chargée de dépouiller et de mettre en ordre ces manuscrits et d'en publier les parties les plus intéressantes. Ces documents, dont la plupart sont écrits en français, mais parmi lesquels il s'en trouve un grand nombre en latin, en espagnol, en allemand et même en flamand, embrassent la presque totalité du xvie siècle, qui fut si fertile en grands événements. Ils renferment les détails les plus précieux sur les points les plus dignes d'exciter la curiosité, tels que la rivalité entre les maisons de France et d'Autriche, la réforme religieuse et ses progrès en Allemagne, en France et en Suisse, le divorce de Henri VIII, le mariage de sa fille Marie avec Philippe II, les négociations des ambassadeurs, la ligue de Smalcalde, l'abdication de Charles-Quint, etc. On y voit figurer des empereurs, des princes, des hommes d'État, racontant eux-mêmes, sans penser que leurs confidences seraient jamais rendues publiques, la part qu'ils ont prise aux affaires et le rôle qu'ils y ont joué, et nous initiant aux secrets les plus cachés de leur politique.

Les neuf volumes publiés par le Comité s'arrêtent à l'année 1565. Comme les papiers de date plus récente se rattachent moins intimement à l'histoire de France, le Comité a pensé qu'il convenait de laisser aux savants de Belgique le soin de les mettre en lumière. La Commission royale d'histoire qui siège à Bruxelles s'est empressée de continuer la collection française. Elle a fait paraître, de 1881 à 1884, quatre volumes qui descendent jusqu'à l'année 1575. La façon dont les éditeurs belges, MM. Poullet et Piot, se sont acquittés de leur tâche ne doit pas nous faire regretter d'avoir abandonné à nos voisins la mise en œuvre de la seconde partie des papiers d'État conservés à la bibliothèque de Besançon.

XXXVI

Négociations de la France dans le Levant, ou Correspondances, mémoires et actes diplomatiques des ambassadeurs de France à Constantinople et des ambassadeurs, envoyés ou résidents à divers titres à Venise, Raguse, Rome, Malte et Jérusalem, en Turquie, Perse, Géorgie, Crimée, Syrie, Égypte, etc. et dans les États de Tunis, d'Alger et de Maroc, publiés pour la première fois par E. Charrière, 1848-1860, 4 vol. (Ouvrage presque épuisé.)

Les collections de la Bibliothèque nationale et celles des Archives nationales ont fourni à M. Charrière la matière de quatre gros volumes sur les relations de la France avec la Turquie, depuis le règne de François Ier jusqu'à la fin de la dynastie des Valois. Ce sont, en général, les dépêches de nos ambassadeurs résidant à Constantinople, à Venise et à Rome, avec les lettres souveraines et les traités conclus entre la France et la Porte qu'il a été possible de retrouver. La pensée de cette politique nouvelle et hardie, destinée à former un contrepoids à la prépondérance de la maison d'Autriche, fut réalisée peu après la bataille de Pavie, durant la captivité même du roi à Madrid. Et peut-être nos historiens n'ont-ils pas fait assez honneur à François Ier et à ses conseils de ce qu'il leur fallut d'indépendance et de résolution pour s'élever au-dessus des résistances les plus respectables qui les détournaient de cette voie, et pour fonder ainsi l'alliance, devenue depuis lors traditionnelle, et qui a permis à la France en plus d'une occasion de servir les intérêts de l'Église et de la chrétienté entière. On ne peut qu'énumérer bien rapidement ici les événements et les circonstances principales auxquels se rapportent les documents du recueil : Premiers traités de la France avec la Porte. Ambassade du chevalier Rinçon. Relations avec les puissances barbaresques. Coopération de la France et de la Turquie dans les guerres de l'Europe. Protection des intérêts latins à Jérusalem. Médiation de la France en faveur de Charles-Quint et de Venise. Ambassade de Jean de Montluc. Ligue générale contre la Turquie. Médiation de la France. Ambassades d'Aramon, de La Vigne et de Boistaillé. Complot de Codignac. Siège de Malte. Ambassade de François de Noailles, évêque d'Ax. Mésintelligence entre la France et la Turquie (1567-1570). Guerre avec Venise. Conquête de Chypre par les Turcs. Rétablissement de la paix. Négociations pour la cession d'Alger à la France. Action commune pendant les affaires de Portugal et des Pays-Bas. Ligue générale formée par Sixte-Quint contre la Turquie. Médiation de la France paralysée par la Ligue. L'Angleterre seconde en plusieurs occasions l'action de la France. Ambassades de Savary de Lancosme à Constantinople, et de M. de Maisse à Venise.

XXXVII

NÉGOCIATIONS, LETTRES ET PIÈCES DIVERSES RELATIVES AU RÈGNE DE FRANÇOIS II, tirées du portefeuille de Sébastien de l'Aubespine, évêque de Limoges, par Louis Paris, 1841.

Un seul volume a été jusqu'à présent publié sur le règne si court de François II, qui vit commencer les troubles dont la France devait être le théâtre pendant plus de trente ans. Il contient environ 350 pièces, presque toutes inédites, et dont la plupart proviennent des papiers de Sébastien de l'Aubespine, abbé de Bassefontaine, puis évêque de Limoges, qui remplit des fonctions diplomatiques en Suisse et en Espagne. Ces pièces sont de nature très variée. Parmi les signataires des lettres, nous citerons François II, Marie Stuart, Catherine de Médicis, Charles IX, le roi de Navarre, Philippe II d'Espagne et sa femme Élisabeth de France, le cardinal de Lorraine, le duc de Guise, etc. Nous signalerons aussi d'intéressants documents sur la mort de Paul IV et l'émeute qui éclata à Rome à cette occasion, le sacre de François II, l'arrivée et la cour d'Élisabeth en Espagne, le mariage de la sœur de Henri II, Marguerite, avec le duc de Savoie, le procès du protestant Anne du Bourg, la conjuration d'Amboise, les troubles du Dauphiné (1559), le procès du prince de Condé, l'assemblée des notables à Fontainebleau, la convocation des états généraux, la mort de François II, des inventaires des pierreries de la couronne, etc.

La publication de M. Louis Paris a été d'autant plus opportune que beaucoup des pièces dont il s'est servi, et qui venaient des archives du château de Villebon, sont aujourd'hui dispersées dans divers cabinets particuliers.

XXXVIII

Lettres de Catherine de Médicis, publiées par M. le comte Hector de la Ferrière. Tome I (années 1533-1563), 1880. — Tome II (années 1563-1566), 1885.

Nos annales de la seconde moitié du xvie siècle sont remplies de problèmes que personne ne peut essayer de résoudre sans une parfaite connaissance du caractère et de la politique de Catherine de Médicis. Aussi, le Comité, dès l'origine, crut-il devoir recommander particulièrement la publication des nombreuses lettres que cette reine a écrites pendant sa longue et orageuse carrière, et qui touchent à tous les points de notre histoire pendant près de quarante ans. Le projet en fut adopté sous le ministère de M. Villemain; mais un fâcheux concours de circonstances paralysa longtemps le bon vouloir de l'Administration. Ce fut seulement quand le comte Hector de la Ferrière eut été chargé de l'entreprise qu'une période de féconde activité succéda aux stériles tâtonnements dont l'opinion publique se plaignait depuis vingt-cinq années. L'éditeur n'a reculé ni devant d'immenses recherches, ni devant des voyages répétés, qui devaient aboutir à la récolte d'environ 6,000 pièces, disséminées dans les bibliothèques et et les archives de la France, de l'Italie, de l'Angleterre, de l'Allemagne et de la Russie.

Les deux volumes publiés atteignent la fin de l'année 1566, et contiennent le texte de 1551 lettres, sans compter 90 pièces qu'il a paru suffisant de représenter par des résumés analytiques.

L'éditeur ne s'est pas contenté de poursuivre aussi loin que possible la recherche des documents, de les classer dans un ordre chronologique rigoureux, et d'en établir un bon texte, travail que l'écriture et les habitudes orthographiques de Catherine rendent difficile; il les a accompagnés de notes et d'introductions qui dispensent le lecteur de tout effort pour retrouver la série des grands et des petits événements au milieu desquels se déroule la correspondance.

XXXIX

Mémoires de Claude Haton, contenant le récit des événements accomplis de 1553 à 1582, principalement dans la Champagne et la Brie, publiés par M. Félix Bourquelot, 1857, 2 vol. (Ouvrage presque épuisé.)

Les mémoires de Claude Haton, curé du Mériot, renferment les faits contemporains groupés sous chaque année d'après leur nature. On y trouve, pour l'histoire générale, des détails que d'autres écrivains ont négligés ou n'ont point connus. Tels sont : l'assassinat tenté sur Henri III par un nommé Caboche ; certaines circonstances de la jeunesse de Charles IX et de ses frères ; le massacre des protestants dans une assemblée de la rue Saint-Jacques, enfin quelques scènes de la Saint-Barthélemy. L'attachement de l'auteur pour la religion catholique, tout en lui faisant approuver ce que nul au XVI° siècle ne songeait à blâmer, ne fermait pas son cœur à la pitié, et il montre, en plus d'un endroit, en faveur des malheureux paysans des deux religions, victimes de ces luttes effroyables, des sentiments vraiment dignes du saint ministère qu'il avait embrassé.

Si ces mémoires sont parfois utiles à l'histoire générale, ils constituent pour celle de la ville et du territoire de Provins une source unique, à laquelle nul autre document de ce temps ne pourrait être comparé. Malgré le caractère dont l'auteur a été revêtu, on y trouve bon nombre d'anecdotes piquantes, et même un peu grivoises, qui, à cette époque, n'effarouchaient personne. Enfin, l'auteur note à la fin de chaque année le cours des saisons, le prix des denrées, les tremblements de terre, les chaleurs et les froids excessifs, les particularités de la culture, de la récolte des grains et des fruits. A ces renseignements précieux il joint les apparitions d'esprits, de loups-garous, de bêtes qui parlent, les mouvements extraordinaires de certains poissons pris de rage, les possessions, etc., joignant ainsi perpétuellement, aux premières indications des sciences naturelles naissantes, des observations erronées fondées sur l'ignorance et la superstition.

L'éditeur, M. Bourquelot, a imprimé le texte de Claude Haton, d'après le manuscrit 11575 de la Bibliothèque nationale. Il a consigné dans la préface des recherches bibliographiques fort étendues et fort utiles sur les mémoires et les journaux, encore inédits, dont il a pu constater l'existence pour la seconde moitié du XVI° siècle.

XL

PROCÈS-VERBAUX DES ÉTATS GÉNÉRAUX DE 1593, recueillis et publiés par M. Aug. Bernard, 1842. (Ouvrage presque épuisé.)

L'oubli dans lequel, après l'avènement de Henri IV, on eut intérêt à laisser plongés les actes des états généraux de la Ligue en 1593 explique assez la suppression ou la dispersion de ces actes et le silence plus ou moins complet des historiens du xvi° et du xvii° siècle à l'endroit d'une assemblée aussi révolutionnaire. C'était une lacune que Sismondi avait recommandée à l'attention des curieux. M. Auguste Bernard l'a comblée avec beaucoup de succès. En rapprochant plusieurs manuscrits des dépôts de Paris, de Reims et de Montpellier, et en combinant les renseignements adressés par les correspondants du ministère de l'instruction publique, il a composé un recueil complet sur tout ce qui concerne les états généraux de la Ligue, et dans lequel on trouve des listes de députés, des procès-verbaux d'élection, des procès-verbaux de délibération, des relations officielles ou privées, et des actes du parlement qu'on pouvait croire anéantis, puisque Pierre Pithou les avait supprimés quand il avait été chargé par Henri IV d'enlever des registres publics tout ce qu'on y avait mis au préjudice de la majesté du roi et contre les lois du royaume.

XLI

RECUEIL DES LETTRES MISSIVES DE HENRI IV, publié par M. Berger de Xivrey. T. I-IX, 1843-1876, 9 vol. (Ouvrage presque épuisé.)

Le volume préparé par M. Bernard n'a trait qu'à un épisode du règne de Henri IV. La vie tout entière de ce grand roi est embrassée dans le recueil épistolaire entrepris en 1841, et dont l'exécution n'a pas demandé moins de trente-cinq années.

Si la forme adoptée par les publications du Comité comportait une qualification semblable, nous dirions que c'est ici la plus populaire de nos publications. En effet, consacrée au roi « dont le peuple a gardé la mémoire », et dont les esprits les plus sérieux ont ressenti la séduction, elle nous montre Henri IV, tantôt dictant des ordres à ses ministres, à ses agents ; tantôt conversant avec ses compagnons d'armes, ses amis, ses maîtresses. L'intérêt de la forme s'y joint à celui du fond, et l'on peut dire que la correspondance de Henri IV est un monument de la langue en même temps qu'un document historique. L'heureuse idée de cette publication vraiment nationale est due à l'initiative de M. Villemain, ministre de l'instruction publique, qui en a facilité l'exécution, en organisant, sur tous les points de la France et à l'étranger, des recherches dans les dépôts publics, les collections particulières, les archives des familles. De là un nombre considérable de lettres qui, classées par ordre chronologique, accompagnées de notes historiques et biographiques, ont rempli les sept premiers volumes auxquels Berger de Xivrey a donné ses soins. Le huitième, confié à M. Guadet, comprend les lettres sans date ou communiquées tardivement. Un neuvième et dernier volume, qui a paru en 1876, contient, avec des pièces supplémentaires et une table générale, un résumé du recueil dans l'intéressant morceau que le continuateur de l'œuvre de Berger de Xivrey a intitulé : « Henri IV étudié dans sa correspondance. »

XLII

Négociations, lettres et pièces relatives à la conférence de Loudun, publiées par M. Bouchitté, 1862.

Plus on avance dans les temps modernes, plus les documents se multiplient et tendent à occuper une place plus grande dans la Collection du ministère. Au règne de Louis XIII appartiennent trois ouvrages : les Négociations relatives à la conférence de Loudun, les Papiers du cardinal de Richelieu et la Correspondance de Henri d'Escoubleau de Sourdis.

M. Bouchitté a rassemblé dans un volume les documents officiels et autres se rapportant aux événements qui s'accomplirent dans le royaume depuis la levée des états généraux de 1614 jusqu'à la pacification conclue en mai 1616, à Loudun, entre la cour, d'une part, et, d'autre part, le prince de Condé et les protestants, qui avaient uni leurs griefs. C'est l'histoire complète des assemblées que les protestants tinrent à Grenoble et à Nîmes, puis des négociations de Loudun, qui aboutirent à une paix peu durable. On ne peut lire ces documents sans reconnaître combien la fermeté d'un Richelieu était nécessaire pour mettre un terme à un état anarchique qui aurait bientôt entraîné la France dans l'abîme.

XLIII

Lettres, instructions diplomatiques et papiers d'État du cardinal de Richelieu, recueillis et publiés par M. Avenel. Tomes I-VIII, 1853-1877, 8 vol. (Ouvrage presque épuisé.)

Il était naturel qu'après la correspondance de Henri IV l'attention du Comité se portât sur celle du ministre de Louis XIII qui a continué à beaucoup d'égards, et surtout à l'intérieur, la politique du règne précédent. L'éditeur, M. Avenel, a eu le bonheur de conduire jusqu'à la fin cette vaste entreprise, à laquelle il a consacré sa longue et laborieuse existence.

Dans une préface placée en tête du tome I, l'éditeur établit que les pièces dont se compose sa publication sont toutes l'œuvre même du grand ministre, quoique les manuscrits offrent l'écriture de plusieurs secrétaires, qu'il nous fait connaître. Il indique les sources où il a puisé, et expose le plan qu'il a suivi pour le choix et la disposition des matériaux. Telle en a été l'abondance, qu'il a dû quelquefois rejeter à la fin des volumes le sommaire des pièces les moins importantes; mais il a donné presque sans exception celles qui s'appliquent à la partie antérieure au ministère du cardinal et moins généralement connue. Le texte est accompagné des notes nécessaires pour en faciliter l'intelligence.

Un dernier volume est consacré aux additions et corrections dont M. Avenel, jaloux de la perfection de son œuvre, avait patiemment réuni les éléments, et par une table alphabétique générale.

XLIV

Correspondance de Henri d'Escoubleau de Sourdis, archevêque de Bordeaux, chef des conseils du roi en l'armée navale, commandeur du Saint-Esprit, primat d'Aquitaine, etc. augmentée des ordres, instructions et lettres de Louis XIII et du cardinal de Richelieu à M. de Sourdis, concernant les opérations des flottes françaises de 1636 à 1642, et accompagnée d'un texte historique, de notes et d'une introduction sur l'état de la marine en France sous le ministère du cardinal de Richelieu, par M. Eugène Sue, 1839, 3 vol. (Ouvrage épuisé.)

Henri d'Escoubleau de Sourdis, archevêque de Bordeaux, né en 1593, mort en 1645, joua un rôle des plus importants sous le ministère du cardinal de Richelieu. Dès 1628, étant déjà évêque de Maillezais, il accompagna Louis XIII au siège de la Rochelle, où il eut l'intendance de l'artillerie et la direction des approvisionnements. Lorsque la guerre eut été déclarée à la maison d'Autriche (1635), il fut nommé chef des conseils du roi en l'armée navale et directeur général du matériel de l'armée, puis commandant de la flotte de la Méditerranée, et déploya dans ces fonctions une grande capacité. Il fit une expédition en Sardaigne, reprit en mai 1637 les îles de Lérins sur les Espagnols, qu'il contribua à chasser du Languedoc, et dont, en août 1638, il détruisit complètement une flotte dans la rade de Gattari. Mais un échec qu'il éprouva, en août 1641, devant Tarragone et qui amena la levée du siège de cette place, fut le prétexte d'une disgrâce complète; la mort de Richelieu mit seule fin à une instruction criminelle dirigée contre lui.

C'est à la période pendant laquelle l'archevêque de Bordeaux commanda notre flotte dans la Méditerranée que sont consacrés les trois volumes imprimés, en 1839, par les soins du Comité. Ils contiennent environ 900 pièces presque toutes tirées d'une collection qu'on a quelquefois désignée comme une suite des manuscrits de Dupuy, et qui est conservée à la Bibliothèque nationale sous les numéros 6367-6416 du fonds français. La première est de janvier 1636, la dernière est de novembre 1642. On trouve dans ce recueil des lettres de Louis XIII, de Richelieu, de Sourdis, du duc de Savoie, du comte d'Harcourt, de Des Noyers, de Sabran et autres; de nombreuses relations de divers événements de la guerre, des dépêches diplomatiques, des enquêtes sur l'état de nos côtes, et des mémoires fort instructifs sur le personnel, le matériel et l'administration de nos flottes. C'est une publication fort précieuse pour l'histoire de la marine française au temps de Louis XIII, histoire sur laquelle on ne possédait jusqu'alors que peu de renseignements.

XLV

Lettres du cardinal Mazarin pendant son ministère, recueillies et publiées par M. A. Chéruel. Tomes I-III, 1872-1883, 3 vol.

Douze volumes de la Collection des documents inédits se rapportent au règne de Louis XIII. Celui de Louis XIV n'en compte pas moins de trente, répartis entre neuf ouvrages.

Le premier, la Correspondance du cardinal Mazarin, était en quelque sorte appelé par l'édition des lettres de Henri IV et de celles de Richelieu. Rarement on a pu dire avec autant de justesse qu'une correspondance devait être rangée parmi les plus précieux instruments de l'histoire; seulement, ici, comme le fait remarquer le judicieux éditeur, la biographie du personnage est d'une importance secondaire ; l'intérêt s'attache surtout aux actes du ministre, qui, bien qu'étranger, eut une politique vraiment française. On ne trouvera donc dans le recueil de M. Chéruel que les lettres écrites pendant le ministère du cardinal, qui dura dix-neuf ans, de 1642 à 1661. Telle est même l'abondance des matières qu'il a fallu négliger beaucoup de pièces, sous peine d'ajourner indéfiniment la réalisation de l'entreprise.

Trois volumes ont vu le jour; ils embrassent la période comprise entre le mois de décembre 1642 et la fin de l'année 1650. Dans l'introduction, M. Chéruel a présenté un résumé général des affaires de l'Europe, et surtout de la dernière partie de la guerre de Trente ans, tableau nécessaire à l'intelligence des lettres de Mazarin, comme aussi la belle *Histoire de France sous le ministère de Mazarin*, qui montre par quelles scrupuleuses études l'éditeur s'est préparé à publier l'une des plus magnifiques correspondances politiques du xviie siècle.

XLVI

LETTRES DE JEAN CHAPELAIN, de l'Académie française, publiées par M. Tamizey de Larroque, 1880-1883, 2 vol.

La sentence que Boileau a prononcée contre les vers de Chapelain est restée sans appel, et les efforts tentés pour remettre en honneur le poème de la Pucelle sont demeurés infructueux. La mémoire de Chapelain méritait cependant une réparation. Cet écrivain semble avoir eu conscience de la place qu'il occupait dans la société et de l'influence qu'il exerçait sur ses contemporains. Il a pris soin en effet de garder la copie des lettres qu'il adressait journellement à de nombreux correspondants. De là un recueil dont les cinq volumes subsistants embrassent une période de vingt-quatre années (de 1632 à 1640 et de 1659 à 1673) et contient environ 3,000 lettres. Ces cinq volumes, dont la libéralité de Sainte-Beuve et de M. Troubat a enrichi la Bibliothèque nationale, nous offrent tous les éléments d'un journal du mouvement scientifique et littéraire en France, et même en Europe, à la fin du règne de Louis XIII et pendant une notable partie du règne de Louis XIV.

De la correspondance de Chapelain, M. Tamizey de Larroque a dégagé tout ce que le public pouvait désirer connaître, et il l'a imprimé avec des commentaires qui en rendent la lecture aisée et instructive. On comprend de quel intérêt sont des lettres où reviennent plus ou moins souvent les noms de Descartes, de Pascal, de Corneille, de Molière, de La Fontaine, de Mme de Sévigné, de Balzac, de Godeau, de Gassendi et de Huet, des lettres qui nous font entrer à l'hôtel de Rambouillet, assister aux débuts de l'Académie française et suivre dans les moindres détails les mesures prises par Louis XIV et par Colbert pour encourager les gens de lettres et les savants en France et à l'étranger.

M. Tamizey de Larroque a publié intégralement 1,047 lettres de Chapelain; toutes les autres sont représentées par des extraits textuels ou par une simple indication. Il y a là une mine inépuisable de renseignements pour l'histoire de la société et de la littérature au XVIIe siècle. Les recherches y sont facilitées par une ample table des noms de lieux et de personnes. Un recueil où abondent les mots et les tours familiers à l'un des arbitres du goût à Paris vers le milieu du XVIIe siècle rendra aussi de grands services à la philologie française.

XLVII

JOURNAL D'OLIVIER LE FÈVRE D'ORMESSON et extraits des Mémoires d'André Le Fèvre d'Ormesson, publiés par M. A. Chéruel, 1860-1861, 2 vol. (Ouvrage presque épuisé.)

C'est à M. Chéruel que nous devons l'édition du Journal d'Olivier Le Fèvre d'Ormesson, dont se conserve le manuscrit autographe à la bibliothèque de Rouen.

Olivier Le Fèvre d'Ormesson fut d'abord maître des requêtes, puis intendant de la généralité de Paris. Son journal se divise en deux parties : la première, à laquelle se rattachent les extraits des Mémoires de son père, André d'Ormesson, embrasse les commencements de la régence d'Anne d'Autriche et du ministère de Mazarin (1643-1650); la seconde, qui s'étend de 1661 à 1672, traite principalement du ministère et du procès de Nicolas Fouquet, et de l'administration de Louis XIV pendant les premières années de son pouvoir personnel.

L'éditeur a pris soin de compléter, à l'aide d'emprunts faits à d'autres mémoires contemporains, pour la plupart inédits, cet intéressant journal, auquel sa forme, rigoureusement chronologique, communique quelque sécheresse et une certaine étroitesse de vues, mais en même temps un degré de précision et d'impartiale exactitude qu'on chercherait inutilement dans les autres documents de la même époque.

Ces mémoires retracent très fidèlement les séances du Conseil d'État; ils font assez bien connaître les anciennes institutions de la France, ou du moins ce qu'on en pensait à cette époque; les prédicateurs, les avocats, y sont passés en revue; représentations théâtrales, procès célèbres, entrées royales, anecdotes scandaleuses, tout ce qui intéresse la cour et la ville est indistinctement recueilli par ce chroniqueur sincère et bien renseigné.

XLVIII

MÉMOIRES DE NICOLAS-JOSEPH FOUCAULT, publiés et annotés par F. Baudry, 1862. (Ouvrage presque épuisé.)

La Collection des documents renferme les mémoires d'un autre intendant du règne de Louis XIV, ceux de Nicolas-Joseph Foucault, dont le nom est connu à la fois dans l'histoire administrative et dans l'histoire littéraire; il encouragea, en effet, les recherches des savants et se créa un magnifique cabinet de livres, de manuscrits et d'antiquités. C'est, suivant toute apparence, sur la fin de sa vie que Foucault a écrit ses mémoires, qui s'étendent de l'année 1641 à l'année 1718, et dont la Bibliothèque nationale possède le manuscrit original. Ils ont principalement pour objet le récit de sa longue carrière d'intendant. Il en avait rempli les fonctions pendant trente-deux années consécutives, d'abord à Montauban, ensuite à Poitiers, puis à Pau et enfin à Caen. A Montauban il avait été l'homme de Colbert et avait pris une grande part à l'importante affaire de la régale; à Pau, saisi de la triste ambition d'imiter M. de Marillac, intendant de Poitou, il a eu la malheureuse idée de demander à Louvois, le 18 avril 1665, des « ordres en blanc pour faire loger une ou deux compagnies dans les villes remplies de religionnaires, » afin de déterminer des conversions, et, à partir de ce moment, il ne s'occupe plus d'autre chose, et ses mémoires sont remplis de détails affligeants sur les conséquences de ce malencontreux expédient; à Poitiers, les conversions l'absorbent encore presque tout entier; à Caen, il revient enfin à l'administration.

Ces mémoires nous font bien connaître les rapports si nombreux et si multiples des intendants avec le gouvernement central; ils nous initient à toutes les attributions de ces fonctionnaires et au rôle important qu'ils jouent dans l'administration. De plus, pendant le séjour de Foucault à Caen, il survient le long de nos côtes des événements très importants pour l'histoire générale, dont il a soin d'informer ses lecteurs dans le détail;

pour n'en donner qu'un exemple, on trouve à sa date une « Relation de ce qui s'est passé à la Hougue, au brûlement de nos vaisseaux, les 1ᵉʳ et 2 juin 1692. »

XLIX

Correspondance administrative sous le règne de Louis XIV, entre le cabinet du roi, les secrétaires d'État, le chancelier de France et les intendants et gouverneurs des provinces, les présidents, procureurs et avocats généraux des parlements et autres cours de justice, le gouverneur de la Bastille, les évêques, les corps municipaux, etc., recueillie et mise en ordre par G.-B. Depping. Tome I. États provinciaux, affaires municipales et communales. — Tome II. Administration de la justice, police, galères. — Tome III. Affaires de finances, commerce, industrie. — Tome IV et dernier. Travaux publics, affaires religieuses, protestants, sciences, lettres et arts, pièces diverses. Publié par Guillaume Depping fils, 1850-1855, 4 vol. (Ouvrage presque épuisé.)

Quel que soit l'intérêt des mémoires de Le Fèvre d'Ormesson et de Foucault pour l'histoire administrative, ils ne sauraient cependant tenir lieu des correspondances officielles dans lesquelles on saisit sur le vif les qualités et les défauts d'institutions qui, pour être déjà loin de nous, ont en partie survécu à nos révolutions. M. Depping fut donc heureusement inspiré quand il conçut le projet de choisir, dans les volumineuses collections de la Bibliothèque nationale, des Archives nationales et du Ministère de la marine, les lettres qui pouvaient donner une idée exacte de l'administration au temps de Louis XIV. Dans le recueil de 1,927 lettres qu'il nous a donné, tout est relatif à l'administration purement civile : la diplomatie et la guerre ont été laissées de côté; la marine militaire a de même été réservée, mais la marine marchande et les galères considérées comme punition y ont trouvé place. Les pièces sont distribuées par matières dans chaque volume ainsi qu'il suit :

Tome I. 1° *Assemblées des états provinciaux*. Les pays d'états comprennent : le Languedoc, la Provence, la Bourgogne avec la Bresse, la Bretagne, l'Artois et quelques petites contrées de la Guyenne ou plutôt des Pyrénées (Bigorre, Foix, Conserans, Comminges, Nebouzan). On trouve d'abord, pour chacun de ces pays, un exposé sur la composition, l'organisation et les fonctions des états, ensuite les diverses pièces relatives aux séances. La principale affaire est partout d'obtenir le vote du don gratuit, pour lequel on se livre à d'interminables négociations, sans négliger les promesses et les menaces. Ce don gratuit ne montait cependant, vers le milieu du règne de Louis XIV, qu'à environ six millions et, vers la fin, à quelques millions de plus. 2° *Municipalités.* Cette section comprend tout ce qui est relatif à l'élection des fonctionnaires municipaux, à l'influence du gouvernement sur la formation de ces magistratures locales, à leurs attributions, à l'exercice et aux abus de leur pouvoir.

Tome II. 1° *Administration de la justice.* On trouve ici tout ce qui concerne les parlements et les autres corps judiciaires. On y remarque, entre autres documents précieux pour l'histoire anecdotique et la biographie, des notes secrètes envoyées à Colbert sur le personnel de toutes les cours du royaume. Les questions de préséance entre les différents corps occupent une grande place dans cette section. 2° *Police.* Cette division renferme des matières extrêmement variées. Elle abonde en documents sur la Bastille, les libelles, les chansons, les jeux, les saltimbanques, le droit d'asile au Temple, dans l'enclos de l'abbaye Saint-Germain, à l'hôtel de Soissons, et dans les châteaux royaux; l'envoi aux colonies de filles tirées de l'hôpital général. 3° *Galères.* Ce titre comprend, outre ce qui est relatif à leur administration, tout ce qui touche à leur recrutement. Le manque de galériens amenait à commuer la peine de mort en celle des galères à perpétuité, puis, par un procédé bien différent, on retenait souvent pendant toute leur vie des malheureux dont la peine avait été limitée à quelques années. Des Turcs, achetés aux marchands d'esclaves, complétaient le nombre d'hommes nécessaire et comblaient les vides produits par une effroyable mortalité. Souvent des coupables aisés étaient admis à fournir à l'État des Turcs pour les remplacer.

Tome III. 1° *Finances.* On y remarque ce qui est relatif aux gabelles, aux exemptions de taille, aux libéralités envers les princes étrangers, aux nouvelles charges vénales créées pour les besoins du Trésor. 2° *Commerce,* comprenant les traités, la compagnie des Indes, les exportations. 3° *Industrie,* comprenant les pièces relatives aux manufactures de draps, de dentelles, de soieries, de glaces, la concession des brevets d'invention; tout ce qui touche l'agriculture, comme les haras, les vignobles, les plantations d'orangers.

Tome IV. 1° *Travaux publics.* Cette section, assez peu étendue, indique cependant le commencement de deux grandes entreprises : le canal de Languedoc et le canal de Bourgogne. 2° *Affaires religieuses et ecclésiastiques.* Les libertés de l'Église gallicane, le quiétisme, le jansénisme, le protestantisme et surtout les suites de la révocation de l'édit de Nantes, forment les matières principales de cette division. 3° *Sciences, arts et lettres*, comprenant les acquisitions d'objets d'art, l'administration de l'école française de Rome et quelques autres matières moins importantes. 4° *Lettres diverses*. Cette section est une sorte de supplément : elle contient des lettres isolées qui n'ont pu trouver leur place dans les divisions précédentes.

Malgré l'absence d'une table générale, ce recueil a rendu de grands services et en rend encore tous les jours, même après la publication des grandes collections que le Ministère des finances a chargé M. Pierre Clément et M. Arthur de Boislisle de composer sur l'administration de Colbert et sur celle des contrôleurs généraux.

L

CORRESPONDANCE DES CONTRÔLEURS GÉNÉRAUX DES FINANCES avec les intendants des provinces, publiée par ordre du Ministre des finances, d'après les documents conservés aux Archives nationales, par A.-M. de Boislisle. — Tome I (années 1683 à 1699), 1874. — Tome II (années 1699 à 1708), 1883.

Le recueil dont il vient d'être question donnait à peine un aperçu des richesses que nos grands dépôts renferment sur l'histoire administrative de la France au temps de Louis XIV. Depuis, grâce à une publication entreprise sous les auspices du Ministère des finances, on a vu tout ce qu'on en pouvait tirer pour connaître à fond les actes d'un des plus grands ministres de l'ancienne monarchie. Les huit volumes des *Lettres, instructions et mémoires de Colbert*, tels que Pierre Clément les a constitués, resteront le fondement des études auxquelles peuvent donner lieu la plupart des services administratifs du règne de Louis XIV. Mais le recueil de Pierre Clément s'arrête à l'année 1683. Il importait de suivre le développement des institutions sous les successeurs de Colbert. C'est ce que M. de Boislisle s'est chargé de faire, en ne se bornant pas, comme son devancier, à la correspondance du Ministre, mais en présentant, à côté du contrôleur général, les agents supérieurs placés sous ses ordres et répartis dans toute la France. Pour atteindre ce but, il fallait classer ce qui subsiste aux Archives nationales des papiers de l'ancien contrôle général et en faire passer la substance dans une sorte d'inventaire chronologique où les morceaux essentiels seraient textuellement imprimés. La tâche était immense; elle n'a cependant pas effrayé M. de Boislisle, qui a consacré deux gros volumes à l'administration des trois premiers successeurs de Colbert : Claude Le Peletier (1683-1689), Louis Phélypeaux de Pontchartrain (1689-1699) et Michel Chamillart (1699-1708). On y trouve la reproduction, l'analyse ou l'indication d'au moins douze mille documents, touchant aux questions les plus variées et se rapportant à toutes les provinces du royaume. Dans des appendices très étendus, l'éditeur a groupé plusieurs séries de mémoires, de correspondances et de tableaux qui abondent en informations sur les matières économiques et financières. Pour donner une idée de l'importance des pièces qui composent ces appendices, il suffit de rappeler qu'on y rencontre la correspondance de l'économiste Le Pesant de Boisguilbert et l'état détaillé des recettes et des dépenses du trésor royal, année par année, depuis 1683 jusqu'en 1708.

L'avant-propos du tome I contient une histoire complète de la formation et des vicissitudes des archives du contrôle général et un exposé des travaux dont elles ont été l'objet ou l'occasion pendant le cours du XVIII° siècle.

Les tables très amples qui terminent chaque volume se prêtent à tous les genres de recherches; on y a relevé avec autant de soin que de sagacité les noms d'hommes, les noms de lieux et les noms de matières.

Les deux premiers volumes ont été publiés par les soins du Ministère des finances avec la même justification que les grands inventaires des Archives nationales. Les suivants seront rattachés à la Collection des documents inédits.

LI

MÉMOIRES DES INTENDANTS SUR L'ÉTAT DES GÉNÉRALITÉS, dressés pour l'instruction du duc de Bourgogne. — Tome I. Mémoire de la généralité de Paris, publié par A.-M. de Boislisle, 1881.

Les mémoires qui furent demandés en 1697 aux intendants sur les généralités du royaume forment l'ensemble le plus complet qui nous soit parvenu sur l'état de la France au temps de Louis XIV. C'est toujours à eux qu'il faut recourir pour les études comparées d'économie politique et d'administration. Malheureusement la vaste enquête à laquelle il fut alors procédé sur un questionnaire du duc de Beauvillier, ne fut pas conduite partout avec la scrupuleuse exactitude qu'aurait demandée une pareille opération. Aussi, en publiant les mémoires des intendants, était-il indispensable d'en contrôler et d'en compléter le contenu. La délicatesse et l'étendue de l'entreprise expliquent surabondamment les retards qu'on a mis à la commencer et les lenteurs avec lesquelles elle sera fatalement poursuivie. Le texte des mémoires, tel qu'il a été envoyé à la cour et tel qu'il a été si souvent copié au xviii⁰ siècle, serait fort insuffisant et pourrait même induire en erreur si les lecteurs n'étaient pas renseignés sur le degré d'exactitude de chacun des chapitres et s'ils ne trouvaient pas en note ou en appendice les témoignages qui confirment, rectifient ou complètent les informations recueillies par les intendants ou par leurs subdélégués.

Le travail auquel a donné lieu la généralité de Paris est aussi complet qu'on pouvait l'espérer. Le mémoire rédigé, paraît-il, par le subdélégué Pierre Rolland, était en lui-même assez médiocre; mais expliqué par les notes de M. de Boislisle, et comparé avec les documents d'un appendice de plus de 800 colonnes en petit texte, il fournit les notions statistiques les plus exactes qu'on puisse se procurer, pour le xvii⁰ et le xviii⁰ siècle, sur la population, la levée et l'entretien des troupes, les impôts, l'agriculture, les manufactures, le commerce, les routes et les voies navigables, dans une généralité à laquelle répondent aujourd'hui les départements de la Seine, de Seine-et-Oise et de Seine-et-Marne, une notable partie de l'Yonne et de l'Oise, et quelques parcelles de la Seine-Inférieure, du Loiret, de la Nièvre, de la Côte-d'Or, de l'Aube et de l'Aisne.

Espérons que M. de Boislisle, qui a si bien tracé la voie, trouvera des collaborateurs pour l'aider à mettre en lumière le tableau économique de la France pendant la dernière période de l'ancien régime.

LII

Négociations relatives à la succession d'Espagne sous Louis XIV, ou Correspondances, mémoires et actes diplomatiques concernant les prétentions et l'avènement de la maison de Bourbon au trône d'Espagne, accompagnés d'un texte historique et précédés d'une introduction par M. Mignet. Tomes I-IV, 1835-1842, 4 vol. (Ouvrage épuisé.)

Les Négociations relatives à la succession d'Espagne sous Louis XIV, par M. Mignet, sont une des premières publications faites sous les auspices du Comité des travaux historiques. Elles consistent en quatre volumes, pour la rédaction desquels les correspondances et les actes diplomatiques des archives du Ministère des affaires étrangères ont été surtout mis à contribution. L'éditeur y a fait entrer le résultat de ses recherches dans d'autres dépôts publics. L'éminent historien n'a pas jugé à propos de mettre simplement les uns à la suite des autres, selon leurs dates, les nombreux documents qu'il avait rassemblés; il a séparé les négociations d'après leur nature, et les a traitées d'après leur importance. Il n'a pas cru nécessaire de publier le texte entier de tous les documents. Faisant un choix judicieux des pièces, n'en omettant aucune d'essentielle et résumant celles dont il ne reproduisait pas la teneur, il les a distribuées dans un ordre méthodique, et leur a donné, autant qu'il était possible, la forme d'un récit suivi, dont la lecture est toujours attachante. Ce plan devrait être cité comme le meilleur modèle; s'il ne demandait pas, pour être suivi, la critique et le goût dont M. Mignet était doué à un si haut degré. L'introduction du premier volume est un morceau historique de premier ordre. Malheureusement, l'ouvrage est incomplet; il s'arrête au traité de Nimègue.

LIII

MÉMOIRES MILITAIRES RELATIFS À LA SUCCESSION D'ESPAGNE SOUS LOUIS XIV, extraits de la correspondance de la cour et des généraux, par le lieutenant général de Vault, directeur du Dépôt de la guerre, mort en 1790, revus, publiés et précédés d'une introduction, par le lieutenant général Pelet, 1835-1862, 11 vol. et atlas in-fol. (Ouvrage épuisé.)

Les opérations militaires de la guerre de la succession d'Espagne, depuis l'année 1701 jusqu'à l'année 1712, sont l'objet d'un immense travail qui a été exécuté au dernier siècle, d'après les correspondances et les pièces officielles, par les soins du lieutenant général de Vault, directeur du Dépôt de la guerre, mort en 1790. Le général Pelet n'a guère eu qu'à revoir les Mémoires dressés par son prédécesseur pour fixer les moindres détails des campagnes des armées françaises pendant les douze premières années du XVIIIe siècle. Toutes les cartes, tous les plans nécessaires pour l'intelligence des opérations ont été gravés, et concourent à faire de ces Mémoires l'un des plus beaux livres d'histoire militaire, comme le recueil de M. Mignet est un chef-d'œuvre d'histoire diplomatique.

LIV

L'ESCLARCISSEMENT DE LA LANGUE FRANÇOYSE, par Jehan Palsgrave, suivi de la Grammaire de Giles du Guez, publiés pour la première fois en France par F. Génin, 1852. (Ouvrage presque épuisé.)

Nous sommes arrivés à la limite chronologique que le Comité n'a point cru devoir dépasser jusqu'à ce jour; mais il nous reste à rappeler plusieurs publications qui se rattachent moins à l'histoire proprement dite qu'à la philologie et à l'histoire littéraire de la France.

La première a pour objet la plus ancienne grammaire française qui nous soit parvenue. Cette grammaire a été composée par un Anglais, Jean Palsgrave, et imprimée à Londres en 1530, sous le titre de « L'Esclarcissement de la langue françoyse. » Un seul exemplaire en subsistait en France, dans la bibliothèque Mazarine. Il importait de répandre la connaissance d'un livre qui est à la fois une grammaire dressée sur un plan méthodique et un ample répertoire des mots et des locutions de notre langue avant la tentative de rénovation savante qui l'a si profondément agitée dans la seconde moitié du xvie siècle. Aussi le Comité n'hésita pas, en 1849, à considérer comme inédit un ouvrage qui, bien qu'imprimé, était infiniment plus rare que beaucoup d'ouvrages restés à l'état de manuscrits. M. Génin, chargé de donner une édition française de la Grammaire de Palsgrave, y a joint le texte d'une autre Grammaire rédigée, vers la même époque, par un Anglais, Giles du Guez, qui était chargé d'apprendre le français à la princesse Marie, fille de Henri VIII.

LV

Les quatre livres des Rois, traduits en français du xiie siècle, suivis d'un fragment de moralités sur Job et d'un choix de sermons de saint Bernard, publiés par M. Le Roux de Lincy, 1841. (Ouvrage presque épuisé.)

La publication des plus anciens textes, avec des glossaires fort exacts et fort détaillés, a singulièrement favorisé les progrès de la philologie française. Le Comité ne s'est pas borné à faire imprimer des ouvrages qui sont à la fois, comme la Chronique des ducs de Normandie, des documents historiques et des textes de langue : il s'est occupé d'anciennes traductions, dépourvues d'intérêt historique, mais que les philologues étudient avec la plus entière confiance, parce que les passages douteux peuvent toujours être rapprochés du texte latin correspondant. Tel est le caractère du volume publié, en 1841, par M. Le Roux de Lincy.

L'ancienne traduction des livres des Rois, qui en occupe la plus grande partie, nous a été conservée par un magnifique manuscrit du xiie siècle, déposé à la bibliothèque Mazarine. C'est le monument le plus important de l'ancienne prose française. Notre langue compte peu de textes en prose d'une plus grande ancienneté; elle n'en a aucun qui se recommande par un égal mérite de style. La traduction est en effet assez libre, et manifeste une richesse d'expression, une souplesse de tours qu'on rencontrerait à peine dans les compositions originales du même temps ou du siècle suivant. A la suite des livres des Rois, M. Le Roux de Lincy a donné une ancienne traduction des Commentaires de saint Grégoire le Grand sur le livre de Job, et des extraits d'un manuscrit depuis longtemps célèbre, qui contient un certain nombre de sermons de saint Bernard, traduits en français à la fin du XIIe siècle.

LVI

Le livre des psaumes, ancienne traduction française, publiée pour la première fois, d'après les manuscrits de Cambridge et de Paris, par Francisque Michel, 1876.

Les raisons qui ont déterminé le Comité à comprendre dans la Collection des documents les Quatre livres des Rois lui ont fait accueillir favorablement un projet de M. Francisque Michel tendant à publier une ancienne traduction du Psautier, dont il existe deux manuscrits, tous les deux d'une exécution très remarquable : l'un du milieu du XIIe siècle, au collège de la Trinité, à Cambridge, l'autre, un peu moins ancien, à la Bibliothèque nationale à Paris (ms. latin 8846). C'est le texte du premier qu'a reproduit M. Francisque Michel ; les variantes du second ont été relevées dans les notes. Cette traduction est extrêmement littérale ; mais si elle ne peut rendre à l'étude de la syntaxe les mêmes services que l'ancienne traduction des Rois, elle sert du moins à déterminer le sens d'un grand nombre de mots. L'éditeur a complété son édition par un glossaire-index, fort utile pour la lexicographie française.

Un fac-similé héliographique d'une demi-page du manuscrit de Cambridge donne une idée du style des peintures qui ornent ce beau volume, aussi précieux pour l'archéologie que pour la philologie.

LVII

Ouvrages inédits d'Abélard, pour servir à l'histoire de la philosophie scolastique en France, publiés par M. Victor Cousin, 1836. (Ouvrage épuisé.)

Les ouvrages inédits d'Abélard, publiés en 1836 par M. Victor Cousin, forment un seul volume, comprenant des extraits de la composition singulière que le célèbre philosophe du XIIe siècle avait intitulée : *Sic et non*, et la suite de ses commentaires sur l'*Organon* d'Aristote. Le volume s'ouvre par une introduction dans laquelle l'éditeur a raconté les commencements de la philosophie scolastique et analysé la doctrine d'Abélard ; il se termine par un appendice où sont contenues des notices sur un certain nombre d'ouvrages manuscrits et sur les auteurs à qui on les attribue. Les premiers éditeurs d'Abélard n'avaient réuni que ceux de ses ouvrages qui avaient trait à la théologie; ils avaient négligé ses écrits philosophiques, et dès lors ils n'avaient pu se rendre compte du rôle qu'il avait joué dans le mouvement des écoles de la première moitié du XII° siècle. La publication confiée aux soins de M. Victor Cousin a comblé une lacune regrettable dans l'histoire de la philosophie en France au moyen âge.

LVIII

LI LIVRES DOU TRESOR, par Brunetto Latini, publié pour la première fois, d'après les manuscrits de la Bibliothèque impériale, de la bibliothèque de l'Arsenal et plusieurs manuscrits des départements et de l'étranger, par P. Chabaille, 1863. (Ouvrage presque épuisé.)

La philosophie peut aussi bien que la philologie réclamer le Trésor de Brunetto Latini, l'un des premiers ouvrages qui aient attiré l'attention du Comité. Dès l'année 1835, on songeait à entreprendre une édition de ce livre, qui offre un vif intérêt pour nous, non seulement par le fond, mais encore et surtout par la langue. Bien qu'il fût né à Florence et qu'il y ait passé la meilleure partie de sa vie, Brunetto a écrit son livre en français, parce que, pour nous servir de ses célèbres expressions, « la parleure en est plus délitable et plus commune à toutes gens. » Notre langue nationale sert ainsi, sous la plume d'un étranger, à l'exposition encyclopédique et populaire des connaissances de toute sorte qui étaient répandues au XIII° siècle, et qui se sont peu modifiées au siècle suivant. Dans un autre genre que le Miroir de Vincent de Beauvais, le Trésor de Brunetto Latini est le tableau fidèle et complet de l'état des sciences au moyen âge. Quelle que fût l'importance de l'ouvrage, la publication n'en a été terminée qu'en 1863. Ces retards ont tenu, les uns au changement de l'éditeur, les autres aux difficultés que présentait la collation d'un grand nombre de manuscrits, tâche ingrate, dont M. Chabaille s'est acquitté avec une louable patience.

LIX

DOCUMENTS HISTORIQUES INÉDITS, tirés des collections manuscrites de la Bibliothèque royale et des archives ou des bibliothèques des départements, publiés par M. Champollion-Figeac. Tomes I-IV, 1841-1848. — TABLES chronologique et alphabétique de ces quatre volumes, 1874. (Ouvrage presque épuisé.)

Pendant les premières années de son existence, le Comité ne possédait point de Bulletin pour recueillir les communications historiques de ses correspondants et de ses collaborateurs. Ce fut pour en tenir lieu qu'il décida la publication de Mélanges historiques.

Une première série de Mélanges, en quatre volumes, a paru de 1841 à 1848, sous la direction de M. Champollion-Figeac. Elle contient : 1° une série de rapports sur différentes bibliothèques ou archives et quelquefois des notices détaillées sur des manuscrits importants; 2° une série de documents inédits, beaucoup tirés des collections de la Bibliothèque royale, dont M. Guizot avait prescrit le dépouillement méthodique; les autres, des dépôts explorés en province, ou même à l'étranger, par les collaborateurs qui, de tous les points de la France, s'empressaient de venir en aide au Comité. Une simple énumération de tous ces rapports, de tous ces documents, dépasserait les limites dans lesquelles nous tenons à nous renfermer. Rappelons seulement que toutes les périodes de notre histoire sont représentées dans les quatre volumes de Mélanges, et qu'à chaque pas on y rencontre des pièces d'une importance capitale, comme : un capitulaire de Charlemagne; les contrats passés entre les Génois et les agents de saint Louis pour le transport des croisés; les traités conclus entre les rois chrétiens de Majorque et les rois maures d'Afrique; une collection de 139 documents relatifs à la guerre du Bien public, en 1465; les délibérations de la Commission consultative sur le fait du commerce général et de l'établissement des manufactures dans le royaume, instituée en 1601 par Henri IV; les correspondances de Colbert avec Louis XIV et le cardinal Mazarin; les textes en langue vulgaire du xie siècle découverts dans un glossaire de la bibliothèque de Clermont-Ferrand.

Une table sommaire, publiée en 1874, permet de retrouver, soit par les dates, soit par les noms de personnes, de lieux ou de matières, les renseignements de tout genre disséminés dans les quatre volumes de la première série des Mélanges.

LX

Mélanges historiques. Choix de documents.

La publication d'une nouvelle série de Mélanges a été entreprise en vue surtout de pouvoir donner au public des documents importants, trop peu étendus pour former un volume, mais dont les dimensions dépassent cependant les limites des Revues ou Bulletins consacrés aux travaux courants du Comité. Les quatre premiers tomes de cette nouvelle série ont paru de 1873 à 1882. Un cinquième est à la veille de sortir de l'imprimerie.

Tome I. Vie de saint Bertin en vers. — Vie et office de saint Dié. — Définitions du chapitre de Cluny en 1323. — Lettres de Jean de Witt. — Lettres de Balzac. — 1873.

I. Une vie en vers de saint Bertin, composée par l'abbé Simon vers l'année 1140, et copiée dans un manuscrit contemporain de la bibliothèque de Boulogne, offre, pour l'histoire de la versification latine au moyen âge, des particularités curieuses, que l'éditeur, M. François Morand, a parfaitement expliquées, en comparant les vers de l'abbé Simon avec d'autres productions littéraires du XII° siècle.

II. L'église de Saint-Dié-sur-Loire possède un manuscrit du XII° siècle dans lequel on a copié, à la suite de plusieurs traités ecclésiastiques, la vie et l'office de saint Dié, patron de la paroisse. Ces derniers textes, qui avaient échappé aux Bollandistes, ont été recueillis par M. A. Dupré, qui a ainsi bien mérité des amateurs de littérature légendaire et liturgique.

III. Les Définitions du chapitre général de Cluny en l'an 1323 nous révèlent l'état moral et matériel de la plupart des établissements d'un ordre religieux qui fut pendant longtemps le plus puissant de la chrétienté, mais dont les institutions étaient déjà en pleine décadence au XIV° siècle. Nous en devons le texte à M. Morand, de Boulogne, qui, non content d'en avoir préparé une édition très exacte, en a donné le manuscrit original à la Bibliothèque nationale.

IV. Les deux cents pièces de la correspondance française du grand pensionnaire Jean de Witt, que M. Combes a découvertes en Hollande, appartiennent à la période comprise entre les années 1653 et 1671. L'éditeur en avait déjà fait ressortir l'intérêt dans une communication faite en 1863 aux réunions de la Sorbonne.

V. M. Tamizey de Larroque a tiré d'un manuscrit de la Bibliothèque nationale 171 lettres de Jean-Louis Guez de Balzac, datées de 1643 et des quatre années suivantes. C'était le prélude de la Correspondance de Chapelain, que le même éditeur devait bientôt faire paraître dans la Collection des documents inédits. Balzac est un des écrivains du xvii° siècle qui ont marqué leur empreinte sur la formation de la prose française. Cette seule considération aurait justifié les efforts au prix desquels M. Tamizey de Larroque a rendu pur et intelligible un texte dont nous ne possédons qu'une copie très incorrecte.

Tome II. Pouillé du diocèse de Cahors. — Livre de Guillaume Le Maire. — Première vie de saint Bertin en vers. — Lettres de Bossuet à Daniel Huet. — Traité d'Alger de 1694. — Extrait sur l'administration de l'argenterie, menus, plaisirs et affaires de la chambre du roi en 1784. — 1877.

I. Le Pouillé du diocèse de Cahors a été établi par M. Longnon d'après deux textes qui ne se recommandent ni par la date ni par la pureté : un pouillé du xvii° siècle, dont M. Émile Dufour avait envoyé la copie au Comité, et un compte des décimes de l'année 1526. L'éditeur a montré comment, en interrogeant avec prudence et sagacité des documents accessoires, on pouvait restituer les limites et les divisions anciennes d'un diocèse, dresser le catalogue des bénéfices, et donner une base solide à la géographie historique de chacune de nos provinces.

II. Dans le Livre de Guillaume Le Maire sont consignés les principaux actes d'un prélat qui a gouverné l'église d'Angers de 1291 à 1317. A côté de renseignements très précis sur différentes solennités ecclésiastiques et féodales, nous y trouvons des mémoires et des lettres d'une grande importance sur les rapports des deux pouvoirs à la fin du xiii° siècle. Les historiens du règne de Philippe le Bel devront souvent recourir au Livre de Guillaume Le Maire, dont quelques morceaux avaient jadis été publiés par dom Luc d'Achery, et dont M. Célestin Port a eu l'honneur de donner une édition complète et définitive d'après le manuscrit original conservé aux archives de Maine-et-Loire.

III. La première vie métrique de saint Bertin, que M. Morand a tirée d'un manuscrit de la bibliothèque de Boulogne, est un curieux échantillon de la poésie latine telle qu'on la cultivait, à la fin du ix⁰ ou au cours du x⁰ siècle, dans les monastères du nord de la France. C'était le complément indispensable d'une autre vie en vers que le même éditeur avait insérée dans le précédent volume.

IV. Les matériaux que Léchaudé d'Anisy avait préparés pour une édition de la correspondance de Huet, et que la Bibliothèque nationale a recueillis, ont fourni à M. l'abbé Verlaque le texte de 82 lettres ou billets de Bossuet dont les originaux sont seulement abordables depuis quelques mois par suite de l'acquisition qu'en a faite le Gouvernement italien pour les déposer à la Laurentienne, à Florence.

V. Un traité conclu à Alger le 1ᵉʳ janvier 1694 entre le dey d'Alger et la compagnie du bastion de France est une page précieuse de l'histoire de nos anciennes relations avec le nord de l'Afrique. Une communication de M. Albert Devoulx a donné à M. L. de Mas Latrie l'occasion de faire connaître ce traité, dont il a déterminé la portée et dont nous pouvons comparer les versions françaises avec le texte turc, imprimé par les soins de M. Pavet de Courteille.

VI. Sous le titre de : *Extrait sur l'Administration de l'argenterie, menus, plaisirs et affaires du roi, dont le compte a été rendu au bureau général de la maison de Sa Majesté le.... février 1784, par M. Papillon de La Ferté*, nous avons un tableau très détaillé de plusieurs services de la maison du roi, qui nous fait connaître une foule d'usages de la cour aux derniers temps de l'ancien régime et dont plusieurs articles appartiennent à l'histoire du théâtre et de la musique.

Tome III. Commerce et expéditions militaires de la France et de Venise au moyen âge. — Testaments enregistrés au parlement de Paris sous le règne de Charles VI. — Maximes d'État et fragments politiques du cardinal de Richelieu. — 1880.

I. Les nombreux documents, du xiii⁰ au xv⁰ siècle, que M. Louis de Mas Latrie a groupés sous le titre de *Commerce et expéditions militaires de la France et de Venise au moyen âge*, éclairent d'un jour nouveau beaucoup des questions politiques, militaires et commerciales, qui s'agitèrent au moyen âge sur les eaux et sur les côtes de la Méditerranée. Le commerce de Marseille et de Montpellier, les tentatives de Charles de Valois pour reconquérir

Constantinople, les projets de croisade de Philippe de Valois, les affaires de Morée et de Salonique, les opérations commerciales des Vénitiens en France, la traite des esclaves, le trafic avec l'Égypte, l'émoi causé par le désastre de Nicopolis, les entreprises de Louis II d'Anjou et de son fils René sur le royaume de Naples, le gouvernement de Boucicaut à Gênes, les voyages des galères dites Galères d'Aigues-Mortes, enfin les privilèges concédés aux Vénitiens par les princes chrétiens ou musulmans qui se sont partagé l'Asie Mineure au moyen âge, tels sont les principaux objets auxquels se rapportent les textes que l'éditeur a tirés de divers dépôts d'archives italiennes et qu'il a fait précéder de sommaires à la fois concis et instructifs.

II. Un volume des Archives nationales, aujourd'hui incomplet, mais dont les principales lacunes peuvent être comblées à l'aide d'une copie déposée à la Bibliothèque nationale, nous a transmis la teneur de 236 testaments qui avaient été enregistrés au parlement de Paris sous le règne de Charles VI. M. Tuetey en a choisi 48, de manière à représenter dans son recueil toutes les conditions sociales; il nous a fait ainsi pénétrer dans la vie intime des hommes d'Église, des grands seigneurs, des magistrats, des gens de loi, des bourgeois et des marchands, dont les dispositions testamentaires nous révèlent les sentiments pieux et charitables, les relations, les habitudes, les goûts littéraires et artistiques.

III. La dernière partie de ce volume est occupée par les Maximes d'État et les fragments politiques du cardinal de Richelieu, que M. Gabriel Hanotaux a découverts à la Bibliothèque nationale dans un volume des Mélanges de Clairambault. Après en avoir établi l'origine et suivi les vicissitudes depuis le cabinet de Richelieu jusqu'à l'entrée à la Bibliothèque nationale, il a expliqué comment ces fragments se rattachent aux pièces de politique courante du cardinal et comment ils ont servi à la rédaction des Mémoires et à celle du Testament politique, dont l'authenticité a été ainsi établie d'une manière définitive. C'est un complément essentiel de la correspondance et des papiers d'État du cardinal de Richelieu, publiés par Avenel.

Tome IV. Pouillés des diocèses de Clermont et de Saint-Flour. — Obituaire de la commanderie du Temple de Reims. — Documents nouveaux servant de preuves à l'histoire de Chypre sous le règne des princes de la maison de Lusignan. — Procès-verbal de visite en 1323 des fortifications des côtes de Provence. — Lettres de Louis XIV au cardinal de Bouillon. — Correspondance du P. Jean Le Vacher, consul de France à Alger. — 1882.

I. M. Bruel a donné sur la géographie ecclésiastique de l'Auvergne un travail analogue à celui de M. Longnon sur la géographie du Quercy. Il a combiné et complété toutes les indications que les pouillés et différentes listes de bénéfices nous offrent pour les diocèses de Clermont et de Saint-Flour, à partir du xiv° siècle. Les résultats de la comparaison de tous ces textes sont faciles à constater, grâce à la table alphabétique et à la carte géographique que l'auteur a ajoutées au texte et au commentaire des documents.

II. L'obituaire de la commanderie du Temple de Reims, que le comte Édouard de Barthélemy a publié d'après un manuscrit de la Bibliothèque nationale, servira autant à l'histoire de l'ordre des Templiers qu'à celle de plusieurs lieux et personnages de la Champagne.

III. M. L. de Mas Latrie, qui, dans son Histoire de Chypre et dans les tomes XXXIII et XXXIV de la Bibliothèque de l'École des chartes, a réuni en si bon ordre les pièces les plus curieuses de l'époque des Lusignan, a formé une nouvelle série de documents qui avaient échappé à ses premières recherches et sans lesquels on ne connaîtrait pas à fond l'histoire de la dynastie française qui pendant près de trois siècles a joué l'un des premiers rôles dans l'Orient latin.

IV. Le procès-verbal de l'état des places fortifiées sur les côtes de Provence en 1323, trouvé dans les archives du département des Bouches-du-Rhône par M. le docteur Barthélemy, intéresse à la fois la topographie ancienne d'une longue bande de notre littoral méditerranéen, depuis Albaron jusqu'à la Turbie, et l'histoire de l'art militaire à l'époque qui a immédiatement précédé l'emploi du canon.

V. La correspondance de Louis XIV avec le cardinal de Bouillon en 1697 et 1698, conservée aux archives des Affaires étrangères et publiée par M. l'abbé Verlaque, a surtout trait à la condamnation des célèbres *Maximes des saints* de Fénelon. On y voit, pièces en main, quelle attitude le roi a prise et gardée dans une affaire qui, suivant la remarque de d'Aguesseau, n'était pas moins une intrigue de cour qu'une querelle de religion.

VI. Le nom du P. Le Vacher, consul de France à Alger sous le règne de

Louis XIV, tient une place d'honneur dans l'histoire des rapports de la France avec la régence d'Alger. M. Octave Teissier, en imprimant quinze lettres adressées par Le Vacher aux échevins de Marseille, députés du commerce, du 21 février 1673 au 30 janvier 1685, ne nous a pas seulement fait connaître le caractère d'un homme dévoué à la cause de la France et de la civilisation; il a montré, par un exemple frappant, la valeur des correspondances déposées aux archives de la chambre de commerce de Marseille. C'est de ce dépôt qu'il a récemment tiré les éléments d'un recueil fort considérable que le Comité a adopté cette année même, et qui jettera beaucoup de jour sur nos anciennes relations diplomatiques et commerciales avec les États barbaresques.

LXI

Éléments de paléographie, par M. Natalis de Wailly, 1838, 2 vol. (Ouvrage presque épuisé.)

Spécialement institué pour publier des textes historiques, le Comité n'a pas cru manquer à sa mission en provoquant la rédaction d'un livre à la fois savant et élémentaire, à l'aide duquel on apprend à lire et à critiquer les manuscrits et les chartes du moyen âge. Tels sont les Éléments de paléographie, dans lesquels M. de Wailly a résumé avec beaucoup de clarté et souvent complété avec une grande sûreté de critique le *De re diplomatica* de Mabillon, le Nouveau traité de diplomatique et certains chapitres de l'Art de vérifier les dates.

LXII

Dictionnaire topographique de la France, comprenant les noms de lieux anciens et modernes : *Aisne*, par M. Matton, 1871 ; — *Hautes-Alpes*, par M. Roman, 1884; — *Aube*, par MM. T. Boutiot et E. Socard, 1874 ; — *Calvados*, par M. Hippeau, 1883; — *Dordogne*, par M. le vicomte de Gourgues, 1873 ; — *Eure*, par M. le marquis de Blosseville, 1878 ; — *Eure-et-Loir*, par M. Merlet, 1861; — *Gard*, par M. Germer-Durand, 1868 ; — *Hérault*, par M. Thomas, 1865 ; — *Mayenne*, par M. Léon Maître, 1878 ; — *Meurthe*, par M. Lepage, 1862 : — *Meuse*, par M. Liénard, 1872; — *Morbihan*, par M. Rosenzweig, 1870 ; — *Moselle*, par M. de Bouteiller, 1874; — *Nièvre*, par M. de Soultrait, 1865 ; — *Basses-Pyrénées*, par M. Raymond, 1863 ; — *Haut-Rhin*, par M. Stoffel, 1868 ; — *Vienne*, par M. Rédet, 1881 ; — *Yonne*, par M. Quantin, 1862.

A partir de l'année 1858, la section d'histoire du Comité a été chargée de préparer un Dictionnaire topographique de la France. Avec les ressources dont elle dispose, elle n'a pas cru possible d'aborder directement la composition d'un dictionnaire général, embrassant dans une seule série alphabétique les noms fournis par la géographie de la France entière. S'arrêtant à un plan beaucoup plus modeste, mais d'une exécution possible, elle a décidé que chaque département serait l'objet d'un dictionnaire particulier, comprenant : 1° une introduction, dans laquelle l'auteur fait sommairement la description physique du département et passe en revue les anciennes circonscriptions auxquelles il répond; 2° une liste des documents employés pour rechercher les anciens noms; 3° une nomenclature très détaillée des noms de géographie physique (montagnes, rivières, forêts, etc.), des noms de lieux habités et des noms se rapportant à la géographie historique; dans cette nomenclature, chaque nom moderne est mis en regard des formes anciennes dont on a pu rassembler des exemples depuis l'époque gauloise jusqu'à l'époque contemporaine; 4° une liste des noms anciens, avec renvoi aux formes modernes correspondantes. Les explications étymologiques ont été sévèrement proscrites; mais le simple tableau des dénominations par lesquelles ont été désignées les parcelles du territoire permet de faire les rapprochements les plus instructifs sur les traces que les différents idiomes ont laissées dans la nomenclature géographique de la France. On y voit, pour ainsi dire, l'acte de naissance de chacune de nos communes, de chacun de nos hameaux, et souvent même de nos domaines. Les variations qu'a subies le nom d'un lieu accusent déjà les lignes principales de l'histoire de ce lieu, et font parfois toucher du doigt des monstruosités orthographiques que l'usage administratif semble avoir consacrées, mais contre lesquelles la science et le bon sens ne se lasseront pas de protester.

Le plan adopté par le Comité demande dans chaque département plusieurs années de recherches délicates et pénibles; mais, quelle que fût la longueur et l'aridité du travail, il s'est trouvé bon nombre de savants qui se sont mis résolument à l'œuvre avec une patience exemplaire et une critique scrupuleuse. Grâce à leur dévouement, qu'on ne saurait trop admirer, nous avons terminé le Dictionnaire des dix-neuf départements dont voici la liste, avec le nom des auteurs :

Aisne, par M. Matton.
Hautes-Alpes, par M. Roman.
Aube, par MM. Boutiot et Socard.

Calvados, par M. Hippeau.

Dordogne, par M. le vicomte de Gourgues.

Eure, par M. le marquis de Blosseville.

Eure-et-Loir, par M. Merlet.

Gard, par M. Germer-Durand.

Hérault, par M. Thomas.

Mayenne, par M. Maître.

Meurthe, par M. Lepage.

Meuse, par M. Liénard.

Morbihan, par M. Rosenzweig.

Moselle, par M. de Bouteiller.

Nièvre, par M. de Soultrait.

Basses-Pyrénées, par M. Raymond.

Haut-Rhin, par M. Stoffel.

Vienne, par M. Rédet.

Yonne, par M. Quantin.

LXIII

Extraits des procès-verbaux des séances du Comité historique des monuments écrits, depuis son origine jusqu'à la réorganisation du 5 septembre 1848. — Bulletin du Comité historique des monuments écrits de l'histoire de France. Histoire, sciences, lettres (1849-1852). Tomes I-IV. — Bulletin du Comité de la langue, de l'histoire et des arts de la France (1852-1857). Tomes I-IV. — Bulletin des Sociétés savantes, Missions scientifiques et littéraires. Comité de la langue, de l'histoire et des arts de la France (1854-1855). Tomes I-II. — Revue des Sociétés savantes, 1re série (1856-1858). Tomes I-V. 2e série (1859-1862). Tomes I-VIII. 3e série (1863-1864). Tomes I-IV. 4e série (1865-1869). Tomes I-X. — Table générale des Bulletins du Comité des travaux historiques et de la Revue des Sociétés savantes, par M. Octave Teissier, 1873. — Revue des Sociétés savantes, 5e série (1870-1874). Tomes I-VIII. 6e série (1875-1878). Tomes I-VIII. 7e série (1879-1881). Tomes I-VI. — Bulletin du Comité des travaux historiques et scientifiques. Section d'histoire, d'archéologie et de philologie. Années 1882 et 1883. — Id. Section d'histoire et de philologie. Années 1883, 1884 1885. 65 vol. in-8°.

Il resterait à signaler la publication qui fait peut-être le mieux connaître la marche ininterrompue des travaux du Comité, depuis son origine jusqu'en 1886, et qui, sous des titres divers, est, à proprement parler, notre journal officiel. Mais il n'y a pas moyen d'analyser en détail un recueil de 65 volumes, où les morceaux dignes d'attention se compteraient par milliers. Là sont les procès-verbaux des séances mensuelles, dans lesquelles les membres du Comité discutent les projets de publication, examinent les documents communiqués par les correspondants du Ministère, et les travaux historiques, philologiques et littéraires de presque toutes les Sociétés savantes des départements. A la suite des procès-verbaux se trouvent textuellement les rapports lus dans les séances et les documents qui ont été jugés dignes de la publication.

LXIV

Mémoires lus à la Sorbonne, dans les séances extraordinaires du Comité impérial des travaux historiques et des sociétés savantes. Histoire, philologie et sciences morales. Années 1861, 1863, 1864, 1865, 1866, 1867, 1868, 7 vol. in-8°. (Ouvrage presque épuisé.)

C'est à partir de l'année 1858 que le Comité s'est mis plus intimement et plus régulièrement en rapport avec les Sociétés savantes des départements. Les liens se sont encore resserrés depuis que s'est introduit l'usage de tenir chaque année à Paris, dans les salles de la Sorbonne, des séances extraordinaires où les correspondants du Ministère et les membres des Sociétés savantes viennent communiquer leurs découvertes, lire des mémoires d'un intérêt général, et recevoir les encouragements et les récompenses auxquels donnent droit les travaux les plus méritants.

Pendant plusieurs années, la section d'histoire a voté l'impression d'un choix des lectures qu'elle avait entendues dans les réunions de la Sorbonne. Si elle y a renoncé depuis 1869, c'est qu'elle a reconnu qu'il était difficile de faire des choix équitables, et qu'au lieu de s'imposer des sacrifices considérables pour l'impression de mémoires dont les auteurs ne tardaient pas à donner dans les recueils provinciaux de nouvelles éditions, souvent améliorées, il valait mieux réserver les ressources du budget pour la publication de documents inédits.

II

ARCHÉOLOGIE.

I

Instructions du Comité historique des arts et des monuments. (Ouvrage épuisé.)

1° Le premier cahier est relatif aux monuments fixes et meubles, construits ou fabriqués par les différentes races qui ont habité notre pays, depuis les époques les plus reculées jusqu'au xi° siècle de notre ère. Il y est traité des édifices religieux et civils, des armes, des poteries et des ustensiles de toute espèce. L'auteur de ce premier cahier est M. Albert Lenoir, d'après les dessins duquel ont été exécutées les 327 gravures sur bois dont le texte est accompagné.

2° Le second cahier, contenant les instructions pour l'étude des monuments de l'architecture militaire du moyen âge, a été rédigé par MM. Mérimée et Albert Lenoir. On y trouve 106 gravures sur bois exécutées d'après les dessins de M. Albert Lenoir.

3° Le troisième cahier, contenant les instructions pour l'étude des monuments religieux élevés en France depuis le xi° siècle jusqu'au xvi°, est l'œuvre de MM. Auguste Leprévost et Albert Lenoir. Il contient, comme les précédents, de nombreuses gravures sur bois intercalées dans le texte, gravures exécutées d'après les dessins de M. Albert Lenoir, et qui représentent des plans, des vues, des coupes, des élévations et des détails d'églises construites en plein cintre et en ogive, pendant les deux époques romane et gothique.

4° Enfin, un quatrième cahier, rédigé par M. Bottée de Toulmont, est consacré à la musique du moyen âge. L'auteur y détermine, pour les divers siècles, les différentes formes de notation, et il en donne des *fac-simile*. D'autres planches gravées sur cuivre, d'après les dessins de M. Albert Lenoir, reproduisent les principales formes des instruments de musique, d'après des peintures, des manuscrits, des ciselures et des sculptures du moyen âge.

Les instructions dont il vient d'être question sont assez étendues; elles forment dans leur ensemble un volume in-4° de plus de 500 pages. Elles sont cependant fort sommaires; aussi le Comité pensa-t-il qu'il serait utile d'en publier de plus détaillées pour certaines parties de l'archéologie, dont les monuments sont plus nombreux et méritent d'être étudiés d'une manière plus approfondie. C'est ainsi que M. Albert Lenoir fut chargé, en 1849, de publier un traité sur l'*Architecture monastique*, non seulement en France, mais dans le monde chrétien tout entier. Ce traité forme deux volumes in-4° de 403 et 562 pages, dont le premier a paru en 1852, le second en 1856; il nous fait connaître l'ensemble de l'art des moines, depuis la cellule du solitaire jusqu'aux plus grands travaux exécutés dans les monastères à toutes les époques du moyen âge et des temps modernes. Le texte est accompagné de 567 gravures sur bois et sur cuivre, exécutées d'après les dessins recueillis par l'auteur en Occident et en Orient.

C'est par suite du même ordre d'idées qu'un autre membre du Comité, M. Didron, avait été auparavant chargé de publier un traité d'*Iconographie chrétienne*, dont malheureusement il n'a paru qu'un seul volume, intitulé *Histoire de Dieu*.

M. Didron s'était proposé d'écrire l'iconographie de l'univers entier, telle que l'avaient pratiquée les artistes du moyen âge, depuis le créateur et la création jusqu'au jugement dernier. Suivant, dans la succession de ses recherches, le développement des idées de Vincent de Beauvais dans son *Miroir historial*, il avait commencé naturellement par s'occuper de l'iconographie de Dieu; c'est pourquoi il a donné à son premier volume le titre que nous venons de rappeler.

Il devait traiter, dans les volumes suivants, de l'histoire archéologique des anges, puis de celle des anges déchus, c'est-à-dire du diable, et du combat des vices et des vertus. Les sept jours de la création, le péché originel, la mort et les danses macabres, les travaux des champs et les arts libéraux auraient formé le sujet d'une autre division de l'ouvrage. Enfin, les personnages de l'histoire sainte, les patriarches, les apôtres et les saints, les principaux faits de leur histoire, y compris ceux de la vie du Christ et de sa Passion, seraient venus ensuite, et l'ensemble de ces recherches se serait terminé par la description des principales images de l'Apocalypse.

De cette vaste encyclopédie, dont M. Didron s'occupa toute sa vie, l'histoire archéologique de Dieu est, comme nous l'avons dit, la seule partie qui ait été publiée. Il nous y fait connaître, à l'aide des textes et des monuments reproduits par la gravure, la succession des modes divers de représentation des trois personnes de la Trinité depuis les origines du christianisme jusqu'à la Renaissance.

Il détermine d'abord les attributs constants de la Divinité, qui sont : le nimbe crucifère, l'auréole ou la gloire, et la nudité des pieds.

Ces caractéristiques établies, il s'occupe des représentations successives, suivant la marche des siècles et les transformations de l'art, de chacune des personnes divines : le Père, le Fils et le Saint-Esprit; puis de leur réunion en Trinité.

Ce livre n'a pas été moins utile aux archéologues pour l'étude de l'iconographie des monuments qu'aux artistes pour la restitution et même pour la création d'œuvres nouvelles, conformes à la tradition établie par leurs devanciers du moyen âge.

L'*Histoire de Dieu* forme un volume in-4° de 624 pages; elle contient 150 gravures sur bois intercalées dans le texte.

II

STATISTIQUE MONUMENTALE. — Rapport à M. le Ministre de l'instruction publique sur les monuments historiques des arrondissements de Nancy et de Toul (département de la Meurthe), par M. Grille de Beuzelin, 1837, 1 vol. avec un atlas de 38 pl. (Ouvrage presque épuisé.)

Une des premières préoccupations du Comité fut de dresser la statistique de tous les monuments anciens encore debout sur notre sol. C'était un des principaux objets que M. Guizot avait proposés à son activité en l'instituant, et, dès la première année de son existence, il rechercha les moyens pratiques de mener à bonne fin une aussi vaste entreprise. Dans ce but, et pour permettre de bien apprécier le temps et la dépense que demanderait l'exécution d'une statistique monumentale détaillée, il fut décidé qu'un essai serait d'abord tenté sur une région restreinte. M. le Ministre de l'instruction publique chargea M. Grille de Beuzelin de faire ce travail. Une mission lui fut donnée à cet effet, et ce savant antiquaire entreprit de dresser la carte archéologique et la statistique monumentale des deux arrondissements de Nancy et de Toul. On ne peut trop louer l'activité qu'il mit à s'acquitter de cette tâche. Sa mission lui fut donnée en 1835, et, deux ans après, il en faisait connaître les résultats dans un rapport détaillé accompagné d'un nombre considérable de figures groupées dans un atlas de 38 planches.

Malheureusement, ce travail montrait combien était difficile l'exécution du vaste projet conçu par le Ministre et par le Comité. M. Grille de Beuzelin estimait à cent trente ans le temps que nécessiterait l'achèvement d'une statistique conçue sur le plan qu'il avait adopté pour les deux arrondissements visités par lui. Il pensait; il est vrai, que ce temps pouvait être singulièrement réduit si l'on multipliait suffisamment le nombre des collaborateurs attachés à cette entreprise. Mais le Comité dut bientôt reconnaître que l'exécution d'une statistique aussi développée était chose impossible.

Deux ans (1835-1837) s'étaient écoulés entre le commencement des recherches de M. Grille de Beuzelin et la publication de son rapport. En admettant que la moyenne des autres arrondissements de France ne donnât pas un nombre de monuments beaucoup plus considérables que ceux de Toul et de Nancy, c'était un total de 350 années au moins que demanderait l'achèvement du travail ou, en employant simultanément à cette œuvre une dizaine de travailleurs, un total de 35 ans. Ce laps de temps n'avait, à coup sûr, rien d'effrayant; beaucoup de grandes publications, telles que les *Acta Sanctorum*, la *Gallia christiana*, le *Recueil des historiens de la France*, ont exigé un bien plus grand nombre d'années de travail. Cette considération seule n'aurait point fait reculer le Comité. Mais il a dû s'arrêter devant l'énormité de la dépense. C'était, en effet, à s'en tenir au spécimen publié par M. Grille de Beuzelin, un total de 25,000 à 30,000 pages in-4° et de 6,000 à 7,000 planches qu'aurait demandées une statistique complète de la France. Il fut donc résolu qu'on se bornerait à publier comme modèle la statistique monumentale de Paris, et l'on chercha, pour les autres départements, une forme de publication plus économique. On verra plus loin comment cette idée a été mise à exécution dans les *Répertoires archéologiques*.

III

Statistique monumentale de Paris, par M. Albert Lenoir, 1867, 1 vol. avec atlas.
(Ouvrage presque épuisé.)

M. Albert Lenoir fut chargé de dresser la statistique monumentale de Paris, en se conformant au plan qui avait été primitivement conçu. Le projet qu'il présenta le 10 juillet 1835 fut adopté par M. Guizot, et immédiatement étudié, de façon à recevoir le plus tôt possible son exécution, et la première livraison parut en 1840. L'ouvrage, publié dans le format grand in-folio et composé de 266 planches gravées ou lithographiées, contient un beaucoup plus grand nombre de monuments, le format adopté ayant permis d'en réunir plusieurs sur une même planche. L'ensemble se compose d'un frontispice et de 27 feuilles d'édifices et de fragments de sculpture de l'époque romaine; de 198 planches relatives aux églises fondées à Paris pendant le moyen âge et la Renaissance, et aux monuments de toute nature qu'elles renfermaient; enfin de 41 planches de monuments civils et d'hôtels privés datant des époques gothique et de la Renaissance.

La monographie de l'église cathédrale de Paris devait, suivant le projet, comprendre à elle seule 40 planches; elle a été arrêtée à la septième inclusivement. Les 33 feuilles qui devaient compléter cette monographie et qui n'ont pas été exécutées auraient porté le nombre total des planches de la Statistique au chiffre de 300.

Un volume de 280 pages in-4° contient le texte explicatif de ces planches.

IV

Répertoires archéologiques des départements.

Dresser le catalogue, aussi complet et aussi exact que possible, des monuments de tout genre et de tout âge disséminés sur la surface de la France, dans les plus humbles hameaux comme dans les plus grandes villes; donner de ces monuments une indication sommaire, mais précise et proportionnée à leur importance, en ayant soin de mentionner leur âge, certain ou seulement présumé, et les principaux caractères de leur architecture; en un mot, composer, sous forme de dictionnaires faciles à consulter, des guides archéologiques qui fassent connaître l'existence des monuments de chaque localité, en renvoyant aux ouvrages spéciaux où ces monuments sont décrits plus amplement, tel est l'important objet qu'ont eu en vue le Ministre de l'instruction publique et, sur son invitation, la section d'archéologie du Comité des travaux historiques, lorsque fut décidée, en 1858, la publication des Répertoires archéologiques des départements, complément naturel des dictionnaires topographiques entrepris par les membres de la section d'histoire et de philologie.

Le cadre et les éléments de ce grand travail, tels qu'ils ont été exposés dans les instructions adressées aux correspondants du Ministère, peuvent se résumer ainsi qu'il suit : Chaque répertoire de département formera un volume à part. Il sera rédigé comme un dictionnaire et divisé en sections, suivant l'ordre administratif, c'est-à-dire par arrondissements, cantons et communes. Pour chaque article (c'est-à-dire pour chaque commune), l'auteur mentionnera d'abord les formes diverses, anciennes et modernes, latines et françaises, du nom de la localité. Il énumérera ensuite les monuments élevés sur son territoire, en en donnant une description très sommaire en suivant l'ordre chronologique : époque celtique, époque romaine, moyen âge, Renaissance, temps modernes. Les inscriptions, les objets d'art et de mobilier ayant une valeur historique, ne devront point être omis. Les monuments disparus, mais dont le souvenir s'est conservé dans le pays, seront également mentionnés. Pour les églises et chapelles, on aura soin d'indiquer les vocables. Enfin, chaque article sera terminé, lorsqu'il y aura lieu, par un renvoi aux ouvrages imprimés ou manuscrits, dans lesquels il a été traité des monuments dont il s'agit avec plus de détails et d'une manière plus approfondie.

C'est sous cette forme et dans cet esprit qu'ont été conçus les Répertoires archéologiques déjà publiés et qui sont au nombre de sept, savoir :

Du département de l'*Aube*, par M. d'Arbois de Jubainville ;

De l'*Oise*, par M. Woillez ;

Du *Morbihan*, par M. Rosenzweig ;

Du *Tarn*, par M. Crozes ;

De l'*Yonne*, par M. Quantin ;

De la *Seine-Inférieure*, par M. l'abbé Cochet ;

De la *Nièvre*, par M. G. de Soultrait.

Un huitième Répertoire est sous presse et paraîtra prochainement ; c'est celui du département des *Hautes-Alpes*, par M. Joseph Roman.

Plusieurs autres sont en préparation.

Ces divers Répertoires, inégaux en importance et en étendue, comme les départements mêmes auxquels ils se rapportent, sont restés également fidèles au programme tracé plus haut. Ils ne diffèrent guère entre eux que par les développements plus ou moins complets, plus ou moins techniques donnés à la description des monuments.

V

Monographie de la cathédrale de Chartres, par MM. Lassus et Amaury-Duval, atlas in-fol., 1842; texte par M. P. Durand, 1881, 1 vol. (Ouvrage presque épuisé.)

Dans le rapport adressé au Ministre de l'instruction publique sur les travaux de l'exercice 1838, le Comité des arts et monuments indiquait la monographie de la cathédrale de Chartres comme une des publications les plus utiles à proposer pour modèle aux antiquaires avec lesquels il était déjà entré en relations. Une crypte vaste et majestueuse, une façade célèbre par ses sculptures romanes et par ses flèches de pierre, deux portiques latéraux, chefs-d'œuvre du XIIIe siècle, une suite de vitraux unique en Europe, désignaient cette magnifique église au choix du Comité. La cathédrale de Chartres avait, de plus, l'incomparable avantage de présenter, dans ses dix-huit cents et quelques figures, la réalisation la plus complète du système iconographique du moyen âge. Deux artistes éminents, MM. Lassus, architecte, et Amaury-Duval, peintre, furent chargés d'exécuter les dessins et d'en surveiller la gravure. La partie graphique forme un atlas de nombreuses planches, qui ont figuré avec honneur à l'Exposition universelle de 1867. Les artistes et les archéologues de la France et des pays étrangers ont admiré surtout les vues d'ensemble du monument, celles des portiques largement ouverts à la lumière et peuplés de statues, la reproduction en couleurs des éclatantes verrières du portail royal. L'étude des vitraux de Chartres, rendue plus facile par cette publication, n'a pas médiocrement contribué à maintenir les bonnes traditions dans les nombreux ateliers de peinture sur verre qui se sont formés de nos jours.

Le Comité eût souhaité que cet important atlas fût accompagné d'un texte développé dans lequel la cathédrale de Chartres eût été étudiée sous toutes ses faces. Malheureusement, M. Didron, à qui le soin de rédiger ce texte avait été confié, mourut peu après l'achèvement des planches; et, pour pouvoir terminer plus rapidement ce grand ouvrage, il fut décidé qu'on se bornerait à publier une notice contenant l'explication détaillée des planches. Un correspondant du Ministère, M. Paul Durand, que de longues années passées à Chartres même avaient familiarisé avec les moindres détails du monument, fut chargé de la rédaction de cette notice. Elle a été publiée en 1881, et la monographie de la cathédrale de Chartres ainsi complétée peut maintenant compter parmi les plus beaux et les plus importants travaux d'archéologie qui aient été publiés en France.

VI

Monographie de l'église Notre-Dame de Noyon, par M. Vitet, avec 33 planches in-folio de plans, coupes, élévations et détails, gravées d'après les dessins de M. Daniel Ramée, architecte, 1845, 1 vol. avec atlas. (Ouvrage presque épuisé.)

Cette monographie a, comme celle de la cathédrale de Chartres et comme la Statistique monumentale de Paris, été choisie et écrite pour être un spécimen de la manière dont on doit faire l'étude et la critique d'une église importante. L'exemple était d'autant mieux choisi que la date de cette église, construite d'un seul jet, avec un mélange de pleins cintres comme forme d'ouvertures, et de croisées ogives comme principe de construction, était alors très controversée. Il fallait établir que, à côté et en dehors de la présence ou de l'absence de documents écrits, il faut d'abord et toujours consulter le monument lui-même, et qu'il suffit de le bien interroger pour arriver à une vérité indéniable. Ici l'on prouve que ce monument, qu'on faisait remonter aux Carlovingiens et même aux Mérovingiens, est forcément postérieur à l'incendie de 1131 et antérieur à celui de 1293. L'absence de pierres tumulaires antérieures au XIIIe siècle, l'interruption si singulière des ensevelissements des évêques de Noyon dans l'église, depuis 1167 jusqu'en 1228, et par-dessus tout les caractères architectoniques étudiés dans le plan, dans la construction et dans les détails, tel est l'ensemble des preuves par lesquelles l'auteur a établi que le chœur, à cause des tâtonnements et des maladresses qu'on y remarque, a été la première partie construite, et que l'ensemble, si caractéristique par la fusion d'un style qui finit et d'un autre qui commence, ne peut pas avoir une autre date que la fin du XIIe siècle et le commencement du XIIIe. Cette application à un cas particulier des principes de la critique générale était, au moment où cette monographie a paru, et est encore aujourd'hui, ce qui a été publié de plus remarquable en ce genre. L'ouvrage est terminé par un examen comparatif d'une question très intéressante et très délicate, celle des transepts circulaires des églises. L'église de Noyon en offre, en effet, un des plus beaux exemples, évidemment inspiré de ceux de l'église de Tournay, dont l'évêché venait seulement alors d'être détaché de celui de Noyon.

VII

PEINTURES DE L'ÉGLISE DE SAINT-SAVIN, département de la Vienne, par M. Prosper Mérimée, 1845; 1 vol. in-folio avec atlas de 42 chromolithographies exécutées d'après les dessins de M. Gérard-Séguin. (Ouvrage épuisé.)

L'église de Saint-Savin méritait d'être l'objet d'une étude exceptionnelle dans le plan général de la Collection des documents inédits. L'édifice actuel, postérieur à un premier qui a existé peut-être sous Charlemagne et certainement sous Louis le Débonnaire, doit avoir été construit sous l'abbatiat d'Odon II, entre 1023 et 1050 environ, et est déjà curieux, on le voit, par sa seule ancienneté. C'est encore une modification de la basilique : la nef, à deux collatéraux allongés et presque aussi hauts que la voûte centrale, aboutit à un transept sur les bras duquel s'ouvrent, de chaque côté, une chapelle en hémicycle plantée en face du collatéral, et, au centre, un chœur avec trois chapelles rayonnantes. Après une description générale de l'édifice, viennent la traduction de la légende de saint Savin et de son compagnon saint Cyprien, une histoire de l'abbaye particulièrement curieuse par le récit des scandales et des violences inouïes, celles-là mêmes que poursuivit plus tard la juridiction extraordinaire des Grands Jours, d'un certain baron des Francs, contemporain de Richelieu et du commencement de Louis XIV; enfin, l'étude des peintures.

Ces peintures sont l'intérêt le plus grand de cette église, dont la pauvreté les a heureusement sauvées, et elles restent un exemple unique en France, et même ailleurs, d'une décoration murale aussi importante. Elles étaient, en effet, tout l'ornement de l'église, qui serait des plus simples sans cette décoration. En dehors des chapiteaux, il n'y a aucune sculpture, même ornementale; il n'y a que des surfaces crépies pour recevoir de la peinture, ce qui est le caractère des bas temps qui s'étendent de l'antiquité romaine au commencement du moyen âge. Tandis que les peintures des églises gothiques et même romanes ne sont faites qu'à la détrempe sur de la pierre dressée ou sur un enduit de plâtre, l'enduit de celles-ci est un mortier de chaux, où la couleur a pénétré de plusieurs millimètres, ce qui en fait de véritables fresques, c'est-à-dire une exception. Le caractère n'en est pas moins étonnant; il y a là un souvenir très voisin, non pas des Byzantins, mais de l'antiquité romaine, par la grandeur de l'aspect, par la présence des plis essentiels à la façon antique, par la simplification et par le choix de l'accent véritablement principal. Le caractère est postérieur aux Évangélistes des manuscrits carlovingiens, qui sont encore tout romains, et antérieur à l'épanouissement exubérant que prendra bientôt la sculpture romane du Poitou, sculpture dont la richesse va de même jusqu'à l'exubérance et presque jusqu'à la confusion. Rien de plus curieux que ces peintures, pour les costumes d'hommes et de femmes, qui vont du xie au xiie siècle, et aussi pour les sujets. Ce qui reste à la voûte de la nef est pris à la Genèse; c'est la création, la vie d'Adam et d'Ève, de Caïn et d'Abel, de Noé, d'Abraham et de Joseph, puis vient l'histoire de Moïse. Dans le porche se trouvent la gloire du Christ et divers sujets empruntés à l'Apocalypse; dans la tribune du porche, des figures décorées avec des sujets de la Passion, des anges et des saints locaux; dans les chapelles, des patrons et des évêques du pays, et, dans la crypte, peints moins anciennement, la légende locale et le martyre de saint Savin et de saint Cyprien. C'est, par son ancienneté, une réunion vraiment unique de peintures murales, dont la description et l'étude sont un document archéologique de premier ordre.

VIII

Comptes de dépenses de la construction du château de Gaillon, publiés, d'après les registres manuscrits des trésoriers du cardinal d'Amboise, par M. A. Deville, 1850, 1 vol. avec un atlas de 16 planches in-folio.

Le château de Gaillon, bâti par le cardinal Georges Ier d'Amboise, archevêque de Rouen et ministre de Louis XII, est un des monuments les plus parfaits et les plus charmants de la première Renaissance française. Outre les portions encore subsistantes de la *Grant Maison*, le musée du Louvre, l'École des beaux-arts, l'église de Saint-Denis, en conservent de magnifiques débris qu'ils ont reçus du musée des Petits-Augustins. Les comptes contemporains qui contiennent tous les détails de la construction du château sont l'objet de la publication de M. Deville. Non seulement ils ont fixé des points controversés, mais ils ont révélé des faits et des noms d'artistes inconnus. Ils établissent que le château, commencé seulement en 1501 et terminé en 1510, a coûté plus de 150,000 livres, à peu près deux millions de notre monnaie. Ils révèlent que, si la fontaine de la cour centrale, offerte au cardinal par les Vénitiens, est un ouvrage italien, si la chapelle était couverte des peintures du Milanais Andrea Solario, qui y travailla de 1507 à 1509, les autres artistes employés à cet admirable travail étaient Français. Ainsi les principaux architectes furent Guillaume Senault, Pierre Fain, Pierre Delorme, et les détails contenus dans les comptes montrent que tous trois étaient célèbres, fort occupés et fort consultés. Pierre Valence, à la fois artiste et fontainier, était de Tours; et, parmi les sculpteurs, on trouve, avec le nom du Florentin Antoine Just, qui n'a travaillé qu'en France, celui, plus grand encore, du Tourangeau Michel Columb. Ce volume, qui se termine par des inventaires curieux du mobilier et de la bibliothèque du château, est certainement l'un des documents les plus importants qui aient été publiés sur l'histoire des arts en France au commencement du XVI° siècle.

IX

Étude sur les monuments de l'architecture militaire des croisés en Syrie et dans l'île de Chypre, par M. Guillaume Rey, 1871, 1 vol. avec planches et gravures sur bois intercalées dans le texte. (Ouvrage presque épuisé.)

Cet ouvrage se compose de dix-huit chapitres, dont douze sont consacrés à l'étude des châteaux de Margat, du Krak des Chevaliers, de Tortose, de Chastel-Blanc, de Giblet, de Beaufort, de Sidon, de Montfort d'Athlit, de Karak, de Sahioun et de Toklé, en Syrie, ainsi qu'à ceux de Buffavent, de Saint-Hilarion et de Colossi, en Chypre.

Cinq autres chapitres sont consacrés aux enceintes des villes d'Antioche, de Tortose, de Giblet, de Césarée et d'Ascalon.

Un autre enfin, divisé en quatre parties, contient la description des ports fortifiés de Tyr, Acre, Beyrouth, Zibel et Laodicée.

L'ouvrage est complété par deux notices de géographie historique, consacrées, l'une à la principauté de Karak et de Mont-Réal, l'autre aux possessions de l'ordre Teutonique.

X

Inscriptions de la France, du v° au XVIII° siècle, recueillies et publiées par MM. F. de Guilhermy et R. de Lasteyrie, *Ancien diocèse de Paris*, 1873-1882, 5 vol., avec de nombreuses gravures sur bois et des planches hors texte.

L'étude des inscriptions a toujours été considérée comme l'auxiliaire indispensable de celle de l'histoire ou de l'archéologie. Aussi l'épigraphie antique, grecque ou romaine, n'a-t-elle cessé, depuis la renaissance des lettres, de fournir un élément inépuisable aux recherches des hommes les plus distingués par leur érudition et par leur sagacité. L'épigraphie des temps postérieurs à la chute de l'empire romain a été, au contraire, constamment laissée à l'écart; elle partageait en cela le sort de l'archéologie chrétienne, qui, jusqu'à nos jours, n'a trouvé dans notre pays que de rares appréciateurs.

Le Comité qui porte aujourd'hui le titre de *Comité des travaux historiques et des sociétés savantes* s'est préoccupé, dès son origine, en 1837, de cet injuste abandon. Les hommes d'élite qui le composaient se rendaient bien compte des ressources infinies que peut présenter l'épigraphie du moyen âge, de la Renaissance et des époques plus modernes, pour l'histoire générale ou pour les biographies spéciales, pour la constatation de faits douteux et de dates incertaines, pour l'étude des mœurs, des croyances, des superstitions, des coutumes, des variations du langage et de l'écriture, pour l'origine des fondations pieuses, des établissements universitaires, des refuges ouverts aux misères humaines par la charité. On savait aussi que, parmi nos inscriptions, latines ou françaises, il se rencontre de véritables modèles de style et de pensée. Après de longs retards, un arrêté ministériel du 4 février 1868 approuva le plan adopté par le Comité pour la publication d'un *Recueil des inscriptions de la France*, du ve siècle au xviiie, divisé en autant de parties qu'il existait autrefois, dans le royaume, de circonscriptions diocésaines. Il fut décidé qu'on se bornerait à publier des textes authentiques, c'est-à-dire les monuments conservés en nature, dont il est encore possible d'obtenir des calques ou des empreintes. Il sera toujours temps, si jamais on le croit nécessaire, de recourir aux livres imprimés ou aux compilations manuscrites, dont l'existence ne paraît pas sérieusement compromise, tandis que les monuments originaux disparaissent chaque jour avec une effrayante rapidité.

La publication a débuté par l'ancien diocèse de Paris, dont les limites s'étendaient autrefois bien au delà de celles du département de la Seine, dans lesquelles il se renferme aujourd'hui. Le premier volume, contenant 458 inscriptions de la ville de Paris et 50 planches ou *fac-simile*, a été mis en distribution au mois de mai 1873. Le second et le troisième volume ont été publiés successivement par M. de Guilhermy, et l'on pouvait entrevoir la fin prochaine du recueil quand la mort vint frapper l'auteur pendant l'impression du quatrième volume.

Le Comité dut se préoccuper immédiatement de trouver quelqu'un qui consentît à achever cet important recueil. Un des plus jeunes membres de la Section, M. Robert de Lasteyrie, qui s'était récemment fait connaître par un important travail sur l'épigraphie du moyen âge, que l'Académie des inscriptions venait de couronner, accepta de mener l'œuvre de M. de Guilhermy à bonne fin. Grâce à son activité, l'impression du quatrième volume fut terminée en peu de mois, et, au commencement de 1882, paraissait le cinquième et dernier volume, comprenant : 1° toutes les inscriptions du doyenné de Champeaux; 2° un supplément où sont venus se ranger beaucoup de monuments qui avaient échappé aux premières recherches des auteurs ou que le hasard avait fait découvrir depuis la mise sous presse de l'ouvrage; 3° enfin des tables très développées et très soignées, complément indispensable de tout travail de cette nature.

Le Comité avait pensé d'abord que le recueil des inscriptions du diocèse de Paris serait le commencement d'une série où viendraient prendre place successivement les inscriptions de tous les autres diocèses de France. Malheureusement l'étendue d'une pareille publication, les frais considérables qu'elle nécessiterait rendent bien difficile d'exécuter en son entier le plan primitivement conçu. Il est donc peu probable que des séries nouvelles viennent se joindre aux cinq volumes publiés par MM. de Guilhermy et de Lasteyrie. Mais l'utilité de ce recueil n'en sera pas moins considérable. Il restera comme un excellent modèle de la manière dont on doit éditer les textes épigraphiques, et les procédés de reproduction employés par M. Fichot, l'habile dessinateur chargé de l'illustration de l'ouvrage, ont été vulgarisés par cette publication et employés depuis avec succès dans bon nombre de livres. Ajoutons que plusieurs publications importantes ont été inspirées en province par le recueil des inscriptions du diocèse de Paris, et ces dernières années ont vu paraître plusieurs recueils importants consacrés aux inscriptions du moyen âge des diocèses d'Autun, d'Orléans, de Vienne, etc.

XI

RECUEIL DE DIPLÔMES MILITAIRES, publié par M. Léon Renier, 1876, 1re livraison.

Parmi les documents épigraphiques les plus intéressants qui soient parvenus jusqu'à nous, on s'accorde à compter ceux qu'on a longtemps désignés sous le nom de *Tabulæ honestæ missionis*, et qu'on appelle aujourd'hui plus exactement *diplômes militaires*. Ce sont de petites tablettes de bronze en forme de diptyques, sur lesquelles sont gravés des extraits de décrets impériaux accordant le droit de cité et le droit de *connubium* aux soldats des corps de troupes formés de volontaires, qui avaient ou étaient sur le point d'avoir accompli leur temps de service.

Ces extraits portent toujours une date indiquée de deux manières différentes, par les titres que portait l'empereur au moment où le décret a été rendu, et par les noms des consuls en charge à la même époque. Ce sont donc des documents chronologiques de premier ordre : c'est par leur moyen qu'on est parvenu à déterminer exactement la correspondance des puissances tribunitiennes ou des années de règne des empereurs avec les dates consulaires.

Mais ce n'est là que la moindre partie de l'intérêt qu'ils présentent; ils ont, au point de vue de l'histoire militaire de l'empire romain, une bien plus grande importance. Ceux de ces décrets qui ont été rendus en faveur de corps de troupes cantonnés dans les provinces mentionnent généralement toutes les troupes auxiliaires de la province à laquelle ils se rapportent. Ils nous apprennent donc quelle était, à l'époque où ils ont été rendus, la composition de l'armée de cette province, les légions qui y stationnaient étant connues d'ailleurs. D'autres nous font connaître encore quel était, aux différentes époques de l'empire romain, le nombre des cohortes prétoriennes et des cohortes urbaines, nombre qui a plusieurs fois varié.

On voit que l'importance de ces documents est considérable. Le Comité ne pouvait donc faire œuvre plus utile que de confier le soin de publier tous ceux que l'on connaissait à un épigraphiste aussi autorisé que M. Léon Renier. Une série d'héliogravures exécutées par M. Dujardin ajoute encore à l'intérêt de cette publication.

XII

Étude sur les sarcophages chrétiens antiques de la ville d'Arles, par M. Edmond Le Blant, 1878, 1 vol.

Le midi de la France conserve aujourd'hui encore de nombreux spécimens de l'art chrétien des premiers siècles. La ville d'Arles notamment possède une riche collection de sarcophages sculptés, qui remontent au ive ou au ve siècle de notre ère et qui peuvent être comparés, pour l'élégance de leur décoration et leur bon état de conservation, aux plus curieux monuments du même genre que l'on admire en Italie. Ces témoins si précieux de l'état de l'art en Gaule à la chute de l'empire romain avaient été fort mal étudiés en France jusqu'à ces dernières années. Le P. Dumont, Millin, le P. Martin, en avaient fait connaître quelques-uns; le P. Garrucci annonçait l'intention de publier tous les plus curieux dans son grand recueil sur l'histoire de l'art chrétien. Le Comité n'a pas voulu laisser à un étranger le soin de faire connaître des monuments d'un si grand intérêt pour notre archéologie nationale. Il a donc chargé M. Le Blant de rechercher et de publier tous les sarcophages encore existant à Arles, et de donner la description de tous ceux qui ont disparu, mais qui nous sont connus par les écrits manuscrits ou imprimés des érudits des deux derniers siècles. Le recueil de M. Le Blant comprend 79 sarcophages; 36 planches exécutées par M. Pierre Fritel reproduisent tous ceux de ces monuments qui existent encore et dont l'auteur a pu se procurer des dessins. Nous n'avons pas à louer l'excellence des descriptions de M. Le Blant et la façon dont il a su donner l'explication de toutes les sculptures qui ornent ces antiques tombeaux. Personne, en France, n'était mieux que lui à même de s'acquitter d'un pareil travail, et, comme on devait s'y attendre, il l'a fait en maître.

La description des sarcophages d'Arles est précédée d'une savante introduction, dans laquelle M. Le Blant a résumé tous les principaux points qui se dégagent de son travail. Il y a posé les règles qui doivent présider à l'interprétation des anciennes sculptures chrétiennes; il a discuté les explications symboliques qu'elles ont inspirées aux archéologues et fait connaître les rapports qui existent entre ces sculptures et la liturgie funéraire des premiers siècles du christianisme. Le succès de ce beau livre a été ce que le Ministre et le Comité pouvaient attendre de la réputation de l'auteur; il a inspiré au Comité l'idée de prier M. Le Blant d'étendre ses études à la Gaule entière; celui-ci a accepté avec empressement, et il vient de terminer le recueil des sarcophages de la Gaule, qui sera distribué dans le courant de 1886.

XIII

Inventaire des sceaux de la collection Clairambault, par M. Germain Demay, tome I, 1885.

Peu de volumes de la Collection des documents inédits sont de nature à intéresser un plus grand nombre de personnes. Les historiens y trouveront à prendre autant que les archéologues. On y trouve la description de 9,709 sceaux ayant appartenu aux personnages les plus divers, et en même temps l'analyse sommaire des documents auxquels ces sceaux sont apposés. Ces documents sont, pour la plus grande partie, contemporains de la guerre de Cent ans; quelques-uns cependant remontent au xiiie siècle, d'autres concernent les officiers des compagnies d'ordonnance du xve et du xvie siècle. Ils ont trait aux dépenses relatives à la guerre des Anglais (approvisionnements, achats de vivres, de vins, d'armes, de munitions), aux dépenses de l'hôtel du roi (achats de chevaux, de tentures, d'habillements, de pièces d'orfèvrerie), aux constructions et réparations des maisons royales, aux voyages des officiers royaux, aux missions diplomatiques qui leur sont confiées. On voit, par cet énoncé sommaire, quel parti les historiens peuvent tirer de cet inventaire.

Les archéologues y trouveront une mine non moins féconde de renseignements de toute nature sur la sigillographie, l'iconographie et l'héraldique. Ils y trouveront même de curieux documents sur l'emploi des pierres gravées au moyen âge; car, dans un grand nombre de ces sceaux, se trouvent encastrées des pierres antiques. Nous y relevons, par exemple, un Jules César, un Othon, un Commode, une Vénus, un Bacchus, une Ariane, Castor et Pollux, Omphale, etc.

La clarté de cet inventaire, la netteté des descriptions, en font un excellent modèle, digne d'être recommandé à tous les auteurs de travaux analogues. Le second volume, en cours d'impression, se terminera par des tables très complètes, où l'auteur doit présenter un sommaire chronologique des pièces mentionnées, la liste raisonnée de toutes les fonctions ou dignités dont étaient revêtus les personnages nommés dans les sceaux, enfin un répertoire héraldique conçu sur le même plan que cette excellente table armoriale que M. Demay a composée jadis pour l'inventaire des sceaux des Archives nationales, publié par M. Douët d'Arcq. Il est inutile d'insister davantage sur l'importance d'un ouvrage aussi bien conçu et aussi soigneusement exécuté. On peut dire qu'il répond complètement à ce que le Comité pouvait attendre d'un homme aussi compétent en la matière que l'est l'auteur des Inventaires des sceaux de la Flandre, de l'Artois et de la Normandie.

XIV

Inventaire du mobilier de Charles V, roi de France, publié par M. Jules Labarte,
1879, 1 vol.

On sait combien de renseignements de toute nature on trouve dans les anciens inventaires. M. de Laborde, il y a déjà bien des années, avait puisé, dans des documents de ce genre, la matière de l'intéressant glossaire dont il avait fait suivre sa description des émaux du Louvre. Parmi les plus importants inventaires qui nous restent du moyen âge, celui du roi Charles V était signalé depuis longtemps comme un des plus utiles à publier, tant à cause de l'intérêt qui s'attache à tout ce qui concerne un des plus grands rois de notre histoire, qu'à cause de l'étendue de ce document et des curieux détails dans lesquels il entre sur les joyaux, la vaisselle d'or et d'argent, les livres, les tapis, les meubles, etc., ayant appartenu au roi ou à la reine Jeanne de Bourbon. M. de Laborde avait formé le projet de publier cet inventaire, et, par ses soins, une copie en avait été faite sur le manuscrit français 2705 de notre Bibliothèque nationale. Malheureusement, M. de Laborde mourut avant d'avoir pu donner suite à son projet. Le Comité pensa que ce n'était point une raison pour renoncer à une publication, attendue par toutes les personnes qui s'intéressent au passé de l'art français, et M. Labarte, à qui ses recherches sur les divers arts au moyen âge avaient donné une compétence toute spéciale en cette matière, ayant consenti à se charger de préparer ce document pour l'impression, la copie que le Comité en possédait dans ses archives lui fut remise. Malgré la sobriété de l'annotation dont l'éditeur a accompagné ce texte, l'inventaire de Charles V forme un volume de plus de 400 pages in-4°, répertoire inappréciable, où sont énumérés et décrits avec soin une foule de chefs-d'œuvre de l'art français au XIV° siècle.

XV

Comptes des bâtiments du Roi sous le règne de Louis XIV,
publiés par M. Jules Guiffrey, tome I, 1881.

Il n'est pas besoin de faire ressortir l'intérêt considérable qu'offrent les anciens comptes, les renseignements variés et précis qu'ils nous apportent sur la date et la provenance des objets qui y sont mentionnés, sur les auteurs de ces objets, sur le prix qu'ils ont coûté. Ces documents nous renseignent sur la valeur de la main-d'œuvre, ils nous permettent de suivre pas à pas tous les détails d'une construction, ils nous font connaître les noms des artistes qui l'ont élevée; en un mot l'archéologue, l'historien, l'économiste trouvent dans cette catégorie de documents une mine inépuisable, et tout le monde sait le parti précieux qu'on a pu tirer, pour l'histoire de l'art, de ces magnifiques séries de comptes que possèdent en si grand nombre les dépôts d'archives de l'Italie.

En France, malheureusement, nous sommes bien pauvres en comptes de date ancienne. Nos comptes royaux tout spécialement ont été dispersés et détruits d'une lamentable façon. De ces comptes des bâtiments, où se trouvait écrite jour par jour l'histoire détaillée de toutes les constructions que nos rois élevaient à l'envi, où étaient inscrits les noms, aujourd'hui perdus, de tous ces grands architectes, peintres, sculpteurs, dont notre pays pouvait s'enorgueillir, il ne reste presque rien; il faut descendre jusqu'au XVIIe siècle pour trouver une collection suivie de registres contenant les comptes des bâtiments du Roi, et l'extrême abondance de documents que ces comptes renferment ne peut qu'augmenter les regrets que doit nous causer la perte des séries antérieures.

Toutes les branches de l'art et des industries artistiques sont représentées dans ces comptes. Il n'est guère de grand artiste, d'ouvrier habile qui n'ait été employé aux travaux du Louvre, des Tuileries, de Versailles, de Marly. Aussi le Comité ne pouvait-il accueillir avec défaveur la proposition faite par M. Guiffrey de publier ces comptes. Aucun auteur n'était mieux que lui préparé à ce travail par de longues recherches sur l'art et les artistes des deux derniers siècles, et si l'on pouvait craindre d'entreprendre une œuvre trop vaste en commençant la publication d'une série de documents aussi considérables, cette crainte a été promptement dissipée, grâce aux dispositions typographiques adoptées par l'auteur et le Comité, et qui ont permis de faire entrer dans le premier volume publié par M. Guiffrey une quantité de matières beaucoup plus considérable que n'en contiennent les autres volumes de la Collection des documents inédits.

Ce premier volume, publié en 1881, contient les comptes de seize années, de 1664 à 1680; trois autres volumes suffiront à donner les comptes des bâtiments jusqu'à la mort de Louis XIV, en 1715. L'activité que M. Guiffrey a déployée dans la publication du premier volume, le soin qu'il a apporté à en établir le texte et à y joindre d'excellentes tables, permettent d'espérer que la suite sera publiée rapidement, et que l'ouvrage fera autant d'honneur au Comité qu'à l'auteur.

XVI
Bulletins et Revues.

La création des Comités pour la publication des documents inédits date de l'année 1834; mais la première publication spéciale affectée aux comptes rendus des travaux de ces Comités ne remonte qu'à 1840. Encore, le Comité des arts et monuments fut-il seul appelé d'abord à jouir de cet avantage. Un arrêté de M. Villemain, du 26 février 1840, autorisa la publication d'un *Bulletin archéologique*, qui continua d'exister jusqu'en 1848, et qui forme quatre volumes in-8°. Ce bulletin reproduisit, en tête de son premier volume, les rapports que le président avait adressés au Ministre depuis 1837 pour lui faire connaître la manière dont le Comité des arts s'était acquitté de sa mission.

Les autres Comités ne tardèrent pas à obtenir un privilège analogue pour la publication des travaux qui rentraient dans leurs attributions. Le Comité des chartes prit l'initiative des réclamations et demanda à diverses reprises la création d'un bulletin mensuel, où seraient insérés les procès-verbaux des séances, des extraits de la correspondance, les rapports sur les documents soumis au Comité, et ces documents eux-mêmes lorsqu'ils seraient reconnus offrir de l'intérêt.

La persistance des regrets mainte fois exprimés de ne pas voir donner de publicité aux procès-verbaux des séances qui contiennent un grand nombre de notes biographiques, des détails pleins d'intérêt sur des manuscrits de la Bibliothèque nationale et sur les documents soumis au Comité, finit cependant par être prise en considération par l'Administration, qui ne voulut pas que ces utiles renseignements fussent plus longtemps perdus pour l'étude. Un arrêté du 10 mai 1849 chargea les deux secrétaires du Comité des monuments écrits, MM. Taranne et de la Villegille, de la publication d'un volume d'extraits des procès-verbaux des séances du Comité historique depuis son origine jusqu'à la réorganisation du 5 septembre 1848. Ce volume devait d'ailleurs servir d'introduction et de complément au *Bulletin des comités historiques*, destiné, par l'arrêté du 8 janvier 1849, à remplacer le *Bulletin du Comité des monuments écrits* et le *Bulletin archéologique*.

La création de ces deux nouvelles publications présente d'ailleurs un intérêt tout particulier au point de vue archéologique. L'article 6 de l'arrêté du 8 janvier, qui fixa le nombre de feuilles de texte que devait comprendre chaque numéro de ce bulletin, porte que ces numéros seront accompagnés, quand il y aura lieu, de lithographies ou de gravures. En effet, les quatre volumes du *Bulletin du Comité des arts et monuments* dont se compose cette série ne renferment pas moins de 39 planches et un nombre au moins égal de gravures sur bois.

Cette innovation se perpétua dans les publications qui succédèrent à celle-ci. Le *Bulletin du Comité de la langue, de l'histoire et des arts de la France*, qui parut de 1852 à 1857, publia également 31 planches à part et 109 gravures sur bois dans le texte, et la même méthode a été suivie dans la *Revue des sociétés savantes*, qui a commencé à paraître en 1856. La section d'archéologie s'est, en effet, de plus en plus convaincue de la nécessité de recourir à l'emploi des planches pour suppléer, en ce qui concerne les monuments, à l'insuffisance des descriptions, même les mieux faites.

Depuis 1883, elle publie un Bulletin spécial, où prennent place en outre les communications qui sont soumises à la section d'archéologie par la Commission de publication des documents archéologiques de Tunisie.

XVII

MÉMOIRES LUS À LA SORBONNE, dans les séances extraordinaires du Comité impérial des travaux historiques et des sociétés savantes. Archéologie. Années 1861, 1863, 1864, 1865, 1866, 1867, 1868, 7 vol. in-8°. (Ouvrage presque épuisé.)

Aux bulletins et revues se rattachent naturellement les sept volumes renfermant les principaux mémoires lus aux réunions des Sociétés savantes à la Sorbonne de 1861 à 1868. L'archéologie s'y trouve représentée dans ses diverses branches et ses diverses périodes. De nombreuses planches, exécutées avec soin, augmentent encore l'intérêt de ces travaux.

III

SCIENCES.

I

Œuvres de Lavoisier, éditées pour la première fois par M. Dumas, de l'Institut, tomes I-IV, 1862-1868. (Ouvrage presque épuisé.)

Par décision du 4 février 1861, M. Rouland, Ministre de l'instruction publique, a confié à M. Dumas la publication des œuvres de Lavoisier.

M. Dumas s'était occupé depuis longtemps du soin de recueillir les matériaux nécessaires à cette publication importante; la famille de Lavoisier, représentée par M. de Chazelles, avait mis à sa disposition tous les manuscrits qu'elle possédait; un grand nombre de savants, apprenant la décision de M. le Ministre de l'instruction publique, se sont empressés d'offrir à l'éditeur communication des pièces en leur possession qui pouvaient éclairer ou enrichir le travail auquel il se préparait depuis longtemps.

Quatre volumes ont été successivement livrés au public.

Le premier comprend les deux ouvrages classiques de Lavoisier : son *Traité de chimie élémentaire* et ses *Opuscules physiques et chimiques*.

Le second est consacré aux mémoires de physique et de chimie publiés par Lavoisier dans divers recueils à partir de 1770 jusqu'à 1792, et particulièrement de ceux qui ont pour objet la fondation des doctrines de la chimie moderne et l'exposé de leur application à la physiologie, à l'hygiène, à la médecine et à l'agriculture.

Le troisième volume se compose d'un grand nombre de pièces inédites, dont quelques-unes constituent de véritables ouvrages; tels sont: 1° les mémoires sur l'éclairage d'une grande ville et sur l'éclairage des salles de spectacle; 2° les mémoires sur la nature des eaux d'une partie de la Franche-Comté, de l'Alsace, de la Lorraine, de la Champagne, de la Brie et du Valois; 3° les expériences faites au moyen du miroir ardent de Trudaine; 4° les expériences sur le froid de 1776; 5° les recherches sur la pesanteur spécifique des liquides et l'invention du densimètre centésimal; 6° les rapports sur les prisons, les hôpitaux; 7° sur les travaux de la commission des aérostats; 8° sur les observations météorologiques et la prédiction du temps;

9° enfin, un mémoire inédit sur l'analyse organique élémentaire et sur la fermentation spiritueuse.

Le quatrième volume présente : 1° dans leur ordre chonologique, la série des rapports nombreux dont Lavoisier avait été chargé par l'Académie des sciences et dont il avait lui-même indiqué la publication comme devant faire partie de ses œuvres ; 2° l'histoire des changements opérés sous le directorat de Lavoisier dans la constitution de l'Académie en 1785, changements qui lui ont donné la forme qu'elle a conservée depuis ; 3° l'exposé des opérations du bureau de consultation des arts et métiers qui avait recueilli, en 1793, les membres de l'Académie, alors supprimée, s'occupant de mécanique, de physique ou de chimie ; 4° enfin, un travail étendu sur la distillation en général et sur celle de l'eau de mer en particulier. Ce travail avait été publié sans nom d'auteur, en 1775. L'éditeur prouve qu'il appartient à Lavoisier et qu'il renferme le vrai principe de la distillation continue.

Le cinquième volume renfermera le mémoire de Lavoisier sur la géologie et la minéralogie de la France, sur le système métrique, sur la formation du salpêtre, sur la richesse publique et sur les divers objets d'intérêt général.

II

ŒUVRES DE LAGRANGE, tomes I à X édités par M. J.-A. Serret, de l'Académie des sciences, et tome XIII, publié par M. L. Lalanne, membre du Comité, 1867-1884. (Ouvrage presque épuisé.)

Lorsqu'en 1861 le Ministre de l'instruction publique décida, sur l'avis du Comité des travaux historiques et des sociétés savantes, la publication des œuvres des plus illustres savants français, il confia les œuvres de Lagrange à M. J.-A. Serret, qui entreprit sans retard le travail considérable dont il était ainsi chargé. Les cinq premiers volumes, renfermant en moyenne de 95 à 100 feuilles, avaient paru avant la guerre de 1870 ; depuis M. Serret a publié cinq autres volumes. Nous possédons aujourd'hui, grâce à ses soins, la collection complète des mémoires publiés par Lagrange dans les différents recueils académiques, la *Théorie des fonctions analytiques*, les *Leçons sur le calcul des fonctions*, le *Traité de la résolution des équations numériques* et quelques autres écrits moins importants, les notions d'*Arithmétique politique*, les notes mises par Lagrange à l'édition française de l'*Algèbre d'Euler*, etc. Au moment où la mort est venue frapper M. Serret, il lui restait seulement à publier les deux volumes de la *Mécanique analytique*. M. G. Darboux a été chargé de publier ce dernier ouvrage, dont l'impression est commencée et qui contiendra les notes si intéressantes ajoutées par M. Bertrand à la troisième édition, entièrement épuisée.

La publication des tomes XIII et XIV n'était pas prévue dans le programme préparé primitivement par M. Serret. Les recherches faites par M. Ludovic Lalanne à la Bibliothèque de l'Institut ont amené la découverte d'une foule de lettres inédites de Lagrange et en particulier d'une correspondance très étendue entre Lagrange et d'Alembert. C'est à cette correspondance, d'un intérêt tout à fait exceptionnel, composée d'une série de lettres se suivant presque sans aucune interruption, qu'est consacré le tome XIII, publié entièrement par les soins de M. Lalanne. Le tome XIV, dont il est chargé et qui terminera cette édition magistrale des œuvres de Lagrange, contiendra, entre autres, sa correspondance inédite avec Condorcet, Euler et Laplace, etc.

En résumé, les œuvres de Lagrange seront prochainement terminées. Les dix premiers volumes de cette édition, qui en comprendra quatorze, sont dus entièrement à M. Serret, qui, dépassant même le plan primitivement fixé, a rempli, dans toute leur étendue et jusqu'à la fin, les obligations qu'il avait acceptées.

III

Œuvres complètes d'Augustin Fresnel, publiées par MM. Henri de Sénarmont, Léonor Fresnel et Émile Verdet, 1866-1870, 3 vol. (Ouvrage épuisé.)

Les œuvres de Fresnel publiées sur la proposition du Comité des sociétés savantes, par suite d'un arrêté pris en 1861 par M. Rouland, comprennent trois volumes in-quarto : le premier de 799 pages, le deuxième de 854, le troisième de 751, avec planches.

La première partie de l'ouvrage est consacrée aux études de physique pure et principalement aux travaux sur la théorie de la lumière. Elle comprend 89 pièces ou groupes de pièces parmi lesquels se trouvent dix grands mémoires. Ces travaux forment la matière des deux premiers volumes. La deuxième partie, constituant le troisième volume, renferme 27 pièces, les tables analytiques de l'ouvrage et dix-huit planches, dont une carte.

La majeure partie des travaux de Fresnel n'était connue que par des extraits ou des résumés imprimés dans divers recueils. Il était très désirable, dans l'intérêt de la science, que ces œuvres fussent réunies et publiées dans leur intégrité. Leur mise au jour a fait connaître dans toute sa profondeur le grand génie qui a pu, en quelques années, révolutionner la haute optique et asseoir sur des bases inébranlables la doctrine des ondulations.

Ce n'est pas un moindre service rendu à la science que l'impression de cette correspondance si curieuse, où Fresnel, dans ses épanchements intimes avec son frère Léonor, donne la succession méthodique de ses recherches et le secret de ses découvertes. La lecture de ces documents intimes est un précieux enseignement pour qui veut apprendre par quelles vues un homme de génie s'étend jusqu'aux plus hautes conceptions de la science.

Quel noble exemple pour les jeunes savants que la vie de cet homme qui, au fond de la province, sans ressources, presque sans livres, reconstitue à son usage personnel les parties de la science dont il ignore l'existence antérieure, s'attaque hardiment aux points les plus délicats de l'optique, construit de ses mains des appareils d'étude et arrive, à force de ténacité, aux plus grandes découvertes!

Quoi de plus touchant que l'intérêt avec lequel Arago, déjà célèbre et puissant, l'accueille, sentant en lui un apôtre fervent de la vérité. C'est cette foi ardente dans l'exactitude de ses doctrines, dans la sûreté de ses vues, qui soutient Fresnel dans la lutte courageuse entreprise par lui contre le souvenir de Newton, l'autorité de Laplace, la résistance de Poisson et l'incrédulité persévérante de Biot. Toute cette controverse est presque oubliée aujourd'hui, mais elle a passionné le monde savant, il y a un demi-siècle; et il est utile pour l'histoire de la science de la voir revivre dans la correspondance de Fresnel, et d'apprendre à quel prix ce grand réformateur a assuré le triomphe de ses idées.

Le troisième volume des œuvres de Fresnel nous le montre dans une autre phase de sa carrière, inventant et réalisant dans tous ses détails le système de phares lenticulaires si supérieur aux appareils qui existaient alors. 27 groupes de pièces recueillies précieusement, classées avec méthode, complétées avec un soin pieux par la main de son frère Léonor, permettent d'apprécier les services considérables rendus par Fresnel dans sa carrière d'ingénieur attaché à la Commission des phares.

Ne regrettons pas que, sur la proposition d'Arago, Fresnel ait été détourné de ses études favorites pour être appelé au sein de cette Commission, où il a rendu de si éminents services. Il lui était réservé de prouver que les grands génies ne sont pas seulement aptes à imprimer d'immenses progrès à la science pure, mais qu'ils peuvent aussi affirmer leur supériorité dans des applications nouvelles et fécondes de la science et être, à ce double point de vue, les bienfaiteurs de l'humanité.

On peut aujourd'hui s'assurer, par la lecture du troisième volume des œuvres de Fresnel, qu'il apporta dans les travaux de l'ingénieur la sûreté de méthode et la netteté de vues du savant. Entraîné par ses habitudes et ses goûts vers les hautes conceptions de la théorie, il s'occupait à regret des questions ayant un caractère exclusivement pratique. Mais il comprenait que, là comme dans ses autres travaux, le succès ne pouvait être obtenu qu'au prix d'une étude approfondie des moindres détails. Aussi, toutes les recherches faites par lui pour la Commission des phares sont-elles des œuvres du plus haut intérêt, dont la publication montre que, chez Fresnel, l'ingénieur n'était pas au-dessous du savant.

Les manuscrits de Fresnel avaient été confiés d'abord à son collègue Savary, qui en avait commencé le classement et était mort avant de l'avoir terminé. Ce travail a été refait plus tard par Sénarmont, qui avait préparé complètement la matière des deux premiers volumes. Le premier éditeur de Fresnel succomba le 30 juin 1862, au moment où l'impression allait commencer. Verdet lui succéda et dirigea l'impression des deux premiers tomes; il eut l'heureuse idée de résumer dans une introduction les travaux de Fresnel. Nul ne l'eût fait avec plus d'autorité et de talent. Malheureusement Verdet succomba à son tour le 13 février 1864, après avoir écrit d'une main défaillante les dernières pages de l'introduction.

M. Léonor Fresnel, qui avait accepté la tâche de publier seul les travaux de Fresnel sur les phares, continua seul la publication, termina le deuxième volume, et fit imprimer la majeure partie du troisième. Ce travail n'était pas terminé lorsque la mort le frappa le 30 mai 1869.

Sur la proposition du Comité des sociétés savantes, M. Lissajous fut chargé, le 27 octobre 1869, d'achever la publication. Aidé des conseils de M. Reynaud, directeur des phares, il put la mener à bonne fin, et clore enfin ce travail, entravé successivement par tant d'événements douloureux, le 25 mai 1870.

Quelques semaines plus tard, la publication eût été arrêtée par nos désastres. Heureusement, le monument élevé par le concours de tant de volontés et de dévouements à la mémoire de Fresnel était terminé, pour l'honneur de la science et la gloire du pays.

IV

OEuvres de Cauchy, éditées par la section de géométrie de l'Académie des sciences, tomes I, IV et V, 1re série, 1882-1885. (Ouvrage presque épuisé.)

Le Gouvernement français et le Ministère de l'instruction publique, en publiant successivement les œuvres de Laplace, celles de Lagrange, de Lavoisier et de Fresnel, ont rendu à la science un service dont on ne saurait exagérer la valeur ; et leur exemple n'a pas tardé à être suivi par les différentes nations étrangères. Pour ne citer que les géomètres, la société de Gœttingue a donné une édition, complètement terminée aujourd'hui, des œuvres de Gauss; l'Académie des sciences de Berlin a entrepris la publication des œuvres de Steiner, de Jacobi, de Lejeune-Dirichlet; la société des sciences de Leipzig a publié, l'année dernière, le premier volume des œuvres de Möbius. L'Académie des sciences, désirant à la fois rendre un hommage éclatant à celui de ses membres qui, depuis Lagrange, a exercé l'influence la plus décisive sur le développement de l'analyse mathématique, et contribuer en même temps aux progrès de la science, en réunissant et en mettant à la disposition de tous une foule de travaux presque ignorés malgré leur intérêt capital, a décidé la publication des œuvres de Cauchy et l'a confiée aux membres de la section de géométrie. Le Ministre de l'instruction publique a tenu à s'associer à l'initiative prise par l'Académie ; il a pensé que les œuvres de notre grand géomètre devaient figurer dans la collection qu'il a commencé à former, et qui contient déjà tant d'ouvrages de haute valeur.

L'entreprise est lourde d'ailleurs et exigera, pour être conduite à bonne fin, le concours de tous les efforts. Cauchy est un des géomètres les plus féconds qui aient jamais existé. Le plan dressé avec le plus grand soin par la section de géométrie prévoit la publication de 26 volumes in-4°. 11 volumes, formant une première série, comprendront les mémoires, notes et articles extraits des recueils de l'Académie des sciences. Les 15 volumes de la deuxième série contiendront les ouvrages classiques, les mémoires publiés en corps d'ouvrage, les mémoires extraits de divers recueils et ceux qui ont été publiés séparément.

Les tomes I, IV et V de la première série ont déjà paru. Les deux séries vont être publiées simultanément. Pour répondre à un désir souvent exprimé, l'Académie a voulu publier immédiatement les articles insérés dans les *Comptes rendus* de 1836 à 1857, « dont la réunion formera comme une œuvre nouvelle, où revivra le génie du grand géomètre et qui ajoutera encore à l'éclat de son nom. »

Le tome VI de la 2ᵉ série, qui contiendra le premier volume des anciens *Exercices de mathématiques*, est en préparation. Il serait bien à désirer que les encouragements des pouvoirs publics permissent à l'éditeur, M. Gauthier-Villars, de presser la publication, qui rendra d'autant plus de services qu'elle sera promptement terminée.

MM. Collet et Valson, professeurs de Faculté, sont chargés, sous la haute direction de M. Hermite, doyen de la section de géométrie, de revoir le texte et de veiller à l'impression.

V

REVUE DES SOCIÉTÉS SAVANTES, partie scientifique, et REVUE DES TRAVAUX SCIENTIFIQUES, in-8°. (Ouvrage en partie épuisé.)

Le 22 février 1858, lorsque M. Rouland, Ministre de l'instruction publique, voulut élargir le cadre du *Comité de la langue, de l'histoire et des arts de la France* et en étendre les attributions, il le réorganisa sous le nom de *Comité des travaux historiques et des sociétés savantes*, et il le divisa en trois sections, représentant :

1° L'histoire et la philologie ;
2° L'archéologie ;
3° Les sciences.

A partir de cette époque, la *Revue des sociétés savantes*, fondée en 1856 et d'abord consacrée exclusivement à l'histoire et à l'archéologie, donna une place aux travaux scientifiques et aux rapports lus dans les séances de la 3ᵉ section ; mais bientôt, le nombre et l'étendue de ces communications augmentant tous les jours, le Ministre reconnut la nécessité de créer un recueil destiné spécialement aux sciences mathématiques, physiques et naturelles, dont la première livraison parut au mois de mai 1862. Cette *Revue des sociétés savantes* comprend 21 volumes, ainsi répartis :

1ʳᵉ série (1862 à 1864)...............................	6 volumes.
2ᵉ série (1867 à 1877)................................	11
3ᵉ série (1878 à 1880)................................	3
Table générale (1885)................................	1

La publication en a été dirigée avec un très grand soin par M. E. Blanchard, qui, pendant dix-huit années, a rempli les fonctions de secrétaire de la section des sciences.

On y trouve les rapports faits par les membres du Comité sur les travaux des Sociétés savantes, des mémoires originaux, des nouvelles scientifiques, les procès-verbaux des séances ordinaires, et enfin le compte rendu des réunions tenues à la Sorbonne par les délégués des sociétés départementales, ainsi que des extraits ou des analyses des lectures et des communications faites à cette occasion. Les discours prononcés aux séances solennelles en 1863 et en 1864 par M. H. Milne Edwards et, depuis cette époque jusqu'en 1877, par M. E. Blanchard, y sont publiés et rendent un compte fidèle du large mouvement scientifique accompli en province pendant cette période.

En 1880, le Comité crut utile de ne pas restreindre ses relations aux sociétés départementales, mais de les étendre à toutes celles de la France, qu'elles eussent leur siège en dehors de Paris ou à Paris même. C'est pour répondre à cette pensée qu'en 1880 le Ministre en modifia légèrement les attributions et lui donna le nom de *Comité des travaux historiques et scientifiques*. Certains changements furent, en même temps, apportés aux publications de la section des sciences, et la *Revue des travaux scientifiques* vint remplacer l'ancienne *Revue des sociétés savantes* (sciences mathématiques, physiques et naturelles).

Elle comprend, comme par le passé, les rapports faits par les membres du Comité et lus aux séances mensuelles, ainsi que des communications inédites; mais elle contient aussi des analyses sommaires ou, au moins, l'indication bibliographique de tous les travaux publiés en France ou à l'étranger par des Français. Les savants des départements, qui souvent vivent éloignés des bibliothèques publiques et des centres universitaires, peuvent maintenant suivre sans effort les progrès des sciences qu'ils cultivent, se tenir au courant des nouvelles découvertes dont ils trouvent là un tableau exact. Une commission de publication, instituée le 9 mars 1881 et composée de membres du Comité, auxquels sont adjoints de jeunes savants, choisis comme auxiliaires, se réunit deux fois par mois pour classer les communications émanées du Comité et pour préparer le répertoire bibliographique qui y est joint. Cette publication ne peut avoir toute son utilité qu'à la condition de suivre de près le mouvement scientifique et de paraître à des intervalles rapprochés. Aussi est-elle divisée en cahiers mensuels, dont la réunion forme chaque année un fort volume in-8°. En tête de chaque fascicule sont inscrits les rapports des membres du Comité, puis les communications inédites. Ensuite sont groupées méthodiquement les analyses des travaux; elles sont classées dans l'ordre suivant : 1° sciences naturelles (physiologie, anatomie, anthropologie, zoologie, paléontologie, botanique, géologie); 2° géographie, et 3° sciences physico-chimiques (physique, chimie, minéralogie, météorologie); 4° sciences mathématiques et astronomiques.

Les cinq volumes qui ont déjà paru rendent compte des travaux publiés en 1880, 1881, 1882, 1883 et 1884. Le Comité s'occupe en ce moment de la publication du volume où seront analysés les travaux de 1885.

L'empressement avec lequel cette revue a été accueillie par tous les hommes de science, et en particulier par ceux qui appartiennent aux sociétés départementales, est le garant le plus sûr des services qu'elle est appelée à rendre.

III
BIBLIOGRAPHIE
DES SOCIÉTÉS SAVANTES DE LA FRANCE.
1885.

PARIS.

Académie française, fondée en 1635.

Dictionnaire de l'Académie française, 1re éd. (Paris, 1694, 2 vol. in-fol.) — 2e éd. (Paris, 1718, 2 vol. in-fol.) — 3e éd. (Paris, 1740, 2 vol. in-fol.) — 4e éd. (Paris, 1762, 2 vol. in-fol.) — 5e éd. (Paris, 1798, 2 vol. in-fol.) — 6e éd. (Paris, 1835, 2 vol. in-4°.) — 7e éd. (Paris, 1878, 2 vol. in-4°.)

Dictionnaire historique de la langue française, t. I, 1865; t. II, 1878-1884, in-4°.

Recueil des discours, rapports et pièces diverses, t. I, 1813-1819; t. VII, 1870-1879, in-4°.

Ces recueils sont divisés en deux parties pour chaque période décennale.

Discours prononcés aux funérailles des membres de l'Académie, in-4°.

Académie des inscriptions et belles-lettres, fondée en 1701 sous le titre d'*Académie royale des inscriptions et médailles*.

Mémoires, 1re série, t. I, 1717; t. XLVI, 1789, in-4°.

Ces volumes comprennent les lectures faites à l'Académie de 1701 à 1784. En 1808 et en 1809, M. Dacier fit paraître 4 volumes in-4° pour compléter la collection jusqu'en 1789.

Mémoires, 2e série, t. I, 1815; t. XXXI, 1885, in-4°.

Une table générale des articles contenus dans les *Mémoires* de 1717 à 1850 a été publiée par MM. de Rozière et Chatel en 1856.

Mémoires présentés par divers savants, 1re série. Sujets divers d'érudition, t. I, 1844; t. IX, 1884, in-4°. — 2e série. Antiquités de la France, t. I, 1843; t. VI, 1883, in-4°.

Comptes rendus des séances, 1re série, t. I, 1857; t. VIII, 1864, in-8°. — 2e série, t. I, 1865; t. VII, 1871, in-8°. — 3e série, t. I, 1872, in-8°. — 4e série, t. I, 1873; t. XIII, 1885, in-8°.

Séances publiques annuelles, in-4°.

Rapports semestriels sur les travaux des Commissions de publication de l'Académie, in-4°.

Rapports de la Commission des Écoles d'Athènes et de Rome, fascicules annuels, in-4°.

Rapports de la Commission des antiquités de la France, fascicules annuels, in-4°.

Discours prononcés aux funérailles des membres de l'Académie, in-4°.

Notices et extraits des manuscrits, t. I, 1787; t. XXXI, 1884, in-4°.

Recueil des historiens des Gaules et de la France, commencé par dom Bouquet et continué par des membres de l'Institut, sous les auspices de l'Académie, t. XIV, 1806; t. XXIII, 1876, in-folio.

Recueil des historiens des Croisades. Cette collection se divise ainsi :
    Historiens occidentaux, t. I, 1844; t. IV, 1879, in-folio.
    Historiens arméniens, t. I, 1809, in-folio.
    Historiens grecs, t. I, 1875; t. II, 1881, in-folio.
    Historiens orientaux, t. I, 1872; t. III, 1884, in-folio.
    Lois, t. I, 1841; t. II, 1843, in-folio.

Recueil des ordonnances des rois de France, publication continuée par l'Académie, t. XV, 1811; t. XXI, 1849, in-folio.

Un volume de tables a été publié en 1849 avec un supplément.

Histoire littéraire de la France, publication continuée par l'Académie, t. XII, 1814; t. XXIX, 1885, in-4°.

Table chronologique des diplômes et chartes, t. I, 1769; t. VIII, 1876, in-folio.

Corpus inscriptionum Semiticarum, 1ᵉʳ fascicule, 1878; 3ᵉ fascicule, 1885, in-4°, avec un atlas in-folio.

Académie des sciences, fondée en 1666.

Mémoires, 1ʳᵉ série, t. I, 1699; t. CLXIV, 1793, in-4°. — 2ᵉ série, t. I, 1816; t. XLII, 1883, in-4°.

Une table de la 1ʳᵉ série des *Mémoires* de l'Académie et des volumes de la 2ᵉ série, jusqu'au tome XL inclusivement, a été publiée en 1881, in-4°.

Mémoires présentés par divers savants, 1ʳᵉ série, t. I, 1806; t. II, 1811, in-4°. — 2ᵉ série, t. I, 1827; t. XXVIII, 1884, in-4°.

Une table des matières contenues dans ces *Mémoires*, de 1806 à 1877, a paru en 1881.

Comptes rendus hebdomadaires des séances, t. I, 1835; t. CI, 1885, in-4°.

Suppléments aux comptes rendus, 1856 et 1861, 2 vol. in-4°.

Discours prononcés aux funérailles des membres de l'Académie, in-4°.

Académie des sciences morales et politiques, fondée en 1795, reconstituée en 1832.

Mémoires, 1ʳᵉ série, t. I, 1798; t. V, 1803, in-4°. — 2ᵉ série, t. I, 1839; t. XIV, 1884, in-4°.

Une table générale des articles contenus dans les *Mémoires* de l'Académie antérieurs à 1850 a été publiée par MM. de Rozière et Chatel en 1856.

Comptes rendus des séances et des travaux, 1re série, t. I, 1842; t. X, 1846, in-8°. — 2° série, t. I, 1847; t. X, 1851, in-8°. — 3° série, t. I, 1852; t. XXX, 1859, in-8°. — 4° série, t. I, 1860; t. XX, 1864, in-8°. — 5° série, t. I, 1865; t. XXX, 1873, in-8°. — 6° série, t. I, 1874; t. XXIV, 1885, in-8°.

Cette collection forme actuellement 124 volumes.

Mémoires présentés par divers savants, t. I, 1841; t. II, 1847, in-4°.

Discours prononcés aux funérailles des membres de l'Académie, in-4°..

Académie des beaux-arts, fondée en 1795.

Comptes rendus des séances annuelles, in-4°.

Notices sur les membres décédés, in-4°.

Discours prononcés aux funérailles des membres de l'Académie, in-4°.

Dictionnaire de l'Académie des beaux-arts, t. I, 1858; t. IV, 1884, in-4°.

Académie de médecine, fondée en 1778 sous le nom de *Société royale de médecine*, supprimée en 1793 et rétablie en 1820.

Mémoires, t. I, 1828; t. XXXII, 1879, in-4°.

Bulletin, 1re série, t. I, 1836; t. XXXVI, 1871, in-8°. — 2° série, t. I, 1872; t. XIV, 1885, in-8°.

Académie d'aérostation météorologique, fondée en 1878.

Bulletin, t. I, 1879; t. VII, 1885, in-8°.

Académie des bibliophiles.

De la bibliomanie, par Bollioud-Mermet, in-16.

Lettres à César par Salluste, traduction nouvelle par M. Victor Develay, in-32.

La seiziesme joye du mariage, in-16.

Le testament politique du duc Charles de Lorraine, publié par M. Anatole de Montaiglon, in-18.

Les baisers de Jean second, traduction nouvelle par M. Victor Develay, in-32.

Académie nationale agricole, manufacturière et commerciale, fondée en 1830.

Journal des travaux, t. I, 1830; t. LV, 1885, in-8°.

Académie des poètes, fondée en 1854.

Revue de la poésie, paraissant par livraisons mensuelles, in-8°.

Les Olympiades, paraissant par livraisons in-8°.

Association de l'industrie française pour la défense du travail national, fondée en 1880.

Le Travail national, journal hebdomadaire.

Association littéraire et artistique internationale, fondée en 1878.

Bulletin mensuel, in-8°.

Association parisienne des propriétaires d'appareils à vapeur, fondée en 1873.

Bulletin, t. I, 1873; t. XII, 1885, in-8°.

Association philotechnique, fondée en 1848.

Bulletin, t. I, 1879; t. VI, 1885, in-8°.

Association polytechnique pour le développement de l'instruction populaire, fondée en 1830.

Bulletin, t. I, 1881; t. V, 1885, in-8°.

Association française pour l'avancement des sciences, fondée en 1872.

Comptes rendus, t. I, 1872; t. XIV, 1885, in-8°.

Notices historiques et descriptives sur Montpellier, ses facultés, ses écoles, ses bibliothèques, ses musées, ses collections et ses sociétés savantes. (Montpellier, 1879, in-8°.)

Association pour l'encouragement des études grecques en France, fondée en 1867.

Annuaire, t. I, 1867; t. XIX, 1885, in-8°.

Monuments grecs, 1er fascicule, 1872; 15e fascicule, 1885, in-4°.

Association scientifique de France, fondée en 1864.

Bulletin hebdomadaire, in-8°.

Athénée oriental, fondé en 1882.

Bulletin trimestriel, in-8°.

Club alpin français, fondé en 1874.

Annuaire, t. I, 1874; t. XII, 1885, in-8°.

Bulletin, paraissant par livraisons depuis 1876, in-8°.

Bulletin de la section du Jura, paraissant depuis 1875, in-8°.

Annuaire de la section du Jura, paraissant depuis 1881, in-8°.

Bulletin de la section lyonnaise, paraissant depuis 1878, in-8.

Bulletin de la section de Provence, paraissant depuis 1880, in-8°.

Bulletin de la section d'Auvergne, paraissant depuis 1877, in-8°.

Bulletin de la section des Alpes-Maritimes, paraissant depuis 1880, in-8°.

Bulletin de la section vosgienne, paraissant depuis 1882, in-8°.

Bulletin de la section du Sud-Ouest, paraissant depuis 1877, in-8°.

Bulletin de la section de la Côte-d'Or et du Morvan, paraissant depuis 1878, in-8°.

Bulletin de la section de Saône-et-Loire, paraissant depuis 1876, in-8°.

Bulletin de la section de l'Isère, paraissant depuis 1875, in-8°.

Bulletin de la section de la Lozère et des Causses, paraissant depuis 1886, in-8°.

Bulletin de la section de l'Atlas, paraissant depuis 1880, in-8°.

Carte du mont Pelvoux.

Panorama du Pimené.

Carte du mont Perdu, dressée par M. Schrader.

Carte des Pyrénées centrales, dressée par M. Schrader.

Plan de Montpellier le Vieux (Aveyron), dressé par M. E.-A. Martel.

Comité d'histoire et d'archéologie du diocèse de Paris, fondé en 1883.

Bulletin, t. I, 1883; t. III, 1885, in-8°.

Commission d'hygiène hippique, fondée en 1848.

Mémoires, t. I, 1849; t. XIII, 1862, in-8°.

Conseil de santé des armées, fondé en 1816.

Recueil de mémoires de médecine, de chirurgie et de pharmacie militaires, 1re série, t. I, 1816; t. LXI, 1846, in-8°. — 2e série, t. I, 1847; t. XXIII, 1858, in-8°. — 3e série, t. I, 1859; t. XLI, 1885, in-8°.

Il a paru 5 volumes de tables générales de ce recueil, comprenant les années 1816 à 1868.

Institut odontechnique de France, fondé en 1882.

Revue odontologique, t. I, 1882; t. IV, 1885, in-8°.

Institut sténographique des Deux-Mondes, fondé en 1872.

Comptes rendus de 1872 à 1876, in-8°.

Le Sténographe, journal hebdomadaire in-12.

Le Grand Sténographe, journal bimensuel, in-fol.

Le journal des Sténographes, journal bihebdomadaire, in-4°.

Almanach sténographique, n° 1, 1877; n° 8, 1885, in-8°.

L'enseignement par la sténographie. (Paris, 1882-1883, 2 vol. in-8°.)

Ligue française de l'enseignement pour la propagande de l'instruction dans les départements, fondée en 1881.

Bulletin, t. I, 1881; t. V, 1885, in-8°.

Société centrale d'agriculture de France, fondée en 1761.

Mémoires, t. I, 1801; t. CXXX, 1885, in-8°.

Bulletin, t. I, 1837; t. XLV, 1885, in-8°.

Enquête sur le crédit agricole, publiée par M. Barral. (Paris, 1884-1885, 2 vol. in-8°.)

Une table générale des matières contenues dans les *Mémoires*, de 1801 à 1850, a été publiée par M. Maurice Block en 1851.

Société des agriculteurs de France, fondée en 1868.

Bulletin, t. I, 1869; t. XXIV, 1885, in-8°.
Annuaire, t. I, 1868; t. XVI, 1885, in-8°.
Congrès agricole de Lyon. (Paris, 1869, in-8°.)
Congrès viticole et séricicole de Lyon. (Paris, 1872, in-8°.)
Congrès agricole de Châteauroux. (Châteauroux, 1872, in-8°.)
Rapport de la Commission internationale de viticulture, in-8°.
L'agriculture de l'Angleterre, in-8°.
L'agriculture de l'Écosse, de l'Irlande, de l'Inde et de l'Australie, in-8°.
L'agriculture belge, par M. E. de Laveleye, in-8°.
Économie rurale du Danemark, in-8°.
L'agriculture en Italie, in-8°.
L'agriculture au Pérou, in-8°.
L'agriculture à la Guadeloupe, in-8°.
Traité des irrigations appliquées aux terres en culture, aux jardins et aux prairies, par M. J. de Cossigny, in-8°.
Situation du métayage en France, par M. le comte de Tourdonnet, in-8°.

Société américaine de France, fondée en 1857.

Archives, 1re série, t. I, 1857; t. IV, 1864, in-8°. — 2e série, t. I, 1875; t. III, 1885, in-8°.
Actes, t. I, 1863; t. III, 1875, in-8°.
Lettre de Christophe Colomb sur la découverte du Nouveau Monde, publiée par M. Léon de Rosny. (Paris, 1865, in-8°.)
Essai sur le déchiffrement de l'écriture hiératique de l'Amérique centrale, par M. Léon de Rosny. (Paris, 1875, in-fol.)
Études critiques sur l'archéologie américaine, par M. E. Madier de Montjau. (Paris, 1877, in-8°.)

Société de secours des amis des sciences, fondée en 1857.

Comptes rendus, t. I, 1858; t. XXVII, 1885, in-8°.

Société française des amis de la paix, fondée en 1867.

Société des amis des monuments parisiens, fondée en 1884.

Bulletin, n° 1, 1885, in-8°.

Société anatomique de Paris, fondée en 1803.

Bulletin, 1" série, t. I, 1826; t. XXX, 1855, in-8°. — 2° série, t. I, 1856; t. X, 1865, in-8°. — 3° série, t. I, 1866; t. X, 1875, in-8°. — 4° série, t. I, 1876; t. X, 1885, in-8°.

Une table générale des matières contenues dans les tomes I à XXX du *Bulletin* a été publiée par M. le docteur Jules Bouteiller en 1857.

Société des anciens élèves de l'École nationale des arts et métiers, fondée en 1846.

Annuaire, t. I, 1848; t. XXXVIII, 1885, in-8°.

Bulletin mensuel, in-8°.

Société des anciens élèves de l'École des sciences politiques, fondée en 1875.

Comptes rendus annuels, in-8°.

Annales, t. I, 1886, in-8°.

Société des anciens textes français, fondée en 1873.

Bulletin, t. I, 1874; t. XI, 1885, in-8°.

Brun de la Montaigne. Roman d'aventure, publié par M. Paul Meyer. (Paris, 1875, in-8°.)

Chansons du xv° siècle, publiées par MM. Gaston Paris et Auguste Gevaert. (Paris, 1875, in-8°.)

Guillaume de Palerne, publié par M. H. Michelant. (Paris, 1876, in-8°.)

Deux rédactions du roman des Sept sages de Rome, publiées par M. Gaston Paris. (Paris, 1876, in-8°.)

Miracles de Nostre Dame par personnages, publiés par MM. Gaston Paris et Ulysse Robert. (Paris, 1876-1883, 7 vol. in-8°.)

Aiol. Chanson de geste, publiée par MM. Jacques Normand et Gaston Raynaud. (Paris, 1877, in-8°.)

Le débat des hérauts d'armes de France et d'Angleterre, suivi de The debate between the heralds of England and France by John Coke, publié par MM. Léopold Pannier et Paul Meyer. (Paris, 1877, in-8°.)

Œuvres complètes d'Eustache Deschamps, publiées par M. de Queux de Saint-Hilaire. (Paris, 1878-1884, 4 vol. in-8°.)

Le mistére du Viel Testament, publié par M. le baron James de Rothschild. (Paris, 1878-1881, 4 vol. in-8°.)

Élie de Saint-Gille. Chanson de geste, publiée par M. Gaston Raynaud, accompagnée de la rédaction norvégienne, traduite par M. Eugène Koelbing. (Paris, 1879, in-8°.)

Les plus anciens monuments de la langue française, atlas.

Le saint voyage de Jherusalem du seigneur d'Anglure, publié par MM. François Bonnardot et Auguste Longnon (Paris, 1878, in-8°).

Daurel et Beton. Chanson de geste provençale, publiée par M. Paul Meyer. (Paris, 1880, in-8°.)

La vie de saint Gilles, par Guillaume de Berneville, poète du XII° siècle, publiée par MM. Gaston Paris et Alphonse Bos. (Paris, 1881, in-8°.)

Raoul de Cambrai. Chanson de geste, publiée par MM. Paul Meyer et Auguste Longnon. (Paris, 1882, in-8°.)

Chronique du Mont-Saint-Michel (1343-1468), publiée par M. Siméon Luce. (Paris, 1879-1883, 2 vol. in-8°.)

Le dit de la Panthère d'Amours par Nicole de Margival, publié par M. Henry Todd. (Paris, 1883, in-8°.)

La mort Aymeri de Narbonne, publiée par M. J. Couraye du Parc. (Paris, 1884, in-8°.)

Les œuvres poétiques de Philippe de Remi, sire de Beaumanoir, publiées par M. Hermann Suchier. (Paris, 1884, in-8.)

Société nationale des antiquaires de France, fondée en 1805 sous le titre d'*Académie celtique*.

Mémoires de l'Académie celtique, t. I, 1807; t. V, 1810, in-8°.

Mémoires de la Société des antiquaires de France, 1re série, t. I, 1817; t. X, 1834, in-8°. — 2° série, t. I, 1835; t. X, 1850, in-8°. — 3° série, t. I, 1852; t. X, 1867, in-8°. — 4° série, t. I, 1869; t. X, 1879, in-8°. — 5° série, t. I, 1880; t. VI, 1885, in-8°.

Annuaire, n° 1, 1848; n° 8, 1855, in-12.

Bulletin, t. I, 1857; t. XXVIII, 1885, in-8°.

Société d'anthropologie de Paris, fondée en 1859.

Bulletin, 1re série; t. I, 1860; t. V, 1864, in-8°. — 2° série, t. I, 1866; t. XIII, 1878, in-8°. — 3° série, t. I, 1879; t. VIII, 1885, in-8°.

Mémoires, 1re série, t. I, 1860-1863; t. III, 1868-1869, in-8°. — 2° série, t. I, 1873-1875; t. III, 1883-1885, in-8°.

Société centrale d'apiculture et d'insectologie, fondée en 1856.

Société centrale des architectes, fondée en 1840.

Bulletin, 1re série, t. I, 1843; t. VI, 1867, in-8°. — 2° série, t. I, 1868; t. III, 1870, in-8°. — 3° série, t. I, 1871; t. III, 1873, in-8°. — 4° série, t. I, 1874; t. II, 1875, in-8°. — 5° série, t. I, 1877-1878; t. VI, 1883, in-8°. — 6° série, t. I, 1884; t. II, 1885, in-8°.

Annales, 1re série, t. I, 1873; t. II, 1874, in-4°.

Congrès annuels des architectes français, tenus en 1881, 1882, 1883, 1884 et 1885. (Paris, 1881-1885, 5 vol. in-8°.)

Manuel des lois du bâtiment. (Paris, 1880, 5 vol. in-8°.)

Série des prix applicables aux travaux de bâtiments exécutés pour le compte des particuliers dans la ville de Paris. (Paris, 1885, in-4°.)

Conférences internationales. Session de 1867, in-8°. — Session de 1878, in-8°.

Conférences à la Société centrale des architectes. (Paris, 1884-1885, 2 vol. in-8°.)

Société nationale des architectes de France, fondée en 1872.

L'architecte et la construction pratique réunis. 1ʳᵉ année, 1873. — 13ᵉ année, 1885, in-4°.

Ce journal paraît par livraisons hebdomadaires illustrées.

Société asiatique, fondée en 1822.

Journal asiatique, 1ʳᵉ série, t. I, 1822; t. XI, 1827, in-8°. — 2ᵉ série, t. I, 1828; t. X, 1832, in-8°. — 3ᵉ série, t. I, 1836; t. XIV, 1842, in-8°. — 4ᵉ série, t. I, 1843; t. XX, 1852, in-8°. — 5ᵉ série, t. I, 1853; t. XX, 1862, in-8°. — 6ᵉ série, t. I, 1863; t. XX, 1872, in-8°. — 7ᵉ série, t. I, 1873; t. XX, 1882, in-8°. — 8ᵉ série, t. I, 1883; t. V, 1885, in-8°.

Une table du *Journal asiatique* de 1822 à 1842 se trouve contenue dans le tome XIV de la 3ᵉ série.

Société libre des beaux-arts, fondée en 1830 et réunie au Comité central des artistes en 1865.

Annales, t. I, 1830; t. XXXIV, 1885, in-8°.

Société de l'Aude, fondée en 1882.

Bulletin, n° 1, 1884-1885, in-8°.

Société du Berry, fondée en 1853.

Comptes rendus, t. I, 1853; t. XIII, 1866, in-8°.

Société bibliographique, fondée en 1868.

Bulletin, t. I, 1870; t. XVI, 1885, in-8°.

Polybiblion. Revue bibliographique universelle, t. I, 1868; t. XLV, 1885, in-8°.

Société des bibliophiles français, fondée en 1820.

Recueil des cartes à jouer. (Paris, 1840, in-8°.)

Le Ménagier de Paris. Traité de morale et d'économie domestique composé vers 1393 par un bourgeois parisien. (Paris, 1846, 2 vol. in-8°.)

Mélanges de littérature et d'histoire. (Paris, 1837-1850, 2 vol. in-8°.)

L'heptaméron des nouvelles de très haute et très illustre princesse Marguerite d'Angoulême, reine de Navarre. (Paris, 1853-1854, 3 vol. in-8°.)

Voyage de Lister à Paris en 1698. (Paris, 1873, in-8°.)

Livre-journal de Lazare Duvaux, marchand-bijoutier ordinaire du Roy, publié par M. Courajod. (Paris, 1873, 2 vol. in-8°.)

Histoire journalière de Paris, de Dubois de Saint-Gelais, publiée par M. Tourneux. (Paris, 1885, in-8°.)

Société de biologie, fondée en 1848.

Mémoires, 1re série, t. I, 1849; t. V, 1853, in-8°. — 2e série, t. I, 1854; t. V, 1858, in-8°. — 3e série, t. I, 1859; t. V, 1863, in-8°. — 4e série, t. I, 1864; t. V, 1868, in-8°. — 5e série, t. I, 1869; t. V, 1873, in-8°. — 6e série, t. I, 1874; t. V, 1878. — 7e série, t. I, 1879; t. V, 1883, in-8°. — 8e série, t. I, 1884; t. II, 1885, in-8°.

Société botanique de France, fondée en 1854.

Bulletin, t. I, 1855; t. XXXII, 1885, in-8°.

Société française de botanique, fondée en 1882.

Revue de botanique, t. I, 1882-1883; t. IV, 1884-1885, in-8°.

Société chimique de Paris, fondée en 1857.

Bulletin, 1re série, t. I, 1861; t. III, 1863, in-8°. — 2e série, t. I, 1864; t. XLIV, 1885, in-8°.

Répertoire de chimie pure, t. I, 1859; t. IV, 1862, in-8°.

Répertoire de chimie appliquée, t. I, 1859; t. V, 1863, in-8°.

Leçons de chimie. (Paris, 1860, in-8°.)

Leçons de chimie et de physique. (Paris, 1861-1862, 2 vol. in-8°.)

Une table générale des matières contenues dans les *Bulletins* de la Société et dans les *Répertoires de chimie* a été publiée par M. Ed. Willm en 1876.

Société nationale de chirurgie, fondée en 1843.

Bulletin, 1re série, t. I, 1851; t. X, 1860, in-8°. — 2e série, t. I, 1861; t. X, 1870, in-8°. — 3e série, t. I, 1871; t. X, 1880, in-8°. — 4e série, t. I, 1881; t. V, 1885, in-8°.

Mémoires, t. I, 1847; t. VI, 1867, in-4°.

Société contre l'abus du tabac.

Bulletin annuel, in-8°.

Journal mensuel, in-8°.

Société Cuviérienne, fondée en 1838.

Revue zoologique, t. I, 1838; t. XI, 1848, in-8°.

Société de l'École des chartes, fondée en 1839.

Bibliothèque de l'École des chartes, 1re série, t. I, 1839-1840; t. V, 1843-1844, in-8°. — 2e série, t. I, 1844; t. V, 1848-1849, in-8° (t. VI à X). — 3e série, t. I, 1849; t. V, 1854, in-8° (t. XI à XV). — 4e série, t. I, 1855; t. V, 1859, in-8° (t. XVI à XX). — 5e série, t. I, 1860; t. V, 1864, in-8° (t. XXI à XXV).

— 6° série, t. I, 1865; t. V, 1869, in-8° (t. XXVI à XXX). — 7° série, t. XXXI, 1870; t. XLVI, 1885, in-8°.

Les tables des matières contenues dans la *Bibliothèque de l'École des chartes* de 1839 à 1869 ont été publiées en 3 fascicules in-8°.

Livret de l'École des chartes, 1879, in-12.

Extraits des comptes et mémoriaux du roi René pour servir à l'histoire des arts au XV° siècle, par M. A. Lecoy de La Marche. (Paris, 1873, in-8°.)

Cartulaire de l'abbaye de Conques en Rouergue, publié par M. Gustave Desjardins. (Paris, 1879, in-8°.)

Société d'économie politique de Paris, fondée en 1842.

Journal des économistes, 1re série, t. I, 1843; t. XXXVII, 1853, in-8°. — 2° série, t. I, 1854; t. XLVIII, 1865, in-8°. — 3° série, t. I, 1866; t. XLVIII, 1877, in-8° — 4° série, t. I, 1878; t. XXXII, 1885, in-8°.

Ce journal paraît par livraisons mensuelles.

Société internationale des études pratiques d'économie sociale, fondée en 1856.

Bulletin, t. I, 1866; t. IX, 1885, in-8°.

Les ouvriers des deux mondes. (Paris, 1858-1885, 5 vol. in-8°.)

Exposition de 1867. Rapport sur les ateliers qui conservent le mieux la paix sociale. (Paris, 1868, in-8°.)

Annuaire des Unions et de l'économie sociale. (Paris, 1875-1880, 5 vol. in-8°.)

Société d'encouragement pour l'industrie nationale, fondée en 1801.

Bulletin, t. I, 1802; t. LXXXIV, 1885, in-4°.

Les tables générales des matières contenues dans le *Bulletin* de 1802 à 1874 ont paru en 5 fascicules in-4°.

Société d'encouragement pour la locomotion aérienne, fondée en 1882.

Société d'enseignement supérieur, fondée en 1878.

Études, t. I, 1878; t. III, 1880, in-8°.

Revue internationale de l'enseignement, t. I, 1881; t. X, 1885, in-8°.

Société entomologique de France, fondée en 1832.

Annales, t. I, 1832; t. IX, 1842, in-8°. — 2° série, t. I, 1843; t. X, 1852, in-8°. — 3° série, t. I, 1853; t. VIII, 1860, in-8°. — 4° série, t. I, 1861; t. X, 1870, in-8°. — 5° série, t. I, 1871; t. X, 1880, in-8°. — 6° série, t. I, 1881; t. V, 1885, in-8°.

Deux tables générales des *Annales* de 1832 à 1860 et de 1861 à 1880 ont paru en 1867 et en 1885.

Bulletin, paraissant par livraisons bimensuelles depuis 1879, in-8°.

Société pour l'étude des questions d'enseignement secondaire, fondée en 1879.

Société ethnologique, fondée en 1840.

Mémoires, t. I, 1841; t. II, 1845, in-8°.

Bulletin, t. I, 1846-1847, in-8°.

Société des études coloniales et maritimes, fondée en 1876.

Bulletin, t. I, 1876; t. VIII, 1885, in-8°.

Société des études historiques, fondée en 1833, sous le nom d'*Institut historique*.

Congrès historiques, t. I, 1835; t. VI, 1843, in-8°.

Journal, publié sous le titre d'*Investigateur* à partir de l'année 1841, 1re série, t. I, 1834; t. XII, 1840, in-8°. — 2° série, t. I, 1841; t. X, 1850, in-8°. — 3° série, t. I, 1851; t. X, 1860, in 8°. — 4° série, t. I, 1861; t. XX, 1882, in-8°.

Revue, t. I, 1883; t. III, 1885, in-8°.

Société des études japonaises, fondée en 1882.

Société des études juives, fondée en 1867.

Revue des études juives, t. I, 1880; t. XI, 1885, in-8°.

Annuaire, t. I, 1882; t. IV, 1885, in-8°.

Société d'études philosophiques et morales, fondée en 1884.

Bulletin, t. I, 1885, in-8°.

Société d'études scientifiques de Paris, fondée en 1877.

Bulletin, t. I, 1878; t. VIII, 1885, in-8°.

Société d'études zoologiques, fondée en 1880.

Société d'expériences aéronautiques, fondée en 1885.

Société de géographie, fondée en 1821.

Bulletin, 1re série, t. I, 1822; t. XX, 1833, in-8°. — 2° série, t. I, 1834; t. XX, 1843, in-8°. — 3° série, t. I, 1844; t. XIV, 1850, in-8°. — 4° série, t. I, 1851; t. XX, 1860, in-8°. — 5° série, t. I, 1861; t. XX, 1870, in-8°. — 6° série, t. I, 1871; t. XX, 1880, in-8°. — 7° série, t. I, 1881; t. VI, 1885, in-8°.

La table des deux premières séries du *Bulletin* a paru en 1845.

Comptes rendus des séances, in-8°, paraissant par livraisons mensuelles depuis 1882.

Société de géographie commerciale de Paris, fondée en 1873.

Bulletin, t. I, 1879; t. VII, 1885, in-8°.

Société géologique de France, fondée en 1830.

Bulletin, 1re série, t. I, 1830; t. XIII, 1842, in-8°. — 2e série, t. I, 1843; t. XXIX, 1872, in-8°. — 3e série, t. I, 1873; t. XIII, 1885, in-8°.

Mémoires, 1re série, t. I, 1832; t. X, 1853, in-4°. — 2e série, t. I, 1855; t. X, 1875, in-4°. — 3e série, t. I, 1877; t. IV, 1885, in-4°.

Histoire des progrès de la géologie, de 1834 à 1859. (Paris, 1847-1860, 8 vol. in-8°.)

Société de graphologie, fondée en 1871.

La Graphologie, journal bimensuel in-4°, paraissant depuis 1871.

Cours de graphologie par M. Varinard. (Paris, 1885, in-12.)

Société héraldique et généalogique, fondée en 1879.

Bulletin, t. I, 1879-1880; t. IV, 1884-1885, in-8°.

Société de l'histoire de l'art français, fondée en 1874.

Comptes rendus mensuels, in-8°.

Bulletin, t. I, 1875; t. XI, 1885, in-8°.

Revue de l'art français ancien et moderne, t. I, 1884; t. II, 1885, in-8°.

Les nouvelles archives de l'art français, t. I, 1872; t. XI, 1884. (Paris, in-8°.)

Mémoires pour servir à l'histoire des maisons royales et bastimens de France, par André Félibien. (Paris, 1874, in-8°.)

Procès-verbaux de l'Académie royale de peinture et de sculpture, publiés par M. A. de Montaiglon, t. I, 1875; t. VI, 1885. (Paris, in-8°.)

Les comptes des bâtiments du Roi, publiés par M. Léon de Laborde. (Paris, 1877-1880, 2 vol. in-8°.)

État civil d'artistes français du XIXe siècle, par H. Lavigne. (Paris, 1881, in-8°.)

Mémoires inédits de Charles-Nicolas Cochin, publiés par Charles Henry. (Paris, 1880, in-8°.)

La stromatourgie, publiée par A. Darcel et J. Guiffrey. (Paris, 1882, in-8°.)

État civil des peintres et sculpteurs de l'Académie royale, par Octave Fidière. (Paris, 1883, in-8°.)

Société de l'histoire de France, fondée en 1833.

Annuaire historique, t. I, 1836; t. XXVII, 1863, in-12.

Annuaire-Bulletin, 1re série, t. I, 1834; t. XXIII, 1862, in-8°. — 2e série, t. I, 1863; t. XXII, 1885, in-8°.

Une table des matières contenues dans la première série de l'*Annuaire-Bulletin* a été publiée en 1867.

Histoire ecclésiastique des Francs de Grégoire de Tours, publiée par MM. J. Guadet et Taranne. (Paris, 1836-1838, 4 vol. in-8°.)

Le livre des miracles et autres opuscules de Grégoire de Tours, publié par M. Bordier. (Paris, 1857-1864, 4 vol. in-8°.)

Chroniques des églises d'Anjou, publiées par MM. Marchegay et Mabille. (Paris, 1869, in-8°.)

Chroniques des comtes d'Anjou, publiées par MM. Marchegay et Salmon. (Paris, 1856-1871, in-8°.)

Les miracles de saint Benoît, publiés par M. de Certain. (Paris, 1858, in-8°.)

Orderici Vitalis Angligenæ, cœnobii Uticensis monachi, historiæ ecclesiasticæ libri tredecim, publiés par M. Le Prevost. (Paris, 1838-1855, 5 vol. in-8°.)

Chroniques de Saint-Martial de Limoges, publiées par M. Duplès-Agier. (Paris, 1874, in-8°.)

Œuvres complètes d'Éginhard, publiées par M. A. Teulet. (Paris, 1840-1843, 2 vol. in-8°.)

Les annales de Saint-Bertin et de Saint-Waast, publiées par M. l'abbé Dehaisnes. (Paris, 1871, in-8°.)

Richer. Histoire de son temps, publiée par M. J. Guadet. (Paris, 1845, 2 vol. in-8°.)

Rouleaux des morts du IX° au XV° siècle, publiés par M. Léopold Delisle. (Paris, 1866, in-8°.)

Œuvres complètes de Suger, publiées par M. Lecoy de La Marche. (Paris, 1867, in-8°.)

Chronique d'Ernoul et de Bernard le Trésorier, publiée par M. L. de Mas Latrie. (Paris, 1871, in-8°.)

Chronique latine de Guillaume de Nangis, publiée par M. H. Géraud. (Paris, 1843, 2 vol. in-8°.)

De la conqueste de Constantinople, par Geoffroy de Villehardouin et Henri de Valenciennes, publiée par M. Paulin Paris. (Paris, 1839, in-8°.)

La chanson de la croisade contre les Albigeois, publiée par M. Paul Meyer. (Paris, 1875-1879, 2 vol. in-8°.)

Histoire de saint Louis par Jean, sire de Joinville, publiée par M. Natalis de Wailly. (Paris, 1868, in-8°.)

Vie de saint Louis, roi de France, par Le Nain de Tillemont, publiée par M. J. de Gaulle. (Paris, 1847-1851, 6 vol. in-8°.)

Les coutumes du Beauvaisis, par Philippe de Beaumanoir, publiées par M. le comte Beugnot. (Paris, 1842, 2 vol. in-8°.)

L'ystoire de li Normant et la chronique de Robert Viscart, par Aimé, moine du Mont-Cassin, publiée par M. Champollion-Figeac. (Paris, 1835, in-8°.)

Histoire des ducs de Normandie et des rois d'Angleterre, publiée par M. Francisque Michel. (Paris, 1840, in-8°.)

Chroniques de Jean Froissart, publiées par M. Siméon Luce. (Paris, 1869-1878, 7 vol. in-8°.)

Comptes de l'argenterie des rois de France au XIVe siècle, publiés par M. L. Douet d'Arcq. (Paris, 1851, in-8°.)

Nouveau recueil de comptes de l'argenterie des rois de France, publié par M. L. Douet d'Arcq. (Paris, 1874, in-8°.)

Chronique des quatre premiers Valois, publiée par M. Siméon Luce. (Paris, 1862, in-8°.)

La chronique du bon duc Loys de Bourbon, publiée par M. A.-M. Chazaud. (Paris, 1876, in-8°.)

Choix de pièces inédites relatives au règne de Charles VI, publiées par M. L. Douet d'Arcq. (Paris, 1863-1864, 2 vol. in-8°.)

Mémoires de Pierre de Fénin, publiés par Mlle Dupont. (Paris, 1837, in-8°.)

Anchiennes cronicques d'Engleterre, par Jehan de Wavrin, publiées par Mlle Dupont. (Paris, 1858-1863, 3 vol. in-8°.)

La chronique d'Enguerran de Monstrelet, publiée par M. L. Douet d'Arcq. (Paris, 1857-1862, 6 vol. in-8°.)

Comptes de l'hôtel des rois de France aux XIVe et XVe siècles, publiés par M. L. Douet d'Arcq. (Paris, 1865, in-8°.)

Procès de condamnation et de réhabilitation de Jeanne d'Arc, publié par M. Jules Quicherat. (Paris, 1841-1849, 5 vol. in-8°.)

Histoire des règnes de Charles VII et de Louis XI, par Thomas Basin, publiée par M. Jules Quicherat. (Paris, 1855-1859, 4 vol. in-8°.)

Chronique de Mathieu d'Escouchy, publiée par M. G. du Fresne de Beaucourt. (Paris, 1863-1864, 3 vol. in-8°.)

Mémoires de Philippe de Commynes, publiés par Mlle Dupont. (Paris, 1840-1847, 3 vol. in-8°.)

Correspondance de l'empereur Maximilien Ier et de Marguerite d'Autriche, sa fille, publiée par M. Le Glay. (Paris, 1839, 2 vol. in-8°.)

Journal d'un bourgeois de Paris sous le règne de François Ier, publié par M. Ludovic Lalanne. (Paris, 1840, in-8°.)

Lettres de Marguerite d'Angoulême, sœur de François Ier, reine de Navarre, publiées par M. F. Génin. (Paris, 1841, in-8°.)

Nouvelles lettres de la reine de Navarre, publiées par M. F. Génin. (Paris, 1842, in-8°.)

Commentaires et lettres de Blaise de Montluc, publiés par M. de Ruble. (Paris, 1864-1872, 5 vol. in-8°.)

Œuvres complètes de Pierre de Bourdeille, seigneur de Brantôme, publiées par M. Ludovic Lalanne. (Paris, 1864-1884, 11 vol. in-8°.)

Mémoires et lettres de Marguerite de Valois, publiés par M. F. Guessard. (Paris, 1842, in-8°.)

Mémoires du marquis de Beauvais-Nangis, publiés par MM. Monmerqué et Taillandier. (Paris, 1862, in-8°.)

Mémoires du maréchal de Bassompierre, publiés par M. le marquis de Chantérac. (Paris, 1870-1877, 4 vol. in-8°.)

Mémoires de Mme de Mornay, par Mme de Witt. (Paris, 1868-1869, 2 vol. in-8°.)

Mémoires de Mathieu Molé, publiés par M. Champollion-Figeac. (Paris, 1855-1857, 4 vol. in-8°.)

Mémoires du comte de Coligny-Saligny, publiés par M. Monmerqué. (Paris, 1841, in-8°.)

Lettres du cardinal Mazarin, écrites en 1651 et 1652, publiées par M. Ravenel. (Paris, 1836, in-8°.)

Registres de l'hôtel de ville de Paris pendant la Fronde, publiés par MM. Leroux de Lincy et Douet d'Arcq. (Paris, 1846-1848, 3 vol. in-8°.)

Bibliographie des Mazarinades, publiée par M. C. Moreau. (Paris, 1850-1851, 3 vol. in-8°.)

Choix de Mazarinades, publié par M. C. Moreau. (Paris, 1853, 2 vol. in-8°.)

Mémoires de Daniel de Cosnac, publiés par M. le comte de Cosnac. (Paris, 1852, 2 vol. in-8°.)

Mémoires du marquis de Villette, publiés par M. Monmerqué. (Paris, 1844, in-8°.)

Journal et mémoires du marquis d'Argenson, publiés par M. Rathery. (Paris, 1859-1867, 9 vol. in-8°.)

Journal historique et anecdotique du règne de Louis XV, par M. Barbier. (Paris, 1847-1856, 4 vol. in-8°.)

Extraits des auteurs grecs, concernant la géographie et l'histoire des Gaules, publiés par M. Cougny. (Paris, 1878-1883, 4 vol. in-8°.)

Gestes des évêques de Cambrai de 1092 à 1138, publiés par le R. P. de Smedt. (Paris, 1880, in-8°.)

Œuvres de Rigord et de Guillaume Le Breton, historiens de Philippe-Auguste, publiées par M. François Delaborde. t. I. (Paris, 1880, in-8°.)

Récits d'un ménestrel de Reims au xiiie siècle, publiés par M. Natalis de Wailly. (Paris, 1876, in-8°.)

Histoire du gentil seigneur de Bayart, composée par le loyal serviteur, publiée par M. J. Roman. (Paris, 1878, in-8°.)

Les établissements de saint Louis, publiés par M. Paul Viollet. (Paris, 1879-1883, 3 vol. in-8°.)

Anecdotes historiques, légendes et apologues tirés du recueil inédit d'Étienne de Bourbon, dominicain du xiiie siècle, publiés par M. A. Lecoy de La Marche. (Paris, 1877, in-8°.)

Lettres de Louis XI, roi de France, publiées par MM. Vaesen et Charavay, t. I. (Paris, 1878, in-8°.)

Chronique normande du xive siècle, publiée par MM. A. et E. Molinier. (Paris, 1882, in-8°.)

Chronique de Jean Le Fèvre, seigneur de Saint-Remy, publiée par M. François Morand. (Paris, 1876-1881, 2 vol. in-8°.)

Lettres d'Antoine de Bourbon et de Jehanne d'Albret, publiées par M. Rochambeau. (Paris, 1877, in-8°.)

Mémoires de Michel de La Huguerye (1587-1602), publiés par M. de Ruble. (Paris, 1877-1880, 3 vol. in-8°.)

Histoire de Béarn et Navarre, par Nicolas de Bordenave, publiée par M. Paul Raymond. (Paris, 1873, in-8°.)

Mémoires de Nicolas Goulas, par M. P. Constant. (Paris, 1879-1882, 3 vol. in-8°.)

Relation de la cour de France en 1690, par Ézéchiel Spanheim, publiée par M. Ch. Schefer. (Paris, 1882, in-8°.)

Mémoires du maréchal de Villars, publiés par M. le marquis de Vogué, t. I. (Paris, 1884, in-8°.)

Mémoires d'Olivier de La Marche, maître d'hôtel et capitaine des gardes de Charles le Téméraire, publiés par MM. Beaune et d'Arbaumont. (Paris, 1883-1884, 2 vol. in-8°.)

Société de l'histoire de Paris et de l'Île-de-France, fondée en 1874.

Bulletin, t. I, 1874; t. XII, 1885, in-8°.

Mémoires, t. I, 1875; t. XII, 1885, in-8°.

Une table générale des *Bulletins* et des *Mémoires*, de 1874 à 1884, a paru en 1884. Elle a été dressée par M. E. Mareuse.

Plan de Paris, par Truschet et Hoyau. (Paris, 1874-1875, gravure.)

Projet de pont Neuf en 1577. (Paris, 1876, gravure.)

La procession de la Ligue. (Paris, 1876, gravure.)

Plan de la censive de Saint-Germain-l'Auxerrois. (Paris, 1879, gravure.)

Paris pendant la domination anglaise (1420-1436); documents extraits des registres de la Chancellerie de France, publiés par M. A. Longnon. (Paris, 1877, in-8°.)

Les comédiens du Roi de la troupe française; documents recueillis aux Archives nationales, par M. A. Campardon. (Paris, 1878, in-8°.)

Plan de l'abbaye de Saint-Antoine. (Paris, 1879, gravure.)

Journal d'un bourgeois de Paris (1405-1449), publié par M. A. Tuetey. (Paris, 1880, in-8°.)

Documents parisiens sur l'iconographie de saint Louis, publiés par M. A. Longnon. (Paris, 1881, in-8°.)

Journal des guerres civiles de Dubuisson-Aubenay, publié par M. Saige. (Paris, 1882-1883, 2 vol. in-8°.)

Société de l'histoire du protestantisme français, fondée en 1852.

Bulletin historique et littéraire, t. I, 1853; t. XXXIV, 1885, in-8°.

Une table des 12 premiers volumes du *Bulletin* est contenue dans le tome XIII.

La France protestante, par M. Bordier, 1877-1885, in-8°.

Société nationale et centrale d'horticulture de France, fondée en 1826.

Annales, 1re série, t. I, 1827; t. XLV, 1854, in-8°. — 2e série, t. I, 1855; t. XII, 1866, in-8°. — 3e série, t. I, 1867; t. XII, 1878, in-8°. — 4e série, t. I, 1879; t. VII, 1885, in-8°.

Bulletin, t. I, 1837; t. XLV, 1885, in-8°.

Société d'hydrologie médicale de Paris, fondée en 1852.

Annales, t. I, 1853-1854; t. X, 1863-1864, in-8°.

Société française d'hygiène, fondée en 1877.

Société académique indo-chinoise, fondée en 1877.

Mémoires, 1re série, t. I, 1878; t. II, 1879, in-8°. — 2e série, t. I, 1888-1881; t. II, 1882-1883, in-8°.

Bulletin annuel, in-8°.

Société des ingénieurs civils, fondée en 1847.

Mémoires et comptes rendus des travaux, t. I, 1847; t. XXXVIII, 1885, in-8°.

Annuaire annuel, in-8°.

Société de législation comparée, fondée en 1869.

Bulletin, t. I, 1869-1872; t. XVI, 1885, in-8°.

Une table des articles contenus dans le *Bulletin*, de 1869 à 1880, a paru en 1882.

Annuaire de législation étrangère, t. I, 1872; t. XIV, 1885, in-8°.

Annuaire de législation française, t. I, 1882; t. IV, 1885, in-8°.

Recueil des procès-verbaux de la Commission chargée d'étudier les réformes à introduire dans la loi de 1838 sur les aliénés, in-8°.

Rapport de la Commission chargée d'étudier les diverses législations sur le notariat, in-8°.

Code d'instruction criminelle autrichien de 1873, traduit par MM. E. Bertrand et C. Lyon-Caen. (Paris, 1875, in-8°.)

Code de commerce allemand et loi allemande sur le change, traduit par MM. Gide, Lyon-Caen, Flach et Dietz, in-8°.

Code d'organisation judiciaire russe (sous presse).

Code pénal hollandais (sous presse).

Codes de procédure pénale et d'organisation judiciaire allemands (sous presse).

Société de linguistique de Paris, fondée en 1863.

Bulletin, t. I, 1869; t. V, 1885, in-8°.

Mémoires, t. I, 1868; t. IV, 1879, in-8°.

Société malacologique de France, fondée en 1883.

Bulletin, t. I, 1884; t. II, 1885, in-8°.

Société mathématique de France, fondée en 1872.

Bulletin, t. I, 1873; t. XII, 1885, in-8°.

Société de médecine de Paris, fondée en 1796.

Bulletin, t. I, 1866; t. XX, 1885, in-8°.

Société de médecine homéopathique de Paris, fondée en 1845.

Bulletin, t. I, 1845; t. VII, 1849, in-8°.

Société de médecine légale de France, fondée en 1868.

Bulletin, t. I, 1869; t. VIII, 1885, in-8°.

Société de médecine pratique de Paris, fondée en 1808.

Bulletin, t. I, 1855; t. XXXIII, 1885, in-8°.

Société de médecine vétérinaire, fondée en 1843.

Bulletin, t. I, 1844-1846; t. X, 1854-1855, in-8°.

Mémoires, t. I, 1852; t. III, 1856, in-8°.

Société médicale d'émulation de Paris, fondée en 1798.

Mémoires, 1re série, t. I, 1799; t. XXX, 1850, in-8°. — 2e série, t. I, 1863; t. II, 1868-1877, in-8°.

Société médicale homéopathique de France, fondée en 1860.

Bulletin, t. I, 1860; t. XXVII, 1885, in-8°.

Société médicale des hôpitaux, fondée en 1849.

Actes, t. I, 1850; t. V, 1864, in-8°.

Bulletin, 1re série, t. I, 1852; t. V, 1864, in-8°. — 2e série, t. I, 1864; t. XXII, 1885, in-8°.

Société médicale d'observation, fondée en 1832.

Mémoires, t. I, 1837; t. III, 1856, in-8°.

Recueil des travaux, 1er fascicule, 1857; 11e fascicule, 1862, in-8°.

Société médico-pratique de Paris, fondée en 1806.

Bulletin, paraissant par fascicules annuels in-8°, depuis 1830.

Société médico-psychologique de Paris, fondée en 1839.

Annales, 1re série, t. I, 1839; t. VIII, 1847, in-8°. — 2e série, t. I, 1848; t. VIII, 1856, in-8°. — 3e série, t. I, 1856; t. VIII, 1862, in-8°. — 4e série, t. I, 1863; t. IX, 1867, in-8°.

Société météorologique de France, fondée en 1852.

Annuaire, t. I, 1853; t. XXXIII, 1885, in-8°.

Nouvelles météorologiques, t. I, 1868; t. XVIII, 1885, in-8°.

Société minéralogique de France, fondée en 1878.

Bulletin, t. I, 1879; t. VIII, 1885, in-8°.

Société des missions étrangères.

Comptes rendus annuels, in-8°.

Société française de navigation aérienne, fondée en 1876.

Bulletin, t. I, 1877; t. IX, 1885, in-8°.

Société française de numismatique et d'archéologie, fondée en 1865.

Annuaire, t. I, 1866; t. IX, 1885, in-8°.

Comptes rendus, 1re série, t. I, 1869; t. VI, 1875, in-8°. — 2e série, t. I, 1877, in-8°.

Société odontologique de Paris, fondée en 1882.

Rapports annuels, in-8°.

Société orientale de France, fondée en 1841.

Revue de l'Orient, 1re série, t. I, 1843; t. XI, 1846, in-8°. — 2e série, t. I, 1847; t. XVI, 1854, in-8°. — 3e série, t. I, 1855; t. XVIII, 1864, in-8°. — 4e série, t. I, 1865, in-8°.

Société pour faciliter l'étude pratique des diverses méthodes de participation du personnel dans les bénéfices de l'entreprise, fondée en 1878.

Société philologique, fondée en 1868.

Actes, t. I, 1869; t. XV, 1885, in-8°.

Société philomathique de Paris, fondée en 1788.

Bulletin, 1re série, t. I, 1789; t. III, 1805, in-4°. — 2e série, t. I, 1807; t. III, 1813, in-4°. — 3e série, t. I, 1814; t. XIII, 1826, in-4°. — 4e série, t. I, 1832; t. II, 1833, in-4°. — 5e série, t. I, 1836; t. XXVIII, 1863, in-4°. — 6e série t. I, 1864; t. III, 1867, in-8°. — 7e série, t. I, 1868; t. IX, 1885, in-8°.

Société philotechnique, fondée en 1840.

Annuaire, t. I, 1840; t. XLV, 1885, in-8°.

Société française de photographie, fondée en 1854.

Bulletin, 1ʳᵉ série, t. I, 1855; t. XXX, 1884, in-8°. — 2ᵉ série, t. I, 1885, in-8°.

Société française de physique, fondée en 1873.

Comptes rendus, t. I, 1873; t. XII, 1885, in-8°.

Collection de mémoires relatifs à la physique, dont 2 volumes ont paru, savoir :

Mémoires de Coulomb. (Paris, 1884, in-8°.)

Mémoires sur l'électrodynamique. (Paris, 1885, in-8°.)

Société générale des prisons, fondée en 1877.

Bulletin, t. I, 1877; t. X, 1885, in-8°.

Société protectrice des animaux, fondée en 1854.

Bulletin, t. I, 1855; t. XXX, 1885, in-8°.

Société des sciences médicales de Paris.

Comptes rendus des travaux, paraissant par fascicules annuels, in-8°.

Société d'émulation pour les sciences pharmaceutiques, fondée en 1844.

Recueil des travaux, t. I, 1845-1848; t. III, 1859, in-8°.

Société scientifique de la jeunesse, fondée en 1879.

Bulletin, t. I, 1879; t. VII, 1885, in-8°.

Société séricicole pour l'amélioration et la propagation de l'industrie de la soie en France, fondée en 1837.

Annales, t. I, 1837; t. XV, 1851, in-8°.

Une table générale des matières contenues dans les 10 premiers volumes des *Annales* a été publiée en 1847.

Société de sphragistique de Paris, fondée en 1851.

Mémoires, t. I, 1851; t. IV, 1855, in-8°.

Société de statistique de Paris, fondée en 1860.

Journal, t. I, 1860; t. XXVI, 1885, in-8°.

Société française de statistique internationale, fondée en 1829.

Société française de sténographie, autorisée le 9 décembre 1880.

Bulletin, t. I, 1881; t. II, 1882, in-8°.

La Renaissance, revue bimensuelle, t. I, 1882; t. IV, 1885, in-4°.

Histoire de l'écriture, par M. le docteur Weber, in-8°.

Histoire de la sténographie, par M. Godmer, in-8°.

A quoi sert la sténographie, in-12.

La presse et la sténographie, in-12.

L'instruction par la sténographie, in-12.

Les cours de sténographie, par M. A. Légé, in-12.

Les commerçants américains et la sténographie, par M. Martin, in-12.

Parole et pensée, par M. Martin, in-12.

L'écriture des colonies, par M. Martin, in-12.

Les cercles sténographiques, par M. J. Depoin, in-12.

La graphique de la parole, par M. Martin, in-12.

Société française de tempérance, fondée en 1872.

Bulletin, 1re série, t. I, 1873; t. VII, 1879, in-8°. — 2° série, t. I, 1880; t. VI, 1885, in-8°.

Société de thérapeutique, fondée en 1866.

Bulletins et mémoires, 1re série, t. I, 1867; t. VII, 1873, in-8°. — 2° série, t. I, 1874; t. XII, 1885, in-8°.

Société de topographie de France, fondée en 1876.

Bulletin, t. I, 1877; t. IX, 1885, in-8°.

Société nationale de topographie pratique, fondée en 1880.

Bulletin, t. I, 1881-1882; t. V, 1884-1885, in-8°.

Société zoologique de France, fondée en 1876.

Bulletin, t. I, 1876; t. X, 1885, in-8°.

Société zoologique d'acclimatation, fondée en 1854.

Bulletin, 1re série, t. I, 1854; t. X, 1863, in-8°. — 2° série, t. I, 1864; t. X, 1873, in-8°. — 3° série, t. I, 1874; t. X, 1883, in-8°. — 4° série, t. I, 1884; t. II, 1885, in-8°.

Annuaire, t. I, 1862, in-8°.

Union scientifique internationale, fondée en 1885.

L'Union scientifique, t. I, 1882; t. V, 1885, in-8°.

AIN.

Bourg. — *Société [d'émulation, agriculture, sciences, lettres et arts du département de l'Ain, fondée en 1755, rétablie en 1783 et *reconnue comme établissement d'utilité publique* le 15 octobre 1829.

Comptes rendus et procès-verbaux, comprenant les travaux des séances depuis 1783 jusqu'en 1822. Cette série forme 13 brochures in-8°.

Journal, formant chaque année un volume in-8°, depuis 1817 jusqu'en 1868.

Annales, t. I, 1868; t. XVIII, 1885, in-8°.

— Société de géographie de l'Ain, fondée en 1882.

Bulletin, t. I, 1882; t. IV, 1885, in-8°.

Géographie de l'Ain. (Bourg, 1883-1885, in-8°.)

— Société littéraire, historique et archéologique du département de l'Ain, fondée en janvier 1872, autorisée le 1er février suivant.

Revue, t. I, 1872; t. XIV, 1885, in-8°.

Nantua. — Société d'émulation de l'arrondissement de Nantua, fondée en 1819.

Comptes rendus, t. I, 1837-1845; t. V, 1854, in-8°.

Trévoux. — Société d'agriculture, sciences et arts de l'arrondissement de Trévoux, fondée en 1820.

Bulletin, t. I, 1829, t. XX, 1849, in-8°.

AISNE.

Château-Thierry. — Société historique et archéologique de Château-Thierry, fondée le 9 septembre 1864 et autorisée le 17 mars 1868.

Annales, t. I, 1864; t. XVIII, 1883, in-8°.

Chauny. — Société académique de Chauny, fondée en juillet 1884 et autorisée le 30 août suivant.

Bulletin, t. I, 1884; t. II, 1885, in-8°.

— Société littéraire et scientifique de Chauny, fondée en 1860.

Bulletin, t. I, 1860; t. II, 1861, in-8°.

Laon. — Société académique de Laon, fondée le 30 décembre 1850 et autorisée le 17 mars 1851.

Bulletin, t. I, 1852; t. XXVI, 1882-1883, in-8°.

Une table des 23 premiers volumes du *Bulletin* a été publiée par M. Cortilliot en 1882.

LAON. (*Suite.*)

Mémoires sur la Ligue dans le Laonnois, par M. Antoine Richard. (Laon, 1869, in-8°.)

Élections aux États généraux de 1789 dans le bailliage du Vermandois, par M. Édouard Fleury. (Laon, 1872, in-8°.)

Cinquante ans de l'histoire du chapitre de Notre-Dame de Laon, par M. Édouard Fleury. (Laon, 1875, in-8°.)

La Société académique de Laon; son histoire, par M. A. Cortilliot. (Laon, 1882, in-8°.)

Exposition de peintures, gravures, médailles et faïences. Catalogue, par M. Édouard Fleury. (Laon, 1883, in-4°.)

— **Société archéologique de l'Aisne**, fondée en 1843.

Bulletin, t. I, 1843-1845, in-8°.

— **Société de géographie de Laon**, fondée en 1882.

Cette Société publie ses travaux dans le *Bulletin de l'Union géographique du nord de la France*, dont le siège est à Douai.

SAINT-QUENTIN. — **Société académique des sciences, arts, belles-lettres, agriculture et industrie de Saint-Quentin**, fondée en 1825, autorisée le 13 avril 1827, et *reconnue comme établissement d'utilité publique le 15 août 1831.*

Comptes rendus des séances publiques, t. I, 1826; t. IV, 1830, in-8°.

Mémoires, 1re série, t. I, 1831-1833; t. IV, 1840-1842, in-8°. — 2e série, t. I, 1843; t. XI, 1853-1854, in-8°. — 3e série, t. I, 1855-1857; t. XIV, 1875-1876. — 4e série, t. I, 1876-1878; t. VI, 1883-1884, grand in-8°.

Dissertations sur Samarobriva, par M. Mangon de la Lande. (Saint-Quentin, 1825-1829, 4 brochures in-8°.)

Le livre rouge de l'hôtel de ville de Saint-Quentin, par MM. Henri Bouchot et Emmanuel Lemaire. (Saint-Quentin, 1882, in-4°.)

Cartulaire de l'abbaye de Saint-Nicolas des Prés sous Ribemont, par M. Henri Stein. (Saint-Quentin, 1883, in-8°.)

Documents pour servir à l'histoire de la ville de Saint-Quentin et de l'ancienne province de Vermandois. (Saint-Quentin, 1883, in-4°.)

— **Société de géographie de Saint-Quentin**, fondé en 1880.

Cette Société publie ses travaux dans le *Bulletin de l'Union géographique du nord de la France*, dont le siège est à Douai.

— **Société industrielle de Saint-Quentin et de l'Aisne**, fondée en 1868 et *reconnue comme établissement d'utilité publique le 23 novembre 1876.*

Bulletin, t. I, 1869; t. XXXIII, 1885, in-8°.

SOISSONS. — **Comité archéologique de Soissons**, fondé en 1845.

Mémoires, t. I, 1848, in-4°.

Soissons. (*Suite.*)

— **Société archéologique, historique et scientifique de Soissons**, fondée en 1846 et autorisée le 23 janvier 1847.

Bulletin, 1re série, t. I, 1847; t. XX, 1866, in-8°. — 2e série, t. I, 1867; t. XV, 1884, in-8°.

Rituale seu mandatum insignis ecclesiæ Suessionensis tempore episcopi Nivelonis exaratum, publié par M. l'abbé Poquet. (Soissons, 1856, in-4°.)

Mémoire pour servir d'éclaircissement à la carte des Suessiones, par M. Stanislas Prioux. (Paris, 1861, in-4°.)

Journal de dom Lépaulart, religieux de Saint-Crépin-le-Grand, sur la prise de Soissons par les Huguenots. (Soissons, 1862, in-8°.)

Les sièges de Soissons en 1814, par M. Laurendeau. (Soissons, 1868, in-8°.)

Les cahiers du clergé et du tiers état du bailliage de Soissons, par M. Perin. (Soissons, 1868, in-8°.)

Cartulaire de l'abbaye de Saint-Léger de Soissons, publié par M. l'abbé Pécheur. (Soissons, 1870, in-4°.)

Mémoire sur la cité des Suessiones, par M. l'abbé Pécheur. (Soissons, 1877, in-8°.)

Histoire des bibliothèques publiques du département de l'Aisne existant à Soissons, Laon et Saint-Quentin, par M. l'abbé Pécheur. (Soissons, 1881, in-8°.)

— **Société des sciences, arts et belles-lettres de Soissons**, fondée en 1806.

Mémoires, t. I, 1807; t. II, 1808, in-8°.

Vervins. — **Société archéologique de Vervins**, fondée le 24 novembre 1872 et autorisée le 17 janvier 1873.

La Thiérache, t. I, 1873; t. XI, 1885, in-4°.

Analyse du cartulaire de l'abbaye de Foigny, par M. Édouard de Barthélemy. (Vervins, 1879, in-4°.)

ALLIER.

Gannat. — **Société des sciences médicales de Gannat**, fondée et autorisée en 1845.

Rapports, t. I, 1847; t. XXXIX, 1885, in-8°.

Moulins. — **Société d'émulation du département de l'Allier**, fondée en 1845 et autorisée le 30 janvier 1846.

Bulletin, t. I, 1850; t. XVII, 1884, in-8°.

F. Péron, naturaliste, voyageur aux terres australes; sa vie, appréciation de ses travaux, par M. Maurice Girard. (Moulins, 1857, in-8°.)

Fragments du cartulaire de la Chapelle-Aude, publiés par M. A. Chazaud. (Moulins, 1860, in-8°.)

Étude sur la chronologie des sires de Bourbon (Xe-XIIIe s.), par M. A. Chazaud. (Moulins, 1865, in-8°.)

Moulins. (Suite.)

Flore du département de l'Allier, par M. A. Migout. (Moulins, 1866, in-8°.)

Catalogue du musée départemental de Moulins. (Moulins, 1885, in-8°.)

ALPES (BASSES-).

Digne. — **Société scientifique et littéraire de Digne**, fondée le 29 juin 1878 et autorisée le 18 octobre 1880.

Annales, t. I, 1881-1883; t. II, 1884-1885, in-8°.

Forcalquier. — **Athénée de Forcalquier**, fondé le 14 mars 1866 et autorisé le 10 avril suivant.

Comptes rendus des séances publiques, n° 1, 1876; n° 7, 1883, in-8°.

ALPES (HAUTES-).

Embrun. — **Académie flosalpine**, fondée le 6 décembre 1857.

Comptes rendus des séances, n° 1, 1858; n° 5, 1863, in-8°.

Gap. — **Comité départemental de l'inventaire des richesses d'art des Hautes-Alpes**, institué le 4 avril 1878.

— **Société d'émulation des Hautes-Alpes**, fondée en 1802.

Journal, t. I, 1805; t. X, 1813-1814, in-8°.

Mélanges littéraires. (Gap, 1807, in-8°.)

— **Société d'études historiques, scientifiques, artistiques et littéraires des Hautes-Alpes**, fondée le 10 juillet 1881 et autorisée le 13 du même mois.

Bulletin, t. I, 1882; t. IV, 1885, in-8°.

Le mystère de Saint-Eustache, par M. l'abbé Guillaume. (Gap, 1883, in-8°.)

Le registre du bailliage de Gap, de 1554 à 1592, par M. l'abbé Guillaume. (Gap, 1884, in-8°.)

Le mystère de Sant Anthoni de Viennès, par M. l'abbé Guillaume. (Gap, 1884, in-8°.)

Bibliographie historique des Hautes-Alpes, par M. C. Amat. (Gap, 1885, in-8°.)

ALPES-MARITIMES.

Cannes. — **Société des sciences naturelles, des lettres et des beaux-arts de Cannes et de l'arrondissement de Grasse**, fondée en 1868.

Mémoires, t. I, 1869; t. VIII, 1878-1879, in-8°.

Nice. — **Société des architectes et des ingénieurs des Alpes-Maritimes**, fondée en 1875.

Nice. (Suite.)

— Société des beaux-arts de Nice, fondée en 1876.

— *Société des lettres, sciences et arts des Alpes-Maritimes, fondée le 22 octobre 1861, autorisée le 27 novembre 1862, et *reconnue comme établissement d'utilité publique* le 25 août 1879.

    Annales, t. I, 1865; t. X, 1885, in-8°.

    Annuaire des Alpes-Maritimes, t. I, 1869; t. III, 1872, in-8°.

    La vida de sant Honorat, légende en vers provençaux, par Raymond Féraud, troubadour niçois du XIIIe siècle. Notice et notes, par M. A.-L. Sardou. (Nice, 1875, in-8°.)

    Le martyre de sainte Agnès, mystère en langue provençale du XIIIe siècle, avec musique et traduction par MM. A.-L. Sardou et l'abbé Raillard. (Nice, 1877, in-8°.)

    Cartulaire de l'abbaye de Lérins, par MM. H. Moris et E. Blanc. (Saint-Honorat, 1883, in-4°.)

— Société niçoise des sciences naturelles et historiques, fondée le 3 mars 1877 et autorisée le 5 octobre suivant.

    Bulletin, t. I, 1878-1879; t. II, 1880, in-8°.

    Histoire de la Révolution française dans les Alpes-Maritimes, par M. E. Tisserand. (Nice, 1878, in-8°.)

    Langue internationale néo-latine, par M. Élie Courtonne. (Nice, 1884, in-8°.)

    Le triomphe de la Mort, tableau de l'église du Bar, par M. le Dr Prompt. (Nice, 1884, in-8°.)

    Cartulaire de l'abbaye de Lérins, par M. H. de Flamare. (Nice, 1884, in 8°.)

— Société de médecine et de climatologie de Nice, fondée en 1876.

ARDÈCHE.

Les Vans. — Société historique et archéologique du canton des Vans, fondée le 21 février 1875.

Privas. — Société d'agriculture, industrie, sciences, arts et lettres de l'Ardèche, fondée le 22 décembre 1879 par la réunion de la *Société des sciences naturelles et historiques* et de la *Société d'agriculture*.

— Société des sciences naturelles et historiques du département de l'Ardèche, fondée en 1861, à Privas.

    Bulletin, t. I, 1861-1862; t. XI, 1877, in-8°.

ARDENNES.

Mézières. — **Société de géographie des Ardennes**, fondée en 1882.

Cette Société publie ses travaux dans le *Bulletin de l'Union géographique du nord de la France*, dont le siège est à Douai.

ARIÈGE.

Foix. — **Société d'agriculture et des arts de l'Ariège**, fondée le 13 février 1817.

Annales, t. I, 1817; t. XV, 1854, in-8°.

— **Société ariégeoise des sciences, lettres et arts**, fondée le 21 avril 1882 et autorisée le 25 mai suivant.

Bulletin, t. I, 1882-1884, in-8°.

AUBE.

Troyes. — *****Société académique d'agriculture, des sciences, arts et belles-lettres du département de l'Aube**, fondée le 19 juin 1798, autorisée en 1805 et *reconnue comme établissement d'utilité publique* le 15 février 1853.

Journal, n° 1, 1799; n° 67, 1800, in-8°.

Mémoires, t. I, 1801; t. III, 1807, in-8°. — 1ʳᵉ série, t. I, 1822; t. XIII, 1846, in-8°. — 2ᵉ série, t. I, 1847; t. XIV, 1863, in-8°. — 3ᵉ série, t. I, 1864; t. XXII, 1885, in-8°.

Des tables générales ont été imprimées à part pour les 1ʳᵉ, 2ᵉ et 3ᵉ séries.

Annuaire de l'Aube, t. I, 1835; t. L, 1885, in-8°.

Collection de documents inédits relatifs à la ville de Troyes et à la Champagne méridionale. (Troyes, 1878-1882, 2 vol. in-8°.)

Catalogues des collections du musée de Troyes. (Troyes, 1850-1882, 4 broch. in-8°.)

AUDE.

Carcassonne. — *****Société des arts et sciences de Carcassonne**, fondée en 1836 sous le titre de *Commission des arts et sciences*, autorisée le 18 mars de la même année; elle a pris son titre actuel le 9 mai 1851, jour où elle fut *reconnue comme établissement d'utilité publique*.

Mémoires, t. I, 1849; t. IV, 1879, in-8°.

NARBONNE. — **Commission archéologique et littéraire de l'arrondissement de Narbonne**, fondée le 20 octobre 1833 et autorisée le 14 novembre suivant.

Bulletin, t. I, 1877, in-8°.

AVEYRON.

RODEZ. — **Société des lettres, sciences et arts de l'Aveyron**, fondée le 3 décembre 1836, autorisée le 8 décembre suivant et *reconnue comme établissement d'utilité publique* le 29 août 1857.

Mémoires, t. I, 1838; t. XII, 1879-1881, in-8°.

Procès-verbaux, t. I et t. I bis, 1864; t. XIII, 1884, in-8°.

Une table générale des *Mémoires* et des *Procès-verbaux* de la Société de 1838 à 1876 a paru en 1877.

Documents historiques et généalogiques sur les familles et les hommes remarquables du Rouergue, dans les temps anciens et modernes, par M. H. de Barrau. (Rodez, 1853-1860, 4 vol. in-8°.)

Documents sur les ordres du Temple et de Saint-Jean de Jérusalem en Rouergue, suivis d'une notice historique sur la Légion d'honneur et du tableau raisonné de ses membres dans le même pays, par M. H. de Barrau. (Rodez, 1861, in-8°.)

Biographies aveyronnaises, t. I. 1866, in-8°.

Notices sur la Roche-Flavin, par M. J. Delsol. (Rodez, 1866. in-8°.)

Concours de 1867. Distribution des récompenses, travaux couronnés. (Rodez, 1868, in-8°.)

Notices des tableaux, dessins et sculptures composant les galeries de la Société. (Rodez, 1873, in-8°.)

Plant fait le 27 avril 1514 de la veue et figure de l'enceinte et circuit du lieu destiné pour le bâtiment de la Chartreuse de Rodez. (Rodez, 1878.)

Dictionnaire patois-français du département de l'Aveyron, par M. l'abbé Vayssier. (Rodez, 1879, in-8°.)

Guide au musée de la Société. (Rodez, 1884, in-8°.)

Essai de la flore du sud-ouest de la France ou recherches botaniques faites dans cette région, par M. l'abbé Joseph Revel. (Villefranche, 1885, in-8°.)

Comté et comtes de Rodez, par Antoine Bonal. Nouvelle édition. (Rodez, 1885, in-8°.)

BOUCHES-DU-RHÔNE.

AIX. — **Académie des sciences, agriculture, arts et belles-lettres d'Aix**, fondée en 1807 sous le titre de *Société des amis des sciences, des lettres, de l'agriculture et des arts*, et autorisée le 5 avril 1829.

Mémoires, t. I, 1819; t. XIII, 1885, in-8°.

Aix. (*Suite.*)

Séances publiques. Cette collection forme 65 brochures in-8°, contenant chacune le procès-verbal d'une séance publique avec texte des principales lectures faites de 1809 à 1885; in-8°.

Extraits des procès-verbaux des séances. Cette série ne comprend que trois fascicules in-8°, publiés en 1828-1829.

Notes et rapports formant 7 brochures in-8°, publiées de 1829 à 1858.

Dictionnaire topographique de l'arrondissement d'Arles, par MM. Revel du Perron et Gaucourt. (Amiens, 1871, in-4°.)

— **Commission d'archéologie d'Aix**, fondée en 1840.

Rapport, n° 1, 1841; n° 3, 1844, in-8°.

— **Société historique de Provence**, fondée en 1863 et autorisée le 18 février 1864.

Mémoires pour servir à l'histoire de la Ligue et de la Fronde en Provence. (Aix, 1866-1870. 2 vol. in-8°.)

Arles. — **Commission archéologique d'Arles**, fondée le 24 juin 1832 et approuvée le 8 février 1833.

Marseille. — *Académie des sciences, lettres et arts de Marseille, fondée en 1726 et *reconnue comme établissement d'utilité publique* au mois d'août de la même année; devenue, en 1766, *Société des sciences et des arts;* supprimée en 1793, renouvelée en 1799 sous le titre de *Lycée des sciences et des arts;* elle reprit son ancien titre en 1802.

Recueils, 1re série, n° 1, 1727; n° 31, 1767, in-12. — 2° série, n° 1, 1768; n° 14, 1786, in-8°.

Journal des sciences et des arts du département des Bouches-du-Rhône; t. I, 1801; t. III, 1805, in-8°.

Notices des travaux de l'Académie de Marseille, de 1810 à 1817, 7 broch. in-8°.

Procès-verbaux des séances publiques, de 1803 et de 1846, 2 broch. in-8°.

Mémoires, 1re série, t. I, 1803; t. XII, 1814, in-8°. — 2° série, t. I, 1846; t. XV, 1884-1885, in-8°.

Histoire de l'Académie de Marseille, par M. J. Lautard. (Marseille, 1826-1843, 3 vol. in-8°.)

L'Académie de Marseille, ses origines, ses publications, ses archives, ses membres, par M. l'abbé Dassy. (Marseille, 1877, in-8°.)

Ce volume contient une table générale des publications de l'Académie, depuis l'origine jusqu'en 1877.

Inventaire des objets d'art qui décorent les salles de l'Académie de Marseille, par M. l'abbé Dassy. (Marseille, 1882, in-8°.)

Marseille. (*Suite.*)

— *Comité médical des Bouches du Rhône, fondé le 20 juillet 1843, autorisé le 18 mars 1845, et *reconnu comme établissement d'utilité publique* le 31 mars 1859.

Actes, t. I, 1851-1853; t. XXIII, 1885, in-8°.

— Société des amis des arts de Marseille, fondée le 3 septembre 1867.

Clichois, par M. G. Bénédit. (Marseille, 1876, in-8°.)
Rapports annuels, in-8°.

— Société artistique des Bouches-du-Rhône, fondée en 1851.

Revue intitulée *Tribune artistique et littéraire du Midi*, 1re année, 1857; 7e année, 1863, in-8°.

— Société d'émulation de la Provence, fondée en 1861.

Mémoires, t. I, 1861; t. III, 1863, in-8°.

— Société d'études des sciences naturelles de Marseille, fondée en 1876.

Bulletin, t. I, 1878, in-8°.

— Société de géographie de Marseille, fondée en 1876.

Bulletin, t. I, 1877; t. IX, 1885, in-8°.

— Société nationale de médecine de Marseille, fondée le 7 juillet 1800 et *reconnue comme établissement d'utilité publique* le 18 janvier 1818.

Recueil, t. I, 1826; t. V, 1830, in-8°.
Séances publiques annuelles, de 1809 à 1823, in-8°.
Procès-verbaux de 1839 à 1853, in-8°.
Bulletin, t. I, 1840; t. XII, 1868, in-8°.
Marseille médical, revue mensuelle, t. I, 1863; t. XXII, 1885, in-8°.

— Société médico-chirurgicale des hôpitaux de Marseille, fondée en 1872 et autorisée le 28 juin 1874.

Comptes rendus et documents statistiques dans le *Marseille médical*.

— Société scientifique industrielle de Marseille, fondée en 1871 et autorisée le 15 novembre de la même année.

Bulletin, t. I, 1872-1873; t. XIII, 1885, in-8°.
Une table des dix premiers volumes du *Bulletin* a été publiée dans le *Bulletin* de 1882, p. 258.
Note sur l'aménagement des ports de commerce, par M. L. Barret. (Marseille, 1875, in-8°.)

MARSEILLE. (*Suite.*)

— *__Société de statistique de Marseille__, fondée en 1827, autorisée le 2 avril 1831, et *reconnue comme établissement d'utilité publique* le 22 mars 1832.

Annales des sciences et de l'industrie du midi de la France, t. I, 1832; t. III, 1832, in-8°.

Répertoire des travaux, 1re série, t. I, 1837; t. V, 1841, in-8°. — 2e série, t. VI, 1842; t. X, 1846, in-8°. — 3e série, t. XI, 1847; t. XV, 1852, in-8°. — 4e série, t. XVI, 1853; t. XX, 1857, in-8°. — 5e série, t. XXI, 1858; t. XXV, 1862, in-8°. — 6e série, t. XXVI, 1863; t. XXX, 1868, in-8°. — 7e série, t. XXXI, 1870; t. XXXV, 1872, in-8°. — 8e série, t. XXXVI, 1873-1877; t. XLI, 1885, in-8°.

Le tome V (p. 530-586) contient la table des matières des cinq premières années; le tome X (p. 518-582) contient la table des matières de la seconde période quinquennale; le tome XV (p. 538-615) contient la table des matières de la troisième période quinquennale; le tome XX (p. 553-628) contient la table des matières de la quatrième période quinquennale; le tome XXV (p. 565-580) contient la table des matières de la cinquième période quinquennale; le tome XXX (p. 439-450) contient une table intitulée : *Mémoires sur la statistique des Bouches-du-Rhône contenus dans les tomes I à XXX*.

Comptes rendus et procès-verbaux des séances, t. I, 1828; t. XXVI, 1885, in-8°.

Dictionnaire topographique de l'arrondissement de Marseille, par M. J. Mortreuil. (Marseille, 1872, in-8°.)

CALVADOS.

BAYEUX. — __Société d'agriculture, sciences, arts et belles-lettres de Bayeux__, fondée le 22 août 1841 et autorisée le 22 octobre suivant.

Mémoires, t. I, 1842; t. IX, 1879-1882, in-8°.

CAEN. — *__Académie nationale des sciences, arts et belles-lettres de Caen__, fondée en 1652, autorisée le 2 janvier 1705; supprimée pendant la Révolution, elle fut rétablie le 12 décembre 1800 sous la dénomination de *Lycée de Caen*. Le 28 mai 1802, elle reprit son titre actuel, et fut *reconnue comme établissement d'utilité publique* le 10 août 1853.

Mémoires, t. I, 1754; t. V, 1760, in-8°.

Séance publique pour la rentrée de l'Académie royale des belles-lettres de Caen, le deuxième décembre 1762, où présidoit M. de Fontette, intendant de la généralité, vice-protecteur. (Caen, 1763, in-8°.)

Rapports sur les travaux de l'Académie des sciences, arts et belles-lettres de Caen, de 1805 à 1815, par P.-F.-T. Delarivière, secrétaire. (Caen, 1805-1816, 3 vol. in-8°.)

Séances publiques, de 1811 à 1821, formant 7 brochures in-8°.

Caen. (*Suite.*)

Mémoires, t. I, 1822; t. XL, 1885, in-8°.

Une table des *Mémoires* de l'Académie de Caen, de 1754 à 1883, a été publiée par M. Armand Gasté en 1884.

Mémoire sur l'instruction des sourds-muets, par M. l'abbé Jamet. (Caen, 1820, in-8°.)

Second mémoire sur l'instruction des sourds-muets, ou nouveau système de signes, par M. l'abbé Jamet. (Caen, 1822, in-8°.)

Extrait d'un mémoire sur les terrains du département du Calvados (s. l., s. d.), in-8°.

Analyse d'un mémoire sur la digue de Cherbourg, par M. le baron Cachin. (Caen, 1821, in-4°.)

Mémoire sur les vestiges des thermes de Bayeux, découverts en 1760, et recherchés en 1821, par ordre de M. le comte de Montlivault, préfet du département du Calvados, par M. Surville. (Caen, 1822, in-4°.)

Documents inédits pour servir à l'histoire de l'ancienne Académie royale des belles-lettres de Caen, par M. A. de Formigny de la Londe. (Caen, 1854, in-8°.)

Histoire du parlement de Normandie, depuis sa translation à Caen, au mois de juin 1589, jusqu'à son retour à Rouen en avril 1594, par M. Jules Lair. (Caen, 1861, in-8°.)

— **Association normande pour les progrès de l'agriculture, de l'industrie et des arts**, fondée en 1831 et autorisée le 2 février 1837.

Annuaire, t. I, 1835; t. LI, 1885, in-8°.

Une table des 25 premiers volumes de l'*Annuaire* a paru en 1863.

— **Institut des provinces**, fondé en 1845.

Annuaire, 1re série, t. I, 1846; t. X, 1858. — 2e série, t. I, 1859; t. XII, 1870, in-8°.

Congrès scientifiques de France, 1re session, 1833; 44e session, 1878, in-8°.

Un grand nombre de sessions comprennent plusieurs volumes.

Assises scientifiques tenues à Aix, Apt, Guéret, Limoges et Moulins.

— ***Société d'agriculture et de commerce de Caen**, fondée en 1762, réorganisée en 1801, et *reconnue comme établissement d'utilité publique* le 18 juillet 1854.

Mémoires, t. I, 1827; t. VII, 1858, in-8°.

Bulletin, in-8°, paraissant par livraisons mensuelles et formant 27 volumes qui répondent aux années 1827-1885.

Rapports sur les concours et les prix proposés par la Société de 1803 à 1842, in-8°.

Extraits des séances de la Société, comptes rendus, in-8°.

Annuaire. (Caen, 1812, in-8°.)

Caen. (*Suite.*)

Catalogue de la bibliothèque de la Société. (Caen, 1834, in-8°.)

Notice sur M. Thierry, par M. Lamouroux. (Caen, 1824, in-8°.)

— ***Société des antiquaires de Normandie**, fondée en septembre 1823, autorisée le 24 janvier 1824, et *reconnue comme établissement d'utilité publique le 14 février 1855.*

Mémoires, 1re série, t. I, 1825; t. X, 1837, in-8°, avec 8 atlas. — 2e série, t. I, 1840; t. X, 1853, in-4°. — 3e série, t. I, 1855; t. XI, 1883, in-4°.

Une table des 24 premiers volumes a été publiée par M. Renault en 1863.

Bulletin, t. I, 1860; t. XIII, 1885, in-8°. L'année 1875 renferme un tome VII supplémentaire, consacré aux recherches de M. Henri Moisy sur les noms de famille normands.

Une table des 5 premiers volumes du *Bulletin* a été dressée par M. Renault en 1872.

Catalogue et description des objets d'art, d'antiquité, du moyen âge, de la Renaissance, déposés au musée de la Société, par M. Gervais. (Caen, 1864, in-8°.)

— **Société française d'archéologie pour la conservation et la description des monuments historiques,** fondée en 1834, et *reconnue comme établissement d'utilité publique* le 14 août 1871.

Congrès archéologiques de France, t. I, 1834; t. LII, 1885, in-8°.

Bulletin monumental, 1re série, t. I, 1835; t. X, 1884, in-8°. — 2e série, t. XI, 1845; t. XX, 1854, in-8°. — 3e série, t. XXI, 1855; t. XXX, 1864, in-8°. — 4e série, t. XXXI, 1865; t. XXXVII, 1872, in-8°. — 5e série, t. XXXVIII, 1873; t. LI, 1885, in-8°.

Il existe 4 volumes de tables.

— **Société des beaux-arts de Caen,** fondée le 10 mars 1855.

Bulletin, t. I, 1856; t. VII, 1885, in-4°.

— **Société française d'entomologie,** fondée en 1881 et autorisée le 27 janvier 1882.

Revue d'entomologie, t. I, 1882; t. IV, 1885, in-8°.

— *** Société linnéenne de Normandie,** fondée en mai 1823, sous le nom de *Société linnéenne du Calvados,* autorisée le 9 juin 1827, et *reconnue comme établissement d'utilité publique* le 22 avril 1863.

Mémoires, 1re série, t. I, 1824; t. IV, 1828, in-8°, avec atlas. — 2e série, t. V, 1829-1833; t. XVI, 1869-1872, in-4°.

Bulletin, in-8°. Commencé en 1855, ce bulletin contient les procès-verbaux des séances, les Mémoires, notices, etc., qui ne doivent pas être insérés dans les volumes de *Mémoires;* le compte rendu des excursions scientifiques faites par

CAEN. (*Suite.*)

la Société. La 1re série du *Bulletin* comprend 10 volumes, répondant aux années 1855-1865; la 2e série comprend également 10 volumes, répondant aux années 1866-1876; la 3e série comprend déjà 9 volumes, répondant aux années 1877-1885.

En dehors de ces publications, la Société a fait paraître les comptes rendus de plusieurs séances publiques tenues à Caen, Bayeux, Valognes, Cherbourg, Vire, Alençon, Falaise, Bernay, Lisieux, Honfleur, le Havre, etc.

— **Société de médecine de Caen et du Calvados**, fondée le 17 octobre 1798, sous le titre de *Conseil de santé*, appelée, en l'an XI, *Société de médecine de Caen*, jusqu'en 1875, époque à laquelle elle a pris sa dénomination actuelle.

Annales, mémoires et comptes rendus, in-8°.

L'année médicale, t. I, 1876; t. X, 1885, in-8°.

FALAISE. — **Société d'agriculture, d'industrie, des sciences, arts et comice agricole de Falaise**, formée par la réunion de la *Société académique* (fondée le 15 octobre 1837), de la *Société d'agriculture* (fondée le 21 août 1834) et du *Comice agricole* (fondé le 14 septembre 1851).

Annuaire, t. I, 1836; t. X, 1845, in-12.

Mémoires, t. I, 1835; t. XXVIII, 1884, in-8°.

HONFLEUR. — **Société littéraire d'Honfleur**, fondée en février 1829 et autorisée le 19 mars suivant.

LISIEUX. — **Société d'émulation de Lisieux**, fondée en 1836 et autorisée en 1839.

Bulletin, t. I, 1846, in-8°.

— **Société historique de Lisieux**, fondée le 14 août 1869 et autorisée le 22 janvier 1870.

Bulletin, t. I, 1869; t. VI, 1875.

— **Société d'horticulture et de botanique du centre de la Normandie**, fondée le 6 septembre 1866 et reconnue le 23 mars 1867.

Bulletin, t. I, 1866-1868; t. III, 1883, in-8°.

PONT-L'ÉVÊQUE. — **Société d'agriculture, des arts, sciences et belles-lettres de l'arrondissement de Pont-l'Évêque**, fondée le 20 juin 1845 et autorisée le 23 mars 1846.

VIRE. — **Société viroise d'émulation pour le développement des belles-lettres, sciences et arts de l'industrie**, fondée en 1866.

Mémoires, t. I, 1869, in-8°.

CANTAL.

Aurillac. — **Association cantalienne**, fondée en 1851.

Dictionnaire statistique, ou histoire, description et statistique du département du Cantal. (Aurillac, 1852-1857, 5 vol. in-8°.)

— **Société d'horticulture, d'acclimatation, des sciences et des arts du Cantal**, fondée le 5 août 1882 et autorisée le 9 septembre suivant.

Bulletin annuel, in-8°.

CHARENTE.

Angoulême. — **Société d'agriculture, sciences, arts et commerce de la Charente**, fondée en 1803 et autorisée le 8 juillet 1818.

Annales, t. I, 1819; t. LXV, 1885, in-8°.

Documents, mémoires et mélanges, t. I, 1867, in-8°.

— **Société archéologique et historique de la Charente**, fondée le 22 août 1844 et autorisée le 16 octobre de la même année.

Bulletin, 1re série, t. I, 1845; t. V, 1851-1852, in-8°. — 2e série, t. I, 1855-1856; t. II, 1856-1850, in-8° — 3e série, t. I, 1859; t. IV, 1862, in-8°. — 4e série, t. I, 1863; t. XI, 1876, in-8°. — 5e série, t. I, 1877; t. VIII, 1885, in-8°.

Le tome I de la 5e série (année 1877) contient une table des *Bulletins* de 1845 à 1877.

Rerum Engolismensium scriptores, par M. Castaigne. (Angoulême, 1853, in-8°.)

Trésor des pièces angoumoisines inédites ou rares. (Angoulême, 1863-1867, 2 vol. in-8°.)

Documents historiques sur l'Angoumois. (Angoulême, 1864, in-8°.)

CHARENTE-INFÉRIEURE.

La Rochelle. — ***Académie des belles-lettres, sciences et arts de la Rochelle**, fondée en 1732, supprimée en 1791, reconstituée en 1803 sous le nom de *Lycée rochelais,* et en 1853 sous sa dénomination primitive; elle a été reconnue comme établissement d'utilité publique le 4 septembre 1852.

Recueil de pièces en vers et en prose, 1747, 1752, 1763, 3 vol. in-8°.

Séances publiques, in-8°, fomant 15 livraisons qui répondent aux années 1870-1885.

Annales de la section des sciences naturelles, t. I, 1854; t. XXII, 1885, in-8°. — L'année 1873 comprend 2 volumes.

Rapports de la section de la littérature, t. I, 1855; t. XIII, 1885, in-8°.

Éloge du maréchal de Senectère, par M. P. Gervaud. (La Rochelle, 1855, in-8°.)

La Rochelle. (*Suite.*)

> *Ph. Cauriane de obsidione Rupellæ commentarius*, avec traduction et étude bibliographique. (La Rochelle, 1856, in-8°.)
>
> *Revue de l'Aunis et de la Saintonge*, 3ᵉ année, 1866, in-8°.
>
> Les autres années ont été publiées sans le concours de l'Académie.
>
> *Notices historiques sur les Sociétés des lettres, sciences et arts de la Rochelle.* (La Rochelle, 1873, in-8°.)

— **Société des amis des arts de la Rochelle**, fondée en 1841 et autorisée le 14 mai 1845.

> *Catalogue des tableaux du musée de la Rochelle.* (La Rochelle, 1865-1882, 6 brochures in-8°.)
>
> *Rapports*, n° 1, 1881; n° 3, 1885, in-8°.

— **Société des sciences naturelles de la Charente-Inférieure**, fondée le 22 novembre 1835, autorisée le 29 avril 1836 et réunie à l'*Académie de la Rochelle* en 1854.

> *Comptes rendus*, t. I, 1850, in-8°.

Rochefort. — **Société d'agriculture, des belles-lettres, sciences et arts de Rochefort**, fondée en 1806.

> *Travaux*, t. I, 1835; t. XXI, 1878, in-8°.

— **Société de géographie de Rochefort**, fondée le 16 novembre 1878 et autorisée le 29 mars 1879.

> *Bulletin*, t. I, 1879-1880; t. VI, 1884-1885.
>
> *Annuaire* annuel, in-8°.

Royan. — **Académie des Muses santones**, fondée et autorisée en 1876.

> *Bulletin*, t. I, 1876-1878; t. VII, 1884-1885, in-4°.
>
> *Les rimes nocturnes*, par M. Francis Melvil. (Royan, 1880, in-8°.)
>
> *Chants de belluaire*, par M. Eugène Godin. (Royan, 1881, in-8°.)
>
> *Poèmes d'autrefois*, par M. Jules d'Auriac. (Royan, 1882, in-8°.)
>
> *L'âme pensive*, par M. Charles Fuster. (Royan, 1883, in-8°.)
>
> *La nouvelle France*, par M. Marcel Coulloy. (Royan, 1884, in-8°.)

— **Société pour favoriser le développement de Royan**, fondée en 1874.

> *Bulletin*, t. I, 1875; t. IV, 1876, in-8°.

Saint-Jean-d'Angély. — **Société historique et scientifique de Saint Jean-d'Angély**, fondée en 1863.

> *Bulletin*, t. I, 1863; t. IV, 1866, in-8°.

SAINT-JEAN-D'ANGÉLY. (*Suite.*)

— **Société linnéenne de la Charente-Inférieure**, fondée en 1874.

Bulletin, t. I, 1877-1879; t. II, 1880-1882, in-8°.

SAINTES. — **Commission des arts et monuments historiques de la Charente-Inférieure**, fondée en mai 1860 et réunie à la *Société d'archéologie*, fondée en 1839.

Recueil des actes, t. I, 1860-1866; t. VIII, 1885, in-8°.

Monographie de la ville de Saintes, par M. l'abbé Lacurie. (Saint-Jean-d'Angély, 1862, in-8°.)

Journal de l'abbé Legrix, chanoine de Saintes (1781-1791). (Saint-Jean-d'Angély, 1867, in-8°.)

Épigraphie aunisienne et santone, par M. Louis Audiat. (Saintes, 1871, in-8°.)

— **Société des archives historiques de la Saintonge et de l'Aunis**, fondée et autorisée en 1874.

Archives historiques de la Saintonge et de l'Aunis, t. I, 1874; t. XIII, 1885, in-8°.

Une table des cinq premiers volumes a paru dans le tome V, p. 385.

Bulletin, t. I, 1877-1879; t. V, 1884-1885, in-8°.

— **Société des arts, sciences et belles-lettres de Saintes**, fondée en 1867.

Annales, t. I, 1868; t. II, 1870, in-8°.

CHER.

BOURGES. — **Comité d'histoire et d'archéologie du diocèse de Bourges**, fondé en 1867.

Bulletin, t. I, 1867-1875, in-8°.

Répertoire archéologique et historique du diocèse de Bourges. (Bourges, 1872-1875, in-8°.)

— **Lycée d'émulation de Bourges**, fondé le 1er pluviôse an IX.

Procès-verbal de la première séance publique, in-8°.

Rapport sur les travaux de la Société pendant l'an IX, in-8°.

— **Société d'antiquités, d'histoire et de statistique du département du Cher**, fondée en 1834.

Bulletin, t. I, 1836.

— **Société des antiquaires du Centre**, fondée en janvier 1867 et autorisée le 21 du même mois.

Mémoires, t. I, 1867; t. XIII, 1885, in-8°.

Une table des dix premiers volumes des *Mémoires* a paru en 1883.

Bourges. (*Suite.*)

Armorial général de France (1696). Généralité de Bourges. (Bourges, 1883-1884, in-8°.)

— **Société historique, littéraire, artistique et scientifique du département du Cher**, fondée le 17 septembre 1849 sous le nom de *Commission historique;* appelée en 1856 *Société historique,* elle porte depuis 1866 sa dénomination actuelle.

Bulletin, t. I, 1852-1856, in-8°.

Mémoires, 1re série, t. I, 1857; t. II, 1864, in-8°. — 2° série, t. I, 1868; t. III, 1876, in-8°. — 3° série, t. I, 1878; t. II, 1883, in-8°. — 4° série, t. I, 1884, in-8°.

Album des monuments gallo-romains de Bourges. (Bourges, 1857, in-folio.)

CORRÈZE.

Brive. — **Société scientifique, historique et archéologique de la Corrèze**, fondée le 9 septembre 1878 et autorisée le 12 décembre suivant.

Bulletin, t. I, 1878; t. VII, 1885, in-8°.

Tulle. — **Société historique et littéraire du Bas-Limousin**, fondée en 1856.

Bulletin, t. I, 1857, in-8°.

— **Société des lettres, sciences et arts de la Corrèze**, fondée le 14 novembre 1878 et autorisée le 16 décembre suivant.

Bulletin, t. I, 1879; t. VII, 1885, in-8°.

CORSE.

Bastia — **Société des sciences historiques et naturelles de la Corse**, fondée le 12 décembre 1880.

Bulletin mensuel, t. I, 1881-1882; t. III, 1884-1885, in-8°.

Histoire des Corses, par Ferdinand Gregorovius, traduite de l'allemand par M. Lucciana. (Bastia, 1881-1884, 3 vol. in-8°.)

Dialogo nominato Corsica del reverendissimo Monsignor Agostino Justiniano, vescovo di Nebbio (1531), publié par M. de Caraffa. (Bastia, 1882, in-8°.)

Mémoires de Rostini, publiés par MM. l'abbé Letteron et P. Lucciana. (Bastia, 1882, in-8°.)

Memore del padre Bonfiglio Guelfucci, publiés par M. P. Lucciana. (Bastia, 1882, in-8°.)

Lettres de Pascal Paoli, publiées par M. le Dr Perelli. (Bastia, 1884-1885, 2 vol. in-8°.)

BASTIA. (*Suite.*)

Voyage géologique et minéralogique en Corse de M. Émile Gueymard, publié par M. J.-M. Bonavita. (Bastia, 1883, in-8°.)

Correspondance de M. Jadart, commissaire des guerres en Corse (1767-1768). (Bastia, 1883, in-8°.)

Petri Cyrnæi, clerici Aleriensis, de rebus Corsicis libri quatuor, publiés par M. l'abbé Letteron. (Bastia, 1884, in-8°.)

Procès des patriotes bastiais (1746). Documents extraits des archives de Gênes. (Bastia, 1885, in-8°.)

CÔTE-D'OR.

BEAUNE. — **Société d'histoire, d'archéologie et de littérature de l'arrondissement de Beaune**, fondée le 22 mai 1851 et autorisée le 5 octobre de la même année.

Mémoires, t. I, 1874; t. IX, 1884, in-8°.

Discours prononcé à la séance de rentrée de la Société, le 4 novembre 1852, par M. Guillemot. (Beaune, 1852, in-8°.)

Chronique de la vie de Girard de Roussillon, publiée par M. L. de Montille. (Beaune, 1880, in-8°.)

Histoire de l'Hôtel-Dieu de Beaune (1443-1880), par M. l'abbé Boudrot. (Beaune, 1881, in-8°.)

Martyrologe de l'insigne collégiale Notre-Dame de Beaune, par M. l'abbé Boudrot. (Beaune, 1878, in-8°.)

Un agent politique de Charles-Quint, le Bourguignon Claude Bouton, seigneur de Corberon, avec le texte de son Miroir des dames. (Paris, 1882, in-8°.)

CHÂTILLON-SUR-SEINE. — **Société archéologique du Châtillonnais**, fondée en 1880 et autorisée le 17 novembre de la même année.

Bulletin, t. I, 1881-1885, in-8°.

DIJON. — ***Académie des sciences, arts et belles-lettres de Dijon**, fondée le 1ᵉʳ octobre 1725, autorisée par lettres patentes du 7 juin 1740, reconstituée le 2 juin 1798 et *reconnue comme établissement d'utilité publique le 22 octobre 1833*.

Mémoires, t. I, 1769; t. X, 1785, in-8°. — 1ʳᵉ série, t. I, an VII; t. XL, 1850, in-8°. — 2ᵉ série, t. I, 1851; t. XVI, 1870, in-8°. — 3ᵉ série, t. I, 1873; t. VIII, 1883-1884, in 8°.

Le tome XVI renferme (p. 61-180) la table des articles contenus dans les *Mémoires* publiés de 1769 à 1869.

Éloge de messire Pouffier, doyen du parlement de Bourgogne, par M. Nantin. (Dijon, 1754, in-8°.)

DIJON. (Suite.)

> Éloge historique de Rameau, compositeur de musique, par M. Maret. (Dijon, 1766, in-8°.)
>
> Éloge du président Jeannin, par M. Guyton de Morveau. (Paris, 1766, in-8°.)
>
> Éloge de Piron, par M. Perret. (Dijon, 1774, in-8°.)
>
> Éloge de M. Legouz de Gerland, ancien grand bailli du Dijonnais, par M. Maret. (Dijon, 1774, in-8°.)
>
> Éloge de M. Leblanc, chirurgien, par M. Maret. (Paris, 1778, in-8°.)
>
> Éloge de M. Maret, chirurgien, par M. Maret. (Dijon, 1781, in-8°.)
>
> Mémoire sur le canal de Bourgogne, par M. Thomas Dumorey. (Paris, 1764, in-8°.)
>
> Éloge de Pierre Terrail dit « le chevalier Bayard », par M. Combes. (Dijon, 1769, in-8°.)
>
> Éloge historique de Jacques Bénigne Bossuet, évêque de Meaux, par M. l'abbé Talbert. (Dijon, 1773, in-8°.)
>
> Éloge de Sébastien Le Prestre, seigneur de Vauban. (La Haye, 1786, in-8°.)
>
> Éloge de M. Devosge, dessinateur, par M. Fremiet-Monnier. (Dijon, 1813, in-8°.)
>
> Notice sur Charles Briffaut, de l'Académie française, par M. Charles Poisot. (Dijon, 1859, in-8°.)
>
> Archéologie de la Côte-d'Or, par ordre de localités, cantons et arrondissements, par M. Girault. (Dijon, 1823, in-8°.)
>
> L'Université royale de France et l'Académie de Dijon, par M. Frantin. (Dijon, 1842, in-8°.)
>
> Le président de Brosses. Histoire des lettres et des parlements au XVIII° siècle, par M. Th. Foisset. (Dijon, 1842, in-8°.)
>
> Doneau, sa vie et ses ouvrages, par M. Th. Eyssell, traduit par M. J. Simonnet. (Dijon, 1860, in-8°.)
>
> Chartes de communes et d'affranchissements en Bourgogne, publiées sous les auspices de l'Académie, par M. J. Garnier. (Dijon, 1877, 3 vol. in-4°.)

— **Comité d'histoire et d'archéologie religieuses du diocèse de Dijon**, fondé en 1882.

> Bulletin, t. I, 1883; t. III, 1885, in-8°.

— **Commission des antiquités du département de la Côte-d'Or (Société archéologique de Dijon)**, fondée le 1ᵉʳ octobre 1831 et autorisée le 7 du même mois.

> Mémoires, 1ʳᵉ série, t. I, 1832-1833; t. II, 1834-1835, in-8°. — 2° série, t. I, 1841; t. X, 1878-1882, in-4°.
>
> Voies romaines du département de la Côte-d'Or et répertoire archéologique des arrondissements de Dijon et de Beaune, par MM. Paul Foisset et Jules Simonnet. (Dijon, 1872, in-4°.)

Dijon. (*Suite*.)

— **Société des amis des arts de Dijon**, fondée en 1857.

Comptes rendus annuels in-8°.

— **Société bourguignonne d'histoire et de géographie**, approuvée par arrêtés du 24 mai 1881 et du 8 mai 1883.

Bulletin, t. I, 1882, in-8°.

Mémoires, t. I, 1882; t. III, 1885, in-8°.

Histoire des ducs de Bourgogne de la race capétienne, par M. Ernest Petit, t. I. (Dijon, 1885, in-8°.)

Semur. — **Société des sciences historiques et naturelles de Semur**, fondée en 1842, réorganisée le 18 février 1863 et autorisée le 18 juin de la même année.

Bulletin, t. I, 1864; t. XXII, 1885, in-8°.

CÔTES-DU-NORD.

Dinan. — **Société d'émulation de Dinan**, fondée en 1862.

Annales, t. I, 1862-1863, in-12.

Saint-Brieuc. — **Association bretonne**, fondée en 1843, dissoute en 1859, reconstituée et autorisée en 1873.

Comptes rendus des congrès archéologiques de Rennes et de Nantes. (Rennes, 1844-1845, 2 vol. in-8°.)

Bulletin archéologique, t. I, 1849; t. XIX, 1885, in-8°.

Bulletin agricole, t. I, 1844; t. XXV, 1885, in-8°.

— **Société archéologique et historique des Côtes-du-Nord**, fondée le 15 juin 1842 et autorisée le 8 juillet de la même année.

Mémoires, 1re série, t. I, 1842-1849; t. VI, 1874-1881, in-8°. — 2e série, t. I, 1883-1884, in-8°.

Une table des six premiers volumes des *Mémoires* se trouve à la fin du tome VI.

Annuaire historique des Côtes-du-Nord, de 1876 à 1880, in-12.

Dictionnaire héraldique de Bretagne, par M. de Courcy. (Saint-Brieuc, 1855, in-8°.)

Saint-Cast. Recueil de pièces officielles et de documents contemporains relatifs au combat du 11 septembre 1758. (Saint-Brieuc, 1858, in-8°.)

Répertoire archéologique du département des Côtes-du-Nord, par M. Gaultier du Mottay. (Saint-Brieuc, 1884, in-8°.)

Saint-Brieuc. (*Suite.*)

— **Société d'émulation des Côtes-du-Nord,** fondée le 4 février 1861 et autorisée par des arrêtés du 11 mai 1861 et du 14 mai 1866.

Mémoires, t. I, 1861; t. XXIII, 1885, in-8°.

Une table des 14 premiers volumes des *Mémoires* a paru à la fin du tome XIV en 1847.

Congrès celtique international tenu à Saint-Brieuc en octobre 1867; séances, mémoires. (Saint-Brieuc, 1868, 2 vol. in-8°.)

Congrès scientifique de France. Trente-huitième session, tenue à Saint-Brieuc, du 1er au 10 juillet 1872. (Saint-Brieuc, 1872, 2 vol. in-8°.)

Étude sur les Celtes et les Gaulois, par M. P. Lemière. (Saint-Brieuc, 1881, in-8°.)

Trésors archéologiques de l'Armorique occidentale. (Saint-Brieuc, 1882-1885, in-4°.)

Histoire de la ville de Saint-Brieuc, par M. Jules Lamare. (Saint-Brieuc, 1884, in-8°)

CREUSE.

Aubusson. — **Société du musée d'Aubusson,** fondée en 1885.

Guéret. — **Société des sciences naturelles et archéologiques de la Creuse,** fondée le 2 décembre 1832 et autorisée le 3 octobre 1834.

Mémoires, t. I, 1838-1847; t. V, 1882-1885, in-8°.

Chartes communales et franchises locales du département de la Creuse, par M. Louis Duval. (Guéret, 1877, in-8°.)

DORDOGNE.

Périgueux. — **Société d'agriculture, sciences et arts de la Dordogne,** fondée au mois de décembre 1820 et autorisée le 11 juillet 1829.

Annales agricoles, littéraires et scientifiques, t. I, 1840; t. XLVI, 1885, in-8°.

— **Société des amis des arts de la Dordogne,** fondée le 19 octobre 1883 et autorisée le 24 novembre suivant.

— **Société historique et archéologique du Périgord,** fondée le 1er mars 1874 et autorisée le 18 avril suivant.

Bulletin, t. I, 1874; t. XII, 1885, in-8°.

Une table des matières contenues dans les *Bulletins* de 1874 à 1883 a été publiée en 1884 par M. Dujarric-Descombes.

Sigillographie du Périgord, par M. de Bosredon. (Périgueux, 1880, in-4°.)

Supplément à la Sigillographie du Périgord, par M. de Bosredon. (Périgueux, 1882, in-4°.)

Essai de bibliographie périgourdine, par M. A. de Roumejoux. (Sauveterre, 1882, in-4°.)

DOUBS.

Besançon. — *Académie des sciences, belles-lettres et arts de Besançon, fondée en juillet 1752, supprimée en 1793, rétablie en 1806 et *reconnue comme établissement d'utilité publique* le 14 juin 1829.

L'ancienne Académie a publié 19 livraisons in-4°, répondant aux années 1754, 1779, 1782, 1783. Depuis son rétablissement, elle a publié, chaque année, jusqu'en 1876, deux fascicules de *Séances publiques*, in-8°.

Recueil des travaux, t. I, 1877; t. IX, 1885, in-8°.

Une table du *Recueil des travaux* de l'Académie de Besançon, depuis sa fondation, a paru en 1878.

Mémoires et documents inédits pour servir à l'histoire de la Franche-Comté, t. I, 1838; t. VII, 1878, in-8°.

— Société des amis des beaux-arts de Besançon, fondée et autorisée au mois d'avril 1858.

— *Société d'émulation du département du Doubs, fondée le 1ᵉʳ juillet 1840 et *reconnue comme établissement d'utilité publique* le 22 avril 1863.

Mémoires, 1ʳᵉ série, t. I, 1841-1843; t. III, 1847-1849, in-8°. — 2ᵉ série, t. I, 1850; t. VIII, 1856, in-8°. — 3ᵉ série, t. I, 1856; t. X, 1864-1869, in-8°. — 4ᵉ série, t. I, 1865; t. X, 1875, in-8°. — 5ᵉ série, t. I, 1876; t. X, 1885, in-8°.

A la fin du tome X de la 4ᵉ série (p. 607-665), se trouve une table générale des *Mémoires* de 1841 à 1875 dressée par M. I. Waille.

— Société de médecine de Besançon, fondée et autorisée en 1845.

Bulletins, formant 2 séries : la première, composée de 15 numéros qui répondent aux années 1845-1865; la deuxième, de 3 numéros qui répondent aux années 1866-1872, in-8°.

— Société des pharmaciens de Franche-Comté, fondée et autorisée le 12 décembre 1879.

Montbéliard. — Société d'émulation de Montbéliard, fondée en mai 1850 sous le nom de *Société scientifique et médicale*; elle a pris le 12 août 1852 sa dénomination actuelle.

Mémoires, 1ʳᵉ série, t. I, 1852; t. X, 1861, in-8°. — 2ᵉ série, t. I, 1862-1864; t. VII, 1875, in-8°. — 3ᵉ série, t. I, 1877; t. VI, 1885, in-8°.

DRÔME.

Valence. — **Comité d'histoire ecclésiastique et d'archéologie religieuse du diocèse de Valence.**

Bulletin, t. I, 1880-1881 ; t. VI, 1885-1886, in-8°.

— ***Société d'archéologie et de statistique de la Drôme**, fondée le 2 janvier 1866, autorisée le 18 novembre 1867 et reconnue comme établissement d'utilité publique le 19 juillet 1881.

Bulletin, t. I, 1866 ; t. XIX, 1885, in-8°.

A la fin du tome X (p. 453-472) se trouve une table générale des 10 premiers volumes du *Bulletin*.

Cartulaire du Bourg-lès-Valence, publié par M. l'abbé Ulysse Chevalier. (Paris, 1875, in-8°.)

Glossaire du patois de Die, par M. Auguste Boissier, in-8°.

EURE.

Évreux. — **Société des amis des arts du département de l'Eure**, fondée le 22 avril 1881 et autorisée le 31 août suivant.

— **Société libre d'agriculture, sciences, arts et belles-lettres du département de l'Eure**, fondée en 1798 sous le titre de *Société libre d'agriculture et de commerce*, réorganisée en 1799, puis en 1822 sous le titre de *Société d'agriculture, sciences et arts du département de l'Eure*. Elle ne reçut sa dénomination actuelle qu'en 1832, et elle fut *reconnue comme établissement d'utilité publique* le 11 juin de la même année.

Recueil des travaux, 1re série, t. I, 1830 ; t. X, 1839, in-8°. — 2e série, t. I, 1840 ; t. VIII, 1848-1845, in-8°. — 3e série, t. I, 1850-1851 ; t. IX, 1864-1868, in-8°. — 4e série, t. I, 1869-1872 ; t. VI, 1882-1883, in-8°.

La Société a fait imprimer, en 1865, une notice historique sur la Société et des tables méthodique, alphabétique de noms d'auteurs, et analytique des matières contenues dans les 24 volumes publiés par elle de 1830 à 1860. (Évreux, 1865, in-8°.).

Mémoires sur les ruines du vieil Évreux, par M. Rever. (Évreux, 1827, in-8°.)

De la nature de la richesse et de l'origine de la valeur, par M. Walras. (Évreux, 1831, in-8°.)

Dictionnaire des anciens noms de lieux du département de l'Eure, par M. Auguste Le Prévost. (Évreux, 1839, in-12.)

Dictionnaire topographique, statistique et historique de l'Eure, par M. Gadebled. (Évreux, 1840, in-12.)

Antiquités gallo-romaines du vieil Évreux, par M. Bonnin. (Évreux, 1860, in-4°, avec un atlas.)

ÉVREUX. (Suite.)

Statistique du département de l'Eure. Botanique. (Évreux, 1846, in-4°.)

Statistique du département de l'Eure. Usages locaux. 1re édition. (Évreux, 1850, in-4°, et 1851, in-8°.) — 2e édition. (Évreux, 1863, in-12.) — 3e édition. (Évreux, 1874, in-12.)

Études sur la condition de la classe agricole et l'état de l'agriculture en Normandie au moyen âge, par M. Léopold Delisle. (Évreux, 1851, in-8°.)

Mémoires et notes de M. Auguste Le Prévost pour servir à l'histoire du département de l'Eure, recueillis et publiés par MM. Léopold Delisle et Louis Passy. (Évreux, 1862-1872, 3 vol. in-8°.)

Carte géologique du département de l'Eure, dressée par M. Antoine Passy, de l'Institut, sur la carte topographique du Dépôt de la guerre. (Évreux, 1857.)

Notices biographiques sur MM. de Vatimesnil, Delhomme et Cassen, anciens membres de la Société. (Évreux, 1866, in-8°.)

Description géologique du département de l'Eure, avec un Appendice contenant des Notes sur l'orographie, l'hydrologie, la géologie, l'agriculture, l'industrie et la botanique de chaque commune, par M. Antoine Passy. (Évreux, 1874, in-4°.)

Histoire de Bernay et de son canton, par M. le colonel Goujon. (Évreux, 1875, in-8°.)

Manuel élémentaire d'agriculture et d'horticulture à l'usage du département de l'Eure, par MM. A. Piéton et H. Lecointe. (Évreux, 1879, in-8°.)

Le département de l'Eure à l'Exposition universelle de 1878, par M. Charles Fortier. (Évreux, 1879, in-8°.)

— **Société des pharmaciens de l'Eure,** fondée en 1872, autorisée en 1873.

Bulletin, t. I, 1875; t. XII, 1885, in-8°.

EURE-ET-LOIR.

CHARTRES. — *Société archéologique d'Eure-et-Loir,* fondée le 21 mai 1856, autorisée le 22 juillet suivant et *reconnue comme établissement d'utilité publique* le 4 juillet 1868.

Mémoires, t. I, 1858; t. VII, 1882, in-8°.

Procès-verbaux, t. I, 1861; t. VI, 1880, in-8°.

Statistique archéologique d'Eure-et-Loir, par M. de Boisvillette. (Chartres, 1860, in-8°.)

Statistique scientifique d'Eure-et-Loir, par MM. Lefebvre, Marchand, Lamy et Guemé. (Chartres, 1872-1875. 2 vol. in-8°.)

Cartulaire de Notre-Dame de Chartres, publié par MM. de Lépinois et Lucien Merlet. (Chartres, 1862-1865. 3 vol. in-4°.)

Histoire du diocèse et de la ville de Chartres, par J.-B. Souchet, official et chanoine de Notre-Dame de Chartres, publiée d'après le manuscrit original de la bibliothèque de Chartres. (Chartres, 1866-1872. 4 vol. in-8°.)

Chartres. (Suite.)

L'invasion prussienne. Rapports des maires du département sur les événements qui se sont passés dans leurs communes. (Chartres, 1872, in-8°.)

Cartulaire de l'abbaye de la Sainte-Trinité de Tiron, publié par M. Lucien Merlet. (Chartres, 1883, 2 vol. in-4°.)

Châteaudun. — *Société dunoise, fondée le 29 novembre 1864, autorisée le 21 décembre suivant et reconnue comme établissement d'utilité publique le 11 décembre 1878.

Bulletin, t. I, 1864-1869; t. V, 1885, in-8°.

Cartulaire de Marmoutier pour le Dunois, par M. E. Mabille. (Châteaudun, 1874, in-8°.)

Histoire de l'abbaye de Saint-Florentin de Bonneval, par M. le Dr V. Bigot. (Châteaudun, 1876, in-8°.)

Chartes octroyées par Louis Ier, comte de Blois, de Chartres et de Clermont (1193-1197), par M. Poulain de Bossay. (Châteaudun, 1876, in-8°.)

Topographie archéologique du pays Dunois, par M. Poulain de Bossay. (Châteaudun, 1876, in-8°.)

Histoire sommaire du Dunois, de ses comtes et de sa capitale, par M. l'abbé Bordas. Nouvelle édition. (Châteaudun, 1884, 2 vol. in-8°.)

FINISTÈRE.

Brest. — **Société académique de Brest**, fondée le 25 mai 1858, autorisée le 10 janvier 1859 et reconnue comme établissement d'utilité publique le 16 août 1880.

Bulletin, 1re série, t. I, 1861; t. VIII, 1873, in-8°. — 2e série, t. I, 1874; t. X, 1885, in-8°.

— **Société d'émulation de Brest**, fondée en 1835.

Annuaire de Brest et du Finistère, t. I, 1835; t. XVI, 1851, in-8°.

Morlaix. — **Société d'études scientifiques du Finistère**, fondée en 1878.

Bulletin, t. I, 1878; t. VII, 1885, in-8°.

Quimper. — **Société archéologique du Finistère**, fondée en 1845 et réorganisée le 15 avril 1873.

Bulletin, t. I, 1873; t. XII, 1885, in-8°.

GARD.

Alais. — *Société scientifique et littéraire, fondée le 28 février 1868 et reconnue comme établissement d'utilité publique le 15 décembre 1879.

Bulletin, t. I, 1868; t. XVII, 1885, in-8°.

ALAIS. (*Suite.*)

Cartulaire de Remoulins, publié par M. G. Charvet. (Alais, 1873, in-8°.)

Dictionnaire languedocien, par MM. d'Hombres et Charvet, in-8°.

NÎMES. — *Académie de Nîmes, fondée le 10 août 1682, reconstituée en 1801 sous le nom de *Lycée du Gard*, nommée ensuite *Académie du Gard* et autorisée à prendre son titre actuel le 2 février 1878; elle a été *reconnue comme établissement d'utilité publique* le 11 décembre 1871.

Mémoires, t. I, 1804; t. LII, 1885, in-8°.

Il a été dressé une table des *Mémoires* parus de 1804 à 1860 dans le volume de 1865 (p. 5-143).

Procès-verbaux, formant 30 volumes jusqu'en 1876, in-8°.

Bulletin, t. I, 1878; t. VIII, 1885, in-8°.

— **Comité de l'art chrétien du diocèse de Nîmes**, fondé le 26 février 1876.

Bulletin, t. I, 1877-1880; t. III, 1885, in-8°.

— **Société d'études des sciences naturelles de Nîmes**, fondée le 17 novembre 1871 et autorisée le 3 décembre 1872.

Bulletin, t. I, 1873; t. XIII, 1885, in-8°.

GARONNE (HAUTE-).

SAINT-GAUDENS. — **Société des études du Comminges**, fondée en 1884.

Revue de Comminges, t. I, 1885, in-8°.

TOULOUSE. — *Académie des Jeux Floraux, autorisée par lettres patentes de Louis XIV, du mois de septembre 1694, se rattachant à l'ancien *Collège du gai savoir et de la gaie science* et reconnue comme établissement d'utilité publique par ordonnance royale du mois d'août 1773.

Recueils publiés par l'Académie de 1694 à 1790, et de 1806 à 1885. Cette collection forme 175 volumes in-8°.

Histoire des Jeux Floraux, par M. Poitevin-Peitavi. (Toulouse, 1815, 2 vol. in-8°.)

— *Académie de législation de Toulouse, fondée en 1851, autorisée le 30 mai 1855 et *reconnue comme établissement d'utilité publique* le 20 novembre 1871.

Recueil, t. I, 1851-1852; t. XXXII, 1883-1884, in-8°.

Une table des matières contenues dans les 12 premiers volumes parus de 1851 à 1864 a été publiée en 1865.

TOULOUSE. (*Suite.*)

— *Académie des sciences, inscriptions et belles lettres de Toulouse, fondée en 1640 et connue sous la dénomination de *Société des lanternistes;* constituée en *Société des sciences* en 1729, autorisée par lettres patentes du 24 juin 1746, sous le nom d'*Académie royale des sciences,* ensuite des *belles-lettres;* remplacée en 1797 par le *Lycée;* vers 1804 par l'*Athénée,* et, en 1807, par l'*Académie des sciences, inscriptions et belles-lettres;* elle fut reconnue comme *établissement d'utilité publique* le 6 août 1809.

Recueil de discours et pièces d'éloquence de prose et de vers prononcez dans les conférences académiques de Toulouse. (Toulouse, 1692, in-12.)

Catalogue des plantes usuelles qui se trouvent dans le jardin botanique de l'Académie royale des sciences. (Toulouse, 1782, in-8°.)

Recueil des ouvrages lus dans les séances du Lycée du 10 floréal an VI au 30 germinal an IX. (5 brochures in-8°.)

Mémoires, 1ʳᵉ série, t. I, 1782; t. IV, 1790, in-4°. — 2ᵉ série, t. I, 1827; t. VI, 1843, in-8°. — 3ᵉ série, t. I, 1845; t. VI, 1850, in-8°. — 4ᵉ série, t. I, 1851; t. VI, 1856, in-8°. — 5ᵉ série, t. I, 1857; t. VI, 1862, in-8°. — 6ᵉ série, t. I, 1863; t. VI, 1868, in-8°. — 7ᵉ série, t. I, 1869; t. X, 1878, in-8°. — 8ᵉ série, t. I, 1879; t. VII, 1885, in-8°.

En 1854 et en 1864, M. Auguste Larrey a fait imprimer la table alphabétique des matières contenues dans les 28 volumes des cinq premières séries des *Mémoires.* La table alphabétique des années 1868-1869 a paru en 1880.

Annuaire annuel, de 1846 à 1885.

— Société académique hispano-portugaise de Toulouse, fondée en 1880 et autorisée le 12 mai de la même année.

Bulletin, t. I, 1879-1880; t. VI, 1885, in-8°.

Annuaire annuel, in-8°.

— *Société archéologique du midi de la France, fondée le 2 juin 1831, autorisée le 2 août 1838 et *reconnue comme établissement d'utilité publique* le 10 novembre 1850.

Mémoires, 1ʳᵉ série, t. I, 1831: t. IX, 1871, in-4°. — 2ᵉ série, t. X, 1872-1874; t. XIII, 1883-1884, in-4°.

Une table générale de la première série des *Mémoires* a été publiée par M. Eugène Lapierre en 1875, in-4°.

Bulletin, t. II, 1874; t. XI, 1885, in-4°.

Monographie de l'insigne basilique de Saint-Saturnin. (Paris, 1854, in-16.)

— Société bibliographique de Toulouse, fondée en 1868 et autorisée le 16 février 1877.

Toulouse. (Suite.)

— **Société de géographie de Toulouse**, fondée en 1882 et autorisée le 4 avril de la même année.

Bulletin, t. I, 1882; t. IV, 1885, in-8°.

— **Société d'histoire naturelle de Toulouse**, fondée en 1866 et autorisée le 13 août de la même année.

Bulletin, t. I, 1867; t. XIX, 1885, in-8°.

— **Société de jurisprudence de Toulouse**, fondée en 1812 et autorisée le 19 août de la même année.

— ***Société de médecine, chirurgie et pharmacie de Toulouse**, fondée en 1801, reconnue comme établissement d'utilité publique le 4 avril 1853.

Bulletin, in-8°, formant 69 fascicules.

Revue médicale de Toulouse, t. I, 1867; t. XIX, 1885, in-8°.

Compte rendu, in-8°, paraissant par fascicules annuels depuis 1867.

Il a été dressé une table alphabétique de tous les travaux de la Société, de 1804 à 1863, in-8°.

— **Société de pharmacie du Sud-Ouest**, fondée en 1877.

Bulletin mensuel, in-8°.

— **Société des sciences physiques et naturelles de Toulouse**, fondée en 1871 et autorisée le 20 mars de la même année.

Bulletin, t. I, 1872-1873; t. IV, 1877-1878, in-8°.

GERS.

Auch. — **Société historique de Gascogne**, fondée en octobre 1859 sous le titre de *Comité d'histoire et d'archéologie de la province ecclésiastique d'Auch* et constituée en *Société historique* le 12 avril 1869.

Bulletin du Comité d'histoire et d'archéologie de la province ecclésiastique d'Auch, t. I, 1860; t. IV, 1863, in-8°.

Le tome IV renferme une table des travaux insérés dans ces 4 bulletins, qui a été tirée à part.

Revue de Gascogne, t. I, 1864; t. XXVI, 1885, in-8°.

Le tome X renferme (p. 563-572) une table des dix premiers volumes, qui a été tirée à part, in-8°. Le tome XV contient (p. 575-584) une table alphabétique générale.

Archives historiques de la Gascogne, dont 8 fascicules ont déjà paru, savoir :

Documents inédits sur la Fronde en Gascogne, publiés par M. J. de Carsalade du Pont. (Auch, 1883, in-8°.)

Auch. (Suite.)

Documents relatifs à la chute de la maison d'Armagnac-Fezensaguet et à la mort du comte de Pardiac, publiés par M. Paul Durrieu. (Auch, 1883, in-8°.)

Voyage à Jérusalem de Philippe de Voisins, seigneur de Montaut (1490), publié par M. Tamizey de Larroque. (Auch, 1883, in-8°.)

Les Huguenots en Bigorre. Documents inédits publiés par MM. C. Durier et J. de Carsalade du Pont. (Auch, 1884, in-8°.)

Chartes de coutumes inédites de la Gascogne toulousaine, publiées par M. E. Cabié. (Auch, 1884, in-8°.)

Les Huguenots dans le Béarn et la Navarre. Documents inédits publiés par M. Communay. (Auch, 1885, in-8°.)

Les Frères Prêcheurs en Gascogne aux XIIIe et XIVe siècles. Documents publiés par M. l'abbé Douais. (Auch, 1885, 2 vol. in-8°.)

Archives de la ville de Lectoure. Coutumes, statuts et records du XIIIe au XVIe siècle, publiés par M. P. Druilhet (sous presse).

Les comptes consulaires de Riscle (1440-1507), publiés par M. Paul Parfouru (sous presse).

Les sceaux gascons en fac-similé, avec des notices historiques (en préparation).

Le cartulaire de Saint-Mont, par M. J. Maumus (en préparation).

Le cartulaire municipal de Mirande, par M. J. Maumus (en préparation).

GIRONDE.

Arcachon. — **Société scientifique d'Arcachon**, fondée et autorisée le 11 mars 1863.

Comptes rendus 1867 et 1869, in-8°.

Bordeaux. — ***Académie des sciences, belles-lettres et arts de Bordeaux**, fondée en 1662, supprimée en 1793, reconstituée peu après sa suppression sous le nom de *Société d'agriculture*, qu'elle conserva de 1800 à 1816; reprit en 1816 son ancien titre, et fut *reconnue comme établissement d'utilité publique le 13 août 1828*.

L'ancienne Académie a publié, indépendamment des programmes, règlements, etc., un recueil des dissertations qui ont obtenu les prix des concours ouverts par l'Académie. Ces dissertations, réunies par un faux titre et portant chacune une pagination particulière, furent imprimées de 1715 à 1735; elles forment 6 volumes in-12. A partir de 1740, elles ont été imprimées in-4° et forment un nombre indéterminé de volumes.

La Société d'agriculture n'a publié aucun volume; ses procès-verbaux et mémoires étaient imprimés par les journaux et principalement par le *Bulletin polymathique*.

Séances publiques annuelles, de 1820 à 1839, et de 1880 à 1885, in-8°.

Bordeaux. (*Suite.*)

Actes, t. I, 1839; t. XLV, 1884, in-8°.

Une table des travaux de l'Académie de 1712 à 1846 a été dressée par M. de Lamothe et continuée jusqu'en 1860 par M. Jules de Gères.

Table historique et méthodique (1712-1875); documents historiques (1711-1713); catalogue des manuscrits de l'ancienne Académie (1712-1793). (Bordeaux, 1879, in-8°.)

Variétés girondines ou essai historique et archéologique sur la partie de l'ancien diocèse de Bazas renfermée entre la Garonne et la Dordogne, par M. Léo Drouyn. (Bordeaux, 1877-1884, 7 fascicules, in-8°.)

— **Académie royale de peinture et de sculpture de Bordeaux**, fondée en 1690; cesse d'exister en 1709, reconstituée en 1769 par des artistes bordelais sous le titre d'*Académie royale de peinture, sculpture et d'architecture civile et navale*; supprimée en 1793.

Elle n'a rien fait imprimer. Les mémoires et les procès-verbaux de la première Académie forment 1 volume in-folio, que la ville possède; ceux de la deuxième Académie forment 2 volumes in-folio, conservés par M. Jules Delpit.

— **Commission des monuments et documents historiques de la Gironde**, fondée en 1839.

Comptes rendus, t. I, 1840; t. VI, 1855, in-8°.

Une table alphabétique et analytique des matières contenues dans ces *Comptes rendus* a été publiée en 1865.

— **Conseil d'hygiène publique et de salubrité du département de la Gironde**, fondé en 1848.

Travaux, t. I, 1849-1851; t. XXVII, 1885, in-8°.

— **Société d'anatomie et de physiologie normale et pathologique de Bordeaux**, fondée le 9 mars 1880.

Bulletin, t. I, 1880-1881; t. V, 1884, in-8°.

— **Société des amis des arts de Bordeaux**, fondée le 15 avril 1851.

Comptes rendus annuels, in-8°.

— **Société d'anthropologie de Bordeaux et du Sud-Ouest**, fondée le 12 décembre 1883 et autorisée le 1er juillet 1884.

— **Société archéologique de la Gironde**, fondée au mois de septembre 1867 et autorisée le 26 août 1873.

Travaux, t. I, 1874; t. XII, 1885, in-8°.

Bordeaux. (*Suite.*)

— **Société des archives historiques de la Gironde**, fondée en 1858 et autorisée le 8 juillet de la même année.

Archives historiques du département de la Gironde, t. I, 1859; t. XXV, 1885, in-4°.

Les tomes XI et XX contiennent des tables chronologiques des documents publiés dans les 20 premiers volumes, et un glossaire des mots gascons qui se trouvent dans les textes publiés.

— **Société bibliographique de Bordeaux**, fondée en 1868.

Bulletin, mensuel, in-8°.

— **Société des bibliophiles de Guyenne**, fondée au mois de janvier 1866 et autorisée le 16 février suivant.

Tome I des publications, contenant : *La reprise de la Floride*, par M. Tamizey de Larroque; — *Étienne de La Boétie : Notes sur Plutarque*, par M. Reinhold Dezeimeris; — *Mémoires de Jean de Fabas*, par M. H. Barckhausen; — *Plainctes de la Guyenne au Roy*, par M. J. Delpit. (Bordeaux, 1867, in-8°.)

Tome II, contenant : *Poésies inédites grecques, latines et françaises, de Martin Despois*, publiées par M. Reinhold Dezeimeris; — *Supplément logarithmique de Leonelli*, par M. J. Houël; — *Louis XIII à Bordeaux*, par M. Tamizey de Larroque. (Bordeaux, 1876, in-8°.)

Les essais de Michel de Montaigne. Textes primitifs des trois premières éditions publiées pendant la vie de l'auteur, réimprimés par MM. Barckhausen et Reinhold Dezeimeris, t. I. (Bordeaux, 1870, in-8°.)

Chronique bordelaise de Jean de Gaufreteau, publiée par M. Jules Delpit, t. I. (Bordeaux, 1877, in-8°.)

Tablettes des bibliophiles de Guyenne, 2 vol. in-8°. — Le premier contient : *Les mœurs béarnaises*, par M. P. Raymond; — *Origines de l'imprimerie en Guyenne*, par M. Delpit. — Le second renferme : *Inventaire de la collection Payen*, par M. G. Richou; — *Lettres de Françoise de Lachassagne*, par M. Delpit.

— **Société d'économie politique de Bordeaux**, fondée en 1865 et reconstituée en 1862.

Bulletin, t. I, 1865-1866, in-8°.

— **Société pour l'étude et l'avancement des sciences naturelles dans le Sud-Ouest**, fondée en 1881.

Journal d'histoire naturelle de Bordeaux, publication mensuelle in-8°.

Annales des sciences naturelles de Bordeaux et du Sud-Ouest, t. I, 1882; t. IV, 1885, in-8°.

— **Société d'hygiène publique de Bordeaux**, fondée le 23 mars 1881.

Bordeaux. (Suite.)

— **Société de géographie commerciale de Bordeaux**, fondée le 14 novembre 1874 et autorisée le 30 avril 1879.

Bulletin, 1re série, t. I, 1874-1875; t. III, 1877, in-8°. — 2e série, t. I, 1878; t. VIII, 1885, in-8°.

Questionnaire général adressé à MM. les capitaines de navire, voyageurs et correspondants de la Société. (Bordeaux, 1875, in-8°.)

Carte géologique de la Gironde, dressée par M. Raulin.

Carte agricole de la Gironde, dressée par M. Malvezin.

— *Société linnéenne de Bordeaux, fondée le 9 juillet 1818, autorisée le 12 octobre 1827 et reconnue comme établissement d'utilité publique le 15 juin 1828.

Bulletin, t. I, 1826; t. III, 1829, in-8°.

Actes, 1re série, t. I; t. X, 1838, in-8°. — 2e série, t. I, 1839; t. X, 1855, in-8°. — 3e série, t. I, 1856; t. X, 1876, in-8°. — 4e série, t. I, 1877; t. VIII, 1884, in-8°.

Le tome XX renferme (p. 905) une table des travaux de la Société, de 1826 à 1855, publiée par M. Raulin.

Une table des matières contenues dans les tomes XXI à XXX de la Société a paru en 1877.

— *Société de médecine de Bordeaux, fondée le 6 juin 1798 et *reconnue comme établissement d'utilité publique le 26 août 1857*.

Journal, 1re série, t. I, 1829; t. VI, 1831. — 2e série, t. I, 1835; t. VIII, 1838. — 3e série, t. I, 1839; t. VIII, 1842, in-8°.

Journal de médecine et Recueil des travaux de la Société, 1re série, t. I, 1843; t. XIII, 1856. — 2e série, t. I, 1856; t. X, 1865. — 3e série, t. I, 1863; t. III, 1868. — 4e série, t. I, 1869; t. II, 1870, in-8°.

— **Société de médecine et de chirurgie de Bordeaux**, fondée en 1872.

Mémoires, t. I, 1880; t. VI, 1885, in-8°.

— **Société de pharmacie de Bordeaux**, fondée en 1834.

Mémoires, t. I, 1834-1858, in-8°.

Bulletin, t. I, 1860; t. XXV, 1885, in-8°.

Journal de pharmacie de Bordeaux, in-8°.

Les fonds de la mer, par MM. Léon Périé et de Follin, t. I. (Bordeaux, 1869, in-8°.)

— *Société philomathique de Bordeaux, fondée le 5 août 1808 et *reconnue comme établissement d'utilité publique le 27 juillet 1859*.

Bulletin, 1re série, t. I, 1802; t. XX, 1822, in-8°. — 2e série, t. I, 1856; t. XIV, 1869, in-8°. — 3e série, t. I, 1875; t. VI, 1881, in-8°.

BORDEAUX. (*Suite.*)

— **Société des sciences physiques et naturelles de Bordeaux**, fondée le 21 novembre 1850 et autorisée le 8 janvier 1851.

Mémoires, 1re série, t. I, 1855; t. X, 1875, in-8°. — 2e série, t. I, 1876; t. V, 1883, in-8°. — 3e série, t. I, 1884, in-8°.

Une table de la première série des *Mémoires* de la Société a paru en 1875.

HÉRAULT.

BÉZIERS. — *Société archéologique, scientifique et littéraire de Béziers*, fondée le 28 octobre 1834, autorisée le 6 avril 1835 et *reconnue comme établissement d'utilité publique* le 14 octobre 1874.

Bulletin, 1re série, t. I, 1836; t. VI, 1844, in-8°. — 2e série, t. I, 1858; t. XII, 1884, in-8°.

Une table des *Bulletins* de la 1re série a paru en 1857.

Li Breviari d'amor de Maffre Ermengaud, suivi de sa lettre à sa sœur. Introduction et glossaire, publié par M. Gabriel Azaïs. (Béziers, 1861, 2 vol. in-8°.)

Les troubadours de Béziers, par M. Gabriel Azaïs. (Montpellier, 1869, in-8°.)

— **Société d'étude des sciences naturelles de Béziers**, fondée en 1875.

Bulletin, t. I, 1876; t. X, 1885, in-8°.

— **Société littéraire et artistique de Béziers**, fondée en 1878 et autorisée le 26 juin de la même année.

MONTPELLIER. — **Académie des sciences et lettres de Montpellier**, fondée en 1706, sous le titre de *Société royale des sciences de Montpellier*, et ne formant, d'après les lettres patentes d'organisation du mois de février 1706, qu'*un seul et même corps* avec l'Académie des sciences de Paris; supprimée en 1793; reconstituée en 1795 sous le nom de *Société libre des sciences et belles-lettres de Montpellier*; supprimée de nouveau en 1815, réorganisée le 7 décembre 1846 sous sa dénomination actuelle, et autorisée le 28 mars 1847.

I. La Société royale des sciences a publié, de 1706 à 1793, deux volumes in-4° qui portent le titre d'*Histoire et Mémoires de la Société*. Le premier a été imprimé de 1764 à 1766; le second en 1768. Ils comprennent, dans une première partie, qui porte le titre d'*Histoire* : 1° le récit des principaux faits relatifs à l'établissement de la Société, de 1706 à 1730; 2° l'analyse des travaux académiques de tout genre qui ne parurent pas susceptibles d'une publication textuelle, mais seulement de notes ou d'extraits; ils comprennent les années 1706-1745; 3° les éloges des académiciens décédés de 1706 à 1737. Dans une deuxième partie, sous le titre de *Mémoires*, sont imprimés textuellement les mémoires des académiciens qui furent jugés dignes d'être conservés; ils sont au nombre de 42 dans le premier volume (1706-1730), et de 52 dans le second (1731-1745). Enfin quatre mémoires de savants étrangers à la

Montpellier. (*Suite.*)

Société terminent le deuxième volume. Ce plan est la reproduction fidèle de celui du recueil de l'Académie des sciences de Paris.

D'après un des articles des lettres patentes de février 1706, la Société royale avait le droit et l'obligation d'envoyer tous les ans, à l'Académie des sciences de Paris, un mémoire pour être imprimé dans son recueil. Le nombre des mémoires ainsi envoyés par elle et insérés au recueil de l'Académie, de 1707 à 1790, est de 62. Ils occupent la fin du volume et sont précédés de la note suivante : « Messieurs de la Société royale des sciences de Montpellier ont envoyé à l'Académie l'ouvrage qui suit, pour entretenir l'union intime qui doit être entre elles, comme ne faisant qu'un seul corps aux termes des statuts accordés par le Roi au mois de février 1706. » A ces 62 mémoires on peut en joindre d'autres qu'on trouve imprimés dans le recueil des savants étrangers de la même Académie.

La Société royale a, en outre, publié 35 cahiers in-4° contenant le compte rendu des assemblées publiques qu'elle a tenues à différentes époques, les mémoires et les éloges qui y ont été lus et les mémoires couronnés dans les concours qu'elle avait institués.

II. La Société libre des sciences et belles-lettres a publié 6 volumes in-8° de mémoires, de 1803 à 1815.

III. L'Académie des sciences et lettres, divisée en trois sections (médecine, sciences, lettres), a publié, depuis 1846, les volumes suivants :

Mémoires de la section de médecine, t. I, 1853; t. V, 1884, in-4°.

Mémoires de la section des sciences, t. I, 1850; t. X, 1884, in-4°.

Mémoires de la section des lettres, t. I, 1854; t. VII, 1884, in-4°.

Mémoires historiques et biographiques sur l'ancienne Société royale de Montpellier, par M. J. Castelnau. (Montpellier, 1858, in-4°.)

Procès-verbaux de la section des sciences, de 1847 à 1854, in-8°.

Compte rendu de la séance publique de l'année 1847, in-4°.

Rapport sur un projet d'association de l'Institut et des Académies de province. (Montpellier, 1858, in-4°.)

Rapport sur un projet, de M. le préfet de l'Hérault, d'établir, dans la salle du conseil général, une galerie des hommes célèbres du département, in-4°.

— **Société archéologique de Montpellier**, fondée le 23 septembre 1833 et autorisée le 29 novembre 1834.

Mémoires, t. I, 1835-1840; t. VIII, 1882-1884, in-4°.

Une table des *Mémoires* de la Société a paru au commencement du tome VIII.

Le petit Thalamus de Montpellier. (Montpellier, 1840, in-4°.)

Les coutumes de Perpignan, publiées par M. Massot. (Montpellier, 1848, in-4°.)

Catalogus episcoporum Magalonensium d'Arnaud de Verdale, publié par M. A. Germain. (Montpellier, 1881, in-4°.)

MONTPELLIER. (*Suite.*)

Liber instrumentorum memorialium. Cartulaire des Guillems de Montpellier. (Montpellier, 1884-1885, in-4°.)

— **Société des bibliophiles languedociens**, fondée en 1873.

— **Société pour l'étude des langues romanes**, fondée en janvier 1869 et autorisée le 24 mai 1870.

Bulletin, t. I, 1869-1871; t. II, 1877, in-8°.

Revue des langues romanes, 1re série, t. I, 1870-1871; t. VIII, 1875, in-8°. — 2e série, t. I, 1876; t. VI, 1878, in-8°. — 3e série, t. I, 1879; t. XIV, 1885, in-8°.

Le concours philologique et littéraire de l'année 1875. (Montpellier, 1874, in-8°.)

Poètes catalans. Les noves rimades. La Codolada, par M. Milà y Fontanals. (Montpellier, 1875, in-8°.)

Proverbes du pays de Béarn, énigmes et contes populaires, par M. V. Lespy. (Montpellier, 1876, in-8°.)

Ordenansas et coustumas del libre blanc, par M. Noulet. (Montpellier, 1876-1878, in-8°.)

Les patois de la basse Auvergne, leur grammaire et leur littérature, par M. Henri Doniol. (Montpellier, 1876-1877, in-8°.)

Dictionnaire des idiomes romans du midi de la France, comprenant les dialectes du haut et du bas Languedoc, de la Provence, de la Gascogne, du Béarn, du Quercy, du Rouergue, du Limousin, du bas Limousin et du Dauphiné, par M. Gabriel Azaïs. (Montpellier, 1877, 3 vol. in-8°.)

Las nonpareilhas receptas, publiées par M. Noulet. (Montpellier, 1878, in-8°.)

Turpini historia Karoli Magni et Rotholandi, publiée par M. Castets. (Montpellier, 1879, in-8°.)

Mémoires ou livre de raison d'un bourgeois de Marseille, publiés par M. Thénard. (Montpellier, 1880, in-8°.)

Il Fiore, poème italien inédit, publié par M. Castets. (Montpellier, 1881, in-8°.)

Mireio, traduite en prose dauphinoise, par M. Rivière. (Montpellier, 1882, in-8°.)

Le livre de l'Épervier, cartulaire de la commune de Millau, publié par M. L. Constans. (Montpellier, 1882, in-8°.)

Verses bezieirencs, par M. J. Azaïs. (Montpellier, 1884, in-8°.)

— **Société languedocienne de géographie**, fondée en 1877.

Bulletin, t. I, 1878; t. VIII, 1885, in-8°.

Congrès des Sociétés de géographie de France à Montpellier. (Montpellier, 1879, in-8°.)

MONTPELLIER. (*Suite.*)

— **Société d'horticulture et d'histoire naturelle de l'Hérault**, fondée en 1860, sous le titre de *Société d'horticulture et de botanique de l'Hérault.*

Annales, 1re série, t. I, 1860; t. VIII, 1868, in-8°. — 2e série, t. I, 1868; t. XVII, 1885, in-8°.

— **Société de médecine et de chirurgie pratique de Montpellier**, fondée en 1838.

Journal, t. I, 1840; t. XVI, 1847, in-8°.

Comptes rendus annuels, in-8°.

— **Société médicale d'émulation de Montpellier**, fondée en 1850 et autorisée en 1851.

Comptes rendus, in-8°, formant 4 livraisons qui répondent aux années 1867-1874.

ILLE-ET-VILAINE.

RENNES. — **Société archéologique du département d'Ille-et-Vilaine**, fondée en 1844 et réorganisée le 12 février 1863.

Procès-verbaux, t. I, 1844-1658, in-8°.

Bulletin, t. I, 1859; t. XVI, 1883-1884, in-8°.

Cartulaire de l'abbaye de Saint-Georges de Rennes, publié par M. Delabigne-Villeneuve. (Rennes, 1875-1876, in-8°.)

Inventaire des monuments mégalithiques du département d'Ille-et-Vilaine, par M. P. Bézier. (Rennes, 1883, in-8°.)

— **Société des sciences physiques et naturelles du département d'Ille-et-Vilaine**, fondée en 1860.

Mémoires, t. I, 1863-1865, in-8°.

INDRE-ET-LOIRE.

TOURS. — *****Société d'agriculture, sciences, arts et belles-lettres du département d'Indre-et-Loire**, fondée en 1761, sous la dénomination de *Société royale d'agriculture;* remplacée en l'an VII par la *Société d'agriculture, arts et commerce;* réorganisée le 22 décembre 1805 par sa réunion avec la *Société des sciences, arts et belles-lettres de Tours*, qui avait été fondée en l'an VI; autorisée en 1806 et reconnue comme *établissement d'utilité publique* le 1er décembre 1855.

Recueil des délibérations et des mémoires de la Société royale d'agriculture de la généralité de Tours pour l'année 1761. (Tours, 1763, in-8°.)

Recueil des séances publiques, n° 1, 1803; n° 10, 1806-1810, in-8°.

Tours. (*Suite.*)

> *Annales*, 1re série, t. I, 1821; t. XL, 1861, in-8°. — 2° série, t. XLI, 1862; t. LXIV, 1885, in-8°.
>
> Une table des articles contenus dans les *Annales*, de 1821 à 1845 inclusivement, a été publiée par M. de Sourdeval en 1846.
>
> *Flore complète d'Indre-et-Loire.* (Tours, 1833, in-8°.)
>
> *Tableau de la province de Touraine (1762-1766). Administration, agriculture, industrie, commerce, impôts,* publié par M. l'abbé Chevalier. (Tours, 1863, in-8°.)

— **Société des amis des arts de la Touraine**, fondée et autorisée le 15 février 1881.

— ***Société archéologique de Touraine**, fondée en 1840, autorisée le 18 octobre de la même année et *reconnue comme établissement d'utilité publique* le 10 juin 1872.

> *Mémoires*, t. I, 1842; t. XXXIII, 1885, in-8°.
>
> Une table des 14 premiers volumes des *Mémoires* a paru dans le tome XV en 1864.
>
> *Bulletin*, t. I, 1868; t. VI, 1884, in-8°.
>
> *Chroniques de Touraine*, par M. André Salmon. (Tours, 1854, in-8°.)
>
> *Supplément aux Chroniques de Touraine*, par M. André Salmon. (Tours, 1856, in-8°.)
>
> *Cartulaire de Cormery précédé de l'histoire de l'abbaye et de la ville de Cormery*, publié par M. l'abbé Bourassé. (Tours, 1861, in-8°.)
>
> *Catalogue analytique des diplômes, chartes et actes relatifs à l'histoire de Touraine contenus dans la collection de dom Housseau*, rédigé par M. Émile Mabille. (Tours, 1863, in-8°.)
>
> *Le livre des serfs de Marmoutier, précédé d'un essai sur le servage en Touraine*, publié par MM. André Salmon et de Grandmaison. (Tours, 1864, in-8°.)
>
> *Les églises romanes en Touraine, du VIe au XIe siècle*, par M. l'abbé Bourassé et M. l'abbé Chevalier. (Tours, 1868, in-8°.)
>
> *Documents inédits pour servir à l'histoire des arts en Touraine*, publiés par M. de Grandmaison. (Tours, 1870, in-8°.)
>
> *Origines de l'église de Tours*, par M. l'abbé Chevalier. (Tours, 1871, in-8°.)
>
> *Saint Gatien, époque de sa mission dans les Gaules*, par M. Jehan. (Tours, 1871, in-8°.)
>
> *Cartulaire de l'abbaye de Noyers*, publié par M. l'abbé Chevalier. (Tours, 1873, in-8°.)
>
> *Histoire de l'abbaye de Marmoutier, par dom Martène*, publiée par M. l'abbé Chevalier. (Tours, 1874, in-8°.)
>
> *Chronique de l'abbaye de Beaumont-lez-Tours*, publiée par M. de Grandmaison. (Tours, 1877, in-8°.)

Tours. (*Suite.*)

Dictionnaire géographique, historique et biographique d'Indre-et-Loire, par M. Carré de Busserolle. (Tours, 1878-1884, 6 vol. in-8°.)

Les artistes tourangeaux. Notes et documents inédits, publiés par M. le Dr E. Giraudet. (Tours, 1885, in-8°.)

— **Société de géographie de Tours**, fondée et autorisée le 27 mai 1884.

Revue, t. I; t. II, 1885, in-8°.

Annuaire annuel, in-8°.

— **Société médicale d'Indre-et-Loire**, fondée et autorisée le 19 janvier 1801.

Précis de la constitution médicale, 1806-1832, in-8°.

Recueil des travaux, trimestriel et formant une 2° série depuis 1833, in-8°.

ISÈRE.

Grenoble. — **Académie delphinale**, fondée en 1772 sous le nom de *Société littéraire* et autorisée en mars 1789. Pendant la Révolution, elle a successivement porté les noms de *Société d'amis des sciences, arts et belles-lettres de la commune de Grenoble*, de *Lycée*, et de *Société des sciences et arts*; le 7 juin 1844, elle a repris son titre actuel.

Mémoires de la Société littéraire de Grenoble, t. I, 1787; t. III, 1789, in-4°.

L'ancienne Académie delphinale a publié un fascicule, 1790, in-4°. La Société des amis des sciences, arts et belles-lettres, et le Lycée des sciences et arts ont publié 5 fascicules in-8° en l'an IV, l'an VIII, l'an X, en 1806 et 1811.

Bulletin de l'Académie delphinale, 1re série, t. I, 1846; t. V, 1857, in-8°. — 2° série, t. I, 1861; t. III, 1864-1865, in-8°. — 3° série, t. I, 1866; t. XVIII, 1883, in-8°.

Documents inédits relatifs au Dauphiné. Cette collection se compose actuellement de 3 volumes, savoir :

Cartulaires du prieuré de Saint-Robert de Cornillon et de l'ancienne chartreuse des Écouges, publiés par M. l'abbé Auvergne. (Grenoble, 1865, in-8°.)

Cartulaire de l'église et de la ville de Die; nécrologe de Saint-Robert de Cornillon; hagiologe et chroniques de Vienne; chronique de Valence; cartulaire dauphinois de l'abbaye de Saint-Chaffre; pouillés des diocèses de Vienne, Valence, Die et Grenoble, publiés par M. l'abbé C.-U.-J. Chevalier. (Grenoble, 1868, in-8°.)

La topographie militaire de la frontière des Alpes, par M. de Montannel, éditée par les soins de M. A. de Rochas d'Aiglun. (Grenoble, 1875, in-8°.)

— **Société des sciences naturelles du Sud-Est**, fondée en juillet 1881 et autorisée le 8 septembre de la même année.

Grenoble. (*Suite.*)

— *Société de statistique, des sciences naturelles et des arts industriels de l'Isère, fondée en 1838 et *reconnue comme établissement d'utilité publique le* 16 mars 1874.

    Bulletin, 1re série, t. I, 1840; t. V, 1850, in-8°. — 2e série, t. I, 1851; t. VII, 1867, in-8°. — 3e série, t. I, 1867; t. XIV, 1885, in-8°.

— Société des touristes du Dauphiné, fondée en 1875.

    Annuaire, t. I, 1875; t XI, 1885, in-8°.

JURA.

Lons-le-Saunier. — Société d'émulation du Jura, fondée et autorisée en 1817.

    Mémoires, 1re série, t. I, 1818; t. XXXII, 1874, in-8°. — 2e série, t. I, 1875; t. V, 1879, in-8°. — 3e série, t. I, 1880; t. VI, 1885, in-8°.

    Histoire d'un village franc-comtois. Ménotey depuis l'époque gauloise jusqu'à la Révolution, par M. l'abbé Jacques. (Lons-le-Saunier, 1883, in-8°.)

Poligny. — *Société d'agriculture, sciences et arts de Poligny, fondée et autorisée au mois de décembre 1859 et *reconnue comme établissement d'utilité publique* en 1869.

    Bulletin, t. I, 1860; t. XXVI, 1885, in-8°.

LANDES.

Dax. — Société de Borda, fondée le 15 février 1876 et approuvée le 5 avril de la même année.

    Bulletin, t. I, 1876; t. X, 1885, in-8°.

    Congrès scientifique tenu à Dax en 1882. (Dax, 1882, in-8°.)

LOIR-ET-CHER.

Blois. — Société d'excursions artistiques de Loir-et-Cher, fondée en 1879.

— Société d'histoire naturelle de Loir-et-Cher, fondée en 1881.

— Société des sciences et lettres de Loir-et-Cher, fondée en décembre 1832, autorisée le 27 mai 1861, supprimée le 8 juillet 1862, reconstituée et autorisée le 17 octobre de la même année.

    Mémoires, t. I, 1833; t. IX, 1875-1877, in-8°.

    Bulletin, formant 4 livraisons qui répondent aux années 1870-1872, et dont la publication a été interrompue; tient lieu du tome VIII des *Mémoires*; in-8°.

Blois. (*Suite.*)

Histoire du royal monastère de Saint-Laumer de Blois, par dom Noël Mars, publiée par M. Dupré. (Blois, 1869, in-8°.)

Vendôme. — *Société archéologique, scientifique et littéraire du Vendômois, fondée le 1er janvier 1862; autorisée le 11 mars 1867 et *reconnue comme établissement d'utilité publique le 15 mars 1877.*

Bulletin, t. I, 1862; t. XXIV, 1885, in-8°.

Le tome X contient (p. 147-156) une table des *Bulletins* que la Société a fait paraître de 1862 à 1871.

LOIRE.

Montbrison. — *La Diana. Société historique et archéologique du Forez, fondée le 29 août 1862 et *reconnue comme établissement d'utilité publique le 13 février 1869.*

Procès-verbaux des séances, t. I, 1863; t. II, 1865, in-8°.

Bulletin, t. I, 1876-1881; t. III, 1885, in-8°.

Recueil de mémoires et documents sur le Forez, t. I, 1873; t. VIII, 1885, in-8°.

Catalogue de la bibliothèque de la Diana, dressé par M. L. Gras. (Montbrison, 1865, in-8°.)

Saint-Étienne. — Société d'agriculture, industrie, sciences, arts et belles-lettres du département de la Loire, fondée le 1er mai 1822 sous le nom de *Société d'agriculture, arts et commerce de l'arrondissement de Saint-Étienne;* remplacée par la *Société agricole et industrielle* de 1845 à 1856, reconstituée en 1856 sous son nom actuel, et autorisée le 29 novembre de la même année.

Bulletin d'industrie agricole et manufacturière, t. I, 1823; t. XXVII, 1856, in-8°.

Le tome XXVII contient (p. 67-70) une table des matières contenues dans le *Bulletin*.

Annales, 1re série, t. I, 1857; t. XXIV, 1880, in-8°. — 2e série, t. I, 1881; t. V, 1885, in-8°.

Catalogue des ouvrages relatifs au Forez et au département de la Loire, par MM. Chaverondier et Maurice. (Saint-Étienne, 1867-1884, 3 vol. in-8°.)

— Société de l'industrie minérale de Saint-Étienne, fondée le 29 avril 1855.

Bulletin trimestriel, 1re série, t. I, 1855; t. XV, 1870, in-8°, avec 15 atlas. — 2e série, t. I, 1872; t. XIV, 1885, in-8°, avec 5 atlas.

Une table des articles contenus dans les 15 premiers volumes du *Bulletin* a paru en 1871.

Comptes rendus mensuels des séances, in-8°.

Ces fascicules paraissent régulièrement chaque mois depuis l'année 1872.

SAINT-ÉTIENNE. (*Suite.*)

— **Société de médecine de Saint-Étienne et de la Loire,** fondée en décembre 1856.

    Annales, t. I, 1857-1860; t. VIII, 1884, in-8°.

— **Société des sciences naturelles et des arts de Saint-Étienne,** fondée en 1847.

    Bulletin, t. I, 1850-1856, in-8°.

LOIRE (HAUTE-).

LE PUY. — **Société agricole et scientifique de la Haute-Loire,** primitivement *Société des amis des sciences, de l'industrie et des arts de la Haute-Loire*, fondée en février 1878 et approuvée le 9 mars de la même année.

— **Société d'agriculture, sciences, arts et commerce du Puy,** fondée en 1819 et autorisée le 15 octobre 1823.

    Mémoires, instructions et notices, 1821, in-8°.

    Annales, 1re série, t. I, 1826; t. XXXIII, 1877, in-8°. — 2e série, t. I, 1878; t. II, 1879-1880, in-8°.

    Une table des articles contenus dans les *Annales* de la Société jusqu'en 1876 a été dressée par M. Gerbier.

    Bulletin agronomique et industriel, t. I, 1836; t. V, 1847, in-8°.

    Bulletin de la Commission des recherches historiques, 1859, in-8°.

    *Le livre de Podio ou Chroniques d'Étienne Médicis, bourgeois du Puy (**1475-1565**)*, publié par M. Auguste Chassaing. (Le Puy, 1869-1874, 2 vol. in-4°.)

    *Mémoires de Jean Burel, bourgeois du Puy (**1560-1623**)*, publiés par M. Auguste Chassaing. (Le Puy, 1875, in-4°.)

LOIRE-INFÉRIEURE.

NANTES. — *__Société académique de Nantes et de la Loire-Inférieure,__ fondée le 18 août 1798 sous le nom d'*Institut départemental des sciences et arts*, qu'elle a conservé jusqu'en 1848, autorisée en 1817 et *reconnue comme établissement d'utilité publique* le 27 décembre 1877.

    Mémoires, discours et rapports de 1798 à 1808.

    Séances publiques de 1808 à 1829, formant 12 fascicules in-8°.

    Annales, t. I, 1830; t. XLI, 1870, in-8°. — 5e série, t. I, 1871; t. IX, 1879, in-8°. — 6e série, t. I, 1880; t. VI, 1885, in-8°.

    Journal de médecine de l'Ouest, paraissant chaque trimestre depuis 1825.

    Une table manuscrite des travaux de la Société de 1798 à 1834, dressée par M. Mellinet, est déposée à la bibliothèque du Comité des travaux historiques et scientifiques.

Nantes. (*Suite.*)

— **Société archéologique de Nantes et de la Loire-Inférieure**, fondée le 9 août 1845, réorganisée et approuvée le 15 mai 1855.

Bulletin, t. I, 1859-1861; t. XXV, 1885, in-8°.

Essai sur l'histoire de la ville et du comté de Nantes, par *Gérard Mellier, maire de Nantes, trésorier de France, général des finances, subdélégué de l'intendance de Bretagne*, manuscrit publié par M. Léon Maître. (Nantes, 1872, in-8°.)

— **Société des bibliophiles bretons et de l'histoire de Bretagne**, fondée en 1877.

Bulletin, t. I, 1877-1878; t. VIII, 1884-1885, in-8°.

Mélanges historiques, littéraires et bibliographiques. Cette collection se compose des volumes suivants:

Œuvres françaises d'Olivier Maillard, publiées par M. Arthur de la Borderie. (Nantes, 1877, in-8°.)

Choix de documents inédits sur l'histoire de la Ligue en Bretagne, par M. Anatole de Barthélemy. (Nantes, 1879, in-8°.)

L'imprimerie en Bretagne au XVe siècle. (Nantes, 1878, in-8°.)

Le roman d'Aquin ou la conqueste de la Bretaigne par le roy Charlemaigne, publiée par F. Joüon des Longrais. (Nantes, 1880, in-8°.)

— **Société de géographie commerciale de Nantes**, fondée en 1882.

Bulletin, t. I, 1883; t. III, 1885, in-8°.

— **Société industrielle de Nantes**, fondée en 1830 et autorisée le 21 mai 1845.

— **Société nantaise de photographie**, fondée en 1881.

Bulletin, t. I, 1881; t. V, 1885, in-8°.

LOIRET.

Orléans. — **Académie de Sainte-Croix**, fondée le 12 mai 1863 et autorisée le 5 novembre 1869.

Lectures et mémoires, t. I, 1872; t. IV, 1880, in-8°

— ***Société d'agriculture, sciences, belles-lettres et arts d'Orléans**, fondée le 18 avril 1807 en remplacement de l'ancienne *Académie des sciences, arts et belles-lettres*, disparue à la Révolution, autorisée le 18 mai suivant et reconnue comme établissement d'utilité publique le 5 mars 1875.

Bulletin de la Société des sciences physiques, de médecine et d'agriculture d'Orléans, t. I, 1810; t. VII, 1813, in-8°.

Annales de la Société des sciences, belles-lettres et arts d'Orléans, t. I, 1819; t. XIV, 1837, in-8°.

Mémoires, 1re série, t. I, 1837; t. X, 1852, in-8°. — 2e série, t. I, 1852; t. XXVI, 1885, in-8°.

Une table des articles contenus dans les 46 premiers volumes publiés par la Société, de 1810 à 1874, a été dressée par M. le Dr Charpignon.

ORLÉANS. (Suite.)

— **Société des amis des arts d'Orléans**, fondée le 19 novembre 1865.

— *Société historique et archéologique de l'Orléanais, fondée le 23 janvier 1848, autorisée en 1854 et *reconnue comme établissement d'utilité publique* le 8 février 1865.

Mémoires, t. I, 1851; t. XIX, 1884, in-8°.
Bulletin, t. I, 1848-1853; t. VIII, 1883-1885, in-8°.
Étude sur le Roman de la Rose. (Orléans, 1853, in-8°.)
Cartulaire de l'abbaye de Notre-Dame de Beaugency, publié par M. Vignat. (Orléans, 1879, in-8°.)

— **Société littéraire de l'Orléanais**, fondée en 1856.

Bulletin, t. I, 1856-1858, in-8°.

LOT.

CAHORS. — **Société agricole et industrielle du département du Lot**, fondée en 1834.

Bulletin, t. I, 1836; t. LI, 1885, in-8°.

— **Société des études littéraires, scientifiques et artistiques du Lot**, fondée le 17 août 1872, et autorisée le 10 décembre suivant.

Bulletin, t. I, 1873; t. X, 1885, in-8°.
Séances publiques, de 1872 à 1877, formant 4 fascicules in-8°.

LOT-ET-GARONNE.

AGEN. — *Société d'agriculture, sciences et arts d'Agen, fondée le 1ᵉʳ février 1784, autorisée le 5 juillet 1788 et *reconnue comme établissement d'utilité publique* le 9 janvier 1861.

Recueil des travaux, 1ʳᵉ série, t. I, 1804; t. IX, 1858-1859, in-8°. — 2ᵉ série, t. I, 1861-1863; t. IX, 1885, in-8°.

Il existe une table de la 1ʳᵉ série à la fin du tome IX (p. 415-441).

Revue de l'Agenais, t. I, 1873; t. XII, 1885, in-8°. Cette revue est publiée sous la direction de la Société depuis l'année 1879.

Flore agenaise ou description méthodique des plantes observées dans le département de Lot-et-Garonne et dans quelques parties des départements voisins, par B. de Saint-Aman. (Agen, 1821, in-8°.)

— **Société agenaise de géographie**, fondée le 22 mars 1879.

— **Société du musée d'Agen**, fondée le 20 décembre 1877.

LOZÈRE.

Mende. — *Société d'agriculture, industrie, sciences et arts du département de la Lozère, fondée le 28 octobre 1819, autorisée le 27 décembre de la même année et *reconnue comme établissement d'utilité publique* le 3 décembre 1856.

Mémoires, 1re série, t. I, 1827; t. XVI, 1847-1849, in-8°.

Une table générale des *Mémoires* de la Société a été dressée par M. Ignon en 1850.

Bulletin, 2e série, t. I, 1850; t. XXXVI, 1885, in-8°.

Il existe trois tables décennales des volumes publiés de 1850 à 1859, de 1860 à 1869, et de 1870 à 1879, in-8°.

En 1867, il a été publié une table de la partie historique, scientifique et littéraire, de 1827 à 1865, dressée par M. André.

MAINE-ET-LOIRE.

Angers. — **Comité historique et artistique de l'Ouest**, fondé en 1873.

Excursions en Touraine. (Angers, 1875, in-8°.)

Excursion en basse Bretagne. (Angers, 1876, in-8°.)

— **Société académique de Maine-et-Loire**, fondée le 28 janvier 1857 et autorisée le 6 février suivant.

Mémoires, t. I, 1857; t. XL, 1885, in-8°.

Une table méthodique des 30 premiers volumes, rédigée par M. Boreau, se trouve à la fin du tome XXX, p. 137-149.

Procès-verbaux des séances, t. I, 1877-1879; t. II, 1880-1881, in-8°.

— **Société d'agriculture, sciences et arts d'Angers**, autorisée le 25 juin 1831 et *reconnue comme établissement d'utilité publique* le 5 mai 1833.

Travaux du Comice agricole, t. I, 1838; t. V, 1855, in-8°.

Mémoires, 1re série, t. I, 1831-1834; t. VII, 1848, in-8°. — 2e série, t. I, 1848; t. VIII, 1857, in-8°. — 3e série, t. I, 1858; t. XXVII, 1885, in-8°.

Statistique de Maine-et-Loire. Première partie. Statistique naturelle, par M. Devaux. (Angers, 1834, in-8°.)

Répertoire archéologique de l'Anjou, paraissant par livraisons mensuelles, in-8°, depuis 1859.

— **Société d'études scientifiques d'Angers**, fondée le 27 décembre 1871.

Bulletin, t. I, 1871; t. XV, 1885, in-8°.

Angers. (*Suite.*)

— **Société industrielle et agricole d'Angers**, fondée en février 1830 et autorisée le 4 novembre suivant.

Bulletin, t. I, 1830; t. LVI, 1885, in-8°.

Il a été dressé une table générale et analytique des 20 premiers volumes.

— **Société linnéenne de Maine-et-Loire**, fondée en 1852, a remplacé la *Société des botanistes chimistes*, qui a existé de 1777 à 1793, et la *Société des naturalistes*, fondée en 1798 et dissoute en 1830.

Annales, t. I, 1853; t. XVII, 1880, in-8°.

— **Société de médecine d'Angers**, fondée en 1839.

Bulletin annuel, in-8°.

— **Société de pharmacie de Maine-et-Loire**, fondée en 1873.

Bulletin, t. I, 1873; t. XII, 1885, in-8°.

— **Société des vétérinaires de l'Ouest**, fondée en 1841 et autorisée le 26 avril de la même année.

Cholet. — **Société des sciences et arts de Cholet**, autorisée le 24 novembre 1880.

MANCHE.

Avranches. — **Société d'archéologie, de littérature, sciences et arts d'Avranches**, fondée le 16 juillet 1834 et autorisée le 9 avril 1836.

Mémoires, t. I, 1842; t. V, 1882, in-8°,

Revue, paraissant par livraisons trimestrielles, t. I, 1882-1883; t. II, 1884-1885, in-8°.

Carentan. — **Académie normande**, fondée en 1882 et autorisée le 8 février 1883.

Revue, t. I, 1883; t. III, 1885, in-8°.

Cherbourg. — **Société académique de Cherbourg**, fondée le 14 janvier 1755 et autorisée le 9 mars 1773 et en 1810.

Mémoires, t. I, 1833; t. XIII, 1879, in-8°.

De 1755 à 1793, et de 1807 à 1833, cette Société n'a publié que des comptes rendus annuels et sommaires de ses travaux.

— **Société artistique et industrielle de Cherbourg**, fondée en 1876.

Bulletin, t. I, 1876-1877; t. VIII, 1884-1885, in-8°.

CHERBOURG. (*Suite.*)

— *Société des sciences naturelles de Cherbourg, fondée le 30 décembre 1851, autorisée le 17 août 1852 et *reconnue comme établissement d'utilité publique le 26 août 1865.*

Mémoires, 1re série, t. I, 1851-1853; t. X, 1864, in-8°. — 2e série, t. XI, 1865; t. XX, 1876, in-8°. — 3e série, t. XXI, 1877-1878; t. XXIV, 1884, in-8°.

A la fin du tome X (p. 345-382), M. Le Jolis a dressé une table méthodique et alphabétique des 10 volumes de la 1re série.

Une table semblable pour les 10 volumes de la 2e série (1865-1876) se trouve à la fin du tome XX.

Catalogue de la bibliothèque de la Société, par M. Auguste Le Jolis. (Cherbourg, 1870-1872, in-8°.)

Compte rendu de la séance extraordinaire tenue par la Société, le 30 décembre 1876, à l'occasion du 25e anniversaire de sa fondation. (Cherbourg, 1877, in-8°.)

COUTANCES. — **Société académique du Cotentin**, fondée le 22 février 1872 et autorisée au mois de juin de la même année.

Mémoires, t. I, 1875; t. IV, 1884, in-8°.

SAINT-LÔ. — **Société d'agriculture, d'archéologie et d'histoire naturelle du département de la Manche**, autorisée le 9 août 1836.

Notices, mémoires et documents, t. I, 1861; t. VI, 1885, in-8°.

VALOGNES. — **Société archéologique, artistique, littéraire et scientifique de l'arrondissement de Valognes**, fondée le 7 novembre 1878 et autorisée le 31 décembre suivant.

Mémoires, t. I, 1879-1880; t. III, 1882-1884, in-8°.

MARNE.

CHÂLONS-SUR-MARNE. — *Société d'agriculture, commerce, sciences et arts du département de la Marne, fondée le 18 août 1798 et *reconnue comme établissement d'utilité publique le 31 août 1863.*

Mémoires, paraissant et formant chaque année un volume in-8°, depuis 1807.

REIMS. — *Académie nationale de Reims, fondée le 15 mai 1841, autorisée le 6 décembre suivant et *reconnue comme établissement d'utilité publique le 15 décembre 1846.*

Annales, t. I, 1843; t. II, 1844, in-8°.

Séances, contenant les procès-verbaux des séances et publiées en quatre cahiers trimestriels, t. I, 1844; t. XVI, 1852, in-8°.

Travaux, t. XVII, 1852; t. LXXV, 1883-1884, in-8°.

Une table générale des *Annales* et des *Travaux* de l'Académie, de 1841 à 1882, a été publiée par M. Henri Jadart en 1883 et forme le 72e volume de la collection.

REIMS. (*Suite.*)

    Histoire de la ville, cité et université de Reims, par dom Guillaume Marlot. (Reims, 1843-1846, 4 vol. in-4°.)

    Histoire de l'église de Reims, par Flodoard, avec traduction par M. Lejeune. (Reims, 1854, 2 vol. in-8°.)

    Chronique de Flodoard, avec traduction de M. Bandeville. (Reims, 1855, in-8°.)

    Histoire des Gaules au xe siècle, par Richer, avec traduction, par M. Poinsignon. (Reims, 1855, in-8°.)

    Documents inédits tirés de la bibliothèque de Reims, publiés sous la direction de M. Loriquet, savoir :

    Journalier de J. Pusson. (Reims, 1858, in-8°.)

    Correspondance de Babou de La Bourdaisière, ambassadeur à Rome. (Reims, (1859, in-8°.)

    Correspondance du duc de Mayenne. (Reims, 1860-1864, 2 vol. in-8°.)

    Mémoires de Oudard Coquault. (Reims, 1875, 2 vol. in-8°.)

— *Société industrielle de Reims,* fondée en 1833 et *reconnue comme établissement d'utilité publique* le 17 novembre 1861.

    Bulletin, t. I, 1858; t. XII, 1885, in-8°.

    Cours d'économie politique, par M. Cadet. (Reims, 1868, in-8°.)

    Cours d'hygiène, par MM. les docteurs Doyen, Brébant, A. et H. Henrot.

    Cours de matières premières, par M. Gauzentes. (Reims, 1868-1870, 2 vol. in-8°.)

    Compte rendu de l'Exposition universelle de 1867, par M. Gauzentes. (Reims, 1867, in-8°.)

VITRY-LE-FRANÇOIS. — **Société des sciences et arts de Vitry-le-François,** fondée le 27 février 1861 et autorisée le 12 décembre 1866.

    Bulletin, t. I, 1867; t. XII, 1882, in-8°.

    L'élection de Vitry-le-François. (Tours, 1877-1878, in-4°.)

    L'invasion allemande en 1544. Fragments d'une histoire militaire et diplomatique de l'expédition de Charles Quint, par M. Charles Paillard, publiés par M. G. Hérelle. (Paris, 1884, in-8°.)

MARNE (HAUTE-).

LANGRES. — *Société historique et archéologique de Langres,* fondée le 21 mai 1836, autorisée le 17 juillet suivant et *reconnue comme établissement d'utilité publique* le 24 décembre 1859.

    Mémoires, t. I, 1846-1860; t. III, 1877-1884, in-4°.

    Bulletin, t. I, 1872-1877; t. II, 1877-1886, in 8°.

LANGRES. (*Suite.*)

Essai sur l'histoire et la généalogie des sires de Joinville (1008-1386), par M. J. Simonnet. (Langres, 1876, in-8°.)

Cartulaire du prieuré de Saint-Étienne de Vignory, publié par M. J. d'Arbaumont. (Langres, 1882, in-8°.)

SAINT-DIZIER. — **Société des lettres, des sciences, des arts, de l'agriculture et de l'industrie de Saint-Dizier**, fondée et autorisée au mois de janvier 1880.

Mémoires, t. I, 1880-1881; t. III, 1884, in-8°.

Notice sur le village d'Éclaron, par M. de Hédouville. (Saint-Dizier, 1882, in-8°.)

MAYENNE.

CHÂTEAU-GONTIER. — **Société médicale de Château-Gontier**, fondée en 1833 et autorisée le 1er octobre 1838.

LAVAL. — **Commission historique et archéologique de la Mayenne**, instituée le 17 janvier 1878.

Procès-verbaux et documents, t. I, 1878-1879; t. III, 1882-1883, in-8°.

— *****Société de l'industrie de la Mayenne**, fondée en 1850, autorisée le 11 février 1851 et *reconnue comme établissement d'utilité publique* le 30 mars 1854.

Bulletin, t. I, 1853; t. IV, 1867, in-8°.

Compte rendu de l'exposition ouverte à Laval le 1er septembre 1852. (Laval, 1853, in-8°.)

— **Société météorologique de Laval**, reconstituée le 19 octobre 1878.

MAYENNE. — **Société d'archéologie, sciences, arts et belles-lettres de Mayenne**, fondée le 5 octobre 1864 et autorisée le 12 juillet 1865.

Bulletin, t. I, 1865, in-4°.

MEURTHE-ET-MOSELLE.

BRIEY. — **Société d'archéologie et d'histoire de Briey**, fondée en 1871 et siégeant précédemment à Metz.

NANCY. — *****Académie de Stanislas**, fondée le 28 décembre 1750, autorisée en 1751 et *reconnue comme établissement d'utilité publique* le 21 juin 1864.

Mémoires, 1re série, t. I, 1754; t. IV, 1759, in-8°. — 2e série, t. I, 1803; t. XIV, 1832, in-8°. Cette série a été publiée sous le titre de *Précis des travaux*. — 3e série, t. I, 1833; t. XXXV, 1850, in-8°. — 4e série, t. I, 1851; t. XV, 1882, in-8°. — 5e série, t. I, 1883; t. III, 1885, in-8°.

Une table alphabétique des matières et des noms d'auteurs contenus dans les trois premières séries des *Mémoires* de l'Académie de Stanislas (1750-1866) a été publiée par M. Simonin en 1870.

Nancy. (Suite.)

— **Conseil d'hygiène publique et de salubrité du département deMeurthe-et-Moselle**, fondé en 1851.

Travaux, t. I, 1852; t. XIII, 1876, in-8°.

— ***Société d'archéologie lorraine et du musée historique lorrain**, fondée le 28 octobre 1848 sous le titre de *Société d'archéologie lorraine* et reconnue comme établissement d'utilité publique le 9 janvier 1861.

Mémoires, 1re série, t. I, 1850; t. VIII, 1858, in-8°. Cette première série a été publiée sous le titre de *Bulletins*. — 2e série, t. I, 1859; t. XIV, 1872, in-8°. — 3e série, t. I, 1873; t. XIII, 1885, in-8°.

Une table des 22 premiers volumes, préparée par M. A. Benoit, revue et complétée par MM. Ch. Laprévote et H. Lepage, a été publiée séparément en 1874.

Journal, t. I, 1852; t. XXXIV, 1885, in-8°.

Inauguration de la galerie des Cerfs au palais ducal de Nancy, le 20 mai 1862. (Nancy, 1862, in-8°.)

Recueil de documents sur l'histoire de Lorraine. — Sous ce titre, la Société a fait paraître, à partir de 1855, une collection de mémoires anciens, chroniques et documents divers, concernant l'histoire de la province. Cette collection est parvenue à son seizième volume et comprend les ouvrages suivants :

La généalogie ducale de Lorraine, d'après les titres de l'église de Saint-Dié, publiée par M. Beaupré; — *Pièces historiques diverses concernant la Lorraine*, publiées par M. H. Lepage; — *Mémoire présenté aux États de la Ligue, par le duc de Lorraine Charles III, en 1593*, publié par M. A. Digot. (Nancy, 1855, in-8°.)

Relation de la guerre des Rustauds, par Nicole Volcyr. Réimpression de l'édition de Paris de 1526. (Nancy, 1856, in-8°.)

Inventaire des titres enlevés de La Mothe en 1634, publié par M. H. Lepage. (Nancy, 1858, in-8°.)

Journal de Pierre Vuarin, garde-notes à Étain (1587-1666); — *L'origine de bataille et chevalerie*, poème inédit par Émond du Boullay, héraut d'armes de Lorraine; — *Mémoire concernant les États de Lorraine et du Barrois*, dressé en 1697 par M. de Vaubourg des Marêts. (Nancy, 1858, in-8°.)

La chronique de Lorraine, publiée par M. l'abbé Marchal. (Nancy, 1859, in-8°.)

Documents inédits sur la guerre des Rustauds, publiés par M. H. Lepage. (Nancy, 1861, in-8°.)

Voyage de dom Thierry Ruinart en Lorraine et en Alsace, publié par M. l'abbé Marchal. (Nancy, 1862, in-8°.)

Pouillé du diocèse de Toul, rédigé en 1402, publié par M. H. Lepage. (Nancy, 1863, in-8°.)

Lettres et instructions de Charles III, duc de Lorraine, relatives aux affaires de la Ligue, publiées par M. H. Lepage. (Nancy, 1864, in-8°.)

Lettres d'Élisabeth-Charlotte d'Orléans, duchesse de Lorraine, à la marquise d'Aulède (1715-1738), publiées par M. A. de Bonneval. (Nancy, 1865, in-8°.)

Nancy. (*Suite.*)

Pièces originales sur la guerre de Trente ans en Lorraine, jusqu'à la destruction de La Mothe (1632-1645), publiées par M. J.-H. Schmidt. (Nancy, 1866-1868, 3 vol. in-8°.)

Journal de dom Cassien Bigot, prieur de l'abbaye de Longeville, près Saint-Avold, publié par M. l'abbé Marchal. (Nancy, 1869, in-8°.)

Les offices des duchés de Lorraine et de Bar et la maison des ducs de Lorraine, par MM. H. Lepage et A. de Bonneval. (Nancy, 1869, in-8°.)

Dénombrement du duché de Lorraine, en 1594, par le président Alix, publié par MM. H. Lepage et A. de Bonneval. (Nancy, 1870, in-8°.)

— **Société de géographie de l'Est**, fondée en 1879.

Bulletin, t. I, 1879; t. VII, 1885, in-8°.

Album de croquis de voyages. (Nancy, 1883, in-8°.)

— **Société industrielle de l'Est**, fondée en 1883.

Bulletin, t. I, 1884-1885, in-8°.

— **Société de médecine de Nancy**, fondée le 8 octobre 1842 et autorisée en 1844.

Comptes rendus et mémoires, t. I, 1842; t. XLVIII, 1884-1885, in-8°.

— **Société de pharmacie de Lorraine**, autorisée le 12 mai 1875.

— **Société des sciences de Nancy** (ancienne *Société des sciences naturelles de Strasbourg*, fondée le 6 décembre 1828), autorisée le 15 juillet 1873.

Mémoires de la Société des sciences naturelles de Strasbourg, t. I, 1830; t. VI, 1870, in-4°.

Bulletin de la Société des sciences naturelles de Strasbourg, publié par livraisons mensuelles, de 1866 à 1870, in-8°.

Bulletin de la Société des sciences de Nancy, t. I, 1873; t. VIII, 1885, in-8°.

— **Société scientifique et littéraire de la jeunesse de Nancy**, autorisée le 17 février 1881.

Pont-à-Mousson. — **Société philotechnique de Pont-à-Mousson**, fondée en 1874.

Mémoires, t. I, 1874; t. II, 1878, in-8°.

MEUSE.

Bar-le-Duc. — **Société des lettres, sciences et arts de Bar-le-Duc**, fondée le 12 janvier 1870 et autorisée le 8 mars de la même année.

Mémoires, 1re série, t. I, 1871; t. X, 1881, in-8°. — 2e série, t. I, 1882; t. IV, 1885, in-8°.

BAR-LE-DUC. (*Suite.*)

— **Société du musée de Bar-le-Duc**, fondée en 1865.

Bulletin, t. I, 1867, in-8°.

— **Société de géographie de l'Est. Section meusienne**, fondée en 1883.

Séance d'inauguration et catalogue de l'exposition géographique de Bar-le-Duc en 1833. 2 broch. in-8°.

VERDUN. — ***Société philomathique de Verdun**, fondée le 1er octobre 1822, autorisée le 25 août 1834 et *reconnue comme établissement d'utilité publique le 4 avril 1860.*

Mémoires, t. I, 1840; t. VIII, 1877, in-8°. Un atlas est joint au tome III.

Archéologie de la Meuse. Description des voies anciennes et des monuments aux époques celtique et gallo-romaine, par M. Félix Liénard. (Verdun, 1883-1884, 2 vol. in-fol.)

MORBIHAN.

LORIENT. — **Société bretonne de géographie**, fondée en 1882 et autorisée le 30 mai de la même année.

Bulletin, t. I, 1882; t. IV, 1885, in-8°.

VANNES. — **Société polymathique du Morbihan**, fondée le 29 mai 1826, autorisée le 18 novembre 1831 et *reconnue comme établissement d'utilité publique le 5 juillet 1877.*

Comptes rendus, 7 livraisons, 1827-1833, in-8°.

Bulletin, t. I, 1857; t. XXVIII, 1885, in-8°.

Catalogue des minéraux du Morbihan. (Vannes, 1866, in-8°.)

Catalogue des mollusques du Morbihan. (Vannes, 1867, in-8°.)

Catalogue des plantes phanérogames du Morbihan. (Vannes, 1867, in-8°.)

Catalogue des mammifères, oiseaux, reptiles du Morbihan. (Vannes, 1867, in-8°.)

Catalogue des lépidoptères du Morbihan. (Vannes, 1873, in-8°.)

NIÈVRE.

CLAMECY. — **Société scientifique et artistique de Clamecy**, fondée en 1876 et autorisée le 18 novembre de la même année.

Bulletin, t. I, 1876-1881, in-8°.

NEVERS. — **Société académique du Nivernais**, fondée en 1884 et autorisée le 1er février de la même année.

— **Société nivernaise des lettres, sciences et arts**, fondée le 8 juin 1851 et autorisée le 23 septembre 1854.

Bulletin, 1re série, t. I, 1851; t. II, 1856, in-8°. — 2e série, t. I, 1863; t. VIII, 1880, in-8°. — 3e série, t. I, 1883; t. III, 1885, in-8°.

Nevers. (*Suite.*)

Monographie de la cathédrale de Nevers, par Mgr Crosnier. (Nevers, 1854, in-8°.)

Hagiologie nivernaise, par Mgr Crosnier. (Nevers, 1858, in-8°.)

Sacramentarium ad usum ecclesiæ Nivernensis, in-4°.

Droits et privilèges de la commune de Nevers, par M. Crouzet. (Nevers, 1858, in-8°.)

La faïence, les faïenciers et les émailleurs de Nevers, par M. L. du Broc de Ségange. (Nevers, 1863, in-4°.)

Dictionnaire topographique du département de la Nièvre, par M. le Cte de Soultrait. (Nevers, 1865, in-4°.)

Inventaire des titres de Névers de l'abbé de Marolles, par M. le Cte de Soultrait. (Nevers, 1873, in-4°.)

Répertoire archéologique du département de la Nièvre, par M. le Cte de Soultrait. (Paris, 1875, in-4°.)

Varzy. — **Société historique, littéraire et agricole de Varzy,** fondée en 1857 et autorisée le 6 avril de la même année.

— **Société protectrice de la bibliothèque et du musée de Varzy.**

NORD.

Avesnes. — **Société archéologique de l'arrondissement d'Avesnes,** fondée et autorisée en 1851.

Mémoires, t. I, 1864; t. III, 1876, in-8°.

— **Société de géographie de l'arrondissement d'Avesnes,** fondée en 1882.

Cette société publie ses travaux dans le *Bulletin de l'Union géographique du nord de la France*, dont le siège est à Douai.

Bergues. — **Société de l'histoire et des beaux-arts de la Flandre maritime de France,** autorisée le 28 février 1856.

Mémoires, t. I, 1857; t. II, 1858, in-8°.

Cambrai. — **Société d'émulation de Cambrai,** fondée le 10 octobre 1804 et autorisée en 1819.

Rapport sur les premiers travaux de la Société, brochure publiée en 1806, réimprimée en 1847, in-8°.

Mémoires, t. I, 1808; t. XL, 1885, in-8°. Les tomes XVII, XIX, XXVII, XXVIII, XXX, XXXI et XXXIII se composent chacun de 2 volumes. Aux tomes XXIII, XXIV, XXV, XXVI, XXVII, XXIX, XXXI et XXXII sont joints les procès-verbaux qui forment, pour chacune des années auxquelles correspondent les tomes, une brochure à part. Au tome XXVII est joint un album in-4° de 19 planches.

La 1re partie du tome XXVIII contient (p. 411-470) la table générale des volumes de *Mémoires* précédents; elle a été dressée par M. A. Wilbert.

CAMBRAI. (*Suite.*)

Chronique d'Arras et de Cambrai, par Balderic, chantre de Thérouanne au XIe *siècle.* (Cambrai, 1834, in-8°.)

Compte rendu du Congrès des agriculteurs du Nord, tenu à Cambrai du 5 au 10 novembre 1845. (Cambrai, 1846, in-8°.)

— **Société de géographie de Cambrai**, fondée en 1881.

Cette société publie ses travaux dans le *Bulletin de l'Union géographique du nord de la France,* dont le siège est à Douai.

DOUAI. — ***Société centrale d'agriculture, sciences et arts du département du Nord**, fondée le 27 avril 1799 et *reconnue comme établissement d'utilité publique* le 11 juillet 1829.

Mémoires, 1re série, t. I, 1826; t. XIII, 1848-1849, in-8°. — 2e série, t. I, 1849-1851; t. XVII, 1882-1884, in-8°.

A la fin du tome XII de la 1re série (p. 373-526), se trouve une table de la 1re série des *Mémoires.*

Bulletin agricole, t. I, 1849-1850; t. X, 1882-1884, in-8°.

Souvenirs de la Flandre wallone, recherches historiques et choix de documents relatifs à Douai et aux anciennes provinces du nord de la France, 1re série, t. I, 1861; t. XX, 1880, in-8°. — 2e série, t. I, 1881; t. IV, 1884, in-8°.

Recueil d'actes des XIIe *et* XIIIe *siècles, en langue romane wallone du nord de la France,* publié par M. Tailliar. (Douai, 1849, in-8°.)

Catalogue des livres de la bibliothèque de la Société. (Douai, 1841, in-8°.)

— **Société des amis des arts de Douai**, fondée en 1821.

— **Société médicale de Douai**, fondée en 1804.

— **Union géographique du nord de la France**, fondée en 1880.

Bulletin, t. I, 1880; t. VI, 1885, in-8°.

DUNKERQUE. — ***Société dunkerquoise pour l'encouragement des sciences, des lettres et des arts**, fondée et autorisée en 1851 et *reconnue comme établissement d'utilité publique* le 13 février 1883.

Mémoires, t. I, 1853; t. XXI, 1877-1880, in-8°.

Bulletin, t. I, 1852, in-8°.

Histoire de la Société dunkerquoise (1851-1875). (Dunkerque, 1875, in-8°.)

— **Société de géographie de Dunkerque.**

Cette société publie ses travaux dans le *Bulletin de l'Union géographique du nord de la France,* dont le siège est à Douai.

Lille. — **Association lilloise pour l'encouragement des lettres et des arts dans le département du Nord**, autorisée le 17 septembre 1836.

Travaux, t. I, 1836, in-8°.
Rapports, 1837 et 1838, in-8°.
Catalogue de l'Exposition de peinture de 1838, in-8°.

— **Association philotechnique du Nord**, fondée le 28 novembre 1880.

— **Comité flamand de France**, fondé le 10 avril 1853.

Annales, t. I, 1854; t. XIV, 1877-1883, in-8°.
Bulletin, t. I, 1857-1859; t. VI, 1872-1873, in-8°.
Une table de ces six volumes se trouve dans le tome VI, p. 489.

— **Commission historique du Nord**, fondée le 14 novembre 1839.

Bulletin, t. I, 1843; t. XIV, 1879, in-8°.
Statistique archéologique du département du Nord. (Lille, 1867, 2 vol. in-8°.)

— **Conseil central de salubrité du département du Nord**, fondé en 1837.

Travaux, t. I, 1837; t. XLIII, 1885, in-8°.

— **Société des architectes du département du Nord**, autorisée le 3 novembre 1868.

Bulletin, t. I, 1868; t. XVII, 1884-1885, in-8°.

— **Société de géographie de Lille**, fondée le 1er janvier 1881.

Bulletin, t. I, 1882; t. IV, 1885, in-8°.

— **Société géologique du Nord**, fondée en 1870 et autorisée le 3 juillet 1871.

Annales, t. I, 1870-1871; t. XI, 1883-1884, in-8°.
Mémoires, t. I, 1876; t. II, 1882, in-4°.

— *****Société industrielle du nord de la France**, fondée en 1873 et *reconnue comme établissement d'utilité publique* le 12 août 1874.

Bulletin, t. I, 1873; t. XII, 1885, in-8°.
Annuaire annuel, in-8°.
Le grisou, par M. Louis Dombre. (Lille, 1878, in-8°.)

— **Société centrale de médecine du nord de la France**, fondée en 1845 et autorisée en 1846.

Bulletin médical du Nord, 1re série, t. I, 1846; t. VIII, 1853, in-8° — 2e série, t. I, 1860; t. XXIV, 1885, in-8°.

Lille. (*Suite.*)

— *Société des sciences, de l'agriculture et des arts de Lille, fondée le 31 décembre 1802 sous le titre de *Société d'amateurs des sciences et arts de Lille,* autorisée le 11 février 1803 et *reconnue comme établissement d'utilité publique* le 13 décembre 1862.

Séances publiques, 5 cahiers, 1802-1819, in-8°.

Mémoires, 1re série, t. I, 1819; t. XXX, 1853, in-8°. — 2° série, t. I, 1854; t. X, 1863, in-8°. — 3° série, t. I, 1864; t. XIV, 1874, in-8°. — 4° série, t. I, 1875; t. XIII, 1885, in-8°.

Notices agricoles, t. I, 1838; t. XI, 1852, in-8°.

Inventaire analytique et chronologique des archives de la Chambre des comptes à Lille. (Lille, 1865, in-4°.)

Catalogue du musée archéologique et numismatique de la ville de Lille. (Lille, 1860, in-8°.)

Œuvres complètes du trouvère Adam de La Halle, publiées par M. E. de Coussemaker. (Paris, 1882, in-4°.)

Catalogue de la bibliothèque de la Société, in-8°.

— **Société des sciences médicales de Lille,** fondée en 1882.

Mémoires, t. I, 1882; t. IV, 1885, in-8°.

Roubaix. — **Société d'émulation de Roubaix,** fondée en 1868.

Mémoires, t. I, 1868-1869; t. VI, 1879-1882, in-8°.

Sources de l'histoire de Roubaix, publiées par M. Leuridan. (Roubaix, 1882, in-8°.)

Valenciennes. — **Société d'agriculture, sciences et arts de l'arrondissement de Valenciennes,** fondée en 1831, autorisée en 1848 et *reconnue comme établissement d'utilité publique* le 12 juin 1851.

Mémoires, t. I, 1833; t. IX, 1849, in-8°.

Revue agricole, industrielle, littéraire et artistique, t. I, 1849; t. XXXVIII, 1885, in-8°.

Topographie historique et médicale de Valenciennes, par M. A. Stiévenart. (Valenciennes, 1846, in-8°.)

Congrès des agriculteurs du nord de la France, tenu à Valenciennes en 1852. (Valenciennes, 1852, in-8°.)

Comptes rendus des travaux et des finances de la Société, 1846-1856, broch. in-8°.

Mémoires historiques sur l'arrondissement de Valenciennes, t. I, 1865; t. VI, 1879, in-8°.

Le tome I comprend (p. ix-xviii) une table alphabétique des documents historiques publiés par la Société de 1831 à 1865.

OISE.

Beauvais. — **L'Athénée du Beauvaisis**, fondé en 1843.

Bulletin, t. I, 1843; t. IV, 1854, in-8°.

— **Commission archéologique du diocèse de Beauvais**, fondée en 1841.

Bulletin, t. I, 1846; t. II, 1847, in-8°.

— ***Société académique d'archéologie, sciences et arts du département de l'Oise**, fondée au mois de janvier 1841, autorisée le 4 septembre 1847 et *reconnue comme établissement d'utilité publique* le 31 août 1867.

Mémoires, t. I, 1847-1851; t. XII, 1884, in-8°.

Une table des articles contenus dans les dix premiers volumes des *Mémoires* a paru en 1881.

— **Société médicale et pharmaceutique des arrondissements de Beauvais et de Clermont**, fondée le 11 avril 1863.

Bulletin, t. I, 1864, in-8°.

Compiègne. — **Société historique de Compiègne**, fondée le 8 février 1868 et autorisée le 15 juillet suivant.

Bulletin, t. I, 1869-1873; t. VI, 1884, in-8°.

Excursions archéologiques dans les environs de Compiègne. (Compiègne, 1869-1875, in-8°.)

Noyon. — **Comité historique et archéologique de Noyon**, fondé le 27 octobre 1856 et autorisé en février 1863.

Bulletin, comptes rendus et mémoires, t. I, 1862; t. VII, 1885, in-8°.

Inscriptions tumulaires de l'église Notre-Dame de Noyon, publiées par M. A. Boulongne. (Noyon, 1876, in-4°.)

Cartulaire de Hérouval. (Noyon, 1883, in-4°.)

Senlis. — ***Comité archéologique de Senlis**, fondé le 29 novembre 1862, autorisé en 1863 et *reconnu comme établissement d'utilité publique* le 21 avril 1877.

Comptes rendus et mémoires, 1re série, t. I, 1862-1863; t. X, 1874, in-8°. — 2e série, t. I, 1875; t. X, 1885, in-8°.

Une table de la première série des *Mémoires* a paru en 1885.

Cartulaire du prieuré de Saint-Christophe-en-Halatte, publié par M. l'abbé Vattier. (Senlis, 1876, in-4°.)

SENLIS. (*Suite.*)

Cartulaire de l'abbaye de Morienval, publié par M. Peigné-Delacourt. (Senlis 1879, in-4°.)

Monographie des rues, places et monuments de Senlis, par M. l'abbé Müller. (Senlis, 1879-1884, in-8°.)

ORNE.

ALENÇON. — **Société historique et archéologique de l'Orne**, fondée et approuvée le 28 février 1882.

Bulletin, t. I, 1883; t. IV, 1885, in-8°.

ARGENTAN. — **Société scientifique Flammarion**, fondée le 18 juin 1882 et autorisée le 27 du même mois.

Bulletin, t. I, 1883; t. III, 1885, in-8°.

FLERS. — **Société industrielle de Flers**, fondée en décembre 1874 et autorisée le 9 janvier 1883.

Bulletin, t. I, 1875; t. II, 1885, in-8°.

PAS-DE-CALAIS.

ARRAS. — ***Académie des sciences, lettres et arts d'Arras**, fondée en 1737, rétablie en 1817 et *reconnue comme établissement d'utilité publique* le 24 septembre 1828.

Les travaux de l'ancienne Académie d'Arras, qui ont été, de 1739 à 1791, l'objet de nombreuses publications, sont fort difficiles à réunir aujourd'hui. Ils sont indiqués dans l'*Histoire de l'Académie d'Arras*, par M. le chanoine Van **Drival**.

Mémoires, 1re série, t. I, 1818; t. XXXVIII, 1866, in-8°. — 2e série, t. I, 1867; t. XVI, 1885, in-8°.

Une table de ces *Mémoires* a été publiée en 1854.

Documents inédits publiés par l'Académie d'Arras :

Journal de dom Gérard Robert, religieux de l'abbaye de Saint-Vaast d'Arras, contenant plusieurs faits arrivés de son temps, principalement en la ville d'Arras et en particulier dans ladite abbaye. (Arras, 1852, in-8°.)

Chronique d'Arthois, par François Bauduin. (Arras, 1856, in-8°.)

Ambassade en Espagne et en Portugal (en 1582), de R. P. en |dieu dom Jean Sarrazin, abbé de Saint-Vaast, du conseil d'Estat de Sa Majesté Catholique, son premier conseiller en Arthois, par Philippe de Caverel, religieux de Saint-Vaast. (Arras, 1859, in-8°.)

Observations sur l'échevinage de la ville d'Arras, par M. Charles de Wignacourt. (Arras, 1866, in-8°.)

Arras. (*Suite.*)

Histoire de l'Académie d'Arras, depuis sa fondation, en 1737, jusqu'à nos jours, par M. le chanoine Van Drival. (Arras, 1872, in-8°.)

Cartulaire de l'abbaye de Saint-Vaast d'Arras, rédigé au xii° siècle par Guimann, et publié par M. le chanoine Van Drival. (Arras, 1875, in-8°.)

Nécrologe de l'abbaye de Saint-Vaast d'Arras, publié par M. le chanoine Van Drival. (Arras, 1878, in-8°.)

Les médailles religieuses du Pas-de-Calais, par M. L. Dancoisne. (Arras, 1880, in-8°.)

Précis historique sur la ville de Bapaume, par M. Langlebert. (Arras, 1883, in-8°.

— **Commission des monuments historiques et des antiquités départementales du Pas-de-Calais**, fondée le 3 mars 1846.

Statistique monumentale, t. I, 1850-1858; t. III, 1877, in-4°.

Bulletin, t. I, 1849-1859; t. IV, 1875-1880, in-8°.

Dictionnaire historique et archéologique du Pas-de-Calais, t. I, 1873; t. XV, 1884, in-8°.

L'arrondissement d'Arras comprend actuellement deux volumes; celui de Béthune en forme trois; celui de Boulogne en comprend trois; celui de Montreuil n'en forme qu'un, et les arrondissements de Saint-Omer et de Saint-Pol en comprennent chacun trois. Une table générale, préparée par M. le chanoine Van Drival, terminera l'ouvrage.

— **Société artésienne des amis des arts**, fondée en 1882.

— **Société de géographie d'Arras**, fondée en 1881.

Cette Société publie ses travaux dans le *Bulletin de l'Union géographique du nord de la France*, dont le siège est à Douai.

Béthune. — **Société de géographie de Béthune**, fondée en 1882.

Cette Société publie ses travaux dans le *Bulletin de l'Union géographique du nord de la France*, dont le siège est à Douai.

Boulogne-sur-Mer. — **Société académique de Boulogne-sur-Mer**, fondée le 27 mai 1864 et autorisée le 15 juin suivant.

Mémoires, t. I, 1864-1865; t. VII, 1882, in-8°.

Bulletin, t. I, 1864-1872; t. IV, 1885, in-8°.

L'année boulonnaise. Éphémérides historiques intéressant le pays boulonnais, par M. Ernest Deseille. (Boulogne-sur-Mer, 1885, in-8°.)

— **Société de géographie de Boulogne-sur-Mer**, fondée en 1883.

Cette Société publie ses travaux dans le *Bulletin de l'Union géographique du nord de la France*, dont le siège est à Douai.

Calais. — **Société d'agriculture, commerce, sciences et arts de Calais.**

Mémoires, t. I, 1839-1840; t. III, 1844-1851, in-8°.

— **Société de géographie de Calais**, fondée en 1882.

Cette Société publie ses travaux dans le *Bulletin de l'Union géographique du nord de la France*, dont le siège est à Douai.

Saint-Omer. — *Société des antiquaires de la Morinie, fondée le 19 janvier 1832 et *reconnue comme établissement d'utilité publique le 21 avril 1833.*

Mémoires, t. I, 1834; t. XIX, 1884-1885, in-8°. Des atlas sont joints aux tomes V, VI, VII et IX.

Bulletin, t. I, 1852-1856; t. VII, 1882-1885, in-8°.

Une table des *Bulletins* et des *Mémoires* de la Société a été publiée par M. Dramard en 1883.

Les abbés de Saint-Bertin, par M. H. de Laplane. (Saint-Omer, 1854-1856, 2 vol. in-8°.)

Histoire sigillaire de la ville de Saint-Omer, par MM. Alexandre Hermand et L. Deschamps de Pas. (Paris, 1860, in-4°.)

Chronique de Guines et d'Ardres, par Lumbert, curé d'Adres (918-1283), publiée par M. le marquis de Godefroy-Ménilglaise. (Paris, 1855, in-8°.)

Le livre des usaiges et anciennes coustumes de la conté de Guisnes. (Saint-Omer, 1857, in-8°.)

L'extrême Orient au moyen âge, d'après les manuscrits d'un Flamand de Belgique, moine de Saint-Bertin, à Saint-Omer, par M. de Backer. (Paris, 1877, in-8°.)

Recherches historiques sur les établissements hospitaliers de la ville de Saint-Omer, par M. L. Deschamps de Pas. (Saint-Omer, 1877, in-8°.)

Cartulaires de l'église de Térouanne, publiés par MM. Th. Duchet et A. Giry. (Saint-Omer, 1881, in-4°.)

Notice historique sur la Société des antiquaires de la Morinie et sur ses travaux. (Saint-Omer, 1882, in-8°.)

Supplément au catalogue des manuscrits de Saint-Omer de M. Michelant, par M. Duchet, in-8°.

— **Société de géographie de Saint-Omer**, fondée en 1883.

Cette Société publie ses travaux dans le *Bulletin de l'Union géographique du nord de la France*, dont le siège est à Douai.

PUY-DE-DÔME.

Clermont-Ferrand. — *Académie des sciences, belles-lettres et arts de Clermont-Ferrand, fondée en 1747, *autorisée par lettres patentes du mois de mai 1780 et reconnue comme établissement d'utilité publique* le 11 février 1829.

Annales, t. I, 1828; t. XXXI, 1858, in-8°.

CLERMONT-FERRAND. (*Suite.*)

Mémoires, t. I, 1859; t. XXVII, 1885, in-8°.

Bulletin historique et scientifique de l'Auvergne, t. I, 1881; t. V, 1885, in-8°.

Cartulaire de Brioude, publié par M. Henri Doniol. (Clermont, 1863, in-4°.)

Cartulaire de Sauxillanges, publié par M. Henri Doniol. (Clermont, 1864, in-4°.)

Œuvres de Gerbert, pape sous le nom de Sylvestre II, publiées par M. A. Olleris. (Clermont, 1867, in-4°.)

Correspondance de Georges Couthon, député du Puy-de-Dôme à l'Assemblée législative et à la Convention nationale (1791-1794), suivie de « l'Aristocrate converti », comédie en deux actes, de Couthon. (Paris, 1872, in-4°.)

Monumenta pontificia Arverniæ, par M. l'abbé Chaix de Lavarène, in-8°.

— **Société des amis des arts de l'Auvergne**, fondée le 12 août 1876.

— **Société d'émulation de l'Auvergne**, fondée le 7 juin 1884 et autorisée le 23 du même mois.

Revue d'Auvergne, t. I, 1884; t. II, 1885, in-8°.

RIOM. — **Société du musée de Riom**, fondée le 1er novembre 1860 et autorisée le 29 du même mois.

Rapports annuels, in-8°.

Monuments historiques de l'Auvergne; abbaye royale de Mozat, par M. H. Gomot. (Riom, 1873-1874, in-8°.)

La peste noire à Riom en 1631, par M. H. Gomot. (Riom, 1874, in-12.)

PYRÉNÉES (BASSES-).

BAYONNE. — **Société des sciences, lettres et arts de Bayonne**, fondée le 19 août 1873 et autorisée le 20 janvier 1874.

Bulletin, t. I, 1874; t. XII, 1885, in-8°.

BIARRITZ. — **Biarritz-Association**, fondée le 23 juin 1883 et approuvée le 8 août suivant.

PAU. — **Société des bibliophiles du Béarn**, fondée en 1876.

La société béarnaise au xviiie siècle. Historiettes tirées des mémoires inédits d'un gentilhomme béarnais. (Pau, 1876, in-8°.)

Un baron béarnais au xve siècle. Textes en langue vulgaire, traduits et publiés par MM. V. Lespy et P. Raymond. (Pau, 1878, in-8°.)

Notice sur la place royale de Pau, par M. Louis Lacaze. (Pau, 1879, in-8°.)

Pau. (Suite.)

— Société des sciences, lettres et arts de Pau, fondée le 23 janvier 1841 et réorganisée en 1871.
  Bulletin, 1ʳᵉ série, t. I, 1841; t. III, 1843, in-8°. — 2ᵉ série, t. I, 1871-1872; t. XIII, 1883-1884, in-8°.

PYRÉNÉES (HAUTES-).

Bagnères-de-Bigorre. — Société Ramond, fondée en 1865.
  Bulletin, t. I, 1866; t. XX, 1885, in-8°.

Tarbes. — Société académique des Hautes-Pyrénées, fondée en 1853, à Tarbes.
  Bulletin, t. I, 1854; t. XXVII, 1885, in-8°.
  Mémoires, t. I, 1855, in-4°.

— Société des beaux-arts de Tarbes, fondée en 1876.

PYRÉNÉES-ORIENTALES.

Perpignan. — Société d'acclimatation de Perpignan, fondée le 15 décembre 1881 et autorisée le 15 avril 1882.

— *Société agricole, scientifique et littéraire des Pyrénées-Orientales, fondée le 31 décembre 1833 et *reconnue comme établissement d'utilité publique* en 1841.
  Bulletin, t. I, 1834; t. XXVII, 1885, in-8°.

— Société des beaux-arts de Perpignan, fondée et autorisée le 20 décembre 1881.

— Société polytechnique de Perpignan, fondée en 1879 et autorisée le 5 janvier 1880.

RHIN (HAUT-).

Belfort. — Société belfortaine d'émulation, fondée le 12 mars 1872 et autorisée le 25 du même mois.
  Bulletin, t. I, 1872; t. VII, 1884-1885, in-8°.

RHÔNE.

Lyon. — Académie des lettres de la province, fondée en décembre 1879 et autorisée le 27 janvier 1880.
  Revue, t. I, 1878; t. VIII, 1885, in-8°.

— Académie des sciences, belles-lettres et arts de Lyon, fondée en 1700,

Lyon. (*Suite.*)

autorisée par lettres patentes du 1er juillet 1724 et réorganisée le 7 octobre 1800.

Mémoires (classe des sciences), t. I, 1845; t. XXVII, 1885, in-8°.

Mémoires (classe des lettres), t. I, 1845; t. XXII, 1884, in-8°.

Une table des matières contenues dans les *Mémoires* parus de 1845 à 1881 a été publiée par M. le Dr Saint-Lager, en 1882.

Comptes rendus des séances, in-8°, annuels depuis 1804.

Histoire de l'Académie royale des sciences, belles-lettres et arts de Lyon, par M. Grandperret. (Lyon, 1845, in-8°.)

— **Association lyonnaise des amis des sciences naturelles**, fondée en 1874 et autorisée le 18 février de la même année.

Comptes rendus, in-8°, annuels.

— **Commission météorologique de Lyon**, fondée en 1843.

Travaux, t. I, 1853; t. XLII, 1885, in-8°.

— **Société d'agriculture, histoire naturelle et arts utiles de Lyon**, fondée et autorisée en 1761.

Comptes rendus, t. I, 1806; t. XII, 1835-1836, in-8°.

Mémoires, 1re série, t. I, 1838; t. XI, 1848, in-8°. — 2e série, t. I, 1849; t. VIII, 1856, in-8°. — 3e série, t. I, 1857; t. XI, 1867, in-8°. — 4e série, t. I, 1868; t. X, 1877, in-8°. — 5e série, t. I, 1879; t. VII, 1885, in-8°.

— **Société des amis des arts de Lyon**, fondée en 1836 et autorisée le 5 août 1843.

Comptes rendus annuels, in-8°.

— **Société des amis des sciences de Lyon**, autorisée le 11 mars 1880.

— **Société d'anthropologie de Lyon**, fondée le 10 février 1881 et autorisée le 31 janvier 1882.

Bulletin, t. I, 1881-1882; t. IV, 1885, in-8°.

— **Société académique d'architecture de Lyon**, fondée le 6 mai 1830 et autorisée le 28 janvier 1874.

Comptes rendus, 1863-1864, in-8°.

Annales, t. I, 1867-1868; t. VII, 1881-1882, in-8°.

Recueil d'édifices publics et particuliers, et fragments d'architecture de Lyon et ses environs. (Lyon, 1846, in-folio.)

La responsabilité des architectes, par M. Bissuel. (Lyon, 1863, in-8°.)

Lyon. (Suite.)

    Coutumes des bâtiments; recherches et avis de la Société. (Lyon, 1868, in-8°.)

    Rapport sur une affaire intéressant la responsabilité de l'architecte. (Lyon, 1875, in-8°.)

— **Société astronomique du Rhône**, fondée en janvier 1883 et autorisée le 24 mars suivant.

    Bulletin, t. I, 1883; t. III, 1885, in-8°.

— **Société botanique de Lyon**, fondée le 20 mars 1872 et autorisée le 2 mai suivant.

    Annales, t. I, 1872; t. XI, 1884, in-8°.

    Bulletin, t. I, 1883; t. III, 1885, in-8°.

    Herborisations dans les montagnes de Hauteville, du Colombier, du Bugey et du Pilat. (Lyon, 1876, in-8°.)

    Catalogue de la flore du bassin du Rhône, par M. le Dr Saint-Lager. (Lyon, 1873-1882, in-8°.)

— **Société d'économie politique de Lyon**, fondée en 1876.

    Comptes rendus, t. I, 1877-1878; t. V, 1880-1881, in-8°.

— *****Société nationale d'éducation de Lyon**, fondée en 1829, autorisée le 3 novembre 1838 et *reconnue comme établissement d'utilité publique* le 31 août 1867.

    Annales, paraissant par livraisons annuelles, in-8°.

— *****Société d'enseignement professionel du Rhône**, fondée au mois d'octobre 1864, autorisée le 16 novembre suivant et *reconnue comme établissement d'utilité publique* le 29 novembre 1878.

    Comptes rendus annuels, t. I, 1864-1866; t. XIX, 1884-1885, in-8°.

— **Société d'études scientifiques de Lyon**, fondée en 1870 sous le nom de *Société physiophile.*

    Annales, t. I, 1872; t. II, 1873, in-8°.

    Bulletin, t. I, 1874; t. V, 1879, in-8°.

— **Société de l'exposition permanente des beaux-arts de Lyon**, fondée et autorisée le 15 février 1882.

— **Société de géographie de Lyon**, fondée en 1871 et autorisée le 8 janvier 1873.

    Bulletin, t. I, 1875-1877; t. V, 1884-1885, in-8°.

    Étude géographique et statistique sur la production et le commerce de la soie en cocons, par M. Léon Clugnet, in-8°.

    Congrès national des Sociétés françaises de géographie à Lyon en 1881. (Lyon, 1882, in-8°.)

Lyon. (*Suite.*)

— **Société d'instruction primaire du Rhône**, fondée en 1828 et autorisée le 15 avril 1829.

— **Société linnéenne de Lyon**, fondée le 28 octobre 1822 et autorisée en 1823.

Annales, 1re série, t. I, 1836; t. IV, 1850-1852, in-8°. — 2e série, t. I, 1853; t. XXXII, 1885, in-8°.

Comptes rendus, formant quatre brochures in-8°, qui répondent aux années 1839-1844.

— **Société littéraire, historique et archéologique de Lyon**, fondée en 1807 sous le nom de *Cercle littéraire* et autorisée le 8 novembre 1843.

Mémoires, 1re série, t. I, 1858-1860; t. III, 1861-1862, in-8°. — 2e série, t. I, 1865; t. XII, 1882, in-8°.

Catalogue des Lyonnais dignes de mémoire, par MM. Breghot du Lut et Péricaud. (Lyon, 1839, in-8°.)

Archives de la Société littéraire. (Lyon, 1847, in-8°.)

Éloge historique d'André Couchaud, par M. Martin-Daussigny. (Lyon, 1850, in-8°.)

Éloge historique de Breghot du Lut, par M. d'Aigueperse. (Lyon, 1850, in-8°.)

Éloge historique d'A. Coste, par M. Fraisse. (Lyon, 1851, in-8°.)

Éloge historique de L.-P.-A. Gauthier, par M. Fraisse. (Lyon, 1852, in-8°.)

Polyptyque de l'église collégiale de Saint-Paul de Lyon, publié par M. C. Guigue. (Lyon, 1875, in-4°.)

Cartulaire municipal de la ville de Lyon, publié par M. C. Guigue. (Lyon, 1876. in-8°.)

Le centenaire de la Société littéraire de Lyon (1778-1878). (Lyon, 1880, in-8°.)

Registres consulaires de la ville de Lyon ou Recueil des délibérations du conseil de la commune, publiés par M. C. Guigue. (Lyon, 1882, in-4°.)

Cartulaire lyonnais, publié par M. C. Guigue. (Lyon, 1885, in-4°.)

— *****Société de médecine de Lyon**, fondée en 1789, autorisée en 1795 et *reconnue comme établissement d'utilité publique* le 26 février 1856.

Annales, t. I, 1854; t. XXXI, 1885, in-8°.

Gazette médicale de Lyon, paraissant par cahiers in-4° tous les quinze jours, de 1849 à 1875.

Le Lyon médical, faisant suite à la *Gazette médicale de Lyon*, paraissant par cahiers in-8° tous les quinze jours, de 1869 à 1885.

— **Société de médecine vétérinaire de Lyon et du Sud-Est**, fondée et autorisée le 20 mars 1878.

— **Société médicale d'émulation de Lyon**, fondée en 1841.

Mémoires, t. I, 1842; t. III, 1845, in-8°.

Lyon. (*Suite.*)

— **Société de pharmacie de Lyon**, fondée en 1806 et autorisée le 23 août de la même année.

Bulletin, t. I, 1879; t. VII, 1885, in-8°.

— **Société des sciences industrielles de Lyon**, fondée en 1862.

Annales, t. I, 1862, t. XXIII, 1885, in-8°.

— **Société des sciences médicales de Lyon**, fondée le 3 avril 1861.

Mémoires et comptes rendus, t. I, 1862; t. XXV, 1885, in-8°.

— **Société de topographie historique de Lyon**, fondée le 30 avril 1872.

Description générale de la ville de Lyon et des anciennes provinces du Lyonnais et du Beaujolais, par M. de Nicolaï. (Lyon, 1882, in-4°.)

Plan de la ville de Lyon au XV° siècle.

Plan du mandement de Bechevelin.

Tarare. — **Société des amis des arts et métiers de Tarare**, fondée le 19 avril 1877.

SAÔNE (HAUTE-).

Vesoul. — **Société d'agriculture, commerce, sciences et arts de la Haute-Saône**, fondée le 14 avril 1801, réorganisée en 1819 et en 1832.

Recueil agronomique, t. I, 1836; t. IX, 1861, in-8°.

Mémoires, 1re série, t. I, 1859; t. V, 1866. — 2° série, t. I, 1867; t. II, 1868, in-8°. — 3° série, t. I, 1869; t. XVI, 1885, in-8°.

SAÔNE-ET-LOIRE.

Autun. — ***Société éduenne des lettres, sciences et arts**, fondée en 1836, autorisée la même année et *reconnue comme établissement d'utilité publique* le 30 mai 1866.

Mémoires, 1re série, t. I, 1837; t. XXIII, 1868, in-4° et in-8°. — 2° série, t. I, 1872; t. XIII, 1885, in-8°.

Publications de la Société éduenne :

Histoire de l'antique cité d'Autun, par Edme Thomas, official, grand chantre et chanoine de la cathédrale de cette ville, mort en 1660. (Autun, 1846, in-4°.)

Autun archéologique, par les secrétaires de la Société éduenne et de la Commission des antiquités d'Autun. (Autun, 1848, in-8°.)

Essai historique sur l'abbaye de Saint-Martin d'Autun, par M. J. Bulliot. (Autun, 1849, 2 vol. in-8°.)

Nouvelle étude de jetons, par M. J. de Fontenay. (Autun, 1850, in-8°.)

Des libertés de la Bourgogne d'après les jetons de ses États, par M. Rossignol. (Autun, 1851, in-8°.)

Autun. (*Suite.*)

Traduction des discours d'Eumène, par M. l'abbé Landriot et M. l'abbé Rochet. (Autun, 1854, in-8°.)

Histoire de la Réforme et de la Ligue dans la ville d'Autun, précédée d'une introduction et suivie de pièces justificatives, par M. Hippolyte Abord. (Autun, 1855-1861, 2 vol. in-8°.)

Essai sur le système défensif des Romains dans le pays éduen, par M. J. Bulliot. (Autun, 1856, in-8°.)

Étude historique et critique sur la mission, les actes et le culte de saint Bénigne, apôtre de la Bourgogne, et sur l'origine des Églises de Dijon, d'Autun et de Langres, par M. l'abbé Bougaud. (Autun, 1859, in-8°.)

Plantes cryptogames cellulaires du département de Saône-et-Loire, par M. A. Grognot. (Autun, 1863, in-8°.)

Cartulaire de l'église d'Autun, publié par M. A. de Charmasse. (Autun, 1865, in-4°.)

Mémoires d'histoire naturelle pour le département de Saône-et-Loire, par M. A. Constant. (Autun, 1865-1866, 2 vol. in-8°.)

Histoire de l'ordre de Cluny, depuis la fondation de l'abbaye jusqu'à la mort de Pierre le Vénérable (909-1157), par M. J. Pignot. (Autun, 1868, 3 vol. in-8°.)

Notice des peintures, dessins, gravures et sculptures exposés au musée de l'hôtel de ville d'Autun, par M. H. de Fontenay. (Autun, 1875, in-12.)

Cartulaire de l'évêché d'Autun, publié par M. A. de Charmasse. (Autun, 1880, in-8°.)

Épigraphie autunoise. Inscriptions du moyen âge et des temps modernes pour servir à l'histoire d'Autun, recueillies par M. H. de Fontenay. (Autun, 1883, in-4°.)

Chalon-sur-Saône. — **Société d'histoire et d'archéologie de Chalon-sur-Saône**, fondée le 16 août 1844 et autorisée le 20 janvier 1845.

Mémoires, t. I, 1846, in-8°; t. VII, 1884, in-4°. Au tome II est joint un atlas de 17 planches.

Monnaies françaises du règne de Louis XIV, par M. Félix Bessy-Journet. (Chalon, 1850, in-folio.)

Histoire du parlement de Bourgogne de 1733 à 1790, complétant les ouvrages de Paillot et Petitot, et renfermant l'état du parlement depuis son établissement, selon l'ordre de la création et de la succession des charges, par M. A.-S. des Marches. (Chalon, 1851, in-folio.)

Le papyrus magique Harris; traduction analytique et commentée d'un manuscrit égyptien, comprenant le texte hiératique, publié pour la première fois, un tableau phonétique et un glossaire, par M. François Chabas. (Chalon, 1860, in-4°.)

Documents inédits pour servir à l'histoire de Bourgogne, par M. Marcel Canat de Chizy. (Chalon, 1863, in-8°.)

CHALON-SUR-SAÔNE. (*Suite.*)

Cartularium prioratus Beatæ Mariæ de Paredo monachorum, par M. Canat de Chizy et M. l'abbé U. Chevalier. (Chalon, 1878, in-4°.)

Histoire de Sennecey et de ses seigneurs, par M. Léopold Niepce. (Chalon, 1866-1874, 2 vol. in-8°.)

Chalon-sur-Saône pittoresque et démoli, par M. J. Chevrier. (Chalon, 1883, in-4°.)

— **Société des sciences naturelles de Saône-et-Loire**, fondée le 1ᵉʳ février 1875 et autorisée le 17 janvier 1876.

Bulletin, t. I, 1875-1880; t. III, 1885, in-4°.

Mémoires, t. I, 1878; t. VI, 1885, in-4°.

— **Société scientifique, artistique et littéraire de Chalon-sur-Saône**, fondée en 1883.

Bulletin, n° 1, 1883; n° 3, 1885, in-8°.

MÂCON. — ***Académie des sciences, arts et belles-lettres de Mâcon**, fondée le 1ᵉʳ septembre 1805 et reconnue comme établissement d'utilité publique le 11 juillet 1829.

Comptes rendus, de 1818 à 1847, in-8°.

Annales, 1ʳᵉ série, t. I, 1853; t. XV, 1876. — 2ᵉ série, t. I, 1877; t. V, 1885, in-8°.

Cluny au XIᵉ siècle; son influence religieuse, intellectuelle et politique, par M. l'abbé Cucherat. (Mâcon, 1861, in-8°.)

L'abbaye de Saint-Rigaud, dans l'ancien diocèse de Mâcon, par M. l'abbé Cucherat. (Mâcon, 1853, in-8°.)

Cartulaire de Saint-Vincent de Mâcon, publié par M. Ragut. (Mâcon, 1864, in-8°.)

Le Mâconnais préhistorique, mémoire sur les âges de la pierre, du bronze et du fer en Mâconnais, par MM. Henri de Ferry, Arcelin et Pruner-Bey. (Paris, 1870, in-8°.)

— **Association mâconnaise des amis des sciences naturelles**, fondée en 1877.

TOURNUS. — **Société des amis des arts et des sciences de Tournus**, fondée le 4 février 1877 et autorisée le 24 du même mois.

SARTHE.

LA FLÈCHE. — **Société des lettres, sciences et arts de la Flèche**, fondée en 1835, réorganisée en 1857 et autorisée le 11 juillet de la même année.

Bulletin, t. I, 1879; t. VII, 1885, in-8°.

Le Mans. — **Société d'agriculture, sciences et arts de la Sarthe**, fondée en 1761 sous le titre de *Société d'agriculture pour la généralité de Touraine, bureau du Mans;* supprimée en 1793; rétablie en 1794 sous le nom de *Commission des arts;* désignée en 1795 sous le titre de *Société centrale de correspondance des arts près la municipalité du Mans;* en 1799 sous le titre de *Société libre des arts;* en 1814 sous celui de *Société royale des arts*, et autorisée en 1839 sous sa dénomination actuelle.

Recueil des délibérations et des mémoires de la Société royale d'agriculture de la généralité de Tours. (Le Mans, 1761, in-8°.)

Séances publiques de la Société libre des arts, de 1806 à 1826, in-8°.

Analyse des travaux de la Société royale des arts du Mans, de 1794 à 1819, in-8°.

Recueil de pratiques, recettes, procédés, découvertes sur l'agriculture, t. I, 1817; t. V, 1821, in-8°.

Mémoires, t. I, 1855, in-8°.

Bulletin, 1re série, t. I, 1833; t. VIII, 1839, in-8°. — 2e série, t. I, 1850; t. XXII, 1885, in-8°.

Sigillographie du Maine. (Le Mans, 1871, in-8°.)

Catalogue de la bibliothèque de la Société, par M. Brière. (Le Mans, 1877-1881, in-8°.)

— **Société historique et archéologique du Maine**, fondée le 26 août 1875 et autorisée le 16 décembre suivant.

Revue, t. I; 1876; t. XVII, 1885, in-8°.

Histoire de la Ferté-Bernard, publiée par M. l'abbé Robert Charles. (Le Mans, 1876, in-8°.)

Le château de Lassay, par un membre de la Société. (Le Mans, 1876, in-8°.)

Mémoires de René-Pierre Nepveu de La Manouillère, chanoine de l'église du Mans, publiés et annotés par M. l'abbé Gustave Esnault. (Le Mans, 1877-1878, 2 vol. in-8°.)

— **Société de médecine de la Sarthe**, fondée le 27 avril 1827.

Bulletin, in-8°, annuel.

— **Société philotechnique du Maine**, fondée et autorisée le 5 août 1880.

Bulletin, t. I, 1881; t. V, 1885, in-8°.

SAVOIE.

Albertville. — **Société académique d'Albertville**, fondée le 26 juillet 1877 et autorisée le 14 septembre de la même année.

CHAMBÉRY. — *Académie des sciences, belles-lettres et arts de la Savoie, fondée en 1819 et *reconnue comme établissement d'utilité publique* le 14 juillet 1860.

Mémoires, 1re série, t. I, 1825; t. XII, 1846, in-8°. — 2e série, t. I, 1854; t. XII, 1872, in-8°. — 3e série, t. I, 1875; t. X, 1885, in-8°.

Chroniques de Yolande de France, duchesse de Savoie, sœur de Louis XI, documents inédits, recueillis et mis en ordre par M. Léon Ménabréa. (Chambéry, 1859, in-8°.)

Chartes du diocèse de Maurienne, documents recueillis par Mgr Alexis Billiet, archevêque de Chambéry, et M. l'abbé Albrieux. (Chambéry, 1861, in-8°.)

Documents relatifs au prieuré et à la vallée de Chamonix, recueillis par MM. J.-A. Bonnefoy et A. Perrin. (Chambéry, 1879, 2 vol. in-8°.)

Catalogue du médaillier de Savoie, par M. André Perrin. (Chambéry, 1883, in-8°.)

— *Société savoisienne d'histoire et d'archéologie, fondée le 6 août 1855, autorisée le 6 août 1856 et *reconnue comme établissement d'utilité publique* le 8 octobre 1881.

Mémoires et documents, t. I, 1856; t. XXIII, 1885, in-8°, plus un album in-folio.

Congrès des Sociétés savantes savoisiennes tenus dans différentes villes de la Savoie, t. I, 1878; t. VIII, 1885, in-8°.

— Société d'histoire naturelle de Savoie, fondée en 1844 et approuvée le 28 septembre de la même année.

Comptes rendus annuels, in-8°.

— Société médicale de Chambéry, fondée en 1848 et approuvée le 25 juillet de la même année.

Comptes rendus, formant 4 fascicules in-8°, qui répondent aux années 1848-1873.

Bulletin, formant 2 fascicules in-8°, qui répondent aux années 1859-1877.

Rapport sur l'enseignement de la médecine en Savoie, par MM. Carret et Guillaud. (Chambéry, 1852, in-8°.)

Note additionnelle à ce rapport, par MM. Carret et Guillaud. (Chambéry, 1852, in-8°.)

Mémoire à la Commission de la Chambre des députés chargée d'examiner le projet de loi sur l'enseignement. (Chambéry, 1854, in-8°.)

Rapport sur la collection des eaux minérales de Savoie à l'Exposition universelle de Paris, par M. Charles Calloud. (Chambéry, 1855, in-8°.)

Rapport sur le choléra en Savoie en 1854, par M. le Dr Guillaud. (Chambéry, 1858, in-8°.)

Rapport sur l'eau minérale de la Bauche. (Chambéry, 1868, in-4°.)

Analyse de l'eau de la Bauche, par M. Ch. Calloud. (Chambéry, 1863, in-8°.)

Chambéry. (*Suite.*)

De la médication par les ferrugineux, et plus particulièrement par l'eau de la Bauche, par M. le Dr Guillaud. (Chambéry, 1865, in-8°.)

L'eau minérale de Challes. (Chambéry, 1874, in-8°.)

— **Union artistique de Savoie**, fondée le 25 décembre 1881 et autorisée le 5 avril 1882.

Moutiers. — ***Académie de la Val d'Isère**, fondée le 17 juillet 1865, autorisée le 7 septembre suivant et *reconnue comme établissement d'utilité publique* le 21 mai 1877.

Mémoires, t. I, 1866-1867; t. IV, 1884, in-8°.

Documents, 5 livraisons, 1866-1877, in-8°.

Saint-Jean-de-Maurienne. — **Société d'histoire et d'archéologie de Maurienne**, fondée le 3 janvier 1856 et autorisée le 18 novembre 1861.

Travaux, t. I, 1859-1866; t. V, 1883-1884, in-8°.

SAVOIE (HAUTE-).

Annecy. — **Académie salésienne**, fondée le 21 août 1878.

— **Société florimontane**, fondée le 11 juin 1851.

Annales, 1851-1853, in-12.

Bulletin, t. I, 1855; t. III, 1857, in-8°.

Revue savoisienne, t. I, 1860; t. XXVI, 1885, in-8°.

SEINE-INFÉRIEURE.

Dieppe. — **Société des amis des arts de Dieppe**, fondée en 1873 et autorisée le 15 mars de la même année.

— **Société dieppoise des amis des sciences physiques et naturelles**, fondée en 1876 et autorisée le 6 mars de la même année.

Elbeuf. — **Société d'enseignement mutuel des sciences naturelles d'Elbeuf**, fondée en 1882.

Bulletin, t. I, 1882; t. IV, 1885, in-8°.

— ***Société industrielle d'Elbœuf**, fondée en 1858 et *reconnue comme établissement d'utilité publique* le 23 février 1864.

Bulletin, t. I, 1860; t. XXV, 1885, in-8°.

Fécamp. — **Cercle pratique d'études diverses de Fécamp**, fondé en 1870 et autorisé le 24 mars de la même année.

LE HAVRE. — **Société des amis des arts du Havre**, fondée en 1879.

— **Société de géographie commerciale du Havre**, fondée en 1884.

   Bulletin, t. I, 1884; t. II, 1885, in-8°.

— **Société géologique de Normandie**, fondée en 1872 et autorisée le 11 novembre de la même année.

   Bulletin, t. I, 1873; t. XII, 1885, in-8°.

   Notes prises par M. A. Lécureur au cours de géologie professé par M. G. Lennier, à l'hôtel de ville. (Le Havre, 1875, in-12.)

   Bibliographie géologique de la Normandie, in-12.

   Compte rendu des courses géologiques de l'année 1876, dans les départements de la Seine-Inférieure, du Calvados et de la Manche, in-8°.

— ***Société nationale havraise d'études diverses**, fondée le 27 septembre 1833 et *reconnue comme établissement d'utilité publique* le 30 décembre 1865.

   Recueil, t. I, 1833; t. LII, 1885, in-8°.

   Bulletin, t. I, 1869-1870, in-8°.

— **Société de pharmacie du Havre**, fondée en 1858.

   Mémoires, 3 vol. in-8°.

ROUEN. — ***Académie des sciences, belles-lettres et arts de Rouen**, fondée en 1744, autorisée en 1756 et *reconnue comme établissement d'utilité publique* le 12 avril 1852.

   Précis analytiques des travaux, t. I, 1744; t. LXXXV, 1885, in-8°.

   Mémoire sur le commerce maritime de Rouen, depuis les temps les plus reculés jusqu'à la fin du XVI° siècle, par M. Ernest de Fréville. (Rouen, 1857, 2 vol. in-8°.)

— **Commission départementale des antiquités de la Seine-Inférieure**, fondée en février 1818 et autorisée le 25 octobre 1839.

   Procès-verbaux, t. I, 1864; t. II, 1866, in-8°.

   Bulletin, t. I, 1867; t. VI, 1884, in-8°.

— **Société des amis des arts de Rouen**, fondée en 1831.

— **Société des amis des sciences naturelles de Rouen**, fondée et autorisée le 21 janvier 1865.

   Bulletin, 1re série, t. I, 1865; t. X, 1874, in-8°. — 2° série, t. XI, 1875; t. XXI, 1885, in-8°.

   A la fin du tome X, p. 311-347, se trouve une table des articles contenus dans les six premiers *Bulletins*.

Rouen. (*Suite.*)

— **Société des architectes de la Seine-Inférieure pour le progrès de l'art architectural en province**, fondée en 1869 et autorisée le 7 août de la même année.

Bulletin, t. I, 1869-1872 ; t. II, 1873-1878, in-8°.

— **Société artistique de Normandie**, fondée en 1869 et autorisée le 9 septembre de la même année.

— **Société des bibliophiles normands**, fondée en 1863 et autorisée le 7 février de la même année.

Statuts, circulaires, comptes rendus des séances, in-8°.

Discours des causes pour lesquelles le sieur de Civille, gentilhomme de Normandie, se dit avoir été mort, enterré et ressuscité, publié par M. le marquis de Blasseville. (Rouen, 1863, in-4°.)

Discours de l'entrée de Louis XIV en sa ville de Rouen, et séjour qu'il y fit en 1650, publié par M. E. Frère. (Rouen, 1863, in-4°.)

La fricassée, crotestillonnée, recueil de dictons, de proverbes et de refrains en usage au XVIe et au XVIIe siècle parmi les enfants du peuple dans la ville de Rouen, publié par M. A. Pottier (Rouen, 1863, in-4°.)

Ordonnances contre la peste et autres ordonnances concernant la salubrité publique dans la ville de Rouen, rendues par la cour de l'Échiquier, de 1507 à 1513, publiées par M. Ch. Lormier. (Rouen, 1863, in-4°.)

Funérailles de Georges d'Amboise, archevêque de Rouen, célébrées à Lyon et à Rouen ; du 25 mai au 20 juin 1510, publiées par M. E. Frère. (Rouen, 1864, in-4°.)

Approbation et confirmation par le pape Léon X des statuts et privilèges de la confrérie de l'Immaculée Conception, dite « Académie des Palinods », instituée à Rouen ; publié par M. E. Frère. (Rouen, 1864, in-4°.)

Saint Adjuteur, patron de la noblesse et de la ville de Vernon ; sa vie et son office, par J. Théroude ; publié par M. Raymond Bordeaux. (Rouen, 1864, in-8°.)

Relation du voyage des religieuses ursulines de Rouen à la Nouvelle-Orléans, en 1728, publiée par M. Paul Baudry. (Rouen, 1865, in-4°.)

Les entrées de la reine Éléonore d'Autriche et du Dauphin, fils de François Ier, dans la ville de Rouen, en février 1531-1532, publiées par M. A. Pottier. (Rouen, 1865, in-4°.)

Inventaire du mobilier du château de Chailloué de l'année 1416, publié par M. Ch. de Beaurepaire. (Rouen, 1865, in-8°.)

La vie de sainte Opportune, poème inédit du XIIIe siècle, publié par M. Léon de la Sicotière. (Rouen, 1865, in-8°.)

Le bateau de Bouillé, comédie du sieur Jobé, publiée par M. Édouard Méry. (Rouen, 1866, in-8°.)

Les tavernes de Rouen au XVIe siècle, publié par M. Charles de Beaurepaire. (Rouen, 1866, in-8°.)

Rouen. (Suite.)

Les fastes de Rouen, poème latin d'Hercule Grisel, prêtre rouennais du XVIIe siècle, publié par M. F. Bouquet. (Rouen, 1866-1870, in-8°.)

Prise d'armes de Montgommery en l'année 1474. Recueil d'opuscules rares et de documents inédits, publié par M. le vicomte d'Estaintot. (Rouen, 1869-1872, in-8°.)

   1° *Introduction;*
   2° *Lettres inédites de Charles IX;*
   3° *La prinse du comte de Montgommery;*
   4° *Le siège de Domfront;*
   5° *La prinse de la ville de Sainct Lo,*
   6° *Discours de la mort de Gabriel, comte de Montgommery;*
   7° *Les regrets et tristes lamentations du comte de Montgommery;*
   8° *La reddition de Carentan.*

L'entrée de François Ier, roi de France, dans la ville de Rouen, au mois d'août 1517, publiée par M. Ch. de Beaurepaire. (Rouen, 1867, in-8°.)

Notice historique et littéraire sur André Pottier, par M. l'abbé Colas et M. Ch. Lormier. (Rouen, 1868, in-8°.)

L'entrée de Henri II, roi de France, à Rouen, au mois d'octobre 1550, publiée par MM. S. et L. de Merval. (Rouen, 1868, in-8°.)

Le voyage de Louis XIII en Normandie et la réduction du château de Caen; publié par M. A. Canel (Rouen, 1869, in-8°.)

Les élégies de Jean Doublet, Dieppois, avec la vie du poète, par Guillaume Colletet, publiées par M. Blanchemain. (Rouen, 1869, in-8°.)

Le sire de Bacqueville, légende normande, publiée par M. de Blosseville. (Rouen, 1870, in-8°.)

Séjour de Henri III à Rouen aux mois de juin et juillet 1588, publié par M. Ch. de Beaurepaire. (Rouen, 1871, in-8°.)

Relation des désordres arrivés en la ville et faubourgs de Rouen, et lieux adjacents, par le tonnerre, les vents et la grêle, le 25 juin 1683, publiée par M. L. de Duranville. (Rouen, 1872, in-8°.)

Les éloges de la ville de Rouen, en vers latins et français, par Ant. de Lamarre de Chesnevarin, Pierre de Lamare de Durascu, son fils, et Pierre Grognet, publiés par M. E. Frère. (Rouen, 1872, in-8°.)

Inscriptions latines pour toutes les fontaines de Rouen, composées en 1704 par Guyot, publiées par M. F. Bouquet. (Rouen, 1873, in-8°.)

Les théâtres de Gaillon à la Reine, par Nicolas Filleul de Rouen, publiés par M. E. de Beaurepaire. (Rouen, 1873, in-8°.)

L'aventure de la Grand'Louise, par l'abbé J.-B.-V. Frô, publiée par M. S. de Merval. (Rouen, 1874, in-8°.)

Miscellanées historiques et littéraires, publiées par MM. Ch. de Beaurepaire, de Bouis, F. Bouquet, d'Estaintot, Ch. Lormier, S. de Merval et V. Toussaint. (Rouen, 1872-1877, in-8°.)

   1° *Vers en l'honneur de l'amiral de Graville, 1492* (Ch. de Beaurepaire);

Rouen. (Suite.)

2° *Vœu à la Royne*, par Nicolas Filleul, 1568 (Ch. Lormier);

3° *Vray discours de la surprise et reprise du Mont-Saint-Michel, 1577* (vicomte d'Estaintot);

4° *Arrêts et édits publiés par les parlements de Rouen et de Caen, 1590-1592* (Ch. Lormier);

5° *Deux mandements du chapitre de Rouen pendant la Ligue, 1590-1591* (Ch. de Beaurepaire);

6° *La deffaicte des trouppes du sieur de Montchrestien et la mémorable exécution des rebelles à Sa Majesté, 1621* (Ch. Lormier);

7° *Histoire véritable de ce qui est arrivé au Havre-de-Grâce touchant la trahison de la citadelle, ensemble l'exécution d'un nommé de Meret, 1635* (V. Toussaint);

8° *Histoire véritable des effects prodigieux et épouvantables arrivés au mois de septembre 1636 dans les villes de Dol, Ponthorson, Mont-Saint-Michel, Tomblaine et ès environs où il est tombé de grosse gresle* (Ch. Lormier);

9° *Récit véritable de la mort du sieur Caron de Heurtevau, décapité à Paris, le 21 mars 1617* (Dr de Bouis);

10° *Prise de la ville de Harfleur par l'armée du duc de Longueville, 1649* (S. de Merval);

11° *Lettre de M. d'Avremesnil, chef de la noblesse de Caux, sur le sujet de la descente de 6,000 hommes aux ports de Dieppe, Saint-Vallery et le Havre, 1649* (Vicomte d'Estaintot);

12° *Inscriptions destinées à l'orgue de la cathédrale de Rouen, 1686* (F. Bousquet);

13° *Fêtes données à Rouen à l'occasion de la paix d'Utrecht, 1713* (S. de Merval);

14° *Poésies publiées à Rouen à l'occasion de la paix d'Utrecht, 1713* (S. de Merval);

15° *Inscriptions placées sur le mausolée dressé dans l'église de Rouen lors du service pour le repos de l'âme de M. le comte de Beuvron, en avril 1717* (S. de Merval).

Trois cent soixante et six apologues d'Esope traduits en rithme francoise par Maistre Guillaume Haudent, publiés par M. Ch. Lormier. (Rouen, 1877, in-8°.)

Catalogue des manuscrits rassemblés au XVIIe siècle par les Bigot, mis en vente au mois de juillet 1706, aujourd'hui conservés à la Bibliothèque nationale, publié par M. Léopold Delisle. (Rouen, 1877, in-8°.)

Nouveaux documents sur Hercule Grisel et les fastes de Rouen, publiés par M. Bouquet. (Rouen, 1878, in-8°.)

La première campagne de Henri IV en Normandie, en 1589. Réimpression de pièces contemporaines, par M. le vicomte d'Estaintot. (Rouen, 1878, in-8°.)

Mémoire sur la musique à l'abbaye de Fécamp, reproduction d'un manuscrit inédit de Dom Guillaume Fillastre, publié par M. l'abbé Loth. (Rouen, 1879, in-8°.)

Rouen. (Suite.)

> *Tragédie de Thomas Le Coq. L'odieux et sanglant meurtre commis par le maudit Caïn. Reproduction de l'édition de 1580*, publiée par M. Blanchemain. (Rouen, 1879, in-8°.)
>
> *Poésie latine de François Linant, bibliothécaire du chapitre de Rouen, sur la réparation des désastres de la cathédrale après l'ouragan de 1683*, publiée par M. Bouquet. (Rouen, 1879, in-8°.)
>
> *La métamorphose des nymphes des bois d'Acquigny en truites saumonées, par M. Piedevant*, publiée par M. Lormier. (Rouen, 1879, in-8°.)
>
> *Le Normand sourd, aveugle et muet, ensemble un dialogue entre Jean qui sait tout et Thibaut le Natier*; publié par M. de Beaurepaire. (Rouen, 1880, in-8°.)
>
> *Translation dans l'église Saint-Maclou de Rouen des reliques de saint Verecond, le 31 août 1738*, publiée par M. Legros. (Rouen, 1880, in-8°.)
>
> *Le regret d'honneur féminin, poème français sur la mort de la comtesse de Châteaubriand, par M. François Sagon*, publié par M. Bouquet. (Rouen, 1880, in-8°.)
>
> *Voyage à la nouvelle France du capitaine Charles Daniel de Dieppe, 1629*, publié par M. J. Félix. (Rouen, 1881, in-8°.)
>
> *Le tombeau de Robert et Antoine Le Chevalier d'Aigneaux, réimpression de l'édition de 1591*, publiée par M. Eugène de Beaurepaire. (Rouen, 1881, in-8°.)
>
> *Lettres de deux paysans normands sur la guerre de la succession d'Espagne, pièces inédites*, publiées par M. J. Félix. (Rouen, 1881, in-8°.)
>
> *Entrée du duc de Joyeuse à Rouen, en 1583*, publiée par M. Charles de Beaurepaire. (Rouen, 1881, in-8°.)
>
> *Description du lieu de Saint-Brice, près de la Bouille*, publiée par M. Lormier. (Rouen, 1881, in-8°.)
>
> *Vers faits pour l'entrée de Henri IV à Rouen*, publiés par M. Stéphano de Merval. (Rouen, 1882, in-8°.)
>
> *L'anniversaire de Messire Adrian de Bréauté et oratio Joannis Roenni*; publié par M. le vicomte d'Estaintot. (Rouen, 1882, in-8°.)
>
> *L'entrée à Rouen du roi Henri II et de la reine Catherine de Médicis, d'après la relation imprimée en 1550*, publiée par M. Beauconsin. (Rouen, 1882, in-8°.)
>
> *La parthénie ou banquet des palinods de Rouen en 1546, poème latin du XVIᵉ siècle*, publié par M. Bouquet. (Rouen, 1883, in-8°.)
>
> *Mystère de l'incarnation et nativité de Notre Sauveur et rédempteur Jesus-Christ représenté à Rouen en 1474*; publié par M. Pierre Le Verdier. (Rouen, 1884-1885, 2 vol. in-8°.)

— **Société rouennaise de bibliophiles**, fondée en 1870 et autorisée le 4 août de la même année.

> *Relation du siège de Rouen en 1571, par Valdory*, publiée par M. Gosselin. (Rouen, 1871, in-4°.)
>
> *Deuxième voyage du Dieppois Jean Ribaut à la Floride en 1565. Relation de M. Le Challeux*, publiée par M. Gravier. (Rouen, 1872, in-4°.)

Rouen. (*Suite.*)

Histoire véritable de l'embrasement d'un vaisseau arrivé en rade de Dieppe, le 26 octobre 1649, publiée par M. Hardy. (Rouen, 1872, in-4°.)

Le chef-d'œuvre poétique de Robert Angot, sieur de l'Éperonnière, publié par M. Blanchemain. (Rouen, 1873, in-4°.)

Vie du poète normand Robert Angot, par Guillaume Colletet, publiée par M. Blanchemain. (Rouen, 1873, in-4°.)

Les bouquets poétiques de Robert Angot, sieur de l'Éperonnière, publiés par M. Blanchemain. (Rouen, 1873, in-4°.)

La haute messe de l'abbé Perchel, 1774, publiée par M. Canel. (Rouen, 1873, in-4°.)

Procès-verbaux des cérémonies publiques célébrées à Rouen, le 6 et le 7 novembre 1661, à l'occasion de la naissance du Dauphin, publiés par M. Legros. (Rouen, 1874, in-4°.)

Plan de Rouen en 1655, par Gomboust, gravé par M. Adeline. (Rouen, 1875, in-4°.)

Description des antiquitez et singularitez de la ville de Rouen, par Gomboust, 1655, publiée par M. Adeline. (Rouen, 1875, in-4°.)

Le Mercure de Gaillon, 1644, par Israël Sylvestre, publié par M. Périaux. (Rouen, 1876, in-8°.)

L'arrest et procédure d'entre M° Nicolas Piedevant, curé de Forest-en-Vexin, et l'abbaye de Saint-Wandrille, 1663; publié par M. Canel. (Rouen, 1876, in-4°.)

Poésies d'Antoine Corneille publiées d'après l'édition de 1647, par M. Prosper Blanchemain. (Rouen, 1877, in-8°.)

Naissance et progrès de l'hérésie en la ville de Dieppe (1557-1609); publié par M. Émile Lesens. (Rouen, 1877, in-8°.)

Pièces sur la Ligue en Normandie, publiées par M. de Bonis. (Rouen, 1878, in-8°.)

Histoire de la réformation à Dieppe (1557-1657), par Guillaume et Jean Duval, publiée par M. Émile Lesens. (Rouen, 1878-1879, 2 vol. in-8°.)

Epistre de Guillaume Le Rouillé, publiée par M. Prosper Blanchemain. (Rouen, 1878, in-8°.)

Histoire prodigieuse d'une invasion d'oiseaux ravageurs en Normandie et pays du Maine en 1618, publiée par M. Michel Hardy. (Rouen, 1879, in-8°.)

Relation des funérailles de l'amiral de Villars faites à Rouen le 5 septembre 1595, publiée par M. G. Le Bouteillier. (Rouen, 1879, in-8°.)

Œuvres de Henri d'Andeli, trouvère normand du XIII° siècle, publiées par M. A. Héron. (Rouen, 1880, in-8°.)

Chansons de Roger d'Andeli, seigneur normand des XII° et XIII° siècles, publiées par M. Héron. (Rouen, 1883, in-8°.)

Louis XIII et l'assemblée des notables à Rouen en 1617, documents publiés par M. Ch. de Beaurepaire. (Rouen, 1883, in-8°.)

Rouen. (Suite.)

Les belles et pieuses conceptions de François du Vauborel, publiées par M. Eugène de Beaurepaire. (Rouen, 1883, in-8°.)

Le château fortifié. Éclaircissements de Farin sur un chapitre de sa Normandie intérieure, publiés par M. Félix. (Rouen, 1884, in-8°.)

Entrée à Rouen du roi Henri II et de la reine Catherine de Médicis en 1550. (Rouen, 1885, in-8°.)

Les dits de Hue Archevesque, trouvère normand du XIII° siècle, publiés par M. Héron. (Rouen, 1885, in-8°.)

— *Société libre d'émulation, du commerce et de l'industrie de la Seine-Inférieure, fondée en 1790 et reconnue comme établissement d'utilité publique le 12 avril 1852.

Mémoires, 1re série, t. I, an v; t. III, an vii, in-8°. — 2° série, t. I, an viii; t. III, an x, in-8°. — 3° série, t. I, an x; t. IV, an xiii, in-8°. — 4° série, t. I, 1806; t. VI, 1811, in-8°. — 5° série, t. I, 1812; t. IX, 1819, in-8°. — 6° série, t. I, 1820; t. VII, 1826, in-8°. — 7° série, t. I, 1827; t. IV, 1830, in-8°. — 8° série, t. I, 1831; t. III, 1833, in-8°. — 9° série, t. I, 1834; t. II, 1835, in-8°. — 10° série, t. I, 1836; t. II, 1837, in-8°. — 11° série, t. I, 1838; t. II, 1839, in-8°. — 12° série, t. I, 1840; t. IV, 1844, in-8°. — 13° série, t. I, 1845; t. IV, 1848, in-8°. — 14° série, t. I, 1849; t. III, 1851, in-8°. — 15° série, t. I, 1852; t. III, 1854, in-8°. — 16° série, t I, 1855; t. XXXI, 1885, in-8°.

Les tables des 15 premières séries des Mémoires ont été publiées.

Compte rendu : Exposition universelle de Paris, 1855, in-8°.

Compte rendu : Exposition régionale de Rouen, 1859, in-8°.

Expositions départementales de la Seine-Inférieure, 1854, 1855, 1856, 3 vol. in-8°.

Catalogue du musée industriel de la Société, par M. Raimond Coulon. (Rouen, 1878, in-8°.)

— Société normande de géographie, fondée et autorisée en mars 1879.

Bulletin, t. I, 1879; t. VII, 1885, in-8°.

— Société de l'histoire de Normandie, fondée en 1869.

Bulletin, t. I, 1870-1875, t. III, 1881-1885, in-8°.

Collections de chroniques, mémoires et documents sur l'histoire de la province, dont 22 volumes in-8° ont paru, savoir :

Chronique normande de Pierre Cochon, notaire apostolique à Rouen, publiée par M. Charles de Beaurepaire. (Rouen, 1870, in-8°.)

Actes normands de la Chambre des comptes, sous Philippe de Valois, publiés par M. Léopold Delisle. (Rouen, 1871, in-8°.)

Chronique de Robert de Torigny, abbé du Mont-Saint-Michel, publiée par Léopold Delisle. (Rouen, 1872-1873, 2 vol. in-8°.)

Rouen. (*Suite.*)

Histoire générale de l'abbaye du Mont-Saint-Michel, par Dom Jean Huynes, publiée par M. Eugène de Beaurepaire. (Rouen, 1872-1873, 2 vol. in-8°.)

Histoire ecclésiastique du diocèse de Coutances, par René Toustain Billy, publiée par M. François Dolbet. (Rouen, 1874-1880, 2 vol. in-8°.)

Le Canarien. Livre de la conquête et conversion des Canaries (1402-1422), par Jean de Bethencourt, publié par M. G. Gravier. (Rouen, 1874, in-8°.)

Documents relatifs à la fondation du Havre, recueillis et publiés par M. Stéphano de Merval. (Rouen, 1875, in-8°.)

Cahiers des États de Normandie, sous les règnes de Louis XIII et de Louis XIV, publiés par M. Charles de Beaurepaire. (Rouen, 1876-1877, 2 vol. in-8°.)

Mémoires du président Bigot de Monville sur la sédition des nu-pieds et l'interdiction du parlement de Normandie en 1639, publiés par M. d'Estaintot. (Rouen, 1876, in-8°.)

Mémoires de Pierre Thomas, sieur du Fossé, publiés par M. F. Bouquet. (Rouen, 1876-1878, 3 vol. in-8°.)

Histoire de l'abbaye de Saint-Michel-du-Tréport, par J.-B. Coqaelin, publiée par M. C. Lormier. (Rouen, 1879, in-8°.)

Documents concernant la Normandie, extraits du « Mercure françois » (1605-1614), publiés par M. A. Héron. (Rouen, 1883, in-8°.)

Documents concernant l'histoire de Neufchâtel-en-Bray et de ses environs, publiés par M. F. Bouquet. (Rouen, 1884, in-8°.)

Histoire de l'abbaye royale de Saint-Pierre de Jumièges par un religieux bénédictin, publiée par M. l'abbé Julien Loth. (Rouen, 1883-1884, 2 vol. in-8°.)

Histoire civile et militaire de Neufchâtel-en-Bray, par Dom Bodin, publiée par M. F. Bouquet. (Rouen, 1885, in-8°.)

— *Société industrielle de Rouen, fondée en 1872 et *reconnue comme établissement d'utilité publique* le 18 juillet 1878.

Bulletin, t. I, 1873; t. XIII, 1885, in-8°.

Les premiers éléments de la science de la couleur, par M. A. Rosentiehl. (Rouen, 1884, in-8°.)

Une table des articles contenus dans les dix premiers volumes des *Bulletins* a paru en 1883.

— Société de médecine de Rouen, fondée et autorisée en 1821.

Bulletin, formant cinq fascicules in-8° qui répondent aux années 1825-1859.

Union médicale de la Seine-Inférieure, journal paraissant tous les trois mois depuis 1861, in-8°.

— Société libre des pharmaciens de Rouen, fondée en 1802.

Bulletin, t. I, 1850-1852; t. V, 1867, in-8°.

Rouen. (Suite.)

— **Société vétérinaire de la Seine-Inférieure et de l'Eure**, fondée en 1852.

    Bulletin, t. I, 1852; t. XXVII, 1884, in-8°.

Saint-Valery-en-Caux. — **Société de géographie de Saint-Valery-en-Caux**, fondée au mois de décembre 1883.

    Bulletin, t. I, 1884; t. II, 1885, in-8°.

SEINE-ET-MARNE.

Fontainebleau. — **Société historique et archéologique du Gâtinais**, fondée en 1883 et autorisée le 12 février de la même année.

    Annales, t. I, 1883; t. III, 1885, in-8°.

    Lettres d'Odet de Coligny, cardinal de Châtillon, publiées par M. Léon Marlet. (Fontainebleau, 1885, in-8°.)

    Documents sur le siège de Montargis par les Anglais, publiés par M. Germain Lefèvre-Pontalis (en préparation).

Meaux. — **Société libre d'agriculture, sciences, lettres et arts de l'arrondissement de Meaux**, fondée le 1er mars 1761 sous le titre de *Bureau d'agriculture,* réorganisée en 1798 et en 1832.

    Rapports, n° 1, 1798; n° 12, 1813, in-8°.

    Travaux, t. I, 1833; t. XLI, 1885, in-8°.

    Voyage en Angleterre et en Écosse, par MM. Barrat et Jourdier. (Meaux, 1851, in-8°.)

Melun. — **Société d'archéologie, sciences, lettres et arts de Seine-et-Marne**, fondée le 16 mai 1864 et autorisée le 23 juillet suivant.

    Bulletin, t. I, 1865; t. IX, 1884, in-8°.

— **Société des architectes du département de Seine-et-Marne**, fondée en 1876.

    Bulletin, t. I, 1878, in-8°.

SEINE-ET-OISE.

Pontoise. — **Cercle sténographique de l'Ile-de-France**, autorisé le 8 mai 1875.

    Bulletin annuel, in-8°.

    Le progrès, journal bimensuel, 1re année; 1875, 11e année, 1885.

    Les classiques de la sténographie, recueils de documents concernant l'art abréviatif.

    Rapport des commissaires nommés par l'Académie royale des sciences pour l'examen de la méthode de sténographie de Coulon de Thévenot, en 1787, in-12.

    Discours prononcés aux différents parlements d'Europe, sur l'introduction de la sténographie dans les programmes d'études officiels, in-12.

Pontoise. (*Suite.*)

 La sténographie Duployé dans l'école et au lycée, par M. Francis Fauconnier, in-12.

 L'orthographe d'usage apprise par la sténographie, par M. Francis Fauconnier, in-12.

— **Société historique et archéologique de l'arrondissement de Pontoise et du Vexin**, fondée en mars 1877 et autorisée le 4 septembre suivant.

 Mémoires, t. I, 1879; t. VIII, 1885, in-8°.

 L'abbaye de Maubuisson. Histoire et cartulaire, par MM. J. Depoin et A. Dutilleux. (Pontoise, 1882-1885, 4 vol. in-4°.)

 Bibliographie de la ville et du canton de Pontoise, par M. Léon Thomas. (Pontoise, 1883, in-8°.)

 Cartulaire de l'Hôtel-Dieu de Pontoise, par M. J. Depoin. (Pontoise, 1886, in-4°.)

 La Renaissance dans le Vexin et dans une partie du Parisis, par M. Louis Régnier. (Pontoise, 1886, in-4°.)

 Monographie de l'église Saint-Maclou de Pontoise, par M. Eugène Lefèvre-Pontalis. (en préparation).

Rambouillet. — **Société archéologique de Rambouillet**, fondée en octobre 1836 et autorisée le 1er décembre suivant.

 Mémoires et documents, t. I, 1870; t. VII, 1882-1883, in-8°.

 Recueil de chartes et pièces relatives au prieuré de Notre-Dame des Moulineaux et à la châtellenye de Paigny, publié par M. A. Moutié. (Paris, 1846-1847, in-4°.)

 Cartulaire de l'abbaye de Notre-Dame des Vaux-de-Cernay, de l'ordre de Cîteaux, au diocèse de Paris, publié par MM. L. Merlet et A. Moutié. (Paris, 1857, 3 vol. in-4°.)

 Cartulaire de l'abbaye de Notre-Dame de la Roche, de l'ordre de Saint-Augustin, au diocèse de Paris, publié par M. A. Moutié. (Paris, 1862, in-4°.)

 Tableaux généalogiques et sceaux des seigneurs de Chevreuse, par M. Moutié. (Paris, 1876, in-fol.)

Versailles. — **Commission des antiquités et des arts de Seine-et-Oise**, fondée le 2 septembre 1878, réorganisée et complétée le 2 septembre 1881.

 Travaux, 1er fascicule, 1881; 5° fascicule, 1885, in-8°.

— **Société d'agriculture et des arts de Seine-et-Oise**, fondée en 1798 et reconnue comme établissement d'utilité publique le 5 juin 1857.

 Mémoires, 1re série, t. I, 1798-1800; t. XIX, 1864, in-8°. — 2° série, t. I, 1866; t. XIX, 1885, in-8°.

— **Société des amis des arts de Seine-et-Oise**, fondée en 1854.

— **Société versaillaise de photographie**, fondée en 1885.

 Bulletin mensuel, in-8°.

Versailles. (*Suite.*)

— **Société des sciences morales, des lettres et des arts de Seine-et-Oise,** fondée le 17 octobre 1834 et autorisée le 1er avril 1835.

Discours, rapports, de 1834 à 1847, in-8°.

Mémoires, t. I, 1847; t. XIV, 1885, in-8°.

Journal de la santé de Louis XIV, publié par M. J.-A. Le Roi. (Versailles, 1862, in-8°.)

Journal des règnes de Louis XIV et de Louis XV, de l'année 1701 à l'année 1744, par Pierre Narbonne, premier commissaire de police à Versailles, publié par M. J.-A. Le Roi. (Versailles, 1868, in-8°.)

— **Société des sciences naturelles et médicales de Seine-et-Oise,** fondée en octobre 1832 et autorisée le 20 février 1833.

Mémoires, t. I, 1835; t. XII, 1882, in-8°.

Mémoires de la section de médecine, t. I, 1856; t. VI, 1863, in-8°.

Conseil central d'hygiène de Seine-et-Oise, t. I, 1857; t. VIII, 1874, in-8°.

SÈVRES (DEUX-).

Niort. — **Société de statistique, sciences, belles-lettres et arts du département des Deux-Sèvres,** fondée en 1836 et autorisée le 20 juin de la même année.

Mémoires, 1re série, t. I, 1836; t. XX, 1859, in-8°. — 2e série, t. I, 1860; t. XX, 1883, in-8°. — 3e série, t. I, 1884; t. II, 1885, in-8°.

Bulletin, in-8° formant : 1° un fascicule contenant les procès-verbaux des séances jusqu'en 1852; 2° pour les années 1864-1866, un volume et 20 pages d'un autre volume interrompu; 3° pour les années 1870-1884, 6 volumes complets.

Une table générale des *Mémoires* et *Bulletins* de la Société a été dressée par M. Léo Desaivre en 1883.

Documents pour servir à l'histoire de Niort, par M. Gouget. (Niort, 1860, in-8°.)

SOMME.

Abbeville. — **Société d'émulation d'Abbeville,** fondée le 11 octobre 1797 et réorganisée le 16 novembre 1831.

Mémoires, 1re série, comprenant des rapports et quelques travaux publiés de 1797 à 1810. — 2e série, t. I, 1833; t. XII, 1867-1868, in-8°. — 3e série, t. I, 1869-1872; t. III, 1877-1883, in-8°.

Bulletins, t. I, 1873; t. XII, 1885, in-8°.

Une table des *Mémoires* de la Société parus de 1797 à 1868 a paru en 1869.

Amiens. — *__Académie des sciences, belles-lettres et arts d'Amiens__, fondée en 1746 sous le titre de *Société littéraire d'Amiens*, autorisée le 25 août 1749; reçut le titre d'*Académie des sciences, des lettres et des arts d'Amiens*, par lettres patentes datées de Compiègne du mois de juin 1750; supprimée en 1792; remplacée en l'an VII par la *Société libre d'agriculture du département de la Somme*, qui fut remplacée à son tour en l'an X par l'*Académie des sciences, agriculture, commerce, belles-lettres et arts du département de la Somme*; a repris en 1870 le titre d'*Académie des sciences, des lettres et des arts d'Amiens*; elle a été reconnue comme établissement d'utilité publique le 5 janvier 1877 sous son nom actuel.

L'ancienne Académie n'a rien publié.

Séance publique de l'Académie des sciences, arts, agriculture et belles-lettres d'Amiens, le 15 germinal an XII. (Amiens, an XII, in-8°.)

Collection des rapports analytiques des travaux de l'Académie d'Amiens. (Amiens, 1811, in-4°.) Ce volume, qui a paru en 5 livraisons, contient l'analyse des travaux de 1805 à 1808 et de 1811.

Mémoires, 1re série, t. I, 1835; t. X, 1857, in-8°. — 2e série, t. I, 1858; t. X, 1873, in-8°. — 3e série, t. I, 1874; t. X, 1883, in-8°.

Le tome X de la 2e série contient, p. 506-576, la table par ordre des matières et par noms d'auteurs de la 1re et de la 2e série. Elle a été dressée par M. J. Garnier.

Table analytique des matières qui doivent composer la statistique du département de la Somme, par M. Creton. (Amiens, 1832, in-4°.)

Questions adressées à MM. les agriculteurs du département de la Somme, pour servir à la rédaction de la statistique. (Amiens, 1833, in-4°.)

Rapport sur les projets de chemin de fer entre Paris et Lille, par M. Duroyer. (Amiens, 1835, in-4°.)

Manuel d'agriculture pratique à l'usage des fermes de 30 hectares, par M. Spineux. (Amiens, 1841, in-12.)

Embranchement d'Amiens à Boulogne. Évaluation de la dépense et des produits d'exploitation. Rapport présenté par une commission spéciale. (Amiens, 1843, in-8°.)

— *__Société des antiquaires de Picardie__, fondée en 1836, autorisée le 9 avril de la même année, a pris son titre actuel en 1839 et a été reconnue comme établissement d'utilité publique le 18 juillet 1851.

Mémoires, 1re série, t. I, 1838; t. X, 1850, in-8°. — 2e série, t. I, 1851; t. X, 1865, in-8°. — 3e série, t. I, 1867; t. VIII, 1883, in-8°.

Les tables des articles contenus dans la 1re et dans la 2e série des *Mémoires* ont paru à la fin des volumes de 1850 et de 1865.

Bulletin, t. I, 1841; t. XV, 1883-1885, in-8°.

AMIENS. (Suite.)

>Notice sur une découverte de monnaies picardes du XIe siècle, par MM. Mallet et Rigolot. (Amiens, 1841, in-8°.)

>Catalogue du musée départemental et communal d'antiquités, fondé à Amiens en 1836 par la Société des antiquaires de Picardie. (Amiens, 1845, in-8°.)

>Annuaire administratif et historique de la Somme pour les années 1852 et 1853, in-8°.

>Notice des tableaux, objets d'art, d'antiquité et de curiosité exposés dans les salles de l'hôtel de ville d'Amiens du 20 mai au 7 juin 1860. (Amiens, 1860, in-8°.)

>Collection de documents inédits sur l'histoire de la province, dont 10 volumes ont paru, savoir :

>Coutumes locales des bailliages d'Amiens, rédigées en 1507, publiées par M. A. Bouthors. (Amiens, 1842-1852, 2 vol. in-4°.)

>Introduction à l'histoire générale de la province de Picardie, par Dom Grenier, publiée par MM. Ch. Dufour et J. Garnier. (Amiens, 1856, in-4°.)

>Recherches historiques et critiques sur les anciens comtes de Beaumont-sur-Oise, du Xe au XIIe siècle, par M. L. Douët d'Arcq. (Amiens, 1855, in-4°.)

>Histoire de la ville de Doullens, par M. E. Delgave. (Amiens, 1865, in-4°.)

>Cartulaire de l'abbaye de Notre-Dame d'Ourscamps, de l'ordre de Cîteaux, fondée en 1129, au diocèse de Noyen, publié par M. Peigné-Delacourt. (Amiens, 1865, in-4°.)

>Bénéfices de l'église d'Amiens ou état général des biens, revenus et charges du clergé du diocèse d'Amiens en 1730; avec des notes indiquant l'origine des biens, la répartition des dîmes, par M. F. Darsy. (Amiens, 1869-1871, 2 vol. in-4°.)

>Histoire de la ville et de l'abbaye de Saint-Riquier, par M. l'abbé Hénocque. (Amiens, 1880-1883, 2 vol., in-4°.)

— *Société industrielle d'Amiens, fondée et autorisée le 15 décembre 1861 et *reconnue comme établissement d'utilité publique le 25 juillet 1864.*

>Bulletin, t. I, 1862, t. XXIII, 1885, in-4°.

>Une table des dix premiers Bulletins de la Société a paru en 1875 et une table des dix volumes suivants a été dressée en 1884.

— Société linnéenne du nord de la France, fondée en 1838 et autorisée le 5 mai 1840; a cessé d'exister en 1847; reconstituée en 1865 sous le même titre.

>Mémoires, t. I, 1866-1867; t. V, 1883, in-8°.

>Bulletin, t. I, 1840; t. VI, 1883, in-8°.

>Compte rendu de la première session, tenue à Abbeville, en juin 1838, in-8°.

— Société médicale d'Amiens, fondée en 1803.

>Bulletin, formant 25 fascicules in-8° qui correspondent aux années 1861-1885.

>Topographie médicale du département de la Somme, par MM. les Drs Hecquet, Malapert et Mangot. (Amiens, 1857, in-8°.)

>Étude sur la Société de médecine d'Amiens, par le Dr Courtillier. (Amiens, 1864, in-8°.)

TARN.

Albi. — **Société des sciences, arts et belles-lettres du département du Tarn**, fondée le 3 février 1878 et autorisée le 2 mai suivant.

Revue historique, scientifique et littéraire du département du Tarn, t. 1, 1875 1877; t. V, 1884-1885, in-4°. Cette revue n'est publiée sous la direction de la Société que depuis l'année 1878.

Castres. — **Commission des antiquités de la ville de Castres et du département du Tarn**, fondée le 3 août 1877 et autorisée le 6 octobre de la même année.

Bulletin, t. I, 1877-1878; t. IV, 1880-1881, in-8°.

— **Société littéraire et scientifique de Castres**, fondée en 1856.

Procès-verbaux, t. I, 1857; t. VI, 1867, in-8°.

TARN-ET-GARONNE.

Montauban. — **Académie des sciences, belles-lettres et arts du département de Tarn-et-Garonne**, fondée en 1730 sous le nom de *Société littéraire*, autorisée en 1741, reconstituée en 1796 sous le titre de *Société des sciences et arts*, et organisée en 1867 et en 1878. Elle a pris son titre actuel par délibération du 21 février 1883, approuvée le 3 mars suivant.

Recueil, 1ʳᵉ série, t. I, 1820; t. XLVII, 1866, in-8°. — 2ᵉ série, t. I, 1867; t. IX, 1882-1883, in-8°.

Une table de la 2ᵉ série du recueil a paru à la fin du volume de 1883.

— ***Société archéologique de Tarn-et-Garonne**, fondée le 29 novembre 1866, autorisée le 17 décembre suivant et *reconnue comme établissement d'utilité publique* le 13 août 1884.

Bulletin, t. I, 1869-1870; t. XIII, 1884, in-8°.

VAR.

Draguignan. — **Société d'agriculture, commerce et industrie du Var**, autorisée en 1877.

Bulletin; t. I, 1880; t. VI, 1885, in-8°.

— **Société d'études scientifiques et archéologiques de Draguignan**, fondée le 20 août 1855, autorisée le 2 avril 1856 et *reconnue comme établissement d'utilité publique* le 8 août 1876.

Bulletin, t. I, 1856; t. XIV, 1882-1883, in-8°.

A la fin du tome X, p. 403-418, se trouve une table des matières contenues dans les dix premiers *Bulletins*.

Toulon. — **Société académique du Var**, fondée en 1811 sous le nom de *Société des sciences, belles-lettres et arts*, et autorisée en 1817.

Mémoires, 1re série, t. I, 1832; t. XXX, 1865, in-8°. — 2e série, t. I, 1868; t. XII, 1884, in-8°.

VAUCLUSE.

Apt. — **Société littéraire, scientifique et artistique d'Apt**, fondée en 1863.

Annales, t. I, 1863-1864; t. IV, 1867-1868, in-8°.

Mémoires, t. I, 1874-1877, in-8°.

Procès-verbaux, t. I, 1873; t. III, 1875-1876, in-8°.

Les évêques d'Apt, leurs blasons et leurs familles, par M. Jules Terris. (Avignon, 1877, in-4°.)

Avignon. — **Académie de Vaucluse**, instituée le 20 juillet 1801 sous le nom de *Lycée*, reconstituée le 4 juin 1815 sous le titre d'*Académie*, dissoute en 1847, rétablie le 28 novembre 1880 et approuvée le 27 janvier 1881.

Mémoires, t. I, 1882; t. IV, 1885, in-8°.

— **Société des amis des arts d'Avignon**, fondée en 1875.

Catalogue d'exposition de tableaux, 4 broch. in-8°.

Orange. — **Société d'agriculture, sciences et arts de la ville d'Orange**, fondée en 1810.

Bulletin, t. I, 1861; t. VII, 1867, in-8°.

VENDÉE.

Fontenay-le-Comte. — **Société littéraire, artistique et archéologique de la Vendée**, fondée le 9 novembre 1881 et autorisée le 7 avril 1882.

Revue, t. I, 1882; t. IV, 1885, in-8°.

La Roche-sur-Yon. — **Société d'émulation de la Vendée**, fondée le 6 juillet 1854 et autorisée le 7 du même mois.

Annuaire, 1re série, t. I, 1855; t. XIV, 1868, in-8°. — 2e série, t. I, 1872; t. X, 1880, in-8°. — 3e série, t. I, 1881; t. V, 1885, in-8°.

Des tables de la première et de la seconde série de l'*Annuaire* ont été publiées en 1871 et en 1881.

VIENNE.

Poitiers. — *Société académique d'agriculture, belles-lettres, sciences et arts de Poitiers, fondée le 11 mars 1789, autorisée en 1818 et reconnue comme établissement d'utilité publique le 14 avril 1876.

Bulletin, 1re série, t. I, 1818; t. XI, 1845, in-8°. — 2° série, t. I, 1846; t. XVIII, 1885, in-8°.

— *Société des antiquaires de l'Ouest, fondée le 13 août 1834, autorisée le 24 février 1835 et reconnue comme établissement d'utilité publique le 15 juillet 1875.

Mémoires, 1re série, t. I, 1835; t. XL, 1876, in-8°. — 2° série, t. I, 1877; t. VIII, 1885, in-8°. Un atlas in-4° accompagne le tome II.

Bulletin, 1re série, t. I, 1834-1837; t. XIV, 1874-1876; in-8°. — 2° série, t. I, 1877-1879; t. III, 1883-1885, in-8°.

Une table générale des Mémoires et des Bulletins de la 1re série a été publiée en 1879.

Documents inédits pour servir à l'histoire du Poitou. (Poitiers, 1876, in-8°.)

— Société des archives historiques du Poitou, fondée au mois de novembre 1871 et autorisée le 11 décembre suivant.

Archives historiques du Poitou, t. I, 1872; t. XV, 1885, in-8°.

— Société de médecine de Poitiers, fondée en 1835.

Bulletin, in-8° formant 32 numéros qui répondent aux années 1835-1869.

VIENNE (HAUTE-).

Limoges. — Société d'agriculture, sciences et arts de la Haute-Vienne, fondée le 13 décembre 1759, autorisée le 12 mai 1761 et réorganisée le 15 janvier 1801.

Bulletin, t. I, 1822; t. LV, 1885, in-8°.

— *Société archéologique et historique du Limousin, fondée en 1845, autorisée le 3 décembre de la même année et reconnue comme établissement d'utilité publique le 14 novembre 1877.

Bulletin, 1re série, t. I, 1845-1846; t. XXII, 1873, in-8°. — 2° série, t. I, 1874; t. X, 1885, in-8°.

Une table de la première série du Bulletin a été dressée par M. Thézard en 1876.

Nobiliaire du diocèse et de la généralité de Limoges, par M. l'abbé Nadaud. (Limoges, 1856-1872, 4 vol. in-8°.)

Limoges. (Suite.)

> Registres consulaires de la ville de Limoges (1504-1789). (Limoges, 1869-1884, 3 vol. in-8°.)
>
> Annales manuscrites de Limoges, dites « Manuscrit de 1638 », publiées par MM. E. Ruben, B. Achard et Ducourtreux. (Limoges, 1873, in-8°.)
>
> Documents historiques bas-latins, provençaux et français concernant principalement la Marche et le Limousin, publiés par MM. Leroux, Molinier et Thomas. (Limoges, 1883-1885, 2 vol. in-8°.)

— **Société de médecine et de pharmacie de la Haute-Vienne**, fondée en 1852.

> Bulletin, t. I, 1852-1859, in-8°.

— **Société de pharmacie de la Haute-Vienne**, fondée en 1880 et autorisée le 8 décembre de la même année.

— **Société vétérinaire de la Corrèze, de la Creuse et de la Haute-Vienne**, fondée en 1883 et autorisée le 3 mars de la même année.

VOSGES.

Épinal. — **Comité d'histoire vosgienne**, fondé en 1867.

> Documents rares ou inédits de l'histoire des Vosges, t. I, 1868; t. VIII, 1884, in-8°.

— ***Société d'émulation du département des Vosges**, fondée le 8 janvier 1825 et *reconnue comme établissement d'utilité publique le 10 octobre 1829.*

> Journal, n° 1, 1825; n° 25, 1843, in-8°.
>
> Annales, t. I, 1831-1833; t. XXIV, 1885, in-8°.

Saint-Dié. — **Société philomathique vosgienne**, fondée le 28 février 1875 et autorisée le 9 mars suivant.

> Bulletin, t. I, 1876; t. X, 1884-1885, in-8°.

YONNE.

Auxerre. — **Société des sciences historiques et naturelles de l'Yonne**, fondée et autorisée le 3 janvier 1847 et *reconnue comme établissement d'utilité publique le 14 janvier 1861.*

> Bulletin, t. I, 1847; t. XXXIX, 1885, in-8°.
>
> Des tables analytiques décennales ont été publiées : la première en 1862, la deuxième en 1876, la troisième en 1883.
>
> Bibliothèque historique de l'Yonne, recueil de chroniques locales. (Auxerre, 1850-1852, 2 vol. in-4°.)

Auxerre. (*Suite.*)

Cartulaire général de l'Yonne. Recueil de documents authentiques pour servir à l'histoire des pays qui forment ce département, publié sous la direction de M. Maximin Quantin. (Auxerre, 1854-1860. 2 vol. in-4°.)

Conférences faites à Auxerre par différents membres de la Société. (Auxerre, 1868, in-8°.)

Lettres de l'abbé Lebeuf. (Auxerre, 1866-1867, 2 vol. in-8°.)

Recueil de pièces pour faire suite au cartulaire général de l'Yonne, publié par M. Maximin Quantin. (Auxerre, 1873, grand in-8°.)

Les insectes nuisibles aux arbustes et aux plantes de parterre, par M. Ch. Goureau. (Paris, 1869, in-8°.)

Les insectes nuisibles aux arbres fruitiers, par M. Ch. Goureau. (Paris, 1861, in-8°.)

Les insectes nuisibles aux forêts, par M. Ch. Goureau. (Paris, 1867, in-8°.)

Histoire de l'Auxerrois, par M. A. Challe. (Auxerre, 1878, in-8°.)

Histoire naturelle des diptères des environs de Paris, par M. le docteur Robineaux-Desvoidy. (Auxerre, 1863, 2 vol. in-8°.)

Catalogue des animaux vertébrés du département de l'Yonne, par M. Paul Bert. (Paris, 1884, in-8°.)

— **Société médicale de l'Yonne**, fondée le 21 août 1844, autorisée en 1846 et réorganisée en 1858.

Bulletin, t. I, 1862; t. XXVI, 1885, in-8°.

— **Société pour la propagation de l'instruction populaire dans l'Yonne**, fondée en 1869.

Bulletin, 2 vol. in-8°.

Avallon. — **Société d'études d'Avallon**, fondée le 27 février 1859 et autorisée le 5 avril suivant.

Bulletin, t. I, 1859; t. XXVI, 1885, in-8°.

Sens. — **Société archéologique de Sens**, fondée au mois d'avril 1844 et autorisée le 24 juin suivant.

Bulletin, t. I, 1846; t. XII, 1880, in-8°.

Le tome XI renferme une table générale des matières contenues dans les dix premiers volumes du *Bulletin*. Elle a été dressée par M. Julliot.

Chroniques de l'abbaye de Saint-Pierre-le-Vif, rédigées vers la fin du XIII° siècle, par Geoffray de Courlon, publiées par M. Julliot. (Sens, 1876, in-8°.)

Sens. (*Suite.*)

Musée gallo-romain de Sens; deux livraisons ont paru; elles contiennent 31 planches photogravées, avec une table explicative.

Cartulaire sénonais de Balthazar Taveau, publié par M. Julliot. (Sens, 1884, in-4°.)

ALGER.

Alger. — **Société des beaux-arts d'Alger,** fondée en 1868.

— **Société de géographie d'Alger,** fondée le 4 septembre 1879.

— **Société historique algérienne,** fondée et autorisée en 1856.

Revue africaine, t. I, 1856; t. XXIX, 1885, in-8°.

Du meilleur système à suivre pour l'exploration de l'Afrique centrale. (Alger, 1860, in-8°.)

— **Société des sciences physiques, naturelles et climatologiques d'Alger,** fondée le 12 décembre 1863 et autorisée le 22 du même mois.

Bulletin, t. I, 1864; t. XXII, 1885, in-8°.

CONSTANTINE.

Bône. — **Académie d'Hippone,** fondée le 8 avril 1863.

Bulletin, n° 1, 1865, n° 21, 1885; in-8°.

Essai de catalogue minéralogique algérien, par M. A. Papier. (Bône, 1873, in-fol.)

Constantine. — **Société archéologique du département de Constantine,** fondée le 5 décembre 1852, autorisée le 12 du même mois.

Recueil, 1re série, t. I, 1853; t. X, 1866, in-8°. — 2° série, t. XI, 1867; t. XXI, 1881, in-8°. — 3° série, t. XXII, 1882; t. XXIII, 1883-1884, in-8°.

Une table des 20 premiers volumes est contenue dans le tome XXI.

Album du musée de Constantine, 1er cahier, 1862; 2° cahier, 1863, in-4°.

ORAN.

Oran. — **Société de géographie et d'archéologie de la province d'Oran,** fondée et autorisée le 19 juin 1878.

Bulletin, t. I, 1878; t. V, 1885, in-8°.

Bulletin trimestriel des antiquités africaines, t. I, 1882-1883; t. III, 1885, in-8°.

COCHINCHINE.

Saïgon. — **Comice agricole et industriel de la Cochinchine française**, fondé en 1864.

Bulletin, 1re série, t. I, 1865-1867; t. II, 1868, in-8°. — 2e série, t. I, 1872-1878, in-8°. — 3e série, t. I, 1878-1880, in-8°.

La Cochinchine française en 1878. (Paris, 1878, in-8°.)

— **Société des études indo-chinoises de Saïgon**, fondée en 1883.

Bulletin, t. I, 1883; t. III, 1885, in-8°.

ÎLE DE LA RÉUNION.

Saint-Denis. — **Société des lettres, sciences et arts de l'île de la Réunion**, fondée en 1855 et autorisée en 1865.

Bulletin, t. I, 1856; t. XXIX, 1885, in-8°.

LISTE

DES MEMBRES TITULAIRES, HONORAIRES ET NON RÉSIDANTS DU COMITÉ, DES CORRESPONDANTS ET DES CORRESPONDANTS HONORAIRES DU MINISTÈRE DE L'INSTRUCTION PUBLIQUE POUR LES TRAVAUX HISTORIQUES ET SCIENTIFIQUES.

I. — MEMBRES TITULAIRES DU COMITÉ.

M. LE MINISTRE DE L'INSTRUCTION PUBLIQUE, président.

SECTION D'HISTOIRE ET DE PHILOLOGIE.

Président :

M. DELISLE (Léopold), C. ✻, I. ✿, membre de l'Institut, administrateur général de la Bibliothèque nationale.

Vice-Présidents :

MM.

MAURY (Alfred), C. ✻, I. ✿, membre de l'Institut, professeur au Collège de France, directeur général des Archives nationales.

PARIS (Gaston), ✻, membre de l'Institut, professeur au Collège de France.

Secrétaire :

M. GAZIER, I. ✿, maître de conférences à la Faculté des lettres.

Membres titulaires :

MM.

BARTHÉLEMY (Anatole DE), ✻, I. ✿, membre de la Société nationale des antiquaires de France.

BOISLISLE (Arthur DE), ✻, I. ✿, membre de l'Institut.

BOISSIER (Gaston), O. ✻, I. ✿, de l'Académie française, professeur au Collège de France.

BRÉAL (Michel), O. ✻, I. ✿, membre de l'Institut, directeur à l'École des hautes études.

CHÉRUEL, O. ✻, I. ✿, membre de l'Institut, recteur honoraire.

DESJARDINS (Gustave), ✻, I. ✿, chef du 2ᵉ bureau du secrétariat au Ministère de l'instruction publique.

MM.

Desnoyers (Jules), ✱, I. ✿, membre de l'Institut, bibliothécaire du Muséum d'histoire naturelle.

Duruy (Victor), G. O. ✱, I. ✿, de l'Académie française, de l'Académie des sciences morales et politiques et de l'Académie des inscriptions et belles-lettres.

Fustel de Coulanges, O. ✱, I. ✿, membre de l'Institut, professeur à la Faculté des lettres.

Gautier (Léon), ✱, A. ✿, professeur à l'École des chartes.

Geffroy, O. ✱, I. ✿, membre de l'Institut, professeur à la Faculté des lettres.

Jourdain (Charles), C. ✱, I. ✿, membre de l'Institut.

Laborde (Joseph de), A. ✿, archiviste aux Archives nationales.

Lalanne (Ludovic), sous-bibliothécaire de l'Institut.

Lavisse (Ernest), ✱, I. ✿, professeur adjoint et directeur d'études à la Faculté des lettres.

Longnon, A. ✿, archiviste aux Archives nationales.

Luçay (De), ✱, membre de la Commission supérieure des Archives.

Luce (Siméon), ✱, A. ✿, membre de l'Institut, sous-chef de section aux Archives nationales.

Marty-Laveaux (Charles), ✱, ancien professeur à l'École des chartes.

Mas-Latrie De), O. ✱, A. ✿, membre de l'Institut.

Meyer Paul), ✱, A. ✿, membre de l'Institut, directeur de l'École des chartes, professeur au Collège de France.

Monod (Gabriel), ✱, I. ✿, directeur adjoint à l'École des hautes études.

Picot (Georges), membre de l'Institut.

Renan (Ernest), C. ✱, I. ✿, de l'Académie française et de l'Académie des inscriptions et belles-lettres, administrateur du Collège de France.

Rozière Eugène de), O. ✱, I. ✿, membre de l'Institut, sénateur.

Servois (Gustave), ✱, I. ✿, inspecteur général des bibliothèques et archives.

Sorel (Albert), O. ✱, I. ✿, secrétaire général de la présidence du Sénat.

SECTION D'ARCHÉOLOGIE.

Président :

M. Le Blant (Edmond), O. ✱, I. ✿, membre de l'Institut, directeur de l'École française de Rome.

Vice-Président :

M. Chabouillet (Anatole), O. ✱, I. ✿, conservateur du département des médailles et antiques à la Bibliothèque nationale.

Secrétaire :

M. Lasteyrie (Robert de), ✻, I. ✿, professeur à l'École des chartes.

Membres titulaires :

MM.

Barthélemy (Anatole de), ✻, I. ✿, membre de la Société nationale des antiquaires de France.

Bertrand (Alexandre), O. ✻, I. ✿, membre de l'Institut, conservateur du Musée des antiquités nationales de Saint-Germain-en-Laye.

Boeswillwald, C. ✻, I. ✿, inspecteur général des monuments historiques.

Courajod, A. ✿, conservateur adjoint au Musée du Louvre.

Darcel (Alfred), ✻, I. ✿, directeur du Musée des Thermes et de l'hôtel de Cluny.

Delaborde (Vicomte Henri), O. ✻, I. ✿, secrétaire perpétuel de l'Académie des beaux-arts.

Demay, ✻, A. ✿, chef de section aux Archives nationales.

Desjardins (Ernest), ✻, I. ✿, membre de l'Institut, professeur au Collège de France.

Guiffrey, ✻, I. ✿, archiviste aux Archives nationales.

Héron de Villefosse (Antoine), ✻, A. ✿, conservateur adjoint des antiquités grecques et romaines au Musée du Louvre.

Heuzey, O. ✻, membre de l'Institut.

Longnon, A. ✿, archiviste aux Archives nationales.

Maspero, O. ✻, I. ✿, membre de l'Institut, professeur au Collège de France.

Montaiglon (Anatole de), ✻, A. ✿, professeur à l'École des chartes.

Müntz (Eugène), ✻, I. ✿, bibliothécaire de l'École des beaux-arts.

Perrot (Georges), O. ✻, I. ✿, membre de l'Institut, professeur à la Faculté des lettres, directeur de l'École normale supérieure.

Rayet (Olivier), ✻, A. ✿, professeur d'archéologie près la Bibliothèque nationale.

Renan (Ernest), C. ✻, I. ✿, de l'Académie française et de l'Académie des inscriptions et belles-lettres, administrateur du Collège de France.

Robert (Charles), C. ✻, I. ✿, membre de l'Institut.

Schlumberger, ✻, A. ✿, membre de l'Institut.

Waddington, membre de l'Institut, sénateur.

SECTION DES SCIENCES ÉCONOMIQUES ET SOCIALES.

Président :

M. Levasseur, O. ✻, I. ✿, membre de l'Institut, professeur au Collège de France.

Vice-Président :

M. Tranchant (Charles), O. ✳, président de la section française de la Société de législation comparée.

Secrétaire :

M. Lyon-Caen, I. ✣, professeur à la Faculté de droit et à l'École libre des sciences politiques.

Membres titulaires

MM.

Aucoc, C. ✳, membre de l'Institut.

Baudrillart, ✳, I. ✣, membre de l'Institut, inspecteur général des bibliothèques et archives.

Beaussire, ✳, I. ✣, membre de l'Institut.

Boutmy (Gaston), ✳, A. ✣, membre de l'Institut, directeur de l'École libre des sciences politiques.

Bufnoir, ✳, I. ✣, professeur à la Faculté de droit.

Carnot (Hippolyte), membre de l'Institut, sénateur.

Charton (Édouard), membre de l'Institut, sénateur.

Courcelle-Seneuil, ✳, membre de l'Institut.

Flach, professeur au Collège de France et à l'École libre des sciences politiques.

Foville (De), ✳, A. ✣, professeur à l'École libre des sciences politiques, chef du bureau de la statistique au Ministère des finances.

Glasson, ✳, I. ✣, membre de l'Institut, professeur à la Faculté de droit de Paris.

Gréard, G. O. ✳, I. ✣, membre de l'Institut, vice-recteur de l'Académie de Paris.

Juglar, ✳, professeur à l'École libre des sciences politiques.

Laferrière, O. ✳, I. ✣, président de section au Conseil d'État.

Leroy-Beaulieu (Paul), ✳, A. ✣, membre de l'Institut.

Passy (Frédéric), ✳, I. ✣, membre de l'Institut, député.

Picot (Georges), membre de l'Institut.

Say (Léon), membre de l'Institut, sénateur.

SECTION DES SCIENCES.

Président :

M. Berthelot, C. ✳, I. ✣, membre de l'Institut, sénateur, professeur au Collège de France, président de section et directeur à l'École des hautes études.

Vice-Présidents :

MM.

Mascart, O. ✱, A. ✿, membre de l'Institut, professeur au Collège de France, directeur du Bureau central météorologique.

Milne Edwards (Alphonse), O. ✱, I. ✿, membre de l'Institut, membre de l'Académie de médecine, professeur administrateur au Muséum d'histoire naturelle, professeur à l'École supérieure de pharmacie.

Secrétaires :

MM.

Angot, météorologiste titulaire au Bureau central météorologique.

Richet (Charles), A. ✿, professeur agrégé à la Faculté de médecine.

Membres titulaires :

MM.

Bert (Paul), I. ✿, membre de l'Institut, professeur à la Faculté des sciences, député.

Bertrand (Joseph), C. ✱, I. ✿, de l'Académie française, secrétaire perpétuel de l'Académie des sciences, professeur au Collège de France.

Blanchard, O. ✱, I. ✿, membre de l'Institut, professeur administrateur au Muséum d'histoire naturelle.

Chatin, O. ✱, I. ✿, membre de l'Institut, directeur de l'École supérieure de pharmacie.

Chevreul, G. C. ✱, I. ✿, membre de l'Institut, directeur honoraire du Muséum d'histoire naturelle.

Darboux, ✱, I. ✿, membre de l'Institut, professeur à la Faculté des sciences.

Debray, O. ✱, I. ✿, membre de l'Institut, professeur à la Faculté des sciences, directeur du laboratoire de chimie à l'École normale supérieure.

Duchartre, O. ✱, I. ✿, membre de l'Institut, professeur à la Faculté des sciences.

Duval (Mathias), I. ✿, professeur agrégé à la Faculté de médecine, directeur adjoint à l'École des hautes études.

Faye, C. ✱, I. ✿, membre de l'Institut, président du Bureau des longitudes.

Friedel, ✱, I. ✿, membre de l'Institut, professeur à la Faculté des sciences.

Gavarret, C. ✱, I. ✿, membre de l'Académie de médecine, inspecteur général de l'enseignement supérieur pour la médecine.

Girard (Aimé), O. ✱, I. ✿, professeur au Conservatoire des arts et métiers.

Haton de la Goupillière, ✱, A. ✿, membre de l'Institut, ingénieur en chef des mines.

Hébert, C. ✱, I. ✿, membre de l'Institut, professeur à la Faculté des sciences.

Hervé-Mangon, C. ✱, membre de l'Institut.

MM.

Jamin, C. ✻, I. ✣, secrétaire perpétuel de l'Académie des sciences, professeur à la Faculté des sciences.

Leroy de Méricourt, C. ✻, I. ✣, membre de l'Académie de médecine, médecin en chef de la marine.

Mouchez (Le contre-amiral), C. ✻, I. ✣, membre de l'Institut, directeur de l'Observatoire national.

Quatrefages (De), C. ✻, I. ✣, membre de l'Institut, membre de l'Académie de médecine, professeur administrateur au Muséum d'histoire naturelle.

Renou, O. ✻, A. ✣, directeur à l'École des hautes études.

Troost, ✻, I. ✣, membre de l'Institut, professeur à la Faculté des sciences.

Vaillant, ✻, professeur administrateur au Muséum d'histoire naturelle.

Van Tieghem, ✻, I. ✣, membre de l'Institut, professeur administrateur au Muséum d'histoire naturelle.

Wolf, ✻, A. ✣, membre de l'Institut, astronome à l'Observatoire national.

SECTION DE GÉOGRAPHIE HISTORIQUE ET DESCRIPTIVE.

Président :

M. Jurien de la Gravière (Le vice-amiral), G. C. ✻, I. ✣, membre de l'Institut.

Vice-Présidents :

MM.

Bertrand (Alexandre), O. ✻, I. ✣, membre de l'Institut, conservateur du Musée des antiquités nationales de Saint-Germain-en-Laye.

Perrier (Le colonel), C. ✻, I. ✣, membre de l'Institut.

Secrétaire :

M. Hamy, ✻, I. ✣, conservateur du Musée d'ethnographie, aide-naturaliste au Muséum d'histoire naturelle.

Membres titulaires :

MM.

Barthélemy (Anatole de), ✻, I. ✣, membre de la Société nationale des antiquaires de France.

Bouquet de la Grye, O. ✻, I. ✣, membre de l'Institut.

Cosson, O. ✻, membre de l'Institut.

Daubrée, G. O. ✻, I. ✣, membre de l'Institut.

Desjardins (Ernest), ✻, I. ✣, membre de l'Institut, professeur au Collège de France.

Duveyrier, O. ✻, I. ✣, membre de la Société de géographie.

Grandidier, ✻, A. ✣, membre de l'Institut.

MM.

Héron de Villefosse (Antoine), ✳, A. ✪, conservateur adjoint des antiquités grecques et romaines au Musée du Louvre.

Himly, O. ✳, I. ✪, membre de l'Institut, doyen de la Faculté des lettres.

Levasseur, O. ✳, I. ✪, membre de l'Institut, professeur au Collège de France.

Longnon, A. ✪, archiviste aux Archives nationales.

Maunoir, ✳, I. ✪, secrétaire général de la Société de géographie.

Noë (Le lieutenant-colonel de la), ✳, A. ✪.

Périn (Georges), député.

Robert (Charles), C. ✳, I. ✪, membre de l'Institut.

Schéfer, C. ✳, I. ✪, membre de l'Institut, directeur de l'École des langues orientales vivantes.

Membres de droit de toutes les sections et commissions.

MM.

Charmes (Xavier), ✳, I. ✪, directeur du Secrétariat.

Billotte (René), ✳, I. ✪, chef du 1ᵉʳ bureau du Secrétariat.

Saint-Arroman (Raoul de), I. ✪, sous-chef du 1ᵉʳ bureau du Secrétariat.

COMMISSION CENTRALE.

Président :

M. le Ministre de l'instruction publique.

Vice-Président :

M. Gréard, G. O. ✳, I. ✪, membre de l'Institut, vice-recteur de l'Académie de Paris.

Secrétaire :

M. Billotte (René), ✳, I. ✪, chef du 1ᵉʳ bureau du Secrétariat.

Secrétaire adjoint :

M. Saint-Arroman (Raoul de), I. ✪, sous-chef du 1ᵉʳ bureau du Secrétariat.

Membres titulaires :

MM.

Berthelot, C. ✳, I. ✪, membre de l'Institut, sénateur, professeur au Collège de France, président de section et directeur à l'École des hautes études, président de la section des sciences.

Bertrand (Joseph), C. ✳, I. ✪, de l'Académie française, secrétaire perpétuel de l'Académie des sciences, professeur au Collège de France.

Charmes (Xavier), ✳, I. ✪, directeur du Secrétariat.

MM.

Delisle (Léopold), C. ✭, I. ✪, membre de l'Institut, administrateur général de la Bibliothèque nationale, président de la section d'histoire et de philologie.

Duruy (Victor), G. O. ✭, I. ✪, de l'Académie française, de l'Académie des sciences morales et politiques et de l'Académie des inscriptions et belles-lettres.

Jurien de la Gravière (Le vice-amiral), G. C. ✭, I. ✪, membre de l'Institut, président de la section de géographie historique et descriptive.

Lasteyrie (Robert de), ✭, I. ✪, professeur à l'École des chartes, secrétaire de la section d'archéologie.

Le Blant, O. ✭, I. ✪, membre de l'Institut, directeur de l'École française de Rome, président de la section d'archéologie.

Levasseur, O. ✭, I. ✪, membre de l'Institut, professeur au Collège de France, président de la section des sciences économiques et sociales.

Mascart, O. ✭, A. ✪, membre de l'Institut, professeur au Collège de France, directeur du Bureau central météorologique, vice-président de la section des sciences.

Milne Edwards (Alphonse), O. ✭, I. ✪, membre de l'Institut, membre de l'Académie de médecine, professeur administrateur au Muséum d'histoire naturelle, professeur à l'École supérieure de pharmacie, vice-président de la section des sciences.

Picot (Georges), membre de l'Institut, président de la Commission du *Répertoire des travaux historiques*.

Renan (Ernest), C. ✭, I. ✪, de l'Académie française et de l'Académie des inscriptions et belles-lettres, administrateur du Collège de France, président de la Commission de publication des documents archéologiques de Tunisie.

Rozière (Eugène de), O. ✭, I. ✪, membre de l'Institut, sénateur.

Waddington, membre de l'Institut, sénateur.

COMMISSIONS

RATTACHÉES AU COMITÉ DES TRAVAUX HISTORIQUES ET SCIENTIFIQUES.

1° COMMISSION DE PUBLICATION DES DOCUMENTS ARCHÉOLOGIQUES DE TUNISIE.

Président :

M. Renan (Ernest), C. ✭, I. ✪, de l'Académie française et de l'Académie des inscriptions et belles-lettres, administrateur du Collège de France.

Secrétaire :

M. Reinach (Salomon), A. ✪, conservateur adjoint du Musée des antiquités nationales de Saint-Germain-en-Laye.

Membres titulaires :

MM.

CAGNAT, A. ✥, professeur à la Faculté des lettres de Douai.

COSSON, O. ✥, membre de l'Institut.

DESJARDINS (Ernest), ✥, I. ✥, membre de l'Institut, professeur au Collège de France.

DUVEYRIER, O. ✥, I. ✥, membre de la Société de géographie.

HÉRON DE VILLEFOSSE, ✥, A. ✥, conservateur adjoint des antiquités grecques et romaines au Musée du Louvre.

LA BLANCHÈRE (DE), I. ✥, délégué du Ministre de l'instruction publique, des beaux-arts et des cultes près la résidence française, à Tunis.

LASTEYRIE (Robert DE), ✥, I. ✥, professeur à l'École des chartes.

MILNE EDWARDS (Alphonse), O. ✥, I. ✥, membre de l'Institut, membre de l'Académie de médecine, professeur administrateur au Muséum d'histoire naturelle, professeur à l'École supérieure de pharmacie.

PÉRIN (Georges), député.

PERRIER (Le colonel), C. ✥, I. ✥, membre de l'Institut.

PERROT (Georges), O. ✥, I. ✥, membre de l'Institut, professeur à la Faculté des lettres, directeur de l'École normale supérieure.

2° COMMISSION DU *RÉPERTOIRE DES TRAVAUX HISTORIQUES.*

Président :

M. PICOT (Georges), membre de l'Institut.

Membres :

MM.

BARTHÉLEMY (Anatole DE), ✥, I. ✥, membre de la Société nationale des antiquaires de France.

CHABOUILLET (Anatole), O. ✥, I. ✥, conservateur du département des médailles et antiques à la Bibliothèque nationale.

DARMESTETER (Arsène), A. ✥, professeur à la Faculté des lettres.

FUSTEL DE COULANGES, O. ✥, I. ✥, membre de l'Institut, professeur à la Faculté des lettres.

GAZIER, I. ✥, maître de conférences à la Faculté des lettres.

GUIFFREY, ✥, I. ✥, archiviste aux Archives nationales.

LAVISSE (Ernest), ✥, I. ✥, professeur adjoint et directeur d'études à la Faculté des lettres.

3° COMMISSION DE PUBLICATION DES DOCUMENTS RELATIFS À L'HISTOIRE DE L'INSTRUCTION PUBLIQUE DE 1789 À 1808.

Président:

M. Gréard, G. O. ✣, I. ✪, membre de l'Institut, vice-recteur de l'Académie de Paris.

Vice-Président :

M. Buisson, O. ✣, I. ✪, conseiller d'État, directeur de l'Enseignement primaire.

Secrétaire :

M. Guillaume.

Membres :

MM.
Carnot (Hippolyte), membre de l'Institut, sénateur.
Charmes (Xavier), ✣, I. ✪, directeur du Secrétariat.
Delisle (Léopold), C. ✣, I. ✪, membre de l'Institut, administrateur général de la Bibliothèque nationale.
Dide, sénateur.
Dreyfus-Brisac, publiciste.
Gazier, I. ✪, maître de conférences à la Faculté des lettres.
Lavisse (Ernest), ✣, I. ✪, professeur adjoint et directeur d'études à la Faculté des lettres.
Marais de Beauchamp, ✣, I. ✪, chef du 1er bureau de la direction de l'Enseignement supérieur.
Maury (Alfred), C. ✣, I. ✪, membre de l'Institut, professeur au Collège de France, directeur général des Archives nationales.
Pelletan, député.
Rozière (Eugène de), O. ✣, I. ✪, membre de l'Institut, sénateur.

4° COMMISSION DE PUBLICATION DE LA *REVUE DES TRAVAUX SCIENTIFIQUES.*

Président :

M. Milne Edwards (Alphonse), O. ✣, I. ✪, membre de l'Institut, membre de l'Académie de médecine, professeur administrateur au Muséum d'histoire naturelle, professeur à l'École supérieure de pharmacie.

Vice-Président :

M. Darboux, ✣, I. ✪, membre de l'Institut, professeur à la Faculté des sciences.

Secrétaire :

M. Richet (Charles), A. ✻, professeur agrégé à la Faculté de médecine.

Membres :

MM.

Angot, météorologiste titulaire au Bureau central météorologique.

Chatin, O. ✻, I. ✻, membre de l'Institut, directeur de l'École supérieure de pharmacie.

Friedel, ✻, I. ✻, membre de l'Institut, professeur à la Faculté des sciences.

Hébert, C. ✻, I. ✻, membre de l'Institut, professeur à la Faculté des sciences.

Maunoir, ✻, I. ✻, secrétaire général de la Société de géographie.

Chatin (Joannès), ✻, A. ✻, maître de conférences à la Faculté des sciences.

Combes, ancien élève de l'École polytechnique.

Mouton, maître de conférences à la Faculté des sciences.

Oustalet, I. ✻, aide-naturaliste au Muséum d'histoire naturelle.

Raffy, agrégé-préparateur à l'École normale supérieure.

Regnard, A. ✻, professeur à l'Institut national agronomique, directeur adjoint du laboratoire de physiologie à l'École des hautes études.

Vélain, ✻, I. ✻, maître de conférences à la Faculté des sciences.

5° COMMISSION ORNITHOLOGIQUE.

Président :

M. Milne Edwards (Alphonse), O. ✻, I. ✻, membre de l'Institut, membre de l'Académie de médecine, professeur administrateur au Muséum d'histoire naturelle, professeur à l'École supérieure de pharmacie.

Secrétaire :

M. Oustalet, I. ✻, aide-naturaliste au Muséum d'histoire naturelle.

Membres titulaires :

MM.

Geoffroy-Saint-Hilaire, ✻, directeur du Jardin zoologique d'acclimatation.

Grandidier (Alfred), ✻, A. ✻, membre de l'Institut.

Mascart, O. ✻, A. ✻, membre de l'Institut, professeur au Collège de France, directeur du Bureau central météorologique.

Tisserand, C. ✻, conseiller d'État, directeur au Ministère de l'agriculture.

Vaillant, ✻, professeur administrateur au Muséum d'histoire naturelle.

II. — MEMBRES HONORAIRES DU COMITÉ.

MM.

Arbois de Jubainville (H. d'), ✣, I. ✤, membre de l'Institut, professeur au Collège de France.

Audren de Kerdrel, sénateur.

Barbet de Jouy, O. ✣, I. ✤, membre de l'Institut, administrateur honoraire du Musée du Louvre.

Bardoux, sénateur.

Bayle, ✣, ancien professeur à l'École des mines.

Boutan, O. ✣, I. ✤, inspecteur général de l'enseignement secondaire.

Brouardel, C. ✣, I. ✤, membre de l'Académie de médecine, professeur à la Faculté de médecine.

Cahours, C. ✣, I. ✤, membre de l'Institut.

Chennevières (Le marquis de), O. ✣, membre de l'Institut.

Crosse, ✣, I. ✤, directeur du *Journal de conchyliologie*.

Davanne, ✣, I. ✤, président de la Société de photographie.

Dechambre, O. ✣, I. ✤, docteur en médecine.

Delpit (Martial), ancien député, à Castang, près Bouniagues (Dordogne).

Ducrocq, O. ✣, I. ✤, professeur à la Faculté de droit de Paris.

Du Mesnil, C. ✣, I. ✤, conseiller d'État.

Figuier, O. ✣, A. ✤, agrégé de l'École supérieure de pharmacie.

Hauréau, C. ✣, membre de l'Institut.

Hersart de la Villemarqué (Le vicomte), ✣, membre de l'Institut.

La Tour Dumoulin (C. de), C. ✣, I. ✤, ancien député, à Villégorge (Gironde).

Lavigerie (Le cardinal), O. ✣, I. ✤, archevêque d'Alger.

Leclerc (Le colonel), C. ✣, ancien directeur du Musée d'artillerie, à Menton.

Lefèvre-Pontalis (Antonin), député.

Michel (Francisque), ✣, I. ✤, correspondant de l'Institut.

Michelant (Henri), ✣, conservateur au département des manuscrits de la Bibliothèque nationale.

Nieuwerkerke (Le comte de), G. O. ✣, membre de l'Institut, à la Gattaiola, près Lucques.

Nisard (Désiré), C. ✣, I. ✤, de l'Académie française.

Passy (Louis), député.

Pasteur, G. C. ✣, I. ✤, de l'Académie française et de l'Académie des sciences.

Ramé (Alfred), ✣, I. ✤, conseiller à la cour d'appel de Paris.

MM.

Ravaisson-Mollien (Félix), C. ✭, I. ✿, membre de l'Institut.

Rendu (Eugène), ✭, I. ✿, inspecteur général honoraire de l'Enseignement primaire.

Rouland (Gustave), ✭, I. ✿, trésorier-payeur général à Évreux.

Roussel (Le docteur), sénateur.

Servaux (E.), ✭, I. ✿, sous-directeur honoraire au Ministère de l'instruction publique.

Struve, C. ✭, directeur de l'Observatoire de Pulkowa (Russie).

Tardif (Adolphe), O. ✭, I. ✿, professeur à l'École des chartes.

Turgan, O. ✭, A. ✿, ancien directeur du *Moniteur*.

Ville (Georges), O. ✭, A. ✿, professeur administrateur au Muséum d'histoire naturelle.

Valentin-Smith, ✭, I. ✿, conseiller honoraire à la cour d'appel de Paris, à Trévoux.

Wailly (Natalis de), O. ✭, I. ✿, membre de l'Institut.

Watteville (Baron O. de), ✭, I. ✿, directeur honoraire au Ministère de l'instruction publique.

III. — MEMBRES NON RÉSIDANTS DU COMITÉ.

MM.

Allmer (Auguste), ✭, I. ✿, correspondant de l'Institut, à Lyon.

Barthélemy (Le comte Éd. de), ✭, A. ✿, à Courmelois (Marne).

Beaurepaire (Charles de Robillard de), ✭, A. ✿, correspondant de l'Institut, archiviste du département de la Seine-Inférieure, à Rouen.

Blancard, ✭, I. ✿, correspondant de l'Institut, archiviste du département des Bouches-du-Rhône, à Marseille.

Boucher de Molandon, ✭, I. ✿, ancien président de la Société archéologique de l'Orléanais, à Orléans.

Bulliot, ✭, I. ✿, président de la Société éduenne, à Autun.

Caillemer, ✭, I. ✿, correspondant de l'Institut, doyen de la Faculté de droit de Lyon.

Castan (Auguste), ✭, I. ✿, correspondant de l'Institut, bibliothécaire de la ville de Besançon.

Chevalier (L'abbé Ulysse), ✭, I. ✿, membre de la Société départementale d'archéologie et de statistique de la Drôme, à Romans.

Cournault (Charles), ✭, I. ✿, conservateur du Musée lorrain, à Malzéville, près Nancy.

Deloye, ✭, I. ✿, conservateur du Musée Calvet, à Avignon.

Deschamps de Pas, ✭, I. ✿, correspondant de l'Institut, ingénieur des ponts et chaussées en retraite, à Saint-Omer.

Desjardins (Abel), O. ✭, I. ✿, correspondant de l'Institut, doyen de la Faculté des lettres de Douai.

Germain, O. ✭, I. ✿, membre de l'Institut, doyen honoraire de la Faculté des lettres de Montpellier.

MM.

GUIGUE, ✸, A. ❀, archiviste du département du Rhône, à Lyon.

HUCHER (E.), ✸, I. ❀, conservateur du Musée archéologique du Mans, à la Renardière, près le Mans.

JOURDAN, ✸, I. ❀, doyen de la Faculté de droit d'Aix.

LA FERRIÈRE-PERCY (Le comte DE), ✸, A. ❀, à Ronfeugerai, par Athis (Orne).

LE MOYNE DE LA BORDERIE (Arthur), correspondant de l'Institut, à Vitré.

LINAS (Charles DE), ✸, I. ❀, membre de l'Académie nationale d'Arras.

LOYSEAU DE GRANDMAISON (Charles), ✸, I. ❀, archiviste du département d'Indre-et-Loire, à Tours.

MERLET (Lucien), ✸, I. ❀, correspondant de l'Institut, archiviste du département d'Eure-et-Loir, à Chartres.

MOUTIÉ (Auguste), ✸, I. ❀, président de la Société archéologique de Rambouillet.

PALUSTRE, A. ❀, directeur honoraire de la Société française d'archéologie, à Tours.

PORT (Célestin), O. ✸, I. ❀, correspondant de l'Institut, archiviste du département de Maine-et-Loire, à Angers.

POULLE (Alexandre), ✸, A. ❀, directeur de l'Enregistrement et des domaines, président de la Société archéologique, à Constantine.

QUANTIN, ✸, I. ❀, ancien archiviste du département de l'Yonne, à Auxerre.

RÉVOIL (Henri), O. ✸, I. ❀, correspondant de l'Institut, architecte du Gouvernement, à Nîmes.

SOULTRAIT (Le comte Georges DE), ✸, I. ❀, à Toury-sur-Abron (Nièvre).

TAMIZEY DE LARROQUE, ✸, A. ❀, correspondant de l'Institut, à Gontaud (Lot-et-Garonne).

TEISSIER (Octave), ✸, I. ❀, ancien archiviste de la ville, à Marseille.

IV. — CORRESPONDANTS DU MINISTÈRE.

MM.

ALBANÈS (L'abbé), I. ❀, docteur en théologie, à Marseille.

ALLAIN (L'abbé), archiviste diocésain, à Bordeaux.

ARBAUMONT (Jules D'), I. ❀, secrétaire de la Commission des antiquités de la Côte-d'Or, à Dijon.

AUBER (L'abbé), A. ❀, chanoine titulaire, à Poitiers.

AURÈS, O. ✸, A. ❀, ingénieur en chef des ponts et chaussées en retraite, à Nîmes.

AYMARD, A. ❀, ancien archiviste du département de la Haute-Loire, au Puy.

BABEAU (Albert), président de la Société académique de l'Aube, à Troyes.

BARBEY, A. ❀, vice-président de la Société historique et archéologique de Château-Thierry.

MM.

Barbier de Montault (L'abbé), A. ※, chanoine d'Anagni, à Poitiers.

Barthélemy (Le docteur), A. ※, à Marseille.

Baye (Le baron de), I. ※, à Baye, par Montmort (Marne).

Beauchet-Filleau, I. ※, ancien juge de paix, à Chef-Boutonne (Deux-Sèvres).

Beaune (Henri), I. ※, avocat, à Lyon.

Benet, archiviste du département du Calvados, à Caen.

Berthelet (Charles), à Arlay (Jura).

Berthomieu (Léonce), A. ※, secrétaire de la Commission archéologique, à Narbonne.

Bigarne (Charles), membre de la Société d'archéologie de Beaune, à Chorey (Côte-d'Or).

Borrel, A. ※, architecte, à Moutiers.

Bourbon, A. ※, archiviste du département de l'Eure, à Évreux.

Brocard, A. ※, secrétaire de la Société historique et archéologique de Langres.

Brossard, A. ※, archiviste du département de l'Ain, à Bourg.

Brun-Durand (Justin), I. ※, ancien juge de paix, membre de la Société départementale d'archéologie et de statistique de la Drôme, à Crest (Drôme).

Buhot de Kersers, A. ※, président de la Société des antiquaires du Centre, à Bourges.

Cagnat, A. ※, professeur à la Faculté des lettres de Douai.

Cazalis de Fondouce, I. ※, secrétaire général de l'Académie de Montpellier.

Céleste, sous-bibliothécaire de la ville de Bordeaux.

Cérès (L'abbé), A. ※, conservateur du Musée archéologique de Rodez.

Cerf (L'abbé), A. ※, chanoine titulaire, membre de l'Académie nationale, à Reims.

Cessac (P. de), A. ※, président de la Société des sciences naturelles et historiques, à Guéret.

Chassaing (Augustin), ✳, A. ※, juge au tribunal de première instance, au Puy.

Chatel, I. ※, ancien archiviste du département du Calvados, à Voiteur (Jura).

Chaverondier (Auguste), ✳, archiviste du département de la Loire, à Saint-Étienne.

Colin, ✳, médecin-major de 1re classe, à Cambrai.

Combes, ✳, I. ※, professeur à la Faculté des lettres de Bordeaux.

Corblet (L'abbé), ✳, A. ※, directeur de la *Revue de l'art chrétien*, à Versailles.

Coüard-Luys, A. ※, archiviste du département de l'Oise, à Beauvais.

Dehaisnes (L'abbé), A. ※, ancien archiviste du département du Nord, à Lille.

Delattre (Le R.-P.), A. ※, conservateur du Musée archéologique de Carthage, à Tunis.

Delor, A. ※, à Bordeaux.

Desnoyers (L'abbé), A. ※, directeur du Musée archéologique, à Orléans.

Dezeimeris, ✳, correspondant de l'Institut, à Bordeaux.

MM.

Dion (A. de), secrétaire de la Société archéologique de Rambouillet, à Montfort-l'Amaury.

Dubost, ✻, professeur à l'école de Grignon (Seine-et-Oise).

Duchemin, A. ❀, archiviste du département de la Sarthe, au Mans.

Ducis (L'abbé), A. ❀, archiviste du département de la Haute-Savoie, à Annecy.

Duhamel, I. ❀, archiviste du département de Vaucluse, à Avignon.

Dupré, I. ❀, ancien bibliothécaire de la ville de Blois, à Bordeaux.

Durieux, A. ❀, archiviste de la ville de Cambrai.

Dutilleux, A. ❀, chef de division à la préfecture de Versailles.

Duval, A. ❀, archiviste du département de l'Orne, à Alençon.

Esnault (L'abbé), pro-secrétaire de l'évêché, au Mans.

Estaintot (Le vicomte d'), avocat à la cour d'appel de Rouen.

Fage (René), A. ❀, avocat, secrétaire de la Société archéologique et historique du Limousin, à Limoges.

Féraud, C. ✻, I. ❀, envoyé extraordinaire et ministre plénipotentiaire de France au Maroc.

Fierville (Charles), I. ❀, censeur du lycée de Versailles.

Finot (Jules), I. ❀, archiviste du département du Nord, à Lille.

Fleury (Paul de), archiviste du département de la Charente, à Angoulême.

Flouest (Édouard), ✻, I. ❀, ancien procureur général, à Lugny, par Recey-sur-Ource (Côte-d'Or).

Flourac, archiviste du département des Basses-Pyrénées, à Pau.

Gaffarel, I. ❀, professeur à la Faculté des lettres de Dijon.

Garnier, ✻, I. ❀, archiviste du département de la Côte-d'Or, à Dijon.

Gauthier (Jules), I. ❀, archiviste du département du Doubs, à Besançon.

Germer-Durand fils, architecte, à Mende.

Giraud, A. ❀, conservateur du Musée archéologique, à Lyon.

Godard-Faultrier, I. ❀, directeur-conservateur du Musée d'antiquités, à Angers.

Grassoreille, archiviste du département de l'Allier, à Moulins.

Guibert, A. ❀, vice-président de la Société historique et archéologique du Limousin, à Limoges.

Guillaume (L'abbé), A. ❀, archiviste du département des Hautes-Alpes, à Gap.

Hardy (Michel), A. ❀, archiviste de la ville de Périgueux.

Hérelle, A. ❀, professeur au lycée d'Évreux.

Huart, directeur du Musée d'Arles.

Isnard, archiviste du département des Basses-Alpes, à Digne.

MM.

Julien-Laferrière (L'abbé), A. ✿, chanoine titulaire, à la Rochelle.

Julliot, I. ✿, président de la Société archéologique de Sens.

Kerviler (René), ✠, A. ✿, ingénieur en chef des ponts et chaussées, à Saint-Nazaire.

La Blanchère (De), I. ✿, délégué du Ministre de l'instruction publique, des beaux-arts et des cultes près la résidence française, à Tunis.

Laurière (De), A. ✿, au château de Russas, par Montembœuf (Charente).

Le Breton (Gaston), ✠, I. ✿, conservateur du Musée céramique, à Rouen.

Leclercq de la Prairie, A. ✿, président de la Société archéologique, historique et scientifique de Soissons.

Ledieu, A. ✿, bibliothécaire de la ville d'Abbeville.

Le Héricher (Édouard), I. ✿, secrétaire honoraire de la Société d'archéologie, à Avranches.

Lepage (Henri), ✠, I. ✿, archiviste du département de Meurthe-et-Moselle, à Nancy.

Leroy (Gabriel), I. ✿, archiviste et bibliothécaire de la ville de Melun.

Lescarret, A. ✿, professeur d'économie politique, à Bordeaux.

Lhuillier, I. ✿, chef de bureau à la préfecture de Melun.

Liégeois, I. ✿, professeur à la Faculté de droit de Nancy.

Liénard, I. ✿, membre de la Société philomathique, à Verdun.

Lièvre, A. ✿, pasteur, président du Consistoire, à Angoulême.

Loiseleur, ✠, I. ✿, bibliothécaire de la ville d'Orléans.

Luzel, I. ✿, archiviste du département du Finistère, à Quimper.

Magen (Adolphe), I. ✿, membre de la Société d'agriculture, sciences et arts, à Agen.

Maître, I. ✿, archiviste du département de la Loire-Inférieure, à Nantes.

Marsy (Le comte de), A. ✿, directeur de la Société française d'archéologie, à Compiègne.

Matton, ✠, I. ✿, archiviste du département de l'Aisne, à Laon.

Maxe-Werly, A. ✿, membre de la Société des lettres, sciences et arts de Bar-le-Duc.

Meschinet de Richemond, I. ✿, archiviste du département de la Charente-Inférieure, à la Rochelle.

Mireur, A. ✿, archiviste du département du Var, à Draguignan.

Molard (Francis), A. ✿, archiviste du département de l'Yonne, à Auxerre.

Montégut (De), ancien président du tribunal civil, à Limoges.

Morel, I. ✿, receveur particulier des finances, à Carpentras.

Moris, A. ✿, archiviste du département des Alpes-Maritimes, à Nice.

Mossmann, à Belfort.

MM.

Musset, bibliothécaire de la ville de la Rochelle.

Nicaise (Auguste), président de la Société d'agriculture, commerce, sciences et arts de la Marne.

Paillard, O. ✿, I. ✿, ancien préfet, au château de Charly, près Mazille (Saône-et-Loire).

Parfouru, A. ✿, archiviste du département du Gers, à Auch.

Parrot (Armand), A. ✿, président de la Société académique de Maine-et-Loire, à Angers.

Pasquier, A. ✿, archiviste du département de l'Ariège, à Foix.

Pastoureau-Labesse, O. ✿, à Bordeaux.

Payen, O. ✿, I. ✿, chef de bataillon en retraite, à Sétif.

Pélicier, I. ✿, archiviste du département de la Marne, à Châlons-sur-Marne.

Perron (Eugène), A. ✿, receveur municipal, à Gray.

Poquet (L'abbé), A. ✿, chanoine honoraire, curé de Berry-au-Bac (Aisne).

Pothier (Le colonel), O. ✿, directeur de l'École d'artillerie, à Tarbes.

Pottier (L'abbé), président de la Société archéologique de Tarn-et-Garonne, à Montauban.

Pouy, A. ✿, membre de la Société des antiquaires de Picardie, à Amiens.

Prarond, I. ✿, président de la Société d'émulation d'Abbeville.

Prudhomme, archiviste du département de l'Isère, à Grenoble.

Quesnet (Édouard), I. ✿, archiviste du département d'Ille-et-Vilaine, à Rennes.

Queyroi, conservateur du Musée archéologique et départemental, à Moulins.

Rabut (Laurent), I. ✿, professeur de dessin au lycée de Chambéry.

Rames, J. ✿, pharmacien, à Aurillac.

Richard (Alfred), A. ✿, archiviste du département de la Vienne, à Poitiers.

Richard (Jules), A. ✿, ancien archiviste du département du Pas-de-Calais, à Laval.

Robert (Zéphirin), A. ✿, conservateur du Musée municipal de Lons-le-Saunier.

Rochas d'Aiglun (De), ✿, I. ✿, commandant du génie, à Blois.

Roman (Joseph), I. ✿, au château de Picomtal, près Embrun.

Rondot (Natalis), O. ✿, fondateur du Musée industriel, à Lyon.

Roschach (Ernest), ✿, I. ✿, archiviste de la ville de Toulouse.

Rupin, A. ✿, vice-président de la Société historique et archéologique de Brive.

Saint-Genis (De), A. ✿, conservateur des hypothèques, à Corbeil.

Sauvage (L'abbé), A. ✿, à Ectot-l'Auber, près Yerville (Seine-Inférieure).

Soucaille, A. ✿, professeur au collège de Béziers.

Tartière, A. ✿, archiviste du département des Landes, à Mont-de-Marsan.

MM.

Terninck, à Boisbernard, par Vimy (Pas-de-Calais).

Tholin, I. ✦, archiviste du département de Lot-et-Garonne, à Agen.

Thomas (Antoine), A. ✦, maître de conférences à la Faculté des lettres de Toulouse.

Vallentin (Ludovic), juge au tribunal de Montélimar.

Van Drival (L'abbé), I. ✦, chanoine titulaire, inspecteur des édifices religieux du diocèse, à Arras.

Vayssière, A. ✦, archiviste du département de la Corrèze, à Tulle.

Verlaque (L'abbé), A. ✦, au Revest, près Toulon.

Verneilh (Le baron Jules de), vice-président de la Société historique et archéologique du Périgord, à Puyraseau (Dordogne).

Vidal, bibliothécaire de la ville de Perpignan.

Villey, I. ✦, professeur d'économie politique à la Faculté de droit de Caen.

Voulot, A. ✦, conservateur du Musée d'Épinal.

V. — CORRESPONDANTS HONORAIRES DU MINISTÈRE.

MM.

Arbellot (L'abbé), A. ✦, président de la Société archéologique et historique du Limousin, à Limoges.

Bascle de Lagrèze, ✦, conseiller honoraire à la cour d'appel, à Pau.

Baux (Jules), ✦, A. ✦, ancien archiviste du département de l'Ain, à Bourg.

Canat (Marcel), A. ✦, président de la Société d'histoire et d'archéologie, à Chalon-sur-Saône.

Chevalier (L'abbé Casimir), A. ✦, à Tours.

Drouyn (Léo), ✦, I. ✦, membre de l'Académie des sciences de Bordeaux.

Dubosc, A. ✦, ancien archiviste du département de la Manche, à Saint-Lô.

Durand (Hippolyte), I. ✦, architecte, à Tarbes.

Dussieux, ✦, I. ✦, professeur honoraire à l'École militaire de Saint-Cyr, à Versailles.

Galles (René), O. ✦, I. ✦, intendant militaire en retraite, à Gramilla-en-Arradon, par Vannes.

Garnier, ✦, I. ✦, secrétaire perpétuel de la Société des antiquaires de Picardie, ancien conservateur de la bibliothèque de la ville, à Amiens.

Guignard, A. ✦, bibliothécaire de la ville, à Dijon.

Hubert, I. ✦, bibliothécaire de la ville, à Charleville (Ardennes).

Joly, ✦, I. ✦, doyen honoraire de la Faculté des lettres de Caen.

Jussieu (De), I. ✦, archiviste du département de la Savoie, à Chambéry.

Lebeurier (L'abbé), I. ✦, ancien archiviste du département de l'Eure, à Mantes.

Lecointre-Dupont (G.), membre de la Société des antiquaires de l'Ouest, à Poitiers.

MM.

LEDAIN (Bélisaire), A. ۞, membre de la Société des antiquaires de l'Ouest, à Poitiers.

LOTTIN DE LAVAL, ✻, I. ۞, aux Trois-Vals, près Bernay.

MACÉ DE L'ÉPINAY, ✻, I. ۞, doyen honoraire de la Faculté des lettres, à Grenoble.

MARCHAND, ingénieur, à Ouzouer-sur-Trézée (Loiret).

MIGNARD, membre de l'Académie des sciences, arts et belles-lettres de Dijon.

MOWAT, O. ✻, I. ۞, chef d'escadron d'artillerie en retraite, à Paris.

NOZOT, I. ۞, ancien inspecteur de l'enseignement primaire, à Sedan.

RÉVILLOUT, ✻, I. ۞, professeur à la Faculté des lettres de Montpellier.

RICHARD (L'abbé), à Baume-les-Dames.

ROCHAMBEAU (Le marquis DE), ✻, A. ۞, membre de la Société archéologique du Vendômois, à Thoré (Loir-et-Cher).

ROSTAN (Louis), A. ۞, avocat, à Saint-Maximin (Var).

ROUCHIER (L'abbé), A. ۞, chanoine de la cathédrale de Viviers.

LISTE.

DES MEMBRES NON RÉSIDANTS DU COMITÉ ET DES CORRESPONDANTS DU MINISTÈRE POUR LES TRAVAUX HISTORIQUES ET SCIENTIFIQUES, CLASSÉS PAR DÉPARTEMENTS [1].

1885.

MM.

Ain............ *BAUX (Jules), ✻, A. ❦, ancien archiviste du département, à Bourg.

BROSSARD, A. ❦, archiviste du département, à Bourg.

Aisne............ BARBEY, A. ❦, vice-président de la Société historique et archéologique de Château-Thierry.

LECLERCQ DE LA PRAIRIE, A. ❦, président de la Société archéologique, historique et scientifique de Soissons.

MATTON, ✻, I. ❦, archiviste du département, à Laon.

POQUET (L'abbé), A. ❦, chanoine honoraire, curé de Berry-au-Bac.

Alger............

Allier............ GRASSOREILLE, archiviste du département, à Moulins.

QUEYROI, conservateur du Musée archéologique et départemental, à Moulins.

Alpes (Basses-).... ISNARD, archiviste du département, à Digne.

Alpes (Hautes-).... GUILLAUME (L'abbé), A. ❦, archiviste du département, à Gap.

ROMAN (Joseph), I. ❦, au château de Picomtal, près Embrun.

Alpes-Maritimes.... MORIS, A. ❦, archiviste du département, à Nice.

Ardèche.......... *ROUCHIER L'abbé), A. ❦, chanoine de la cathédrale, à Viviers.

Ardennes......... *HUBERT, I. ❦, bibliothécaire de la ville, à Charleville.

*NOZOT, I. ❦, ancien inspecteur de l'enseignement primaire, à Sedan.

Ariège.......... PASQUIER, A. ❦, archiviste du département, à Foix.

Aube.......... BABEAU (Albert), président de la Société académique, à Troyes.

---

[1] L'astérisque placé devant les noms indique les correspondants honoraires.

MM.

Aude............	Berthomieu (Léonce), A. ⚜, secrétaire de la Commission archéologique, à Narbonne.
Aveyron.........	Cérès (L'abbé), A. ⚜, conservateur du Musée archéologique, à Rodez.
Belfort (Terr^{re} de)..	Mossmann, à Belfort.
Bouches-du-Rhône..	Albanès (L'abbé), I. ⚜, docteur en théologie, à Marseille.
	Barthélemy (Le docteur), A. ⚜, à Marseille.
	Blancard, ✤, I. ⚜, correspondant de l'Institut, archiviste du département, à Marseille; *membre non résidant*.
	Huart, directeur du Musée, à Arles.
	Jourdan, ✤, I. ⚜, doyen de la Faculté de droit d'Aix; *membre non résidant*.
	Teissier (Octave), ✤, I. ⚜, ancien archiviste de la ville, à Marseille; *membre non résidant*.
Calvados.........	Benet, archiviste du département, à Caen.
	*Joly, ✤, I. ⚜, doyen honoraire de la Faculté des lettres, à Caen.
	Villey, I. ⚜, professeur d'économie politique à la Faculté de droit, à Caen.
Cantal...........	Rames, I. ⚜, pharmacien, à Aurillac.
Charente.........	Fleury (Paul de), archiviste du département, à Angoulême.
	Laurière (De), A. ⚜, au château de Russas, par Montembœuf.
	Lièvre, A. ⚜, pasteur, président du Consistoire, à Angoulême.
Charente-Inférieure.	Julien-Laferrière (L'abbé), A. ⚜, chanoine titulaire, à la Rochelle.
	Meschinet de Richemond, I. ⚜, archiviste du département, à la Rochelle.
	Musset, bibliothécaire de la ville, à la Rochelle.
Cher............	Buhot de Kersers, A. ⚜, président de la Société des antiquaires du Centre, à Bourges.
Constantine.......	Payen, O. ✤, I. ⚜, chef de bataillon en retraite, à Sétif.
	Poulle (Alexandre), ✤, A. ⚜, directeur de l'enregistrement et des domaines, président de la Société archéologique, à Constantine; *membre non résidant*.
Corrèze..........	Rupin, A. ⚜, vice-président de la Société historique et archéologique, à Brive.
	Vayssière, A. ⚜, archiviste du département, à Tulle.

MM.

Corse............

Côte-d'Or......... Arbaumont (Jules d'), I. ✿, secrétaire de la Commission des antiquités de la Côte-d'Or, à Dijon.

Bigarne (Charles), membre de la Société d'archéologie de Beaune, à Chorey.

Flouest (Édouard), ✣, I. ✿, ancien procureur général, à Lugny, par Recey-sur-Ource.

Gaffarel, I. ✿, professeur à la Faculté des lettres, à Dijon.

Garnier, ✣, I. ✿, archiviste du département, à Dijon.

*Guignard, A. ✿, bibliothécaire de la ville, à Dijon.

*Mignard, membre de l'Académie des sciences, arts et belles-lettres, à Dijon.

Côtes-du-Nord......

Creuse........... Cessac (P. de), A. ✿, président de la Société des sciences naturelles et historiques, à Guéret.

Dordogne........ Hardy (Michel), A. ✿, archiviste de la ville, à Périgueux.

Verneilh (Le baron Jules de), vice-président de la Société historique et archéologique du Périgord, à Puyraseau.

Doubs........... Castan (Auguste), ✣, I. ✿, correspondant de l'Institut, bibliothécaire de la ville, à Besançon; *membre non résidant.*

Gauthier (Jules), I. ✿, archiviste du département, à Besançon.

*Richard (L'abbé), à Baume-les-Dames.

Drôme........... Brun-Durand (Justin), I. ✿, ancien juge de paix, membre de la Société départementale d'archéologie et de statistique, à Crest.

Chevalier (L'abbé Ulysse), ✣, I. ✿, membre de la Société départementale d'archéologie et de statistique, à Romans; *membre non résidant.*

Vallentin (Ludovic), juge au tribunal, à Montélimar.

Eure............: Bourbon, A. ✿, archiviste du département, à Évreux.

Hérelle, A. ✿, professeur au lycée, à Évreux.

*Lottin de Laval, ✣, I. ✿, aux Trois-Vals, près Bernay.

Eure-et-Loir....... Merlet (Lucien), ✣, I. ✿, correspondant de l'Institut, archiviste du département, à Chartres; *membre non résidant.*

Finistère......... Luzel, I. ✿, archiviste du département, à Quimper.

II.

	MM.
Gard............	Aurès, O. ✳, A. ✿, ingénieur en chef des ponts et chaussées en retraite, à Nîmes.
	Révoil (Henri), O. ✳, I. ✿, correspondant de l'Institut, architecte du Gouvernement, à Nîmes; *membre non résidant.*
Garonne (Haute-)...	Roschach (Ernest), ✳, I. ✿, archiviste de la ville, à Toulouse.
	Thomas (Antoine), A. ✿, maître de conférences à la Faculté des lettres, à Toulouse.
Gers............	Parfouru, A. ✿, archiviste du département, à Auch.
Gironde..........	Allain (L'abbé), archiviste diocésain, à Bordeaux.
	Céleste, sous-bibliothécaire de la ville, à Bordeaux.
	Combes, ✳, I. ✿, professeur à la Faculté des lettres de Bordeaux.
	Delor, A. ✿, à Bordeaux.
	Dezeimeris, ✳, correspondant de l'Institut, à Bordeaux.
	*Drouyn (Léo), ✳, I. ✿, membre de l'Académie des sciences de Bordeaux.
	Dupré, I. ✿, ancien bibliothécaire de la ville de Blois, à Bordeaux.
	Lescarret, A. ✿, professeur d'économie politique, à Bordeaux.
	Pastoureau-Labesse, O. ✳, à Bordeaux.
Hérault..........	Cazalis de Fondouce, I. ✿, secrétaire général de l'Académie de Montpellier.
	Germain, O. ✳, I. ✿, membre de l'Institut, doyen honoraire de la Faculté des lettres de Montpellier; *membre non résidant.*
	*Révillout ✳, I. ✿, professeur à la Faculté des lettres, à Montpellier.
	Soucaille, A. ✿, professeur au collège, à Béziers.
Ille-et-Vilaine......	Le Moyne de la Borderie (Arthur), correspondant de l'Institut, à Vitré; *membre non résidant.*
	Quesnet (Édouard), I. ✿, archiviste du département, à Rennes.
Indre............	
Indre-et-Loire......	*Chevalier (L'abbé Casimir), A. ✿, à Tours.
	Loyseau de Grandmaison (Charles), ✳, I. ✿, archiviste du département, à Tours; *membre non résidant.*
	Palustre, A. ✿, directeur honoraire de la Société française d'archéologie, à Tours; *membre non résidant.*

— 611 —

MM.

Isère............ *MACÉ DE L'ÉPINAY, ✠, I. ✿, doyen honoraire de la Faculté des lettres, à Grenoble.

PRUDHOMME, archiviste du département, à Grenoble.

Jura............. BERTHELET (Charles), à Arlay.

CHATEL, I. ✿, ancien archiviste du département du Calvados, à Voiteur.

ROBERT (Zéphirin), A. ✿, conservateur du Musée municipal, à Lons-le-Saunier.

Landes........... TARTIÈRE, A. ✿, archiviste du département, à Mont-de-Marsan.

Loir-et-Cher....... *ROCHAMBEAU (Le marquis DE), ✠, A. ✿, membre de la Société archéologique du Vendômois, à Thoré.

ROCHAS D'AIGLUN (DE), ✠, I. ✿, commandant du génie, à Blois.

Loire............. CHAVERONDIER (Auguste), ✠, archiviste du département, à Saint-Étienne.

Loire (Haute-)..... AYMARD, A. ✿, ancien archiviste du département, au Puy.

CHASSAING (Augustin), ✠, A. ✿, juge au tribunal de première instance, au Puy.

Loire-Inférieure.... KERVILER (René), ✠, A. ✿, ingénieur en chef des ponts et chaussées, à Saint-Nazaire.

MAÎTRE, I. ✿, archiviste du département, à Nantes.

Loiret............ BOUCHER DE MOLANDON, ✠, I. ✿, ancien président de la Société archéologique de l'Orléanais, à Orléans; *membre non résidant*.

DESNOYERS (L'abbé), A. ✿, directeur du Musée archéologique, à Orléans.

LOISELEUR, ✠, I. ✿, bibliothécaire de la ville, à Orléans.

*MARCHAND, ingénieur, à Ouzouer-sur-Trézée.

Lot..............

Lot-et-Garonne..... MAGEN (Adolphe), I. ✿, membre de la Société d'agriculture, sciences et arts, à Agen.

TAMIZEY DE LARROQUE, ✠, A. ✿, correspondant de l'Institut, à Gontaud; *membre non résidant*.

THOLIN, I. ✿, archiviste du département, à Agen.

Lozère........... GERMER-DURAND fils, architecte, à Mende.

Maine-et-Loire..... GODARD-FAULTRIER, I. ✿, directeur-conservateur du Musée d'antiquités, à Angers.

MM.

Maine-et-Loire..... PARROT (Armand), A. ✿, président de la Société académique de
(*Suite.*) Maine-et-Loire, à Angers.

PORT (Célestin), O. ✠, I. ✿, correspondant de l'Institut, archiviste du département, à Angers; *membre non résidant.*

Manche.......... *DUBOSC, A. ✿, ancien archiviste du département, à Saint-Lô.

LE HÉRICHER (Édouard), I. ✿, secrétaire honoraire de la Société d'archéologie, à Avranches.

Marne.......... BARTHÉLEMY (Le comte Éd. DE), ✠, A. ✿, à Courmelois; *membre non résidant.*

BAYE (Le baron DE), I. ✿, à Baye, par Montmort.

CERF (L'abbé), A. ✿, chanoine titulaire, membre de l'Académie nationale de Reims, à Reims.

NICAISE (Auguste), président de la Société d'agriculture, commerce, sciences et arts de la Marne, à Châlons-sur-Marne.

PÉLICIER, I. ✿, archiviste du département, à Châlons-sur-Marne.

Marne (Haute-).... BROCARD, A. ✿, secrétaire de la Société historique et archéologique, à Langres.

Mayenne......... RICHARD (Jules), A. ✿, ancien archiviste du département du Pas-de-Calais, à Laval.

Meurthe-et-Moselle.. COURNAULT (Charles), ✠, I. ✿, conservateur du Musée lorrain, à Malzéville, près Nancy; *membre non résidant.*

LEPAGE (Henri), ✠, I. ✿, archiviste du département, à Nancy.

LIÉGEOIS, I. ✿, professeur à la Faculté de droit de Nancy.

Meuse.......... LIÉNARD, I. ✿, membre de la Société philomathique, à Verdun.

MAXE-WERLY, A. ✿, membre de la Société des lettres, sciences et arts, à Bar-le-Duc.

Morbihan........ *GALLES (René), O. ✠, I. ✿, intendant militaire en retraite, à Gramilla-en-Arradon, par Vannes.

Nièvre........... SOULTRAIT (Le comte Georges DE), ✠, I. ✿, à Toury-sur-Abron; *membre non résidant.*

Nord............ CAGNAT, A. ✿, professeur à la Faculté des lettres de Douai.

COLIN, ✠, médecin-major de 1re classe, à Cambrai.

DEHAISNES (L'abbé), A. ✿, ancien archiviste du département, à Lille.

DESJARDINS (Abel), O. ✠, I. ✿, correspondant de l'Institut, doyen de la Faculté des lettres de Douai; *membre non résidant.*

MM.

Nord. (*Suite*.).....	Durieux, A. ✪, archiviste de la ville, à Cambrai.
	Finot (Jules), I. ✪, archiviste du département, à Lille.
Oise............	Coüard-Luys, A. ✪, archiviste du département, à Beauvais.
	Marsy (Le comte de), A. ✪, directeur de la Société française d'archéologie, à Compiègne.
Oran............	
Orne............	Duval, A. ✪, archiviste du département, à Alençon.
	La Ferrière-Percy (Le comte de), ✤, A. ✪, à Ronfeugerai, par Athis; *membre non résidant*.
Pas-de-Calais......	Deschamps de Pas, ✤, I. ✪, correspondant de l'Institut, ingénieur des ponts et chaussées en retraite, à Saint-Omer; *membre non résidant*.
	Linas (Charles de), ✤, I. ✪, membre de l'Académie nationale d'Arras; *membre non résidant*.
	Terninck, à Boisbernard, par Vimy.
	Van Drival (L'abbé), I. ✪, chanoine titulaire, inspecteur des édifices religieux du diocèse, à Arras.
Puy-de-Dôme......	
Pyrénées (Basses-)..	*Bascle de Lagrèze, ✤, conseiller honoraire à la cour d'appel, à Pau.
	Flourac, archiviste du département, à Pau.
Pyrénées (Hautes-).	*Durand (Hippolyte), I. ✪, architecte, à Tarbes.
	Pothier (Le colonel), O. ✤, directeur de l'École d'artillerie, à Tarbes.
Pyrénées-Orientales.	Vidal, bibliothécaire de la ville, à Perpignan.
Rhône...........	Allmer (Auguste), ✤, I. ✪, correspondant de l'Institut, à Lyon; *membre non résidant*.
	Beaune (Henri), I. ✪, avocat, à Lyon.
	Caillemer, ✤, I. ✪, correspondant de l'Institut, doyen de a Faculté de droit de Lyon; *membre non résidant*.
	Giraud, A. ✪, conservateur du Musée archéologique, à Lyon.
	Guigue, ✤, A. ✪, archiviste du département, à Lyon; *membre non résidant*.
	Rondot (Natalis), O. ✤, fondateur du Musée industriel, à Lyon.
Saône (Haute-)....	Perron (Eugène), A. ✪, receveur municipal, à Gray.

MM.

Saône-et-Loire.....	Bulliot, ✣, I. ✪, président de la Société éduenne, à Autun; *membre non résidant*.
	*Canat (Marcel), A. ✪, président de la Société d'histoire et d'archéologie, à Chalon-sur-Saône.
	Paillard, O. ✣, I. ✪, ancien préfet, au château de Charly, près Mazille.
Sarthe.......... :	Duchemin, A. ✪, archiviste du département, au Mans.
	Esnault (L'abbé), pro-secrétaire de l'évêché, au Mans.
	Hucher (E.), ✣, I. ✪, conservateur du Musée archéologique du Mans, à la Renardière, près le Mans; *membre non résidant*.
Savoie...........	Borrel, A. ✪, architecte, à Moutiers.
	*Jussieu (De), I. ✪, archiviste du département, à Chambéry.
	Rabut (Laurent), I. ✪, professeur de dessin au lycée de Chambéry.
Savoie (Haute-)....	Ducis (L'abbé), A. ✪, archiviste du département, à Annecy.
Seine............	*Mowat, O. ✣, I. ✪, chef d'escadron d'artillerie en retraite, à Paris.
Seine-Inférieure....	Beaurepaire (Charles de Robillard de), ✣, A. ✪, correspondant de l'Institut, archiviste du département, à Rouen; *membre non résidant*.
	Estaintot (Le vicomte d'), avocat à la Cour d'appel, à Rouen.
	Le Breton (Gaston), ✣, I. ✪, conservateur du Musée céramique, à Rouen.
	Sauvage (L'abbé), A. ✪, à Ectot-l'Auber, près Yerville.
Seine-et-Marne.....	Leroy (Gabriel), I. ✪, archiviste et bibliothécaire de la ville, à Melun.
	Lhuillier, I. ✪, chef de bureau à la préfecture de Melun.
Seine-et-Oise......	Corblet (L'abbé), A. ✪, directeur de la *Revue de l'art chrétien*, à Versailles.
	Dion (A. de), secrétaire de la Société archéologique de Rambouillet, à Montfort-l'Amaury.
	Dubost, ✣, professeur à l'École de Grignon.
	*Dussieux, ✣, I. ✪, professeur honoraire à l'École militaire de Saint-Cyr, à Versailles.
	Dutilleux, A. ✪, chef de division à la préfecture de Versailles.
	Fierville (Charles), I. ✪, censeur du lycée de Versailles.

MM.

Seine-et-Oise. (*Suite.*) *Lebeurier (L'abbé), I. ◊, ancien archiviste du département de l'Eure, à Mantes.

Moutié, ✼, I. ◊, président de la Société archéologique de Rambouillet; *membre non résidant.*

Saint-Genis (De), A. ◊, conservateur des hypothèques, à Corbeil.

Sèvres (Deux-)..... Beauchet-Filleau, I. ◊, ancien juge de paix, à Chef-Boutonne.

Somme........... *Garnier, ✼, I. ◊, secrétaire perpétuel de la Société des antiquaires de Picardie, ancien conservateur de la bibliothèque de la ville, à Amiens.

Ledieu, A. ◊, bibliothécaire de la ville, à Abbeville.

Pouy, A. ◊, membre de la Société des antiquaires de Picardie, à Amiens.

Prarond, I. ◊, président de la Société d'émulation, à Abbeville.

Tarn............

Tarn-et-Garonne.... Pottier (L'abbé), président de la Société archéologique de Tarn-et-Garonne, à Montauban.

Var............. Mireur, A. ◊, archiviste du département, à Draguignan.

*Rostan (Louis), A. ◊, avocat, à Saint-Maximin.

Verlaque (L'abbé), A. ◊, au Revest, près Toulon.

Vaucluse......... Deloye, ✼, I. ◊, conservateur du Musée Calvet, à Avignon; *membre non résidant.*

Duhamel, I. ◊, archiviste du département, à Avignon.

Morel, I. ◊, receveur particulier des finances, à Carpentras.

Vendée..........

Vienne.......... Auber (L'abbé), A. ◊, chanoine titulaire, à Poitiers.

Barbier de Montault (L'abbé), A. ◊, chanoine d'Anagni, à Poitiers.

*Lecointre-Dupont (G.), membre de la Société des antiquaires de l'Ouest, à Poitiers.

*Ledain (Bélisaire), A. ◊, membre de la Société des antiquaires de l'Ouest, à Poitiers.

Richard (Alfred), A. ◊, archiviste du département, à Poitiers.

Vienne (Haute-).... *Arbellot (L'abbé), A. ◊, président de la Société archéologique et historique du Limousin, à Limoges.

Fage (René), A. ◊, avocat, secrétaire de la Société archéologique et historique du Limousin, à Limoges.

MM.

Vienne (Haute-).... (*Suite.*) GUIBERT, A. ✿, vice-président de la Société historique et archéologique du Limousin, à Limoges.

MONTÉGUT (DE), ancien président du tribunal civil, à Limoges.

Vosges.......... VOULOT, A. ✿, conservateur du Musée, à Épinal.

Yonne.......... JULLIOT, I. ✿, président de la Société archéologique de Sens.

MOLARD (Francis), A. ✿, archiviste du département, à Auxerre.

QUANTIN, ✶, I. ✿, ancien archiviste du département, à Auxerre.

membre non résidant.

Tunisie.......... DELATTRE (Le R.-P.), A. ✿, conservateur du Musée archéologique de Carthage, à Tunis.

LA BLANCHÈRE (DE), I. ✿, délégué du Ministre de l'instruction publique, des beaux-arts et des cultes près la résidence française, à Tunis.

CORRESPONDANT RÉSIDANT À L'ÉTRANGER.

Maroc.......... FÉRAUD, C. ✶, I. ✿, envoyé extraordinaire et ministre plénipotentiaire de France au Maroc.

TABLE DES DOCUMENTS.

                                                                                                   Pages.

1. Extrait du rapport de M. Guizot au Roi proposant la création d'un service de recherches et de publication de documents inédits (31 décembre 1833).   3

2. Arrêté de M. Guizot instituant un Comité chargé de diriger les recherches et la publication de documents inédits (18 juillet 1834).................   7

3. Circulaire de M. Guizot aux membres des Sociétés savantes relative aux rapports des Sociétés savantes des départements avec le Ministère (23 juillet 1834)..   8

4. Rapport de M. Guizot au Roi sur les mesures prescrites pour la publication de documents inédits (27 novembre 1834).......................   12

5. Circulaire de M. Guizot aux Correspondants du Ministère relative à la recherche et à la publication des monuments inédits relatifs à l'histoire de France (décembre 1834)...   22

6. Arrêté de M. Guizot instituant un Comité chargé de concourir à la recherche et à la publication de documents inédits (10 janvier 1835)............   27

7. Circulaire et instructions de M. Guizot aux Correspondants du Ministère relatives à la recherche et à la publication de documents inédits (15 mai 1835).   28

8. Lettre de M. Guizot à M. Sainte-Beuve lui demandant un rapport sur les travaux relatifs à la littérature française au moyen âge pendant les trois derniers siècles (19 septembre 1835).............................   37

9. Rapport de M. Guizot au Roi sur l'état des travaux relatifs à la recherche et à la publication de documents inédits concernant l'histoire de France (2 décembre 1835)...   39

10. Circulaire de M. Pelet de la Lozère aux Correspondants du Ministère relative à une demande de recherches historiques pour le recueil des documents inédits de l'histoire du Tiers État (10 août 1836)....................   50

11. Circulaire de M. de Salvandy aux Correspondants du Ministère relative à une demande de renseignements pour la collection des monuments inédits de l'histoire du Tiers État (26 août 1837)..............................   52

12. Arrêté de M. de Salvandy portant organisation de cinq Comités historiques (18 décembre 1837)..   60

	Pages.

13. Circulaire de M. de Salvandy aux Correspondants du Ministère réclamant la collaboration active des Correspondants du Ministère pour la publication d'anciennes versions de la Bible (28 février 1838)................... 67
14. Arrêté de M. de Salvandy sur le service des dépôts et bibliothèques du Ministère de l'instruction publique (4 avril 1838)...................... 68
15. Circulaire de M. de Salvandy demandant aux Préfets des renseignements sur les Sociétés savantes et littéraires existant dans les départements (24 avril 1838).. 69
16. Circulaire de M. de Salvandy aux Préfets autorisant entre les Sociétés savantes l'échange en franchise de leurs publications par l'intermédiaire du Ministère de l'instruction publique (5 juillet 1838)................... 70
17. Circulaire de M. de Salvandy renouvelant aux Préfets la demande de renseignements sur les Sociétés savantes et littéraires existant dans les départements (7 août 1838)... 71
18. Circulaire de M. de Salvandy aux Préfets relative à la correspondance des Sociétés savantes (avril 1838).................................... 71
19. Circulaire de M. de Salvandy aux Correspondants du Ministère relative à une demande de renseignements pour la collection des monuments de l'histoire du Tiers État (5 septembre 1838)................................... 72
20. Circulaire de M. de Salvandy aux Correspondants du Ministère relative à l'envoi d'un questionnaire archéologique (30 novembre 1838).......... 81
21. Circulaire de M. de Salvandy demandant aux Inspecteurs primaires quels monuments historiques existent dans les communes de leur circonscription (30 novembre 1838)... 91
22. Circulaire de M. de Salvandy demandant aux Correspondants du Ministère communication des inscriptions romaines existant en France (1er mars 1839). 92
23. Circulaire de M. de Salvandy aux Correspondants du Ministère relative à l'envoi d'instructions rédigées par le Comité (1839).................... 94
24. Arrêté de M. V. Cousin réunissant en un Comité unique les Comités de littérature et de sciences sous le titre de *Comité pour la publication des documents écrits de l'histoire de France* (30 août 1840)........................ 97
25. Circulaire de M. V. Cousin aux membres des Comités de littérature et de sciences relative au changement de nom des Comités de littérature et de sciences (30 août 1840)... 98
26. Circulaire de M. Villemain réclamant aux Correspondants du Ministère l'envoi au Comité de communications plus fréquentes (31 décembre 1840).. 98
27. Circulaire de M. Villemain aux Correspondants du Ministère relative à la publication d'un recueil complet des lettres missives de Henri IV (24 août 1841)... 101

	Pages.
28. Ordonnance du Roi qui prescrit la publication d'un Annuaire des Sociétés scientifiques et littéraires du royaume (27 juillet 1845)...............	102
29. Circulaire de M. de Salvandy aux Préfets relative à l'état de situation des Sociétés savantes, littéraires et scientifiques des départements (28 juillet 1845).	103
30. Circulaire de M. de Salvandy aux Présidents des Sociétés savantes relative à l'exécution de l'ordonnance qui prescrit la publication d'un Annuaire des Sociétés savantes (28 juillet 1845)................................	104
31. Décision du Ministre des finances autorisant entre les Sociétés savantes l'échange en franchise de leurs publications par l'intermédiaire du Ministre de l'instruction publique (3 mars 1847).........................	108
32. Circulaire de M. de Salvandy aux Présidents des Sociétés savantes au sujet de l'envoi en franchise des publications des Sociétés savantes (19 mars 1847).	110
33. Rapport de M. de Salvandy au Roi sur l'état des travaux exécutés de 1835 à 1847 pour le recueil des documents inédits relatifs à l'histoire de France (15 avril 1847)..	111
34. Extrait de l'ordonnance royale concernant les franchises postales (16 mai 1847).	128
35. Circulaire de M. de Salvandy aux Présidents des Sociétés savantes relative à la franchise postale accordée pour les publications des Sociétés savantes (25 juillet 1847)...	129
36. Circulaire de M. de Salvandy aux Correspondants du Ministère relative à une demande de documents sur l'archéologie chrétienne (14 août 1847).....	130
37. Circulaire de M. de Salvandy demandant aux Présidents des Sociétés savantes un état des ressources des Sociétés savantes (11 septembre 1847).......	132
38. Arrêté de M. de Falloux relatif à la transformation du *Bulletin des Comités historiques* (8 janvier 1849)......................................	132
39. Circulaire de M. de Falloux aux Correspondants du Ministère relative à la transformation du *Bulletin des Comités historiques* (15 janvier 1849).....	134
40. Circulaire de M. de Falloux demandant aux Correspondants du Ministère des recherches sur les meubles et vêtements ecclésiastiques du moyen âge (février 1849)...	136
41. Arrêté de M. de Falloux établissant les conditions d'après lesquelles le *Bulletin des Comités* sera accordé gratuitement (3 mars 1849).................	139
42. Arrêté de M. de Falloux divisant en deux séries le *Bulletin des Comités historiques* (5 mars 1849)...	140
43. Circulaire de M. de Falloux aux Correspondants du Ministère relative à l'envoi du *Bulletin des Comités* (27 mars 1849).........................	140
44. Arrêté de M. de Falloux relatif à la publication par extraits des procès-verbaux du Comité historique des monuments écrits (10 mars 1849)..........	141

Pages.

45. Arrêté de M. de Parieu fixant le nombre des membres résidants des deux Comités (12 novembre 1849).................................... 142

46. Circulaire de M. de Parieu aux Présidents des Sociétés savantes concernant le service d'échange et de transmission des publications des Sociétés savantes (20 janvier 1850)... 142

47. Arrêté de M. de Parieu réglant la durée des sessions et fixant le nombre des séances des Comités (16 février 1850).......................... 144

48. Arrêté de M. de Parieu prescrivant la formation d'une bibliothèque des Sociétés savantes et des Comités historiques (20 février 1850)......... 144

49. Arrêté de M. de Parieu restreignant la concession du *Bulletin des Comités* (8 mars 1850)... 145

50. Circulaire de M. de Parieu aux Correspondants du Ministère, aux Archivistes, Bibliothécaires, etc., relative à la publication des États généraux du XIV° siècle (5 décembre 1850)..................................... 145

51. Circulaire de M. de Parieu aux Présidents des Sociétés savantes relative à l'établissement de communications entre les Sociétés savantes et le Comité des arts et monuments (5 janvier 1851)............................ 147

52. Arrêté de M. de Parieu fixant le nombre des Correspondants du Ministère pour les travaux historiques (23 janvier 1851)...................... 148

53. Nouvel arrêté, de M. Ch. Giraud, fixant le nombre des Correspondants du Ministère pour les travaux historiques (7 avril 1851)................ 148

54. Arrêté de M. Ch. Giraud fixant le nombre des membres non résidants des Comités historiques (7 avril 1851)................................ 149

55. Arrêté de M. de Crouseilhes instituant des prix en faveur des Correspondants du Ministère (31 juillet 1851).................................. 150

56. Circulaire de M. de Crouseilhes demandant aux Présidents des Sociétés savantes des renseignements pour la publication de l'Annuaire des Sociétés savantes de 1852 (20 octobre 1851)............................... 151

57. Rapport de M. Fortoul au Président de la République sur la publication d'un recueil des poésies populaires de la France (13 septembre 1852)....... 153

58. Décret du Président de la République ordonnant la publication d'un recueil général des poésies populaires de la France (13 septembre 1852)....... 154

59. Arrêté de M. Fortoul réorganisant les Comités historiques et instituant un Comité unique sous le titre de *Comité de la langue, de l'histoire et des arts de la France* (14 septembre 1852).................................. 155

60. Circulaire de M. Fortoul aux Inspecteurs primaires relative à la publication d'un recueil général des poésies et des chants populaires de la France (17 septembre 1852)... 157

— 621 —

Pages.

61. Circulaire de M. Fortoul aux Recteurs relative aux recherches demandées aux Inspecteurs primaires pour un recueil général des poésies populaires de la France (17 septembre 1852).................................... 158
62. Arrêté de M. Fortoul réglant les conditions d'après lesquelles seront imprimés les volumes de la Collection des documents inédits (13 décembre 1852). 159
63. Circulaire de M. Fortoul aux Correspondants du Ministère relative à l'envoi de nouvelles instructions du Comité (28 octobre 1853)............... 160
64. Circulaire de M. Fortoul aux Recteurs relative à la recherche de documents pour le recueil général des poésies populaires de la France (5 décembre 1853).. 162
65. Circulaire de M. Fortoul aux Inspecteurs primaires relative à la recherche de documents pour le recueil général des poésies populaires de la France (5 décembre 1853).. 163
66. Circulaire de M. Fortoul aux Présidents des Sociétés savantes relative à la création d'un *Bulletin des Sociétés savantes* (16 mars 1854)............. 164
67. Circulaire de M. Fortoul aux Recteurs relative aux rapports des Recteurs avec les Sociétés savantes (10 janvier 1856)........................... 165
68. Arrêté de M. Fortoul chargeant une commission, formée dans le Comité, d'examiner les communications des Sociétés savantes et d'en rendre compte à l'assemblée générale (31 janvier 1856)........................... 169
69. Circulaire de M. Fortoul aux Présidents des Sociétés savantes relative aux rapports des Sociétés savantes avec le Comité de la langue, de l'histoire et des arts de la France (10 février 1856)........................... 169
70. Instruction aux Correspondants du Ministère relative à la publication d'un recueil des inscriptions de la Gaule et de la France (15 avril 1856)..... 171
71. Circulaire de M. Fortoul aux Correspondants du Ministère relative à la publication des lettres du cardinal Mazarin (26 avril 1856)................ 176
72. Arrêté de M. Fortoul décidant que des jetons de présence seront distribués aux séances générales du Comité (5 mai 1856)..................... 178
73. Arrêté de M. Rouland établissant des dispositions nouvelles pour la publication des documents inédits de l'histoire de France (26 janvier 1857).... 178
74. Circulaire de M. Rouland aux Recteurs relative à la publication de la *Revue des Sociétés savantes* (20 mai 1857)............................. 179
75. Circulaire de M. Rouland demandant aux Recteurs que les professeurs de Facultés participent aux travaux de la *Revue des Sociétés savantes* (30 mai 1857).. 181
76. Arrêté de M. Rouland réorganisant le Comité de la langue, de l'histoire et des arts de la France sous le titre de *Comité des travaux historiques et des Sociétés savantes* (22 février 1858)................................... 184

Pages.

77. Circulaire de M. Rouland aux Recteurs relative à l'exécution de l'arrêté du 22 février 1858, concernant la réorganisation du Comité des travaux historiques et des Sociétés savantes (29 mars 1858).................... 187

78. Circulaire de M. Rouland aux Présidents des Sociétés savantes relative à l'exécution de l'arrêté du 22 février 1858 (29 mars 1858)............ 191

79. Circulaire de M. Rouland aux Préfets relative à la revision de la liste des membres non résidants du Comité et des Correspondants du Ministère (12 avril 1858) 195

80. Circulaire de M. Rouland aux Préfets relative à la présentation de Correspondants pour la section des sciences du Comité (30 avril 1858).......... 196

81. Circulaire de M. Rouland aux Correspondants du Ministère relative à la nouvelle organisation du Comité des travaux historiques et des Sociétés savantes (26 août 1858).. 197

82. Circulaire de M. Rouland aux Présidents des Sociétés savantes et aux Correspondants du Ministère relative à l'exécution d'un *Dictionnaire géographique de la France* (26 août 1858)................................ 199

83. Circulaire de M. Rouland aux Présidents des Sociétés savantes prescrivant communication au Ministère d'extraits des procès-verbaux des Sociétés savantes, ainsi que des modifications de leur personnel (10 janvier 1859).. 201

84. Circulaire de M. Rouland aux Présidents des Sociétés savantes relative à la publication d'un *Répertoire archéologique de la France* (30 mars 1859)... 202

85. Circulaire de M. Rouland aux Présidents des Sociétés savantes relative à la publication d'un *Dictionnaire géographique de la France* (20 août 1859).. 203

86. Circulaire de M. Rouland aux Présidents des Sociétés savantes relative à la publication d'un *Répertoire archéologique de la France* (10 décembre 1859)... 204

87. Arrêté de M. Rouland relatif à des prix à décerner aux Sociétés savantes (25 janvier 1860)... 206

88. Circulaire de M. Rouland aux Présidents des Sociétés savantes relative à la préparation d'une *Description scientifique de la France* (1er juin 1860)..... 207

89. Circulaire de M. Rouland aux Recteurs indiquant de quelle manière doivent être conçus les comptes rendus des professeurs de Facultés sur les travaux des Sociétés savantes (22 mars 1861)............................ 210

90. Circulaire de M. Rouland aux Présidents des Sociétés savantes relative au concours des Sociétés savantes (1er août 1861)..................... 212

91. Circulaire de M. Rouland, secrétaire général du Ministère, aux Présidents des Sociétés savantes relative aux lectures préparées pour les réunions des délégués des Sociétés savantes par les membres de ces sociétés (20 août 1861)... 212

Pages.

92. Circulaire de M. G. Rouland aux membres des Sociétés savantes annonçant la publication des mémoires lus dans les réunions des délégués des Sociétés savantes à la Sorbonne (9 décembre 1861)........................... 213

93. Circulaire de M. Rouland aux Présidents des Sociétés savantes relative à la collection anthropologique du Muséum d'histoire naturelle (17 janvier 1863). 213

94. Circulaire de M. Rouland aux Présidents des Sociétés savantes relative à la réunion des délégués des Sociétés savantes à la Sorbonne en 1861 et 1862 (16 février 1863)... 216

95. Circulaire de M. Rouland aux Présidents des Sociétés savantes relative à la réunion des délégués des Sociétés savantes à la Sorbonne pour 1864 (15 mai 1863)... 217

96. Arrêté de M. Duruy réglementant la publication des ouvrages de la Collection des documents inédits de l'histoire de France (21 septembre 1863).. 218

97. Nouvelle circulaire de M. Duruy aux Présidents des Sociétés savantes relative à la réunion des délégués des Sociétés savantes à la Sorbonne en 1864 (15 février 1864)... 220

98. Circulaire de M. Duruy aux Présidents des Sociétés savantes relative au choix des livres propres à être placés dans les bibliothèques des écoles primaires (1er décembre 1864)... 221

99. Arrêté de M. Duruy créant une nouvelle série de la *Revue des Sociétés savantes* (17 mai 1865).. 222

100. Arrêté de M. Duruy réglant l'administration intérieure des sections d'histoire et d'archéologie du Comité des travaux historiques (7 février 1866)..... 223

101. Circulaire de M. Duruy aux Préfets relative aux conditions exigées des Sociétés savantes pour les reconnaître comme établissements d'utilité publique (12 février 1866)... 224

102. Arrêté de M. Duruy fixant les attributions et réglant l'organisation de la section des sciences du Comité (27 janvier 1866)......................... 226

103. Arrté de M. Duruy organisant la section des sciences du Comité pour la réunion des délégués des Sociétés savantes à la Sorbonne en 1866 (3 mars 1866).. 227

104. Circulaire de M. Duruy aux Présidents des Sociétés savantes relative à l'organisation d'une exposition à la Sorbonne d'instruments et appareils scientifiques nouveaux (17 mars 1866)................................... 228

105. Circulaire de M. Duruy aux Présidents des Sociétés savantes relative à la création de collections pour l'enseignement spécial (12 janvier 1867)... 229

106. Circulaire de M. Duruy aux Présidents des Sociétés savantes relative à la réunion des délégués des Sociétés savantes à la Sorbonne en 1867 (5 février 1867)... 231

107. Extrait d'un rapport de M. Duruy à l'Empereur sur l'enseignement supérieur (novembre 1868).. 232

108. Circulaire de M. Duruy aux Recteurs relative à l'établissement de prix académiques à décerner aux meilleurs travaux d'archéologie, d'histoire et de science (14 décembre 1868)... 233

109. Circulaire de M. Duruy aux Correspondants du Ministère relative au concours que le Ministre attend d'eux (6 janvier 1869)...................... 234

110. Décret instituant des prix annuels pour les travaux d'histoire, d'archéologie ou de science (30 mars 1869).. 241

111. Arrêté de M. Duruy relatif à l'exécution du décret qui précède (31 mars 1869). 242

112. Circulaire de M. Duruy aux Recteurs relative aux prix académiques institués pour les travaux d'histoire, d'archéologie ou de science (19 avril 1869).. 243

113. Circulaire de M. Segris aux Recteurs rappelant les instructions relatives aux prix académiques institués par le décret du 30 mars 1869 (31 mars 1870). 244

114. Circulaire de M. Richard demandant aux Préfets la liste des Sociétés savantes existant dans chaque département (juillet 1870)..................... 245

115. Circulaire de M. Jules Simon aux Recteurs relative aux encouragements à donner aux études scientifiques (décembre 1871).................... 246

116. Décret supprimant le concours institué le 30 mars 1869 entre les Sociétés savantes de chaque académie (21 décembre 1872)................... 248

117. Arrêté de M. Jules Simon mettant un prix annuel à la disposition de chacune des sections du Comité (25 décembre 1872)........................ 249

118. Circulaire de M. Jules Simon aux Présidents des Sociétés savantes relative à la réunion des délégués des Sociétés savantes à la Sorbonne en 1873 (30 décembre 1872).. 249

119. Circulaire de M. Jules Simon aux Correspondants du Ministère relative aux communications exigées d'eux (9 mai 1873)....................... 250

120. Arrêté de M. de Fourtou réglant la composition et l'administration intérieure de la section d'histoire et de philologie, ainsi que de la section d'archéologie (21 février 1874)... 251

121. Circulaire de M. de Cumont prescrivant aux Présidents des Sociétés savantes une enquête sur la situation des Sociétés savantes dans les départements (15 janvier 1875).. 252

122. Circulaire de M. Wallon aux Correspondants du Ministère et aux Conservateurs des bibliothèques leur prescrivant des recherches pour la publication des documents inédits relatifs aux États généraux (11 janvier 1876). 253

123. Circulaire de M. Wallon aux Correspondants du Ministère relative à un projet de publication des mémoires dressés par les Intendants en 1697, pour l'instruction du duc de Bourgogne (8 février 1876)................. 260

		Pages.
124.	Arrêté relatif à la Collection des documents inédits (12 juillet 1876)......	262
125.	Circulaire de M. Waddington aux Préfets provoquant, de la part des Conseils généraux, une souscription à la publication des mémoires des Intendants (8 août 1876)...	262
126.	Arrêté de M. Brunet fixant les conditions de dépôt et d'examen des mémoires destinés à être lus à la Sorbonne (27 juin 1877)...............	264
127.	Circulaire de M. Brunet aux Présidents des Sociétés savantes relative à la publication d'une bibliographie des travaux des Sociétés savantes des départements (28 juin 1877).....................................	264
128.	Arrêté de M. Brunet portant règlement pour la composition et l'administration intérieure de la section des sciences du Comité des travaux historiques et des Sociétés savantes (4 novembre 1877)......................	275
129.	Arrêté de M. Faye réglant l'organisation de la section des sciences du Comité des travaux historiques et des Sociétés savantes (27 novembre 1877).....	277
130.	Circulaire de M. Bardoux aux Présidents des Sociétés savantes relative à la réunion des délégués des Sociétés savantes à la Sorbonne en 1878 (31 janvier 1878)..	278
131.	Circulaire de M. Bardoux aux Présidents des Sociétés savantes relative aux échanges de publications entre Sociétés savantes (15 avril 1878).......	281
132.	Arrêté de M. Jules Ferry instituant une commission de géographie historique de l'ancienne France (20 janvier 1880)...........................	282
133.	Circulaire de M. Jules Ferry aux Présidents des Sociétés savantes relative à la réunion d'une exposition internationale d'électricité (4 février 1881)...	283
134.	Circulaire de M. Jules Ferry aux Présidents des Sociétés savantes relative à la réunion des délégués des Sociétés savantes à la Sorbonne en 1881 (12 février 1881)...	284
135.	Circulaire de M. Jules Ferry aux Présidents des Sociétés savantes relative à la création d'une *Revue d'histoire et d'archéologie du Comité des travaux historiques et des sociétés savantes* (14 février 1881).....................	285
136.	Arrêté de M. Jules Ferry abrogeant l'arrêté du 25 décembre 1872 (5 mars 1881)..	286
137.	Arrêté de M. Jules Ferry transformant le titre de *Comité des travaux historiques* en celui de *Comité des travaux historiques et scientifiques* (5 mars 1881).	286
138.	Arrêté de M. Jules Ferry rattachant une Commission de publication à chacune des sections du Comité des travaux historiques et scientifiques (9 mars 1881)...	289
139.	Arrêté de M. Jules Ferry réorganisant la Commission de géographie historique de l'ancienne France (9 mars 1881)...........................	290

                                                                                                    Pages.
140. Circulaire de M. Jules Ferry aux Présidents des Sociétés savantes de Paris
    invitant ces Sociétés savantes à prendre part aux réunions tenues annuellement à la Sorbonne (28 mars 1881).................................. 291

141. Circulaire de M. Jules Ferry aux Présidents des Sociétés savantes des départements relative à la publication d'une monographie des Sociétés savantes (11 juillet 1881)... 292

142. Circulaire de M. Jules Ferry aux Présidents des Sociétés savantes arrêtant le programme du congrès des Sociétés savantes pour 1882 (18 juillet 1881).. 294

143. Circulaire de M. Jules Ferry aux Présidents des Sociétés savantes de Paris relative à la publication d'une monographie des Sociétés savantes (25 octobre 1881).. 296

144. Circulaire de M. Jules Ferry aux Présidents des Sociétés savantes arrêtant le programme du congrès des Sociétés savantes pour 1883 (27 juillet 1882). 297

145. Circulaire de M. Duvaux aux Présidents des Sociétés savantes arrêtant le programme du congrès des Sociétés savantes pour 1883 [sciences économiques et sociales] (26 janvier 1883)................................ 301

146. Rapport de M. Charmes au Ministre relatif à la réorganisation du Comité des travaux historiques et scientifiques (5 mars 1883)................... 303

147. Arrêté de M. Jules Ferry réorganisant le Comité des travaux historiques et scientifiques (12 mars 1883)...................................... 320

148. Arrêté de M. Jules Ferry supprimant la Commission de géographie historique de l'ancienne France (13 mars 1883).............................. 323

149. Instructions pour la rédaction du *Répertoire des travaux historiques* (20 avril 1883).. 324

150. Circulaire de M. Jules Ferry aux Présidents des Sociétés savantes leur annonçant l'envoi d'un questionnaire relatif à l'observation des coups de foudre (21 mai 1883).. 331

151. Circulaire de M. Jules Ferry aux Présidents des Sociétés savantes arrêtant le programme du congrès des Sociétés savantes pour 1884 [(3 août 1883). 334

152. Circulaire de M. Jules Ferry aux Présidents des Sociétés savantes annonçant l'envoi d'une instruction sommaire rédigée par la section des sciences économiques et sociales du Comité des travaux historiques et scientifiques (3 août 1883)... 339

153. Circulaire de M. Fallières aux Présidents des Sociétés savantes arrêtant le programme du congrès des Sociétés savantes pour 1885 (24 août 1884).. 340

154. Arrêté de M. Fallières attachant au Comité une Commission ornithologique (29 novembre 1884).. 345

155. Arrêté de M. Fallières attachant au Comité une Commission chargée d'examiner et de publier les communications relatives à l'archéologie de la Tunisie (18 décembre 1884).. 346

156. Circulaire de M. Fallières aux Présidents des Sociétés savantes signalant les sujets d'études recommandés par la section des sciences économiques et sociales du Comité des travaux historiques et scientifiques (19 décembre 1884).. 346

157. Circulaire de M. Goblet aux Présidents des Sociétés savantes relative à l'envoi d'un questionnaire rédigé par la Commission ornithologique (4 mai 1885). 355

158. Circulaire de M. Goblet aux Présidents des Sociétés savantes arrêtant le programme du Congrès des Sociétés savantes pour 1886................ 361

159. Note de M. Charmes à M. le Ministre de l'instruction publique relative à une réorganisation des sections du Comité des travaux historiques et scientifiques. 368

160. Arrêté de M. Goblet réorganisant les sections des sciences du Comité des travaux historiques et scientifiques...................................... 369

161. Circulaire de M. Goblet aux Présidents des Sociétés savantes annonçant la création d'une section de *Géographie historique et descriptive* dans le Comité des travaux historiques et scientifiques................................ 370

162. Circulaire de M. Goblet aux Présidents des Sociétés savantes arrêtant le programme de la section de géographie historique et descriptive pour le congrès des Sociétés savantes en 1886.. 371

APPENDICE.

I. Collection des documents inédits relatifs à l'histoire de France............ 376
II. Notice sur les ouvrages publiés dans la Collection des documents inédits... 385
III. Bibliographie des Sociétés savantes de la France........................ 475
IV. Liste des membres titulaires, honoraires et non résidants du Comité, des Correspondants honoraires et des Correspondants du Ministère de l'instruction publique pour les travaux historiques et scientifiques.................. 587

TABLE ANALYTIQUE.

A

Abailard, 21, 32, 33, 46, 100, 112; — son commentaire sur *l'Organon* d'Aristote, 46. — Voir Cousin, *Ouvrages inédits d'Abélard, Sic et Non*.

Abbaye, 89.

Abbeville, 77, notes, 393, 603, 604, 615; — corporations d'arts et métiers, 73, notes; — correspondants du Ministère, MM. Ledieu, Louandre et Prarond; — Société d'émulation; bibliographie, 577.

Abbon, abbé de Fleury-sur-Loire, 29.

Abdication de Charles-Quint, 415.

Abel, 415.

Abo de Bazinghen, correspondant du Ministère, à Boulogne-sur-Mer, 78, notes.

Abraham, 455.

Abréviations dans les inscriptions, 174, 238; — dans les manuscrits, 238.

Académie des beaux-arts; le Comité des arts et monuments y est rattaché, 63; — bibliographie, 477.

Académie française, 425; — le Comité de la langue et de la littérature française y est rattaché, 62; — bibliographie, 475.

Académie des inscriptions, 4; — le Comité des chroniques, chartes et inscriptions y est rattaché, 62; — bibliographie de ses travaux, 268, 475. — Voir *Accounts and extracts; Comptes rendus des séances de l'Académie des inscriptions; Diplomata, chartæ; Gallia christiana; Histoire littéraire de la France; Mémoires (ou Histoire) de l'Académie des inscriptions; Mémoires de l'Institut; Mémoires présentés par divers savants; Nachrichten und Auszüge; Notices et extraits des manuscrits; Œuvres complètes de Bartolomeo Borghesi; Ordonnances des rois de France; Recueil des historiens de la France; Recueil des historiens des croisades; Table chronologique des diplômes; Table chronologique des ordonnances; Table générale et méthodique des Mémoires contenus dans les recueils de l'Académie; Tableau... des ouvrages contenus dans le recueil des Mémoires de l'Académie royale des inscriptions et belles-lettres*.

Académie des sciences; le Comité des sciences y est rattaché, 62; — bibliographie, 476; — édite les *Œuvres de Cauchy*, 380, 471, 472; — rapports de Lavoisier à cette Académie, 476.

Académie des sciences de Berlin; entreprend la publication des *Œuvres de Jacobi, Lejeune-Dirichlet et Steiner*, 471.

ACADÉMIE DES SCIENCES MORALES ET POLITIQUES; le Comité des sciences morales et politiques y est rattaché, 63; — bibliographie, 476; — table de ses *Mémoires*, 269.

ACADÉMIES, 362.

ACADÉMIES des départements, 23, 69. — Voir Sociétés savantes.

ACCENTS dans les inscriptions, 92, 174, 239.

ACCORDS, 74, notes, 75, notes.

ACCOUNTS AND EXTRACTS OF THE MSS. IN THE LIBRARY OF THE KING OF FRANCE, 270. — Voir *Nachrichten und Auszüge... Notices et extraits...*

Achery (D'), 34; — éditeur de quelques fragments du Journal de Guillaume Le Maire, évêque d'Angers, 438.

Acre (Port d'), 456.

ACTA de Rymer, 121.

Acta Sanctorum, 449.

ACTES (Rédaction des), 341.

ACTES des papes, 236. — Voir Bulles, Lettres.

ACTES des rois, 236.

ACTES DU PARLEMENT DE PARIS, 402, notes.

ACTES NORMANDS DE LA CHAMBRE DES COMPTES, 274; — éditeur, M. Delisle.

ACTES notariés, 364.

Adam, 455.

ADMINISTRATION de ses biens laissée à la femme mariée, 338.

ADMINISTRATION municipale, 394.

AE conjoints dans les manuscrits, 26.

AÉROSTATION, 366.

AÉROSTATS, 366.

AFFAIRES de Morée et de Salonique, 446; — municipales et communales, 427, 428; — de Portugal et des Pays-Bas, 417; — religieuses, 427, 428. — Voir Administration, Communes.

AFFRANCHISSEMENTS, 53, notes, 73, notes, 120, 236.

Afrique; aqueducs, 342, 363; — arcs de triomphe, 342, 363; — basiliques, 342; — changement de climat et diminution des eaux, 344, 366; — cirques, 342, 363; — ponts, 342, 363; — portes de villes, 342, 363; — rapports de la France avec le nord de l'Afrique, 436; — rois maures, 436; — sables, 367, 373; — temples, 342, 363; — théâtres, 362, 363; — tombeaux, 342, 363; — villes anciennes, 367, 372; — voies romaines, 342, 363, 372.

Aganon, évêque de Chartres, auteur d'un cartulaire de Saint-Père de Chartres, 386.

ÂGE de pierre et âge de bronze, 448.

Agen, 78, notes, 79, notes, 603, 605, 611; — correspondants du Ministère, MM. Magen et Tholin; — maire, M. le comte Raymond; — Sociétés : d'agriculture, sciences et arts; bibliographie, 539; — de géographie, 539; — du Musée, 539.

Agenais, 55, notes.

AGRAFES, 85.

AGRICULTURE, 31, 229, 236, 385, 419, 428; — dans la généralité de Paris, 431; — en Provence, 389. — Voir Crédit, Enseignement.

Aguerre d'Ospital (D'), correspondant du Ministère, à Bayonne, 77, notes.

Aguesseau (D'), 441.

AIGUES-MORTES, 440. — Voir Galères.

AILANTE, 345.

Ain, 497, 607; — correspondants du Ministère, MM. Baux et Brossard; — Sociétés savantes, Bourg, Nantua et Trévoux.

Ainay (Cartulaires de l'abbaye d'), 376, 390, notes; — éditeurs, MM. Aug. Bernard, le comte de Charpin-Feugerolles et Guigue.

Aire, 54, notes.

Aisne, 56, notes, 59, 431, 497, 607; — correspondants du Ministère, MM. Barbey, Leclercq de la Prairie, Matton et l'abbé Poquet; — Sociétés savantes, Château-Thierry, Chauny, Laon, Saint-Quentin, Soissons et Vervins. — Voir Matton, Dictionnaire topographique.

Aix, 78, notes, 389, 600, 608; — académie, 232; — académie des sciences, agriculture, sciences, arts et belles-lettres; bibliographie, 503; — chirurgiens, 73, notes; — commission d'archéologie; bibliographie, 504; — correspondant du Ministère, M. Porte; — membre non résidant du Comité, M. Jourdan; — Société historique de Provence; bibliographie; 504.

Aix-la-Chapelle (Restes de Charlemagne à), 138.

Alais; Société scientifique et littéraire; bibliographie, 521.

Alard Tassart, moine de Saint-Bertin, compilateur des chartes de Saint-Bertin, 387, 388.

Albanès (L'abbé), correspondant du Ministère, à Marseille, 600, 608.

Albaron, 441.

ALBÂTRE (Statues d'), 85.

Albert le Grand, 30.

Albertville; Société académique, 564.

Albi, 55, notes, 78, notes; — archives explorées par M. Morellet, 44; — cathédrale, 336; — correspondant du Ministère, M. Compayré; — Société des sciences, arts et belles-lettres du département du Tarn; bibliographie, 580.

ALBIGEOIS. Voir Fauriel, *Histoire de la croisade contre les hérétiques albigeois*, Meyer.

ALCHIMIE, 30.

Alcuin, 29, 32.

Alembert (D'); correspondance avec Lagrange, 468.

Alençon, 602, 613; — correspondant du Ministère, M. Duval; — duchesse. Voir Marguerite. — Société historique et archéologique; bibliographie, 553.

Alexandre (Cycle d'), 35.

ALGÈBRE, 31; — d'Euler, 467.

Alger, 416, 607; — académie, 232; — bibliothèque, 133; — consul. Voir Le Vacher; — membre honoraire du Comité, M. le cardinal Lavigerie; — négociations pour la cession d'Alger à la France, 417; — rapports avec la France, 442; — traité entre le dey et la compagnie du Bastion de France, 439; — Sociétés : des beaux-arts; bibliographie, 585; — de climatologie, sciences physiques et naturelles; bibliographie, 585; — de géographie; bibliographie, 585; — historique algérienne; bibliographie, 585.

Algérie, 232; — basiliques chrétiennes, 336, 342; — correspondants du Ministère. Voir Constantine, Sétif; — mortalité des troupeaux, 345; — Sociétés savantes, Alger, Bône, Constantine et Oran. — Voir Inscriptions.

ALIÉNÉS, 302.

Allain (L'abbé), correspondant du Ministère, à Bordeaux, 600, 610.

ALLÉGORIQUES (Ouvrages), 35.

Allemagne, 128, 176, 191; — archives et bibliothèques, 418; — campagne et places fortes, 113; — Réforme, 115, 116, 415.

Allier, 499, 607; — correspondants du Ministère, MM. Grassoreille et Queyroy; — Sociétés savantes, Gannat et Moulins.

Allmer (Auguste), membre non résidant du Comité, à Lyon, 599, 613.

ALLUVIONS, 339, 344.

Alpes, 56, notes.

Alpes (Basses-), 500, 607; — correspondant du Ministère, M. Isnard; — Sociétés savantes, Digne et Forcalquier.

Alpes (Hautes-), 79, notes, 500, 607; — correspondants du Ministère, MM. l'abbé Guillaume et Roman; — préfet, M. Scipion Mourgue; — Sociétés savantes, Embrun, Gap. — Voir Roman, Dictionnaire topographique, Répertoire archéologique.

Alpes-Maritimes, 500, 607; — correspondant du Ministère, M. Moris; — Sociétés savantes, Cannes et Nice.

Alsace, 55, notes, 233; — eaux, 466.

Amaury-Duval, auteur des dessins de la *Monographie de la cathédrale de Chartres*, 124, 380, 452.

AMBASSADES, 7. — Voir Aramon, de Boistaillé, de Fontenay, de La Vigne, de Maisse, de Montluc, de Noailles, Rinçon, Savary de Lancosme.

AMBASSADEURS VÉNITIENS. Voir Tommaseo, *Relations des ambassadeurs vénitiens sur les affaires de France*.

Ambazac (Châsse d'), 138.

Amboise (Conjuration d'), 417.

Amboise (Georges Ier d'), archevêque de Rouen et ministre de Louis XII, fait construire le château de Gaillon, 455.

Ambroise (Poème d') sur la croisade de Philippe-Auguste et de Richard Cœur-de-Lion, 399, notes.

Amelgard (Chronique d'), 138.

Amérique, 213, 214.

Amérique du Nord (Colonies françaises dans l'), 122.

AMEUBLEMENT, 407.

Amiel (L.), auteur de la Table générale des matières des *Archives de la ville de Reims*, 395.

Amiénois, 393, 394.

Amiens, 55, notes, 119, 393, 394, 604, 605, 615; — académie des sciences, des lettres et des arts; bibliographie, 578; — corporations d'arts et métiers, 77, notes; — correspondants du Ministère, MM. Bouthors, Dusevel, Garnier, Pouy et Rigollot; — Sociétés : des Antiquaires de Picardie; bibliographie, 578; — industrielle; bibliographie, 579; — linnéenne du nord de la France; bibliographie, 579; — médicale; bibliographie, 579.

Ampère, 317; — auteur des instructions relatives au recueil des poésies populaires de la France, 161, 162, 168.

ANALECTA de Mabillon, 34.

ANALYSE des manuscrits, 26.

ANATOMIE, 31.

Andlau (Restes de l'impératrice Richarde à), 138.

ANECDOTES SCANDALEUSES, 426.

Anelier. Voir Guillaume, Michel, *Histoire de la guerre de Navarre*.

Angers, 600, 602, 604, 611, 612; — comité historique et artistique de l'Ouest; bibliographie, 540; — correspondants du Ministère, MM. Godard-Faultrier et Parrot; — membre non résidant du Comité, M. Port; — Sociétés : académique de Maine-et-Loire; bibliographie, 540; — d'agriculture, sciences et arts; bibliographie, 540; — d'études scientifiques; bibliographie, 540; — industrielle et agricole; bibliographie, 541; — linnéenne de Maine-et-Loire; bibliographie, 541; — de médecine; bibliographie, 541; — de pharmacie de Maine-et-Loire; bibliographie, 541; — des vétérinaires de l'Ouest; bibliographie, 541.

ANGES, 447, 455; — déchus, 447.

ANGLAIS, 113, 114.

Angleterre, 33, 113, 121, 176, 397, 401, 417; — archives et bibliothèques, 418, chronique de Jean de Waurin, 120; — cour, 116; — inscriptions, 174; — missions de M. Francisque Michel, 39, notes, 45; — rois, 43. Voir Henri II, Henri III, Henri VIII, Jean sans Terre, Champollion-Figeac, *Lettres de rois, reines*. — Voir Cambridge, Londres, Oxford, Thierry, *Conquête de l'Angleterre*.

Angot, secrétaire de la section des sciences du Comité, 591; — membre de la Commission de publication de la *Revue des travaux scientifiques*, 597.

Angoulême, 78, notes, 602, 603, 608; — correspondants du Ministère, MM. Faunié-Duplissis, de Fleury et Lièvre; — Sociétés : d'agriculture, sciences, arts et commerce de la Charente; bibliographie, 510; — archéologique et historique de la Charente; bibliographie, 510.

Angoumois, 232.

ANIMAUX, 230; — en bronze ou en argile, 85; — sur les chapiteaux, 86; — sur les corniches, 89.

Anjou, 55, notes, 233.

Anne d'Autriche (Régence d'), 425.

ANNEAUX, 85.

Annecy, 602, 614; — académie salésienne, 566; — correspondant du Ministère, M. l'abbé Ducis; — Société florimontane; bibliographie, 566.

ANNÉE (Commencement de l') au moyen âge, 236, 295, 335.

ANNOTATION des documents, 237.

ANNUAIRE des sociétés scientifiques et littéraires prescrit par ordonnance royale, 102; — renseignements demandés par M. de Salvandy, 106, 107; — par M. de Crouseilhes, 152.

ANNUAIRE DES SOCIÉTÉS SAVANTES DE LA FRANCE ET DE L'ÉTRANGER, 382.

Anselme (Saint), 32.

Anselme (Le P.), auteur de l'*Histoire généalogique de la Maison de France*, 401.

ANTHROPOLOGIE, 339, 344, 366. — Voir Collection anthropologique, Muséum d'histoire naturelle.

Antioche, 456; — famille, 399.

ANTIPODES, 30.

ANTIQUITÉS (Musées d'), 296.

ANTIQUITÉS locales, 62.

APOCALYPSE, 447, 455.

APOLOGUES, 35.

APÔTRES, 447.

APPAREILS et instruments scientifiques exposés à la Sorbonne, 228.

APPARITIONS d'esprits, 419.

Apt; Société littéraire, scientifique et artistique; bibliographie, 581.

AQUEDUCS, 342, 363.

Aquitaine (Archives de la province d'), 17; — églises à coupoles, 336.

ARABES, 29, 31, 100; — traducteurs d'ouvrages grecs, 30.

Arago, 469.

Aragon (Rois d'), 17.

Aramon (Ambassade de d'), 417.

ARBALÉTRIERS, 299.

Arbaumont (Jules d'), correspondant du Ministère, à Dijon, 600, 609.

Arbellot (L'abbé), correspondant du Ministère, à Limoges, 605, 615.

Arbois de Jubainville (**D'**), membre honoraire du Comité, 598; — auteur du *Répertoire archéologique de l'Aube*, 380, 451.

ARBRES, 83, 230; — à quinquina, à caoutchouc et à gutta-percha, 367.

Arcachon; Société scientifique; bibliographie, 525.

ARCADES, 89.

ARCHÉOLOGIE, 192, 198, 307; — chrétienne, 457; — monumentale, 182; — de la Tunisie, 346.

ARCHERS, 299.

ARCHITECTURE, 62, 240; — bretonne, 47; — chrétienne, 48, 125; — civile, 125; —

française du xie siècle, 295; du xiie siècle, 300; — grecque, 48; — militaire, 48, 125, 300, 337, 342, 363; — militaire des croisés. Voir Rey, *Étude sur les monuments de l'architecture militaire des croisés en Syrie et dans l'île de Chypre;* — monastique, 125; — religieuse à l'époque romane, 300, 336, 342, 363; — romaine, 48, 125.

ARCHITECTURE MONASTIQUE AU MOYEN ÂGE, 378, 447; — auteur, M. A. Lenoir.

ARCHIVES DE L'HÔTEL-DIEU, 384; — éditeur, M. Brièle.

ARCHIVES en général, 14, 15, 23, 26, 29, 62, 75, notes, 79, notes, 81, 90, 127, 146, 176, 236, 240, 299, 414, 420; — du Contrôle général, 430; — de la Cour des aides, 63; — de la Cour des comptes, 63, 407; — du Parlement, 7, 115; — inventaire général de toutes les archives qui existaient en France avant la Révolution, conservé à la Bibliothèque du Roi, 15, 24. — Voir Allemagne, Angleterre, Bruxelles, Florence, Italie, Russie, Vatican, Venise.

ARCHIVES des départements en général, 3, 5, 6, 7, 12, 13, 14, 15, 17, 23, 24, 53, notes, 54, notes, 73, notes, 101, 116, 119, 127, 436. — Voir Albi, Aquitaine, Bayonne, Bouches-du-Rhône, Cambrai, Dijon, Flandre, Lille, Lyon, Maine-et-Loire, Marseille, Nevers, Périgueux, Perpignan, Poitiers, Quimper, Roussillon, Saint-Brieuc, Saint-Malo, Saintes, Seine-Inférieure, Semur, Sens, Villebon.

ARCHIVES des Ministères en général, 6, 7, 20; — du Ministère des affaires étrangères, 6, 7, 20, 431, 441; directeur, M. Mignet; — du Ministère de la guerre, 7, 20; directeurs, MM. les généraux Pelet, de Vault; — du Ministère de la marine, 7, 21, 427.

ARCHIVES du royaume, 3, 6, 7, 14, 17, 19, 53, notes, 54, notes, 57, notes, 73, notes, 74, notes, 76, notes, 119, 121, 127, 402, 406, 416, 427, 429, 430, 440; — gardes généraux, MM. Daunou, Letronne; — chef de section, M. de Wailly. — Voir Cartons des rois, Cour des comptes, Doüet d'Arcq, *Inventaire des sceaux des Archives nationales,* Layettes, Registres de la Chambre des comptes, Registres du Parlement, Sainte-Chapelle, Trésor des chartes.

ARCHIVES DE LA VILLE DE REIMS, 114, 376, 395; — éditeur, M. Varin.

ARCHIVES DES MISSIONS SCIENTIFIQUES ET LITTÉRAIRES, 194.

ARCHIVES HISTORIQUES DU POITOU. Voir Poitiers, Société des archives historiques.

ARCHIVES HISTORIQUES DE LA SAINTONGE ET DE L'AUNIS. Voir Saintes, Société des archives historiques.

ARCHIVISTES invités à transmettre au Ministère des documents relatifs aux États généraux, 145; — aux Mémoires des Intendants, 261.

ARCS-BUTANTS, 89.

ARCS DE TRIOMPHE, 342, 363.

Ardant (Maurice), correspondant du Ministère, à Limoges, 55, notes, 78, notes.

Ardèche, 501, 607; — correspondant du Ministère, M. l'abbé Rouchier; — Sociétés savantes, Les Vans et Privas.

Ardennes, 77, notes, 607; — correspondants du Ministère, MM. Hubert et Nozot; — Société savante, Mézières.

ARDOISES (Toits en), 88, 89.

Argent (Valeur de l'), 172.
Argentan; Société scientifique Flammarion; bibliographie, 553.
Argile (Hommes ou animaux en), 85.
Ariane, 461.
Ariège, 502, 607; — correspondant du Ministère, M. Pasquier; — Société savante, Foix.
Aristote, 34; — commentaire sur son *Organon,* 46, 434.
Arithmétique politique, 467; — auteur, Lagrange.
Arlay, 601, 611; — correspondant du Ministère, M. Berthelet.
Arles, 78, notes, 389, 602, 608; — commission archéologique, 504; — correspondants du Ministère, MM. Clair et Huart; — sarcophages sculptés, 460. Voir Le Blant, *Étude sur les sarcophages chrétiens antiques de la ville d'Arles.*
Armée dans l'empire romain, 171.
Arménie, 399, 400.
Armes, 84, 85, 96, 214, 216, 239.
Armoiries, 125. — Voir Blason.
Arnoul, correspondant du Ministère, à Limoges, 78, notes.
Arras, 600, 605, 613; — académie des sciences, belles-lettres et arts; bibliographie, 553; — commission des monuments historiques et des antiquités du département du Pas-de-Calais; bibliographie, 554; — correspondants du Ministère, MM. Godin et Van Drival; — Sociétés: artésienne des amis des arts, 554; — de géographie, 554.
Arros (Le comte d'), préfet de la Meuse, 78, notes.
Art (L') de vérifier les dates, 200, 236, 400, 442.
Arthus (Cycle d'), 35.
Artistes, 240; — français du moyen âge, 126, 172, 342, 364.
Artois, 232, 427; — chartes y relatives, 54, notes, 56, notes, 57, notes, 59, 75, notes.
Arts, 14, 21, 39, 45, 61, 62, 63, 121, 126, 407, 427, 429, 447; — décoratif, 229; — dramatique, 299; — art en Gaule, 460; — hellénique, 336, 341, 363; — mérovingien et carlovingien, 295; — militaire, 31, 441.
Arts et Métiers, 36, 50, 52, notes, 53, notes, 54, notes, 73, notes, 75, notes, 80, notes, 120, 362. — Voir Abbeville, Amiens, Bureau de consultation, Corporations, Depping, Métiers, *Règlements sur les arts et métiers de Paris.*
Aryens, 307.
Ascalon, 346.
Asie; sables, 367, 373; — villes anciennes, 367, 372.
Asie-Mineure, 440.
Asile (Droit d'), 428. — Voir Châteaux royaux, Saint-Germain-des-Prés, Soissons, Temple.
Assassinat (Tentative d') de Henri III par Caboche, 419.
Assemblées; du commerce, 302, 303; — des notables à Fontainebleau, 417; — des protestants à Grenoble et à Nîmes, 421; — provinciales, 296.

Assises de Jérusalem, 272.
Astle (Thomas), auteur d'un traité de paléographie, 49.
Astronomie, 30, 31.
Ateliers typographiques, 300.
Athènes. Voir École française.
Athlit (Château d'), 456.
Attaches des sceaux, 27.
Attributs de la Divinité, 448; — des saints, 131.
Aube, 431, 502, 607; — correspondant du Ministère, M. Babeau; — Sociétés savantes, Troyes. — Voir d'Arbois de Jubainville, Répertoire archéologique, Boutiot, Socard, Dictionnaire topographique.
Aubenas (Chartes d'), 73, notes.
Auber (L'abbé), correspondant du Ministère, à Poitiers, 600, 615.
Aubusson; Société du musée, 517.
Auch, 604, 610; — correspondant du Ministère, M. Parfouru; — Société historique de Gascogne; bibliographie, 524.
Aucoc, membre du Comité, 590.
Aude, 502, 608; — correspondant du Ministère, M. Berthomieu; — Sociétés savantes, Carcassonne et Narbonne.
Audiguier (Collection), à la Bibliothèque nationale, 54, notes, 74, notes.
Aunis, 232. — Voir *Archives historiques,* Saintes.
Auréole, 448.
Aurès, correspondant du Ministère, à Nîmes, 600, 610.
Aurillac, 604, 608; — association cantalienne; bibliographie, 510; — correspondant du Ministère, M. Rames; — Société d'horticulture, d'acclimatation, des sciences et des arts du Cantal; bibliographie, 510.
Autels, 86, 93, 136, 137, 138; — avec inscriptions, 172; — ornements d'autels, 90.
Auteurs français du xvi° et du xvii° siècle, 237.
Autriche (Maison d'), 42, 414, 416, 423; — rapports avec la France, 414; — rivalité avec la France, 115, 415; — Voir Le Glay, *Négociations diplomatiques entre la France et l'Autriche,* Marguerite, Maximilien.
Autun, 599, 614; — inscriptions du diocèse, 459; — membre non résident du Comité, M. Bulliot; — pouillé, 390; — Société éduenne; bibliographie, 561.
Auvergne, 56, notes, 232; — géographie ecclésiastique, 441.
Auvergne (L'abbé), collaborateur de M. Marion aux *Cartulaires de l'église de Grenoble,* 392.
Auxerre, 78, notes, 600, 603, 616; — correspondant du Ministère, M. Molard; - évêque. Voir saint Germain; — membre non résident du Comité, M. Quantin; — Sociétés: médicale de l'Yonne; bibliographie, 584; — pour la propagation de l'instruction populaire; bibliographie, 584; — des sciences historiques et naturelles; bibliographie, 583.

Avallon; Société d'études; bibliographie, 584.
Avenel, éditeur des *Lettres, instructions diplomatiques et papiers d'État du cardinal de Richelieu,* 122, 376, 422, 440.
Avesnes, 78, notes; — correspondant du Ministère, M. Lebeau; — Sociétés : archéologique; bibliographie, 548; — de géographie, 548.
Aveyron, 503, 608; — correspondant du Ministère, M. l'abbé Cérès; — Sociétés savantes, Rodez.
Avignon, 389, 599, 602, 615; — académie de Vaucluse; bibliographie, 581; — correspondant du Ministère, M. Duhamel; — membre non résidant du Comité, M. Deloye; — Société des amis des arts; bibliographie, 581.
Avocats, 426.
Avranches, 603, 612; — bibliothèque, 21; — correspondant du Ministère, M. Le Héricher; — Société d'archéologie, de littérature, sciences et arts; bibliographie, 541.
Ax (Évêque d'). Voir François de Noailles.
Aymard, correspondant du Ministère, au Puy, 78, notes, 600, 611.

B

Babeau, correspondant du Ministère, à Troyes, 600, 607.
Bacchus, 461.
Bacon (Roger), 33, 99.
Bagnères-de-Bigorre; Société Ramond; bibliographie, 557.
Balasque, correspondant du Ministère, à Bayonne, 77, notes.
Bâle (Bibliothèque de), 273.
Ballades, 154, 157.
Baluze (Collection), à la Bibliothèque nationale, 18, 74, notes.
Balzac, 425.
Barante (De), chargé de la surveillance de la publication de la *Chronique du religieux de Saint-Denis,* 41, 114; — auteur de l'Introduction, 114, 408.
Barbarie (Flore de), 345.
Barbazan, 38, 118.
Barbe, 131.
Barbet de Jouy, membre honoraire du Comité, 598.
Barbey, correspondant du Ministère, à Château-Thierry, 600, 607.
Barbier de Montault (L'abbé), correspondant du Ministère, à Poitiers, 601, 615.
Bardoux, Ministre de l'instruction publique, 281, 282; — circulaires relatives à la réunion des Sociétés savantes à la Sorbonne en 1878, 278; — aux échanges de publications entre Sociétés savantes, 281; — membre honoraire du Comité, 598.
Bar-le-Duc, 603, 612; — correspondant du Ministère, M. Maxe-Werly; — Sociétés : des lettres, sciences et arts; bibliographie, 546; — de géographie; bibliographie, 547; — du musée; bibliographie, 547.

Barreau, 51, 52, notes, 59, 61, 80.

Barthélemy (Le D^r), correspondant du Ministère, à Marseille, 601, 608; — éditeur du *Procès-verbal de visite en 1323 des fortifications des côtes de Provence*, 441.

Barthélemy (An. de), membre de la section d'histoire et de philologie et de la section d'archéologie, 587, 589; — de la section de géographie, 592; — de la Commission du *Répertoire des travaux historiques*, 595.

Barthélemy (Le comte Éd. de), membre non résidant du Comité, à Courmelois, 599, 612; — éditeur de l'*Obituaire de la commanderie du Temple de Reims*, 441.

Basiliques chrétiennes, 336, 342.

Bas-reliefs, 137; — avec inscriptions, 172.

Bastia; Société des sciences historiques et naturelles de la Corse; bibliographie, 513.

Bastides, 298, 335, 341.

Bastille. Voir Paris.

Bastion de France (Compagnie du); traité avec le dey d'Alger, 439.

Batailles, 7; — navales, 21; — de Pavie, 414, 416.

Bâtiments du Roi. Voir Guiffrey, *Comptes des bâtiments du Roi*.

Baudouin, comte de Toulouse, 398.

Baudrillart, membre du Comité, 590.

Baudry, éditeur des *Mémoires de Nicolas-Joseph Foucault*, 376, 426.

Baume-les-Dames, 606, 609; — correspondant du Ministère, M. l'abbé Richard.

Baux, correspondant honoraire du Ministère, à Bourg, 605, 607.

Baye, 601, 612; — correspondant du Ministère, M. de Baye.

Baye (Le baron de), correspondant du Ministère, à Baye, 601, 612.

Bayeux; Société d'agriculture, sciences, arts et belles-lettres; bibliographie, 506.

Bayle, membre honoraire du Comité, 598.

Bayonne, 45, 401; — archives, 77, notes; — correspondants du Ministère, MM. Balasque et d'Aguerre d'Ospital; — Société des sciences et arts; bibliographie, 556.

Beauchet-Filleau, correspondant du Ministère, à Chef-Boutonne, 601, 615.

Beaufort (Château de), 456.

Beaulieu. Voir Deloche, *Cartulaire de l'abbaye de Beaulieu*.

Beaumarchais. Voir Eustache.

Beaune; Société archéologique, d'histoire et de littérature de l'arrondissement de Beaune; bibliographie, 514.

Beaune (Henri), correspondant du Ministère, à Lyon, 601.

Beaurepaire (Charles de Robillard de), 410; — éditeur de la *Chronique normande de Pierre Cochon* et des *Cahiers des États de Normandie*, 274; — membre non résidant du Comité, 599, 614.

Beaurepaire (E. de), éditeur de l'*Histoire générale de l'abbaye du Mont-Saint-Michel* de Dom Huynes, 274.

Beaussire, membre du Comité, 590.

Beauvais, 601, 613; — l'Athénée du Beauvaisis; bibliographie, 552; — commission archéologique; bibliographie, 552; — correspondant du Ministère, M. Coüard-Luys;

— Sociétés: académique d'archéologie, sciences et arts; bibliographie, 552; — médicale et pharmaceutique; bibliographie, 552. — Voir Vincent de Beauvais.

Beauvillier (Duc de), 430.

Béconnet, maire de Béthune, 79, notes.

Bède, 29.

Belfort, 603, 608; — correspondant du Ministère, M. Mossmann; — Société belfortaine d'émulation; bibliographie, 557.

Belgique, 128; — inscriptions, 174.

Belhomme, correspondant du Ministère, à Toulouse.

Bellaguet, éditeur de la *Chronique du religieux de Saint-Denis*, 41, 114, 376, 408.

Bellon, préfet de l'Oise, 78, notes.

BÉNÉDICTINS de la congrégation de Saint-Maur, 48, 74, notes; — auteurs du *Gallia christiana*, 272; — de l'*Histoire littéraire de la France*, 34, 270; — du *Recueil des historiens de France*, 270. — Voir d'Achery, Mabillon.

BÉNÉFICES (Participation aux), 365.

BÉNÉFICES ecclésiastiques, 296.

Bénet, correspondant du Ministère, à Caen, 601, 608.

Benoît XIII, 121.

Benoît de Sainte-More, auteur de la *Chronique des ducs de Normandie*, 41, 45, 112.

Berger de Xivrey, éditeur du *Recueil des lettres missives de Henri IV*, 117, 378, 420, 421.

Bergues; Société de l'histoire et des beaux-arts de la Flandre maritime; bibliographie, 548.

Bernard (Saint). Voir Sermons de saint Bernard.

Bernard (Aug.), auteur de l'*Histoire du Forez*, 79, notes; — éditeur du *Cartulaire de l'abbaye de Savigny* et de celui d'Ainay, 376; — des *Procès-verbaux des États généraux de 1593*, 117, 254, notes, 255, notes, 258, notes, 378, 420; — propose la publication de documents inédits sur les États généraux de 1355 à 1614, 255, notes, 256, notes, 257, notes. — Voir *Recueil des chartes de l'abbaye de Cluny*.

Bernhard, occupé au dépouillement des manuscrits de la Bibliothèque royale, 73, notes, 76, notes.

Bernier (Adhelm), éditeur du *Journal des États généraux tenus à Tours*, 40, 112, 376, 410; — des *Procès-verbaux du Conseil de régence du roi Charles VIII*, 112, 378, 411.

Berry, 55, notes, 232.

Berry-au-Bac, 604, 607; — correspondant du Ministère, M. l'abbé Poquet.

Bert (Paul), membre du Comité, 591.

Berthelet, correspondant du Ministère, à Arlay, 601, 611.

Berthelot, membre du Comité, 369; — président de la section des sciences, 590; — membre de la Commission centrale, 593.

Berthomieu (Léonce), correspondant du Ministère, à Narbonne, 601, 608.

Bertin, 15, 396.

Bertin (Saint), vies en vers. Voir Morand, *Vie de saint Bertin.*

Bertrand (Al.), membre de la section archéologique du Comité, 589; — vice-président de la section de géographie, 592.

Bertrand (Joseph), membre du Comité, 591; — de la commission centrale, 593; — éditeur de la *Mécanique analytique* de Lagrange, 468.

Berwick (Correspondance du maréchal **de**), 20.

Besançon, 17, 41, 115, 267, 599, 602; — académie, 232; — académie des sciences, belles-lettres et arts; bibliographie, 518; — bibliothèque, 13, notes, 17, 42, 415, 416; — bibliothécaire, M. Weiss; — correspondant du Ministère, M. Gauthier; — membre non résidant du Comité, M. Castan; — province ecclésiastique, 272; — Sociétés : des amis des beaux-arts; bibliographie, 518; — d'émulation du Doubs; bibliographie, 267, 518; — de médecine; bibliographie, 518; — des pharmaciens de Franche-Comté; bibliographie, 518.

BESTIAIRES, 30, 35.

BÊTES qui parlent, 419.

Béthencourt (Jean **de**), auteur du *Canarien,* 274.

Béthune, 78, notes, 79, notes; — correspondant du Ministère, M. Lequien; — maire, M. Béconnet; — Société de géographie, 554.

Béthune (Collection **de**), à la Bibliothèque nationale, 74, notes.

Beugnot (Le comte), 92, notes; — éditeur des *Olim,* 116, 117, 378, 401, 402.

Beyrouth (Port **de**), 456.

Béziers, 55, notes, 78, notes, 604, 610; — correspondants du Ministère, MM. Boudard, Maffre, Reclus et Soucaille; — Sociétés : archéologique, scientifique et littéraire; bibliographie, 529; — d'étude des sciences naturelles; bibliographie, 529; — littéraire et artistique, 529.

Biarritz; Biarritz-Association, 556.

BIBLES, 12, notes, 67; — de Guyot de Provins, 30; — recherches et projet de publication d'anciennes versions françaises de la Bible, 67, 99, 118. — Voir Écritures, Job, Joseph, Psaumes et Testament.

BIBLIOGRAPHIE, 62; — départementale, 198, 363; — des travaux des Sociétés savantes, 264, 267.

BIBLIOGRAPHIE DE BELGIQUE (Introduction à la), 266.

BIBLIOGRAPHIE DES TRAVAUX HISTORIQUES ET ARCHÉOLOGIQUES PUBLIÉS PAR LES SOCIÉTÉS SAVANTES DE FRANCE, 384; — auteurs, MM. de Lasteyrie et Lefèvre-Pontalis.

BIBLIOTHECA MEDII ÆVI de Potthast, 238.

BIBLIOTHÉCAIRES invités à transmettre au Ministère des documents relatifs aux États généraux, 145, 253; — aux Mémoires des Intendants, 261.

BIBLIOTHÈQUE DE L'ÉCOLE DES CHARTES, 273, 402, notes, 441.

BIBLIOTHÈQUE du Comité ou des Sociétés savantes, 68, 102, 106, 171, 187; — ordonnance royale y prescrivant le dépôt de deux exemplaires des publications des Sociétés savantes, 102; — organisée sous le titre de Bibliothèque des Sociétés savantes et des Comités historiques, 144; — placée sous la direction de M. Vincent, de l'Institut,

165; — destinée à recevoir les mémoires et les communications adressés au Comité, 193.

BIBLIOTHÈQUE HISTORIQUE du P. Lelong, 238.

BIBLIOTHÈQUE royale et nationale, 3, 5, 6, 7, 14, 15, 17, 18, 19, 24, 34, 42, 43, 44, 53, notes, 54, notes, 57, notes, 67, 73, notes, 75, notes, 79, notes, 115, 116, 118, 119, 121, 122, 127, 133, 269, 270, 386, 389, 390, 391, 393, 396, 397, 402, 403, 404, 405, 406, 408, 410, 411, 414, 416, 419, 423, 424, 426, 427, 434, 435, 436, 437, 438, 439, 440, 462, 464. — Voir Collections Audiguier, Baluze, Béthune, Bréquigny, Brienne, Clairambault, Colbert, Decamps, Desnans, Doat, Duchesne, Dupuy, Fontanieu, Gaignières, Harlay, Lespine, Leydet, de Mesmes, Oihenart, Prunis, Saint-Germain-des-Prés. — Voir *Notices et extraits*, Papyrus grecs. — Conservateurs, MM. Champollion-Figeac, Fauriel, Guérard, Lenormant.

BIBLIOTHÈQUES anciennes, 236.

BIBLIOTHÈQUES de France en général, 23, 26, 29, 46, 53, notes, 119, 127, 176, 236, 240. — Voir École des chartes, École française, École normale, École polytechnique.

BIBLIOTHÈQUES secondaires de Paris, 6, 7, 14, 17, 53, notes, 67, 75, notes, 119, 127, 133, 414; — bibliothèque de l'Arsenal, 408; — bibliothèque du Louvre, 273; — bibliothèque de l'Institut, 468; — bibliothèque Mazarine, 118.

BIBLIOTHÈQUES des départements en général, 3, 5, 6, 7, 12, 13, notes, 14, 54, notes, 62, 73, notes, 99, 100, 101, 116, 127, 133, 135, 296, 299, 435, 436. — Voir Alger, Avranches, Besançon, Boulogne, Cambrai, Chartres, Clermont-Ferrand, Lyon, Montpellier, Poitiers, Saint-Omer, Tours.

BIBLIOTHÈQUES scolaires, 221.

BIBLIOTHÈQUES étrangères, 435. — Voir Bâle, Cambridge, Florence, Londres, Oxford, Vatican.

BIEN PUBLIC (Guerre du), 436.

BIENS COMMUNAUX au moyen âge, 335, 341.

Bigarne (Charles), correspondant du Ministère, à Chorey, 601, 609.

Bigorre, 233, 427.

Bigot de Monville (Mémoires du président), 274.

BIJOUX, 93, 214, 216, 448.

BILLETS de banque fonciers, 364.

BILLETS de chemin de fer à prix réduit accordés aux membres des Sociétés savantes assistant aux réunions de la Sorbonne, 280.

Billotte (René), membre de droit du Comité, 593; — secrétaire de la commission centrale, 593.

Billy (De). Voir Toussaint.

BIOGRAPHIES, 26, 457.

Biot, 469.

Biville (Curé de). Voir Thomas Élie.

Blaisois, 55, notes.

Blancard, membre non résidant du Comité, à Marseille, 599, 608.

Blanchard, membre du Comité, 473, 591.
BLASONS, 90, 125. — Voir Armoiries.
Blois; États, 257, notes, 258, notes, 604, 611; — correspondant du Ministère, M. de Rochas d'Aiglun; — Sociétés: des sciences et lettres de Loir-et-Cher; bibliographie, 535; — d'excursions artistiques de Loir-et-Cher; bibliographie, 535; — d'histoire naturelle de Loir-et-Cher; bibliographie, 535.
Blosseville (Le marquis de), auteur du *Dictionnaire topographique de l'Eure*, 380, 442, 444.
Blumenbach, 213.
Bodin, 257, notes.
Boëce, 29.
Boeswillwald, membre du Comité, 589.
Boileau, 409, 424.
Boileau (Étienne), prévôt de Paris, 402. — Voir Bonnardot, Depping, Lespinasse, *Livre des métiers*, *Règlements*.
Bois, 230; — statues, 85.
Boisbernard, 605, 613; — correspondant du Ministère, M. Terninck.
Boisguilbert (De). Voir Le Pesant.
Boislisle (Arthur de), membre du Comité, 587; — éditeur de la *Correspondance des Contrôleurs généraux*, 376, 384, 429; — des *Mémoires des Intendants*, 260, 262, 329, 376, 384, 430, 431.
Boissier (Gaston), membre du Comité, 587.
Boistaillé (Ambassade de de), 417.
BOLLANDISTES, 437.
Bondy (Le vicomte de), préfet de l'Yonne, 78, notes.
Bône; académie d'Hippone; bibliographie, 585.
Bonnardot, éditeur du *Livre des métiers* d'Étienne Boileau, 403, notes.
Bordeaux; académie, 232, 600, 601, 602, 603, 605, 610; — académie des belles-lettres, sciences et arts; bibliographie, 525; — académie royale de peinture et de sculpture, 526; — archevêque. Voir Escoubleau; — commission des monuments et documents historiques de la Gironde; bibliographie, 526; — commission d'hygiène publique et de salubrité du département de la Gironde; bibliographie, 526; — correspondants du Ministère, MM. l'abbé Allain, Céleste, Combes, Delor, Dezeimeris, *Drouyn, Dupré, Lescarret et Pastoureau-Labesse; — Sociétés : des amis des arts; bibliographie, 526; — d'anatomie et de physiologie; bibliographie, 526; — d'anthropologie; bibliographie, 526; — archéologique de la Gironde; bibliographie, 526; — des archives historiques du département de la Gironde; bibliographie, 527; — bibliographique; bibliographie, 527; — des bibliophiles; bibliographie, 527; — d'économie politique; bibliographie, 527; — pour l'étude et l'avancement des sciences naturelles dans le Sud-Ouest; bibliographie, 527; — de géographie commerciale; bibliographie, 528; — d'hygiène; bibliographie, 528; — linnéenne; bibliographie, 528; — de médecine; bibliographie, 528; — de médecine et chirur-

gie; bibliographie, 528; — de pharmacie; bibliographie, 528; — philomatique; bibliographie, 528; — des sciences physiques et naturelles; bibliographie, 529.

Borghesi (Bartolomeo); ses œuvres publiées aux frais de la liste civile de Napoléon III, puis par l'Académie des inscriptions, 272.

Bornes milliaires, 283, 342, 363, 372.

Borrel, correspondant du Ministère, à Moutiers, 601, 614.

Bossuet (Lettres de), 439. — Voir l'abbé Verlaque.

Botanique, 31, 182, 207, 229. — Voir Espèces.

Bottée de Toulmon, auteur des instructions sur la musique au moyen âge, 125, 378; — chargé d'une histoire de la musique au moyen âge, 126.

Boucher de Molandon, membre non résidant du Comité, à Orléans, 599, 611.

Bouches-du-Rhône, 503, 608; — archives, 389, 441; — correspondants du Ministère, MM. l'abbé Albanès, Barthélemy et Huart; — membres non résidants du Comité, MM. Blancard, Jourdan et Teissier; — Sociétés savantes, Aix, Arles et Marseille.

Bouchitté, un des éditeurs des *Négociations, lettres et pièces relatives à la conférence de Loudun*, 378, 421.

Boucicaut, gouverneur de Gênes, 440.

Boudard, correspondant du Ministère, à Béziers, 55, notes, 78, notes.

Bougie, 31.

Bouglon (Chartes de), 73, notes.

Bouillon (Correspondance du cardinal de), avec Louis XIV, 441. — Voir l'abbé Verlaque.

Boulainvilliers, 260.

Boulogne-sur-Mer, 78, notes; — bibliothèque, 387, 388, 434, 439; — correspondants du Ministère, MM. Abo de Bazinghen, Cousin, Gérard et Morand; — Sociétés: académique; bibliographie, 554; — de géographie, 554.

Boulonnais (Chartes relatives au), 56, notes, 57, notes.

Bouniagues, 598.

Bouquet (Dom), auteur du *Recueil des historiens de France*, 270.

Bouquet (F.), éditeur des *Mémoires de Pierre Thomas*, 274.

Bouquet de la Grye, membre du Comité, 592.

Bourbon, correspondant du Ministère, à Évreux, 601, 609.

Bourbon (Maison de), 40; — prétentions et avènement au trône d'Espagne, 431. — Voir Jeanne de Bourbon.

Bourbonnais, 55, notes, 232; — duc et duchesse, 411.

Bourg, 78, notes, 601, 605, 607; — correspondants du Ministère, MM. Baux, Brossard et La Teyssonnière; — Sociétés: d'émulation, agriculture, sciences, lettres et arts de l'Ain; bibliographie, 497; — littéraire, historique et archéologique du département de l'Ain; bibliographie, 497.

Bourg (Procès d'Anne du), 417.

Bourgeoisie, 50, 52, 53, notes, 56, notes, 59, 72, notes, 75, notes, 79, notes, 80, 120, 404.

Bourges, 45, 78, notes, 601, 608; — correspondants du Ministère, MM. Buhot de Kersers et Raynal; — lycée d'émulation de Bourges; bibliographie, 512; — Sociétés: d'antiquités, d'histoire et de statistique du département du Cher; bibliographie, 512; — des antiquaires du Centre; bibliographie, 512; — diocésaine d'histoire et d'archéologie; bibliographie, 512; — historique, littéraire, artistique et scientifique du département du Cher; bibliographie, 513.

Bourgogne, 55, notes, 232, 427; — canal, 428.

Bourgogne (Duc de); mémoires des Intendants rédigés pour son instruction, 260, 262, 430.

BOURGUIGNONS (Rivalités entre les Orléans et les), 408.

Bourquelot, éditeur des *Mémoires de Claude Haton*, 378, 419; — chargé de continuer le *Recueil des monuments inédits de l'histoire du Tiers État*, 394.

Bourrassé, un des auteurs des *Églises romanes en Touraine*, 275.

BOUSSOLE, 30.

Boutan, membre honoraire du Comité, 598.

Boutaric, 403, notes.

Bouteiller (De), auteur du *Dictionnaire topographique de la Moselle*, 380, 442, 444.

Bouthors, correspondant du Ministère, à Amiens, 78, notes.

Boutiot, auteur, avec M. Socard, du *Dictionnaire topographique de l'Aube*, 380, 442, 443.

Boutmy, membre du Comité, 590.

BRANCHE (*LA*) DES ROYAUX LIGNAGES, 398; — auteur, Guillaume Guiard.

Bréal (Michel), membre du Comité, 587.

Bréquigny (De), 74, notes, 79, notes, 397; — sa mission à Londres, et collection qui porte son nom à la Bibliothèque nationale, 19, 43, 54, notes, 74, notes, 116, 396; — auteur de la *Table chronologique des chartes et diplômes*, 237, 271; — des *Diplomata, chartæ*, 272.

Bresse, 55, notes, 232, 427.

Brest; Sociétés: académique; bibliographie, 521; — d'émulation de Brest; bibliographie, 521.

Bretagne, 36, 55, notes, 77, 233, notes, 427; — chants populaires, 158; — diocèses, 391; — duc. Voir Jean IV; — guerre de la succession, 114; — institutions, 390, 391; — pouillés, 391. — Voir Inscriptions.

BRETONS (Romans), 30.

BREVETS d'invention, 428.

Brie, 419, 466.

Brièle, éditeur des *Archives de l'Hôtel-Dieu*, 384.

Brienne (Collection), à la Bibliothèque nationale, 5, 18, 42.

Briey; Société d'archéologie et d'histoire, 544.

Brignoles, 389.

BRIQUES, 84, 85, 86.

Brive, 605, 608; — correspondant du Ministère, M. Rupin; — Société scientifique, historique et archéologique de la Corrèze; bibliographie, 513.

Brocard, correspondant du Ministère, à Langres, 601, 612.

Broderies, 337, 342, 364; — sur les chapiteaux, 86.

Bronze; âge, 448; — animaux, hommes, épingles, 85; — tablettes, 459.

Brossard, correspondant du Ministère, à Bourg, 601, 607.

Brouardel, membre honoraire du Comité, 598.

Brucker, 34.

Bruel, éditeur du *Recueil des chartes de l'abbaye de Cluny*, 378, 384, 392, 393; — des *Pouillés des diocèses de Clermont et de Saint-Flour*, 441.

Brun, préfet de Lot-et-Garonne, 79, notes.

Brun-Durand (Justin), correspondant du Ministère, à Crest, 601, 609; — auteur du *Dictionnaire topographique de la Drôme*, 384.

Brunehaut (Chaussée de), 83.

Brunet (J.), Ministre de l'instruction publique, 264, 266, 276; — limite la durée des lectures faites à la Sorbonne, 264; — prescrit la publication d'une bibliographie des Sociétés savantes, 264; — règle la composition et l'administration intérieure de la section des sciences, 275.

Brunet de Presles, 270.

Brunetto Latini, 30, 435. — Voir Chabaille, *Li livres dou Tresor*.

Brun-Lavainne, correspondant du Ministère, à Lille, 78.

Brut (Roman du), 35.

Bruxelles, 266; — archives royales, 414; — commission royale d'histoire, 416.

Buffavent (Château de), 456.

Buffon, 213.

Bufnoir, membre du Comité, 590.

Bugey, 232.

Buhot de Kersers, correspondant du Ministère, à Bourges, 601, 608.

Buisson, vice-président de la Commission de publication des documents relatifs à l'instruction publique, 596.

Bulles des papes, 238, 406. — Voir Actes, Lettres, Papes.

Bulletin archéologique, 382, 464, 465.

Bulletin des Comités historiques, 168, 277, 465; — remplace le *Bulletin archéologique du Comité des arts*, 132; — sa composition, 133; — avis en est donné aux correspondants du Ministère, 134; — mode et conditions de concession, 133, 139, 141, 145; — scindé en deux séries, l'une pour les monuments écrits, l'autre pour les arts, 140; — fondu dans la *Revue des Sociétés savantes*, 194, 199.

Bulletin des Sociétés savantes, 164, 191, 382, 444.

Bulletin du Comité, 290, 313, 315, 316, 317, 322, 347, 383, 444.

Bulletin du Comité de la langue, de l'histoire et des arts de la France, 444, 465.

Bulletin du Comité historique des arts et monuments, 382, 465.

Bulletin du Comité historique des monuments écrits de l'histoire de France, 382, 444, 465.

Bulliot, membre non résidant du Comité, à Autun, 599, 614.

Bureau des chartes, 318.

Bureau de consultation des arts et métiers, 467.

Bureau littéraire, 318.

Burgo (André de), 414.

Busoni, chargé de la publication des lettres de Marie de Médicis, 122.

Buzy, correspondant du Ministère, à Gérardmer, 78, notes.

C

Cabanès, maire de Moissac, 79, notes.

Cabinet des chartes, 74, notes, 271.

Caboche tente d'assassiner Henri III, 419.

Caen, 78, notes, 267, 601, 605, 608; — académie, 232; — académie nationale des sciences, arts et belles-lettres; bibliographie, 506; — association normande pour les progrès de l'agriculture, de l'industrie et des arts; bibliographie, 507; — correspondants du Ministère, MM. Bénet, de Formeville, *Joly et Villey; — Institut des provinces; bibliographie, 507; — Sociétés : d'agriculture et de commerce; bibliographie, 507; — des antiquaires de Normandie; bibliographie, 267, 508; — française d'archéologie pour la conservation et la description des monuments historiques; bibliographie, 508; — des beaux-arts; bibliographie, 508; — d'entomologie; bibliographie, 508; — linnéenne; bibliographie, 508; — de médecine; bibliographie, 509.

Cagnat, correspondant du Ministère, à Douai, 601; — membre de la commission de publication des documents archéologiques de Tunisie, 595, 612.

Cahiers de bailliages, 236.

Cahiers des États de Normandie, 274; — éditeur, M. Ch. de Beaurepaire.

Cahors, 45; — pouillé du diocèse, 438; — Sociétés : agricole et industrielle du département du Lot; bibliographie, 539; — des études littéraires, scientifiques et artistiques du Lot; bibliographie, 539.

Cahours, membre honoraire du Comité, 598.

Caillemer, membre non résidant du Comité, à Lyon, 599, 613.

Caïn, 455.

Calais, 78, notes, 79, notes; — correspondant du Ministère, M. Dufaytelle; — maire, M. Leveir; — Sociétés : d'agriculture, du commerce, sciences et arts; bibliographie, 554; — de géographie, 555.

Calcul des fonctions, 467.

Calendriers, 29, 341, 362.

Calices, 239; — de Thomas Élie, 137; — du trésor de Notre-Dame de Paris, 138.

Calvados, 506, 608; — correspondants du Ministère, MM. Bénet, de Formeville, *Joly et Villey; — Sociétés savantes, Bayeux, Caen, Falaise, Honfleur, Lisieux et Pont-l'Évêque. — Voir Hippeau, Dictionnaire topographique.

Cambrai, 601, 602, 612, 613; — archives explorées par M. le docteur Leglay, 44; — catalogue des manuscrits de la bibliothèque, 44; — correspondants du Ministère, MM. Colin et Durieux; — Ligue, 118; — Sociétés: d'émulation; bibliographie, 548; — de géographie, 549.

Cambridge; bibliothèques explorées par M. Fr. Michel, 45; — bibliothèque du collège de la Trinité, 434.

Camps; de César, 84; — à murs vitrifiés, 295; — romains, 84, 96, 336.

Canal, 337; — de Bourgogne, 428; — de Languedoc, 428.

CANARIEN (LE), LIVRE DE LA CONQUÊTE ET CONVERSION DES CANARIES, 274; — auteur, Jean de Béthencourt; — éditeur, M. G. Gravier.

Canat (Marcel), correspondant honoraire du Ministère, à Chalon-sur-Saône, 605, 614.

Canel, correspondant du Ministère, à Pont-Audemer, 78, notes.

Canestrini (Giuseppe), recueille les documents des *Négociations diplomatiques de la France avec la Toscane*, 412.

Cannes; Société des sciences naturelles et historiques, des lettres et des beaux-arts; bibliographie, 500.

Cantal, 510, 608; — correspondant du Ministère, M. Rames; — Société savante, Aurillac.

Cantorbéry (Archevêque de). Voir saint Edme; — vie de saint Thomas, archevêque, 397.

Caoutchouc, 367.

Capitulaires de Charlemagne, 436.

Capitulations, 74, notes.

CAPTIVITÉ DU ROI FRANÇOIS Ier, 118, 376, 414, 416; — éditeur, M. Champollion-Figeac.

Carcasssonne; Société des arts et sciences; bibliographie, 502.

Carentan; Académie normande; bibliographie, 541.

Carnets du cardinal Mazarin; M. Ravenel chargé de les publier, 41.

Carnot (Hippolyte), membre du Comité, 590; — de la Commission de publication des documents relatifs à l'instruction publique, 596.

Carols, 35.

Carpentras, 603, 615; — correspondant du Ministère, M. Morel.

Carrefours, 89.

Cartes anciennes de France, 48, 339, 344; — utilité d'une carte de la vieille France, 48, 283; — carte monumentale de la France, 64, 95.

Cartier (Jacques), 122.

Cartons des rois, 74, notes.

Cartulaires, 15, 26, 62, 236, 386; — de l'abbaye d'Ainay, 376; éditeur, M. Aug. Bernard. — Voir Livre des serments, Livre noir, Mandé, Pastoral, et les articles ci-dessous.

CARTULAIRE DE L'ABBAYE DE BEAULIEU EN LIMOUSIN, 376, 390; — éditeur, M. Deloche.

CARTULAIRE DE L'ABBAYE DE REDON EN BRETAGNE, 376, 391; — éditeur, M. A. de Courson; — collaborateur, M. de La Borderie.

CARTULAIRE DE L'ABBAYE DE SAINT-BERTIN, 44, 117, 376, 387, 388; — éditeur, M. Guérard; — collaborateur, M. Claude; — *Appendice*, 376, 387, 388; — éditeur, M. Fr. Morand. — Voir Folcuin, Simon.

CARTULAIRE DE L'ABBAYE DE SAINT-PÈRE DE CHARTRES, 44, 127, 376, 385, 386, 387; — éditeur, M. Guérard. — Voir Aganon.

CARTULAIRE DE L'ABBAYE DE SAINT-VICTOR DE MARSEILLE, 117, 376, 389, 390; — éditeurs, MM. Guérard et de Wailly; — collaborateurs, MM. Delisle et Marion.

CARTULAIRE DE L'ABBAYE DE LA SAINTE-TRINITÉ-DU-MONT DE ROUEN, préparé par M. Deville, 387, 388.

CARTULAIRE DE L'ABBAYE DE SAVIGNY, SUIVI DU PETIT CARTULAIRE DE L'ABBAYE D'AINAY, 376, 390; — éditeur, M. Aug. Bernard.

CARTULAIRE DE L'ÉGLISE NOTRE-DAME DE PARIS, 117, 376, 388, 389; — éditeur, M. Guérard; — collaborateurs, MM. Deloye, Géraud et Marion. — Voir Livre noir, Livre des serments, Mandé, Pastoral.

CARTULAIRES DE L'ÉGLISE CATHÉDRALE DE GRENOBLE, DITS CARTULAIRES DE SAINT-HUGUES, 117, 376, 391; — éditeur, M. Jules Marion; — collaborateurs, MM. Claude et l'abbé Auvergne.

CARTULAIRE (GRAND) DE L'ABBAYE D'AINAY, SUIVI D'UN AUTRE CARTULAIRE RÉDIGÉ EN 1286 ET DE DOCUMENTS INÉDITS, 390, notes; — éditeurs, MM. le comte de Charpin-Feugerolles et Guigue.

Cassany-Mazet, correspondant du Ministère, à Villeneuve d'Agen, 78, notes.

Castan (Auguste), membre non résidant du Comité, à Besançon, 599, 609.

Castang, 598; — membre honoraire du Comité, M. de La Tour du Moulin.

Castel-Jaloux (Chartes de), 73, notes.

Castor, 461.

Castres; commission des antiquités; bibliographie, 580; — Société littéraire et scientifique; bibliographie, 580.

CATHÉDRALES, 63. — Voir Chartres, Paris.

Catherine de Médicis (Lettres de), 122, 127, 176, 235, 417, 518. — Voir Busoni, de La Ferrière, *Lettres de Catherine de Médicis*.

Caturcinus (Pagus), 391.

Cauchy, auteur des *Exercices de mathématiques*, 472. — Voir Collet, Hermite et Valson, *Œuvres de Cauchy*.

CAVALERIE française, 413; — romaine, 171.

CAVALIERS représentés sur l'étole de saint Pol, évêque de Léon, 137.

Cavelier de Lassalle, 122.

Cazalis de Fondouce, correspondant du Ministère, à Montpellier, 601, 610.

CÉDULES hypothécaires, 364.

Céleste, correspondant du Ministère, à Bordeaux, 601, 610.

CERCUEILS, 85.

Cerdagne (Comtes de). Voir Élisabeth, Wifred.

CÉRÉALES, 230.

CÉRÉMONIES, 172.

Cérès (L'abbé), correspondant du Ministère, à Rodez, 601, 609.

Cerf (L'abbé), correspondant du Ministère, à Reims, 601, 612.

Certain (De), un des éditeurs du *Mistère du siège d'Orléans*, 409.

César, 124; — camp de César, 84; — chaussées, 239; — chemin, 83.

Césarée, 456.

Cessac (P. de), correspondant du Ministère, à Guéret, 601, 609.

Cévennes, 344, 367.

Chabaille, éditeur du *Livres dou Trésor*, 376, 435; — auteur du glossaire du *Livres de jostice et de plet*.

Chabouillet, vice-président de la section d'archéologie du Comité, 588; — membre de la commission du *Répertoire des travaux historiques*, 595.

CHAIRE, 88; — éloquence de la chaire, 61.

CHALEURS, 419.

Chalon-sur-Saône, 605, 614; — correspondant du Ministère, M. Canat; — Sociétés : d'histoire et d'archéologie; bibliographie, 562; — des sciences naturelles de Saône-et-Loire; bibliographie, 562; — scientifique, artistique et littéraire; bibliographie, 563.

Châlons-sur-Marne, 395, 604, 612; — correspondants du Ministère, MM. Nicaise et Pélicier; — Société d'agriculture, commerce, sciences et arts du département de la Marne; bibliographie, 542.

Chambaud, archiviste de Vaucluse, correspondant du Ministère, 55, notes, 77, notes.

Chambéry; académie, 232, 604, 605, 614; — académie des sciences, belles-lettres et arts de Savoie; bibliographie, 565; — correspondants du Ministère, MM. de Jussieu et Rabut; — Sociétés : d'histoire naturelle; bibliographie, 565; — médicale; bibliographie, 565; — savoisienne d'histoire et d'archéologie; bibliographie, 565; — union artistique de Savoie; bibliographie, 566.

CHAMBRE DES COMPTES. Voir Delisle, *Actes normands*, Guérard.

Chamillard (Michel), 430.

CHAMP de bataille, 84.

Champagne, 32, 419, 441; — eaux, 466.

Champagnole, sous-préfet à Lombez, 79, notes.

Champeaux (Inscriptions du doyenné de), 458.

Champollion-Figeac, membre du Comité, 8; — chargé de surveiller le dépouillement des collections manuscrites de la Bibliothèque royale, 18, 42, 43, 53, notes, 73, notes, 123; — éditeur de la *Captivité du roi François Ier*, 118, 376, 414, 415; — des *Lettres de rois, reines*, 43, 116, 376; — des *Documents historiques*, 99, 116, 123, 376, 436.

Chancelier de France, 427.

Chancellerie des papes, 400; — des rois d'Angleterre, 400; — des rois de France, 400.

Chanson de Roland, 397.

Chansons, 35, 428; — de geste, 35.

Chants de fête, religieux et guerriers, 154, 157; — populaires, 37, 240. — Voir Poésies populaires.

Chapelain, 424, 438. — Voir Tamizey de Larroque, *Lettres de Jean Chapelain; la Pucelle.*

Chapelles, 63, 85, 86, 89, 239, 451. — Voir Cryptes.

Chapes, 137, 138; — celle dite de Charlemagne, à Metz, 138; — de saint Louis, évêque, 137.

Chapiteaux, 85, 86; — romans, avec inscriptions, 172.

Chapplain (Ludovic), correspondant du Ministère, à Nantes, 55, notes.

Charente, 79, notes, 510, 608; — correspondants du Ministère, MM. de Fleury, de Laurière et Lièvre; — préfet, M. Larreguy; — Sociétés savantes, Angoulême.

Charente-Inférieure, 510, 608; — correspondants du Ministère, MM. l'abbé Julien-Laferrière, Musset et de Richemond; — Sociétés savantes, la Rochelle, Rochefort, Royan, Saint-Jean-d'Angely et Saintes.

Charités, 299, 335, 341, 362. — Voir Confréries.

Charlemagne, 454; — capitulaires, 436; — cycle, 35; — restes, 138; — voyage à Constantinople, 45.

Charles le Bel, 271.

Charles V. Voir Delisle, *Lettres, mandements et actes divers de Charles V.*

Charles VI, 41, 114, 120.

Charles VII, 41, 299.

Charles VIII, 112, 271, 411, 412. — Voir Bernier, *Procès-verbaux du Conseil de régence.*

Charles IX, 412, 417, 419.

Charles Ier, comte de Provence (Registre de), 389.

Charles de Valois (Tentatives de) pour reconquérir Constantinople, 440.

Charles II, roi d'Espagne, 20.

Charles-Quint, 17, 115, 414, 417; — élection, 118; — abdication, 415; — relations avec la France, 415.

Charleville, 77, notes, 605, 607; — correspondant du Ministère, M. Hubert.

Charlevoix, 122.

Charly, 604, 614; — correspondant du Ministère, M. Paillard.

Charmes (Xavier), 319, 369; — rapport au Ministre relatif à la réorganisation du Comité, 303; — note au Ministre relative à la réorganisation des sections des sciences du Comité, 368; — membre de droit du Comité, 593; — membre de la commission centrale, 593; — de la commission de publication des documents relatifs à l'histoire de l'instruction publique, 596.

Charpin-Feugerolles (Le comte de), un des éditeurs du *Grand cartulaire de l'abbaye d'Ainay*, 390, notes.

Charrière, éditeur de la *Chronique de Bertrand Duguesclin*, par Cuvelier, 114, 119, 376, 407, 408; — des *Négociations de la France dans le Levant*, 119, 378, 416.

Charron, 34.

Charroux (Abbaye de), 47.

Chartes, 14, 20, 24, 26, 56, notes, 61, 62, 99; — anciennes en français, 237; — en langue romane, 363; — de communes, 19, 50, 52, notes, 53, notes, 56, notes, 59, 75, notes, 79, 81; — de corporations, 19, 50, 59. — Voir Cabinet des chartes, Diplômes.

Charton (Ed.), membre du Comité, 590.

Chartres, 78, notes, 600, 609; — bibliothèque, 177, 386; — cathédrale, 452. Voir Amaury-Duval, Didron, Durand, Lassus, *Monographie de la cathédrale de Chartres*; — correspondant du Ministère, M. Lejeune; — diocèse, 387; — évêque. Voir Aganon; — membre non résidant du Comité, M. Merlet; — Saint-Père, archives, 386. Voir Guérard, *Cartulaire de l'abbaye de Saint-Père de Chartres*, Livre d'argent, Muley; — Société archéologique d'Eure-et-Loir; bibliographie, 520.

Chassaing (Augustin), correspondant du Ministère, au Puy, 601, 611.

Chasse, 36.

Châsses, 239; — d'Ambazac, de saint Exupère et de saint Germain, 137; — du Coudray-Saint-Germer, de Jouarre, de Mauzac, de Saint-Sernin de Toulouse et de Saint-Taurin d'Évreux, 138.

Chastel-Blanc (Château de), 456.

Chasubles, 137; — de saint Rambert, de saint Regnobert et de Thomas Élie, 137.

Châteaudun; Société dunoise; bibliographie, 521.

Château-Gontier, Société médicale, 544.

Château-Thierry, 600, 607; — correspondant du Ministère, M. Barbey; — Société historique et archéologique; bibliographie, 497.

Châteaux, 90; — droit d'asile dans les châteaux royaux, 428.

Chatel, correspondant du Ministère, à Voiteur, 601, 611.

Châtelet (Le), 74, notes, 75, notes.

Châtillon-sur-Seine; Société archéologique du Châtillonnais; bibliographie, 514.

Chatin (Le D^r), membre du Comité, 591; — de la commission de publication de la *Revue des travaux scientifiques*, 597.

Chatin (Joannès), membre de la commission de publication de la *Revue des travaux scientifiques*, 597.

Chaudruc de Crazannes, correspondant du Ministère, à Montauban, 55, notes, 78, notes.

Chaumont, 78, notes; — correspondant du Ministère, M. Jolibois.

Chauny; Sociétés : académique; bibliographie, 497; — littéraire et scientifique; bibliographie, 497.

Chaussées antiques, 84, 342, 363, 372; — de César et de Brunehaut, 83, 239.

Chaverondier (Auguste), correspondant du Ministère, à Saint-Étienne, 601, 611.
Chazelles (**De**), 466.
Chef-Boutonne, 601, 615; — correspondant du Ministère, M. Beauchet-Filleau.
Chelles, archiviste à Lyon, 17.
Chemin de César, 83.
Cheminées, 90.
Chemins, 343, 364. — Voir Routes, Vicinalité.
Chemins de fer, 337.
Chennevières (Le marquis de), membre honoraire du Comité, 598.
Cher, 512, 608; — correspondant du Ministère, M. Buhot de Kersers; — Sociétés savantes, Bourges.
Cherbourg; Sociétés : académique; bibliographie, 541; — artistique et industrielle de Cherbourg; bibliographie, 541; — des sciences naturelles; bibliographie, 542.
Chéruel, membre du Comité, 587; — éditeur du *Journal d'Olivier Le Fèvre d'Ormesson*, 376, 384, 425; — des *Lettres du cardinal Mazarin*, 384, 423, 424; — auteur de l'*Histoire de France sous le cardinal Mazarin*, 424.
Chevalier (L'abbé Casimir), un des auteurs des *Églises romanes en Touraine*, 275; — correspondant honoraire du Ministère, à Tours, 605, 610.
Chevalier (L'abbé Ulysse), membre non résidant du Comité, à Romans, 599, 609.
Chevaliers (Figures de) sur les dalles des églises, 88.
Chevelure, 131.
Chevreul, membre du Comité, 591.
Chiens représentés sur l'étole de saint Pol, évêque de Léon, 137.
Chiffres arabes dans les manuscrits, 26, 30.
Chimie, 183.
Chirurgie, 31, 51, 52, notes, 59, 80.
Chirurgiens. Voir Aix.
Choeur, 86; — stalles, 88.
Cholet; Société des sciences et arts, 541.
Chorey, 601, 609; — correspondant du Ministère, M. Bigarne.
Christ (Gloire du), 455; — sa vie, 447.
Chronique de Bertrand Duguesclin, par Cuvelier, 114, 376, 407, 408; — éditeur, M. Charrière.
Chronique de Robert de Torigny, 274; — éditeur, M. Delisle.
Chronique des ducs de Normandie, par Benoît, 41, 45, 112, 113, 376, 397, 433; — éditeur, M. Fr. Michel.
Chronique du religieux de Saint-Denis, avec une introduction de M. de Barante, 114, 376, 408; — éditeur, M. Bellaguet.
Chronique normande de Pierre Cochon, 274; — éditeur, M. Ch. de Beaurepaire.
Chroniques en général, 14, 26, 61, 62, 99, 236, 238; — en provençal, 36; — romanesques, 36; — d'Amelgard, 41; — d'Angleterre, de Jean de Waurin, 120; — de Froissart, 120; — de Guillaume de Nangis, 398; — de Jordan Fantosme, 113,

397; — de Martin de Cotigny, 120; — de Molinet, 44; — de Monstrelet, 120; — de Touraine. Voir Recueil, Salmon.

Chypre, 399, 400, 456; — conquête de Chypre par les Turcs, 417; — évêques et abbés de Terre sainte et de Chypre, 400. — Voir de Mas Latrie, *Documents nouveaux servant de preuves à l'histoire de Chypre; Histoire de Chypre;* Rey, *Étude sur les monuments de l'architecture militaire des croisés.*

Cicéron (Manuscrits de), 13, notes.

Cimetières, 89, 172; — à incinération, antérieurs à la conquête romaine, 336, 341, 363.

Cinq-Mars (Piles de), 536.

Circonscriptions administratives dans l'empire romain, 171.

Circonscriptions territoriales de la France, 182.

Cirques, 342, 363.

Cité (Droit de), 459.

Cités de la Gaule, 362, 372.

Clair, correspondant du Ministère, à Arles, 78, notes.

Clairambault (Collection), à la Bibliothèque nationale, 440, 461. — Voir Demay, *Inventaire des sceaux de la collection Clairambault.*

Clairfond, 79, notes.

Clamecy; Société scientifique et artistique; bibliographie, 547.

Claude, collaborateur du *Cartulaire de l'abbaye de Saint-Bertin*, 44.

Clefs, 85.

Clément V, 405.

Clément (Pierre), éditeur des *Lettres, instructions et mémoires de Colbert*, 429.

Clergé, 121.

Clermont-Ferrand, 78, notes; — académie, 232; — académie des sciences, belles-lettres et arts; bibliographie, 555; — correspondant du Ministère, M. Marquis; — glossaire de la bibliothèque, 436; — pouillé du diocèse. Voir Bruel, *Pouillés des diocèses de Clermont et de Saint-Flour;* — Sociétés : des amis des arts, 556; — d'émulation de l'Auvergne; bibliographie, 556.

Climats du midi et du sud-ouest de la France, 338, 343, 366.

Cloches avec inscriptions, 172.

Cloîtres, 172.

Cluny, 392; — archives, 393. — Voir Bruel, *Recueil des chartes de l'abbaye de Cluny,* Morand, *Définitions du chapitre de Cluny en 1323.*

Cochet (L'abbé), auteur du *Répertoire archéologique de la Seine-Inférieure*, 380, 451.

Cochin (Mémoires de Ch.-N.). Voir Henry, *Mémoires inédits.*

Cochinchine; Société savante, Saïgon.

Cochon (Pierre), notaire apostolique à Rouen. Voir de Beaurepaire, *Chronique normande de Pierre Cochon.*

Codignac (Complot de), 417.

Cœures ou keures, 56, notes.

Cohen (H.), auteur de la *Description générale des monnaies de la République romaine* et de la *Description historique des monnaies frappées sous l'Empire romain*, 239.
Cohortes romaines, 171, 459.
Coins en pierres siliceuses ou en métal, 83, 239.
Colbert, 293, 425, 426, 430; — administration, 429; — collections de ce nom à la Bibliothèque nationale, 5, 18, 43, 54, notes, 74, notes; — correspondance avec Mazarin, 42; — notes secrètes envoyées à Colbert sur le personnel de toutes les cours du royaume, 428; — papiers, 121. — Voir Clément, *Lettres, instructions et mémoires de Colbert.*
Colin, correspondant du Ministère, à Cambrai, 601, 612.
Collection anthropologique au Muséum d'histoire naturelle, 213.
Collection des documents inédits. Voir Documents inédits.
Collections Audiguier, Baluze, Béthune, Bréquigny, Brienne, Clairambault, Colbert, Decamps, Desnans, Doat, Duchesne, Dupuy, Fontanieu, Gaignières, Harlay, Lespine, Leydet, de Mesmes, Oihenart, Prunis, à la Bibliothèque nationale. Voir ces divers noms.
Collections de l'enseignement spécial, 229.
Collèges; des chirurgiens à Paris, 31; — de la Trinité à Cambridge, 434.
Collet, chargé de surveiller l'impression des *Œuvres de Cauchy*, 472.
Colmar, 78, notes; — correspondant du Ministère, M. Sommer.
Colmont (De), secrétaire général du Ministère des finances, 109.
Colombiers, 337, 342, 364.
Colonies, 7, 21, 337; — françaises dans l'Amérique du Nord, 122; — envoi aux colonies des filles tirées de l'hôpital général, 428. — Voir Cochinchine, Île de la Réunion.
Colonnes, 84, 85, 86; — romaines, 94; — romanes, avec inscriptions, 172.
Colossi (Château de), 456.
Columb (Michel), sculpteur tourangeau, 456.
Combat des vices et des vertus, 447.
Combes, correspondant du Ministère, à Bordeaux, 601, 610; — éditeur des *Lettres de Jean de Witt*, 437.
Combes, membre de la commission de publication de la *Revue des travaux scientifiques*, 597.
Combet, 259, notes.
Comité des travaux historiques, 172; — créé par M. Guizot, 7; — chargé de la direction et de la surveillance des recherches et publication des documents inédits, 7, 27; — rôle des membres du Comité, 16; — création par M. de Salvandy de cinq Comités : 1° de la langue et de la littérature française; 2° de l'histoire positive ou des chroniques, chartes et inscriptions; 3° des sciences; 4° des arts et des monuments (voir la fin de l'article); 5° des sciences morales et politiques, 61; — leurs attributions, 61, 62, 63, 64; — rattachés à chacune des cinq sections de l'Institut, 61, 62, 63; — leur composition, 65; — leur mode de recrutement, 65; — leur orga-

nisation administrative, 66; — leur bibliothèque, 68; — les Comités de littérature et de sciences réunis en un seul sous le titre de : Comité pour la publication des documents écrits de l'histoire de France, 97; — circulaire notifiant cette modification, 99; — M. Mignet, vice-président de ce Comité, 97, 99; — procès-verbaux des séances, 141; — durée des sessions et nombre des séances, 144; — fixation du nombre des membres non résidants, 150; — le Comité est chargé de la revision du recueil des chansons populaires de la France, 154; — les Comités historiques deviennent le Comité de la langue, de l'histoire et des arts de la France, 156; — une commission du Comité est chargée d'examiner les communications des Sociétés savantes, 169; — jetons de présence accordés aux membres du Comité, 178, 187; — réorganisation du Comité sous le titre de : Comité des travaux historiques et des Sociétés savantes, divisé en trois sections, d'histoire et de philologie, d'archéologie, des sciences, 184, 472; — notification de cette réorganisation aux recteurs, 187; — aux présidents des Sociétés savantes, 188; — aux correspondants du Ministère, 197; — modification de l'administration intérieure des sections d'histoire et d'archéologie en ce qui concerne la *Revue des sociétés savantes*, 224; — attributions et organisation de la section des sciences du Comité, 226, 227, 275, 277; — composition et administration intérieure de la section d'histoire et de philologie et de la section d'archéologie, 251; — transformation du titre de Comité des travaux historiques en celui de Comité des travaux historiques et scientifiques, et sa réorganisation, 286, 473; — rattachement d'une commission de publication à chacune des sections du Comité, 289; — rattachement au Comité de la commission de géographie historique de l'ancienne France, 290; — son historique, 303; — une commission ornithologique est rattachée au Comité, 345; — une commission d'archéologie de la Tunisie y est attachée, 346; — sujets d'études recommandés par la section des sciences économiques et sociales, 346; — réorganisation des sections des sciences du Comité, 369; — création d'une section de géographie historique et descriptive, 370. — Comité des arts et monuments, créé par M. de Salvandy, 61, 81; — ses travaux, 123; — circulaire ministérielle provoquant l'établissement de communications entre les Sociétés savantes et ce Comité, 147. — Membres résidants des divers Comités : MM. Ampère, Angot, Aucoc, de Barante, An. de Barthélemy, Baudrillart, Beaussire, Bert, Berthelot, Al. Bertrand, J. Bertrand, Billotte, Blanchard, Boeswillwald, de Boislisle, Boissier, Bouquet de la Grye, Boutmy, Bréal, Bufnoir, Carnot, Chabouillet, Champollion-Figeac, Charmes, Charton, Chatin, Chéruel, Chevreul, Cosson, Courajod, Courcelle-Seneuil, Cousin, Darboux, Darcel, Daubrée, Daunou, Debray, Delaborde, Delisle, Demay, E. Desjardins, G. Desjardins, Desnoyers, Didron, Duchartre, Duruy, Duval, Duveyrier, Fallot, Fauriel, Faye, Flach, de Foville, Friedel, Fustel de Coulanges, Gautier, Gavarret, Gazier, Geoffroy, Girard, Glasson, Grandidier, Granier de Cassagnac, Gréard, Guiffrey, de Guilhermy, Hamy, Haton de la Goupillière, Hébert, Héron de Villefosse, Hervé-Mangon, Heuzey, Himly, Jamin, Jourdain, Juglar, Jurien de la Gravière, de Laborde, Laferrière, Lalanne, de Lasteyrie, Lavisse, Leblant, Lenoir, Lenormant, Leprévost, Leroy-Beaulieu, Leroy de Méricourt, Levasseur, Longnon, de Luçay, Luce, Lyon-Caen, Marty-Laveaux, Mascart, de Mas Latrie, Maspéro, Maunoir, Maury, Mérimée, Meyer, Mignet, Milne-Edwards, Monod, de Montaiglon, Mouchez, Müntz, Naudet, Nisard, de la Noë, G. Paris, F. Passy, Perrier, Perrot, Picot, de Quatrefages, Rayet, Renan, L. Renier, Renou, Richet, Robert, de Rozière, de Saint-Arroman, Say, Schefer, Schlumberger, Servois, Sorel, Tardif, Tranchant, Troost, Vaillant, Van Tieghem, Villemain, Vitet, Waddington, Wolf. — Membres honoraires du Comité: MM. d'Arbois de Jubainville, Barbet de Jouy, Bardoux, Bayle, Boutan, Brouardel, Cahours, de Chennevières, Crosse, Davanne, Dechambre, Delpit, Ducrocq, Duménil, Figuier, Hauréau, Hersart de la Villemarqué, de Kerdrel, de La Tour du Moulin, cardinal Lavigerie, Leclerc, Ant. Lefèvre-Pontalis, Fr. Michel, Michelant, de Nieuwerkerke, D. Nisard, L. Passy, Pasteur, Ramé, Ravaisson-Mollien, Rendu, G. Rouland, Roussel, Servaux, Struve, Tardif (Ad.), Turgan, Valentin-Smith, Ville, de Wailly, de Watteville. — Membres non résidants du Comité : MM. Allmer, Ed. de Barthélemy, Ch. de Beaurepaire, Blancard, Boucher de Molandon, Bulliot, Caillemer, Castan, l'abbé Ul. Chevalier, Cournault, Deloye, Deschamps de Pas, Desjardins (Abel), Germain, Guigue, Hucher, Jourdan, de La Ferrière-Percy, Le Moyne de la Borderie, de Linas, Loyseau de Grandmaison, Merlet, Moutié, Palustre, Port, Poulle, Quantin, Révoil, de Soultrait, Tamizey de Larroque, Teissier.

COMMANDERIE du Temple de Reims. Voir de Barthélemy, *Obituaire de la commanderie du Temple de Reims.*

COMMENCEMENT de l'année au moyen âge, 236, 295, 336.

COMMENTAIRES de saint Grégoire le Grand sur le Livre de Job, 434.— Voir Le Roux de Lincy, *Moralités sur Job.*

COMMERCE, 63, 120, 121, 236, 263, 385, 407, 427, 436; — en Gascogne, 401; — à Marseille et à Montpellier, 439; — à Paris, 402, 403; — dans la généralité de Paris, 431; — en Provence, 389; — consulats de commerce, 50, 52, notes, 59, 80; — opérations commerciales des Vénitiens en France, 440. — Voir Assemblées du commerce.

COMMERCE ET EXPÉDITIONS MILITAIRES DE LA FRANCE ET DE VENISE AU MOYEN ÂGE, 439; — éditeur, M. de Mas Latrie.

Comminges, 427; — église de Saint-Bertrand, 137.

COMMISSION des phares, 469.

COMMISSIONS rattachées au Comité; commission de géographie historique de l'ancienne France, 282, 290, 310; — supprimée, 323; — commission ornithologique, 345; — questionnaire rédigé par elle, 357, 358, 359; — commission d'archéologie de la Tunisie, 346, 465.

Commode, 461.

COMMUNES, 19, 50, 52, notes, 54, notes, 56, notes, 59, 62, 72, notes, 74, notes, 78, 79, 404; — de la Guyenne, 396. — Voir Administration municipale, Affaires municipales, Biens communaux, Institutions.

COMMUNICATIONS fluviales entre la Manche et la Méditerranée, 372, 373.

Communiers, 62.

Compagnie des Indes, 428.

Compagnie du bastion de France; traité avec le dey d'Alger, 439. — Voir de Mas Latrie, *Traité d'Alger.*

Commynes. Voir *Mémoires de Commynes.*

Compayré (Clément), correspondant du Ministère à Albi, 55, notes, 78, notes.

Compiègne, 6o3, 613; — correspondant, M. le comte de Marsy; — Société historique; bibliographie, 552.

Complaintes, 35.

Complot de Codignac, 417.

Comptes, 26, 36, 80, 341, 362; — de construction, 280.

Comptes des bâtiments du Roi, 378, 384, 463; — éditeur, M. Guiffrey.

Comptes des dépenses de construction du château de Gaillon, 126, 378, 455; — éditeur, M. Deville.

Comptes rendus des séances de l'Académie des inscriptions, 269; — auteur, M. Ern. Desjardins.

Comput, 29.

Comtat Venaissin, 55, notes, 77, notes.

Concession du *Bulletin des Comités,* 133, 139, 141, 145.

Concile de Perpignan, 121.

Concours des Sociétés savantes. Voir Sociétés savantes, Sorbonne.

Condé (Prince de), 42, 115, 421; — son procès, 417.

Condition des personnes, 236, 343. — Voir État des personnes.

Condorcet; correspondance avec Lagrange, 468.

Confréries, 131, 299, 335, 341, 362. — Voir Charités.

Congo, 367, 373.

Congrégation de Saint-Maur. Voir Bénédictins.

Connubium (Droit de), 459.

Conquête de l'Angleterre, 395; — auteur, M. Aug. Thierry.

Conseil, 74, notes; — grand Conseil, 74, notes, 75 notes; — privé, 74, notes.

Conseil des Dix, à Venise, 413.

Conseil d'État, 426.

Conseils de prud'hommes, 50, 52, notes, 59, 80.

Conseils généraux invités à souscrire aux Mémoires des Intendants, 262.

Conserans, 427.

Constantine; correspondant du Ministère, M. Payen; — membre non résidant du Comité, M. Poulle; — Société savante, Constantine.

Constantine (ville), 600, 608; — membre non résidant du Comité, M. Poulle; — Société archéologique; bibliographie, 585.

Constantinople, 416; — tentatives de Charles de Valois pour reconquérir cette ville, 440; — voyage de Charlemagne, 45.

CONSTRUCTIONS rurales élevées par les abbayes, 337, 342, 364. — Voir Colombiers, Étables, Granges, Moulins.

CONSULATS du commerce, 50, 52, notes, 59, 74, notes.

CONTES, 154, 157.

CONTRATS entre les Génois et les agents de saint Louis pour le transport des croisés, 436.

CONTREDICTS, 35.

CONTREFORTS, 89.

CONTRÔLE GÉNÉRAL (Archives du), 430.

CONTRÔLEURS GÉNÉRAUX. Voir de Boislisle, *Correspondance des Contrôleurs généraux des finances*.

Copet, maire de Crécy, 79, notes.

COPIES figurées dans les manuscrits, 237; — dans les inscriptions, 238, 241.

Corbeil, 604, 615; — correspondant du Ministère, M. de Saint-Genis.

Corbie, 394.

Corblet (L'abbé), correspondant du Ministère, à Versailles, 601, 614.

Corneille, 425.

CORNICHES dans les églises, 88, 89.

CORPORATIONS d'arts et métiers, 19, 50, 52, notes, 53, notes, 54, notes, 59, 62, 73, notes, 74, notes, 75, notes, 80, 120, 131, 296, 299, 335, 341, 362. — Voir Abbeville, Amiens, Jurandes, la Rochelle, Maîtrises.

CORPS municipaux, 427.

CORRESPONDANCE ADMINISTRATIVE SOUS LE RÈGNE DE LOUIS XIV, 386, 427; — éditeurs, MM. Depping.

CORRESPONDANCE DE HENRI D'ESCOUBLEAU DE SOURDIS, ARCHEVÊQUE DE BORDEAUX,... 114, 376, 421, 422, 429; — éditeur, M. Eugène Sue.

CORRESPONDANCE DES CONTRÔLEURS GÉNÉRAUX, 376, 384; — éditeur, M. de Boislisle.

CORRESPONDANCE DU P. JEAN LE VACHER, CONSUL DE FRANCE À ALGER, 441; — éditeur, M. Teissier.

CORRESPONDANCE entre les Sociétés savantes par l'intermédiaire du Ministère, 72.

CORRESPONDANCES en général, 37, 236; — historiques ou diplomatiques en général, 5, 6, 14; — scientifiques, 32, 34. — Voir d'Alembert, Berwick, cardinal de Bouillon, Catherine de Médicis, Colbert, Euler, Henri IV, Huet, Lagrange, Laplace, prince de Lorraine, Louis XIV, Mazarin, duc d'Orléans, Peiresc, Philippe V, duc de Vendôme.

CORRESPONDANTS du Ministère, chargés de recherches dans les bibliothèques et les archives, 16; — appel et instructions de M. Guizot aux correspondants pour la recherche de documents inédits, 28; — invités à rechercher d'anciennes versions françaises de la Bible, 67; — à faire des recherches pour le *Recueil des monuments inédits de l'histoire du Tiers État*, 52, 72; — à répondre à un questionnaire archéologique, 81; — à signaler les inscriptions romaines existant en France, 92; — à envoyer des communications plus fréquentes, 98; — à rechercher les lettres de Henri IV, 101; — à répondre à un questionnaire sur les attributs des saints, 130; — avisés de la transformation du *Bulletin archéologique*, 134; — invités à fournir des renseignements sur les meubles et vêtements ecclésiastiques du moyen âge, 136; — reçoivent en concession le *Bulletin des Comités*, 139, 141, 145, 149; — invités à communiquer au Ministère les documents relatifs aux États généraux, 145; — leur nombre est fixé à 300, 148; — à 200, 149, 195; — prix institués en leur faveur, 151; — reçoivent de nouvelles instructions, 160; — invités à signaler au Comité les inscriptions des Gaules et de la France, 171; — à rechercher des lettres de Mazarin, 176; — autorisés à assister aux séances du Comité, 193, 198; — les préfets sont chargés de fournir des renseignements sur eux, 195; — des correspondants sont demandés pour la section des sciences du Comité, 196; — les correspondants sont invités à fournir au Comité, outre des documents inédits, des notices et communications diverses, 198; — à collaborer au *Dictionnaire géographique de la France*, 200, 204; — au *Répertoire archéologique de la France*, 202, 205; — à la *Description scientifique de la France*, 207; — à collaborer aux travaux du Comité, 234; — à adresser de fréquentes communications au Comité, 250; — à faire des recherches pour la publication des documents inédits relatifs aux États généraux, 253; — à fournir des renseignements sur les Mémoires des Intendants, 260. — Correspondants du Ministère à différentes époques : MM. Abo de Bazinghen, d'Aguerre d'Ospital, l'abbé Albanès, l'abbé Allain, d'Arbaumont, l'abbé Arbellot, Ardant, Arnoul, l'abbé Auber, Aurès, Aymard, Babeau, Balasque, Barbey, l'abbé Barbier de Montault, Barthélemy, de Baye, Beauchet-Filleau, Beaune, Beaussire, Bellhomme, Bénet, Berthelet, Berthomieu, Bigarne, Borrel, Boudard, Bourbon, Bouthors, Brocard, Brossard, Brun-Durand, Brun-Lavainne, Buhot de Kersers, Buzy, Cagnat, Canat, Cancl, Casany-Mazel, Cazalis de Fondouce, Céleste, l'abbé Cérès, l'abbé Cerf, de Cessac, Chambaud, Chapplain, Chassaing, Chaudruc de Crazannes, Chaverondier, l'abbé C. Chevalier, Clair, Colin, Combes, Compayré, Coüard-Luys, Cournault, de Courson, Cousin, Crozet, Dehaisnes, Delalo, le P. Delattre, Delayant, Delor, l'abbé Desnoyers, Deville, Dezeimeris, Dinaux, de Dion, Drouyn, Dubosc, Dubost, Duchemin, l'abbé Ducis, Dufaytelle, Duhamel, Dumont, Dupré, Durand, P. Durand, Durieux, Dusevel, Dussieux, Duthoit, Dutilleux, Duval, Duvivier, l'abbé Esnault, d'Estaintot, Fage, Faunié-Duplissis, Féraud, Fernel, Fierville, Finot, Fleury, de Fleury, Floquet, Flouest, Flourac, de Formeville, Fransquin, Gaffarel, Galeron, Galles, Garnier, Garnier, Gastebois, de Gaujal, Gauthier, Gautier, Gérard, Germain, Germer-Durand, Giraud, de Givenchy, Godard-Faultrier, Godin, Goze, Grassoreille, Guibert, Guignard, l'abbé Guillaume, Hardy, Henri, Hérelle, Herman, Hiver, Huart, Hubert, Isnard, Jolibois, Joly, l'abbé Julien-Laferrière, Juliot, de Jussieu, Kerviler, de La Blanchère, de La Fontenelle de Vaudoré, Lagarde, de Lagrèze, de Laplane, La Teyssonnière, de Laurière, Lebeau, l'abbé Lebeurier, Lebreton, Leclercq de la Prairie, Lecointre-Dupont, Ledain, Ledieu, Leglay, Legrand, Le Héricher, Lejeune, Lemasle, Lepage, Lequien, Leroy, Lescarat, Lhuillier, Liégeois, Liénard, Lièvre, Loiseleur, Lottin, Lottin de Laval, Louandre, Luchaire, Luzel, Macé de l'Épinay, Maffre, Magin, de Magnin, Maillet, Maitre, Marchand, Marquis, de Marsy, Masson, Matton,

Maxe-Werly, Mignard, Mireur, Molard, Monnier, de Montégut, Morand, Moreau, Morel, Morellet, Moris, Mossmann, Mourcin, Mowat, Musset, Nicaise, Noël, Nozot, Ollivier, Paillard, Parfouru, L. Paris, Parrot, Pasquier, Pastoureau-Labesse, Payen, Peigues, Pélicier, Péricault, Perron, Pesche, Piers, Platelet, l'abbé Poquet, Porte, Pothier, l'abbé Pottier, Pouey, Prarond, Prudhomme, Quesnét, Queyroi, Rabut, Rames, Raynal, Reclus, Redet, Renouvier, Revillout, Ricard, l'abbé Richard, A. Richard, J. Richard, Richemond, Rigollot, Z. Robert, de Rochambeau, de Rochas d'Aiglun, Roman, Rondot, Roschach, Rosenzweig, Rostan, l'abbé Rouchier, Rupin, de Saint-Genis, Samareuil, l'abbé Sauvage, Sommer, Soucaille, de Sourdeval, Soyer-Villemel, Tailliar, Tarbé, Tartière, Terninck, Tholin, Thomas, Tournal, Vallentin, Van Drival, l'abbé Verlaque, de Verneilh, Vidal, Villey, Voulot, Yung.

Corrèze, 513, 608; — correspondants du Ministère, MM. Rupin et Vayssière; — Sociétés savantes, Brive et Tulle.

Corse, 513, 609; — Société savante, Bastia.

Cortès, 122.

Cosmographie, 30, 99.

Cosson, membre du Comité, 592; — de la commission de publication des documents archéologiques de Tunisie, 595.

Costa (Le baron de), propriétaire du Cartulaire de l'abbaye de Beaulieu, 390.

Costumes, 407; — d'hommes et de femmes, 455. — Voir Ornements, Vêtements.

Côte-d'Or, 431, 514, 609; — correspondants du Ministère, MM. d'Arbaumont, Bigarne, Flouest, Gaffarel, Garnier, Guignard et Mignard; — Sociétés savantes, Beaune, Châtillon-sur-Seine, Dijon et Semur.

Côtes, 423; — de Provence, 441 ; — places fortifiées sur les côtes de Provence, 441. — Voir Barthélemy, *Procès-verbal de visite en 1323 des fortifications des côtes de Provence,* 441.

Côtes-du-Nord, 516; — Sociétés savantes, Dinan, Saint-Brieuc.

Cotigny (Martin de). Voir Chroniques.

Coüard-Luys, correspondant du Ministère, à Beauvais, 601, 613.

Couches ethniques, 283.

Coudray-Saint-Germer (Châsse du), 138.

Couleurs, 30; — sur les vitraux, 87.

Coupoles (Églises à), 336.

Coups de foudre, 331, 332.

Cour des comptes (Archives de la), 63.

Cour des monnaies, 74, notes, 75, notes.

Courajod, membre du Comité, 589.

Courcelle-Seneuil, membre du Comité, 590.

Courmelois, 599, 612; — membre non résidant du Comité, M. le comte Ed. de Barthélemy.

Cournault (Charles), correspondant du Ministère, à Malzéville, 599, 612.

Cours d'eau, 263.

Cours de justice, 427.

Cours des aides (Archives des), 63, 75, notes.

Courson (De), correspondant du Ministère, à Saint-Brieuc, 55, notes, 77, notes; — éditeur du *Cartulaire de l'abbaye de Redon*, 376, 391.

Courteville (Jean de), 414.

Cousin, membre du Comité, 28; — Ministre de l'instruction publique, 305; — réunit les Comités de littérature et de sciences sous le titre de Comité pour la publication des documents écrits de l'histoire de France, 97; — notifie cette transformation, 98; — éditeur des *Ouvrages inédits d'Abélard*, 21, 112, 378, 434, 435.

Cousin, correspondant du Ministère, à Boulogne, 78, notes.

Coutances. Voir Dolbet, Toussaint de Billy, *Histoire ecclésiastique du diocèse de Coutances*. — Société académique du Cotentin; bibliographie, 542.

Coutumes, 120, 296, 299, 335, 391, 457; — de Montpellier, 56, notes; — de Reims, 395.

Couvent, 89.

Crânes, 215.

Crania americana, 215; — auteur, Morton.

Crania anglica, 215; — auteurs, Davis, Turnham.

Création (Sept jours de la), 447, 455.

Crécy, 79, notes; — maire, M. Copet.

Crédit agricole, 365.

Crédits pour la publication des documents inédits, 7, 12, 23, 28; — pour les Sociétés savantes, 105.

Créneaux, 90.

Crest, 601, 609; — correspondant du Ministère, M. Brun-Durand.

Creuse, 517, 609; — correspondant du Ministère, M. de Cessac; — Sociétés savantes, Aubusson, Guéret.

Crèvecœur (De), préfet du Tarn, 79, notes.

Crimée, 416.

Croisades, 399; — poème d'Ambroise sur la croisade de Philippe-Auguste et de Richard Cœur de Lion, 399, notes; — projet de croisade de Philippe de Valois, 440. — Voir Fauriel, *Histoire de la croisade contre les hérétiques Albigeois*.

Croisés (Contrats pour le transport des), 436.

Croix, 84; — de pierre sculptées, 89.

Crosse, membre honoraire du Comité, 598.

Crosses, 137, 239; — de Jean de Marigny, des abbayes du Lys et de Maubuisson, 137.

Crouseilhes (De), Ministre de l'instruction publique, 151, 153; — institue des prix en faveur des correspondants du Ministère, 151; — demande des renseignements pour la publication d'un Annuaire des Sociétés savantes, 151.

Croyances, 172, 457.

Croze (Joseph de), chargé de préparer la correspondance des princes de la maison de Lorraine, 122.

Crozes, auteur du *Répertoire archéologique du Tarn*, 380, 451.
Crozet, correspondant du Ministère, à Grenoble, 78; notes.
CRUSTACÉS, 338, 344.
CRYPTES, 85.
CUBES de pâtes de couleur, 85.
CULS-DE-LAMPE aux voûtes d'églises, 87.
CULTE des saints, 131.
Cumont (De), Ministre de l'instruction publique, 253; — prescrit une enquête sur la situation des Sociétés savantes, 252.
CUNÉIFORMES, 307.
Cuvelier, auteur de la *Chronique de Bertrand Duguesclin*, 408. Voir Charrière, *Chronique de Bertrand Duguesclin*.
Cuvier, 317.
CYCLE pascal, 29.
CYCLES. Voir Alexandre, Arthus et Charlemagne.
Cyprien (Saint), 454; — son martyre, 455.

D

DALLES dans les églises, 88.
DALMATIQUE de saint Étienne de Muret, 137.
DAMES (Paix des), 414.
Dampierre (Famille de), 399.
DANSES macabres, 447.
Dante, 30.
Danton, 92, notes.
Darboux, membre du Comité, 591; — vice-président de la commission de publication de la *Revue des travaux scientifiques*, 596; — éditeur des *Œuvres de Fourier*, 384; — des *Œuvres de Lagrange*, 380, 384, 468, 472; — auteur des Notices sur les *Œuvres* de Cauchy; — et de Lagrange, 468.
Darcel (Alfred), membre du Comité, 589.
Darmestetter (Arsène), membre de la commission du *Répertoire des travaux historiques*, 595.
DATE des manuscrits, 26.
DATES consulaires, 459.
Daubrée, membre du Comité, 592.
Daunou, membre du Comité, 8.
Dauphiné, 78, notes, 232; — troubles, 417.
Davanne, membre honoraire du Comité, 598.
Davis (B.), auteur des *Crania anglica*, 215.
Dax; Société de Borda; bibliographie, 535.
DÉBATS, 35.

Debray, éditeur des *Œuvres de Lavoisier*, 380, 384; — membre du Comité, 591.
Decamps (Collection), à la Bibliothèque nationale, 54, notes, 74, notes.
Dechambre, membre honoraire du Comité, 598.
Decourt, préfet des Hautes-Pyrénées, 79, notes.
Définitions du chapitre de Cluny en *1323*, 437; — éditeur, M. Morand.
Défrichement des forêts, 385.
Dehaisnes (L'abbé), correspondant du Ministère, à Lille, 601, 612.
Delaborde (Le vicomte); membre du Comité, 589.
Delalo, correspondant du Ministère, à Mauriac, 78, notes.
Delattre (Le R. P.), correspondant du Ministère, à Tunis, 601, 616.
Delayant, correspondant du Ministère, à la Rochelle, 78, notes.
Delisle (Léopold), 256, notes; — président de la section d'histoire et d'archéologie du Comité, 587; — membre de la commission centrale, 594; — de la commission des documents relatifs à l'histoire de l'instruction publique, 596; — rédige le spécimen du *Dictionnaire géographique de la France*, 204; — le spécimen d'une bibliographie des travaux des Sociétés savantes, 265, 267; — éditeur des *Lettres, mandements et actes divers de Charles V*, 376, 407; — dirige la nouvelle édition du *Recueil des historiens de France*, 271; — éditeur des *Actes normands de la Chambre des comptes*, 274; — de la *Chronique de Robert de Torigny*, 274; — collabore à l'édition du *Cartulaire de l'abbaye de Saint-Victor de Marseille*, 389; — auteur de *Notices sur les ouvrages publiés dans la Collection des documents inédits*, 385.
Deloche, éditeur du *Cartulaire de l'abbaye de Beaulieu*, 376.
Delor, correspondant du Ministère, à Bordeaux, 601, 610.
Delorme (Pierre), architecte, 456.
Deloye, collaborateur du *Cartulaire de l'église de Notre-Dame de Paris*, 388, 389; — membre non résidant du Comité, à Avignon, 599, 615.
Delpit (Martial), collaborateur de M. Augustin Thierry, 53, notes, 54, notes, 73, notes, 76, notes; — membre honoraire du Comité, à Castang, 598.
Demay, auteur de l'*Inventaire des sceaux de la Normandie*, 326; — de l'*Inventaire des sceaux de la collection Clairambault*, 380, 384, 461, 462; — membre du Comité, 589.
Denrées, 402, 419.
Densimètre centésimal, 466.
Dentelles (Manufactures de), 428.
Dépenses de l'hôtel du roi, 461.
Depping, éditeur du *Livre des métiers d'Étienne Boileau*, 112, 120, 378, 402; — de la *Correspondance administrative sous le règne de Louis XIV*, 121, 427.
Députés aux États provinciaux, 362.
Descartes, 32, 34, 100, 425.
Deschamps de Pas, membre non résidant du Comité, à Saint-Omer, 599, 613.
Description générale des monnaies de la République romaine,... 239; — auteur, M. H. Cohen.

DESCRIPTION HISTORIQUE DES MONNAIES FRAPPÉES SOUS L'EMPIRE ROMAIN, ... 239;
— auteur, M. H. Cohen.

DESCRIPTION scientifique de la France, 205, 208, 209, 210; — circulaire de M. Rouland relative à sa préparation, 207; — prix institué pour la meilleure description scientifique d'un département, 209.

Desjardins (A.); éditeur des *Négociations diplomatiques de la France avec la Toscane*, 378, 384, 412; — membre non résidant du Comité, à Douai, 599, 612.

Desjardins (Ernest), membre de la section d'archéologie du Comité, 589; — de la section de géographie, 592; — de la commission de publication des documents archéologiques de Tunisie, 595; — auteur des *Comptes rendus des séances de l'Académie des inscriptions*, 269.

Desjardins (Gustave), membre du Comité, 587.

Desnans (Collection), à la Bibliothèque nationale, 54, notes, 74, notes.

Des Noyers (Lettres de), 423.

Desnoyers (Jules), membre du Comité, 8, 588.

Desnoyers (L'abbé), correspondant du Ministère, à Orléans, 601, 611.

DESSIN, 229.

DESSINS, 241; — sur des pierres, 83.

DETTES foncières, 364.

Deville, correspondant du Ministère, à Rouen, 55, notes, 78, notes; — éditeur des *Comptes de dépenses de la construction du château de Gaillon*, 378, 455; — prépare le *Cartulaire de l'abbaye de la Sainte-Trinité-du-Mont de Rouen*, 387, 388.

Devoulx (Albert), 439.

Dewitte (Dom Charles), copie le cartulaire de Folcuin, 388.

Dezeimeris, correspondant du Ministère, à Bordeaux, 601, 610.

DIABLE, 447.

DIALECTES des provinces, 198.

DIALECTIQUE, 30, 32.

DIALOGUES, 35, 36.

DICTIONNAIRE de Jean de Garlande, 404.

DICTIONNAIRE de paléographie, 64.

DICTIONNAIRE des idiomes nationaux, 62.

DICTIONNAIRE topographique de la France, 202, 205, 206, 207, 208, 209, 236, 290, 380, 451; — circulaires de M. Rouland faisant appel aux présidents des Sociétés savantes et aux correspondants du Ministère, 199, 203; — spécimen rédigé par M. Delisle, 204; — prix fondé pour le meilleur Dictionnaire topographique d'un département ou d'un arrondissement, 206; — Aisne, par M. Matton, 380, 442, 443; — Alpes (Hautes-), par M. Roman, 380, 442, 443; — Aube, par MM. Bouliot et Socard, 380, 442, 443; — Calvados, par M. Hippeau, 380, 442, 444; — Dordogne, par M. le vicomte de Gourgues, 380, 442, 444; — Drôme, par M. Brun-Durand, 384; — Eure, par M. le marquis de Blosseville, 380, 442, 444; — Eure-et-Loir, par M. Merlet, 380, 442, 444; — Gard, par M. Germer-Durand, 380, 442,

444; — Hérault, par M. Thomas, 380, 442, 444; — Marne, par M. Longnon, 384; — Mayenne, par M. Maître, 380, 442, 444; — Meurthe, par M. Lepage, 380, 442, 444; — Meuse, par M. Liénard, 380, 442, 444; — Morbihan, par M. Rosenzweig, 380, 442, 444; — Moselle, par M. de Bouteiller, 380, 442, 444; — Nièvre, par M. de Soultrait, 380, 442, 444; — Pyrénées (Basses-), par M. Raymond, 380, 442, 444; — Rhin (Haut-), par M. Stoffel, 380, 442, 444; — Vienne, par M. Redet, 380, 442, 444; — Yonne, par M. Quantin, 380, 442, 444.

Dictons, 236; — relatifs aux régions, villes, villages, etc., 283.

Dicts et contredicts, 35; — dicts et sentences, 35.

Dide, membre de la commission de publication des documents relatifs à l'histoire de l'instruction publique, 596.

Didron, membre du Comité, 24; — auteur de l'*Iconographie chrétienne*, 125, 378, 447, 448; — de la *Monographie de la cathédrale de Chartres*, 124, 380, 452, 453; — chargé de la publication d'un recueil sur les artistes français au moyen âge, 126.

Dié (Saint), vie et offices, 437; — éditeur, M. A. Dupré.

Dieppe; Sociétés : des amis des arts, 566; — des amis des sciences physiques, 566.

Digne, 602, 607; — correspondant du Ministère, M. Isnard; — Société scientifique et littéraire; bibliographie, 500.

Dignitaires, 385; — ecclésiastiques de la Provence, 389.

Dijon; académie, 232, 600, 602, 605, 606, 609; — académie des sciences, arts et belles-lettres; bibliographie, 514; — archives, 5; — explorées par M. Maillard de Chambure, 43; — comité d'histoire et d'archéologie religieuses du diocèse de Dijon; bibliographie, 515; — commission des antiquités du département de la Côte-d'Or; bibliographie, 515; — correspondants du Ministère, MM. d'Arbaumont, Gaffarel, Garnier, Guignard et Mignard; — Société bourguignonne d'histoire et de géographie; bibliographie, 516.

Dimensions des inscriptions, 175.

Dinan; Société d'émulation; bibliographie, 516.

Dinaux (Arthur), correspondant du Ministère, à Valenciennes, 78, notes.

Diocèses anciens, 131, 362, 372.

Dion (A. de), correspondant du Ministère, à Montfort-l'Amaury, 602, 614.

Diplomata, chartae, epistolae, leges aliaque instrumenta ad res gallo-francicas spectantia, 272; — éditeurs, Académie des inscriptions, de Bréquigny, Pardessus.

Diplomatique pontificale, 407. — Voir *Nouveau traité de diplomatique*, *De re diplomatica*.

Diplômes, 14, 20, 24, 26, 99. — Voir Chartes.

Diplômes militaires, 459. — Voir Renier, *Recueil de diplômes militaires*.

Diptyques, 459.

Discours prononcés par M. H. Milne Edwards aux séances de la Sorbonne, 473.

Disparitions de personnes, 343.

Distillation en général et distillation de l'eau de mer, 467.

— 667 —

Distributions de prix, 362.

Divisions ecclésiastiques, judiciaires, militaires et administratives, 263; — topographiques, 385.

Divorce de Henri VIII, 415.

Dix (Conseil des), à Venise, 413.

Doat (Collection), à la Bibliothèque nationale, 54, notes.

Documents historiques inédits, 99, 116, 123, 376, 436; — éditeur, M. Champollion-Figeac.

Documents inédits relatifs à l'histoire de France; projet de publication, 4; — demande de crédits, 7; — recherches et publication sous la direction du Comité, 7; — vote d'un crédit de 120,000 francs, 12, 23, 28; — plan et prescriptions, 12; — appel de M. Guizot aux correspondants du Ministère, 22; — instructions, 28; — arrêté instituant un Comité chargé de concourir à la recherche et à la publication des documents inédits, 27; — rapport de M. Guizot au Roi sur l'état des travaux, 39; — rapport de M. de Salvandy au Roi sur l'état des publications de la Collection des documents inédits, 111; — dispositions nouvelles relatives à leur publication, 178; — arrêté de M. Duruy réglementant la publication des ouvrages de la Collection des documents inédits, 218; — arrêté relatif à la mention à imprimer en tête de chaque volume de la Collection des documents inédits, 262; — Volumes parus. Voir : *Architecture monastique au moyen âge*, *Archives de la ville de Reims*, *Archives de l'Hôtel-Dieu*, *Bibliographie des travaux historiques et archéologiques publiés par les Sociétés savantes de France*, *Cartulaire de l'abbaye de Beaulieu en Limousin*, *Cartulaire de l'abbaye de Redon en Bretagne*, *Cartulaire de l'abbaye de Saint-Bertin*, *Cartulaire de l'abbaye de Saint-Père de Chartres*, *Cartulaire de l'abbaye de Saint-Victor de Marseille*, *Cartulaire de l'abbaye de la Sainte-Trinité-du-Mont de Rouen*, *Cartulaire de l'abbaye de Savigny*, suivi du *Petit Cartulaire de l'abbaye d'Ainay*, *Cartulaire de l'église Notre-Dame de Paris*, *Cartulaires de l'église de Grenoble*, dits *Cartulaires de saint Hugues*, *Chronique de Bertrand Duguesclin*, *Chronique des ducs de Normandie*, par Benoît, *Chronique du religieux de Saint-Denis*, *Comptes des bâtiments du Roi*, *Comptes de dépenses de la construction du château de Gaillon*, *Correspondance des Contrôleurs généraux*, *Correspondance de Henri d'Escoubleau de Sourdis, archevêque de Bordeaux*, *Correspondance administrative sous le règne de Louis XIV*, *Dictionnaire topographique* (Aisne, Alpes [Hautes-], Aube, Calvados, Dordogne, Drôme, Eure, Eure-et-Loir, Gard, Hérault, Marne, Mayenne, Meurthe, Meuse, Morbihan, Moselle, Nièvre, Pyrénées [Basses-], Rhin [Haut-], Vienne, Yonne), *Documents historiques inédits*, *Documents relatifs aux États généraux et assemblées réunis sous Philippe le Bel*, *Éléments de paléographie*, l'*Esclarcissement de la langue françoyse*, *Estoire de la guerre sainte*, *Étude sur les monuments de l'architecture militaire des croisés en Syrie et dans l'île de Chypre*, *Étude sur les sarcophages chrétiens antiques de la ville d'Arles*, *Étude sur les sarcophages chrétiens de la Gaule*, les *Familles d'outre-mer de Du Cange*, *Histoire de la croisade contre les hérétiques albigeois*, *Histoire de la guerre de Navarre en 1276 et 1277*, *Iconographie chrétienne. Histoire de Dieu*, *Inscriptions de la France du ve au xiiie siècle*, *Instructions sur* l'architecture antique gallo-romaine, sur l'architecture du moyen âge, sur l'architecture militaire, sur la musique, *Inventaire des meubles et joyaux de Charles V, Inventaire des sceaux de la collection Clairambault, Journal des États généraux de France tenus à Tours en 1484, Journal d'Olivier Le Fèvre d'Ormesson, Lettres de Catherine de Médicis, Lettres de Jean Chapelain, Lettres de rois, reines et autres personnages des cours de France et d'Angleterre, Lettres du cardinal Mazarin, Lettres, instructions diplomatiques et papiers d'État du cardinal Richelieu, Lettres, mandements et actes divers de Charles V, Livre de la taille, Livre des psaumes, Li livres de jostice et de plet, Li livres dou Trésor, Mélanges historiques, Mémoires de Claude Haton, Mémoires de Nicolas-Joseph Foucault, Mémoires des Intendants sur l'état des généralités, Mémoires militaires relatifs à la succession d'Espagne sous Louis XIV, le Mistère du siège d'Orléans, Monographie de la cathédrale de Chartres, Monographie de l'église Notre-Dame de Noyon, Négociations de la France dans le Levant, Négociations diplomatiques de la France avec la Toscane, Négociations diplomatiques entre la France et l'Autriche, Négociations, lettres et pièces diverses relatives au règne de François II, Négociations, lettres et pièces relatives à la conférence de Loudun, Négociations relatives à la succession d'Espagne sous Louis XIV, Œuvres complètes d'Augustin Fresnel, Œuvres de Cauchy, Œuvres de Fourier, Œuvres de Lagrange, Œuvres de Lavoisier, les Olim, Ouvrages inédits d'Abélard, Papiers d'État du cardinal de Granvelle, Peintures à fresque de l'église de Saint-Savin, Privilèges accordés à la couronne de France par le Saint-Siège, Procédures politiques du règne de Louis XII, Procès des Templiers, Procès-verbaux des États généraux de 1593, Procès-verbaux des séances du Conseil de régence du roi Charles VIII, les Quatre livres des rois, Rapports au Ministre, Rapports au Roi et pièces, Recueil des chartes de l'abbaye de Cluny, Recueil de diplômes militaires, Recueil des lettres missives de Henri IV, Recueil des monuments inédits de l'histoire du Tiers-État, Règlements sur les arts et métiers de Paris, Relations des ambassadeurs vénitiens sur les affaires de France au XVIe siècle, Remontrances du Parlement de Paris, Répertoire archéologique (Alpes [Hautes-], Aube, Morbihan, Nièvre, Oise, Seine-Inférieure, Tarn, Yonne), Statistique monumentale; rapport à M. le Ministre de l'instruction publique sur les monuments historiques des arrondissements de Toul et de Nancy; Statistique monumentale de Paris.*

DOCUMENTS INÉDITS CONCERNANT L'HISTOIRE LITTÉRAIRE DE LA FRANCE, 270; — éditeur, M. Ul. Robert.

DOCUMENTS NOUVEAUX SERVANT DE PREUVES À L'HISTOIRE DE CHYPRE SOUS LE RÈGNE DES PRINCES DE LA MAISON DE LUSIGNAN, 440; — éditeur, M. de Mas Latrie.

DOCUMENTS RELATIFS À LA FONDATION DU HAVRE, 274; — éditeur, M. St. de Merval.

DOCUMENTS RELATIFS AUX ÉTATS GÉNÉRAUX ET ASSEMBLÉES SOUS PHILIPPE LE BEL, 384; — éditeur, M. Picot.

Dolbet (Fr.), éditeur de l'*Histoire ecclésiastique du diocèse de Coutances*, de Toussaint de Billy, 274.

DOLÉANCES, 236.

Dollez, maire de Landrecies, 79, notes.

DOMAINE royal, 59, 80.

Domaine rural, 348, 349, 350.
Domaines en Guyenne, 396.
Don gratuit, 427.
Donations, 172.
Donjon, 90.
Dordogne, 78, notes, 517, 609; — correspondants du Ministère, MM. Hardy et le baron de Verneilh; — préfet, M. Romieu; — Sociétés savantes, Périgueux. — Voir de Gourgues, Dictionnaire topographique.
Douai, 55, notes, 77, notes, 599, 601, 612; — académie, 232; — correspondants du Ministère, MM. Cagnat et Tailliar; — membre non résidant du Comité, M. Abel Desjardins; — Sociétés: centrale d'agriculture, sciences et arts du département du Nord; bibliographie, 549; — des amis des arts; bibliographie, 549; — médicale; bibliographie, 549; — union géographique du Nord; bibliographie, 549.
Doubs, 518, 609; — correspondants du Ministère, MM. Gauthier et l'abbé Richard; — membre non résidant du Comité, M. Castan; — mission de M. Weiss, 45; — Sociétés savantes, Besançon et Montbéliard.
Doriole (Le chancelier Pierre), 410.
Douet d'Arcq, 79, notes; — auteur de l'*Inventaire des sceaux des Archives nationales*, 462.
Doullens, 394.
Draguignan, 603, 615; — correspondant du Ministère, M. Mireur; — Sociétés: d'agriculture, commerce et industrie du Var; bibliographie, 580; — d'études scientifiques et archéologiques; bibliographie, 580.
Dramatiques (Compositions et représentations), 35, 36.
Draps (Manufactures de), 428.
Dreyfus-Brisac, membre de la commission des documents relatifs à l'histoire de l'instruction publique, 596.
Droit de cité, 459; — de *connubium*, 459.
Droit en général, 63, 404, 405; — municipal, 56, notes; — politique français, 50; — public, 20; — romain, 405.
Droits acquittés en Provence par les marins, les voyageurs et les marchands, 389; — sur les marchandises, à Paris, 402.
Drôme, 79, notes, 519, 609; — correspondants du Ministère, MM. Brun-Durand et Vallentin; — membre non résidant du Comité, M. l'abbé Ul. Chevalier; — préfet, M. Saladin; — Société savante, Valence. — Voir Brun-Durand, Dictionnaire topographique.
Drouyn, correspondant honoraire du Ministère, à Bordeaux, 605, 610.
Dubosc, correspondant du Ministère, à Saint-Lô, 605, 612.
Dubost, correspondant du Ministère, à Grignon, 602, 614.
Du Cange, 38, 200, 237, 399, 400. — Voir Glossaires, Rey, *Familles d'outre-mer*.
Duchartre, membre du Comité, 591.
Duchemin, correspondant du Ministère, au Mans, 602, 614.

Duchesne (Collection), à la Bibliothèque nationale, 54, notes, 74, notes.
Ducis (L'abbé), correspondant du Ministère, à Annecy, 602, 614.
Duclos, employé aux Archives du royaume, 73, notes, 76, notes.
Ducrocq, membre honoraire du Comité, 598.
Dufaytelle, correspondant du Ministère, à Calais, 78, notes.
Dufour (Émile), 438.
Duhamel, correspondant du Ministère, à Avignon, 602, 615.
Duguesclin. Voir Charrière, *Chronique de Bertrand Duguesclin*.
Dujardin, héliograveur, 459.
Dumas, auteur de la notice sur les *OEuvres de Lavoisier*, 380, 466.
Dumesnil, membre honoraire du Comité, 598.
Dumon, 129.
Dumont, correspondant du Ministère, à Saint-Mihiel, 55, notes, 78, notes.
Dumont (Le P.), 460.
Dunkerque: Sociétés: dunkerquoise pour l'encouragement des sciences, des lettres et des arts; bibliographie, 549; — de géographie, 549.
Dunoyer, préfet de la Somme, 78, notes.
Dupont (Mlle), éditeur des *Mémoires de Commynes* et des *Mémoires de Pierre de Fenin*, 120.
Dupré, correspondant du Ministère, à Bordeaux, 602, 610.
Dupré (A.), éditeur des *Vie et office de saint Dié*, 437.
Dupuis (François), vicaire général de Grenoble, 392.
Dupuy (Collection), à la Bibliothèque nationale, 5, 18, 19, 42, 54, notes, 74, notes, 423.
Durand (Dom), 34.
Durand (Hippolyte), correspondant honoraire du Ministère, à Tarbes, 605, 613.
Durand (Paul), correspondant du Ministère, auteur des dessins de l'*Iconographie chrétienne*, 125; — du texte de la *Monographie de la cathédrale de Chartres*, 380, 452, 453.
Durieux, correspondant du Ministère, à Cambrai, 602, 613.
Duruy, Ministre de l'instruction publique, 220, 221, 222, 223, 224, 225, 226, 228, 230, 233, 234, 241, 242, 243, 244; — réglemente la publication des ouvrages de la Collection des documents inédits, 218; — prescrit les mesures à prendre pour la réunion des délégués des Sociétés savantes, 220, 231; — charge les membres des Sociétés savantes de désigner les livres qui devront être accordés aux bibliothèques scolaires, 221; — crée une nouvelle série de la *Revue des Sociétés savantes*, 222; — règle l'administration intérieure des sections d'histoire et d'archéologie du Comité, 223; — fixe les conditions exigées des Sociétés savantes pour être reconnues comme établissements d'utilité publique, 224; — fixe les attributions de la section des sciences du Comité, 226; — organise la section des sciences du Comité pour la réunion à la Sorbonne en 1866, 227; — fait part aux présidents des Sociétés savantes de l'organisation d'une exposition d'appareils et instruments à la Sorbonne,

228; — fait appel aux Sociétés savantes pour le développement des collections de l'enseignement spécial, 229; — propose à l'Empereur de fonder des prix académiques annuels de 1,000 francs en faveur des Sociétés savantes, 233; — fait appel à la collaboration des correspondants du Ministère pour les travaux du Comité, 234; — — contresigne le décret instituant un prix académique annuel pour les Sociétés savantes, 241; — règle les conditions du concours pour le prix académique annuel et le prix du Comité, 242; — explique l'arrêté réglant les conditions du concours, 243; — membre du Comité, 588; — membre de la commission centrale, 594.

Dusevel, correspondant du Ministère, à Amiens, 55, notes, 77, notes, 124.
Dussieux, correspondant honoraire du Ministère, à Versailles, 605, 614.
Duthoit, correspondant du Ministère pour la Somme, 124.
Dutilleux, correspondant du Ministère, à Versailles, 602, 614.
Duval, correspondant du Ministère, à Alençon, 602, 613.
Duval (Mathias), membre du Comité, 591.
Duvaux, Ministre de l'instruction publique, fixe le programme du congrès des Sociétés savantes (section des sciences économiques et sociales), 301.
Duveyrier, membre du Comité, 592; — de la commission de publication des documents archéologiques de Tunisie, 595.
Duvivier, correspondant du Ministère, à Mézières, 78, notes.

E

E cédillé dans les manuscrits, 26.
EAU de mer (Distillation de l'), 467.
EAUX (Diminution des) en Afrique, 344, 366.
ECCLÉSIASTIQUES (Figures d') sur les dalles d'églises, 88.
ÉCHANGE des publications des Sociétés savantes, 70, 108, 109, 128, 129, 142, 143, 281.
ÉCHANGES internationaux, 266.
ÉCHECS, 36.
ÉCHIQUIER. Voir Londres.
ÉCLAIRAGE, 466.
ÉCLAIRS de chaleur, 338, 343.
ÉCOLES, 236, 299, 300; — des beaux-arts, 455; — des chartes, 17, 48, 133. Voir *Bibliothèque de l'École des chartes;* — française d'Athènes, 133; — française de Rome, 401, 429; — normale, 133; — polytechnique, 133.
ÉCONOMIE rurale, 183.
ÉCORCE d'arbres, 26.
ÉCOSSAIS, 113.
ÉCRITURE (Variations de l'), 457.
ÉCRITURE SAINTE (Statues représentant les scènes de l'), 87.
ÉCRITURES en vers, 35. — Voir Bibles.

ÉCRIVAINS (Maîtres), 341.

Ectot-l'Auber, 604, 614; — correspondant du Ministère, M. l'abbé Sauvage.

Édesse (Famille d'), 399.

ÉDIT DE NANTES (Révocation de l'), 429.

Edme (Saint), archevêque de Cantorbéry; ses ornements pontificaux, 137.

Egger, 270.

ÉGLISE GALLICANE, 428.

Églises, 83, 85, 86, 90, 131, 172, 239, 451; — à coupoles de l'Aquitaine, 336; — à une seule nef, 336. — Voir Noyon, Saint-Denis, Saint-Savin, Tournay.

ÉGLISES (LES) ROMANES EN TOURAINE, 275; — auteurs, MM. Bourassé, Chevalier, de Lafollye.

Égypte, 416; — monuments, 307; — trafic avec l'Égypte, 416.

Elbeuf; Sociétés : d'enseignement mutuel des sciences naturelles d'Elbeuf; bibliographie, 566; — industrielle; bibliographie, 566.

ÉLECTIONS; aux États généraux, 236, 299; — aux États provinciaux, 335, 340, 362; — municipales, 299.

ÉLECTRICITÉ, 365; — exposition internationale, 283.

ÉLÉMENTS DE PALÉOGRAPHIE, par M. Natalis de Wailly, 49, 113, 376, 442.

Élisabeth, comtesse de Cerdagne, brode une nappe d'autel de l'abbaye de Saint-Martin-du-Canigou, 138.

Élisabeth de France, femme de Philippe II, 417.

Elne (Templiers du diocèse d'), 406.

ÉLOQUENCE, 61.

ÉMAILLERIE française, 300.

ÉMAUX du Louvre, 462.

Embrun; Société flosalpine; bibliographie, 500.

ÉMEUTE à Rome, à l'occasion de la mort de Paul IV, 417.

EMPEREURS (Règne des), 459.

EMPIRE romain, 171.

EN devant les noms propres, 363.

ENCEINTES fortifiées, 336.

ENCYCLOPÉDIES du moyen âge, 30, 99.

ENSEIGNEMENT; agricole, 365; — du grec, 341, 362; — secondaire spécial, 229, 338, 343; — dans les Universités, 404.

ENTRÉES royales, 426.

ENTREPRISES de Louis II et René d'Anjou sur le royaume de Naples, 440.

ÉPIDÉMIES, 366.

ÉPIGRAPHIE, 238, 457, 459. — Voir Inscriptions.

Épinal, 605, 616; — comité d'histoire vosgienne; bibliographie, 583; — correspondant du Ministère, M. Voulot; — Société d'émulation du département des Vosges; bibliographie, 583.

ÉPINGLES de bronze, 85.

Équations. Voir *Traité de la résolution des équations*.

Équitation, 36.

Érigène. Voir Jean Scot.

Ermites, 335. — Voir Reclus.

Esclaibes (Mémoires de Robert d'), 44.

Esclarcissement (L') de la langue françoyse, par Jehan Palsgrave, suivi de la Grammaire de Giles du Guez, 376, 432, 433; — éditeur, M. Génin.

Esclaves, 440; — au bord de la Méditerranée, 362; — marchands d'esclaves vendant des Turcs, 428.

Escoubleau de Sourdis (Henri d'), archevêque de Bordeaux, primat d'Aquitaine, 114 422; — ses exploits guerriers, 423. — Voir Sue, *Correspondance de Henri d'Escoubleau de Sourdis*.

Esnault (L'abbé), correspondant du Ministère, au Mans, 602, 614.

Espagne, 20, 30, 40, 128, 414; — archives, 118; — cour, 42; — expédition, 114; — prétentions de la maison de Bourbon au trône d'Espagne, 431; — rois, Charles II, Charles-Quint, Philippe II, Philippe V. — Voir Mignet, *Négociations relatives à la succession d'Espagne*; Pelet, *Mémoires militaires relatifs à la succession d'Espagne*.

Espagnols chassés du Languedoc par d'Escoubleau de Sourdis, 423.

Espèces animales du littoral, 338, 344.

Espèces zoologiques ou botaniques, 339, 344.

Esprit belliqueux des Français, 413.

Esprit (Le saint), 448. — Voir Trinité.

Esprits (Apparitions d'), 419.

Est (Provinces de l'), 413.

Estaintot (Le vicomte d'), correspondant du Ministère, au Mans, 602, 614; — éditeur des *Mémoires du président Bigot de Monville*, 274.

Estampage des inscriptions, 93, 168, 174, 238, 241.

Estampies, 35.

Estoire (L') de la guerre sainte, 384; — éditeur, M. G. Paris.

Étables, 337, 342, 364.

Établissements charitables, 335.

Étalon unique et double étalon, 302.

État des personnes, 73, notes, 236, 385, 393, 394; — dans l'Empire romain, 171; — en Provence, 389.

État des terres, 385, 391; — des villes, bourgs et paroisses de France, 394.

État civil (Registres de l'), 237.

États (Pays d'), 427.

États généraux, 40, 52, notes, 61, 72, notes, 145, 146, 236, 254, 259, 417; — de Philippe le Bel, 235, 384. — Voir Picot, *Documents relatifs aux États généraux et assemblées réunis sous Philippe le Bel*; — de Tours, 18, 40, 254, notes, 411; — recherches demandées aux correspondants du Ministère, 145, 253. — Voir Bernard, Bernier, Blois, *Journal des États généraux tenus à Tours en 1484,* Masselin, Orléans, Paris, *Procès-verbaux des États généraux de 1593,* Stadler.

États provinciaux, 52, notes, 72, notes, 121, 146, 299, 335, 340, 362, 427; — de Normandie, 274.

Étienne de Muret (Dalmatique de saint), 137.

Étoffes curieuses, 137, 138.

Étoles de saint Pol et de saint Regnobert, 137.

Étude sur les monuments de l'architecture militaire des croisés en Syrie et dans l'île de Chypre, 378, 456; — auteur, M. G. Rey.

Étude sur les sarcophages chrétiens antiques de la ville d'Arles, 378, 460; — auteur, M. Le Blant.

Étude sur les sarcophages chrétiens de la Gaule, 380; — auteur, M. Le Blant.

Études orientales, 307.

Eucalyptus, 367.

Euclide, 29.

Euler; *Algèbre,* annotée par Lagrange, 467; — correspondance, 468.

Eure, 519, 609; — correspondants du Ministère, MM. Bourbon, Hérelle et Lottin de Laval; — Société savante, Évreux. — Voir de Blosseville, Dictionnaire topographique.

Eure-et-Loir, 520, 609; — membre non résidant du Comité, M. Merlet; — Sociétés savantes, Chartres et Châteaudun. — Voir Merlet, Dictionnaire topographique.

Europe, 20, 95, 118, 176, 214; — villes antiques, 367, 372.

Eustache de Beaumarchais, 398.

Évangélistes dans les manuscrits carlovingiens, 455.

Évangiles, 12, notes.

Ève, 455.

Évêques, 427.

Évreux, 78, notes, 599, 601, 602, 609; — châsse de Saint-Taurin, 138; — correspondants du Ministère, MM. Bourbon, Hérelle et Le Prévost; — membre honoraire du Comité, M. Rouland; — Sociétés: des amis des arts du département de l'Eure bibliographie, 519; — libre d'agriculture, sciences, arts et belles-lettres du département de l'Eure; bibliographie, 519; — des pharmaciens de l'Eure; bibliographie, 520.

Exemptions de tailles, 428.

Exercices publics dans les collèges, 362.

Expédition de H. d'Escoubleau de Sourdis en Sardaigne, 423.

Explorations au Congo, en Indo-Chine et au Tonkin, 367, 373.

Exportations, 428.

Exposition d'appareils et d'instruments scientifiques à la Sorbonne, 228; — d'électricité, 283.

Extrait sur l'administration de l'argenterie, menus plaisirs et affaires de la chambre du Roi en 1784, 438.

Extraits des comptes et mémoriaux du roi René, 273; — éditeur, M. Lecoy de La Marche.

Extraits des procès-verbaux des séances du Comité historique des monuments écrits, 382, 444.

Exupère (Châsse de saint), évêque de Toulouse, 137.

Eymet, 78, notes; — correspondant du Ministère, M. de Gastebois.

F

Fables, 35.

Fabliaux, 35; — édition de Barbazan, 119.

Fac-similé des manuscrits, 12, notes, 26; — de fragments du musique, 240; — des inscriptions, 238.

Faculté de médecine. Voir Paris.

Fage (René), correspondant du Ministère, à Limoges, 602, 615.

Fain (Pierre), architecte, 456.

Falaise, 55, notes, 78, notes; — chartes, 73, notes; — correspondant du Ministère, M. Galeron. — Société d'agriculture, d'industrie, des sciences, arts et comice agricole; bibliographie, 509.

Fallières, Ministre de l'instruction publique, 346, 347; — arrête le programme du congrès des Sociétés savantes pour 1885, 340; — attache au Comité une commission ornithologique, 345; — une commission chargée d'examiner et de publier les communications relatives à l'archéologie de la Tunisie, 346; — signale aux présidents des Sociétés savantes les sujets d'études recommandés par la section des sciences économiques et sociales, 346.

Fallot, membre et secrétaire du Comité, 8.

Falloux (De), Ministre de l'instruction publique, 134, 136, 139, 140, 141, 142; — prend un arrêté transformant le *Bulletin archéologique* en *Bulletin des Comités historiques*, 132; — en informe les correspondants du Ministère et fait appel à leur collaboration, 134; — demande des recherches sur les meubles et vêtements ecclésiastiques du moyen âge, 136; — concède aux correspondants le *Bulletin des Comités*, 139, 141; — scinde le *Bulletin* en deux séries, 140; — décide la publication des procès-verbaux des séances du Comité des monuments écrits, 141.

Familles (Les) d'outre-mer, de Du Cange, 376, 399, 400; — éditeur, M. E.-G. Rey; collaborateur, M. Taranne.

Familles normandes (Noms de), 267.

Fantosme (Chronique de Jordan), 113.

Farces, 35.

Fauchet (Le président), 38.

Faune, 198, 207; — fluviatile, 366.

Faunié-Duplissis, correspondant du Ministère, à Angoulême, 78, notes.

Fauriel, membre du Comité, 8, 254, notes; — éditeur de l'*Histoire de la croisade contre les hérétiques albigeois*, 19, 41, 112, 376, 397, 399.

Faye, Ministre de l'instruction publique; règle l'administration intérieure de la section des sciences du Comité, 277; — membre du Comité, 591.

Faye, préfet de la Sarthe, 78, notes.
Fécamp; Cercle pratique d'études diverses, 566.
FEMMES (Figures de) sur les dalles d'églises, 88.
Fénelon, auteur des *Maximes des saints*, 441.
FENÊTRES; d'églises, 87; — de tours, 89; — de châteaux, 90. — Voir Vitres.
Fenin. Voir *Mémoires de Pierre de Fenin.*
Féraud, correspondant du Ministère, au Maroc, 602, 616.
Fermat (Manuscrits de), 32, 317.
FERMENTATION spiritueuse, 467.
Fernel, correspondant du Ministère, à Neufchâtel, 55, notes, 78, notes.
Ferry (Jules), Ministre de l'instruction publique, 283, 284, 285, 286, 289, 290, 291, 294, 295, 297, 298, 301, 323, 324, 331, 335, 339, 368; — institue une commission de géographie historique de l'ancienne France, 282; — invite les Sociétés savantes à prendre part aux travaux du congrès des électriciens, 283; — donne les instructions relatives à la réunion des délégués des Sociétés savantes à la Sorbonne, 284; — informe les présidents des Sociétés savantes de la création d'une *Revue d'histoire et d'archéologie*, 285; — abroge l'arrêté du 25 décembre 1872, 285; — transforme le titre de *Comité des travaux historiques* en celui de *Comité des travaux historiques et scientifiques* et en règle l'organisation, 286; — rattache une commission de publication à chacune des sections du Comité, 289; — invite les Sociétés savantes de Paris à assister aux réunions de la Sorbonne, 291; — invite les présidents des Sociétés savantes à fournir des renseignements pour une monographie des Sociétés savantes, 292, 296; — fixe les programmes du congrès des Sociétés savantes, 294, 297, 334; — réorganise le Comité, 320; — supprime la commission de géographie historique, 323; — envoie aux présidents des Sociétés savantes un questionnaire relatif à l'observation des coups de foudre, 331; — annonce aux présidents des Sociétés savantes l'envoi d'une instruction sommaire rédigée par la section des sciences économiques et sociales, 339.
FÊTES populaires, 36.
FEU grégeois, 30.
FEUILLAGES sur les chapiteaux, 86; — sur les moulures, 89.
Fibonacci (Léonard), 31.
Fichot, chargé de l'illustration des *Inscriptions de la France*, 458.
Fierville (Charles), correspondant du Ministère, à Versailles, 602, 614.
Figuier, membre honoraire du Comité, 598.
FIGURES, 175; — d'hommes ou d'animaux, 85.
FILS (Le), 448. — Voir Trinité.
FINANCES, 63, 427, 428; — en Gascogne, 401.
Finistère, 521, 609; — correspondant du Ministère, M. Luzel; — Sociétés savantes, Brest, Morlaix et Quimper.
Finot, correspondant du Ministère, à Lille, 602, 613.
Flach, membre du Comité, 590.

Flammermont, éditeur des *Remontrances du Parlement de Paris*, 384.
Flandre, 113, 232; — archives des comtes, 77, notes, 118; — campagne, 113; — chartes relatives à la Flandre, 54, notes, 56, notes, 57, notes; — comtes, 56, notes, 59, 75, notes.
FLÈCHES des tours, 89.
Flers; Société industrielle; bibliographie, 553.
Fleury, correspondant du Ministère, à Orléans, 78, notes.
Fleury (Abbé de). Voir Abbon.
Fleury (Paul de), correspondant du Ministère, à Angoulême, 602, 608.
Floquet, correspondant du Ministère, à Rouen, 78, notes.
FLORE algérienne, 367; — de Barbarie, 345; — des départements méridionaux, 367; — des provinces, 198, 207.
Florence; archives, 412; — bibliothèque Laurentienne, 439; — rapports avec la France, 412.
FLOTTE détruite par d'Escoubleau de Sourdis dans la rade de Gattari, 423.
FLOTTES françaises, 423. — Voir Marine.
Flouest, correspondant du Ministère, à Lugny, 602, 609.
Flourac, correspondant du Ministère, à Pau, 602, 613.
FOIRES, 59, 74, notes, 80, 335, 341, 362. — Voir Marchés.
Foix, 604, 607; — correspondant du Ministère, M. Pasquier; — Sociétés: d'agriculture et des arts de l'Ariège; bibliographie, 502; — ariégeoise des sciences, lettres et arts; bibliographie, 502.
Foix (Comté de), 233, 427.
Folcuin, moine de Saint-Bertin; son cartulaire, 387, 388.
FONCTIONNAIRES en Gascogne, 401.
FONCTIONS publiques dans l'empire romain, 171.
FONDATIONS pieuses, 172, 457.
FONDATIONS de villages, 385.
FONTAINE du château de Gaillon, 456.
Fontainebleau; assemblée des notables, 417; — Société historique et archéologique du Gâtinais; bibliographie, 575.
FONTAINES, 83; — fréquentées par les malades, 89.
Fontanieu (Collection), à la Bibliothèque nationale, 74, notes.
Fontenay (Ambassade du marquis de), 177.
Fontenay-le-Comte; Société littéraire, artistique et archéologique de la Vendée; bibliographie, 581.
Fonteneau (Papiers de dom), 13, notes.
Forcalquier; Athénée; bibliographie, 500.
FORÊTS, 263, 343, 364, 385; — de la couronne, 413.
Forez, 232.
FORMAT et forme des manuscrits, 26.
Formeville (De), correspondant du Ministère, à Caen, 44, 55, notes, 78, notes.

FORMULAIRES à l'usage des écoliers, 31.

Fortoul, Ministre de l'instruction publique, 154, 155, 158, 159, 160, 161, 162, 164, 165, 168, 169, 171, 175; — rapport au Président de la République sur la publication d'un recueil des poésies populaires de la France, 153; — réunit les Comités historiques en un seul sous le titre de Comité de la langue, de l'histoire et des arts de la France, 156; — invite les Inspecteurs primaires et les Recteurs à recueillir ou faire recueillir les poésies populaires de la France, 157, 158, 162, 163; — fixe les conditions de publication des documents inédits, 159; — circulaires relatives à l'envoi de nouvelles instructions du Comité, 160; — à la création d'un *Bulletin des Sociétés savantes*, 164; — invite les Recteurs à se mettre en rapport avec les Sociétés savantes de leur académie, 165; — institue dans le Comité une commision chargée d'examiner les communications des Sociétés savantes, 169; — invite les Sociétés savantes à se mettre en rapport avec le Comité, 169; — instruction relative à la publication d'un recueil des inscriptions des Gaules et de la France, 171; — invite les correspondants du Ministère à rechercher les lettres du cardinal Mazarin, 176; — décide que des jetons de présence seront accordés aux membres du Comité, 178.

Fossé (De). Voir Thomas.

FOSSÉS, 90.

FOSSILES, 230.

Foucault (Nicolas-Joseph), intendant à Montauban, à Poitiers, à Paü et à Caen, 426; — son cabinet de livres, de manuscrits et d'antiquités, 426. — Voir Baudry, *Mémoires de Nicolas-Joseph Foucault*.

FOUDRE (Coups de), 331, 332, 333.

FOUILLES, 62, 64, 239.

Fouquet (Procès de), 425.

Fourier, 384; — Voir Darboux, *Œuvres de Fourier*.

Fourtou (De), Ministre de l'instruction publique, 252; — règle la composition et l'administration intérieure de la section d'histoire et de philologie et de la section d'archéologie du Comité, 251.

Foville (De), membre du Comité, 590.

FRAGMENTS DE MORALITÉS SUR JOB, 118; — éditeur, M. Leroux de Lincy. — Voir Commentaires de saint Grégoire le Grand.

FRANÇAIS vulgaire, 34, 36.

France, 3, 7, 13, notes, 19, 22, 32, 33, 34, 37, 38, 42, 46, 47, 54, notes, 56, notes, 58, 72, notes, 74, notes, 79, 94, 95, 112, 113, 116, 122, 128, 176, 177, 192, 200, 203, 207, 214, 215, 240, 260, 262, 263, 421; — rapports avec l'Orient, 119, 416, 417; — avec le Saint-Siège, 407; — avec Florence, 412; — Réforme, 115, 415; — rivalité avec la maison d'Autriche, 115, 414, 415; — rois et empereurs, 17, 43, 398. — Voir Catherine de Médicis, Charlemagne, Charles le Bel, Charles V, Charles VI, Charles VII, Charles VIII, François Ier, François II, Henri Ier, Henri II, Henri III, Henri IV, Louis VI, Louis VII, saint Louis, Louis le Hutin, Louis XI, Louis XIV, Louis XV, Louis XVI, Louis-Philippe,

Napoléon Iᵉʳ, Napoléon III, Philippe Iᵉʳ, Philippe-Auguste, Philippe le Hardi, Philippe le Long, Philippe de Valois; — troubles, 116; — France fluviale, 338, 344.

Franche-Comté, 55, notes, 232; — eaux, 466; — Histoire des guerres de Franche-Comté, par Girardot de Beauchemin, 42.

FRANCHISE postale accordée aux Sociétés savantes pour l'échange entre elles de leurs publications, 70, 108, 110, 128, 129.

François Iᵉʳ, 115, 118, 271, 299, 414, 416; — campagne en Italie, 119; — correspondance, 415. — Voir Champollion-Figeac, *Captivité du roi François Iᵉʳ*.

François II, 417; — sa mort, 317. — Voir Paris, *Négociations, lettres et pièces diverses relatives au règne de François II*.

FRANCS en Orient, 399.

Francs (Le baron des), 454.

Fransquin, correspondant du Ministère, à Marville, 78, notes.

Fresnel, 317, 469, 470, 471. — Voir L. Fresnel, Lissajoux, Savary, de Sénarmont, Verdet, *OEuvres d'Augustin Fresnel*.

Fresnel (Léonor), éditeur des *OEuvres d'Augustin Fresnel*, 380, 468, 469, 470.

Friedel, membre du Comité, 591; — de la commission de publication de la *Revue des travaux scientifiques*, 597.

Fritel (Pierre), exécute les planches de l'*Étude sur les sarcophages chrétiens antiques de la ville d'Arles*, 460.

FROIDS excessifs, 419, 466.

Froissart, 120.

FRONDE (Guerres de la), 18, 41, 177.

Frontenac, 122.

Fustel de Coulanges, membre du Comité, 588; — de la commission de publication du *Répertoire des travaux historiques*, 595.

FÛTS de colonnes, 85.

G

GABELLES, 428.

Gachard, 256, notes.

Gaffarel, correspondant du Ministère, à Dijon, 602, 609.

Gaignières (Collection), à la Bibliothèque nationale, 5, 18, 74, notes.

Gaillon, 455. — Voir Deville, *Comptes des dépenses de la construction du château de Gaillon*.

GALÈRES, 427, 428; — dites galères d'Aigues-Mortes, 440.

GALERIES de pierre autour des toits d'églises, 88.

Galeron, correspondant du Ministère, à Falaise, 55, notes, 78, notes.

Galilée (Famille de), 399.

Galles (René), correspondant honoraire du Ministère, à Gramilla-en-Arradon, 605, 612.

GALLIA CHRISTIANA, 236, 272, 400, 449; — auteurs, Bénédictins, M. Hauréau.

Gallois (Étienne), chargé de la publication de pièces relatives aux négociations de Louis XIV avec la cour de Siam, 121.

GAMME musicale, 366.

Gannat, 78, notes; — correspondant du Ministère, M. Peigues; — Société des études médicales; bibliographie, 499.

Gap, 78, notes, 602, 607; — comité départemental de l'inventaire des richesses d'art, 500; — correspondants du Ministère, MM. Gautier et l'abbé Guillaume; — Sociétés : d'émulation; bibliographie, 500; — d'études historiques, scientifiques, artistiques et littéraires des Hautes-Alpes; bibliographie, 500.

Gard, 521, 610; — correspondants du Ministère, MM. Aurès et Révoil; — Sociétés savantes, Alais, Nîmes.

GARDES des manuscrits, 239.

Garlande. Voir Dictionnaire, Jean de Garlande.

Garnier, correspondant du Ministère, à Dijon, 602, 609.

Garnier, correspondant honoraire du Ministère, à Amiens, 605, 615.

Garonne (Haute-), 522, 610; — correspondants du Ministère, MM. Roschach et Thomas; — Sociétés savantes, Toulouse, Saint-Gaudens.

Garrucci (Le P.), 460.

Gascogne, 232, 401; — commerce, 401.

Gasparin (De), 92.

Gassendi, 100, 425.

Gastebois (Henri de), correspondant du Ministère, à Eymet, 78, notes.

Gattaiola (La), 598; — membre honoraire du Comité, M. le comte de Nieuwerkerke.

Gattari (Rade de), 423.

Gattinara (Mercurin de), 41.

Gaujal (De), correspondant du Ministère, 55, notes.

Gaules, 283. — Voir Cités, Commission, Diocèses, Géographie, Inscriptions, Sarcophages, Voies romaines.

Gauss; ses œuvres éditées par la Société de Goettingue, 471.

Gauthier (Jules), correspondant du Ministère, à Besançon, 602, 609.

Gauthier-Villars (M.), 472.

Gautier, correspondant du Ministère, à Gap.

Gautier (Léon), membre du Comité, 588.

Gavarret, membre du Comité, 591.

Gazier, secrétaire de la section d'histoire et d'archéologie du Comité, 587; — membre de la commission de publication du *Répertoire des travaux historiques*, 595; — de la commission de publication des documents relatifs à l'histoire de l'instruction publique, 596.

Geffroy, membre du Comité, 588.

GÉNÉALOGIES, 172, 396.

GÉNÉRALITÉ de Paris. Voir de Boislisle, *Mémoires des Intendants*.

Gênes (Gouvernement de Boucicaut à), 440.

GENÈSE, 455.

Génin, 192, notes; — éditeur de l'*Esclarcissement de la langue françoyse*, 376, 432; — son rapport au Ministre, 139, notes.

GÉNOIS; contrats avec les agents de saint Louis pour le transport des croisés, 436.

Geoffroi Gaimar, auteur d'une histoire des rois anglo-saxons, 45.

Geoffroy-Saint-Hilaire, membre de la commission ornithologique, 597.

GÉOGRAPHIE, 182, 198; — du Quercy, 441; — cartes anciennes, 339, 344, 367, 372; — commission de géographie historique de l'ancienne France, 282, 368; — section de géographie du Comité, 369, 370, 371.

GÉOLOGIE de la France, 467.

Géorgie, 416.

Gérard, correspondant du Ministère, à Boulogne, 78, notes.

Gérardmer, 78, notes; — correspondant du Ministère, M. Buzy.

Géraud, 79, notes; — éditeur du *Livre de la taille*, 112, 376, 403; — collaborateur au *Cartulaire de l'église Notre-Dame de Paris*, 388, 389.

Gerbert, 29, 100.

Germain, correspondant du Ministère, à Nîmes, 78; — membre non résidant du Comité, à Montpellier, 599, 610.

Germain (Châsse de saint), évêque d'Auxerre, 137.

Germer-Durand, correspondant du Ministère, à Mende, 602, 611; — auteur du *Dictionnaire topographique du Gard*, 380, 442, 444.

Gers, 524, 610; — correspondant du Ministère, M. Parfouru; — Société savante, Auch.

GHILDES, 80. — Voir Hanses.

Giblet, 456; — château, 456; — famille, 399.

Gié (Maréchal de). Voir Rohan.

Gilbert de la Porrée, 33.

Girard (Aimé), membre du Comité, 591.

Girardot de Beauchemin, auteur d'une *Histoire des guerres de Franche-Comté*, 42.

Giraud, correspondant du Ministère, à Lyon, 602, 613.

Giraud (Ch.), Ministre de l'instruction publique, 149, 150; — fixe le nombre des correspondants du Ministère, 149; — le nombre des membres non résidants du Comité, 150.

Gironde, 525, 610; — correspondants du Ministère, MM. l'abbé Allain, Céleste, Combes, Delor, Dezeimeris, *Drouyn, Dupré, Lescarret, Pastoureau-Labesse; — Sociétés savantes, Arcachon, Bordeaux.

Givenchy (De), correspondant du Ministère, à Saint-Omer, 55, notes; 78, notes.

GLACES (Manufactures de), 428.

Glasson, membre du Comité, 590.

GLOIRE, 448.

GLOSSÆ IN PORPHYRIUM, 46.

GLOSSAIRES; français, 35; — de Du Cange, 399; — de la bibliothèque de Clermont-

Ferrand, 436; — grecs, 13, notes; — du *Livres de jostice et de plet*, par Chabaille, 404, 405.

Goblet, Ministre de l'instruction publique, 356, 361, 370, 371, 373; — adresse aux présidents des Sociétés savantes un questionnaire dressé par la commission ornithologique, 355; — arrête le programme du congrès des Sociétés savantes pour 1886, 361; — modifie l'organisation des sections des sciences du Comité, 369; — annonce aux présidents des Sociétés savantes la création d'une section de géographie historique et descriptive, 370; — arrête le programme de cette section pour le congrès des Sociétés savantes en 1886, 371.

Godard-Faultrier, correspondant du Ministère, à Angers, 602, 611.

Godeau, 425.

Godefroy (Inventaires dressés par les), 44, 74, notes.

Godin, correspondant du Ministère, à Arras, 78, notes.

Goettingue (Société de), édite les œuvres de Gauss, 471.

Gontaud, 600, 611; — membre non résidant du Comité, M. Tamizey de Larroque.

Gourgues (Le vicomte de), auteur du *Dictionnaire topographique de la Dordogne*, 380, 442, 444.

GOUVERNEURS des provinces, 427.

Goze, correspondant du Ministère pour la Somme, 124.

Gramilla-en-Arradon, 605, 612; — correspondant du Ministère, M. *Galles.

GRAMMAIRE de Giles du Guez, 376, 433; — éditeur, M. Génin.

GRAMMAIRES françaises, 35. — Voir Génin, Palsgrave, *L'esclarcissement de la langue françoyse*.

Grandidier, membre du Comité, 592; — de la commission ornithologique, 597.

GRANDS JOURS, 454.

GRANGES, 337, 342.

Granier de Cassagnac, membre du Comité, 8; — mission dans le midi de la France, 45.

GRANT MAISON, 455. — Voir Gaillon.

Granvelle (Cardinal de), 415; — ses papiers, 13; notes, 17, 41, 414. — Voir Weiss, *Papiers d'État du cardinal de Granvelle*.

Grassoreille, correspondant du Ministère, à Moulins, 602, 607.

Gravier (G.), éditeur du *Canarien* de Jean de Béthencourt, 274.

Gray, 604, 613; — correspondant du Ministère, M. Perron.

Gréard, membre du Comité, 590; — vice-président de la commission centrale, 593; — président de la commission de publication des documents relatifs à l'histoire de l'instruction publique, 596.

GREC (Enseignement du), 341, 362.

Grèce, 307.

GRECS, 30.

GREFFES (Archives des), 299, 335.

Grenoble, 78, notes, 604, 606, 611; — académie, 232; — académie delphinale; bibliographie, 534; — assemblée des protestants, 421; — cartulaire de l'église. Voir Marion; — correspondants du Ministère, MM. Crozet, *Macé de l'Épinay et Prudhomme; évêque, 392; — pouillés du diocèse, 392; — Sociétés: de statistique, des sciences naturelles et des arts industriels de l'Isère; bibliographie, 535; — des sciences naturelles du Sud-Est; bibliographie, 534; — des touristes du Dauphiné; bibliographie, 535.

Griffes ou pattes aux angles des colonnes, 86.

Grignon, 602, 614; — correspondant du Ministère, M. Dubost.

Grille de Beuzelin, auteur du *Rapport sur les monuments historiques des arrondissements de Nancy et de Toul*, 47, 113, 124, 380, 448, 449.

Guadet, continuateur du *Recueil des lettres missives de Henri IV*, 421.

Guérard, membre du Comité, 8, 43; — chargé de surveiller le dépouillement des archives des collections de la Bibliothèque royale, 18; — propose de faire dépouiller les registres du Parlement, de la Chambre des comptes et le Trésor des chartes, 42; — éditeur du *Cartulaire de l'abbaye de Saint-Bertin*, 44, 117, 376, 387, 388; — du *Cartulaire de l'abbaye de Saint-Père de Chartres*, 44, 117, 376, 385, 386, 387; — du *Cartulaire de l'abbaye de Saint-Victor de Marseille*, 117, 376, 389, 390; — du *Cartulaire de l'église Notre-Dame de Paris*, 117, 376, 388, 389.

Guéret, 601, 609; — correspondant du Ministère, M. de Cessac; — Société des sciences naturelles et archéologiques de la Creuse; bibliographie, 517.

Guerres; du Bien public, 436; — de Cent ans, 236, 461; — de Franche-Comté, 42. Voir Girardot de Beauchemin; — de la Fronde, 18, 41, 177; — de la Ligue, 115; — de Navarre. Voir Michel, *Histoire de la guerre de Navarre*; — de Trente ans, 42, 424; — sainte. Voir Paris, *L'estoire de la guerre sainte*.

Guessard, occupé au dépouillement des manuscrits de la Bibliothèque royale, 73, notes, 76, notes; — éditeur du *Mistère du siège d'Orléans*, 378, 409.

Guez. Voir Balzac.

Guez (Giles du), chargé d'apprendre le français à Marie, fille de Henri VIII; auteur d'une grammaire, 433. — Voir Génin, *Grammaire*.

Guibert, correspondant du Ministère, à Limoges, 602, 616.

Guiffrey, membre du Comité, 589; — de la commission du *Répertoire des travaux historiques*, 595; — éditeur des *Comptes des bâtiments du Roi*, 378, 384, 463, 464.

Guignard, correspondant honoraire du Ministère, à Dijon, 605, 609.

Guigue, membre non résidant du Comité, à Lyon, 600, 613; — éditeur du *Grand cartulaire de l'abbaye d'Ainay*, 390, notes.

Guilhermy (De), membre du Comité, 173; — un des éditeurs des *Inscriptions de la France*, 173, 238, 378, 457, 458.

Guillaume, secrétaire de la commission de publication des documents relatifs à l'histoire de l'instruction publique, 596.

Guillaume (L'abbé), correspondant du Ministère, à Gap, 602, 607.

Guillaume Anelier, 399. — Voir Michel, *Histoire de la guerre de Navarre*.

Guillaume de Champeaux, 33.

Guillaume de Conches, 33.
Guillaume le Conquérant, 388.
Guillaume Guiard, auteur de la *Branche des royaux lignages*, 398.
Guillaume le Maire, évêque d'Angers. Voir Port, *Livre de Guillaume le Maire*.
Guillaume de Nangis, 398.
Guillaume de Saint-André, auteur d'une *Vie de Jean IV, duc de Bretagne*, 408.
Guillaume de Tudèle, auteur d'un *Poème sur la croisade des Albigeois*, 398.
Guise, 79, notes; — maire, M. Lesur.
Guise (Le duc de), 417.
Guizot, Ministre de l'instruction publique, 7, 8, 11, 22, 27, 28, 37, 39, 49, 72, notes, 254, notes, 256, notes, 304, 305, 309, 313, 314, 317, 318, 319, 393, 436, 448, 450; — rapport au Roi sur le budget et projet de publication de documents inédits relatifs à l'histoire de France, 3; — institue le Comité, 7; — circulaire relative aux rapports des Sociétés savantes avec le Ministère, 8; — rapport au Roi sur les mesures prescrites pour la publication des documents inédits, 12; — appel et instructions aux correspondants du Ministère pour la recherche de documents inédits, 22; — institue un Comité chargé de concourir à la recherche et à la publication des documents inédits, 27; — demande à M. Sainte-Beuve un rapport sur les travaux relatifs à la littérature française au moyen âge, 37; — rapport au Roi sur l'état des travaux relatifs aux documents inédits, 39. — Voir *Rapports au Roi et pièces*.
Gutta-percha, 367.
Guy d'Arezzo, 30.
Guyenne, 177, 232, 427; — communes, 396.
Guyot de Provins, 30.

H

Habitudes, 172.
Hachettes en pierres siliceuses ou en métal, 83, 239.
Hainaut français (Chartes relatives au), 56, notes, 57, notes, 59.
Hambourg, 78, notes.
Hamy (Le D^r), secrétaire de la section de géographie du Comité, 592.
Hanotaux (Gabriel), éditeur des *Maximes d'État du cardinal de Richelieu*, 440.
Hanses, 80. Voir Ghildes.
Haras, 428.
Harcourt (Lettres du comte d'), 423.
Hardy (Michel), correspondant du Ministère, à Périgueux, 602, 609.
Hardy (Sir Thomas Duffus), 401.
Harlay (Collection), à la Bibliothèque nationale, 405.
Haton (Claude), curé de Mériot, 419. — Voir Bourquelot, *Mémoires de Claude Haton*.
Haton de la Goupillière (M.), membre du Comité, 591.

Hauréau, membre honoraire du Comité, 598; — auteur des tomes XIV-XVI du *Gallia christiana*, 272.

Haussonville (Othenin d'), auteur du *Salon de Mme Necker*,... 329.

Hébert, membre du Comité, 591; — de la commission de publication de la *Revue des travaux scientifiques*, 597.

Henri Ier, 271.

Henri II, 273.

Henri III, 44, 412.

Henri IV, 44, 101, 116, 396, 412, 420, 421; — lettres, 122, 176, 235, 422, 423, 436; — invitation aux correspondants du Ministère de rechercher ces lettres, 101. — Voir Berger de Xivrey, Guadet, *Recueil des lettres missives de Henri IV*.

Henri II, roi d'Angleterre, 397.

Henri III, roi d'Angleterre, 401.

Henri VIII (Divorce de), 115, 415.

Henri, correspondant du Ministère, à Perpignan, 55, notes, 78, notes.

Henry (Ch.), éditeur des *Mémoires inédits de Charles-Nicolas Cochin*, 330.

Héraldique, 461.

Hérault, 529, 610; — correspondants du Ministère, MM. Cazalis de Fondouce, *Revillout et Soucaille; — membre non résidant du Comité, M. Germain: — Sociétés savantes, Béziers et Montpellier. — Voir Thomas, *Dictionnaire topographique*.

Herbet, chef du bureau des travaux historiques, 55, notes.

Hérelle, correspondant du Ministère, à Évreux, 602, 609.

Hérétiques, 413.

Herman, correspondant du Ministère, à Saint-Omer, 55, notes, 78, notes.

Hermite, chargé de la publication des *Œuvres de Cauchy*, 472.

Héron de Villefosse, membre de la section d'archéologie du Comité, 589; — de la section de géographie, 593; — de la commission de publication des documents archéologiques de Tunisie, 595.

Hersart de la Villemarqué (Le vicomte), membre honoraire du Comité, 598.

Hervé-Mangon, membre du Comité, 591.

Hervée, évêque de Troyes (Insignes et vêtement de), 137.

Heuzey, membre du Comité, 589.

Hiérarchie, 171; — ecclésiastique, 172.

Hiéroglyphes, 307.

Himly, membre du Comité, 593.

Hippeau, auteur du *Dictionnaire topographique du Calvados*, 380, 442, 444.

Histoire, 26, 61, 62, 192, 198; — des arts, 21, 26, 39, 61, 63; — commerciale, 63; — du droit, 63; — ecclésiastique, 121; — de l'économie politique, 63; — financière, 63; — des idiomes nationaux, 62; — intellectuelle, 21, 61; — de la langue, 61, 154; — littéraire, 433; — locale, 7, 13, notes; — des monuments, 26, 39, 61; — nationale, 19, 62, 233, 236; — naturelle, 229, 230; — philosophique, 26, 46, 63, 94; — politique, 29, 39, 46, 117, 154; — des provinces,

262; — religieuse, 117; — des rois anglo-saxons, 45. — Voir Documents inédits, Société de l'histoire de France.

Histoire de Chypre, 441; — auteur, M. de Mas Latrie, 441.

Histoire de Dieu. Voir Didron, Iconographie chrétienne.

Histoire de France sous le ministère de Mazarin, 424; — auteur, M. Chéruel.

Histoire de la croisade contre les hérétiques albigeois, 18, 41, 112, 376, 397, 398; — éditeur, M. Fauriel. — Voir Meyer.

Histoire de la guerre de Navarre en 1276 et 1277, 376, 398; — auteur, Guillaume Anelier; — éditeur, M. Fr. Michel.

Histoire ecclésiastique du diocèse de Coutances, 274; — auteur, René Toussaint de Billy; — éditeur, M. Dolbet.

Histoire généalogique de la maison de France,... 236, 400.

Histoire générale de l'abbaye du Mont-Saint-Michel, 274; — auteur, dom Huynes; — éditeur, M. E. de Beaurepaire.

Histoire littéraire de la France, 33, 34, 270; — auteurs, Académie des inscriptions, Bénédictins, M. P. Paris. — Voir Documents inédits concernant l'Histoire littéraire de la France, Table générale par ordre alphabétique des quinze premiers volumes,...

Histoire militaire de l'empire romain, 459.

Historiens de France. Voir Recueil des historiens de France.

Historiens des croisades. Voir Recueil des historiens des croisades.

Hiver, correspondant du Ministère, à Péronne, 55, notes.

Hollande, 113, 437.

Hommes (Figures d') en bronze ou en argile, 85; — sur les chapiteaux, 86; — sur les corniches, 89; — sur les dalles d'églises, 88.

Honfleur; Société littéraire; bibliographie, 509.

Hôpital (Ordre de l'), 400.

Hôpitaux, 466.

Horticulture, 229.

Hôtel du Roi (Dépenses de l'), 461.

Hôtels privés, 450; — de Soissons, 428.

Hougue (Combat naval de la), 427.

Hoyau (Germain), un des auteurs du plan de Paris, 273.

Huart, correspondant du Ministère, à Arles, 602, 608.

Hubert, correspondant du Ministère, à Charleville, 77, notes, 605, 607.

Hucher, membre non résidant du Comité, à la Renardière, 600, 614.

Huet, 425; — lettres, 439. Voir Léchaudé d'Anisy et l'abbé Verlaque.

Hugo (Victor), membre du Comité, 8.

Hugot, auteur de la Table générale de la partie scientifique de la Revue des Sociétés savantes, 383.

Hugues (Saint), évêque de Grenoble, 391. — Voir Marion, Cartulaires de l'église cathédrale de Grenoble.

Hugues-Capet, 271.

Huynes (Dom). Voir de Beaurepaire, *Histoire générale de l'abbaye du Mont-Saint-Michel.*

I

I dans les manuscrits, accentué ou pointé, 26.
Ibelin (Famille D'), 399.
ICONOGRAPHIE, 461.
ICONOGRAPHIE CHRÉTIENNE, 125, 378, 447, 448; — auteurs, MM. Didron et Durand.
IDÉES, 7.
IDIOMES NATIONAUX, 62, 154; — vulgaires, 385.
ÎLE-DE-FRANCE, 232, 388.
Ille-et-Vilaine, 532, 610; — correspondant du Ministère, M. Quesnet; — membre non résidant du Comité, M. Le Moyne de la Borderie; — Société savante, Rennes.
IMAGE (L') DU MONDE, 35.
IMAGERIE populaire, 296.
IMMIGRATION des populations dans les villes, 302.
IMPÔTS à Paris, 404; — dans la généralité de Paris, 431.
INCIPIT et DESINIT des manuscrits, 26.
Inde, 307.
Indes (Compagnie des), 428.
Indo-Chine, 367, 373.
Indre, 610.
Indre-et-Loire, 532, 610; — correspondants du Ministère, MM. l'abbé *Chevalier, Loyseau de Grandmaison et Palustre; — Sociétés savantes, Tours.
INDUSTRIE, 62, 121, 229, 236, 263, 365, 385, 40, 407, 413, 427, 428; — en Gascogne, 401; — à Paris, 404; — en Provence, 389.
Innocent III (Lettres d'), 272; — éditeur, La Porte du Theil.
INSCRIPTIONS en général, 48, 61, 62, 64, 84, 85, 94, 171, 172, 173, 174, 175, 238, 239, 295, 300, 451, 457; — estampage, mode de reproduction, 238; — funéraires, 88; — grecques, 336, 341, 363; — en langue romane, 363; — du moyen âge, 295. Voir Autun, Orléans, Vienne; — de la France, 238. — Voir de Guilhermy et de Lasteyrie, *Inscriptions de la France du v° au xiii° siècle;* — de la ville de Paris, 458; — romaines de l'Algérie, 238; — romaines existant en France, 295, 448; — projet de publication par le Comité et instructions relatives à leur transcription, 92, 93, 94, 168, 171, 173. — Voir Épigraphie, de Guilhermy, Renier.
INSCRIPTIONS DE LA FRANCE DU V° AU XIII° SIÈCLE, 378, 457; — éditeurs, MM. de Guilhermy et de Lasteyrie.
INSECTES, 229, 334, 339, 344, 345, 366.
INSIGNES d'Hervée, évêque de Troyes, 137.
INSPECTEURS primaires invités à s'associer à la recherche des monuments, 82, 91; — à recueillir les poésies populaires de la France, 157, 163.

INSTITUT, 63, 64, 65, 103, 104, 184; — les cinq Comités historiques y sont rattachés, 61; — il remplace ses membres dans les Comités, 65. — Voir Académie des beaux-arts, Académie française, Académie des inscriptions et belles-lettres, Académie des sciences, Académie des sciences morales et politiques.

INSTITUTIONS en général, 26, 39, 198, 236, 385; — civiles et politiques, 63; — municipales, 56, notes, 341, 362; — religieuses dans l'empire romain, 171; — de la Bretagne, 390.

INSTRUCTION; primaire avant 1789, 296, 335, 341; — publique au moyen âge, 59, 80; — secondaire, 335, 341. — Voir Écoles.

INSTRUCTIONS pour faciliter l'étude des monuments, 48, 135; — envoyées aux correspondants, 160; — sur les monuments publics gaulois, grecs, romains et chrétiens jusqu'au XI⁰ siècle, par M. Albert Lenoir, 48, 96, 125, 378; — sur les monuments religieux depuis le XI⁰ siècle, par M. Aug. Le Prévost, 48, 125, 378, 446; — sur l'architecture militaire et les routes, par M. Mérimée, 48, 96, 125, 378, 446; — sur les monuments meubles, les vases et ornements, les médailles, les vignettes et les manuscrits à miniatures, par M. Lenormant, 48, 96, 125; — sur la musique, par M. Bottée de Toulmon, 125, 378, 446; — pour la transcription des inscriptions romaines, 92, 93, 94; — sur les représentations religieuses en peinture, en sculpture, par M. Didron, 125; — sur les poésies populaires de la France, par M. Ampère, 161, 162, 163, 168; — pour la publication d'un recueil des inscriptions de la Gaule et de la France, 171; — pour la rédaction du *Répertoire des travaux historiques*, 324.

INVENTAIRE des pierreries de la couronne, 417.

INVENTAIRE DES SCEAUX DE LA COLLECTION CLAIRAMBAULT, 380, 384, 461, 462; — auteur, M. G. Demay.

INVENTAIRE DES SCEAUX DE LA NORMANDIE, 326, 462; — auteur, M. G. Demay.

INVENTAIRE DES SCEAUX DES ARCHIVES NATIONALES, 462; — auteur, M. Douet d'Arcq.

INVENTAIRE DU MOBILIER DE CHARLES V, ROI DE FRANCE, 380, 462; — éditeur, M. Labarte.

INVENTAIRE général de toutes les archives qui existaient en France avant la Révolution, conservé à la Bibliothèque nationale, 15, 24. — Voir Godefroy, Nevers, Périgueux, Poitiers, Sens.

INVENTAIRE (Projet d') des richesses paléographiques de tous les départements, 5.

IRANIENS, 307.

Irminon (Polyptique d'), 389.

Isère, 534, 611; — correspondants du Ministère, MM. Macé de l'Épinay et Prudhomme; — Sociétés savantes, Grenoble.

Isnard, correspondant du Ministère, à Digne, 602, 607.

Issoudun, 79, notes; — sous-préfet, M. de La Châtre.

Italie, 128, 177, 414; — archives, 118; — basiliques, 336, 342; — bibliothèques et archives, 418; — campagnes, 113, 119; — inscriptions, 174; — pèlerinages, 299.

ITINÉRAIRES du moyen âge, 283.

J

Jacques de Molay, 405.
Jaffa (Famille De), 399.
Jaffé, 237.
Jamin, membre du Comité, 592.
JANSÉNISME, 428.
JARDIN DES PLANTES. Voir Muséum.
Jean IV, duc de Bretagne; sa vie, par Guillaume de Saint-André, 408.
Jean de Garlande, 404.
Jean de Murris, 30.
Jean Palsgrave, auteur de l'*Esclarcissement de la langue françoyse*, 433.
Jean de Salisbury, 33.
Jean sans Terre (Rôles de), 402.
Jean Scot, 32.
Jeanne de Bourbon, 462.
Jeanne de France; son mariage avec Louis XII et procès de dissolution de son mariage, 411, 412.
Jérusalem, 399, 400, 416; — assises, 272; — intérêts latins, 417.
JETONS de présence attribués aux membres du Comité, 178, 187.
JEUX, 428.
JEUX-PARTIS, 35.
Job (Livre de), 67. — Voir Moralités.
Jolibois, correspondant du Ministère, à Chaumont, 78, notes.
Joly, correspondant honoraire du Ministère, à Caen, 605, 608.
Jordan Fantosme. Voir Fantosme.
Joseph, 455; — histoire, 67.
JOSTICE. Voir Rapetti, *Li Livres de jostice et de plet*.
Jouarre (Châsse de), 138.
Jourdain (Charles), membre du Comité, 588.
Jourdan, membre non résidant du Comité, à Aix, 600, 608.
JOURNAL DES ÉTATS GÉNÉRAUX DE FRANCE TENUS À TOURS EN 1484, 18, 40, 112, 254, notes, 258, notes, 376, 410; — auteur, Jean Masselin; — éditeur, M. Adhelm Bernier.
JOURNAL D'OLIVIER LE FÈVRE D'ORMESSON, 376, 425; — éditeur, M. Chéruel.
JOURNAL du siège d'Orléans, 409.
JOURNAL GÉNÉRAL DE L'INSTRUCTION PUBLIQUE, 64, 66.
JOURNAUX manuscrits, 26; — de famille, 335, 341, 362. — Voir Livres de raison.
JOYAUX, 462.
Joyeuse (Chartes de), 73, notes.
JUGÉS, 74, notes, 75, notes.
Juglar (Le D^r), membre du Comité, 590.

Juifs de Paris, 404.
Jules II, pape, 414.
Jules César, 461.
Julien-Laferrière (L'abbé), correspondant du Ministère, à la Rochelle, 603, 608.
Julliot, correspondant du Ministère, à Sens, 603, 616.
Jumièges (Tombeaux de), 137.
Jura, 535, 611; — archives explorées par M. Monnier, 44; — par M. Weiss, 45; — correspondants du Ministère, MM. Berthelet, Chatel et Robert; — Sociétés savantes, Lons-le-Saulnier et Poligny.
Jurandes, 50, 52, notes, 59, 80. — Voir Corporations, Maîtrises.
Juridictions, 172; — de Paris, 402.
Jurien de la Gravière (Le vice-amiral), président de la section de géographie du Comité, 592; — membre de la commission centrale, 594.
Jussieu (De), correspondant honoraire du Ministère, à Chambéry, 605, 614.
Just (Antoine), sculpteur, 456.
Justice, 427, 428.

K

Karak (Château de), 456; — principauté, 456.
Kerdrel (Audren de), membre honoraire du Comité, 598.
Kerviler (René), correspondant du Ministère, à Saint-Nazaire, 603, 611.
Keures. Voir Cœures.
Klimrath, 119, 405. — Voir *Livres de jostice et de plet*.
Krak des chevaliers (Château du), 456.

L

La Baume (Famille de), 399.
Labitte (Charles), 79, notes.
La Blanchère (De), correspondant du Ministère, à Tunis, 603, 616; — membre de la commission de publication des documents archéologiques de Tunisie, 595.
Laborde (De), 462.
Laborde (Joseph de), membre du Comité, 588.
Lacabane, employé à la Bibliothèque royale, 79, notes.
La Châtre (De), sous-préfet d'Issoudun, 79, notes.
Lacroix (P.), 255, notes.
Laferrière, membre du Comité, 590.
La Ferrière-Percy (Le comte de), membre non résidant du Comité, à Ronfeugerai, 600, 613; — éditeur des *Lettres de Catherine de Médicis*, 376, 384, 418.
La Flèche; Société des lettres, sciences et arts; bibliographie, 563.
Lafollye (De), un des collaborateurs des *Églises romanes en Touraine*, 275.
La Fontaine, 425.

La Fontenelle de Vaudoré (De), correspondant du Ministère, à Poitiers, 44, 78, notes.

Lagarde, correspondant du Ministère, à Tonneins, 55, notes, 78, notes.

Lagrange, 380, 384, 467, 468, 491. — Voir *Algèbre d'Euler*, *Arithmétique politique*, Darboux, Lalanne, *Leçons sur le calcul des fonctions*, Lettres inédites, *Œuvres de Lagrange*, Serret, *Théorie des fonctions analytiques*, *Traité de la résolution des équations numériques*.

Lagrange (Le marquis de), chargé de préparer des instructions sur les armoiries et le blason, 125.

Lagrèze (Bascle de), correspondant honoraire du Ministère, à Pau, 605, 613.

LAINE. Voir Teintures.

LAIS, 35.

Lalanne (Ludovic), membre du Comité, 588; — éditeur des lettres inédites de Lagrange, 468.

LAMBRIS, 90.

Lami (Le P.), 34.

La Monnoye, 38.

Landes, 259, notes, 535, 611; — correspondant du Ministère, M. Tartière; — Société savante, Dax.

Landrecies, 79, notes; — maire, M. Dollez.

Lanfranc, 31.

Langres, 601; — correspondant du Ministère, M. Brocard; — Société historique et archéologique; bibliographie, 543.

LANGUE française, 61, 154, 172, 182; — traités sur la langue française, 35. — Voir Génin, l'*Esclarcissement de la langue françoyse*.

LANGUE romane provençale, 36.

Languedoc, 232, 233, 427; — Espagnols chassés, 423.

Lannoy, 79, notes; — maire, M. César Parent.

Laodicée (Port de), 456.

Laon, 603, 607; — correspondant du Ministère, M. Matton; — Sociétés : académique; bibliographie, 491; — archéologique; bibliographie, 498.

LAPIDAIRES, 35.

Laplace, 317, 469, 471. — Voir *Œuvres de Laplace*.

Laplagne, Ministre des finances, autorise l'échange en franchise des publications des Sociétés savantes, 108.

Laplane (De), correspondant du Ministère, à Sisteron, 55, notes, 77, notes.

La Porte du Theil, éditeur des lettres d'Innocent III, 272.

Lappenberg, archiviste de Hambourg, 78, notes.

La Renardière, 600, 614; — correspondant du Ministère, M. Hucher.

La Rochelle, 78, notes, 603, 604, 608; — académie des belles-lettres, sciences et arts; bibliographie, 510; — correspondants du Ministère, M. Delayant, l'abbé Julien-Laferrière, Musset et de Richemond; — siège, 422; — Sociétés : des amis des arts;

bibliographie, 511; — des sciences naturelles de la Charente-Inférieure; bibliographie, 511; — corporations d'arts et métiers, 73, notes.

La Roche-sur-Yon; Société d'émulation de la Vendée; bibliographie, 581.

Larreguy, préfet de la Charente, 79, notes.

La Rue (L'abbé de), 45.

Lassus, auteur des dessins de la *Monographie de la cathédrale de Chartres*, 124, 380.

Lasteyrie (Robert de), secrétaire de la section d'archéologie, 589; — membre de la commission centrale, 594; — de la commission de publication des documents archéologiques de Tunisie, 595; — un des éditeurs des *Inscriptions de la France*, 378, 458; — auteur des notices sur les publications archéologiques de la Collection des documents inédits, 446; — de la *Bibliographique des travaux historiques et archéologiques publiés par les Sociétés savantes*, 384.

La Teyssonnière, correspondant du Ministère, à Bourg, 55, notes, 78, notes.

La Tour du Moulin (De), membre honoraire du Comité, à Villegorge, 598.

L'Aubespine (Sébastien de), évêque de Limoges, 114, 417.

LAURENTIENNE (Bibliothèque), à Florence, 439.

Laurière (De), correspondant du Ministère, au château de Russas, 603, 608.

Laval, 604; — commission historique et archéologique de la Mayenne; bibliographie, 544; — correspondant du Ministère, M. Richard; — Sociétés : de l'industrie; bibliographie, 544; — météorologique; bibliographie, 544.

Laverdy (De), auteur du *Tableau.... des ouvrages contenus dans le recueil des Mémoires de l'Académie royale des inscriptions et belles-lettres*, 268.

La Vernade (Olivier de), 414.

Lavigerie (Le cardinal), membre honoraire du Comité, à Alger, 598.

La Vigne (Ambassade de de), 417.

La Villegille (De), chargé de publier un volume d'*Extraits des procès-verbaux des séances du Comité*, 382, 465.

Lavisse (Ernest), membre du Comité, 588; — de la commission de publication du *Répertoire des travaux historiques*, 595; — de la commission de publication des documents relatifs à l'histoire de l'instruction publique, 596.

Lavoisier, 317, 380, 384, 466, 467, 471. — Voir Debray, Dumas, *OEuvres de Lavoisier*.

LAYETTES, 74, notes.

Lebeau, correspondant du Ministère, à Avesnes, 78, notes.

Lebeurier (L'abbé), correspondant du Ministère, à Mantes, 605, 615.

Leblant, président de la section d'archéologie, 588; — membre de la commission centrale, 594; — auteur de l'*Étude sur les sarcophages chrétiens antiques de la ville d'Arles*, 378, 460; — prépare un recueil des sarcophages de la Gaule, 384, 461.

Le Breton (Gaston), correspondant du Ministère, à Rouen, 603, 614.

Léchaudé d'Anisy, prépare une édition de la correspondance de Huet, 439.

Leclerc (Le colonel), membre honoraire du Comité, à Menton, 598.

Leclerc (V.), 255, notes.

Leclercq de la Prairie, correspondant du Ministère, à Soissons, 603, 607.
Lecointre-Dupont, correspondant honoraire du Ministère, à Poitiers, 605, 615.
Lecoy de la Marche, éditeur des *Extraits des comptes et mémoriaux du roi René*, 273.
Lectoure, 78, notes; — correspondant du Ministère, M. Masson.
Ledain (Bélisaire), correspondant honoraire du Ministère, à Poitiers, 606, 615.
Ledieu, correspondant du Ministère, à Abbeville, 603, 615.
Le Fèvre d'Ormesson. Voir Chéruel, *Journal d'Olivier Le Fèvre d'Ormesson*.
Lefèvre-Pontalis (Antonin), membre honoraire du Comité, 598.
Lefèvre-Pontalis (Eugène), un des auteurs de la *Bibliographie des travaux historiques et archéologiques publiés par les Sociétés savantes de France*, 384.
LÉGENDES, 154, 157; — sur les vitraux, 87.
LÉGISLATION, 7, 26, 39.
LÉGIONS romaines, 171.
Leglay (Le D^r), archiviste du département du Nord, correspondant du Ministère, 55, notes, 77, notes; — chargé d'explorer les archives de Lille et de Cambrai, 44; — éditeur des *Négociations diplomatiques entre la France et l'Autriche*, 118, 378, 414.
Legrand, correspondant du Ministère, à Saint-Omer, 55, notes, 78, notes.
Le Havre; documents relatifs à sa fondation. Voir de Merval; — Sociétés : des amis des arts, 567; — d'études diverses; bibliographie, 567; — de géographie commerciale; bibliographie, 567; — géologique de Normandie; bibliographie, 567; — de pharmacie du Havre; bibliographie, 567.
Le Héricher (Ed.), correspondant du Ministère, à Avranches, 603, 612.
Leibnitz, 32, 100.
Leipzig (Société savante de), 471.
Lejeune, correspondant du Ministère, à Chartres, 78, notes.
Lejeune-Dirichlet (OEuvres de), publiées par l'Académie des sciences de Berlin, 471.
Le Laboureur, 408.
Lelong (Le P.), auteur de la *Bibliothèque historique*, 238.
Le Mans, 78, notes, 602, 614; — correspondants du Ministère, MM. Duchemin, l'abbé Esnault et Pesche; — Sociétés: d'agriculture, sciences et arts de la Sarthe; bibliographie, 564; — historique et archéologique du Maine; bibliographie, 564; — de médecine de la Sarthe; bibliographie, 564; — philotechnique du Maine; bibliographie, 564.
Lemovicinus (Pagus), 391.
Lemasle, correspondant du Ministère, à Saint-Quentin, 78, notes.
Le Moyne de la Borderie (Arthur), membre non résidant du Comité, 600, 610; — collaborateur du cartulaire de l'abbaye de Redon, 391.
Lenoir (Albert), membre du Comité, 28; — chargé des instructions sur les monuments gaulois, grecs, romains et chrétiens jusqu'au xie siècle, 48, 96, 125, 378; — des instructions sur l'architecture monastique et civile, 125, 378, 446; — auteur de l'*Architecture monastique au moyen âge*, 378, 447; — de la *Statistique monumentale de Paris*, 124, 380, 449, 450.

Lenormant (Ch.), membre du Comité, 28; — chargé des instructions relatives aux monuments meubles, etc., 48, 96, 125.

Léon (Évêque de). Voir saint Pol.

Lepage, correspondant du Ministère, à Nancy, 603, 612; — auteur du *Dictionnaire topographique de la Meurthe*, 380, 442, 444.

Le Peletier (Claude), 430.

Le Pesant de Boisguilbert (Lettres de), 430.

Leprévost (Auguste), membre du Comité, 28, 78, notes; — chargé des instructions relatives aux monuments religieux depuis le xie siècle, 48, 125, 378, 446.

Le Puy, 78, notes, 600, 601, 611; — correspondants du Ministère, MM. Aymard et Chassaing; — Sociétés : agricole et scientifique de la Haute-Loire; bibliographie, 537; — d'agriculture, sciences, arts et commerce; bibliographie, 537.

Lequien, correspondant du Ministère, 78, notes.

Le Revest, 605, 615; — correspondant du Ministère, M. l'abbé Verlaque.

Lérins (Îles de), reprises sur les Espagnols par Henri d'Escoubleau de Sourdis, 423.

Le Roux de Lincy, éditeur des *Quatre livres des Rois*, des *Moralités sur Job* et des *Sermons de saint Bernard*, 118, 378, 433, 434.

Le.Roy (Gabriel), correspondant du Ministère, à Melun, 603, 614.

Le Roy (Louis), 34.

Leroy-Beaulieu, membre du Comité, 590.

Leroy de Méricourt, membre du Comité, 592.

Lescarret, correspondant du Ministère, à Bordeaux, 603, 610.

Lespinasse (De), un des éditeurs du *Livre des métiers*, 403.

Lespine (Collection), à la Bibliothèque nationale, 54, notes.

Lesur, maire de Guise, 79, notes.

Les Vans; Société historique et archéologique; bibliographie, 501.

Letronne, 270; — garde général des Archives du royaume, 122.

Lettres, 407, 427, 429. — Voir Littérature.

Lettres, 24, 26, 80, 81, 99, 100; — de Colbert, 436. Voir plus bas, et Clément; — de Louis XIII, 422; — de Louis XIV, 436; — des papes, 238, 401. Voir Actes, Bulles, Innocent III, Papes; — patentes, 74, notes. — Voir Correspondances.

Lettres de change, 302, 337.

Lettres des inscriptions, 92, 93, 94, 174, 239.

Lettres de Balzac, 437, 438; — éditeur, M. Tamizey de Larroque.

Lettres de Bossuet, 439; — à Daniel Huet, 438; — éditeur, M. l'abbé Verlaque.

Lettres de Catherine de Médicis, 376, 384, 418; — éditeur, M. de La Ferrière.

Lettres de Jean Chapelain, 376, 424, 438; — éditeur, M. Tamizey de Larroque.

Lettres de Jean de Witt, 437; — éditeur, M. Combes.

Lettres de rois, reines et autres personnages des cours de France et d'Angleterre, depuis Louis VII jusqu'à Henri IV, 43, 116, 376, 396; — éditeur, M. Champollion-Figeac.

Lettres du P. Le Vacher aux échevins de Marseille, 442.

Lettres du cardinal Mazarin pendant son ministère, 376, 384, 423, 424; — éditeur, M. Chéruel.

Lettres, instructions et mémoires de Colbert, 429; — éditeur, M. Pierre Clément.

Lettres inédites de Lagrange, publiées par M. Lud. Lalanne, 468.

Lettres, instructions diplomatiques et papiers d'État du cardinal de Richelieu, 122, 127, 376, 422, 440; — éditeur, M. Avenel.

Lettres, mandements et actes divers de Charles V, 376, 407; — éditeur, M. Delisle.

Lettres de Louis XIV au cardinal de Bouillon, 441; — éditeur, M. l'abbé Verlaque.

Le Vacher (Le P.), consul de France à Alger, 442; — lettres aux échevins de Marseille, 442.

Levant. Voir Charrière, *Négociations de la France dans le Levant.*

Levasseur, 256, notes, 259, notes, 378; — président de la section des sciences économiques et sociales du Comité, 589; — membre de la section de géographie, 593; — de la commission centrale, 594.

Leveir, maire de Calais, 79, notes.

Lexicographie française, 62.

Lexicographie latine du XII° et du XIII° siècle, 404, notes; — éditeur, M. Scheler.

Leydet (Collection), à la Bibliothèque nationale, 54, notes.

Lhuillier, correspondant du Ministère, à Melun, 603, 614.

Libelles, 428.

Libéralités envers les princes étrangers, 428.

Librairie, 62.

Libri, 120.

Liégeois, correspondant du Ministère, à Nancy, 603, 612.

Liénard, correspondant du Ministère, à Verdun, 603, 612; — auteur du *Dictionnaire topographique de la Meuse*, 380, 442, 444.

Lieux dits, 84, 283, 342, 363, 372.

Lièvre, correspondant du Ministère, à Angoulême, 603, 608.

Ligue, 118; — guerres, 115; — procession, 273; — ligue de Cambrai, 118, 414; — ligue de Smalcalde, 415; — ligue contre la Turquie, 417.

Lille, 78, notes, 182, 601, 602, 612, 613; — archives, 5, 17, 118, 414. Voir Flandre; — association lilloise pour l'encouragement des lettres et des arts dans le département du Nord; bibliographie, 550; — association philotechnique du Nord, 550; — comité flamand de France; bibliographie, 550; — commission historique du Nord; bibliographie, 550; — conseil central de salubrité du département du Nord; bibliographie, 550; — correspondants du Ministère, MM. Brun-Lavainne, l'abbé Dehaisnes et Finot; — Sociétés : des architectes du Nord; bibliographie, 550; — de géographie; bibliographie, 550; — géologique du Nord; bibliographie, 550; — industrielle du nord de la France; bibliographie, 550; — de médecine du département du Nord; bibliographie, 550; — des sciences, de l'agriculture et des arts de Lille; bibliographie, 551; — des sciences médicales de Lille; bibliographie, 551.

Limoges, 55, notes, 78, notes, 602, 603, 605, 615, 616; — correspondants du Ministère, MM. l'abbé Arbellot, Ardant, Arnoul, Fage, Guibert et de Montégut; — évêque. Voir L'Aubespine; — Sociétés: d'agriculture, sciences et arts de la Haute-Vienne; bibliographie, 582; — archéologique et historique du Limousin; bibliographie, 582; — de médecine et de pharmacie de la Haute-Vienne; bibliographie, 583; — de pharmacie de la Haute-Vienne; bibliographie, 583; — vétérinaire de la Corrèze, de la Creuse et de la Haute-Vienne; bibliographie, 583.

Limousin, 232.

Linas (De), membre non résidant du Comité, à Arras, 600, 613.

Lippomanno (Relations de Jérôme), 413.

LIQUIDES (Pesanteur spécifique des), 466.

Lisieux, 55, notes; — archives explorées par M. de Formeville, 44; — Sociétés: d'émulation; bibliographie, 509; — historique; bibliographie, 509; — d'horticulture et de botanique du centre de la Normandie; bibliographie, 509.

Lissajous, éditeur des *Œuvres d'Augustin Fresnel*, 380, 468, 469, 470, 471.

LITTÉRATURE en général, 14, 45, 94, 99; — française ancienne, 34, 35, 36, 37, 38, 46, 61, 99, 118, 182, 236.

LITURGIE et livres liturgiques, 36, 172; — liturgies locales, 335, 341, 362.

LIVRE D'ARGENT de Saint-Père de Chartres, 386. — Voir *Cartulaire de l'abbaye de Saint-Père de Chartres*.

LIVRE (LE) DE GUILLAUME LE MAIRE, 438; — éditeur, M. Port.

LIVRE DE LA TAILLE, 112, 376, 403; — éditeur, M. H. Géraud.

LIVRE DES MÉTIERS D'ÉTIENNE BOILEAU. Voir Bonnardot, Depping, Lespinasse, *Règlements sur les arts et métiers de Paris*.

LIVRE (LE) DES PSAUMES, 376, 434; — éditeur, M. Fr. Michel.

LIVRE DES SERMENTS et LIVRE NOIR du chapitre de Paris, 388. — Voir *Cartulaire de l'église Notre-Dame de Paris*.

LIVRES, 462; — ayant servi à l'enseignement du grec, 341, 362.

LIVRES (LI) DE JOSTICE ET DE PLET, préparé par Klimrath, 119, 376, 404, 405; — éditeur, M. Rapetti; — collaborateur, M. Chabaille.

LIVRES DE RAISON, 335, 341, 362. — Voir Journaux de famille.

LIVRES DES ROIS. Voir Le Roux de Lincy, *Les quatre livres des Rois*.

LIVRES (LI) DOU TRÉSOR, 376, 435; — auteur, Brunetto Latini; — éditeur, M. Chabaille.

Loir-et-Cher, 535, 611; — correspondants du Ministère, MM. le marquis de Rochambeau et de Rochas d'Aiglun; — Sociétés savantes, Blois et Vendôme.

Loire, 536, 611; — correspondant du Ministère, M. Chaverondier; — Sociétés savantes, Montbrison et Saint-Étienne.

Loire (Haute-), 537, 611; — correspondants du Ministère, MM. Aymard et Chassaing, — Société savante, le Puy.

Loire-Inférieure, 537, 611; — correspondants du Ministère, MM. Kerviler et Maître; — Société savante, Nantes.

Loiret, 78, notes, 431, 538, 611; — correspondants du Ministère, MM. l'abbé Desnoyers, Loiseleur et Marchand; — membre non résidant du Comité, M. Boucher de Molandon; — préfet, M. le baron Siméon; — Société savante, Orléans.

Loiseleur, correspondant du Ministère, à Orléans, 603, 611.

Lombardie (Places fortes de), 113.

Lombez, 79, notes; — sous-préfet, M. Champagnole.

Londres, 19; — archives de la Tour, 19, 41, 43, 74, notes; — Échiquier, 43; — missions de Bréquigny, 19, 43, 116; — de M. Fr. Michel, 45; — Musée britannique, 397, 404.

Longnon, membre des sections d'histoire, 588; — d'archéologie, 589; — et de géographie du Comité, 593; — éditeur du *Pouillé du diocèse de Cahors*, 438; — auteur du *Dictionnaire topographique de la Marne*, 384.

Lons-le-Saunier, 78, notes, 604, 611; — correspondants du Ministère, MM. Monnier et Robert; — Société d'émulation du Jura; bibliographie, 535.

Lorient; Société bretonne de géographie; bibliographie, 547.

Lorraine, 232.

Lorraine (Le cardinal de), 417; — correspondance des princes de la maison de Lorraine, 122, 176.

Lot, 539, 611; — Société savante, Cahors.

Lot-et-Garonne, 79, notes, 539, 611; — correspondants du Ministère, MM. Magen et Tholin; — membre non résidant du Comité, M. Tamizey de Larroque; — préfet, M. Brun; — Société savante, Agen.

Lottin, correspondant du Ministère, à Orléans, 78, notes.

Lottin de Laval, correspondant honoraire du Ministère, aux Trois-Vals, 606, 609.

Louandre, correspondant du Ministère, à Abbeville, 77, notes; — chargé de continuer le *Recueil des monuments inédits de l'histoire du Tiers-État*, 394.

Loudun. Voir Bouchitté et Levasseur, *Négociations, lettres et pièces relatives à la conférence de Loudun*.

Louis (Chappe de saint), évêque, 137.

Louis le Débonnaire, 454.

Louis VI, 271.

Louis VII, 114, 116, 271, 396.

Louis (Saint), 116, 271, 399, 400, 401, 402; — chasuble et calice donnés par lui au bienheureux Thomas Élie, 137; — contrat entre les agents de saint Louis et les Génois pour le transport des croisés, 436.

Louis le Hutin, 116, 401.

Louis XI, 41, 271, 410, 411, 412.

Louis XII, 271, 396, 412, 414; — ligue contre lui, 118; — *Procédures politiques du règne de Louis XII*, 384; — éditeur, M. de Maulde.

Louis XIII, 114, 274, 421, 422, 423, 424; — lettres, 422, 423; — à d'Escoubleau de Sourdis, 114.

Louis XIV, 40, 121, 274, 423, 424, 425, 426, 428, 430, 431, 454, 464; — correspondance, 20, 40, 436; — négociations avec la cour de Siam, 121; — sa politique, 20. — Voir Depping, *Correspondance administrative sous le règne de Louis XIV.*

Louis XV, son règne assigné comme limite pour les documents à publier, 6.

Louis XVI, 296.

Louis-Philippe, 102, 103, 128, 129; — ordonnance prescrivant la publication d'un Annuaire des Sociétés savantes, 102; — extrait de son ordonnance concernant les franchises postales, 128.

Louis-Napoléon. Voir Napoléon III.

Louis II d'Anjou; entreprises sur le royaume de Naples, 440.

Louise de Savoie, 415.

Loups-Garous, 419.

Louvois, 426.

Louvre, 270, 463; — bibliothèque, 273, notes. Voir Papyrus grecs; — émaux, 462; — musée, 455.

Loyseau de Grandmaison (Charles), membre non résidant du Comité, à Tours, 600, 610.

Lozère, 540, 611; — correspondant du Ministère, M. Germer-Durand fils; — Société savante, Mende.

Luçay (De), membre du Comité, 588.

Luce (Siméon), membre du Comité, 588.

Lucques, 598.

Lugny, 602, 609; — correspondant du Ministère, M. Flouest.

Lusignan, 441. — Voir de Mas-Latrie, *Documents nouveaux servant de preuves à l'histoire de Chypre.*

Luzel, correspondant du Ministère, à Quimper, 605, 609.

Lyon, 17, 182, 599, 600, 601, 602, 604, 613; — académie, 232; — académie des lettres de la province; bibliographie, 557; — académie des sciences, belles-lettres et arts; bibliographie, 557; — archiviste, M. Chelles; — association lyonnaise des amis des sciences naturelles; bibliographie, 558; — bibliothèque, 44, 390; — club alpin français; bibliographie, 558; — commission météorologique; bibliographie, 558; — correspondants du Ministère, MM. Allmer, Beaune, Giraud, Péricaut et Rondot; — membres non résidants du Comité, MM. Caillemer et Guigue; — pouillé du diocèse, 390; — Sociétés: académique d'architecture; bibliographie, 558; — d'agriculture, histoire naturelle et arts utiles; bibliographie, 558; — des amis des arts; bibliographie, 558; — des amis des sciences; bibliographie, 558; — d'anthropologie; bibliographie, 558; — astronomique du Rhône; bibliographie, 559; — botanique; bibliographie, 559; — d'économie politique; bibliographie, 559; — d'éducation; bibliographie, 559; — d'enseignement professionnel du Rhône; bibliographie, 559; — d'études scientifiques; bibliographie, 559; — de l'exposition permanente des beaux-arts; bibliographie, 559; — de géographie; bibliographie, 559; — d'instruction primaire du Rhône, 559; — linnéenne; bibliographie, 560; — littéraire, historique et archéologique; bibliographie, 560; — de médecine; bibliographie, 560; — de médecine vétérinaire de Lyon et du Sud-Est; bibliographie, 560; — médicale d'émulation; bibliographie, 560; — de pharmacie; bibliographie, 561; — des sciences industrielles; bibliographie, 561; — des sciences médicales, bibliographie, 561; — de topographie historique; bibliographie, 561.

Lyon-Caen, secrétaire de la section des sciences économiques et sociales du Comité, 590.

Lyonnais, 55, notes, 232; — topographie, 390.

Lys (Crosses de l'abbaye du), 137.

M

Mabillon, 34, 38.

Macé de l'Épinay, correspondant honoraire du Ministère, à Grenoble, 606, 611.

Machiavel, 412.

MACHICOULIS, 90.

Mâcon; académie des sciences, arts et belles-lettres; bibliographie, 563; — association mâconnaise des amis des sciences nationales, 563; — pouillé du diocèse, 390.

Madrid (Traité de), 119, 414.

Maffre, correspondant du Ministère, à Béziers, 55, notes.

Magen, correspondant du Ministère, à Agen, 603, 611.

Maillard de Chambure explore les archives de Dijon et de Semur, 44.

Maillet, correspondant du Ministère, à Rennes, 44, 55, notes, 78, notes.

Maine, 232.

Maine-et-Loire, 540, 611, 612; — archives, 438; — correspondants du Ministère, MM. Godard-Faultrier, Joly-Leterme et Parrot; — membre non résidant du Comité, M. Port; — Sociétés savantes, Angers et Cholet.

MAIRES et ÉCHEVINS, 74, notes.

MAISONS ornées de peintures ou de sculptures, 90; — maisons royales, 461.

Maisse (Ambassade de M. de) à Venise, 417.

Maître, correspondant du Ministère, à Nantes, 603, 611; — auteur du *Dictionnaire topographique de la Mayenne*, 380, 442, 444.

MAÎTRES d'écoles, 300.

MAÎTRES écrivains, 341.

MAÎTRISES, 19, 50, 52, notes, 59, 80. — Voir Corporations, Jurandes.

Majorque; traités entre les rois chrétiens de Majorque et les rois maures d'Afrique, 436.

Malebranche, 34.

Malte, 416; — siège, 417.

Malzéville, 599, 612; — membre non résidant du Comité, M. Cournault.

Mancel, préfet de la Vienne, 79, notes.

Manche (Communications fluviales entre la) et la Méditerranée, 372, 373.

Manche, 540, 612; — correspondants du Ministère, MM. Dubosc et Le Héricher; — Sociétés savantes, Avranches, Carentan, Cherbourg, Coutances, Saint-Lô et Valognes.

Mandé (Cartulaire du), 388. — Voir *Cartulaire de l'église Notre-Dame de Paris*.

Manipule de saint Pol, 137.

Mantes, 605, 615; — correspondant du Ministère, M. l'abbé Lebeurier.

Manuel de paléographie, 64.

Manufactures (Établissement des), en France, 436; — dans la généralité de Paris, 431.

Manuscrits en général, 14, 26, 48, 49, 62, 63, 64, 94, 99, 100, 135, 172, 237; — ordre de dresser un catalogue de ceux des bibliothèques des départements, 13, notes; — description, 26; — matière, 26; — utilité des fac-similés des plus précieux, 12, notes; — manuscrits classiques grecs ou latins, 13; — manuscrits à miniatures, 48. — Voir Analyses, Dates, Écorce d'arbres, Fac-similé, Format, Gardes, Marges, Palimpsestes, Papier, Papyrus, Parchemin, Titres.

Marais de Beauchamp, membre de la commission de publication des documents relatifs à l'histoire de l'instruction publique, 596.

Marchand, correspondant honoraire du Ministère, à Ouzouer-sur-Trézée, 606, 611.

Marchandises, 236.

Marchands (Privilèges aux), 80.

Marche, 232.

Marchegay, 79, notes.

Marchés, 59, 74, notes, 80.

Marcillac (De), maire de Périgueux, 79, notes.

Margat (Château de), 456.

Marges des manuscrits, 27.

Margry, chargé de publier des documents relatifs aux colonies françaises de l'Amérique du Nord, 122.

Marguerite, duchesse d'Alençon, 415.

Marguerite d'Autriche, 414.

Marguerite de France, son mariage avec le duc de Savoie, 417.

Marie d'Angleterre, son mariage avec Philippe II, 115, 415.

Marie-Stuart, 417.

Marigny (Enguerrand de), 137; — Jean, archevêque de Rouen, sa mître et sa crosse, 137.

Marillac (De), intendant de Poitiers, 426.

Marine, 7, 21, 114, 121, 423; — marchande, 427.

Marion, éditeur des *Cartulaires de l'église cathédrale de Grenoble*, 376, 391, 392; — collaborateur au *Cartulaire de l'église Notre-Dame de Paris*, 388; — au *Cartulaire de l'abbaye de Saint-Victor de Marseille*, 389.

Marly, 463.

Marne, 542, 612; — correspondants du Ministère, MM. le baron de Baye, l'abbé Cerf,

Nicaise et Pélicier; — membre non résidant du Comité, M. le comte Ed. de Barthélemy; — Sociétés savantes, Châlons-sur-Marne, Reims et Vitry-le-François. — Voir Longnon, Dictionnaire topographique.

Marne (Haute-), 543, 612; — correspondant du Ministère, M. Brocard; — Sociétés savantes, Langres et Saint-Dizier.

Maroc, 416, 603, 616; — correspondant du Ministère, M. Féraud.

Marot, 38.

Marquis, correspondant du Ministère, à Clermont-Ferrand, 78, notes.

Marseille, 55, notes, 78, notes, 599, 600, 601, 608; — académie des sciences, lettres et arts; bibliographie, 504; — archives de la Chambre de commerce, 442; — comité médical des Bouches-du-Rhône; bibliographie, 505; — commerce, 439; — correspondants du Ministère, MM. l'abbé Albanès, le docteur Barthélemy et Ricard; — membres non résidants du Comité, MM. Blancard et Tessier; — Sociétés: des amis des arts; bibliographie, 505; — artistique des Bouches-du-Rhône; bibliographie, 505; — d'émulation de la Provence; bibliographie, 505; — d'études des sciences naturelles de Marseille; bibliographie, 505; — de géographie; bibliographie, 505; — de médecine; bibliographie, 505; — médico-chirurgicale des hôpitaux de Marseille; bibliographie, 505; — scientifique industrielle, 505; — de statistique; bibliographie, 505.

Marsy (Le comte de), correspondant du Ministère, à Compiègne, 603, 613.

Martenne (Dom), 34.

Martin (Le P.), 460.

Marty-Laveaux (Charles), membre du Comité, 588.

Marville, 78, notes; — correspondant du Ministère, M. Fransquin.

Mascart, vice-président de la section des sciences du Comité, 591; — membre de la commission centrale, 594; — de la commission ornithologique, 597.

Mas Latrie (Le comte de), membre du Comité, 588; — chargé de la publication des Actes du concile de Perpignan, 121; — auteur de l'Histoire de Chypre, 441; — éditeur du Commerce et expéditions militaires de la France et de Venise au moyen âge, 439; — des Documents nouveaux servant de preuves à l'histoire de Chypre sous le règne des princes de la maison de Lusignan, 440, 441; — du Traité d'Alger, 438, 439.

Maspéro, membre du Comité, 589.

MASSACRE des protestants dans une assemblée de la rue Saint-Jacques, 419.

Masselin (Jean), auteur du Journal des États généraux tenus à Tours en 1484, 18, 40, 112, 258, notes, 410.

Masson, correspondant du Ministère, à Lectoure, 78, notes.

MATHÉMATIQUES, 29, 30, 62, 99.

MATIÈRES des inscriptions, 175.

Matton, correspondant du Ministère, à Laon, 603, 607; — auteur du Dictionnaire topographique de l'Aisne, 380, 442, 443.

Maubuisson (Crosses de l'abbaye de), 137.

Maulde (De), éditeur des Procédures politiques du règne de Louis XII, 384, 411.

Maunoir, membre du Comité, 593; — de la commission de publication de la *Revue des travaux scientifiques*, 597.
Maurepas (Le comte de), 318.
Mauriac, 78, notes; — correspondant du Ministère, M. Delalo.
Maury (Alfred), vice-président de la section d'histoire et de philologie du Comité, 587; — membre de la commission de publication des documents relatifs à l'histoire de l'instruction publique, 596.
Mauzac (Châsse de), 138.
Maxe-Werly, correspondant du Ministère, à Bar-le-Duc, 603, 612.
MAXIMES D'ÉTAT ET FRAGMENTS POLITIQUES DU CARDINAL DE RICHELIEU, 439; 440; — éditeur, M. Hanotaux.
MAXIMES DES SAINTS, de Fénélon, 441.
Maximilien d'Autriche, 414.
Mayenne, 544, 612; — correspondant du Ministère, M. Richard; — Sociétés savantes, Château-Gontier, Laval et Mayenne. — Voir Maître, Dictionnaire topographique.
Mayenne; Société d'archéologie, sciences, arts et belles-lettres; bibliographie, 544.
Mazarin, 176, 177; — correspondance avec Colbert, 41, 436; — son ministère, 425; — notes autographes, 18; — projet de publication de ses lettres et appel aux correspondants du Ministère, 176, 235. — Voir Carnets, Chéruel, *Lettres du cardinal Mazarin*, Ravenel.
Meaux; Société d'agriculture, sciences, belles-lettres et arts; bibliographie, 575.
MÉCANIQUE ANALYTIQUE, 468; — auteur, Lagrange; — éditeurs, MM. J. Bertrand et Darboux.
Méchin (Le baron), préfet du Nord, 78, notes.
MÉDAILLE commémorative destinée aux personnes qui contribueraient à enrichir le recueil des poésies populaires de la France, 155, 158.
MÉDAILLES, 48, 62, 64, 85, 90, 214, 239, 448; — consulaires, 239; — impériales, 239. — Voir Monnaies, Numismatique.
MÉDECINE, 29, 31, 51, 52, notes, 59, 62, 80. — Voir Physique.
Médicis, 412.
Méditerranée, 362, 439; — communications entre la Manche et la Méditerranée, 372, 373.
MÉLANGES HISTORIQUES, 99, 116, 376, 384, 437; — éditeur, M. Champollion-Figeac; — nouvelle série, 376, 437, 442; — collaborateurs, MM. Barthélemy, Ed. de Barthélemy, Combes, Dupré, Hanotaux, Longnon, de Mas Latrie, Morand, Port, Tamizey de Larroque, Teissier, Tuetey et l'abbé Verlaque.
MÉLANGES relatifs à l'histoire des arts; projet de publication, 126.
Melun, 603, 614; — élections, 259, notes; — correspondants du Ministère, MM. Leroy et Lhuillier; — Sociétés: d'archéologie, sciences, lettres et arts; bibliographie, 571; — des architectes du département de Seine-et-Marne; bibliographie, 575.
MÉMOIRE DE LA GÉNÉRALITÉ DE PARIS, 430, 431; — auteur, Pierre Rolland. — Voir de Boislisle, *Mémoires des Intendants*.

Mémoires en général, 5, 14, 26, 99; — de Commynes, 120; — de Condé, 115; — des Intendants, 260, 262, 263; — de Pierre de Fenin, 120.

Mémoires d'André Le Fèvre d'Ormesson (Extraits), 425, 427; — éditeur, M. Chéruel.

Mémoires de Claude Haton, 376, 419; — éditeur, M. Bourquelot.

Mémoires de l'Académie des inscriptions, 268.

Mémoires de l'Institut, 268.

Mémoires de Nicolas-Joseph Foucault, 376, 426, 427; — éditeur, M. F. Baudry.

Mémoires de Robert d'Esclaibes, 44.

Mémoires des Intendants sur l'état des généralités, 329, 376, 384, 430, 431; — éditeur, M. de Boislisle.

Mémoires du baron de Vuverden, 44.

Mémoires inédits de Charles-Nicolas Cochin, 330; — éditeur, M. Ch. Henry.

Mémoires lus à la Sorbonne, 264, 279, 383, 445, 465.

Mémoires militaires relatifs à la succession d'Espagne sous Louis XIV, préparés par le lieutenant général de Vault, 112, 113, 378, 432; — éditeur, M. le général Pelet.

Mémoires présentés par divers savants, 269.

Ménage, 38.

Mende, 540, 602, 611; — correspondant du Ministère, M. Germer-Durand; — Société d'agriculture, industrie, sciences et arts du département de la Lozère; bibliographie, 540.

Menton, 598; — membre honoraire du Comité, M. le colonel Leclerc.

Mer; son action sur le sol, 339, 344.

Mérimée, membre du Comité, 28; — son inspection en Bretagne et dans la Vienne, 47; — chargé des instructions sur l'architecture militaire et les routes, 48, 96, 125, 378; — auteur des *Peintures de l'église de Saint-Savin*, 126, 380, 454.

Merlet, membre non résidant du Comité, à Chartres, 600, 609; — auteur du *Dictionnaire topographique d'Eure-et-Loir*, 380, 442, 444.

Mermet explore les archives de Vienne, 44.

Merval (Stéphano de), éditeur des *Documents relatifs à la fondation du Havre*, 274.

Mesmes (Collection de), à la Bibliothèque nationale, 18.

Messageries, 365.

Messagers, 365.

Métaux, 75, notes.

Météorologie, 29, 182, 207. — Voir Physique.

Métiers, 402. — Voir Arts, Boileau, Bonnardot, Corporations, Depping, Lespinasse, *Livre des métiers*, *Règlements sur les arts et métiers de Paris*.

Metz (Cathédrale de), 138, 182.

Meubles, 136, 137, 239, 462; — avec inscriptions, 172; — sculptés, 90.

Meurthe, 47, 448. — Voir Lepage, Dictionnaire topographique.

Meurthe-et-Moselle, 544, 612; — correspondants du Ministère, MM. Lepage et Liégeois; — membre non résidant du Comité, M. Cournault; — Sociétés savantes, Briey, Nancy et Pont-à-Mousson.

Meuse, 78, notes, 546, 612; — correspondant du Ministère, M. Liénard; — préfet, M. le comte d'Arros; — Sociétés savantes, Bar-le-Duc et Verdun. — Voir Liénard, Dictionnaire topographique.

Meyer (Paul), membre du Comité, 588; — éditeur d'une nouvelle édition de la *Chanson de la croisade contre les Albigeois*, 398.

Mézières, 78, notes; — correspondant du Ministère, M. Duvivier.

Michel (Francisque), 399; — membre honoraire du Comité, 598; — mission en Angleterre, 39; — éditeur de la *Chronique des ducs de Normandie*, 41, 45, 112, 113, 376, 397; — de l'*Histoire de la guerre de Navarre*, 376, 398; — du *Livre des psaumes*, 376, 434; — des *Rôles gascons*, 378, 401; — ses rapports au Ministre, 60, notes.

Michelant (Henri), membre honoraire du Comité, 598.

Michelet, chargé d'une mission dans les départements du Centre et du Sud-Ouest, 45; — éditeur du *Procès des Templiers*, 115, 378, 405, 406.

Mignard, correspondant honoraire du Ministère, à Dijon, 606, 609.

Mignet, membre du Comité, 8, 40, 97, 113, 254, notes, 256, notes; — directeur des archives du Ministère des affaires étrangères, 20; — éditeur des *Négociations relatives à la succession d'Espagne*, 20, 40, 112, 113, 378, 431, 432.

MILICES bourgeoises, 59, 80; — communales, 298, 299.

Millin, 460.

Milne Edwards, 368.

Milne Edwards (Alphonse), vice-président de la section des sciences, 591; — membre de la commission centrale, 594; — de la commission de publication des documents archéologiques de Tunisie, 595; — président de la commission de publication de la *Revue des travaux scientifiques*, 596; — président de la commission ornithologique, 597.

MINÉRALOGIE de la France, 467.

MINES, 362.

MINEURS (Intérêts des), 302.

MINIATURES dans les manuscrits, 48.

MINISTÈRES (Archives des). Voir Archives.

MINUTES de notaires, 237.

MIRACLES, 35, 36.

Mireur, correspondant du Ministère, à Draguignan, 603, 615.

MIROIR ardent de Trudaine, 466.

MIROIR HISTORIAL de Vincent de Beauvais, 435, 447.

MISSELS, 12, notes.

MISSIONS, 64; — de M. Granier de Cassagnac dans le Midi, 45; — de M. Fr. Michel en Angleterre, 45; — de M. Michelet dans le centre et le sud-ouest de la France, 45; — de M. Weiss dans le Doubs et le Jura, 45.

Missions diplomatiques, 401, 461.

Mistère (Le) du siège d'Orléans, 378, 409; — éditeurs, MM. Guessard et de Certain.

Mistral, 338, 343, 365.

Mitres, 137; — de Jean de Marigny, 137.

Möbius; ses œuvres publiées par la Société des sciences de Leipzig, 471.

Mœurs, 7, 21, 172, 457.

Moïse, 455.

Moissac, 79, notes; — maire, M. Cabanès.

Moissy (Henri), 267.

Molard (Francis), correspondant du Ministère, à Auxerre, 603, 616.

Molé, 293.

Molière, 425.

Molinet (Chronique de), 44.

Molliens-le-Vidame, 79, notes; — maire, M. Tricart.

Mollusques, 338, 344.

Mommole (Reliquaire de saint), 138.

Monin explore les manuscrits de la bibliothèque de Lyon, 44.

Monnaies, 75, notes, 85, 96, 239; — gauloises, 283, 295, 337. — Voir Médailles, Numismatique.

Monnier, correspondant du Ministère, à Lons-le-Saunier, 78, notes.

Monod (Gabriel), membre du Comité, 588.

Monogrammes dans les inscriptions, 174, 239.

Monographie de la cathédrale de Chartres, 124, 380, 452, 453; — auteurs, MM. Lassus, Amaury-Duval et Didron.

Monographie de la cathédrale de Paris, 450.

Monographie de l'église Notre-Dame de Noyon, 124, 380, 453; — auteurs, MM. Vitet et Ramée.

Monographie des Sociétés savantes; projet de publication, 292, 296.

Monstrelet, 120.

Montaiglon (Anatole de), membre du Comité, 589.

Montaigne, 34.

Montauban, 45, 78, notes, 604, 615; — académie des sciences, belles-lettres et arts; bibliographie, 580; — correspondants du Ministère, MM. Chaudruc de Crazannes et l'abbé Pottier; — Société archéologique de Tarn-et-Garonne; bibliographie, 580.

Montbéliard; Société d'émulation; bibliographie, 518.

Montbrison; la Diana, société historique et archéologique du Forez; bibliographie, 536.

Mont-de-Marsan, 604, 611; — correspondant du Ministère, M. Tartière.

Montdidier (Statistique monumentale de), 124.

Montégut (De), correspondant du Ministère, à Limoges, 603, 616.

Montélimart, 605, 609; — correspondant du Ministère, M. Vallentin.

Montfort-l'Amaury, 602, 614; — correspondant du Ministère, M. de Dion.

Monticules, 83.
Montfort (Château de), 456.
Montluc (Ambassade de Jean **de**), 417.
Montolif (Famille **de**), 399.
Montpellier, 78, notes, 599, 601, 606, 610; — académie, 232; — académie des sciences et lettres; bibliographie, 529; — bibliothèque de la Faculté de médecine, 390, 420; — commerce, 439; — correspondants du Ministère, MM. Cazalis de Fondouce, Renouvier et Revillout; — coutumes, 56, notes; — membre non résidant du Comité, M. Germain; — Sociétés : d'archéologie; bibliographie, 530; — des bibliophiles languedociens, 531; — pour l'étude des langues romanes; bibliographie, 531; — de géographie; bibliographie, 531; — d'horticulture et d'histoire naturelle de l'Hérault; bibliographie, 532; — de médecine et de chirurgie pratique; bibliographie, 532; — médicale d'émulation; bibliographie, 532.
Montreuil, 394.
Mont-Saint-Michel, 274; — abbé. Voir Robert de Torigny; — histoire. Voir Huynes, de Beaurepaire, *Histoire générale*.
Monuments en général, 29, 39, 46, 61, 62, 63, 64, 94, 95, 96, 123, 135, 172, 198, 239, 262, 295, 448, 450, 451; — antérieurs au xiii° siècle, 336; — assyriens, 307; — chrétiens, 48, 96, 125; — civils, 22, 29, 62, 96, 450; — domestiques, 22; — égyptiens, 307; — gaulois, 48, 83, 96, 125; — graphiques, 64; — grecs, 48, 96, 125; — meubles, 29, 48, 96, 97, 125; — militaires, 29, 48, 62, 96, 125, 337, 342; — du moyen âge, 85, 125, 295, 300; — publics, 22; — religieux, 22, 29, 62, 96, 172, 239; — romains, 48, 83, 96, 172, 295, 450.
Monville (**De**). Voir Bigot.
Moralités, 35.
Moralités sur Job. Voir *Les quatre livres des Rois*.
Morand (Fr.), correspondant du Ministère, à Boulogne-sur-Mer, 78, notes; — éditeur de l'*Appendice au cartulaire de Saint-Bertin*, 376, 387, 388; — des *Définitions du chapitre général de Cluny*, 437; — de deux vies de saint Bertin, 437, 438.
Morbihan, 547, 612; — correspondant du Ministère, M. *Galles; — description archéologique de communes du Morbihan, 205; — Sociétés savantes, Lorient et Vannes. — Voir Rosenzweig, Dictionnaire topographique, Répertoire archéologique.
Moreau, historiographe de France, 74, notes, 318, 319.
Moreau, correspondant du Ministère, à Saintes, 44, 78, notes.
Morée (Affaires de), 446.
Morel, correspondant du Ministère, à Carpentras, 603, 615.
Morellet, correspondant du Ministère, à Nevers, 55, notes; — explore les archives d'Albi, 44.
Moris, correspondant du Ministère, à Nice, 603, 607.
Morlaix; Société d'études scientifiques du Finistère; bibliographie, 521.
Mort et danses macabres, 447.
Mortalité des troupeaux d'Algérie, 345.

Morton, auteur des *Crania americana*, 215.
Mortreuil découvre un polyptique de 814, 389.
MOSAÏQUES, 85.
Moselle. Voir de Bouteiller, Dictionnaire topographique.
Mossmann, correspondant du Ministère, à Belfort, 603, 608.
MOTS séparés ou non dans les manuscrits, 26.
MOTTES féodales, 336.
Mouchez (Le contre-amiral), membre du Comité, 592.
MOULINS, 337, 342.
Moulins, 602, 604, 607; — correspondants du Ministère, MM. Grassoreille et Queyroi; — Société d'émulation du département de l'Allier; bibliographie, 499.
Mourcin (De), correspondant du Ministère, à Périgueux, 55, notes.
Mourgues (Scipion), préfet des Hautes-Alpes, 79, notes.
Moutié, membre non résidant du Comité, à Rambouillet, 600, 615.
Moutiers, 601, 614; — académie de la Val-d'Isère; bibliographie, 566; — correspondant du Ministère, M. Borrel.
Mouton, membre de la commission de publication de la *Revue des travaux scientifiques*, 597.
Mowat, correspondant honoraire du Ministère, à Paris, 606, 614.
Muley (Dom), copie des chartes de Saint-Père de Chartres, 386.
Mulhouse, 182.
Müntz (Eugène), membre du Comité, 589.
MURAILLES anciennes, 85.
Muret. Voir saint Étienne.
MURS; avec inscriptions, 172; — murs d'enceinte de l'époque romaine formés de monuments funéraires ou de débris d'anciens édifices, 336; — murs vitrifiés, 295.
MUSÉE BRITANNIQUE. Voir Londres.
MUSÉES d'antiquités, 296, 364; — des Petits-Augustins, 455.
MUSÉUM D'HISTOIRE NATURELLE, 214, 215; — collection anthropologique, 213, 214.
MUSIQUE, 30, 240; — instructions sur la musique au moyen âge, 125; — histoire de la musique au moyen âge, 126. — Voir Gammes.
Musset, correspondant du Ministère, à la Rochelle, 604, 608.
MYSTÈRES, 35, 36. — Voir *Mistère du siège d'Orléans*.

N

NA devant les noms propres, 363.
NACHRICHTEN UND AUSZÜGE AUS DEN HANDSCHRIFTEN DER KÖNIGLICHEN BIBLIOTHEK ZU PARIS, 270. — Voir *Accounts and extracts*,... *Notices et extraits*,...
Nancy, 55, notes, 78, notes, 113, notes, 603, 612; — académie, 232; — académie de Stanislas; bibliographie, 544; — conseil d'hygiène publique et de salubrité du département de Meurthe-et-Moselle; bibliographie, 545; — correspondants du Minis-

tère, MM. Lepage, Liégeois, Noël et Soyer-Villemel; — Sociétés : d'archéologie lorraine et du musée historique lorrain; bibliographie, 545; — de géographie de l'Est; bibliographie, 546; — industrielle de l'Est, 546; — de médecine; bibliographie, 546; — de pharmacie lorraine, 546; — des sciences; bibliographie, 546; — scientifique et littéraire, 546. — Voir *Statistique monumentale.*

Nantes, 55, notes, 78, notes, 182, 603, 611; — correspondants du Ministère, MM. Chappelain, Maître et Rouquet; — révocation de l'édit de Nantes, 429; — Sociétés : académique de la Loire-Inférieure; bibliographie, 537; — archéologique de Nantes et de la Loire-Inférieure; bibliographie, 538; — des bibliophiles bretons; bibliographie, 538; — de géographie commerciale; bibliographie, 538; — industrielle, 538; — de photographie; bibliographie, 538.

Nantua; Société d'émulation; bibliographie, 497.

Naples (Royaume de), 17; — entreprises de Louis II d'Anjou et de son fils René sur ce royaume, 440.

Napoléon Ier, 184; — projette de faire imprimer le *Trésor* de Brunetto Latini, 30; — de faire recueillir les poésies populaires de la France, 153, 157.

Napoléon III rend un décret ordonnant la publication d'un recueil général des poésies populaires de la France, 154; — les œuvres de Borghesi publiées aux frais de sa liste civile, 272.

NAPPE D'AUTEL de l'abbaye Saint-Martin du Canigou, 138.

Narbonne, 78, notes, 601, 608; — commission archéologique et littéraire de l'arrondissement de Narbonne; bibliographie, 503; — correspondants du Ministère, MM. Berthomieu et Tournal.

Nassau (Henri de), 414.

Natarelli (Philibert), 414.

Nau de Champlouis, préfet du Pas-de-Calais, 78, notes.

Naudet, membre du Comité, 8.

Navagiero (Relations d'André), 413.

Navarre (Le roi de), 417. — Voir Michel, *Histoire de la guerre de Navarre.*

Nebouzan, 427.

Necker, 255, notes.

Necker (Mme), 329. — Voir d'Haussonville, *Le salon de Madame Necker.*

NÉGOCIATIONS DE LA FRANCE DANS LE LEVANT, 119, 378, 416; — éditeur, M. E. Charrière.

NÉGOCIATIONS DIPLOMATIQUES DE LA FRANCE AVEC LA TOSCANE, documents recueillis par M. Giuseppe Canestrini, 378, 384, 412; — éditeur, M. Abel Desjardins.

NÉGOCIATIONS DIPLOMATIQUES ENTRE LA FRANCE ET L'AUTRICHE, 118, 378, 414; — éditeur, M. Le Glay.

NÉGOCIATIONS, LETTRES ET PIÈCES DIVERSES RELATIVES AU RÈGNE DE FRANÇOIS II, 114, 378, 417; — éditeur, M. Louis Paris.

NÉGOCIATIONS, LETTRES ET PIÈCES RELATIVES À LA CONFÉRENCE DE LOUDUN, 378, 421; — éditeur, M. Bouchitté.

NÉGOCIATIONS RELATIVES À LA SUCCESSION D'ESPAGNE SOUS LOUIS XIV,... 40, 112, 113, 176, 378, 431; — éditeur, M. Mignet.

Nérac, 78, notes; — correspondant du Ministère, M. Samareuilh.

Neufchâtel, 55, notes, 78, notes; — correspondant du Ministère, M. Fernel.

NEUMES, 240.

Nevers, 55, notes; — correspondant du Ministère, M. Morellet; — inventaire des archives, 73, notes; — Sociétés : académique du Nivernais; bibliographie, 547; — nivernaise des lettres, sciences et arts; bibliographie, 547.

Newton, 469.

Nicaise (Auguste), correspondant du Ministère, à Châlons, 604, 612.

Nice, 389, 603, 607; — correspondant du Ministère, M. Moris; — Sociétés : des architectes et des ingénieurs des Alpes-Maritimes; bibliographie, 500; — des beaux-arts; bibliographie, 500; — des lettres, sciences et arts des Alpes-Maritimes; bibliographie, 501; — de médecine et de climatologie; bibliographie, 501; — des sciences naturelles et historiques; bibliographie, 501.

Nicopolis (Désastre de), 440.

Nieuwerkerke (Le comte de), membre honoraire du Comité, 598.

Nièvre, 431, 547, 612; — membre non résidant du Comité, M. le comte de Soultrait; — Sociétés savantes, Clamecy, Nevers et Varzy. — Voir de Soultrait, Dictionnaire topographique, Répertoire archéologique.

NIMBE crucifère, 448.

Nimègue (Paix de), 113, 432.

Nîmes, 78, notes, 600, 610; — académie de Nîmes; bibliographie, 522; — assemblée des protestants, 421; — comité de l'art chrétien; bibliographie, 522; — correspondants du Ministère, MM. Aurès et Germain; — membre non résidant du Comité, M. Révoil; — Société des sciences naturelles; bibliographie, 522.

Niort; Société de statistique, sciences, belles-lettres et arts du département des Deux-Sèvres; bibliographie, 577.

Nisard (Désiré), membre honoraire du Comité, 598.

Nivernais, 232.

Noailles (Ambassade de François de), évêque d'Ax, 417.

Noé, 455.

Noë (De la), membre du Comité, 593.

Noël, correspondant du Ministère, à Nancy, 78, notes.

NOËLS, 35.

NOMINALISTES, 33.

NOMS DE LIEUX, 298, 335.

NOMS DES SAINTS, 131.

Nord, 44, 55, notes, 56, notes, 59, 75, notes, 77, notes, 78, notes, 548, 612, 613; — archives, 118; — archiviste, M. Leglay; — correspondants du Ministère, MM. Cagnat, Colin, Dehaisnes, Durieux, Finot et Leglay; — membre non résidant du Comité, M. Abel Desjardins; — préfet, 17. Voir M. Méchin. — Sociétés savantes, Avesnes, Bergues, Cambrai, Douai, Dunkerque, Lille, Roubaix et Valenciennes.

Normandie, 177, 232, 388; — ducs, 397. Voir Guillaume le Conquérant, Michel, *Chronique des ducs de Normandie;* — Parlement, 274.

NOTAIRES, 237; — registres, 299, 335.

NOTATION musicale, 240.

NOTES diverses dans les manuscrits, 27.

NOTICE DES PROVINCES ET DES CITÉS DE LA GAULE, 283.

NOTICES, 26.

NOTICES ET EXTRAITS DES MANUSCRITS DE LA BIBLIOTHÈQUE NATIONALE ET AUTRES BIBLIOTHÈQUES, 269, 402, notes, 403. — Voir *Accounts and extracts,... Nachrichten und Auszüge.*

NOTICES SUR LES OUVRAGES PUBLIÉS DANS LA COLLECTION DES DOCUMENTS INÉDITS, 385; — auteurs, MM. Darboux, Delisle, Dumas, de Lasteyrie, Lissajoux et L. Renier.

Notre-Dame de Paris, 405. — Voir Guérard, *Cartulaire de l'église Notre-Dame de Paris.*

NOTRE-DAME DES ALLEMANDS (Ordre de), 400. — Voir Ordre teutonique.

NOUVEAU TRAITÉ DE DIPLOMATIQUE, 442.

Noyon; comité historique et archéologique; bibliographie, 552; — diocèse, 454; — église, 454; — évêques, 453. — Voir Vitet et Ramée, *Monographie de l'église Notre-Dame de Noyon.*

Nozot, correspondant du Ministère, à Sedan, 606, 607.

NUDITÉ des pieds, 448.

NUMISMATIQUE française, 125, 182. — Voir Médailles, Monnaies, de Saulcy.

NU-PIEDS (Sédition des), 274.

O

OBITUAIRE DE LA COMMANDERIE DU TEMPLE DE REIMS, 440, 441; — éditeur, M. Éd. de Barthélemy.

OBITUAIRES, 236; — du chapitre de Paris, 388.

OBJETS d'art, 429, 451.

OBSERVATIONS magnétiques et électriques, 338, 343.

OBSERVATIONS météorologiques, 466.

OBSERVATIONS sur les oiseaux, 357.

Occam, 33.

OCCIDENT, 29.

Odon II, abbé de Saint-Savin, 454.

ŒUVRES COMPLÈTES DE BARTOLOMEO BORGHESI, 292; — éditeur, l'Académie des inscriptions.

ŒUVRES D'ART hellénique, 336, 341, 363.

ŒUVRES D'AUGUSTIN FRESNEL, 380, 468, 469, 470, 471; — éditeurs, MM. L. Fresnel, Lissajoux, de Sénarmont, Verdet.

Œuvres de Cauchy, 380, 384, 471; — éditeurs, MM. Collet, Hermite et Valson.

Œuvres de Jacobi publiées par l'Académie des sciences de Berlin, 471.

Œuvres de Lagrange, 380, 384, 467, 468, 471; — éditeurs, MM. Bertrand, Darboux, Lalanne, Serret.

Œuvres de Lavoisier, 380, 384, 466, 467; — éditeurs, MM. Debray, Dumas.

Œuvres de Lejeune-Dirichlet et de Steiner publiées par l'Académie des sciences de Berlin, 471; — de Möbius publiées par la Société des sciences de Leipzig, 471.

Offices monastiques et séculiers, 391.

Officiers des Parlements, 427.

Officiers romains, 172.

Officiers royaux (Voyages des), 461.

Oihenart (Collection), à la Bibliothèque nationale, 54, notes, 74, notes.

Oise, 78, notes, 431, 552, 613; — correspondants, MM. Coüard-Luys et le comte de Marsy; — préfet, M. Bellon; — Sociétés savantes, Beauvais, Compiègne, Noyon et Senlis; — travail de M. Ramey sur des monuments du département de l'Oise, 47. — Voir Woillez, Répertoire archéologique.

Olim, 62, 75, notes.

Olim (Les) ou registres des arrêts rendus par la cour du Roi sous les règnes de saint Louis, de Philippe le Hardi, de Philippe le Bel, de Louis le Hutin et de Philippe le Long, 116, 378, 399, 401, 402; — éditeur, M. le comte Beugnot.

Ollivier, correspondant du Ministère, à Valence, 44, 55, notes, 78, notes.

Omphale, 461.

Opinions scientifiques, 172.

Oppida gaulois, 336.

Opus majus, opus minus et opus tertium de Roger Bacon, 33.

Opuscules physiques et chimiques de Lavoisier, 466.

Orages, 338, 343.

Oran, 613; — Société de géographie et d'archéologie de la province d'Oran; bibliographie, 585.

Orange; Société d'agriculture, sciences et arts; bibliographie, 581.

Orangers (Plantations d'), 428.

Oratoires, 239.

Ordonnances, 24, 50, 51, 52, notes, 59, notes, 74, notes, 80, 99.

Ordonnances des rois de France de la troisième race, 271.

Ordre teutonique, 400, 456. — Voir Notre-Dame des Allemands.

Ordres militaires. Voir Hôpital, Ordre teutonique, Temple.

Orfèvrerie, 300, 396, 448, 461.

Orfèvres. Voir Rouen.

Organisation religieuse, féodale et municipale en Gascogne, 401.

Organon (Commentaire sur l') d'Aristote, 46, 434.

Orgon, 389.

Orient; rapports avec la France, 119; — Francs, 399.

Orient latin, 441.

ORIGINE (DE) ANIMÆ, 33; — auteur, Guillaume de Champeaux

Orléanais, 232.

Orléans, 45, 78, notes, 267, 599, 601, 603, 611; — académie de Sainte-Croix; bibliographie; 538; — correspondants du Ministère, MM. l'abbé Desnoyers, Fleury, Loiseleur et Lottin; — délivrance d'Orléans, 409; — inscriptions du diocèse, 459; — journal du siège, 409; — membre non résidant du Comité, M. Boucher de Molandon; — Sociétés : d'agriculture, sciences, belles-lettres et arts; bibliographie, 538; — des amis des arts, 539; — archéologique et historique; bibliographie, 268, 539; — littéraire de l'Orléanais; bibliographie, 539. — Voir Guessard et de Certain, *Le Mistère du siège d'Orléans.*

Orléans (Le duc d'), sa correspondance, 20.

Orne, 553, 613; — correspondant du Ministère, M. Duval; — membre non résidant du Comité, M. le comte de la Ferrière-Percy; — Sociétés savantes, Alençon, Argentan et Flers.

ORNEMENTS, 48, 85, 175; — d'autel, 90; — ecclésiastiques, pontificaux, etc., 137, 138.

ORNITHOLOGIE, 345, 355, 357, 358, 359.

OSSEMENTS, 84, 214, 215, 216. — Voir Crânes, Squelettes, Têtes osseuses.

OSTENSOIRS, 239.

OSTÉOLOGIE, 214.

Othon, 461.

OUI ET NON. Voir *Sic et Non.*

Oustalet, secrétaire de la commission ornithologique, 597; — membre de la commission de publication de la *Revue des travaux scientifiques,* 597.

OUTILS employés par les artisans de Paris, 404.

OUVRAGES INÉDITS D'ABÉLARD, 112, 378, 434, 435; — éditeur, M. Victor Cousin.

Ouzouer-sur-Trézée, 606, 611; — correspondant du Ministère, M. Marchand.

P

Pagus Caturcinus, 391.

Pagus Lemovicinus, 391.

Paillard, correspondant du Ministère, au château de Charly, 604.

PAIX DES DAMES, 414.

PALÉOGRAPHIE, 172. — Voir Dictionnaire, Manuel, de Wailly, *Éléments de paléographie*

PALÉONTOLOGIE, 308.

PALIMPSESTES, 13, notes.

Palsgrave, auteur de l'*Esclarcissement de la langue françoyse,* 432, 433.

Palustre, membre non résidant du Comité, à Tours, 600, 610.

Pampelune, 398.

PAPES, actes, 236; — Voir Benoît XIII, Bulles, Clément V, Innocent III, Jules II, Lettres, Paul IV.

Papier, 26.

Papiers d'État du cardinal de Granvelle, 115, 378, 415; — directeur de la publication, M. Ch. Weiss; — continuateurs de la publication, MM. Piot et Poullet.

Papyrus d'Égypte, 26; — grecs du Louvre et de la Bibliothèque nationale, 270.

Paratonnerres, 331, 332, 333.

Parchemin, 26.

Pardessus (J.-M.), auteur de la *Table chronologique des ordonnances*,...271; — des *Diplomata, chartæ*,...272.

Paré (Ambroise), 31.

Parent (César), maire de Lannoy, 79, notes.

Parfouru, correspondant du Ministère, à Auch, 604, 610.

Parieu (De), Ministre de l'instruction publique, 142, 143, 144, 145, 146, 147, 148, 256, notes; — fixe le nombre des membres des deux Comités, 142; — le mode d'envoi des publications des Sociétés savantes échangées en franchise, 143; — la durée des sessions et le nombre des séances des Comités, 144; — prescrit la formation d'une bibliothèque des Sociétés savantes et des Comités, 144; — restreint la concession du *Bulletin des Comités*, 145; — invite les correspondants du Ministère, les archivistes et les bibliothécaires à signaler au Ministère les documents relatifs aux États généraux, 145; — invite les Sociétés savantes à entrer en relation avec le Comité des arts et monuments, 147; — fixe le nombre des correspondants du Ministère, 148.

Paris, 10, 14, 16, 33, 48, 75, notes, 124, 177, 193, 214, 395, 606, 614; — académie, 232; — Voir Académie des beaux-arts, Académie française, Académie des inscriptions et belles-lettres, Académie des sciences, Académie des sciences morales et politiques; — académies: de médecine; bibliographie, 477; — d'aérostation météorologique; bibliographie, 477; — agricole, manufacturière et commerciale; bibliographie, 477; — des bibliophiles; bibliographie, 477; — des poètes; bibliographie, 477. Voir Archives du royaume, Archives des Ministères; — Arts et métiers. Voir *Règlements sur les arts et métiers de Paris*; — associations: de l'industrie française pour la défense du travail national; bibliographie, 477; — littéraire et artistique internationale; bibliographie, 478; — des propriétaires d'appareils à vapeurs; bibliographie, 478; — philotechnique; bibliographie, 478; — polytechnique pour le développement de l'instruction populaire; bibliographie, 478; — pour l'avancement des sciences; bibliographie, 478; — pour l'encouragement des études grecques en France; bibliographie, 478; — scientifique de France; bibliographie, 478; — athénée oriental; bibliographie, 478; — Bastille, 427. Voir Bibliothèque royale et Bibliothèques de France; — calices du trésor de l'église Notre-Dame, 138; — carrefours, 403; — cartulaires de l'évêque, 388. Voir *Cartulaire de l'église Notre-Dame de Paris*, Livre des serments, Livre noir, Mandé, Pastoral, Guérard; — cathédrale, 405. Voir *Monographie de la cathédrale de Paris*; — chapitre et évêques, 388, 389; — club alpin français; bibliographie, 478; — comité d'histoire et d'archéologie du diocèse de Paris; bibliographie, 479; — commerce, 402, 403; — commission d'hygiène hippique; bibliographie,

479; — conseil de santé des armées; bibliographie, 479; — correspondant du Ministère, M. Mowat; — couvents, 403; — diocèse, 389, 458; — droits sur les marchandises, 402; — écoles, 403; — églises, 403, 450; — généralité. Voir *Mémoire de la généralité de Paris;* — Faculté de médecine, 31; — hôtels, 403; — de Rambouillet, 425; — de Soissons, 428; — industrie, 402, 403, 404; — inscriptions, 457, 458; — instituts : odontechnique; bibliographie, 479; — sténographique; bibliographie, 479; — juifs, 404; — juridictions, 402; — ligue française de l'enseignement; bibliographie, 479; — Voir Louvre; — monuments, 404; — musée des Petits-Augustins, 455. Voir Muséum; — obituaire du chapitre de l'église de Paris, 388; — palais, 403; — parlement, 53, 74, notes, 75, notes, 401; — places, 403; — plan, 273; — police, 402; — Pont-Neuf, 273; — population, 403, 404; — portes, 403; — prévôts, 403; — professions, 404; — quartiers, 405; — rues, 403, 404;. — Saint-Germain-des-Prés, 137, 405, 428; — Sociétés : d'agriculture de France; bibliographie, 479; — des agriculteurs de France; bibliographie, 480; — américaine de France; bibliographie, 480; — des amis des sciences; bibliographie, 480; — des amis de la paix, 480; — des amis des monuments parisiens; bibliographie, 480; — anatomique de Paris; bibliographie, 481; — des anciens élèves de l'École nationale des arts et métiers; bibliographie, 481; — des anciens élèves de l'École des sciences politiques; bibliographie, 481; — des anciens textes français; bibliographie, 481; — des antiquaires de France; bibliographie, 482; — d'anthropologie; bibliographie, 482; — d'apiculture et d'insectologie, 482; — des architectes; bibliographie, 482; — des architectes de France; bibliographie, 483; — asiatique; bibliographie, 483; — de l'Aube; des beaux-arts; bibliographie, 483; — bibliographie, 483; — du Berry; bibliographie, 483; — bibliographique; bibliographie, 483; — des bibliophiles français; bibliographie, 483; — de biologie; bibliographie, 484; — botanique de France; bibliographie, 483; — de botanique; bibliographie, 484; — chimique de Paris; bibliographie, 484; — de chirurgie; bibliographie, 484; — contre l'abus du tabac; bibliographie, 484; — cuviérienne; bibliographie, 484; — de l'École des chartes; bibliographie, 273, 484; — d'économie politique de Paris; bibliographie, 485; — des études pratiques d'économie sociale; bibliographie, 485; — d'encouragement pour l'industrie nationale; bibliographie, 485; — d'encouragement pour la locomotion aérienne, 485; — d'enseignement supérieur; bibliographie, 485; — entomologique; bibliographie, 485; — pour l'étude des questions d'enseignement secondaire, 486; — ethnologique; bibliographie, 486; — des études coloniales et maritimes; bibliographie, 486; — des études historiques; bibliographie, 486; — des études japonaises, 486; — des études juives; bibliographie, 486; — d'études philosophiques et morales; bibliographie, 486; — d'études scientifiques de Paris; bibliographie, 486; — d'études zoologiques, 486; — d'expériences aéronautiques, 486; — de géographie; bibliographie, 486; — de géographie commerciale; bibliographie, 486; — géologique de France; bibliographie, 487; — de graphologie, bibliographie, 487; — héraldique et généalogique; bibliographie, 487; — de l'histoire de l'art français; bibliographie,

487; — de l'histoire de France; bibliographie, 4, 120, 487; — de l'histoire de Paris et de l'Île-de-France; bibliographie, 273, 491; — de l'histoire du protestantisme français; bibliographie, 491; — historique; bibliographie, 491; — d'horticulture de France; bibliographie, 492; — d'hydrologie médicale de Paris; bibliographie, 492; — d'hygiène, 492; — indo-chinoise; bibliographie, 492; — des ingénieurs civils; bibliographie, 492; — de législation comparée; bibliographie, 492; — de linguistique; bibliographie, 493; — malacologique de France; bibliographie, 493; — mathématique de France; bibliographie, 493; — de médecine de Paris; bibliographie, 493; — de médecine homéopathique de Paris; bibliographie, 493; — de médecine légale de France; bibliographie, 493; — de médecine pratique de Paris; bibliographie, 493; — de médecine vétérinaire; bibliographie, 493; — médicale d'émulation de Paris; bibliographie, 493; — médicale homéopathique de France; bibliographie, 493; — médicale des hôpitaux; bibliographie, 493; — médicale d'observation; bibliographie, 493; — médico-pratique de Paris; bibliographie, 494; — médico-psychologique de Paris; bibliographie, 494; — météorologique de France; bibliographie, 494; — minéralogique de France; bibliographie, 494; — des missions étrangères; bibliographie, 494; — de navigation aérienne; bibliographie, 494; — de numismatique et d'archéologie; bibliographie, 494; — odontologique de Paris; bibliographie, 494; — orientale de France; bibliographie, 494; — pour faciliter l'étude pratique des diverses méthodes de participation du personnel dans les bénéfices de l'entreprise, 494; — philologique; bibliographie, 494; — philomathique; bibliographie, 494; — philotechnique; bibliographie, 495; — de photographie; bibliographie, 495; — de physique; bibliographie, 495; — protectrice des animaux; bibliographie, 495; — des sciences médicales de Paris; bibliographie, 495; — d'émulation pour les sciences pharmaceutiques; bibliographie, 495; — scientifique de la jeunesse; bibliographie, 495; — séricicole; bibliographie, 495; — de sphragistique de Paris; bibliographie, 495; — de statistique de Paris; bibliographie, 495; — de statistique internationale; bibliographie, 495; — de sténographie; bibliographie, 496; — de tempérance; bibliographie, 496; — de thérapeutique; bibliographie, 496; — de topographie de France; bibliographie, 496; — de topographie pratique; bibliographie, 496; — zoologique de France; bibliographie, 496; — zoologique d'acclimatation; bibliographie, 496; — Voir Sorbonne; — statistique, 403; — Voir Statistique monumentale; — taille, 403. Voir *Livre de la taille;* — le Temple, 406, 428; — topographie, 388; — Tuileries, 463; — union scientifique internationale; bibliographie, 496.

Paris (Gaston), vice-président de la section d'histoire et de philologie du Comité, 587; — éditeur de l'*Estoire de la guerre sainte*, 384.

Paris (Louis), correspondant du Ministère, à Reims, 55, notes, 78, notes; — éditeur des *Négociations, lettres et pièces diverses relatives au règne de François II,* 115, 378, 417.

Paris (Paulin), directeur de la nouvelle édition de l'*Histoire littéraire de la France,* 270.

Parlements, 62, 116, 117; — de Normandie, 274; — de Paris, 53, 74, notes, 75, notes. Voir Archives.

Paroisses (Registres de), 299, 335.

Parrot (Armand), correspondant du Ministère, à Angers, 604, 612.

Pascal, 32, 425.

Pas-de-Calais, 56, notes, 59, 75, notes, 78, notes, 553, 613; — correspondants du Ministère, MM. Terninck et Van Drival; — membres non résidants du Comité, MM. Deschamps de Pas et de Linas; — préfet, M. Nau de Champlouis; — Sociétés savantes, Arras, Béthune, Boulogne, Calais et Saint-Omer.

Pasquier, correspondant du Ministère à Foix, 604, 607.

Pasquier (Étienne), 38.

Passion (La), 447.

Passy (Frédéric), membre du Comité, 590.

Passy (Louis), membre honoraire du Comité, 598.

Pasteur, membre honoraire du Comité, 598.

Pastoral (Grand et petit), 388.

Pastoret (De), 255, notes.

Pastoureau-Labesse, correspondant du Ministère, à Bordeaux, 604, 610.

Patois, 36, 182, 236.

Patriarches, 447.

Pattes ou griffes aux angles des colonnes, 86.

Patrons (Saints), 131, 455.

Pâture (Droit de), 75, notes.

Pau, 45, 602, 605, 613; — correspondants du Ministère, MM. de Lagrèze et Flourac; — Sociétés : des bibliophiles du Béarn; bibliographie, 556; — des sciences, lettres et arts; bibliographie, 556.

Paul IV (Mort de), 417.

Paul, moine de Saint-Père de Chartres, auteur d'une compilation des chartes de cette abbaye, 386.

Pavet de Courteille, éditeur du texte turc du *Traité d'Alger* de 1694, 439.

Pavie (Bataille de), 118, 119, 414, 416.

Payen, correspondant du Ministère, à Sétif, 604, 608.

Pays-Bas, 17, 417; — chartes tirées des archives, 54, notes, 74, notes; — insurrection, 115, 116; — places fortes, 113.

Pays d'États, 427.

Péages, 50, 52, notes, 59, 80. — Voir Tailles.

Péché originel, 447.

Peigues, correspondant du Ministère, à Gannat, 78, notes.

Peintures, 62, 90, 137, 239, 342, 364; — sur les murailles, 87, 300, 337; — sur verre, 30.

Peintures de l'église de Saint-Savin, 126, 380, 454; — auteurs, MM. Mérimée et Gérard Séguin.

Peiresc (Correspondance de), 32.

PÈLERINAGES, 89, 131, 296, 299.

Pelet (Général baron), 47; — éditeur des *Mémoires militaires relatifs à la succession d'Espagne*, 40, 112, 113, 378, 432.

Pelet de la Lozère, Ministre de l'instruction publique, 51; — circulaire relative à une demande de recherches pour le *Recueil des monuments inédits de l'histoire du Tiers-État*, 50.

Pélicier, correspondant du Ministère, à Châlons-sur-Marne, 604, 612.

Pelletan, membre de la commission de publication des documents relatifs à l'histoire de l'instruction publique, 596.

PÈRE (LE), LE FILS ET LE SAINT-ESPRIT en Trinité, 448.

Pennes (Les), 389.

Péricault, correspondant du Ministère, à Lyon, 44, 78, notes.

Périgueux, 55, notes, 79, notes, 602, 609; — correspondants du Ministère, MM. Hardy et de Mourcin; — inventaire des archives, 73, notes; — Sociétés : d'agriculture, sciences et arts de la Dordogne; bibliographie, 517; — des amis des arts de la Dordogne; bibliographie, 517; — historique et archéologique du Périgord; bibliographie, 517; — statuts municipaux, 73, notes.

Périn (Georges), membre du Comité, 593; — de la commission de publication des documents archéologiques de Tunisie, 593.

Péronne, 55, notes; — correspondant du Ministère, M. Hiver.

Perpignan, 17, 55, notes, 78, notes, 605, 613; — cathédrale, 336; — concile, 120. Voir de Mas Latrie; — correspondants du Ministère, MM. Henri et Vidal; — Sociétés : d'acclimatation, 557; — agricole, scientifique et littéraire des Pyrénées-Orientales; bibliographie, 557; — des beaux-arts, 557; — polytechnique, 557.

Perrenot de Granvelle (Le cardinal). Voir Granvelle.

Perrier (Le colonel), vice-président de la section de géographie du Comité, 592; — membre de la commission de publication des documents archéologiques de Tunisie, 595.

Perron (Eugène), correspondant du Ministère, à Gray, 604, 613.

Perrot (Georges), membre du Comité, 589; — de la commission de publication des documents archéologiques de Tunisie, 595.

Perse, 416.

PERSONNAGES de l'Histoire sainte, 447.

PERSONNES (État des), 385.

Pesche, correspondant du Ministère, au Mans, 78, notes.

Pez (Bernard), 34.

PHARES, 470.

Phélypeaux de Pontchartrain (Louis), 430.

Philippe Ier, 271.

Philippe-Auguste, 271, 400; — poème d'Ambroise sur la croisade de ce prince, 399.

Philippe le Hardi, 116, 398, 399, 400, 401.
Philippe le Bel, 112, 116, 236, 401, 402, 406, 438; — États généraux, 235.
Philippe le Long, 116, 401.
Philippe de Valois, 173, 274; — projets de croisade, 440.
Philippe II, 17, 115, 415, 417.
Philippe V (Correspondance de), 20.
PHILOLOGIE, 192, 198, 235, 236, 433.
PHILOSOPHIE, 14, 21, 32, 33, 45, 61, 63, 94, 99, 100.
PHOTOGRAPHIE des inscriptions, 174.
PHYSIOLOGIE, 31.
PHYSIQUE, 29, 30, 62, 99. — Voir Médecine.
Picardie, 232, 393, 394.
Picomtal, 604, 607; — correspondant du Ministère, M. Roman.
Picot (Georges), 259; — membre de la section d'histoire et de philologie du Comité, 588; — de la section des sciences économiques et sociales, 590; — président de la commission de publication du *Répertoire des travaux historiques*, 595; — membre de la commission centrale, 594; — chargé de rassembler les documents relatifs aux États généraux, 254; — éditeur des *Documents relatifs aux États généraux et assemblées réunis sous Philippe le Bel*, 384.
Picquigny (Famille de), 399.
PIÈCES de 5 francs en argent, 365.
Piémont (Places fortes du), 113.
PIERRE (Âge de), 448.
Pierre des Vaux de Cernay, auteur de l'histoire de Simon de Montfort, 398.
Pierre le Vénérable, 29.
PIERRERIES de la couronne, 417.
PIERRES, 82, 83, 85, 86, 239; — antiques, 461; — gravées, 461; — milliaires, 84; — siliceuses, 83.
Piers, correspondant du Ministère, à Saint-Omer, 55, notes.
PILES, 336; — de Cinq-Mars, 336.
PILIERS, 86.
Piot, un des continuateurs de la publication des *Papiers d'État du cardinal de Granvelle*, 416.
Pithou (Pierre), 42, 420.
PLACES FORTES de Gascogne, 401; — de Provence, 441.
PLAFONDS dans les églises, 88; — dans les châteaux, 90.
PLAIDOIRIES, 74, notes.
PLAN de Paris, par Truschet et Hoyau, 273.
PLANTES, 229, 230.
Platelet, correspondant du Ministère, à Agen, 78, notes.
Platon, 34.
PLETS, 35.

Plomb; réglure des manuscrits, 26; — toits des églises, 88; — des tours, 89.

Poèmes latins du moyen âge, 36; — d'Ambroise sur la croisade de Philippe-Auguste et de Richard Cœur de Lion, 399.

Poésie, 62.

Poésies populaires de la France, 168; — rapport de M. Fortoul au Président de la République sur la publication d'un recueil des poésies populaires de la France, 153; — décret du Président de la République ordonnant cette publication, 154; — les inspecteurs primaires et les recteurs sont invités à recueillir ou faire recueillir les poésies populaires, 157, 158, 162, 163.

Poids, 239.

Pointe sèche (Réglure des manuscrits à la), 26.

Poisson, 469.

Poissons, 338, 344; — pris de rage, 419.

Poitiers, 17, 45, 78, notes, 274, 600, 601, 604, 605, 606, 615; — académie, 232; — archives explorées par MM. Redet et de la Fontenelle, 44; — inventaire, 73, notes; — archiviste, M. Redet; — bibliothèque, 13, notes; — correspondants du Ministère, MM. l'abbé Auber, l'abbé Barbier de Montault, *Lecointre-Dupont, *Ledain, Redet et Richard; — évêques, 455; — intendant. Voir M. de Marillac; — Sociétés : académique d'agriculture, belles-lettres, sciences et arts; bibliographie, 582; — des antiquaires de l'Ouest; bibliographie, 582; — des archives historiques du Poitou; bibliographie, 274, 582; — de médecine; bibliographie, 582.

Poitou, 55, notes, 78, notes, 232; — sculpture romane, 455. — Voir *Archives historiques du Poitou*.

Poix, 394.

Pol (Étole de saint), évêque de Léon, 137.

Police, 75, notes, 121, 427, 428.

Poligny; Société d'agriculture, sciences et arts; bibliographie, 535.

Politique, 63.

Pollux, 461.

Polyptiques d'Irminon et de Marseille, 389.

Ponce, abbé de Savigny, forme un recueil de chartes de son abbaye, 390.

Poncher (Étienne), 414.

Ponctuation dans les inscriptions, 92.

Pont, 337.

Pont-à-Mousson; Société philotechnique; bibliographie, 546.

Pont-Audemer, 78, notes; — correspondant du Ministère, M. Canel.

Ponthieu, 56, notes, 59, 394.

Pont-l'Évêque; Société d'agriculture, des arts, sciences et belles-lettres de l'arrondissement de Pont-l'Évêque; bibliographie, 509.

Pont-Neuf. Voir Paris.

Pontoise; cercle sténographique de l'Ile-de-France; bibliographie, 575; — Société historique et archéologique de l'arrondissement de Pontoise et du Vexin; bibliographie, 576,

Ponts romains, 342, 363.

Population, 337, 341, 343, 362, 365; — de la généralité de Paris, 431.

Populations qui ont occupé des régions déterminées de la France, 339, 344, 366.

Poquet (L'abbé), correspondant du Ministère, à Berry-au-Bac, 604, 607.

Porcelet (Famille des), 399.

Porches des églises, 88.

Porphyrium (Glossæ in), 46.

Port (Célestin), membre non résidant du Comité, à Angers, 600, 612; — éditeur du *Livre de Guillaume Le Maire*, 438.

Portails des églises, 88.

Porte, correspondant du Ministère, à Aix, 78, notes.

Portes; des églises, 88; — de villes, 342, 363.

Portraits, 90.

Portugal, 414, 417; — archives, 118; — conquêtes, 115.

Possessions, 419.

Poste, 365.

Poteries, 84, 96, 216, 239.

Pothier (Le colonel), correspondant du Ministère, à Tarbes, 604, 613.

Potthast, auteur de la *Bibliotheca medii ævi*, 238.

Pottier (L'abbé), correspondant du Ministère, à Montauban, 604.

Poudre à canon, 30.

Pouillé du diocèse de Cahors, 438; — éditeur, M. Longnon.

Pouillés, 236, 283, 391; — des diocèses d'Autun, 390; — de Bretagne, 391; — de Cahors, 438; — de Clermont et de Saint-Flour, 440, 441; — de Grenoble, 392; — de Lyon, 390; — de Mâcon, 390.

Pouillés des diocèses de Clermont et de Saint-Flour, 440; — éditeur, M. Bruel.

Poulle (Alexandre), membre non résidant du Comité, à Constantine, 600, 608.

Poullet, un des continuateurs de la publication des *Papiers d'État du cardinal de Granvelle*, 416.

Pouy, correspondant du Ministère, à Amiens, 604, 615.

Prarond, correspondant du Ministère, à Abbeville, 604, 615.

Pratiques religieuses, 131.

Prat (Antoine du), 414.

Prédicateurs, 426.

Préfets invités à fournir des renseignements sur les Sociétés savantes de leurs départements, 69, 71, 103; — informés de l'échange en franchise des publications des Sociétés savantes par l'intermédiaire du Ministère, 70; — informés que les demandes de renseignements formulées par les membres des Sociétés savantes doivent être adressées directement au Ministère, 71; — invités à reviser les listes des membres non résidants du Comité et des correspondants du Ministère et à donner sur eux des renseignements, 195; — à présenter des correspondants pour la section des sciences du Comité, 196; — à donner des renseignements sur les Sociétés savantes de leurs départements, 245; — à proposer aux Conseils généraux de souscrire aux *Mémoires des Intendants*, 262.

Présidents des Sociétés savantes; — circulaires à eux adressées relatives à la franchise postale, 129; — à l'état des ressources des Sociétés, 132; — au service d'échange et de transmission des publications des Sociétés, 142; — à l'établissement de communications entre les Sociétés savantes et le Comité des arts et monuments, 147; — à la publication d'un Annuaire des Sociétés savantes, 151; — à la création d'un *Bulletin des Sociétés savantes*, 164; — aux rapports des Sociétés avec le Comité, 169; — à l'exécution de l'arrêté du 22 février 1858, 191; — à l'exécution d'un Dictionnaire géographique de la France, 199, 203; — à la communication au Ministère d'extraits des procès-verbaux des séances des Sociétés, 201; — à la publication d'un Répertoire archéologique de la France, 202, 204; — à la préparation d'une Description scientifique de la France, 207; — aux concours et réunions de la Sorbonne, 212, 216, 217, 220; — à la collection anthropologique du Muséum, 213; — aux bibliothèques scolaires, 221; — à l'organisation d'une exposition d'appareils et instruments scientifiques à la Sorbonne, 228; — à la création de collections pour l'enseignement spécial, 229; — informés que les prix académiques sont remplacés par une allocation annuelle, 249, 278; — invités à fournir des renseignements pour une bibliographie des travaux des Sociétés savantes, 264; — reçoivent des instructions pour les réunions de la Sorbonne, 278, 284; — pour les échanges de publications entre Sociétés, 281; — informés de l'exposition d'électricité, 283; — de la création d'une *Revue d'histoire et d'archéologie*, 285; — invités à fournir des renseignements pour une monographie des Sociétés savantes, 292, 296; — reçoivent le programme de la section des sciences économiques et sociales, 301; — invités à compléter un questionnaire sur les coups de foudre, 331; — invités à communiquer aux Sociétés savantes les sujets d'études recommandés par la section des sciences économiques et sociales, 346; — invités à remplir un questionnaire relatif aux oiseaux de France, 355; — reçoivent en communication le programme du Congrès des Sociétés savantes pour 1886, 361; — reçoivent notification de la création d'une section de géographie historique et descriptive, 370; — communication du programme de la section de géographie pour le Congrès de 1886, 371.

Prisons, 365, 466.

Privas; chartes, 73, notes; — Sociétés: d'agriculture, industrie, sciences, arts et lettres de l'Ardèche; bibliographie, 501; — des sciences naturelles et historiques du département de l'Ardèche; bibliographie, 501.

Privilèges accordés à la couronne de France par le Saint-Siège, 378, 406; — éditeurs, MM. Adolphe et Jules Tardif.

Privilèges communaux, 50, 52, notes, 59, 74, notes, 75, notes, 80; — municipaux dans l'empire romain, 171.

Prix institués en faveur des correspondants du Ministère, 151, 186; — des Sociétés savantes, 186, 188, 193, 212, 241, 242; — pour le meilleur dictionnaire géographique et le meilleur répertoire archéologique d'un département ou d'un arrondissement, 206; — pour la meilleure description scientifique d'un arrondissement, 209; — prix académiques annuels, 233, 241, 242, 243, 244; — le décret instituant les prix académiques annuels est rapporté, 248; — les prix académiques sont remplacés par une allocation mise à la disposition de chacune des sections du Comité, 248, 278.

PROCÉDURES POLITIQUES DU RÈGNE DE LOUIS XII, 384, 411; — éditeur, M. de Maulde.

PROCÈS, 7, 74, notes; — célèbres, 426; — d'Anne du Bourg, 417; — du prince de Condé, 417; — de Fouquet, 425; — de Pierre de Rohan, maréchal de Gié, 415.

PROCÈS DES TEMPLIERS, 115, 378, 405; — éditeur, M. Michelet.

PROCESSIONS de la Ligue, 273.

PROCÈS-VERBAL DE VISITE EN *1323* DES FORTIFICATIONS DES CÔTES DE PROVENCE, 411; — éditeur, M. le Dr Barthélemy.

PROCÈS-VERBAUX des coutumes, 296, 335.

PROCÈS-VERBAUX DES ÉTATS GÉNÉRAUX DE *1593*, 117, 254, notes, 258, notes, 378, notes, 420; — éditeur, M. Aug. Bernard.

PROCÈS-VERBAUX DES SÉANCES DU COMITÉ (EXTRAITS DES), 141, 378.

PROCÈS-VERBAUX DES SÉANCES DU CONSEIL DE RÉGENCE DU ROI CHARLES VIII, 112, 378, 411; — éditeur, M. A. Bernier.

PROFESSEURS, 189, 190; — professeurs de Facultés invités à collaborer à la *Revue des Sociétés savantes*, 181; — forme de leurs comptes rendus sur les travaux des Sociétés savantes, 210; — les mémoires lus par eux à la Sorbonne destinés à l'impression, 213.

PROFESSIONS en général, 51, 52, notes, 59, 74, notes, 80.

PROGRAMMES des réunions des Sociétés savantes et sujets d'études recommandés, 295, 298, 302, 335, 340, 347, 361, 371.

PROJETS DE CROISADE de Philippe de Valois, 440.

PROPRIÉTÉ, 337, 342; — bâtie, 350, 351, 352; — non bâtie, 365; — foncière, 364; — en Limousin, 391; — musulmane, 343, 364; — rurale, 302.

PROSES FARCIES, 35.

PROTESTANTISME, 116. — Voir Réforme.

PROTESTANTS, 421, 427, 428; — assemblées à Grenoble et à Nîmes, 421.

Provane (Famille de), 399.

PROVENÇAUX (Poètes), 30.

Provence, 17, 232, 389, 390, 427; — commerce, 389; — côtes, 441; — fortifications, 441; — tarifs des droits acquittés en Provence par les marins, les voyageurs et les marchands, 389; — topographie, 389, 441. — Voir Charles Ier, Barthélemy, *Procès-verbal de visite en 1323 des fortifications des côtes de Provence*.

PROVERBES, 35.

Provins, 419; — église de Saint-Quiriace, 137.

Prudhomme, correspondant du Ministère, à Grenoble, 604, 611.

Prud'hommes (Conseils de), 50, 52, notes, 59, 80.
Prunis (Collection), 54, notes.
Psaumes, 67. — Voir Michel, *Le livre des psaumes.*
Psautiers, 12, notes; — en vers, 35.
Pucelle (La), 424; — auteur, Chapelain.
Pulkowa (Russie), 599; — membre honoraire du Comité, M. Struwe.
Puy-de-Dôme, 555, 613; — Sociétés savantes, Clermont-Ferrand et Riom.
Puyraseau, 605, 609; — correspondant du Ministère, M. le baron de Verneilh.
Pyrénées, 56, notes, 427; — traité, 20, 37.
Pyrénées (Basses-), 556, 613; — correspondants du Ministère, MM. Flourac et de Lagrèze; — Sociétés savantes, Bayonne, Biarritz et Pau. — Voir Raymond, Dictionnaire topographique.
Pyrénées (Hautes-), 79, notes, 557, 613; — correspondants du Ministère, MM. Durand et Pothier; — préfet, M. Decourt; — Sociétés savantes, Bagnères-de-Bigorre et Tarbes.
Pyrénées-Orientales, 557, 613; — correspondant du Ministère, M. Vidal; — Sociétés savantes, Perpignan.

Q

Quantin, membre non résidant du Comité, à Auxerre, 78, notes, 600, 616; — auteur du *Dictionnaire topographique de l'Yonne*, 380, 442, 444; — du *Répertoire archéologique de l'Yonne*, 380, 451.
Quatrefages (De), membre du Comité, 592.
Quatre-feuilles, 89.
Quatre (Les) livres des Rois, suivis d'un fragment de moralités sur Job et d'un choix de sermons de saint Bernard, 118, 378, 433, 434; — éditeur, M. Le Roux de Lincy.
Quercy, 55, notes, 232; — géographie, 441.
Quesnet (Édouard), correspondant du Ministère, à Rennes, 604, 610.
Questionnaires relatifs aux coups de foudre, 331, 332, 333; — aux mœurs, au régime, à la nidification des oiseaux de France, 355.
Queyroi, correspondant du Ministère, à Moulins, 604, 607.
Quiétisme, 428.
Quimper, 603, 609; — archives, 77, notes; — correspondant du Ministère, M. Luzel; — Société archéologique du Finistère; bibliographie, 521.
Quinquina, 367.
Quintilien (Manuscrits de), 13, notes.

R

Rabut, correspondant du Ministère, à Chambéry, 604, 614.

Raffy, membre de la commission de publication de la *Revue des travaux scientifiques*, 597.

Raguse, 416.

Raimon VI, comte de Toulouse, 398.

Rambert (Chasuble de saint), 137.

Rambouillet, 600, 615; — membre non résidant du Comité, M. Moutié; — Société archéologique; bibliographie, 576.

Rambouillet (Hôtel de). Voir Paris.

Ramé (Alfred), membre honoraire du Comité, 598.

Ramée, auteur des dessins de la *Monographie de l'église Notre-Dame de Noyon*, 124, 380, 453.

Rames, correspondant du Ministère, à Aurillac, 604, 608.

Ramey, son travail sur des monuments du département de l'Oise, 47.

Rapetti, éditeur du *Livres de jostice et de plet*, 119, 376, 404, 405.

Rapine (Florimond), 258, notes.

RAPPORT AU MINISTRE, par M. A. de Watteville, 378.

RAPPORT SUR LES MONUMENTS HISTORIQUES DES ARRONDISSEMENTS DE NANCY ET DE TOUL, par M. Grille de Beuzelin, 47, 113, 123, 380, 448.

RAPPORTS AU MINISTRE, 378.

RAPPORTS AU ROI ET PIÈCES, 378.

RAPPORTS de M. Fortoul, 153; — de M. Génin, 139, notes; — de M. Guizot, 3, 12; — de M. Michel, 60, notes; — de M. de Salvandy, 111; — de M. Thierry, 52, notes, 72, notes.

RAPPORTS entre la France et le Saint-Siège, 407; — et la Turquie, 416, 417.

Ravaisson-Mollien (Félix), membre honoraire du Comité, 599.

Ravenel, chargé de la publication des carnets du cardinal Mazarin, 41.

Rayet, membre du Comité, 589.

Raymond, auteur du *Dictionnaire topographique des Basses-Pyrénées*, 380, 442, 444.

Raymond (Le comte), maire d'Agen, 79, notes.

Raynal (Louis), correspondant du Ministère, à Bourges, 78, notes.

Raynouard, 76, notes.

RE (DE) DIPLOMATICA, 442; — auteur, Mabillon.

RÉALISTES, 33.

RÉCITS DES TEMPS MÉROVINGIENS, 395; — auteur, M. Aug. Thierry.

RÉCITS historiques, 154, 157; — superstitieux, 37.

RECLUS, 335. — Voir Ermites.

Reclus, correspondant du Ministère, à Béziers, 78, notes.

RÉCOLTES, 419.

RECTEURS invités à faire recueillir les poésies populaires de la France, 158, 162; — à se mettre en rapport avec les Sociétés savantes de leur académie, 165; — à assurer la collaboration des membres des Sociétés savantes et des professeurs de Facultés à la *Revue des Sociétés savantes*, 179, 181; — reçoivent notification de la réorganisation du Comité, 187; — circulaire de M. Rouland relative aux comptes rendus des professeurs de Facultés, 210; — informés de la fondation de prix académiques pour les meilleurs travaux d'archéologie, d'histoire et de science, 233; — circulaires à eux adressées relativement aux prix académiques annuels, 233, 243, 244; — aux encouragements à donner aux études scientifiques, 246.

RECUEIL DE DIPLÔMES MILITAIRES, 380, 459; — éditeur, M. Léon Renier.

RECUEIL DES CHARTES DE L'ABBAYE DE CLUNY, formé par M. Aug. Bernard, 378, 384, 392, 393; — éditeur, M. Bruel.

RECUEIL DES CHRONIQUES DE TOURAINE ET SUPPLÉMENT, 275; — éditeur, M. Salmon.

RECUEIL DES HISTORIENS DES CROISADES, 272; — éditeur, l'Académie des inscriptions.

RECUEIL DES HISTORIENS DE LA FRANCE, 270, 449; — éditeurs, Académie des inscriptions, Benédictins, Dom Bouquet, M. Delisle.

RECUEIL DES LETTRES MISSIVES DE HENRI IV, 101, 117, 127, 378, 420; — éditeurs, MM. Berger de Xivrey et Guadet.

RECUEIL DES MONUMENTS INÉDITS DE L'HISTOIRE DU TIERS-ÉTAT, 50, 52, 56, notes, 58, notes, 59, 60, 72, 75, notes, 77, notes, 78, notes, 80, notes, 81, 99, 119, 120, 127, 378, 393, 394, 395, 396; — éditeur, M. Aug. Thierry. — Voir Tiers-État.

RECUEIL des poésies populaires. Voir Poésies populaires.

RÉDACTION des actes, 341.

Redet, archiviste à Poitiers, 17; — correspondant du Ministère, 44, 78, notes; — auteur du *Dictionnaire topographique de la Vienne*, 380, 442, 444.

Redon (Abbaye de), 391. — Voir de Courson, *Cartulaire de l'abbaye de Redon*.

RÉFORMATEURS des coutumes, 296.

RÉFORME en Allemagne, en France et en Suisse, 115, 415. — Voir Protestantisme.

REGESTA PONTIFICUM ROMANORUM, 237; — auteur, Jaffé.

RÉGIMES MATRIMONIAUX, 354.

REGISTRES, 26, 27; — de l'ambassade du marquis de Fontenay, à Rome, 177; — de corporations d'arts et métiers, 73, notes, 74, notes; — de l'état civil, 237; — judiciaires, 62, 74, notes; — de notaires, 299, 335; — de paroisses, 335; — du Parlement, 74, notes.

REGISTRES-BANNIÈRES du Châtelet, 75, notes.

RÈGLEMENTS, 51, 56, notes.

RÈGLEMENTS SUR LES ARTS ET MÉTIERS DE PARIS, par Étienne Boileau, 112, 120, 378, 399, 402, 403, notes; — éditeurs, MM. G.-B. Depping, Bonnardot et de Lespinasse.

RÉGLURE des manuscrits, 26. — Voir Plomb, Pointe sèche.

Regnard, membre de la commission de publication de la *Revue des travaux scientifiques*, 597.

Reims, 55, notes, 78, notes, 601, 612; — académie nationale; bibliographie, 542; — archives, 420; — correspondants du Ministère, MM. l'abbé Cerf et Paris; —

Société industrielle, bibliographie, 543; — tombeaux de l'église Saint-Remy, 137.
— Voir Varin, *Archives de la ville de Reims.*

Reinach (Salomon), secrétaire de la commission de publication des documents archéologiques de Tunisie, 594.

Relations des ambassadeurs vénitiens sur les affaires de France au XVI° siècle, 112, 378, 413; — éditeur, M. Tommaseo.

Relégation, 365.

Religieux de Saint-Denys. Voir de Barante, Bellaguet, *Chronique du religieux de Saint-Denys.*

Reliquaires, 136; — avec inscriptions, 172; — de saint Mommole, 138.

Reliques, 138.

Reliure des manuscrits, 27.

Remontrances du Parlement de Paris, 384; — éditeur, M. Flammermont.

Renan (Ernest), membre de la section d'histoire et de philologie du Comité, 588; — de la section d'archéologie, 589; — président de la commission de publication des documents archéologiques de Tunisie, 594; — membre de la commission centrale, 594.

Renard (Roman du), 35.

Renault, auteur d'une table des *Mémoires* et du *Bulletin de la Société des Antiquaires de Normandie,* 267.

Rendu (Eugène), membre honoraire du Comité, 599.

René (Le roi). Voir Lecoy de la Marche, *Extraits des comptes et mémoriaux du roi René.*

Renier (Léon), membre du Comité, chargé du recueil des inscriptions romaines de la Gaule, 168, 173, 238; — éditeur du *Recueil de diplômes militaires,* 380, 459.

Rennes, 55, notes, 78, notes, 604; — académie, 232; — l'archevêque de Rennes propriétaire du cartulaire de Redon, 391; — archives explorées par MM. Maillet et Quesnet, 44; — correspondant du Ministère, M. Quesnet; — Sociétés : archéologique du département d'Ille-et-Vilaine; bibliographie, 532; — des sciences physiques et naturelles du département d'Ille-et-Vilaine; bibliographie, 532.

Renou, membre du Comité, 592.

Renouvier (Jules), correspondant du Ministère, à Montpellier, 78, notes.

Répertoire archéologique de la France, 205, 207, 208, 209, 450, 452; — circulaire de M. Rouland relative à sa publication, 202; — prix institué pour le meilleur répertoire archéologique d'un département ou d'un arrondissement, 206, notes; — Aube, par M. d'Arbois de Jubainville, 380, 451; — Hautes-Alpes, par M. Roman, 384, 452; — Morbihan, par M. Rosenzweig, 380, 451; — Nièvre, par M. G. de Soultrait, 380, 451; — Oise, par M. Woillez, 380, 451; — Seine-Inférieure, par M. l'abbé Cochet, 380, 451; — Tarn, par M. Crozes, 380, 451; — Yonne, par M. Quantin, 380, 451.

Répertoire des travaux historiques, 286, notes, 313, 314, 315, 316, 317, 383; — instructions pour sa rédaction, 324.

Représentations dramatiques, 35, 426 ; — dans les collèges, 362.
Retraites des fonctionnaires, 302.
Retranchements, 84.
Réunion (Île de la); Société savante, Saint-Denis.
Révillout, correspondant honoraire du Ministère, à Montpellier, 606, 610.
Révoil, membre non résidant du Comité, à Nîmes, 600, 610.
Revue des Deux-Mondes, 329.
Revue des Sociétés savantes, 165, 170, 179, 180, 181, 183, 185, 186, 189, 190, 191, 192, 198, 199, 201, 205, 206, 223, 224, 263, 313, 315, 382, 383, 444, 465, 472, 473; — les membres des Sociétés savantes et les professeurs de Facultés sont invités à y collaborer, 179, 181; — transformée et augmentée, 193, 194; — travaux des Sociétés y analysés, 211; — nouvelle modification de la Revue, 222.
Revue des travaux scientifiques, 316, 317, 383, 473.
Revue d'histoire et d'archéologie du Comité, 285, 286. — Voir Répertoire des travaux historiques.
Revue scientifique, 277, 285.
Rey (G.), éditeur des Familles d'outre-mer de Du Cange, 376, 399 ; — auteur de l'Étude sur les monuments de l'architecture militaire des croisés, 378, 456.
Reynaud, directeur des phares, 470.
Rhin (Haut-), 557; — Société savante, Belfort. — Voir de Stoffel, Dictionnaire topographique.
Rhône, 557, 613; — correspondants du Ministère, MM. Beaune, Giraud et Rondot; — membres non résidants du Comité, MM. Allmer, Caillemer et Guigue; — Sociétés savantes, Lyon et Tarare.
Ricard, correspondant du Ministère, à Marseille, 55, notes, 78, notes.
Richard (L'abbé), correspondant honoraire du Ministère, à Baume-les-Dames, 606, 609.
Richard (Alfred), correspondant du Ministère, à Poitiers, 604, 615.
Richard (Jules), correspondant du Ministère, à Laval, 604, 612.
Richard (M.), Ministre de l'instruction publique, 246; — demande la liste des Sociétés savantes, 245.
Richard Cœur de Lion (Poème d'Ambroise sur la croisade de Philippe-Auguste et de), 399.
Richarde (Restes de l'impératrice), 138.
Richelieu, 42, 114, 176, 421, 423, 454; — lettres, 176, 421, 422, 423; — à d'Escoubleau de Sourdis, 114. — Voir Avenel, Lettres, instructions diplomatiques et papiers d'État du cardinal de Richelieu.
Richemond (Meschinet de), correspondant du Ministère, à la Rochelle, 603, 608.
Richesse publique, 467.
Richet (Charles), secrétaire de la section des sciences du Comité, 591; — secrétaire de la commission de publication de la Revue des travaux scientifiques, 597.
Rigollot, correspondant du Ministère, à Amiens, 55, notes, 77, notes, 124.

Rimes, 35.

Rinçon (Ambassade du chevalier), 416.

Riom; Société du musée; bibliographie, 556.

Rites, 7.

Rituels, 12, notes.

Rivain, auteur de la table des quinze premiers volumes de l'*Histoire littéraire de la France,* 270.

Robert (Charles), membre de la section d'archéologie, 589; — de la section de géographie du Comité, 593.

Robert (Le roi), 271.

Robert (Ul.), 330; — éditeur de *Documents inédits concernant l'histoire littéraire de la France,* 270.

Robert (Zéphyrin), correspondant du Ministère, à Lons-le-Saunier, 604, 611.

Robert de Torigny, abbé du Mont-Saint-Michel; sa chronique, 274.

Rochambeau (Le marquis de), correspondant honoraire du Ministère, à Thoré, 606, 611.

Rochas d'Aiglun (De), correspondant du Ministère, à Blois, 604, 611.

Rochefort; Sociétés: d'agriculture et belles-lettres, sciences et arts; bibliographie, 511; — de géographie; bibliographie, 511.

Roches, 82, 83, 239; — sédimentaires et non sédimentaires, 345.

Rodez, 601, 609; — correspondant du Ministère, M. l'abbé Cérès; — Société des lettres, sciences et arts de l'Aveyron; bibliographie, 503.

Roger Bacon. Voir Bacon.

Rohan (Procès de Pierre de), 411.

Rois (Actes des), 236.

Roland (Chanson de), 397.

Rôles, 26, 27.

Rôles gascons, 378, 399, 400, 401; — éditeur, M. Michel.

Rolland (Pierre), auteur du Mémoire de la généralité de Paris, 431.

Roman (Joseph), correspondant du Ministère, à Picomtal, 604, 607; — auteur du *Dictionnaire topographique des Hautes-Alpes,* 380, 442, 443; — prépare le Répertoire archéologique des Hautes-Alpes, 384, 452.

Romans, 99; — bretons, 30; — en vers ou en prose, 35; — Voir Brut, Renard, Rose, Rou.

Romans, 599, 609; — membre non résidant du Comité, M. l'abbé Chevalier.

Rome, 307, 416; — ambassade du marquis de Fontenay, 177; — émeute à l'occasion de la mort de Paul IV, 417. — Voir Vatican.

Romieu, préfet de la Dordogne, 78, notes.

Rondeaux, 35.

Rondot (Natalis), correspondant du Ministère, à Lyon, 604, 613.

Ronfeugerai, 600, 613; — membre non résidant du Comité, M. le comte de La Ferrière-Percy.

Rosaces dans les voûtes d'églises, 87.
Roschach (Ernest), correspondant du Ministère, à Toulouse, 604, 610.
Rose (Roman de la), 35, 38.
Rosenzweig, correspondant du Ministère, à Vannes, 205; — auteur du *Dictionnaire topographique du Morbihan,* 380, 442, 444; — du *Répertoire archéologique du Morbihan,* 380, 451.
Rostan (Louis), correspondant honoraire du Ministère, à Saint-Maximin, 606, 615.
Rotruenges, 35.
Rotuli Vasconiæ. Voir *Rôles gascons.*
Rou (Roman de), 35, 397.
Roubaix; Société d'émulation; bibliographie, 551.
Rouchier (L'abbé), correspondant honoraire du Ministère, à Viviers, 606, 607.
Rouen, 55, notes, 78, notes, 182, 274, 599, 603, 614; — académie des sciences, belles-lettres et arts; bibliographie, 567; — archevêque, 40. Voir Marigny; — bailliage, 112; — commission départementale des antiquités de la Seine-Inférieure, 567; — correspondants du Ministère, MM. Deville, le vicomte d'Estaintot, Floquet et Le Breton; — membre non résidant du Comité, M. de Beaurepaire; — orfèvres, 73, notes; — Sociétés : des amis des arts, 567; — des amis des sciences naturelles; bibliographie, 567; — des architectes de la Seine-Inférieure; bibliographie, 567; — artistique de Normandie, 567; — des bibliophiles normands; bibliographie, 567; — rouennaise des bibliophiles; bibliographie, 571; — d'émulation, du commerce et de l'industrie de la Seine-Inférieure; bibliographie, 573; — normande de géographie; bibliographie, 573; — de l'histoire de Normandie; bibliographie, 274, 573; — industrielle; bibliographie, 574; — de médecine; bibliographie, 574; — — des pharmaciens; bibliographie, 574; — vétérinaire; bibliographie, 575.
Rouergue, 55, notes, 232.
Rouge (Réglure des manuscrits en), 26.
Rouland, Ministre de l'instruction publique, 179, 180, 184, 187, 191, 194, 196, 199, 200, 201, 203, 204, 206, 207, 210, 211, 212, 216, 217, 218, 306, 466, 468, 472; — prescrit de nouvelles dispositions pour la publication des documents inédits, 178; — demande que les membres des Sociétés savantes collaborent à la *Revue des Sociétés savantes,* 179; — demande que les professeurs de Facultés y collaborent également, 181; — réorganise le Comité sous le titre de Comité des travaux historiques et des Sociétés savantes, 184; — fait connaître aux recteurs et aux présidents des Sociétés savantes le but et l'objet de cette réorganisation, 187, 191; — fait procéder à une revision de la liste des membres non résidants du Comité et des correspondants du Ministère et demande sur eux des renseignements, 195; — demande des correspondants pour la section des sciences du Comité, 196; — fait appel à la collaboration des membres des Sociétés savantes pour le Dictionnaire géographique de la France, 200, 203; — prescrit la communication au Ministère d'extraits des procès-verbaux des Sociétés savantes, ainsi que des modifications de leur personnel, 201; — prescrit la publication d'un Répertoire archéologique de la France, 202, 204; —

institue deux prix annuels de 1,500 francs pour le meilleur Dictionnaire géographique et le meilleur Répertoire archéologique d'un département ou d'un arrondissement, 206; — prescrit la préparation d'une Description scientifique de la France, 207; — indique de quelle manière doivent être conçus les comptes rendus des professeurs des Facultés sur les travaux des Sociétés savantes, 210; — circulaires relatives aux réunions des Sociétés savantes, 212, 217; — circulaire relative aux envois à faire à la collection anthropologique du Muséum, 213.

Rouland (G.), secrétaire général du Ministère de l'instruction publique, 213; — circulaire relative aux lectures à faire à la Sorbonne, 212; — à la publication des mémoires lus à la Sorbonne, 213; — membre honoraire du Comité, 599.

Roussel (Le D^r), membre honoraire du Comité, 599.

Roussillon, 413; — archives, 17.

Routes et voies navigables dans la généralité de Paris, 431.

Royan; académie des muses santones; bibliographie, 511; — Société pour favoriser le développement de Royan; bibliographie, 511.

Royer-Collard, chef de la division des sciences et lettres au Ministère de l'instruction publique, 55, notes.

Rozière (Eugène de), membre du Comité, 588; — de la commission centrale, 594; — de la commission de publication des documents relatifs à l'histoire de l'instruction publique, 596; — auteur, avec M. Chatel, de la *Table générale des mémoires contenus dans les Recueils de l'Académie des inscriptions*,... 269.

Ruines, 63; — romaines, 342, 363.

Rupin, correspondant du Ministère, à Brive, 604, 608.

Russas, 603, 608; — correspondant du Ministère, M. de Laurière.

Russie (Bibliothèques et archives), 418.

Rymer (*Acta* de), 121.

S

Sables en Afrique et en Asie, 367, 373.

Sabran (Lettres de **de**), 423.

Sahioun (Château de), 456.

Saïgon; comice agricole et industriel de la Cochinchine française; bibliographie, 586; — société d'études indo-chinoises; bibliographie, 586.

Saint-Andéol, 389.

Saint-André. Voir Guillaume.

Saint-Arroman (Raoul de), membre de droit du Comité, 593; — secrétaire adjoint de la commission centrale, 593.

Saint-Avold (Privilèges de), 73, notes.

Saint-Barthélemy (La), 412, 419.

Saint-Benoît-sur-Loire; abbé, saint Mommole; — reliquaire, 138.

Saint-Bertin; abbaye, 44; — Voir Folcuin, Simon, Tassart, Guérard, Morand, *Cartulaire de l'abbaye de Saint-Bertin*.

Saint-Bertrand de Comminges (Église de). Voir Comminges.

Saint-Bonnet (Chartes de), 73, notes.

Saint-Brieuc, 77, notes; — archives, 77, notes; — association bretonne; bibliographie, 516; — correspondant du Ministère, M. de Courson; — Sociétés: archéologique et historique des Côtes-du-Nord; bibliographie, 516; — d'émulation des Côtes-du-Nord; bibliographie, 517.

Saint-Claude (Tombeaux de), 137.

Saint-Denis (Église de), 455.

Saint-Denis; Société des sciences, lettres et arts de l'île de la Réunion; bibliographie, 586.

Saint-Dié; Société philomathique vosgienne; bibliographie, 583.

Saint-Dié-sur-Loire (Église de), 437.

Saint-Dizier; Société des sciences, des arts, de l'agriculture et de l'industrie; bibliographie, 544.

Saint-Étienne, 601, 611; — correspondant du Ministère, M. Chaverondier; — Sociétés: d'agriculture, industrie, sciences, arts et belles-lettres du département de la Loire; bibliographie, 536; — de l'industrie minérale; bibliographie, 536; — de médecine de Saint-Étienne et de la Loire; bibliographie, 537; — des sciences naturelles et des arts de Saint-Étienne; bibliographie, 537.

Saint-Étienne de Sens (Église de). Voir Sens.

Saint-Gabriel, 389.

Saint-Gaudens; Société des études de Comminges; bibliographie, 524.

Saint-Genis (De), correspondant du Ministère, à Corbeil, 604, 615.

Saint-Germain-de-Laval, 73, notes.

Saint-Germain-des-Prés. Voir Paris.

Saint-Hilarion (Château de), 456.

Saint-Jean-d'Angely; Sociétés: historique et scientifique de Saint-Jean-d'Angely; bibliographie, 511; — linnéenne de la Charente-Inférieure; bibliographie, 512.

Saint-Jean-de-Maurienne; Société d'histoire et d'archéologie de Maurienne; bibliographie, 566.

Saint-Lô, 605, 612; — correspondant du Ministère, M. Dubosc; — Société d'agriculture, d'archéologie et d'histoire naturelle de la Manche; bibliographie, 542.

Saint-Malo (Archives de), 77, notes.

Saint-Martin-du-Canigou (Nappes d'autel de), 138.

SAINT-MAUR (Congrégation de). Voir Bénédictins.

Saint-Maximin, 606, 615; — correspondant du Ministère, M. Rostan.

Saint-Mihiel, 55, notes, 78, notes.

Saint-Nazaire, 603, 611; — correspondant du Ministère, M. Kerviler.

Saint-Omer, 55, notes, 78, notes, 599, 613; — bibliothèque, 44, 387, 388; — correspondants du Ministère, MM. de Givenchy, Herman, Legrand et Piers; — membre non résidant du Comité, M. Deschamps de Pas; — Sociétés: des antiquaires de la Morinie; bibliographie, 555; — de géographie, 555.

Saint-Père (Archives de), 386. — Voir Chartres, Guérard, *Cartulaire de l'abbaye de Saint-Père de Chartres.*

Saint-Pol, 394.

Saint-Quentin, 78, notes, 182; — correspondant du Ministère, M. Lemasle; — Sociétés : académique des sciences, arts, belles-lettres, agriculture et industrie; bibliographie, 498; — industrielle; bibliographie, 498.

Saint-Quiriace de Provins (Église de). Voir Provins.

Saint-Remy de Reims (Église de). Voir Reims.

Saint-Savin (Abbé de). Voir Odon; — Voir Mérimée, Seguin, *Peintures de l'église de Saint-Savin.*

Saint-Sernin de Toulouse (Église de). Voir Toulouse.

Saint-Taurin d'Évreux. Voir Évreux.

Saint-Valery-en-Caux; Société de géographie; bibliographie, 575.

Saint-Victor de Marseille. Voir Guérard, *Cartulaire de l'abbaye de Saint-Victor de Marseille,* Marseille.

Sainte-Beuve, chargé de faire un rapport sur les travaux relatifs à la littérature française pendant les trois derniers siècles, 37, 46, 424.

SAINTE-CHAPELLE. Voir Paris.

Sainte-Palaye, 38.

Saintes; archives explorées par M. Moreau, 44; — commission des arts et monuments historiques de la Charente-Inférieure; bibliographie, 512; — Sociétés : des archives historiques de la Saintonge et de l'Angoumois; bibliographie, 512; — des arts, sciences et belles-lettres de Saintes; bibliographie, 512.

Saintonge, 232.

SAINTS, 447, 455; — attributs, 131.

SAISONS, 419.

Saladin, préfet de la Drôme, 79, notes.

SALAIRES, 236, 302, 343; — en Gascogne, 401.

Salmon (André), éditeur du *Recueil des chroniques de Touraine* et du *Supplément*, 275.

SALON (LE) DE M*ᵐᵉ* NECKER, 329; — auteur, M. d'Haussonville.

Salonique (Affaires de), 440.

SALPÊTRE, 467.

SALTIMBANQUES, 428.

Salvandy (De), Ministre de l'instruction publique, 60, 66, 68, 69, 70, 71, 72, 81, 82, 91, 94, 97, 103, 104, 107, 111, 128, 130, 131, 132, 135; — circulaire relative à une demande de recherches pour le *Recueil des monuments inédits de l'histoire du Tiers-État*, 50, 72; — établit cinq Comités, 60; — circulaire relative aux anciennes versions françaises de la Bible, 67; — détermine le but de la bibliothèque des Comités, 68; — demande des renseignements sur les Sociétés savantes des départements, 69, 71, 103, 106, 107, 132; — circulaires relatives à l'échange des publications des Sociétés savantes entre elles, 71, 129; — envoie un questionnaire archéologique aux correspondants du Ministère, 81; — invite les inspecteurs primaires à faire connaître les monuments historiques existant dans leur circonscription, 91; — circulaires relatives aux inscriptions romaines, 92; — relatives aux instructions envoyées aux correspondants du Ministère, 94; — rapport au Roi sur les publications de la Collection des documents inédits, 111; — circulaire relative aux attributs des saints, 130.

Samareuil, correspondant du Ministère, à Nérac, 55, notes, 78, notes.

SANSCRIT, 307.

Saône (Haute-), 78, notes, 561, 613; — correspondant du Ministère, M. Perron; — préfet, M. Amédée Thierry; — Société savante, Vesoul.

Saône-et-Loire, 561, 614; — correspondants du Ministère, MM. Canat et *Paillard; — membre non résidant du Comité, M. Bulliot; — Sociétés savantes, Autun, Chalon-sur-Saône, Mâcon et Tournus.

SARCOPHAGES chrétiens d'Arles, 460. — Voir Le Blant, *Étude sur les sarcophages chrétiens antiques de la ville d'Arles*.

SARCOPHAGES de la Gaule (Recueil sur les), préparé par M. Ed. Leblant, 461.

SARCOPHAGES païens, 363.

Sarthe, 78, notes, 563, 614; — correspondants du Ministère, MM. Duchemin et Esnault; — membre non résidant du Comité, M. Hucher; — préfet, M. Faye; — Sociétés savantes, la Flèche et le Mans.

SATIRES, 154, 157.

SATIRIQUES (Écrits), 35.

Saulcy (De), chargé de préparer des instructions sur la numismatique française, 125.

Sauvage (L'abbé), correspondant du Ministère, à Ectot-l'Auber, 604, 614.

SAUVETATS, 335, 341.

Savary, prépare la publication des *Œuvres d'Augustin Fresnel*, 470.

Savary de Lancosme (Ambassade de) à Constantinople, 417.

Savigny (Abbé de). Voir Ponce. — Voir Bernard, *Cartulaire de l'abbaye de Savigny*.

Savin (Saint), 454; — son martyre, 455.

Savoie, 232, 564, 614; — correspondants du Ministère, MM. Borrel, *de Jussieu et Rabut; — Sociétés savantes, Albertville, Chambéry, Moutiers et Saint-Jean-de-Maurienne.

Savoie (Haute-), 566, 614; — correspondant du Ministère, M. l'abbé Ducis; — Société savante, Annecy.

Savoie (Le duc de), 423; — royaume, 176. — Voir Louise de Savoie.

Saxe-Weimar (Le duc de), 42.

Say (Léon), membre du Comité, 590.

SCEAUX, 27. — Voir Attaches, Demay, Douet d'Arcq, *Inventaire des sceaux*, Sigillographie.

Schéfer, membre du Comité, 593.

Scheler, auteur de la *Lexicographie latine du XIIe et du XIIIe siècle*, 404, notes.

SCHISME D'OCCIDENT, 408.

Schlumberger, membre du Comité, 589.

SCIENCES en général, 21, 39, 45, 61, 94, 99, 427; — agricoles et industrielles, 192;

— exactes, 29; — morales et politiques, 61, 63, 192; — naturelles, 30, 419; — occultes, 30; — physiques et mathématiques, 192. — Voir Alchimie, Algèbre, Astrologie, Astronomie, Cosmographie, Mathématiques, Médecine, Météorologie, Physique, etc.

SCOLASTIQUE, 32.

Scot. Voir Jean.

SCULPTURE, 63, 85, 89, 90; — sculptures chrétiennes, 460; — de figures et d'ornements dans les monuments romains du Midi de la France, 295; — sculpture française antérieure au XVIe siècle, 300, 337, 342, 364; — de l'époque romaine, 450; — sculpture romane en Poitou, 455.

SECRÉTAIRES D'ÉTAT, 427.

Sedan, 606, 607; — correspondant du Ministère, M. Nozot.

SÉDITION des Nu-pieds, 274.

Segris, Ministre de l'instruction publique, 245; — circulaire rappelant les instructions relatives aux prix académiques, 244.

Séguin (Gérard), auteur des dessins des *Peintures de l'église de Saint-Savin,* 126, 380.

SEIGNEURIES laïques, 296.

SEIGNEURS féodaux de la Provence, 389.

Seine, 431, 614; — correspondant du Ministère, M. Mowat; — Sociétés savantes, Paris.

Seine-et-Marne, 431, 575, 614; — correspondants du Ministère, MM. Leroy et Lhuillier; — Sociétés savantes, Fontainebleau, Meaux et Melun.

Seine-et-Oise, 431, 575, 614; — correspondants du Ministère, MM. l'abbé Corblet, de Dion, Dubost, Dussieux, Dutilleux, Fierville, l'abbé Lebeurier et de Saint-Genis; — membre non résidant du Comité, M. Moutié; — Sociétés savantes, Pontoise, Rambouillet et Versailles.

Seine-Inférieure, 431, 566, 614; — archives, 388; — correspondants du Ministère, MM. le vicomte d'Estaintot, Le Breton et l'abbé Sauvage; — membre non résidant du Comité, M. de Beaurepaire; — Sociétés savantes, Dieppe, Elbeuf, Fécamp, le Havre, Rouen, Saint-Valery-en-Caux et Yvetot. — Voir l'abbé Cochet, Répertoire archéologique.

Selve (Jean de), 414.

Semur; archives explorées par M. Maillard de Chambure, 44; — Société des sciences historiques et naturelles; bibliographie, 516.

Sénarmont (De), un des éditeurs des *Œuvres d'Augustin Fresnel,* 380, 470.

Senault (Guillaume), architecte, 456.

Senlis; Comité archéologique; bibliographie, 552.

Sens, 78, notes, 603, 616; — concile, 21; — correspondants du Ministère, MM. Julliot et Tarbé; — église de Saint-Étienne, 137; — inventaire des archives, 73, notes; — Société archéologique; bibliographie, 584.

SENTENCES, 35.

SÉPULTURES, 84, 137, 239; — franques, 448; — romaines, 447. — Voir Tombeaux, Tombes.

Séranon, 389.

SERMONS; en latin, 36; — en vers, 35; — de saint Bernard, publiés par M. Le Roux de Lincy, 118, 433, 434.

Serret, un des éditeurs des *Œuvres de Lagrange*, 380, 468.

SERVAGE, 236, 341, 362; — Voir Esclaves.

Servaux (E.), membre honoraire du Comité, 599.

SERVICE militaire en Gascogne, 401.

Servois (Gustave), membre du Comité, 588.

Sétif, 604, 608; — correspondant du Ministère, M. Payen.

Sévigné (Mme de), 425.

Sèvres (Deux-), 577, 615; — correspondant du Ministère, M. Beauchet-Filleau; — Société savante, Niort.

Seyssel (Claude de), 414.

Siam; négociations avec Louis XIV, 121.

SIC ET NON d'Abélard, 21, 32, 46; — éditeur, M. Cousin.

Sidon; château, 456; — famille, 399.

SIÈGES, 7; — d'Orléans. Voir Guessard, *Le mistère du siège d'Orléans*; — de Tarragone, 423; — de Toulouse, 398.

SIGLES dans les inscriptions, 174, 239.

SIGNATURES des cahiers des manuscrits, 26.

Siméon (Le baron), préfet du Loiret, 78, notes.

Simon, abbé de Saint-Bertin, compilateur d'un cartulaire de cette abbaye, 387, 388; — auteur d'une vie de saint Bertin, en vers, 437.

Simon (Jules), Ministre de l'instruction publique, 247, 249, 250, 251; — circulaire relative aux encouragements à donner aux études scientifiques, 246; — fait supprimer les prix académiques annuels, 248; — les remplace par une allocation annuelle mise à la disposition du Comité en faveur des Sociétés savantes, 248; — circulaire relative à la réunion à la Sorbonne des délégués des Sociétés savantes, 249; — invite les correspondants du Ministère à adresser des communications plus fréquentes au Comité, 250.

Simon de Montfort, 398.

SIRVENTAIS, 35.

Sismondi (De), 420.

Sisteron, 55, notes, 77, notes; — correspondant du Ministère, M. de Laplane.

Socard, un des auteurs du *Dictionnaire topographique de l'Aube*, 442, 444.

SOCIÉTÉS COMMERCIALES, 337, 343.

SOCIÉTÉS SAVANTES; circulaire relative à leurs rapports avec le Ministère, 8; — projet de faire publier, chaque année, un recueil de leurs mémoires les plus importants et un compte rendu de leurs travaux, 10; — demande de renseignements sur leur état, leurs ressources et leurs travaux, 69, 71, 132, 245, 253; — échangent en franchise leurs publications, 70, 108, 109, 110, 128, 129, 142, 143; — ne peuvent correspondre entre elles officiellement que par l'intermédiaire de l'Administration, 72, 129; — ordonnance royale prescrivant la confection d'un Annuaire des Sociétés savantes, 102; — prescrivant le dépôt à la bibliothèque des Sociétés savantes de deux exemplaires de leurs publications, 102; — l'envoi aux Sociétés de publications de l'Institut, 103; — renseignements demandés pour l'Annuaire, 106, 107, 152; — invitées à se mettre en rapport avec le Comité des arts et monuments, 147; — création d'un *Bulletin des Sociétés savantes*, 164; — leurs communications examinées par une commission du Comité, 169; — invitées à se mettre en rapport avec le Comité, 169; — à collaborer à la *Revue des Sociétés savantes*, 179; — prix institués en leur faveur, 186; — notification de la réorganisation du Comité, 191; — les présidents, vice-présidents et secrétaires autorisés à assister aux séances du Comité, 193; — invitées à collaborer à la *Revue des Sociétés savantes*, 194; — leurs procès-verbaux et les renseignements les concernant devront être adressés au Ministère, 201; — invitées à collaborer au Dictionnaire géographique de la France, 200, 204; — au Répertoire archéologique de la France, 202, 205; — travaux des Sociétés savantes analysés dans la *Revue des Sociétés savantes*, 211; — réunions à la Sorbonne, 212, 213, 216, 217, 220, 227, 231; — lectures, 212; — impression des mémoires, 213; — invitées à contribuer au développement de la collection anthropologique du Muséum, 214; — conditions pour qu'elles soient reconnues comme établissements d'utilité publique, 225; — invitées à concourir au développement des collections de l'enseignement spécial, 229; — leur répartition par académie, 232; — prix académiques annuels, 233, 241, 242, 243, 244; — le décret qui institue ces prix est rapporté, 248; — ils sont remplacés par une allocation annuelle mise à la disposition du Comité en faveur des Sociétés savantes, 248, 250; — projet et instruction pour une bibliographie des Sociétés savantes, 264, 266; — demi-place accordée sur les chemins de fer aux délégués des Sociétés savantes, 279; — invitées à envoyer un délégué au congrès des électriciens, 283; — projet de publication d'une monographie des Sociétés savantes, 292, 296; — Sociétés savantes de Paris invitées à prendre part aux réunions tenues annuellement à la Sorbonne, 291; — à fournir des renseignements pour une monographie des Sociétés savantes, 296. — Voir Académies des départements et l'indication des Sociétés savantes aux noms des villes qui suivent : Abbeville, Agen, Aix, Alais, Albertville, Albi, Alençon, Alger, Amiens, Angers, Angoulême, Annecy, Arbois, Arcachon, Argentan, Arles, Arras, Auch, Aurillac, Autun, Auxerre, Avallon, Avesnes, Avignon, Avranches, Bagnères-de-Bigorre, Bar-le-Duc, Bastia, Bayeux, Bayonne, Beaune, Beauvais, Belfort, Besançon, Béziers, Biarritz, Blois, Bordeaux, Boulogne-sur-Mer, Bourg, Bourges, Brest, Briey, Brives, Caen, Cahors, Calais, Cannes, Carcassonne, Carentan, Castres, Chalon-sur-Saône, Châlons-sur-Marne, Chambéry, Chartres, Châteaudun, Château-Gontier, Château-Thierry, Châtillon-sur-Seine, Chauny, Cherbourg, Cholet, Clamecy, Clermont-Ferrand, Compiègne, Constantine, Coutances, Dax, Dieppe, Digne, Dijon, Draguignan, Dunkerque, Elbeuf, Épinal, Évreux, Falaise, Fécamp, Flers, Foix, Fontainebleau, Fontenay-le-Comte, Forcalquier, Gannat, Gap, Grenoble, Guéret, Honfleur, la Flèche, Langres, Laon, la Rochelle, la Roche-sur-

Yon, Laval, le Havre, le Mans, le Puy, les Vans, Lille, Limoges, Lisieux, Lons-le-Saunier, Lorient, Lyon, Mâcon, Marseille, Mayenne, Meaux, Melun, Mende, Montauban, Montbéliard, Montbrison, Montpellier, Morlaix, Moulins, Moutiers, Nancy, Nantes, Narbonne, Nevers, Nice, Nîmes, Niort, Noyon, Orléans, Paris, Pau, Périgueux, Perpignan, Poitiers, Poligny, Pont-l'Évêque, Pontoise, Privas, Quimper, Rambouillet, Reims, Riom, Rochefort, Rodez, Roubaix, Rouen, Royan, Saïgon, Saint-Brieuc, Saint-Denis, Saint-Dié, Saint-Dizier, Saint-Étienne, Saint-Jean-d'Angely, Saint-Jean-de-Maurienne, Saint-Lô, Saint-Omer, Saint-Quentin, Saint-Valery-en-Caux, Saintes, Semur, Senlis, Sens, Soissons, Tarare, Tarbes, Toulon, Toulouse, Tournus, Tours, Troyes, Tulle, Valence, Valenciennes, Valognes, Vannes, Varzy, Vendôme, Verdun, Versailles, Vervins, Vesoul, Vire, Vitré, Vitry-le-François, Yvetot.

Socles de statues avec inscriptions, 172.

Soie. Voir Teintures.

Soieries (Manufactures de), 428.

Soissons, 603; — comité archéologique; bibliographie, 498; — correspondant du Ministère, M. Leclerc de la Prairie; — Sociétés : archéologique, historique et scientifique; bibliographie, 498; — des sciences, arts et belles-lettres; bibliographie, 499.

Soissons (Famille de), 399.

Soissons (Hôtel de). Voir Paris.

Solario (Andrea), peintre, 456.

Somme, 56, 59, notes, 75, notes, 78, notes, 124, 577, 615; — correspondants du Ministère, MM. *Garnier, Ledieu, Pouy et Prarond; — préfet, M. Dunoyer; — Sociétés savantes, Abbeville et Amiens.

Sommer, correspondant du Ministère, à Colmar.

Sorbonne (Réunions de la), 212, 216, 220, 227, 231, 249, 278, 284, 294, 297, 301, 334, 340, 345, 361, 371, 438, 445; — exposition d'appareils et d'instruments, 228; — lectures, 264; — les Sociétés savantes de Paris sont invitées à y assister, 291. — Voir Paris.

Sorel (Albert), membre du Comité, 588.

Sottises, 35.

Soucaille, correspondant du Ministère, à Béziers, 604, 610.

Soultrait (Le comte de), membre non résidant du Comité, à Toury-sur-Abron, 600, 612; — auteur du *Dictionnaire topographique de la Nièvre*, 380, 442, 444, et du *Répertoire archéologique de la Nièvre*, 380, 451.

Sourdis. Voir Escoubleau.

Souterrains, 83, 90, 239.

Soyer-Villemel, correspondant du Ministère, à Nancy, 78, notes.

Spicilegium, 34; — auteur, d'Achery.

Squelettes, 214, 215.

Stadler (De), adjoint à M. Aug. Bernard pour la publication des documents relatifs aux États généraux, 255, notes.

STALLES, 88, 172.

STATISTIQUE, 63, 207, 208, 263; — monumentale de la France, 64; — de Montdidier, 124; — de Nancy et de Toul, 380, 449.

STATISTIQUE MONUMENTALE, 380, 448, 449; — auteur, M. Grille de Beuzelin.

STATISTIQUE MONUMENTALE DE PARIS, 380, 449, 450, 453; — auteur, M. Lenoir.

STATUES, 63, 85, 86, 88, 137, 172.

STATUTS; d'arts et métiers, 50, 52, notes, 59, 73, notes; — municipaux, 50, 52, notes, 56, notes, 59, 74, notes, 75, notes, 80. — Voir Périgueux.

Steiner (Œuvres de), publiées par l'Académie des sciences de Berlin, 471.

Stoffel (De), auteur du *Dictionnaire topographique du Haut-Rhin*, 380, 442, 444.

Stevin, 32.

Strasbourg, 78, notes, 233; — correspondant du Ministère, M. Yung.

Struve, membre honoraire du Comité, à Pulkowa, 599.

SUCCESSION D'ESPAGNE, 20, 40. — Voir Mignet, *Négociations relatives à la succession d'Espagne;* Pelet, de Vault, *Histoire de la guerre de la succession d'Espagne.*

Sue (Eugène), éditeur de la *Correspondance de Henri d'Escoubleau de Sourdis*, 114, 376, 422.

Suède, 113.

Suisse; Réforme, 115.

SUJETS mystérieux ou symboliques, 172.

SUPERSTITIONS, 457.

Sury-le-Comtal (Chartes de), 73, notes.

SYMBOLES, 175.

Syrie, 416. — Voir Rey, *Étude sur les monuments de l'architecture militaire des croisés.*

SYSTÈME DÉCIMAL, 100, 467.

T

TABLE CHRONOLOGIQUE DES DIPLÔMES, CHARTES, TITRES ET ACTES IMPRIMÉS CONCERNANT L'HISTOIRE DE FRANCE, 237, 271; — auteurs, de Bréquigny, l'Académie des inscriptions.

TABLE CHRONOLOGIQUE DES ORDONNANCES, 271; — auteur, Pardessus.

TABLE GÉNÉRALE ET MÉTHODIQUE DES MÉMOIRES CONTENUS DANS LES RECUEILS DE L'ACADÉMIE DES INSCRIPTIONS ET BELLES-LETTRES ET DE L'ACADÉMIE DES SCIENCES MORALES ET POLITIQUES, 269; — auteurs, MM. de Rozière et Chatel.

TABLE GÉNÉRALE DU BULLETIN DU COMITÉ, 382, 384; — auteur, M. Teissier.

TABLE GÉNÉRALE par ordre alphabétique des quinze premiers volumes de l'*Histoire littéraire de la France*, 270; — auteur, M. Rivain.

TABLEAU GÉNÉRAL, RAISONNÉ ET MÉTHODIQUE DES OUVRAGES CONTENUS DANS LE RECUEIL DES MÉMOIRES DE L'ACADÉMIE ROYALE DES INSCRIPTIONS ET BELLES-LETTRES, 268; — auteur, de Laverdy.

TABLEAUX, 90.

Tablettes de bronze, 459.
Tabulæ honestæ missionis, 458.
Taille. Voir Géraud, *Livre de la taille.*
Tailles, 50, 52, notes, 59, 80, 428. — Voir Péages.
Tailleurs de pierre, 240.
Taillandier, 255, notes.
Tailliar, correspondant du Ministère, à Douai, 55, notes, 77, notes.
Talon (Jean), 122.
Tamizey de Larroque, membre non résidant du Comité, à Gontaud, 600; — éditeur des *Lettres de Balzac*, 438; — des *Lettres de Jean Chapelain*, 424, 425.
Tapis, 462.
Tapisseries, 90, 342, 364; — avec inscriptions, 172.
Taranne, un des éditeurs des *Familles d'outre-mer*, 400; — chargé de publier un volume d'*Extraits des procès-verbaux des séances du Comité*, 382, 465.
Tarare; Société des amis des arts et métiers; bibliographie, 561.
Tarascon, 389.
Tarbes, 604, 605, 613; — correspondants du Ministère, MM. Durand et le colonel Pothier; — Sociétés: académique des Hautes-Pyrénées; bibliographie, 557; — des beaux-arts, 557.
Tardif (Adolphe), membre honoraire du Comité, 599; — éditeur des *Privilèges accordés à la couronne de France par le Saint-Siège*, 378, 406.
Tarn, 79, notes, 580, 615; — préfet, M. de Crèvecœur; — Sociétés savantes, Albi et Castres. — Voir Crozes, *Répertoire archéologique.*
Tarn-et-Garonne, 580, 615; — correspondant du Ministère, M. l'abbé Pottier; — Société savante, Montauban.
Tarragone (Siège de), 423.
Tartière, correspondant du Ministère, à Mont-de-Marsan, 604, 611.
Tassart (Alard), moine de Saint-Bertin, compilateur des chartes de cette abbaye, 387, 388.
Teintures sur laine et sur soie, 30.
Teissier (Octave), membre non résidant du Comité, à Marseille, 600, 608; — auteur de la *Table générale des Bulletins et Revues du Comité*, 382; — éditeur de la *Correspondance du P. Jean Le Vacher, consul de France à Alger*, 441, 442.
Temple (Le). Voir Paris.
Temple (Ordre du), 400.
Temples romains, 342, 363.
Templiers, 441; — du diocèse d'Elne, 406. — Voir Michelet, *Procès des Templiers.*
Temps (Prédiction du), 466.
Térence (Manuscrits de), 13, notes.
Tentures, 461.
Terninck, correspondant du Ministère, à Boisbernard, 605, 613.
Terre-Sainte; évêques et abbés, 400; — pèlerinages, 299.

Terres (État des), 385.

Testament (Ancien et Nouveau), 67.

TESTAMENTS ENREGISTRÉS AU PARLEMENT DE PARIS SOUS LE RÈGNE DE CHARLES VI, 439, 440; — éditeur, M. Tuetey.

Têtes osseuses, 142, 215.

Teulet, attaché au dépouillement du Trésor des chartes, 54, notes, 73, notes, 76, notes.

Teutonique (Ordre), 400.

Théatres romains, 342, 363.

Thénard (Le baron), 92, notes.

Théologie, 30.

THÉORIE DES FONCTIONS ANALYTIQUES, 467; — auteur, Lagrange.

THESAURUS ANECDOTORUM, 34; — éditeur, Bernard Pez.

Thierry (Amédée), préfet de la Haute-Saône, 78, notes.

Thierry (Augustin), 51, 52, 54, 58, notes, 60, 72, 74, 80, notes, 81, 99, 119, 254, notes, 258, notes, 341, 362, 378; — chargé de la direction du dépouillement des chartes de communes et de corporations, 19; — chargé de la publication des documents inédits de l'histoire du Tiers-État, 50; — rapports au Ministre, 52, notes, 72. — Voir Recueil des monuments inédits de l'histoire du Tiers-État.

Tholin, correspondant du Ministère; à Agen, 605.

Thomas (Vie de saint), archevêque de Cantorbéry, 397.

Thomas, auteur du Dictionnaire topographique de l'Hérault, 380, 442, 444.

Thomas (Antoine), correspondant du Ministère, à Toulouse, 605, 610.

Thomas (Pierre), sieur de Fossé; ses mémoires, 274. — Voir Bouquet, Mémoires de Pierre Thomas.

Thomas Élie (Chasuble et calice du bienheureux), curé de Biville, 137.

Thomassy, attaché au dépouillement du Trésor des chartes, 54, notes.

Thoré, 605, 611; — correspondant du Ministère, M. le marquis de Rochambeau.

Tibériade (Famille de), 399.

Tiers-État, 50, 52, notes, 53, notes, 55, 57, notes, 74, notes, 75, 77, notes, 79, notes, 119, 254, notes, 258, notes, 394; — députés, 73, notes. — Voir Aug. Thierry, Recueil des monuments inédits de l'histoire du Tiers-État; — Tiers-État d'Userches, 259, notes.

Tisserand, membre de la commission ornithologique, 597.

Tissus anciens, 337, 342, 364.

Tite-Live (Manuscrits de), 13, notes.

Titre des manuscrits, 26.

Toits des églises, 88; — des tours, 89.

Toklé (Château de), 456.

Tombeaux et tombes, 93; — celtiques, gaulois, romains ou gallo-romains, 214, 215, 216, 342, 363; — dans les églises, 88; — à Jumièges, Saint-Claude et Saint-Remy de Reims, 137. — Voir Sépultures.

— 741 —

Tommaseo, éditeur des *Relations des ambassadeurs vénitiens*, 112, 378, 413.

Tonkin, 367, 373.

Tonneins, 55, notes, 78, notes; — correspondant du Ministère, M. Lagarde.

Topographie, 172; — ancienne et moderne de la France, 200, 283, 285; — du Lyonnais, 390; — de la ville de Paris, 388; — de la Provence, 389, 441.

Torigny (De). Voir Robert.

Tortose, 456.

Toul, 113. — Voir Grille de Beuzelin, *Statistique monumentale*.

Toulon; Société académique du Var; bibliographie, 581.

Toulouse, 45, 604, 605, 610; — académie, 233; — académie de législation; bibliographie, 522; — académie des jeux floraux; bibliographie, 522; — académie des sciences, inscriptions et belles-lettres; bibliographie, 522; — comte. Voir Raimon VI; — correspondants du Ministère, MM. Belhomme, Roschach et Thomas; — châsses de l'église de Saint-Sernin, 137, 138; — siège, 398; — Sociétés : académique hispano-portugaise; bibliographie, 523; — archéologique du midi de la France; bibliographie, 523; — bibliographique de Toulouse, 523; — de géographie; bibliographie, 524; — d'histoire naturelle, 524; — de jurisprudence; bibliographie, 524; — de médecine, chirurgie et pharmacie; bibliographie, 524; — de pharmacie du Sud-Ouest, 524; — des sciences physiques et naturelles; bibliographie, 524.

Tour (La). Voir Londres.

Touraine, 55, notes. — Voir Bourrassé, Chevalier, *Églises romanes*, Salmon, *Recueil de chroniques de Touraine*.

Tournal, correspondant du Ministère, à Narbonne, 78, notes.

Tournay (Église de), 454.

Tournus; Société des amis des arts et des sciences; bibliographie, 563.

Tours, 336, 456, 600, 605, 610; — bibliothèque, 397; — correspondant du Ministère, M. l'abbé Chevalier; — États généraux y tenus, 18, 40, 112. — Voir Bernier, Masselin, *Journal des États généraux*; — membres non résidants du Comité, MM. Loyseau de Grandmaison et Palustre; — province ecclésiastique; 272; — Sociétés: d'agriculture, sciences, arts et belles-lettres du département d'Indre-et-Loire; bibliographie, 532; — des amis des arts de la Touraine; bibliographie, 533; — archéologique de Touraine; bibliographie, 533; — de géographie; bibliographie, 534; — médicale; bibliographie, 534.

Tours, 63; — d'églises, 89; — de châteaux, 90.

Toury-sur-Abron, 600, 612; — membre non résidant du Comité, M. le comte de Soultrait.

Toussaint de Billy (René), auteur de l'*Histoire ecclésiastique du diocèse de Coutances*, 274. — Voir Dolbet.

Traditions, 172, 236, 239; — poétiques en Bretagne et dans les Pyrénées, 37; — populaires sur les saints, 131.

Traductions d'ouvrages anciens en général, 35, 99; — des Écritures, 35; — d'ouvrages de sciences par des Chrétiens ou des Juifs, 29; — par des Arabes, 30; — d'auteurs grecs en latin et en français, 31.

Traite des esclaves, 440.

Traité d'Alger, 438; — éditeurs, MM. de Mas Latrie et Pavet de Courteille.

Traité de chimie élémentaire, 466; — auteur, Lavoisier.

Traité de la révolution des équations numériques, 467; — auteur, Lagrange.

Traités, 6, 7, 80; — entre la France et le bey d'Alger, 439; — avec la Porte, 416; — traités entre les rois chrétiens de Majorque et les rois maures d'Afrique, 436. — Voir Madrid.

Tranchant (Charles), vice-président de la section des sciences économiques et sociales, 590.

Transportation, 365.

Travaux des champs, 447.

Travaux publics, 427, 428.

Trèfles, 89.

Tremblements de terre, 338, 343, 365, 419.

Trésor de Brunetto Latini, 30. — Voir Chabaille, *Li livres dou Trésor*.

Trésor des chartes, 54, notes, 73, notes, 74, notes, 121, 236, 406. — Voir Guérard.

Trésor royal (Recettes et dépenses du), 430.

Trêve de Dieu, 56, notes.

Trêve du prince, 56, notes.

Trévoux, 509; — membre honoraire du Comité, M. Valentin-Smith; — Société d'agriculture, sciences et arts; bibliographie, 497.

Tricart, maire de Molliens-le-Vidame, 79, notes.

Trinité (La), 448.

Troie (Guerre de), 35.

Trois-Vals, 606, 609; — correspondant du Ministère, M. Lottin de Laval.

Troost, membre du Comité, 592.

Troubat, 424.

Troubles du Dauphiné, 417.

Troupeaux d'Algérie (Mortalité des), 345.

Troyes, 600; — correspondant du Ministère, M. Babeau; — évêque. Voir Hervée; — Société académique d'agriculture, des sciences, arts et belles-lettres du département de l'Aube; bibliographie, 502.

Truschet (Olivier), un des auteurs du plan de Paris, 273.

Tuetey, éditeur des *Testaments enregistrés au Parlement de Paris sous le règne de Charles VI*, 440.

Tuf, 86.

Tuiles, 84; — des toits des églises, 88; — des tours, 89.

Tulle, 605, 608; — correspondant du Ministère, M. Vayssière; — Sociétés: historique et littéraire du Bas-Limousin; bibliographie, 513; — des lettres, sciences et arts de la Corrèze; bibliographie, 513.

Tunis, 416, 601, 603, 616; — correspondants du Ministère, le P. Delattre et M. de La Blanchère.
Tunisie, 616; — commission d'archéologie, 346.
Turbie (La), 441.
Turcs; conquête de Chypre, 417; — achetés aux marchands d'esclaves, 428.
Turgan, membre honoraire du Comité, 599.
Turnham, auteur des *Crania anglica*, 215.
Turquie, 416; — coopération de la France et de la Turquie dans les guerres de l'Europe, 417; — rapports entre ces deux pays, 416, 417.
Tyr (Port de), 456.
Tyr (Famille de), 399.

U

U dans les manuscrits, surmonté d'un ou de deux accents aigus, 26.
Union monétaire, 302.
Universitaires (Établissements), 457.
Universités françaises, 365, 404.
Usage (Droit d'). Voir Pâture.
Usages, 7, 21, 172; — en Provence, 389.
Ustensiles, 96.
Utrecht (Paix d'), 20.
Userches (Tiers-État d'), 259, notes.

V

Vaillant, membre du Comité, 592; — de la commission ornithologique, 592.
Valence, 55, notes, 78, notes; — archives explorées par M. Ollivier, 44; — comité d'histoire ecclésiastique et d'archéologie religieuse du diocèse de Valence; bibliographie, 519; — correspondant du Ministère, M. Ollivier; — Société d'archéologie et de statistique de la Drôme; bibliographie, 519.
Valence (Pierre), de Tours, artiste et fontainier, 456.
Valenciennes, 78, notes; — correspondant du Ministère, M. Arthur Dinaux; — Société d'agriculture, sciences et arts; bibliographie, 551.
Valensolles, 389.
Valentin-Smith, membre honoraire du Comité, à Trévoux, 599.
Valette, 79, notes.
Vallentin (Ludovic), correspondant du Ministère, à Montélimar, 605, 609.
Valognes; Société archéologique, artistique, littéraire et scientifique de l'arrondissement de Valognes; bibliographie, 542.
Valois, 466.
Valois (Dynastie des), 416.
Valson, chargé de surveiller l'impression des *OEuvres de Cauchy*, 472.
Van Drival, correspondant du Ministère, à Arras, 605, 613.

Vannes; correspondant du Ministère, M. Rosenzweig; — Sociétés : archéologique, 205; — polymathique du Morbihan; bibliographie, 547.

Van Tieghem, membre du Comité, 592.

Vapeur, 31.

Vapeur d'eau dans l'air, 338, 341, 366.

Var, 580, 615; — correspondants du Ministère, MM. Mireur, Rostan et l'abbé Verlaque; — Sociétés savantes, Draguignan et Toulon.

Varin, éditeur des *Archives de Reims*, 92, notes, 114, 376, 395, 396.

Varzy; Sociétés : historique, littéraire et agricole; bibliographie, 548; — protectrice de la bibliothèque et du musée de Varzy, 548.

Vases, 48, 93; — sacrés, 136, 138; — avec inscriptions, 172.

Vatican; archives, 401, 405; — bibliothèque, 409; — conseils, 412.

Vaucluse, 55, notes, 77, notes, 581, 615; — archiviste, M. Chambaud; — correspondants du Ministère, MM. Chambaud, Duhamel et Morel; — membre non résidant du Comité, M. Deloye; — Sociétés savantes, Apt, Avignon et Orange.

Vaulabelle (De), 305.

Vault (Général de), prépare l'*Histoire de la guerre de la succession d'Espagne,* 40, 112, 432.

Vaux-de-Cernay. Voir Pierre.

Vayssière, correspondant du Ministère, à Tulle, 605, 608.

Végétation, 334, 338, 339, 344, 345, 366.

Vélain, membre de la commission de publication de la *Revue des travaux scientifiques,* 597.

Vendée, 581, 615; — Sociétés savantes, Fontenay-le-Comte et la Roche-sur-Yon.

Vendôme; Société archéologique, scientifique et littéraire du Vendômois; bibliographie, 535.

Vendôme (Correspondance du duc de), 20.

Venise, 416; — ambassade de M. de Maisse, 417; — archives, 415; — commerce, 440. Voir de Mas Latrie, *Commerce et expéditions militaires de la France et de Venise au moyen âge;* — Conseil des Dix, 413; — guerre avec Venise, 417; — médiation de la France en faveur de Charles-Quint et de Venise, 417.

Vénitiens; fontaine centrale du château de Gaillon offerte au cardinal d'Amboise par les Vénitiens, 456; — privilèges accordés aux Vénitiens par les souverains d'Asie, 440.

Vents, 339, 344.

Vénus, 461.

Ver à soie, 345.

Verdet, un des éditeurs des *Œuvres d'Augustin Fresnel,* 380, 468, 470.

Verdun, 603, 612; — correspondant du Ministère, M. Liénard; — Société philomatique de Verdun; bibliographie, 547.

Verlaque (L'abbé), correspondant du Ministère, au Revest, 605, 615; — éditeur des *Lettres de Louis XIV au cardinal de Bouillon,* 441; — de 82 lettres ou billets de Bossuet, 439.

Vermandois (Chartes relatives au), 56, notes, 57, notes, 59.
Verneilh (Le baron Jules de), correspondant du Ministère, à Puyraseau, 605, 609.
VERRE. Voir Peintures.
VERRES À LUNETTES, 30.
VERROTERIES, 85.
Versailles, 255, notes, 601, 602, 605, 614; — château, 463; — commission des antiquités et des arts; bibliographie, 576; — correspondants du Ministère, MM. Dussieux, l'abbé Corblet, Dutilleux et Fierville; — Sociétés : d'agriculture et des arts; bibliographie, 576; — des amis des arts; bibliographie, 576; — de photographie; bibliographie, 576; — des sciences morales, des lettres et des arts; bibliographie, 577; — des sciences naturelles et médicales de Seine-et-Oise; bibliographie, 577.
VERTÉBRÉS, 367.
VERTUS (Combat des) et des vices, 447.
Vervins; Société archéologique; bibliographie, 499.
Vesoul; Société d'agriculture, commerce, sciences et arts de la Haute-Saône; bibliographie, 561.
VÊTEMENTS, 131, 448; — ecclésiastiques, 136, 137, 138, 239; — de Hervée, évêque de Troyes, 137.
VICES (Combat des) et des vertus, 447.
VICINALITÉ, 364. — Voir Chemins, Routes.
Vidal, correspondant du Ministère, à Perpignan, 605, 613.
VIE de saint Bertin, 438; — de saint Thomas de Cantorbéry, 397.
Vienne (ville); archives explorées par M. Mermet, 44; — province ecclésiastique, 272; — inscriptions du diocèse, 459.
Vienne (département), 79, notes, 126, 454, 582, 615; — correspondants du Ministère, MM. l'abbé Auber, l'abbé Barbier de Montault, Lecointre-Dupont, Ledain et Richard; — inspection de M. Mérimée, 47; — préfet, M. Mancel; — Sociétés savantes, Poitiers. — Voir Redet, Dictionnaire topographique.
Vienne (Haute-), 582, 615, 616; — Sociétés savantes, Limoges.
VIGNETTES, 48.
VIGNOBLES, 428.
Ville (Georges), membre honoraire du Comité, 599.
Villebon (Château de), 115, 418.
Villegorge, 598; — membre honoraire du Comité, M. de La Tour du Moulin.
Villemain, Ministre de l'instruction publique, 101, 102, 305, 418, 421, 464; — membre et vice-président du Comité, 8; — président du Comité de la langue, 67; — invite les correspondants du Ministère à envoyer des communications plus fréquentes, 98; — à rechercher les lettres de Henri IV, 101.
Villeneuve d'Agen, 78, notes; — correspondant du Ministère, M. Cassany-Mazet.
VILLES; antiques, 367, 372; — neuves, 298, 335, 341.
Villey, correspondant du Ministère, à Caen, 605, 609.
Vincent, chargé de la direction de la bibliothèque des Sociétés savantes, 165.

Vincent de Beauvais, 435, 447.

Vire; Société viroise d'émulation pour le développement des belles-lettres, sciences et arts de l'industrie; bibliographie, 509.

Vitet, membre du Comité, 8, 28; — auteur de la *Monographie de l'église Notre-Dame de Noyon,* 124, 380.

Vitraux, 239.

Vitré, 600; — membre non résidant du Comité, M. Le Moyne de la Borderie.

Vitres d'églises, 87; — avec inscriptions, 172.

Vitry-le-François; Société des sciences et arts; bibliographie, 543.

Vivarais, 232.

Viviers, 605, 607; — correspondant du Ministère, M. l'abbé Rouchier.

Vocables des églises et chapelles, 451.

Voies antiques, 48, 96, 335; — romaines, 83, 172, 342, 363. — Voir Chaussée Brunehaut, Chemin de César.

Voies de communication, 337, 343, 352, 353; — navigables, 431; — publiques, 262. Voir Canal, Chemin de fer, Pont, Route.

Voiteur, 601, 611; — correspondant du Ministère, M. Chatel.

Volucraires, 35.

Vosges, 583, 616; — correspondant du Ministère, M. Voulot; — Sociétés savantes, Épinal et Saint-Dié.

Voulot, correspondant du Ministère, à Épinal, 605, 616.

Voûtes des églises, 87, 88.

Voyages, 31, 99; — en vers, 35; — de Charlemagne à Constantinople, 45; — en Gascogne, 401.

Vuverden (Mémoires du baron **de**), 44.

W

Waddington, Ministre de l'instruction publique, 262, 264; — arrêté relatif à la Collection des documents inédits, 262; — provoque de la part des Conseils généraux une souscription aux *Mémoires des Intendants,* 262; — membre du Comité, 589; — de la commission centrale, 594.

Waille (I.), auteur d'une *Table générale des Mémoires de la Société d'émulation du Doubs,* 267.

Wailly (Natalis **de**), 255, notes; — membre honoraire du Comité, 599; — auteur des *Éléments de paléographie,* 49, 113, 376, 442; — un des collaborateurs du *Cartulaire de l'abbaye de Saint-Victor de Marseille,* 389.

Wallon, Ministre de l'instruction publique, 260, 262; — prescrit des recherches pour la publication des documents inédits relatifs aux États généraux, 253; — circulaire relative à un projet de publication des Mémoires des Intendants, 260.

Watteville (Le baron O. **de**), 313; — membre honoraire du Comité, 599; — son *Rapport au Ministre,* 378.

Waurin (Jean **de**), auteur des Chroniques d'Angleterre, 120.
Weiss, bibliothécaire de Besançon, 17; — éditeur des *Papiers d'État du cardinal de Granvelle,* 41, 115, 378, 415.
Wifred, comte de Cerdagne, 138.
Witt (Lettres de Jean **de**), 437; — éditeur, M. Combes.
Woillez, auteur du *Répertoire archéologique de l'Oise,* 380, 451.
Wolf, membre du Comité, 592.

Y

Yanoski, occupé au dépouillement des manuscrits de la Bibliothèque royale, 73, notes, 76, notes; — chargé de la publication de la Chronique de Martin de Cotigny, 120.
Yonne, 78, notes, 431, 583, 616; — correspondants du Ministère, MM. Julliot et Molard; — membre non résidant du Comité, M. Quantin; — préfet, M. le vicomte de Bondy; — Sociétés savantes, Auxerre, Avallon et Sens. — Voir Quantin, Dictionnaire topographique.
Ysopet, 35.
Yung, correspondant du Ministère, à Strasbourg, 78, notes.
Yvetot; Société d'agriculture pratique de l'arrondissement d'Yvetot; bibliographie, 575.

Z

Zend, 307.
Zibel (Port de), 456.
Zoologie, 31, 182, 207, 208, 229. — Voir Espèces.

ERRATUM.

P. 102, l. 7, au lieu de *littéraire*, lisez *littéraires*.

P. 176, l. 4, au lieu de *Correspondants du Comité des travaux*, lisez *Correspondants du Ministère*.

P. 226, le n° 102, qui porte la date du 27 janvier 1866, devrait porter le n° 100; le n° 100, le n° 101 et le n° 101, le n° 102.

P. 264, l. 10, au lieu de *Arrêté limitant la durée des lectures faites à la Sorbonne*, lisez *Arrêté fixant les conditions de dépôt et d'examen des mémoires destinés à être lus à la Sorbonne*.

P. 282, avant-dernière ligne, au lieu de *ommission*, lisez *commission*.

P. 331, dernière ligne, au lieu de *Jules Febry*, lisez *Jules Ferry*.

www.ingramcontent.com/pod-product-compliance
Lightning Source LLC
Chambersburg PA
CBHW071700300426
44115CB00010B/1271